Gerd Langguth
Protestbewegung

Entwicklung – Niedergang – Renaissance

Die Neue Linke seit 1968

© 1983 bei Verlag Wissenschaft und Politik
Berend von Nottbeck, Köln
Umschlaggestaltung Rolf Bünermann
Gesamtherstellung Mohndruck Graphische Betriebe GmbH, Gütersloh
Printed in Germany · ISBN 3-8046-8617-6

Inhaltsverzeichnis

Vorwort

Die gegenwärtige »Friedensbewegung«, der Einzug einer »grünen« Partei in den Deutschen Bundestag, das Auftreten von »Alternativen«, der »Häuserkampf« – all diese Erscheinungsformen heutiger Protestbewegungen stoßen vielfach auf Ratlosigkeit und Unverständnis. Sie wären ohne die vorwiegend studentisch geprägte Protestbewegung um 1968 nicht denkbar. Die »neuen sozialen Bewegungen« der Gegenwart stehen in einer Tradition der 68er Protestbewegung, ohne daß diese Entwicklungslinien – auch wegen der Überfülle von Einzelinformationen – bisher deutlich genug herausgearbeitet worden wären. Kein Ereignis dürfte zudem die innenpolitische Atmosphäre der Bundesrepublik mittel- und langfristig so intensiv beeinflußt haben wie die seinerzeitige Studentenrevolte – ein Phänomen der gesamten westlichen Welt.

Eine Analyse der Entwicklungslinien der Protestbewegung in der Bundesrepublik fehlt in den Sozialwissenschaften weitgehend. Lediglich die sogenannte »antiautoritäre« Phase unter Anleitung des damaligen Sozialistischen Deutschen Studentenbundes (SDS) wurde in einzelnen Studien gewürdigt. Seit dem Zusammenbrechen des SDS im Frühjahr 1970 wird jedoch die Analyse der Protestbewegung in den Sozialwissenschaften stark vernachlässigt. Dies trifft vor allem für die Zeit seit etwa 1976 zu. Hierfür dürfte nicht zuletzt die schwierige Quellenlage eine der Ursachen sein. Zudem erschweren ständige Spaltungstendenzen und neu auftretende Bewegungen eine solche Analyse. In dem vorliegenden Buch wird der Versuch unternommen, der Notwendigkeit eines Gesamtüberblicks über die organisationsgeschichtliche und -soziologische Entwicklung der Protestbewegung seit dem Jahre 1968 Rechnung zu tragen. In seinen historischen Bezügen greift das Buch auf meine 1976 im gleichen Verlag erschienene und innerhalb kurzer Zeit vergriffene Arbeit »Die Protestbewegung der Bundesrepublik Deutschland 1968–1976« zurück, die sich indes noch sehr viel ausführlicher insbesondere mit den marxistisch-leninistischen Organisationen vor allem in den Jahren ab 1970 befaßt, deren Bedeutung unterdessen sehr stark zurückgegangen ist.

Im vorliegenden Band wird – von dem Beginn der Protestbewegung der Neuen Linken und den ursprünglichen Motiven ausgehend – analysiert, welche ideologischen Einflüsse ihre Richtung bestimmten und zu entsprechenden Gruppenbildungen führten. Gleichwohl ist eine objektive Darstellung der Entwicklungslinien der Protestbewegung – u. a. auch wegen der zeitlichen Nähe – außerordentlich schwierig. Deshalb wird auf charakteristische Selbstzeugnisse der jeweiligen Gruppierungen zurückgegriffen, die deren Standort authentisch belegen, um dem Leser ein selbständiges Urteil über die politische Entwicklung der Protestbewegung zu ermöglichen.

In diesem Buch wird die Protestbewegung in acht Phasen unterteilt – beginnend mit jenen Aktionen kollektiven Massenprotestes an der Freien Universität Berlin, die bald vorbildhafte Auswirkungen auf die Studentenschaft der gesamten Bundesrepublik haben sollten. Es wird also zunächst ein historischer Überblick über die Entwicklung der Protestbewegung gegeben, wobei die erste und die zweite Phase bis zum Tod Benno Ohnesorgs am 2. Juni 1967 bewußt nur in einem Ge-

samtüberblick dargestellt werden, weil gerade die Jahre 1965–1968 in der sozial-
wissenschaftlichen Literatur weitgehend aufgearbeitet sind. Zwar gab es auch
schon in den fünfziger Jahren – insbesondere gegen die Wiederbewaffnung – eine
Protestbewegung, die jedoch in erster Linie von pazifistischen Strömungen oder
auch von kommunistischen Organisationen getragen und ideologisch eher der
»Alten Linken« zuzurechnen war. Die Protestbewegung der einstigen Außerparlamentarischen Opposition (APO) blieb aber nicht ein nur auf wenige Jahre be-
grenztes Phänomen, auch wenn es Anfang der siebziger Jahre deutlich Phasen eines Niederganges dieser Protestbewegung gegeben hat. Dieser Niedergang bereitete im wesentlichen auch das Feld für die Deutsche Kommunistische Partei und
ihre Hilfs- wie Nebenorganisationen, also für die »Alte Linke«. Auch dies wird
im vorliegenden Buch analysiert. Wie weiter dargestellt wird, ist der eigentliche
Bewegungscharakter der Neuen Linken vor allem mit dem Aufkommen sog.
Spontis, aber auch des »Häuserkampfes« neu hervorgetreten und bestimmt bis
in die Gegenwart das Bild der Szene des Protestes.
Ein weiterer Schwerpunkt dieses Buches ist die Darstellung der Einzelbewegun-
gen, insbesondere der organisationsgeschichtlichen Aspekte. Da eine Reihe der
in diesem Buch beschriebenen Organisationen mit Methoden der Konspiration
arbeitet oder arbeitete, ist hier die Quellenlage besonders schwierig. In den einzelnen Kapiteln zu den diversen Organisationen werden wiederum die Organisa-
tionsgeschichte dargestellt wie auch einzelne Aspekte der Ideologie, wozu vor allem die Frage des revolutionären Subjektes, die Rolle der Gewalt, das Verhältnis
zum Parlamentarismus und die Organisationsfrage gehören.
Das Buch kommt zu dem Ergebnis, daß mit einer langen Phase des Protestes gerechnet werden muß, daß aber auch nicht abzusehen ist, welche weitere Entwicklung die Protestbewegungen einschlagen werden. Sie werden durch soziale Des-
integrationserscheinungen junger Menschen eher gefördert. Die Protestbewegung stellt eine Herausforderung für alle jene dar, die in gesellschaftlichen Institutionen und in der Politik aller Ebenen Verantwortung tragen. Die Erscheinungen des Protestes lediglich als ein Randphänomen abzutun wäre genauso verantwortungslos wie ihr Hochstilisieren. Eine demokratische Gesellschaft benötigt
eine ausgeprägte Bereitschaft zur Toleranz gegenüber anderen Weltanschauungen, sie verpflichtet aber auch zur geistig-politischen Auseinandersetzung, um die
Gründe zu erkennen, die die eigentliche Ursache solcher sozialen Bewegungen
darstellen.

Bonn, im Oktober 1983   *Gerd Langguth*

I. Ziel und Methode der Untersuchung

1. Zielsetzung

Die vorliegende Arbeit setzt sich zum Ziel, die Entwicklung der »Protestbewegung« und der »Neuen Linken« in der Bundesrepublik Deutschland für den Zeitraum von 1968 bis 1983 und damit die Wandlungen der einstigen »antiautoritären« Studentenrevolte zu analysieren.

Die Wahl des Forschungsobjektes ergibt sich aus dem hohen Stellenwert, den die Entwicklung der »Linken« in der Bundesrepublik Deutschland in der politischen Diskussion nach wie vor einnimmt. Immerhin war die innenpolitische Situation der zweiten Hälfte der 60er Jahre weitgehend durch die Studentenrevolte geprägt. In zahlreichen Schriften wurden zwar einzelne Aspekte dieser Studentenrevolte ausführlich behandelt. Dabei fällt aber auf, daß eine intensive Beschäftigung vor allem mit dem »antiautoritären« SDS auch noch zu einem Zeitpunkt stattfand, als dieser längst nicht mehr existierte – wenn auch zweifellos seine Theorien noch lange Zeit nachwirkten und inzwischen wieder bei einzelnen linken Organisationen neue Bedeutung erlangten. Publikationen, die die Entwicklung der »Protestbewegung« vor allem seit dem Jahre 1970 analysieren, gibt es nur zu einzelnen Segmenten.

Da der Forschungsgegenstand nach wie vor auch in der politischen Diskussion häufig beleuchtet wird und die Entscheidungsprozesse innerhalb der »Linken« nicht abgeschlossen sind, wäre es vermessen, abschließende Aussagen zu diesem Themenbereich machen zu wollen. Die Schwierigkeiten dieser Arbeit liegen aber nicht nur in der zeitlichen Nähe zum Forschungsobjekt begründet. Vielmehr bietet die Quellenlage selbst häufig zahlreiche Probleme, da beispielsweise nur wenig überörtliche theoretische Organe existieren. Zudem gibt es vielfach örtliche Sonderentwicklungen, die nicht unberücksichtigt bleiben können. Heute sind viele wichtige Quellen kaum noch zugänglich, da theoretische Schriften häufig nur in sehr geringer Auflage gedruckt wurden.

Der Beginn des Zeitraumes der vorliegenden Untersuchung ergibt sich aus der bereits geschilderten Tatsache, daß die »Neue Linke«, vor allem der SDS, der eine eindeutige Führungsrolle innerhalb der Studentenbewegung einnahm, in zahllosen Schriften analysiert wurde, daß aber die weitere politische Entwicklung der Protestbewegung nach dem Ableben des SDS im Februar 1970 weitgehend unberücksichtigt blieb.

Diese Arbeit setzt sich zum Ziel, eine Standortbeschreibung der »linken« Protestbewegung zu geben. Es kann nicht Aufgabe dieser Schrift sein, die dargelegten ideologischen Positionen im einzelnen mit einer kritisch wertenden Alternative des Autors zu konfrontieren. Der Leser ist vielmehr zu eigener Urteilsbildung aufgefordert.

2. Zur Methode der Arbeit

Die vorliegende Arbeit wird durch eine Reihe von Faktoren begrenzt.
- Berücksichtigt werden in der Darstellung vor allem bis 1976 hauptsächlich solche Entwicklungen, die ihren Ausgangsort in erster Linie im Hochschulbereich hatten. Einige Hinweise werden auf andere Bereiche, vor allem die Oberschulen, gegeben.
Die Entwicklung innerhalb der Jungsozialisten und Jungdemokraten wurde ausgeklammert, obwohl die Politik dieser beiden Organisationen maßgeblich durch die studentische Protestbewegung beeinflußt worden ist. Hier ist zu berücksichtigen, daß der Informationsstand über beide Organisationen durch eine Reihe von Publikationen relativ gut ist.
- Das Jahr 1968 wurde als Beginn des Untersuchungszeitraums aus zwei Gründen gewählt. Zum einen gibt es für die Entwicklung der Protestbewegung bis zu diesem Zeitpunkt eine Fülle von Darstellungen, die vor allem dem SDS und dessen Ideologie galten. Die danach erschienenen Publikationen zur Protestbewegung bezogen sich – wie bereits angeführt – fast alle auf die Zeit vor 1968/69. Die Phase der Fraktionierung innerhalb der Protestbewegung, die vor allem ab Mitte 1969 einsetzte, wurde dagegen in der wissenschaftlichen Literatur bisher so gut wie ausgeklammert. Zum anderen stellte das Jahr 1968 aber auch durch die Verabschiedung der Notstandsgesetze eine wichtige Zäsur in der Entwicklung der Protestbewegung dar, da sich dadurch der Spaltungsprozeß innerhalb der Protestbewegung nach Ansicht des Verfassers verstärkte. Allerdings wird die zeitliche Begrenzung nicht immer bis zum letzten eingehalten werden können, da häufig Bezug auf bereits zuvor erfolgte Entwicklungen genommen werden mußte.
- Da sich die vorliegende Arbeit weitgehend auf solche Organisationen bezieht, die als ein Ergebnis der Protestbewegung anzusehen sind, werden die Organisationen der »Alten Linken«, so vor allem der DKP, vergleichsweise knapp abgehandelt, obwohl diese ungleich bedeutungsvoller als die meisten behandelten Organisationen sind. Die DKP ist aber nur zum Teil aus der Existenz der Protestbewegung heraus abzuleiten, ihre ideologische Position als Vertreterin der »Alten Linken« ist zudem unabhängig von der Protestbewegung bereits vor ihr entwickelt worden. Insofern ist es verständlich, daß beispielsweise die KPD/ML ausführlicher behandelt wird als die DKP – was aber keineswegs Aufschluß über die eigentliche politische Gewichtung in der gegenwärtigen politischen Situation der Bundesrepublik gibt.
- In dieser Arbeit wurde auch eine weitgehende Beschränkung auf die Bundesrepublik vorgenommen, sonst wäre die Fülle der zu behandelnden Literatur unübersehbar geworden und hätte die Zielsetzung dieser Arbeit sprengen müssen.
- Bewußt wurden außerdem aus den Originalquellen zum Teil längere Zitate herangezogen, da dadurch einer Entstellung durch verkürzte Zitierweise entgegengewirkt werden sollte – gerade in einem Themenbereich, dessen Beurteilung durch die zeitliche Nähe außerordentlich schwierig ist. Zumeist wurde auf Originalquellen der betreffenden linken Organisationen verwiesen. Da es innerhalb der Protestbewegung kein von allen Gruppierungen anerkanntes überregionales, gemeinsames theoretisches Organ gibt, sind die Quellenmaterialien zum Teil außerordentlich verstreut.
- Außerdem wurden Interviews mit Ideologen der Protestbewegung – wie mit Herbert Marcuse im April 1973 – wie auch mit Kritikern dieser Bewegung – so mit Richard Löwenthal im Dezember 1974 –, aber auch mit zahlreichen Aktivisten durchgeführt, die jedoch für diese Arbeit nicht systematisch ausgewertet werden konnten.

II. Was ist »Protestbewegung«?

Zunächst soll der Versuch unternommen werden, das Phänomen »Protestbewegung« einzugrenzen. Dies ist nur dann möglich, wenn eine Definition von »Bewegung« vorgenommen wird und diejenigen Gründe herauskristallisiert werden, die zum »Protest« geführt haben.

1. Definition »Bewegung«

Es ist nicht einfach, »Bewegung« zu definieren, da auch in der Literatur keine völlige Klarheit darüber besteht, was darunter zu verstehen ist.[1]
Eine Bewegung ist zwar Teil eines sozialen Systems, steht jedoch im Gegensatz zu einer etablierten Ordnung, deren erstarrte Formen mit Dynamik konfrontiert werden. Eine Bewegung weist zwar auf eine allgemeine politische Orientierung und Richtung hin, umfaßt jedoch kein klar definiertes politisches Programm, über das bei den an der Bewegung Beteiligten bis ins letzte Übereinkunft erzielt worden wäre. Vielmehr gibt es in jeder Bewegung eine Reihe politischer Glaubenssätze, die allgemein anerkannt und nicht mehr in Frage gestellt werden. Gleichzeitig gibt es in einer Bewegung jedoch auch immer Positionen, die heftig umstritten sind.
Dies ist auch dadurch bedingt, daß eine Bewegung nicht identisch ist mit einer ganz bestimmten politischen Organisation und nur bedingt unter Anleitung einer spezifischen Führung oder politischen Herrschaft steht, auch wenn es zweifelsohne innerhalb einer Bewegung immer einen harten Kern, der die Bewegung vorantreibt, gibt. Die die Bewegung tragende Organisation kann aber nicht identisch sein mit der »Bewegung« als solcher. Innerhalb einer Bewegung können verschiedene Organisationen eingebunden sein, die ihrerseits wiederum um einen Führungsanspruch in der Bewegung kämpfen können. Insoweit hatte zwar der SDS innerhalb der deutschen Protestbewegung einen eindeutigen Führungsanspruch erklärt und diesen letztlich auch durchsetzen können[2], doch darf der SDS nicht allein mit der Protestbewegung als solcher identifiziert werden. Hinzu kommt, daß sich auf dem Höhepunkt der Protestbewegung der SDS nicht mehr durch klar umrissene organisatorische und politische Strukturen definieren ließ.
Im Zusammenhang mit der Definition von »Bewegung« ist die Frage nach ihren Kommunikationsmitteln von besonderer Bedeutung. Während die etablierte Ordnung sich spezifischer Kommunikationsmittel bedient, die auf vorgegebenen Wegen die Information an den Empfänger weiterleiten, entwickelt eine Bewegung beispielsweise Studenten- oder Underground-Zeitungen mit einem eigenen Stil, der eine solche Bewegung meistens als außerhalb des sozialen Systems stehend deklariert. Allerdings kann eine Bewegung im modernen Sinne zumeist nur dann volle Wirksamkeit erlangen, wenn auch Informations-, Kommunikations- und Mobilisierungsmöglichkeiten durch die modernen Massenmedien wie Rundfunk und Fernsehen geliefert werden. Dies war sicherlich ein Teil des »Neuen« an der Protestbewegung, daß bis in entlegenste, ansonsten politisch sehr ruhige Gegen-

den der Bundesrepublik bestimmte Aktionen der Auflehnung gegen eine etablierte Ordnung durch Massenkommunikationsmittel publiziert wurden, die ihrerseits damit einen Resonanzboden für den Protest schufen, wie er mit den eigenen Kommunikationsmitteln der Protestbewegung nicht möglich gewesen wäre.

Außerdem muß noch als Kennzeichen einer jeden sozialen Bewegung beachtet werden, daß zwischen ihr, ihren Anführern und ihren Theoretikern eine Unterscheidung vorgenommen werden muß, zumal – und auch das ist wichtig – nur die jeweilige Elite einer solchen Bewegung ihre politischen Erkenntnisse schriftlich formuliert und dokumentiert hat, während Aussagen über »Mitläufer« hier sehr viel schwieriger sind.

2. Definition »Protestbewegung«

Bei »Protestbewegung« handelt es sich also um eine – aus noch zu schildernden Gründen resultierende – moralische Entrüstung und Empörung einer relevanten Bevölkerungsgruppe zumeist jugendlichen Alters und häufig intellektuellen Zuschnitts, die sich – getragen von einem Gefühl gemeinsamer Ablehnung gegen als negativ empfundene Verhältnisse – durch eine ausgeprägte Organisationsfeindlichkeit und eine Ablehnung jedweder Konvention ausweisen sowie durch ein radikales Infragestellen alles Bestehenden und durch eine Überwindung nationaler Grenzen in Form eines sich Verantwortlichfühlens für die Probleme der gesamten Welt und in Form einer Identifikation speziell für die sogenannte Dritte Welt.[3]

Außer der Formulierung »Protestbewegung« gibt es noch eine Unzahl von Wortschöpfungen, die jedoch nicht unbedingt identisch sind, auch wenn sie für die konkrete Situation der Bundesrepublik häufig in gleicher Bedeutung verwandt wurden. So gibt es Formulierungen wie »Junge Linke«, »Außerparlamentarische Opposition (APO)«, »Linke Linke«, »Antiautoritäre Linke«, »Nonkonformistische Linke« oder »Radikale Linke«. Während jedoch »Protestbewegung« stärker auf einen allgemeinen Charakter und auf die spezifischen sozial-psychologischen Gründe eines solchen Protestes abzielt, stellt die Neue Linke als solche bereits stärker eine Äußerung einer spezifischen politischen Richtung dar, die sich im Gegensatz zu bestimmten Erscheinungsformen und politischen Inhalten der sogenannten Alten Linken, wie sie durch die DKP repräsentiert wird, befindet. Gerade die Enge einer überkommenen sozialistischen Dogmatik, die Erstarrung politischer Formen in den politischen Systemen des Ostblocks, brachte viele Vertreter der Protestbewegung in einen natürlichen Gegensatz zum herkömmlichen Kommunismus. Die Protestbewegung interpretierte sich selbst zunächst als eine Bewegung außerhalb bereits bestehender gesellschaftlicher Formationen, selbst wenn sie Teil eines sozialen Systems war. Gleichwohl wies sie durch ihre allgemeinen politischen Zielvorstellungen auch einen sehr starken utopischen Charakter auf. Gerade weil aber die Neue Linke und die Protestbewegung einen ausgeprägten antiinstitutionellen Charakter besaßen, mußten sie sich auch in Gegensatz zu etablierten Ordnungsvorstellungen des Ostblocks stellen.

Interessant ist in diesem Zusammenhang, wie die »Neue Linke« von Herbert Marcuse als einem der führenden Ideologen der Protestbewegung definiert wurde:

»Zunächst ist sie, mit Ausnahme einiger kleiner Gruppen, nicht orthodox marxistisch oder sozialistisch. Sie ist vielmehr charakterisiert durch ein tiefes Mißtrauen gegen alle Ideologie, auch die sozialistische Ideologie, von der man sich irgendwie verraten glaubt und von der man enttäuscht ist. Die Neue Linke ist außerdem in keiner Weise – wiederum mit Ausnahme kleiner Gruppen – auf die Arbeiterklasse als die revolutionäre Klasse fixiert. Sie kann überhaupt nicht klassenmäßig definiert werden. Sie besteht aus Intellektuellen, aus Gruppen der Bürgerrechtsbewegung und aus der Jugend, besonders aus radikalen Elementen der

Jugend, die auf den ersten Blick gar nicht politisch erscheinen, nämlich den soge-nannten Hippies.«[4]

Nach dieser Definition ist »Neue Linke« mit »Protestbewegung«, wie sie sich bis 1970 artikulierte, praktisch identisch.

3. Gründe des Protestes der 68er Generation

Bei der Analyse der Gründe, die zur Protestbewegung führten, stellen sich wie bei keinem anderen Kapitel dieser Arbeit Fragen nach der eigenen Wertorientierung und der eigenen wissenschaftstheoretischen Position. Die nachfolgenden Aussa-gen, die sich mit den Gründen des Protestes befassen, beschäftigen sich vorwie-gend mit Motivationen der Träger dieser Protestbewegung, die mehrheitlich aus dem Bereich der Oberschulen und Hochschulen kamen, auch wenn die Bemü-hungen verstärkt wurden, Agitation und Einfluß der Protestbewegung aus diesem Bereich heraus auszuweiten.

3.1. Einige empirische Daten

Etwa zum Höhepunkt der Studentenrevolte, zur Jahreswende 1968/69, wurde in einer Meinungsumfrage festgestellt, daß immerhin nahezu zwei Drittel der »jun-gen Intelligenz« (Oberschüler, Abiturienten, Studenten im Alter von 17 bis 25 Jahren) dem Parteiensystem in gewisser Weise mit Mißtrauen gegenüberstanden und von ihm unbefriedigt waren, daß marxistische bis kommunistische Sympa-thien im Juli 1968 bei einem Drittel, im Dezember 1968 noch bei 28% der Befra-gungsgruppe vorhanden waren – trotz des inzwischen erfolgten Einmarsches Warschauer-Pakt-Truppen in die ČSSR.[5]

Immerhin wurden innerhalb der Befragungsgruppe als potentieller Resonanzbo-den für die Teilnahme an Demonstrationen bei den jungen Intellektuellen, je nach Thema und Anlaß der Demonstration und Revolte, bis zu 70% und mehr an-gegeben, eine Zahl, aus der man die tatsächliche Breitenwirkung der antiautoritä-ren Protestbewegung ersehen kann.[6]

Diese Umfragen weisen nach, daß in weiten Teilen der jungen Generation ein er-heblicher Distanzierungsprozeß zum gesellschaftlichen System der Bundesrepu-blik stattgefunden hatte – wobei allerdings in diesem Zusammenhang ausdrück-lich betont werden muß, daß die Umfrage im Bereich von Oberschülern und Stu-denten durchgeführt wurde, einem Bereich, in dem eindeutig andere Umfrageer-gebnisse zustande kamen als bei jenen Umfragen, die sich auf die gesamte junge Generation bezogen.[7] Während sich beispielsweise 36% der Studenten im Januar/ Februar 1968 und sogar 53% im Juni/Juli 1968 an Demonstrationen beteiligten, waren lediglich 5% der nichtakademischen Jugend zu diesem Zeitpunkt an einer politischen Demonstration beteiligt. Allerdings kann davon ausgegangen werden, daß die Bereitschaft zur Teilnahme an einer politischen Demonstration auch im Bereich der nichtakademischen Jugend in den darauffolgenden Jahren zunahm. Tatsache ist jedenfalls, daß sehr häufig zwar von einer »Revolte der Jugend« ge-sprochen, dabei aber vergessen wurde, daß es sich hierbei vielfach lediglich um Studenten und Oberschüler handelte, wobei die rund 300 000 Studenten an wis-senschaftlichen Hochschulen im Jahre 1968 noch keine 10% der entsprechenden Altersgruppen ausmachten.[8]

Interessanterweise gibt es zwar eine Fülle von Meinungsumfragen, die sich mit Problemen der Studentenschaft, auch der Oberschüler und der jungen Genera-tion insgesamt befassen, doch es gibt bis heute noch keine überzeugende empi-risch-wissenschaftliche Analyse über den soziologischen Background der an der Protestrevolte Beteiligten.

Allerdings kann nach empirischen Untersuchungen inzwischen davon ausgegangen werden, daß die vielfach geäußerte These von der Protestbewegung als neuer Jugendbewegung[9] insoweit nicht zutreffend ist, als die empirischen Daten ein hohes Maß politischer Übereinstimmung zwischen Studenten und ihren Eltern zeigen, das wenig Raum für Generationskonflikttheorien hinsichtlich der Studentenunruhen läßt.[10] So schreibt Allerbeck: »Studenten aus politisch liberalen und linken Elternhäusern unterstützen die Studentenbewegungen wesentlich häufiger als Studenten, deren Eltern politisch konservativ sind. In deutschen und englischen Untersuchungen bildet sich die gleiche Beziehung zwischen den politischen Einstellungen von Studenten und ihren Eltern; nicht gegeben ist dagegen die in den USA vorhandene Beziehung zwischen Einkommen und Bildung der Eltern und politischem Radikalismus ihrer studierenden Kinder. Soweit hier Beziehungen zuverlässig erkennbar sind, sind studierende Arbeiterkinder eher radikaler als studierende Kinder der oberen Mittelschicht und Oberschicht.«[11]

Allerdings muß gerade die letzte Aussage mit einer gewissen Zurückhaltung zur Kenntnis genommen werden, da die Zahl der Arbeiterkinder an den Hochschulen insgesamt relativ gering und von daher eine exakte Auswertung – wie Allerbeck selbst anführt – nur bedingt möglich war.

Die Angehörigen der Protestbewegung entstammen in der Tat sehr viel häufiger politisch liberalen Elternhäusern. So war erfahrungsgemäß innerhalb der Protestbewegung die Zahl von Beamtenkindern relativ hoch (deren Anteil an der Gesamtstudentenzahl allerdings auch sehr erheblich ist) wie auch derjenigen Studenten, die häufig durch den Beruf ihrer Eltern (Lehrer, Pfarrer) normativ im Sinne eines bestimmten »Dienstes an der Gemeinschaft« vorgeprägt waren.

Dies bestätigt im übrigen auch Scheuch, der davon ausgeht, daß das Klima in den Elternhäusern förmlich auch für eine positive Haltung zur Protestbewegung prädestinieren kann: »Der Protest wird um so wahrscheinlicher, wenn ein Jugendlicher in einem Elternhaus aufwuchs, in dem irgendwelche universalistischen Prinzipien (um unseren Jargon zu benutzen) verbal trainiert wurden; werden diese selbst bejahten Prinzipien im sozialen Aufstieg verletzt, insbesondere vom Vater, dann ist der Protest besonders wahrscheinlich. Unter die Protestierenden in den Vereinigten Staaten und in der Bundesrepublik, die ich persönlich kenne, finden sich besonders häufig, und bei den Führungspersonen durchweg, Menschen aus Elternhäusern, die eine zentrale Lebensidee im Prinzip akzeptieren. Die wichtigsten Beispiele solcher universalistischen Lebensideen sind ein pietistischer Protestantismus, eine moralisch anspruchsvolle (speziell eine verinnerlichte) Form von Lutheranismus oder Formen linker Ideologien wie trotzkistischer Marxismus oder die in Deutschland mit der USPD verbundenen Utopien.«[12]

Im übrigen fällt auch auf, daß die Zahl derjenigen Studenten, die aus dem Adelsbereich kommen und sich an Protestaktionen beteiligten, relativ hoch war.

Auch amerikanische Untersuchungen haben ergeben, daß radikale Studenten überproportional häufig aus Familien mit hohem Bildungsgrad, hohem Einkommen und hohem sozialen Status kommen.[13]

Auch wenn amerikanische Daten nur bedingt mit der Situation in der Bundesrepublik vergleichbar sind, so liefern sie dennoch Hinweise für die Bundesrepublik, für die vergleichsweise nur wenige empirische Erkenntnisse vorliegen. Die in Amerika gefundenen Daten lassen ebenfalls keine Unterstützung für die These finden, daß studentische Rebellion ein Aufstand gegen die Elterngeneration sei.

Allerdings wäre es meines Erachtens falsch, diese These zu generalisieren. Es gibt sehr häufig Beispiele für an der Protestbewegung Beteiligte, die in einem ausgesprochenen politischen Gegensatz zum Elternhaus stehen oder standen, ja die teilweise sogar ihre politische Betätigung als einen bewußten Protest auch gegen die durch das Elternhaus erfahrene vorgebliche Unterdrückung empfanden. Max Kaase spricht deshalb meines Erachtens zu Recht davon, daß die bisher vorliegenden Umfrageergebnisse, z. B., daß mehr als 60% der Studenten über politische

Auseinandersetzungen mit ihren Vätern berichten[14], noch keine Aussage darüber erlauben, ob diese Divergenzen strukturell, d. h. typisch im Sinne eines permanenten Generationskonfliktes, oder durch die politischen Ereignisse der Jahre nach 1966 quasi ad hoc erzeugt worden sind.[15] Aber auch Kaase widerspricht der Auffassung einer spezifischen Jugendrebellion, weil er es für klar erkennbar hält, »daß sich hier keine Anti-Reaktion der Jungen gegen die Alten aufgebaut hat, in der die Jungen immer gerade die Gegen-Werte des Elternhauses übernehmen: Die statistischen Beziehungen zwischen den jeweiligen Variablen sind ja nicht negativ, sondern eher insignifikant.«[16]

Bis jetzt kann festgehalten werden: Die Protestbewegung war ihrerseits keine Bewegung von materiell Unterdrückten oder Ausgebeuteten, sondern in erster Linie eine Bewegung junger Menschen, deren materielle Sicherstellung alles in allem trotz bestimmter Statusunsicherheiten (eingeschlossen auch der Frage der Berufswahl – obwohl zum Zeitpunkt des Beginns der Protestbewegung noch ein sehr starker Akademikerbedarf vorhanden war) gewährleistet war. Dies führte nicht zuletzt zu dem Ergebnis, daß die soziale Basis der Protestbewegung nicht in der Industriearbeiterschaft, sondern eher im Bereich des Bildungsbürgertums lag. Die empirischen Untersuchungen haben auch für die westeuropäischen Länder ergeben, daß die Unterstützung von Protestbewegungen in der Art der Studentenbewegungen am höchsten unter Leuten mit höherer Ausbildung ist.[17] Studentischer Protest ist somit »weniger ein Produkt unmittelbarer materieller, sozialer und ökonomischer Interessen als von moralischen und ideologischen Betrachtungen, welche relativ autonom sind«.[18]

3.2. Mangel an demokratischer Tradition

Zunächst muß darauf hingewiesen werden, daß die Protestrevolte alle westlichen Länder eruptiv und in unerwarteter Weise überrollte. Wie überraschend diese Protestbewegung eintrat, weisen Aussagen von Sozialwissenschaftlern nach, die der jungen Generation vor allem auch in der Bundesrepublik unterstellten, sie würde sich kaum als anfällig für radikale und revolutionäre Ideologien erweisen: »Aber was sich auch ereignen mag, diese Generation wird nie revolutionär, in flammender kollektiver Leidenschaft auf die Dinge reagieren. Sie trägt kein Bedürfnis in sich, elitäre Gemeinschaften zu stiften oder Ordnungsprinzipien zu verwirklichen. Sie wird alles Kollektive ablehnen, ohne daraus ein Gegenprogramm zu machen.« (Schelsky)[19]

Ludwig von Friedeburg meinte noch 1965 zum Thema »Jugend«: »Überall erscheint die Welt ohne Alternativen, paßt man sich den jeweiligen Gegebenheiten an, ohne sich zu engagieren, und sucht sein persönliches Glück in Familienleben und Berufskarriere. In der modernen Gesellschaft bilden Studenten kaum mehr ein Ferment produktiver Unruhe. Es geht nicht mehr darum, sein Leben oder gar die Welt zu verändern, sondern deren Angebote bereitwillig aufzunehmen und sich in ihr, so wie sie nun einmal ist, angemessen und distanziert einzurichten.«[20]

In der Tat kam die Protestwelle überraschend, unsere Gesellschaftsordnung war auf diese Bewegung und auf die radikalen Theorien nicht vorbereitet. Auch die entsprechenden Ereignisse und Erfahrungen, wie sie zuvor bereits in Amerika gesammelt wurden, waren in der Bundesrepublik und in anderen westlichen Ländern nicht wahrgenommen worden. Es bleibt festzuhalten, daß sich in allen westlichen Ländern eine breitgefächerte Protestbewegung relativ schlagartig entwickelte, wobei sich auch in den Ländern des Ostblocks minimale Formen eines Studentenprotestes zeigten, die jedoch aufgrund der besonderen politischen Gegebenheiten nicht politisch wirksam werden konnten.

Für die Bundesrepublik speziell war noch eine Reihe eigener Faktoren maßgebend, die insgesamt dazu führten, daß hier die Auseinandersetzung spezifische

19

Formen annahm und sich zum Teil sehr viel rigider niederschlug. Denn die Protestrevolte in der Bundesrepublik muß auch vor dem Hintergrund einer politischen Situation gesehen werden, die als Folge des Zweiten Weltkrieges interpretiert werden muß. Diese war besonders durch eine Entpolitisierung weiter Teile der Bevölkerung gekennzeichnet, ferner durch ein aus dem notwendigen Wiederaufbau heraus resultierendes an materialistischen Vorstellungen orientiertes Effizienzdenken. Insbesondere aber muß das Fehlen einer demokratischen Tradition konstatiert werden, das ein normatives Defizit in der Einstellung zur Demokratie bei weiten Teilen der jungen Generation bewirken mußte.

Zwar waren sehr viele Anhänger der Protestbewegung durchaus von der subjektiven Überzeugung getragen, daß sie durch ihre Beteiligung an Protestaktionen dem Gedanken der Demokratie nutzten, doch führte das Fehlen demokratischer Traditionen beispielsweise zu vagen Vorstellungen einer Rätedemokratie und zur Ablehnung bestimmter im Grundgesetz vorgesehener institutioneller Formen der Demokratie.

Im Rahmen des Aufbaus der Demokratie war von allen beteiligten Personen und Gruppierungen – worunter nicht nur alle politischen Parteien, sondern auch Gewerkschaften, Arbeitgeberverbände etc. zu subsumieren sind – nicht in genügendem Maße die Fähigkeit aufgebracht worden, die Demokratie, die nach den Erfahrungen des Totalitarismus rechter wie linker Couleur als eine Selbstverständlichkeit interpretiert wurde, inhaltlich zu begründen. Die sehr starke Konfrontation zwischen Ost und West hat einen Antikommunismus aufkommen lassen, dessen wesentliche Basis zeitweilig in erster Linie in der Abwehr einer totalitären Gesellschaftsordnung bestand, weniger im Aufzeigen eigener positiver politischer Perspektiven und weniger einer überzeugenden Begründung der im Grundgesetz verankerten Demokratie. Der Antikommunismus stellte vielfach nur eine Art »Ersatzideologie« dar. Doch die Studentengeneration, die sich in der zweiten Hälfte der 60er Jahre politisch betätigte, war nicht mehr von eigenen Erfahrungen mit Totalitarismus geprägt. Hinzu kommt, daß auch die Länder des Ostblocks, denen über einen längeren Zeitraum hinweg eine Unfähigkeit zur Lösung wirtschaftlicher Probleme nachgesagt wurde, ebenfalls ökonomische Erfolge haben verbuchen können.

Es wurde allerdings auch zu Recht von Alexander Schwan und Kurt Sontheimer darauf hingewiesen, das parlamentarische Regierungssystem sei »in einer zu idealistisch und theoretisch orientierten Schulerziehung hochgelobt« worden.[21] Im Rahmen des politischen Unterrichts wurde also häufig das Bild einer Demokratie vermittelt, das der politischen Realität nicht entsprach. Die Schüler wurden auf politische Konflikte nicht vorbereitet, und die dann später häufig anzutreffende Einsicht in die Diskrepanz politischer Theorie und politischer Realität verschärfte die kritische Distanz vieler junger Menschen gegenüber der Demokratie. Diese kritische Haltung wurde noch durch den Abschluß der Großen Koalition im Jahre 1967 forciert, als etwa 90% der im Bundestag sitzenden Abgeordneten die Regierung stützten.[22]

Die Große Koalition führte bei zahlreichen, sehr stark linksorientierten Studenten zu der Auffassung, daß die SPD keine grundsätzliche Alternative zu 20jähriger CDU-Herrschaft darstelle, und sie verloren deshalb ihren bisherigen Glauben an politische Veränderung auf dem dafür im Grundgesetz vorgesehenen parlamentarischen Wege. Nachweisbar hatte deshalb der Abschluß der Großen Koalition bei einer Reihe führender Mitglieder der Protestbewegung eine Radikalisierung zur Folge, die teilweise eine völlige Feindschaft zur im Grundgesetz verankerten Demokratie bewirkte. So sind auch die Aussagen von Erdmann Linde, der aus dem früheren »Sozialdemokratischen Hochschulbund (SHB)« kommt, zu verstehen, der die Auswirkung der Großen Koalition wie folgt beschreibt: »Jene Teile der außerparlamentarischen Opposition, die schon immer der absoluten

Verdammung der SPD das Wort geredet hatten, sahen sich nun in ihrer Meinung bestätigt, daß diese Partei sich schließlich als Agentur der CDU/CSU und der von ihr betriebenen Formierungspolitik enthüllen werde.«[23]

3.3. Probleme des Selbstverständnisses einer modernen Demokratie

Das spontane Entstehen der Protestbewegung und die Unfähigkeit eines raschen und auch überzeugenden Reagierens der »Herrschenden« verweist auch auf ein Grundproblem, das allen westlichen Demokratien gemeinsam ist: die Frage, inwieweit eine demokratische Gesellschaft in der Lage ist, gerade jüngeren Menschen eine Wertorientierung zu bieten. Eine moderne Demokratie, die ausgeht von den Ideen der Volkssouveränität, Freiheit, Gleichheit, Gerechtigkeit und Solidarität, die von daher auch das Prinzip des gesellschaftlichen Pluralismus als konstitutives Moment anerkennt, basiert auf einem Konfliktmodell. In einer solchen Gesellschaft wird der Konflikt, die politische Auseinandersetzung verschiedener Weltanschauungen als Voraussetzung für gesellschaftlichen Fortschritt interpretiert. In solchen Gesellschaften und Demokratien stellt sich allerdings die Frage nach dem Minimalkonsensus, d. h. die Frage nach Werten, die von allen beteiligten Gruppen anerkannt werden.

Da sich die moderne Demokratie jedoch nicht als eine geschlossene Gesellschaft mit einer einheitlichen Ideologie versteht, sondern als eine offene Gesellschaft, die ausgeht von dem Gedanken des politischen Wettbewerbs, war es nach der Phase des Wiederaufbaus der Bundesrepublik und auch nach dem offensichtlichen Rückgang der Ost-West-Spannungen den führenden Kräften in der Bundesrepublik – aber auch in den anderen Staaten des Westens – nicht gelungen, die grundlegenden Werte, die hinter dem Gedanken der modernen Demokratie stehen, vor allem der jungen Generation gegenüber einsichtig zu machen. Die in weiten Teilen der jungen Generation vor allem im Bereich der Oberschüler und Studenten gestellte Frage nach einer Wertskala in der Politik wurde von den tragenden politischen Kräften nicht beantwortet, ja, die Große Koalition in der Bundesrepublik vermittelte eher den Eindruck, daß die großen politischen Parteien durch einen ausgeprägten Pragmatismus die grundsätzlichen Werte ihrer Politik nicht mehr verdeutlichen konnten. Zudem waren zu einer Auseinandersetzung mit den radikalen Ideologien der Neuen Linken nur sehr wenige führende Persönlichkeiten in der Lage. Vielfach wurde auch eine politische Reaktion an den Tag gelegt, die eher zu einer Solidarisierung innerhalb der sich unverstanden fühlenden intellektuellen Jugend führen mußte.

Alles in allem kann also gesagt werden, daß es der in der Bundesrepublik verfaßten Gesellschaftsordnung nicht gelang, weiten Teilen der jungen Generation eine notwendige Eingebundenheit in den politischen Entscheidungsprozeß und damit auch eine notwendige »Geborgenheit« im gesamtgesellschaftlichen System zu vermitteln. Gerade in der Anfangsphase war diese Sehnsucht nach Geborgenheit entscheidendes Moment für viele, die sich an den Aktionen der Protestbewegung beteiligten. Gerade die Aktionen als solche, das gemeinsame Absingen von Kampfliedern oder auch Demonstrationen und Demonstrationstechniken, lieferten häufig die ersehnte Geborgenheit im Rahmen einer Massenbewegung, einer Massenaktion.

3.4. Einige sozialpsychologische Erklärungen

Wie eine Analyse der politischen Ideologie der Neuen Linken ergibt, ist diese vielfach durch einen sehr stark romantischen und antitechnischen Effekt geprägt. Vor allem Richard Löwenthal[24] und Hans Mathias Kepplinger[25] haben dies deutlich nachgewiesen. Konkrete Mißstände in der Gesellschaft und an der Hochschule, beispielsweise der Numerus clausus, hatten für das Entstehen der Protestbewegung nur begründende oder vermittelnde Funktionen, denn die eigentlichen Ursachen des Protestes liegen tiefer: »Die kämpferische Haltung der jungen deutschen Intellektuellen von heute, ihre radikale Kritik an der modernen Industriegesellschaft entwickeln sich ... auf dem Boden eines nur allzu deutlich durchscheinenden Kulturpessimismus. Hinter der Erneuerung der radikalen Utopie wird eine Grundstimmung von Verzweiflung erkennbar, hinter der Glaubenssehnsucht nicht selten ein Nihilismus, dem die humanistischen Werte unserer Zivilisation als bloße Heuchelei erscheinen.«[26]

Selbst Jürgen Habermas – zunächst einer der Mentoren des studentischen Protestes – schreibt: »Weil das Potential der Unzufriedenheit nicht aus ökonomischer, sondern aus einem psychologisch bedingten Unbehagen in der Kultur hervorgeht, verdanken sich die Definitionen des gegenwärtigen Zustandes nicht einem evidenten Pauperismus, sondern einer eher esoterischen Kulturkritik.«[27] Habermas unterstreicht zu Recht, die Studenten- und Schülerbewegung gehe »aus einem Potential hervor, das keine ökonomische, sondern eine sozialpsychologische Erklärung verlangt«.[28]

Dies bestätigt auch eine Umfrage der linken theoretischen Zeitschrift »Kursbuch«, die im Oktober 1971 veröffentlicht wurde. Einige dort wiedergegebene Antworten auf die Frage, warum sich einige Befragte der Protestbewegung angeschlossen hatten, lassen durchaus den Schluß zu, daß die Protestbewegung weniger eine rein ›politische‹ als in erster Linie eine sozialpsychologische Erklärung verlangt.[29]

So wurden folgende Antworten auf die Frage der Ursachen einer jeweiligen Politisierung angegeben:[30]

– »Ich hatte Depressionen, Arbeitsstörungen, Kontaktschwierigkeiten, war einfach kaputt – und dann plötzlich die Osterdemonstrationen, die neuen Kontakte, die ganze Aktivität im SDS: Es war wie eine Befreiung.« (Student)
– »Das kam so nach und nach. Mein Vater ist nämlich CDU-Anhänger und furchtbar autoritär. Da gab es schon immer Reibereien. Ich glaube, es war einfach ein Protest gegen das Elternhaus, durch meine ganze Lebensweise: Ich wollte unabhängig sein, auch in meinem politischen Denken ...« (Studentin)
– »Meine Politisierung begann schon im Elternhaus, das ziemlich liberal war, sozialdemokratisch. Zunächst die moralische Entrüstung über den Vietnam-Krieg, dann die aktive Teilnahme an politischen Aktionen, der Erfolg dieser Aktionen ...« (Student)
– »Noch zwei Ostermärsche und der neue, politisch bewußtere Freundeskreis, dann aber auch schon die Springer-Aktionen in Frankfurt – das sind die Stationen, die einen Bewußtseinssprung produzierten.« (Angestellter)
– »Am Anfang war es nur ein vager Protest, eigentlich gegen alles. Ich glaube, ich hatte mir vom Studium eine falsche Vorstellung gemacht, Alma mater und so, und merkte dann, daß die Uni das Gegenteil war, grausam, kalt, versagend, wie die ganze Gesellschaft. Erst langsam habe ich dann – über Identifikationsfiguren wie Ho und Chè, vielleicht auch Dutschke – begreifen gelernt, wo meine Probleme liegen, daß sie im Grunde politische Probleme sind und nur politisch gelöst werden können.« (Student)

Diese Aussagen machen deutlich, welch hohen Stellenwert politische Aktionen als solche für Studenten besitzen, nämlich als Möglichkeit, sich als Teil eines Kollektivs zu fühlen.

Es entwickelte sich nicht zuletzt auch aus diesem Grunde eine Kommunebewegung, in der sich sicherlich viele weniger aus rein politischen Motiven beteiligten – wenn auch die bloße Existenz einer solchen Kommunebewegung sicher politische Wirkung im Sinne einer Konfrontation mit herrschender Moral und Kultur zeigte. Wie wenig häufig originär politische Motivationen eine Rolle gerade in der Kommunebewegung spielten, zeigt ein Ausspruch von Kunzelmann: »Mich interessiert nicht der Vietnam-Krieg, sondern meine Orgasmusschwierigkeiten.«[31]

Eine Frage muß aber noch beantwortet werden: Wieso brach die Revolte vor allem bei Studenten und bei Oberschülern aus? Zunächst sei hier noch einmal auf die besondere Rolle von Studenten (und zum Teil auch von Oberschülern) hingewiesen, die Informationsmöglichkeiten über politische Fragestellungen haben, vor allem aber auch zeitliche Möglichkeiten der Gewinnung von Informationen wie keine andere Gruppierung gleichen Alters. Zum anderen aber ist im studentischen Bereich eine andere Mobilisierbarkeit und daraus herleitend eine andere Fähigkeit zur politischen Aktion vorhanden als bei den Jugendlichen, die in ein relativ starres zeitliches Schema, bedingt durch den jeweiligen Beruf, gepreßt sind.

Zweifelsohne trug aber auch der soziale Status der Studenten wesentlich dazu bei, daß gerade in diesem Bereich eine protestbereite Haltung hat entstehen können. Denn der Status der Studenten ist innerhalb der Gesamtgesellschaft nicht anerkannt – im Gegensatz zu manchen Berufen, die Gleichaltrige ergriffen haben.

Die gerade in den 60er Jahren häufig vertretene These, daß zunächst eine überfällige Hochschulreform an dem Entstehen der Protestbewegung schuld sei, ist absolut einseitig. Zwar trifft es zu, daß gerade durch die Studentenrevolte die Hochschulreform forciert wurde, daß eine Reihe von studentischen Problemen (z. B. Umgang mit der Universitätsbürokratie) reduziert wurden, doch weisen Kaase[32] und Allerbeck[33] überzeugend nach, daß der Hinweis auf die Notwendigkeit der Hochschulreform häufig lediglich eine rationale Begründung für viel tiefer liegende, sehr stark emotional ausgeprägte Ablehnung und Proteste gegen die bestehende Gesellschaftsordnung beinhaltete.

III. Entwicklungsphasen der Protestbewegung

Im folgenden wird der Versuch unternommen, die Protestbewegung in Entwicklungsphasen einzuteilen, wobei jeder Einteilung sicherlich auch ein willkürlicher Charakter zugrunde liegt, da in der Bundesrepublik durch die Ungleichzeitigkeit der Geschehnisse in den einzelnen Hochschulorten eine unterschiedliche Entwicklung vonstatten ging. Allerdings wurde der Gang der Ereignisse zumeist in Berlin eingeleitet und dann nach und nach in den einzelnen Regionen der Bundesrepublik nachvollzogen.

1. Vorphase 1960–1965[1]

Am 6. November 1961, also nach den Bundestagswahlen, faßte die SPD einen Beschluß, dessen Konsequenz zu diesem Zeitpunkt noch nicht abzusehen war: Die Mitgliedschaft im damaligen Sozialistischen Deutschen Studentenbund (SDS) und in der Förderergesellschaft des SDS wurde als nicht mehr vereinbar erklärt mit einer gleichzeitigen Mitgliedschaft in der SPD. Damit wurde eine eindeutige Trennung nach einer längeren Auseinandersetzung der SPD mit »ihrem« damaligen Studentenverband vollzogen. Im Mai 1960 gründete eine frühere ›rechte‹ Fraktion des SDS den »Sozialdemokratischen Hochschulbund«. Im Juli 1960 distanzierte sich dann die SPD offiziell vom SDS, den sie »kommunistischer Umtriebe« verdächtigte. Damit wurde der SDS aus dem Integrationsfeld einer Partei entlassen, die dieser Studentenorganisation auf der anderen Seite relativ viele Sympathien innerhalb der Studentenschaft brachte, auch wenn ein politischer Aufschwung bis zum Jahre 1965 kaum zu beobachten war.

Die Trennung der SPD vom SDS kam zustande, obwohl in einem Beschluß der 15. ordentlichen SDS-Delegiertenkonferenz vom Oktober 1960 noch ausdrücklich erklärt wurde: »Der SDS erkennt an, daß die sozialistische Bewegung in Deutschland durch die SPD vertreten wird. Er ist überzeugt, daß sich seine ›Grundsätze und Ziele‹ nur in Zusammenarbeit mit der SPD verwirklichen lassen. Diesem Grundsatz müssen alle Stellungnahmen und Meinungsäußerungen des SDS entsprechen. Daraus ergibt sich, daß der SDS keine Aktionen unternehmen kann, die mit den Grundwerten des Grundsatzprogrammes der SPD unvereinbar sind.«

Es kann aber vermutet werden, daß dieser Beschluß lediglich zur Beschwichtigung der SPD getroffen wurde. Zunächst muß gesehen werden, daß mit der Wahl des SDS-Vorsitzenden Hüller auf der SDS-Delegiertenkonferenz in Mannheim am 23. Oktober 1958 der SDS auf eindeutigen Konfrontationskurs mit der SPD ging, vor allem das »Godesberger Programm« heftig ablehnte und sich auch gegen einen deutschen Verteidigungsbeitrag wandte. Offensichtlich ging es der SPD weniger um die spezifisch politische Ausprägung des SDS. Der entscheidende Grund für die Trennung war wohl, daß der SDS »sich auf den wohlüberlegten Plan einer organisatorischen Zersetzung der SPD mit dem erklärten Ziel einer Parteispaltung konzentrierte« – wie die SPD in einer Presseverlautbarung erklärte.[2]

24

1961 erschien die bekannte »Hochschuldenkschrift« des SDS, die als eine der Grundlagen der Protestbewegung an den Hochschulen angesehen werden kann.[3] Wie diese Hochschuldenkschrift einzuschätzen ist, weisen die Erläuterungen nach, mit denen sie der SDS-Delegiertenkonferenz (DK) vorgelegt wurde. Die Verfasser berichteten, daß sie bei den Realisierungschancen immer jeweils eine Maximal- und eine Minimallösung mit bedacht hätten: »Um das an einem Beispiel deutlich zu machen: Unsere Analyse des sozialen Standortes der Studenten führte etwa im Hinblick auf die Emanzipation des Studenten konsequent und notwendigerweise zur Konzeption des Studienhonorars, der Arbeitsentschädigung. Nur weiß hier im Raum jeder, wie irreal – wenn auch das einzig Richtige – diese Forderung unter den gegebenen Verhältnissen wäre. Wir haben darum zwar nicht darauf verzichtet, diese Forderung, weil wir sie für richtig halten, auszusprechen. Wir haben aber zugleich anknüpfend an die Studienförderung nach dem Honnefer Modell versucht, Wege aufzuzeigen, wie diese Förderung verbessert und ausgeweitet werden könnte, zumindest – wie wir meinen – wie sie gerechter angewandt werden könnte. Unsere Denkschrift ist also stets unter diesen beiden Aspekten, dem mehr utopischen und dem mehr real-praktischen, die ja beide untrennbar in jeder sozialistischen Konzeption zusammenhängen, und nur so zu lesen.«[4]

Trotz einer intensiven Strategiediskussion in dem theoretischen Verbandsorgan »Neue Kritik« konnte der SDS zunächst keinen großen Zulauf verbuchen. Wesentlicher Kernpunkt der ideologischen Auseinandersetzung innerhalb des SDS war zweifelsohne die Frage der Organisierung des politischen Einflusses oder konkreter, inwieweit sich der SDS als Kern einer neuen sozialistischen Partei betrachtet. Dabei wurde auf der 17. ordentlichen DK des SDS erklärt, »daß eine sozialistische Partei unter den gegebenen Umständen keine Aussicht auf Erfolg hat und daß alle in diese Richtung gehenden Anstrengungen die augenblickliche Zersplitterung und Ohnmacht der linken Gruppierungen in der Bundesrepublik nicht überwinden, sondern fördern würden«.[5]

Frank Deppe und Kurt Steinhaus, die der mehr »traditionalistischen«, also KP-nahen Richtung innerhalb des SDS zugerechnet wurden, waren anderer Meinung: »Bei Ausnutzung aller seiner Möglichkeiten kann der SDS durchaus zum Kristallisationskern auch der nichtstudentischen westdeutschen Linken werden.«[6]

Die zunächst aus der Trennung von SPD und SDS herrührende Isolation konnte für den SDS im Mai 1964 durch das »Hoechster Abkommen« überwunden werden. Dieses Abkommen wurde zwischen SDS, dem SHB, der Humanistischen Studentenunion (HSU), dem Liberalen Studentenbund Deutschlands (LSD) und dem Bundesvorstand Deutsch-Israelischer Studenten (BDIS) geschlossen. Dieses Abkommen hatte hinsichtlich der weiteren Zusammenarbeit der daran beteiligten Organisationen zwar keine nennenswerte Bedeutung. Es ermöglichte aber dem SDS, seine bisherige Isolation zu überwinden und mit Beginn der ›antiautoritären‹ Revolte die Führungsrolle innerhalb der Studentenschaft zu übernehmen.

2. Erste Phase: Zentrum Berlin (ab Mai 1965[7] bis Mai 1967)

Die Aktionen der ersten Phase sind weitgehend auf Berlin beschränkt und haben trotz der Vietnam-Demonstrationen noch vorwiegend hochschulinternen Charakter. Die ersten Aktionen richteten sich vor allem gegen die Maßnahmen der Verwaltung der Freien Universität Berlin.[8]

Am 7. Mai 1965 wollte der Rektor der Freien Universität Berlin die Teilnahme von Erich Kuby an einer Podiumsdiskussion in der FU durch Hausverbot verhindern. Etwa 500 Studenten demonstrierten am 7. Mai gegen die Aufrechterhaltung dieses Hausverbotes. Im Sommer 1965 fanden dann erneut Proteste und Störaktionen statt, die bereits die Anwendung neuer Demonstrationstechniken wie Sit-Ins und Go-Ins[9] und das Prinzip der »begrenzten Regelverletzung«[10] mit sich brachten. Diese Demonstrationstechniken wurden in bewußter Anlehnung an studentische Vorbilder aus Berkeley vom April und Mai 1965 übernommen, die dann später auch in anderen Universitätsstädten in der Bundesrepublik praktiziert wurden.

Ein weiterer wichtiger Zeitpunkt ist der 5. Februar 1966: 2000 Personen nahmen an einer Demonstration gegen die Vietnam-Politik der USA teil.

Diese Demonstration und andere Vorgänge, die sich gegen die amerikanische Schutzmacht wandten, belasteten das Verhältnis der staatlichen Berliner Institutionen und der Bevölkerung weitaus stärker, als dies in einer anderen deutschen Großstadt der Fall gewesen wäre. Um das Verhältnis zur amerikanischen Schutzmacht nicht noch mehr zu belasten, wurden rechtliche Sanktionen angeordnet, die jedoch eher eine Mobilisierung denn eine Reduzierung der Demonstrationsfreudigkeit mit sich brachten.

Gleichwohl sind weitere Erklärungen notwendig, die die Sonderstellung Berlins als Ausgangsort des Studentenprotestes in der gesamten Bundesrepublik begründen, wobei auch berücksichtigt werden muß, daß in Berlin eine relativ liberale Hochschulverfassung vorlag, die erweiterte Mitwirkungsrechte gerade auch für Studenten und auch mehr Möglichkeiten institutionalisierten Konfliktes bot.

Am entscheidendsten ist jedoch die spezifisch politische Situation, die politische Insellage West-Berlins. Während noch im Wintersemester 1956/57 ca. ein Drittel der Studenten aus der DDR stammte, waren dies im Semester 1964/65 nur noch ca. 5%.[11] Während die Studentenschaft in den 50er Jahren an beiden Universitäten West-Berlins nicht zuletzt infolge des hohen Anteils von Studenten, die aus der DDR kamen, stark antikommunistisch ausgerichtet war, änderte sich dies zunehmend in den 60er Jahren, als nach dem Bau der Mauer der Zuzug von Studenten aus der DDR unmöglich wurde.

Eine ganze Reihe von führenden Repräsentanten der späteren revolutionären Protestbewegung sind allerdings als Flüchtlinge aus der DDR nach West-Berlin gekommen, wo sie jedoch vom »kapitalistischen« System enttäuscht waren und ihre in der DDR anerzogene marxistische Grundschulung dann zunächst zum Kampf für einen humanen Sozialismus einsetzen wollten. Rudi Dutschke ist hierfür ein Beispiel.

Ein wesentlicher Grund für die Sondersituation Berlins liegt in der besonderen Struktur der Studentenschaft begründet. Ein relativ hoher Anteil von Studenten kam aus Westdeutschland, teilweise, um der Einberufung durch die Bundeswehr zu entgehen. Wesentlich fällt aber auch noch ins Gewicht, daß die aus Westdeutschland zugezogenen Studenten sich weitgehend der sozialen Kontrolle durch das Elternhaus und andere gesellschaftliche Institutionen entzogen, da die Insellage der Stadt einen ständigen Kontakt nach Hause verhinderte. Als weiterer Grund ist noch anzuführen, daß auch der Anteil von Studenten der Sozialwissenschaften, vor allem der Politikwissenschaft relativ hoch war, da sich in Berlin mit dem Otto-Suhr-Institut das Zentrum der Politologie in der Bundesrepublik befindet. Damit war auch die Zahl derjenigen, die ihr Studium gleichzeitig mit politischer Praxis versuchen konnten, relativ hoch.

Nicht zuletzt infolge auch relativ hoher zahlenmäßiger Konzentration führender linker Studentenfunktionäre wurde Berlin somit das Zentrum studentischen Protestes und Vorreiter einer Entwicklung, die die gesamte Bundesrepublik für einige Jahre in eine gesellschaftliche Krise stürzen sollte. Man konnte im übrigen auch davon ausgehen, daß die entsprechenden ideologischen Differenzen innerhalb Berlins sehr viel früher zum Tragen kamen als in den meisten Universitätsstädten Westdeutschlands, wo im Vergleich zu Berlin eine Art »Verspätungseffekt« vorlag. Gleichwohl wurde die »Ungleichzeitigkeit des politischen Bewußtseinsstan-

des der Linken« immer wieder bedauert. Außerhalb Berlins war die Studentenschaft zunächst relativ untätig. Selbst die Bildung der »Großen Koalition«
brachte nicht die erwartete Mobilisierung hervor: Zwar fanden etwa an einem
Drittel der westdeutschen Universitäten entsprechende Kundgebungen und Demonstrationen statt, doch beteiligten sich insgesamt daran nur etwa 2% der westdeutschen Studenten.[12]

3. Zweite Phase: vom Tod Benno Ohnesorgs (2. Juni 1967) bis zur Anti-Notstandskampagne Sommer 1968

Die zweite Phase der Entwicklung der Protestbewegung wird eingeleitet durch
den Tod des Studenten Benno Ohnesorg am 2. Juni 1967 bei einem Tumult vor
der Deutschen Oper in Berlin anläßlich des Staatsbesuchs des Schahs von Per-
sien. In den verschiedensten Universitätsstädten fanden Demonstrationen gegen
diesen Staatsbesuch statt. Nach dem Tod von Ohnesorg wurden an fast allen
deutschen Universitäten Trauerkundgebungen veranstaltet, wobei den Trauer-
kondukt in Berlin 15 000 Menschen begleiteten.[13]
Im Anschluß an die Beisetzung Ohnesorgs fand in Hannover ein Kongreß »Bedingungen und Organisation des Widerstands« statt, der erhebliche Beachtung in
der gesamten Bundesrepublik fand.[14]
Die zweite Phase, die die Ausweitung des Protestes auf die gesamte Bundesrepublik brachte und mit der Notstandskampagne im Mai 1968 ihren Abschluß findet,
kann förmlich als eine Explosion protestbedingter Aktionen angesehen werden.
Die Osterunruhen 1968 – nach dem Mordanschlag auf Rudi Dutschke am 11.
April 1968 –, die mit der Studenten- und Arbeiterrevolte in Frankreich nahezu zu-
sammenfielen[15], lassen die explosive Stimmung der jungen Generation deutlich
erkennen. Zuvor hatten bereits am 17./18. Februar in Berlin beim Vietnam-Kon-
greß die Vietnam-Demonstrationen ihren Höhepunkt erreicht (10 000 Menschen
demonstrierten durch die Innenstadt).[16]
Diese zweite Phase wurde weiterhin durch zahlreiche Aktionen gegen die Springer-Presse und gegen die Große Koalition geprägt. Sie war mithin gekennzeichnet durch eine Ausdehnung auf die gesamte Bundesrepublik und die Öffnung zu
Themenstellungen, die außerhalb des Hochschulbereichs lagen, wobei dennoch
durch entsprechende Vorlesungsstörungen vor allem mißliebige Professoren Zielpunkt radikaler Kritik waren.[17]
Ein wesentliches Charakteristikum der zweiten Phase war ein aktionistisches Vorgehen, in dessen Zusammenhang häufig Gewaltanwendung stand. Einer der wesentlichen Diskussionspunkte war daher auch die Frage, inwieweit Gewaltanwendung legitim sei. Man einigte sich zwar auf den Formelkompromiß »Gewalt
gegen Personen nein, Gewalt gegen Sachen ja«, doch konnte nicht einmal dieser
Kompromiß durchgehalten werden. Die aggressiven Ziele des SDS wurden immer deutlicher, was sich auch in den entsprechenden Veröffentlichungen in dem
Verbandsorgan »Neue Kritik« und in Interviews führender SDS-Funktionäre
niederschlug. So schrieb der führende SDS-Funktionär Bernd Rabehl: »Die
Mao-Plakette am Rockaufschlag bedeutet: Kampf der Gehorsamspflicht, Kampf
der Bevormundung und Kampf den Manipulationen: Revolution ist gerechtfertigt ... Der Marxismus wird von uns als Methode der Analyse der gesellschaftlichen Wirklichkeit verstanden, zugleich als kompromißlose Kampfanweisung für
die antiautoritären Revolutionäre. Die wissenschaftlichen und anarchistischen
Komponenten des Marxismus sind somit zum erstenmal seit Lenins ›Staat und
Revolution‹ von 1917 wieder voll bewußt.«[18]
Der SDS beteiligte sich auch an der Antinotstandskampagne, führte außerdem
eine Justizkampagne, eine Kampagne gegen die Bundeswehr und eine Hoch-
schulkampagne durch.

Bei diesen Aktionen des SDS, vor allem bei den gegen den Springer-Konzern gerichteten, kam es häufig zu schweren Zusammenstößen mit der Polizei. Dies
führte wiederum zu einer entsprechenden Eskalation und zum Teil zu Solidarisie-
rungen, wobei sich führende SDS-Funktionäre eindeutig zu »militanten Aktionen« bekannten.[19]
Der damalige Innenminister Ernst Benda erklärte in der Bundestagsdebatte vom
30. April 1968, daß seit dem Attentat auf Dutschke zahlreiche friedliche Demonstrationen stattfanden, »zugleich aber auch Aktionen mit Gewaltanwendung, deren Ziel im wesentlichen Einrichtungen des Verlagshauses Springer waren. Nach
den mir von den Innenministern der Länder gemachten Angaben fanden in diesen fünf Tagen in bis zu 27 Städten Demonstrationen statt. In insgesamt 26 Fällen, also etwa einem Fünftel, waren sie mit Ausschreitungen, Gewaltakten,
schwerwiegenden Rechtsverletzungen verbunden.«[20]
Jürgen Habermas sprach nach einer gewaltsamen Auseinandersetzung am Tege-
ler Weg in Berlin vom 4. November 1968[21], daß sich seit diesen Steinwürfen »die
Gewaltrhetorik der Ostertage in eine Taktik des begrenzten Vandalismus umgesetzt« habe.[22]
Das Attentat auf Rudi Dutschke wurde von seiten der studentischen Linken u. a.
als ein Ergebnis manipulativer Beeinflussung vor allem durch den Springer-Konzern angesehen. Rudi Dutschke sei nach dem 2. Juni 1967 durch die Bild-Zeitung
und andere Medien zum »Volksfeind Nr. 1« gestempelt worden. Und deshalb
wurde von Sympathisanten des SDS auch formuliert: »Es bedurfte nur geringer
Anstöße durch die staatlichen Autoritäten, die produzierte Volkswut gegen einzelne sich entladen zu lassen.«[23] Konsequenterweise habe sich deshalb »Bild-Le-
ser Josef Bachmann« als Vollstrecker jener Manipulationszusammenhänge gesehen: »Bachmann konnte mit Recht hoffen, daß ihn die Ermordung des verhaßten
Kommunisten Dutschke beliebt und hoffähig machen würde.«[24]

4. Dritte Phase: Resignation und Auflösung des SDS (Herbst 1968 bis Februar 1970)

Nach der Verabschiedung der Notstandsgesetze, die alle linken Kräfte in der
Bundesrepublik zu einer Aktionseinheit formiert hatten (also nicht nur Mitglieder
der studentischen Revolte), wurde trotz deutlich spürbar gewordener Zeichen der
Resignation im Wintersemester 1968/69 noch für 1969 ein »heißer Sommer« angekündigt. Sieht man von einzelnen Aktionen ab – wie Störung der Bundesversammlung in Berlin oder »Großaktion« gegen den Besuch des amerikanischen
Präsidenten in der Bundesrepublik –, brachte diese »Rekonstruktionsphase« wieder eine deutliche Rückbesinnung auf die Hochschule als Agitationsfeld. Auch
andere, groß angekündigte Kampagnen, zum Beispiel gegen die Justiz, verliefen
insgesamt für die Außerparlamentarische Opposition enttäuschend und wiesen
auch eine nachlassende Resonanz in der Bevölkerung auf.
Doch schlug sich zunehmend innerhalb des SDS eine anarchistische Grundten-
denz nieder. Da dem SDS-Bundesvorstand nach und nach fast jede Führungs-
funktion abgesprochen wurde, konnte er bestenfalls noch eine Informationsplatt-
form und Clearingstelle darstellen. Auch der Verlauf der Delegiertenkonferenzen
des SDS war teilweise ausgesprochen chaotisch.[25]
Noch aber war der SDS in den meisten Studentenparlamenten und Allgemeinen
Studentenausschüssen (AStA) vertreten, die einen wichtigen politischen und organisatorischen Ausgangspunkt der studentischen Linken darstellten. Damit
wurde direkt oder indirekt jenen Gruppierungen, die die AStA stellten, eine weitgehende finanzielle und organisatorische Absicherung zuteil, da vor allem die
Studentenausschüsse größerer Universitäten über einen Jahreshaushalt von meist
mehreren hunderttausend DM verfügten.[26]

Die Übernahme des Verbandes Deutscher Studentenschaften (VDS) durch den SDS-Bundesvorstand machte die Vormachtstellung des SDS innerhalb der studentischen Linken deutlich. Gleichwohl zog sich im Dezember 1969 der SDS auf einer VDS-Konferenz in Hamburg aus dem VDS zurück, nachdem dieser finanziell und organisatorisch »ausgepowert« worden war.

Die 21. ordentliche Mitgliederversammlung des VDS in Köln vom 3. bis 10. März 1969 hatte bereits die innere Zerrissenheit der studentischen Linken in der Bundesrepublik gezeigt. Als Pläne beschlossen wurden, den VDS in einen sozialrevolutionären Kampfverband umzuwandeln, gründeten die Vertreter einiger weniger nichtlinker Allgemeiner Studentenausschüsse unter Initiative des früheren VDS-Vorsitzenden Christoph Ehmann den »Initiativausschuß Deutscher Studentenschaften (IDS)«, der sich dann in den »Arbeitsausschuß Deutscher Studentenschaften (ADS)« umwandelte, später jedoch in die Bedeutungslosigkeit versank und aufgelöst wurde.

Auch die kurze Zeit nach der VDS-Mitgliederversammlung durchgeführte Delegiertenkonferenz des SDS am Wochenende des 13./14. April 1969, an der sich der VDS beteiligte, zeigte ein Bild der Zerrissenheit, da außer der Wahl eines neuen Vorstandes keine verbindlichen Beschlüsse gefaßt wurden und die Auffassungen über die politische Strategie, wie sie von den lokalen SDS-Gruppen vertreten wurden, erheblich auseinandergingen. Auf dieser Delegiertenkonferenz war bereits deutlich geworden, daß der SDS-Bundesvorstand praktisch keine koordinierende Funktion mehr hatte, sondern bestenfalls nur noch als Clearing- und Informationsstelle galt. Die Spaltungstendenzen innerhalb der »Linken« kamen etwa ab Sommer 1969 immer offener zum Ausdruck.

Zwar gaben die Septemberstreiks vor der Bundestagswahl 1969 noch einmal einigen Gruppen insofern Auftrieb, als sie dahinter eine stärker ausgeprägte und nicht erwartete »Revolutionierung« der Arbeiterschaft wähnten, doch war diese Phase insgesamt von tiefer politischer Frustration gezeichnet. »Auch die Eroberung wesentlicher Teile unserer deformierten, reduzierten, wenig ›offenen‹ Öffentlichkeit fand nicht statt. Trotz erzielter Einbrüche in die überwiegende Mehrzahl traditioneller Studentenvertretungs-Bastionen auf lokaler Ebene, in der Schülerschaft, in der Arbeiterjugend usw., wurde die Diskrepanz zwischen konkreter ›linker‹ Strategie, augenblicklicher Potenz und der Repressionssteigerung von seiten der herrschaftlichen Reaktion offenbar«, hieß es resignierend in einer Zeitschrift des damals noch existierenden Liberalen Studentenbundes Deutschlands (LSD), der sich als ein Teil der Neuen Linken verstand.[27]

Das Auftreten von »Roten Zellen« in Berlin und an anderen Orten und die dann am 21. März 1970 in Frankfurt vollzogene Auflösung des SDS als Bundesverband verliehen diesen Spaltungstendenzen ideologischer Natur beredten Ausdruck.[28]

Die Auflösung des SDS am 21. März 1970 in Frankfurt stellte schließlich nur noch den mehr oder minder formalen Abschluß der Tatsache dar, daß der SDS schon längst aufgehört hatte, als Organisation zu funktionieren. Dieser hatte sich zumeist in eine Vielzahl von Basisgruppen, Ad-hoc-Gruppen und Roten Zellen verwandelt. Nur noch an einigen Orten, so in Heidelberg bis zur Auflösung des dortigen SDS durch Verbot der Landesregierung am 24. Juni 1970, existierten SDS-Gruppen weiter.[29]

Die SDS-Auflösung wurde durch das frühere SDS-Bundesvorstandsmitglied Udo Knapp wie folgt begründet: »Die Erschöpfung der Studentenrevolte darf nicht etwa bloß negativ von der Seite des sich auflösenden SDS her beschrieben werden, sondern muß beschrieben werden als der Prozeß der Selbsterkenntnis der Akteure an der antiautoritären Revolte, die heute als sozialistische Intellektuelle kein Interesse mehr an der Reorganisation einer Studentenorganisation als SDS haben, sondern für die sich die Organisationsfrage als die Frage nach den Perspektiven des Klassenkampfes und der Organisation des Proletariats stellt.«[30]

5. Vierte Phase: Leninismus (März 1970 bis Sommer 1971)

Nach der Auflösung des SDS in Frankfurt am 21. März 1970 setzte sich ein Konflikt fort, der bereits innerhalb des SDS voll zum Tragen gekommen war und dann noch zum Ausschluß der fünf Genossen der »KP-Fraktion« geführt hatte. Der Konflikt kreiste vor allem um zwei Fragen:
1. Wer ist das eigentliche revolutionäre Subjekt, also der Träger des Klassenkampfes?
2. Wie ist dieser »Klassenkampf« zu organisieren, mit Basisgruppen oder durch den Aufbau einer kommunistischen Partei?

Im Hinblick auf die Frage nach dem revolutionären Subjekt gab es zwei Extrempositionen, wobei einzelne Gruppen auch entsprechende Zwischenpositionen einnahmen. Die Position der »Antiautoritäten« ging davon aus, daß die Studenten und die »Intellektuellen« einen »stellvertretenden Kampf« für das Proletariat zu führen hätten, da dieses nicht in der Lage sei, seine eigenen Interessen zu erkennen und zu vertreten, weil es den repressiven Manipulationstechniken der herrschenden Klasse ausgesetzt sei. Die Alternativposition bezeichnete den tatsächlich »Ausgebeuteten«, »den Proletarier« als das eigentliche revolutionäre Subjekt. Studenten und Intellektuelle könnten nach dieser Auffassung gar nicht an der Spitze der Klassenkämpfe stehen, sondern die Anleitung zum Klassenkampf sei solchen Genossen zu überlassen, die als Proletarier, als Hand- und nicht als Kopfarbeiter, tagtäglicher Ausbeutung und Repression ausgesetzt seien. Diese zweite Position führte häufig zu einem »Proletkult«, also dazu, daß Studenten die Universität verließen, um in den Betrieben selbst die Position von Proletariern einzunehmen. Einige Organisationen beschränkten sich in dieser Phase denn auch weitgehend auf Betriebs- und vor allem Lehrlingsarbeit und zogen sich zeitweilig fast ganz von der Hochschule zurück – was im übrigen dem Aufbau des DKP-nahen Spartakus sehr zugute kam.

In der Frage, wie der »Klassenkampf« zu organisieren sei, wer die eigentlichen »Kader« des revolutionären Kampfes darstellen soll, setzte sich zunehmend die Einsicht durch, daß nur straffe überregionale Organisationen, die nach den Prinzipien des Demokratischen Zentralismus und auf den Grundlagen leninscher Parteiarbeit aufgebaut sind, eine Arbeit im Interesse des Proletariats leisten könnten.

Dies führte dazu, daß sich immer mehr Organisationen bildeten, die sich »Marxisten-Leninisten« nannten. Diese gingen von der Notwendigkeit des Parteiaufbaus aus, so die Kommunistische Partei Deutschlands/Aufbauorganisation (KPD/AO), die sich ab Juli 1971 schließlich zur Partei erklärte und die Beifügung »Aufbauorganisation« ablegte, oder andere Organisationen, die teilweise heute nicht mehr oder nicht mehr in dieser Form existieren, wie verschiedene Rote Zellen, der Kommunistische Bund/Marxisten-Leninisten oder das Sozialistische Arbeiter- und Lehrlingszentrum (SALZ) u. a.

Darüber hinaus gewann die Position der »Traditionalisten« an Bedeutung, also vor allem der DKP-nahen Gruppen wie Marxistischer Studentenbund (MSB) Spartakus, die sich an bereits bestehenden »Organisationen der Arbeiterklasse« orientierten, insofern also den zahlreichen anderen Organisationen, die sich erst langsam am Leninismus orientierten, voraus waren. Die Gründung des MSB Spartakus, die auf dem 1. Bundeskongreß vom 20. bis 22. Mai 1971 in Bonn stattfand[31], zeigte denn auch sehr deutlich die langfristige Strategie der DKP, die die führungslos gewordene, ehedem »antiautoritäre« Studentenrevolte unter eine stärkere Kontrolle zu bringen versuchte. Hierzu sollten auch eigene DKP-Hochschulgruppen dienen.

Durch eine weitgehende Kontrolle über den VDS, der vom MSB Spartakus und vom SHB gemeinsam kontrolliert wurde, übte die DKP in dieser Phase zugleich einen sehr deutlichen Einfluß innerhalb der Studentenschaft in der Bundesrepublik aus.

Sowohl die Neo-Leninisten als auch der MSB Spartakus und die DKP gehen aber davon aus, daß überregionale Tätigkeit in Eliteparteien die Voraussetzung für einen erfolgreichen Kampf darstellt. Im Unterschied zu dieser Position erklärte eine zahlenmäßig bedeutsame Gruppe in dieser Phase der Fraktionskämpfe die überregionale Zusammenarbeit noch für verfrüht und hielt am Prinzip der Dezentralisation fest. Dies geschah zum einen auch aus der Überlegung heraus, daß die Basis an den Hochschulen erst einmal verbreitert werden müßte, bevor sich eine »anpolitisierte« wissenschaftliche Intelligenz überhaupt zum Bündnispartner des Proletariats entwickeln könnte. Diese Richtung des »Seminarmarxismus« nahm jedoch nach und nach an zahlenmäßiger Bedeutung ab. Es setzte sich immer mehr die Position derjenigen durch, die eine bundesweit koordinierte Arbeit straff geführter Kaderorganisationen für notwendig erachteten, wobei allerdings diese Konzeption von Teilen der Linken weitester Kritik ausgesetzt war: Es wurde von einem »ideologischen Freibeutertum der Neuen Linken« gesprochen, das nun in »Dogmatismus und Pietät« umschlage, auf die bisherige Ablehnung und Verachtung des Arbeiters folge nun eine »Apotheose des Proletariats«.[32] Andere sprachen sogar von einem »Marsch in die Ersatzpraxis der rigiden emanzipationsblinden Kaderorganisationen«.[33]

Die leninistische Phase ist zugleich eine Phase der Zersplitterung und Fraktionierung, da die Zahl der einzelnen Organisationen, die sich zum Teil untereinander heftig bekämpften, einen schier unübersichtlichen Charakter annahm. Der Bericht des Bundesinnenministers Genscher zur Tätigkeit links- und rechtsradikaler Gruppen vom 5. April 1971[34] machte deutlich, daß der Bundesregierung 1971 rund 250 linksradikale Gruppen im Bundesgebiet einschließlich West-Berlin mit etwa 84 300 Mitgliedern bekannt waren. Nach diesem Bericht gehörten rund 81 000 Mitglieder 130 orthodox-kommunistischen Gruppen (DKP-nahe) an.[35] Insgesamt erschienen 1971 420 linksradikale Blätter mit einer Gesamtauflage von rund 2 Millionen Exemplaren. Dabei sollen die orthodox-kommunistischen Gruppen über ca. 320 Blätter mit einer Gesamtauflage von rund 1 650 000 Exemplaren verfügt haben. Die Erscheinungsweise der einzelnen Blätter war verschieden. Im Jahre 1970 beispielsweise wurden insgesamt rund 11,2 Millionen Exemplare gedruckt, so daß sich ein Monatsdurchschnitt von knapp einer Million Exemplaren ergab.

6. Fünfte Phase: Zentralisation (ab Juli 1971)

Mit der Umbenennung der früheren KPD/AO in »Kommunistische Partei Deutschlands« wurde die Phase der Zentralisation der bisher zersplittert arbeitenden Gruppen eingeleitet. Bei den linken Organisationen setzte sich weitgehend die Einsicht durch, daß nur schlagkräftige Eliteparteien, die im gesamten Bundesgebiet arbeiten, politische Erfolge nachweisen könnten. Neben der KPD gab es u. a. als wesentliche Organisationen:

Kommunistische Partei Deutschlands/Marxisten-Leninisten (KPD/ML), die sich zwar bereits am 31. Dezember 1968 gründete, jedoch zahlreiche Spaltungen über sich ergehen lassen mußte. So erfolgte im Juni 1970 eine erste Abspaltung mit Sitz in Bochum (Zentralorgan: Rote Fahne); im Herbst 1970 kam es bei dieser zweiten KPD/ML zu einer weiteren Abspaltung und Gründung einer dritten Partei um Willi Dickhut, der seiner Gruppe ebenfalls den Namen KPD/ML verlieh. Inzwischen hat sich jedoch die KPD/ML um das Zentralorgan »Roter Morgen«, um den früheren KPD-Funktionär Ernst Aust als eine führende, spezifisch maoistisch ausgerichtete Partei der Bundesrepublik entwickelt, was nicht zuletzt auch durch die offizielle Anerkennung durch Albanien zurückzuführen sein dürfte.

Außerdem gibt es weitere »Parteien«, zum Beispiel den Kommunistischen Bund Westdeutschland (KBW), in dem sich im Juni 1973 in Bremen verschiedene Organisationen aus Bremen, Göttingen, Osnabrück, Wolfsburg, Heidelberg, Mannheim und Freiburg zusammenschlossen, wobei sich zwanzig weitere kleine örtliche Gruppen im Laufe des Jahres 1973 in die Organisationsstruktur des KBW eingliederten oder als Sympathisantengruppe ihre Aufnahme in den KBW erstrebten.

Andere »Parteien« oder »-ansätze«, die sich nach Auflösung des SDS gründeten – so der Kommunistische Bund/Marxisten-Leninisten (KB/ML) –, brachen indessen zumeist um die Jahreswende 1971/72 zusammen, obwohl diese in der ideologischen Diskussion innerhalb der Linken teilweise eine ganz erhebliche Rolle gespielt hatten.

Allerdings gibt es trotz der festzustellenden Zentralisation nach wie vor politische Tendenzen, die sich gegen Parteiansprüche dieser Art wenden.

7. Sechste Phase: Terrorismus (1974–1977)

Während die wesentlichen ideologischen Schriften der Terroristen der »Roten Armee Fraktion« zwischen 1971 und 1972 erschienen, kam es ab 1974 verstärkt zu terroristischen Aktivitäten, die in der öffentlichen Aufmerksamkeit andere Erscheinungen innerhalb der extremen Linken in den Hintergrund treten ließen. Schon ab 1968 waren erste linksterroristische Aktivitäten zu registrieren, insbesondere Bombenanschläge auf Einrichtungen der US-Armee, und auch nach der Verhaftung des harten RAF-Kerns Baader, Meinhof, Meins, Ensslin und Raspe im Jahre 1972 wurde der Terrorismus nur vorübergehend geschwächt. Damals wurde der Kampf gegen die »Isolationsfolter« der »politischen Gefangenen«, vor allem auch die Frage der Häftlingsbefreiung zum Mittelpunkt der RAF-Strategie.

Ab 1974 verstärkte sich die terroristische Energie wesentlich. In der Nacht vom 4. zum 5. Juni 1974 wurde der 22jährige Student Ulrich Schmücker im Berliner Grunewald erschossen aufgefunden. Ihm wurde vorgeworfen, er sei Verräter an der Bewegung 2. Juni. Erstmals war ein Mitglied einer linksextremen Organisation in Selbstjustiz ermordet worden. Die »Bewegung 2. Juni« – damals noch in Konkurrenz zur RAF – übernahm die Verantwortung für die Ermordung des Berliner Kammergerichtspräsidenten Günther von Drenkmann. Am 27. Februar 1975 wurde der Berliner CDU-Landesvorsitzende Peter Lorenz entführt und dadurch die Freilassung von fünf Terroristen erpreßt. Am 24. April 1975 gelang einem aus sechs Terroristen bestehenden »Kommando Holger Meins« die Besetzung der Stockholmer Botschaft der Bundesrepublik Deutschland. Das Ergebnis: der Brand des Botschaftsgebäudes und mehrere Tote (zwei Diplomaten, ein Terrorist, ein weiterer Terrorist erlag später seinen Verletzungen). Im Dezember 1975 gab es schließlich einen Überfall auf die OPEC-Zentrale in Wien, an dem auch deutsche Terroristen beteiligt waren. In der Nacht vom 8. auf den 9. Mai 1976 beging Ulrike Meinhof in Stuttgart-Stammheim Selbstmord. 1977 verübten auch Andreas Baader, der immer mehr die Führung der RAF an sich gerissen hatte, Gudrun Ensslin und Jan-Carl Raspe Selbstmord. Durch Hungerstreik-Aktionen und Kampagnen in linksextremen Zeitschriften wurde versucht, die Selbsttötungen von Meinhof, Baader, Ensslin und Raspe als Mord erscheinen zu lassen.[36]

Das Jahr 1977 brachte den absoluten Höhepunkt der terroristischen Aktivitäten. So wurden am 7. April 1977 Generalbundesanwalt Siegfried Buback und seine beiden Begleiter in Karlsruhe auf offener Straße von dem »Kommando Ulrike Meinhof – Rote Armee Fraktion« ermordet. Er sei »direkt verantwortlich für die Ermordung von Holger Meins, Siegfried Hausner und Ulrike Meinhof« gewesen. Am 25. August 1977 schlug ein Anschlag mit einer »Stalinorgel« auf das Gebäude der Bundesanwaltschaft in Karlsruhe fehl. Am 5. September 1977 entführten fünf bewaffnete Terroristen in Köln Dr. Hanns Martin Schleyer, den Präsidenten der Arbeitgeberverbände und des Bundesverbandes der Deutschen Industrie. Seine vier Begleiter wurden erschossen. Am 13. Oktober 1977 entführte ein palästinensisches Kommando die Lufthansa-Maschine »Landshut« von Mallorca nach Somalia. Nach der Befreiung der Geiseln durch die Grenzschutzgruppe 9 und dem Selbstmord der Mitglieder des »harten Kerns« der RAF, Andreas Baader, Gudrun Ensslin und Jan-Carl Raspe, am 18. Oktober 1977 wurde Dr. Schleyer am 19. Oktober ermordet aufgefunden.

Diese Aktionen waren selbst innerhalb der extremistischen Linken umstritten, insbesondere die Entführung der Lufthansa-Maschine, weil hiervon auch »unschuldige« Bürger betroffen waren und die Aktion daher »gegen das Volk« gerichtet war.

In den Folgejahren konnte sich die RAF nur noch mühsam stabilisieren, zumal sie ihren harten Kern verloren hatte.

In der sechsten Phase entwickelten sich immer mehr undogmatische Gruppen, vielfach auch »Spontis« genannt, die sich durch Spontaneität und Militanz auszeichneten. Bei ihnen war der Übergang zum Terrorismus gelegentlich fließend, so daß sie ein Rekrutierungsfeld für den Terrorismus darstellten.

8. Siebte Phase: Spontis und Alternativbewegung (ab 1977)

War die fünfte Phase noch im wesentlichen durch den Aufbau und die Konkurrenz verschiedener marxistisch-leninistischer »Parteien« und durch straffe, revolutionäre Disziplin bestimmt, so gewannen in der zweiten Hälfte der siebziger Jahre – vor allem ab 1977 – wieder Undogmatische und Sponti-Gruppen stärkeren Zulauf – also solche Gruppen, die die Merkmale einer »revolutionären Partei« ablehnten. Für diesen Teil der Protestbewegung war der »Nationale Widerstandskongreß: Reise nach Tunix« vom 27. bis 29. Januar 1978 in Berlin ein wichtiges Ereignis der »Alternativ-Bewegung«, bei dem etwa 6000 »Spontis« erörtern wollten, wie sie »das ›Modell Deutschland‹ zerstören« und durch »Tunix« ersetzen könnten.

Bei den undogmatischen, spontihaften Gruppen dominiert die Ablehnung eines in Parteien organisierten Kommunismus, dessen Dogmatismus und Bürokratismus abgelehnt und statt dessen meist ein vager Rätesozialismus propagiert wird. Vielfach wird eine zynische Verachtung der bestehenden Gesellschaftsordnung gezeigt, was auch in dem 1977 unter dem Pseudonym »Mescalero« veröffentlichten »Buback-Nachruf« Ausdruck fand.

Die maoistisch-kommunistischen Parteien und Parteiansätze blieben zwar innerhalb der organisierten Neuen Linken die stärkste Kraft, ihre politische Bedeutung nahm aber ab. Überregional hatten sich als stärkste marxistisch-leninistische Gruppen die KPD und der KBW herausgestellt, die in vielen Fragen ideologisch übereinstimmten und sich politisch sehr stark an Peking orientierten, außerdem die pro-albanische KPD/ML des Ernst Aust. Regional hatten der Kommunistische Bund (für Norddeutschland), der Kommunistische Arbeiterbund Deutschlands (für Südwestdeutschland und Nordrhein-Westfalen), der Arbeiterbund für den Wiederaufbau der KPD (für Bayern) Bedeutung.

Diese Organisationen blieben von Spaltungen nicht verschont. Etwa ab 1978 dürfte die Gesamtmitgliederzahl der dogmatischen kommunistischen Gruppen (K-Gruppen) zurückgegangen sein. Einer der wesentlichen Gründe liegt im Zerfall des Maoismus. Der Tod von Mao Tse-tung im September 1976 und die Nachfolgekämpfe innerhalb der Kommunistischen Partei Chinas (KPCh) führten zu Irritationen unter den Anhängern Maos, wobei insbesondere die pragmatische Außenpolitik, die die Sowjetunion als den größeren Feind im Vergleich zu den

33

USA darstellte, viele Maoisten zutiefst verunsicherte. Hinzu kamen die politischen Auseinandersetzungen zwischen der KPCh und der Partei der Arbeit Albaniens. Resignation dürfte auch das Ausbleiben der Massenbasis innerhalb der Arbeiterschaft ausgelöst haben sowie Enttäuschung über einzelne revolutionäre Leitbilder in der Dritten Welt (neben China auch Kuba, Vietnam und Kambodscha).

Viele Angehörige linksextremer Gruppen oder der linken Szene wandten sich der Umweltschutzbewegung oder generell der Alternativbewegung zu. Die Auseinandersetzungen um Brokdorf und um das Kernkraftwerk Kalkar im Jahre 1977 zeigten ein hohes Maß an Gewalttätigkeit. Innerhalb der ökologischen Bewegung, die viele Tausende Bürgerinitiativen hervorbrachte, gab es in der Anfangszeit auch einen relativ starken »wertkonservativen« Flügel (Gruhl, Springmann), der aber immer mehr zurückgedrängt wurde.

Sehr häufig entstanden meist örtliche Alternativzeitungen, in denen der Aufbau einer eigenen Alternativkultur jenseits der »etablierten« Welt propagiert wurde.

9. Achte Phase: Hausbesetzungen, Einfluß der »Grünen« und der Friedensbewegung (ab 1980)

Die Auflösung der maoistischen Kommunistischen Partei Deutschlands (KPD) im März 1980 zeigte den Niedergang der K-Gruppen. Auch der KBW, zeitweilig stärkste Organisation der Neuen Linken, erlebte eine heftige Erschütterung, von der er sich bis heute nicht erholt hat. Im September 1980 kam es zu einer Abspaltung des »Bundes Westdeutscher Kommunisten« (BWK). Schon im Herbst 1979 hatte es wegen des Auftretens der grünen Bewegung innerhalb des vorwiegend im norddeutschen Raum beheimateten Kommunistischen Bundes (KB) heftige Auseinandersetzungen gegeben, die zu einer Abspaltung der »Gruppe Z« führten, die für eine frühzeitige Beeinflussung der »bunten« und »grünen« Wahlbewegung eintrat.

Die Entwicklung einer »grünen« Bundespartei, die 1980 offiziell gegründet wurde und erstmals an einer Bundestagswahl teilnahm, hat stark zum teilweisen Zusammenbruch der marxistisch-leninistischen Bewegung beigetragen. Immer mehr Mitglieder dieser Organisationen erkannten, daß nur in einer an populären Forderungen orientierten Umweltschutzbewegung eine Massenbasis erreicht werden könnte. Hinzu kommt, daß die marxistisch-leninistischen Kaderorganisationen in ihrer politischen Praxis mit der Forderung nach revolutionärer Disziplin und völliger Unterordnung des Privatlebens unter die Ziele der jeweiligen Partei auf die Dauer keine Anziehungskraft haben konnten. Auch manche Faszinationskraft von verstärkt auftretenden Sponti-Gruppen, die stärker die Emanzipation des Individuums und nicht nur der Gesellschaft als Kollektiv forderten, hat ihre Spuren innerhalb der marxistisch-leninistischen Bewegung hinterlassen.

Um den Niedergang des dogmatischen Kommunismus im Bereich der Neuen Linken zu überwinden, versuchten ehemalige Mitglieder von K-Gruppen einen organisatorischen Zusammenhang zu schaffen. Die Erste Sozialistische Konferenz (die vom 2. bis 4. Mai 1980 in Kassel stattfand), war – wie auch weitere Nachfolgekonferenzen – ebenso eine Bemühung auf diesem Weg wie die Gründung von Zeitschriften, mit deren Hilfe der Diskussionsprozeß vorangetrieben und vor allem das Verhältnis zur grünen Bewegung geklärt werden sollte. Auch die »Komitees für Demokratie und Sozialismus« (KDS), die aus ehemaligen Mitgliedern von K-Gruppen bestanden, sowie die »Gruppe der 99« aus Mitgliedern der ehemaligen KPD versuchten, weiterhin einen »organisierten Diskussionszusammenhang« aufrechtzuerhalten, was auf Dauer nicht gelang.

Darüber hinaus gab es innerhalb der linken Szene verstärkt Diskussionen um Fragen der Alternativkultur. Gleichzeitig breitete sich ab 1980 als neue Form der Pro-

testbewegung der »Häuserkampf« aus[37], wobei immer mehr anarchistische Tendenzen zutage traten und traditionelle Revolutionsmodelle in den Hintergrund gedrängt wurden. Vielmehr wurde zum Widerstand gegen die »bürgerliche Gesellschaft« aufgerufen.[38]
Es gehe nicht darum, die politischen Fehler des Staates zu bekämpfen, denn der Staat selbst sei der eigentliche Fehler. Ausbeutung, Umweltzerstörung und Kriegsgefahr seien erst in einer »herrschaftslosen Gesellschaft«[39] zu beseitigen. Auch der Kampf gegen Kernkraftwerke sowie gegen den Bau der Startbahn West des Frankfurter Flughafens wurde fortgesetzt.
Es erschienen immer mehr Alternativzeitungen. »Die Tageszeitung« wurde zum Sprachrohr einer undogmatischen Bewegung. Häufiger waren auch »Schwarzsender« zu hören.
Als Reaktion auf den »NATO-Doppelbeschluß« vom 12. Dezember 1979 wurde ab 1981 vor allem die »Friedensbewegung« aktiv. Insbesondere von seiten der Alten Linken, also der DKP, wurde versucht, sie zu beeinflussen. Einen ersten Höhepunkt erlebte die Bewegung auf einer Demonstration am 10. Oktober 1981 in Bonn, an der nach Schätzungen zwischen 200 000 bis 300 000 Personen meist jüngeren Alters teilnahmen. Am 10. Juni 1982 fand anläßlich einer NATO-Konferenz in Bonn eine weitere Großdemonstration ähnlichen Ausmaßes statt. Zur Verhinderung des NATO-Doppelbeschlusses wurde 1982 und 1983 wieder an die Tradition der früheren »Ostermärsche« angeknüpft. Mit dem Friedensthema versucht ein Teil der Linken, aus einem Getto auszubrechen und auch mit nicht-sozialistischen Kreisen der Bevölkerung gemeinsame Aktionen durchzuführen.

IV. Die »antiautoritäre« Revolte des SDS

SDS und Protestbewegung waren nicht völlig identisch. Unbestritten war jedoch die eindeutige Führung, die der SDS gegenüber den anderen, mit seinen Zielen sympathisierenden Verbündeten innehatte. Soweit es ideologische Auseinandersetzungen gab, wurden sie auf der gemeinsamen Basis einer »Bewegung« innerhalb des SDS und auch im früheren SDS-Organ »Neue Kritik« ausgetragen. Nachfolgend sollen einige wesentliche Momente des SDS und der antiautoritären Protestbewegung insgesamt herausgearbeitet werden, die zum Verständnis der Entwicklung der Neuen Linken in der Bundesrepublik als besonders wichtig angesehen werden müssen. In diesem Zusammenhang sei verwiesen auf die Fülle der über den SDS erschienenen Literatur.[1]

1. Zum politischen Standort des SDS

René Ahlberg analysierte zu Recht den SDS als einen »anarchokommunistischen Kampfbund«, obwohl der SDS und die antiautoritäre Bewegung insgesamt, als deren führender Motor und Teil der SDS begriffen werden muß, keine klar umrissene politische Strategie hatten und sich an einer Vielzahl einzelner Strömungen orientierten. Parteihistorisch gesehen war die Protestbewegung jedoch nicht nur von anarchistischem Gedankengut – nicht zu verwechseln mit dem Terrorismus als solchem –, sondern auch vor allem vom Luxemburgismus und Leninismus beeinflußt. Die 1919 ermordete Rosa Luxemburg hatte sich den Auffassungen Lenins entgegengestellt, der den Kampf der Kommunisten nur durch eine starke bolschewistische Elitepartei für durchführbar hielt, die in ihrem Kern aus disziplinierten Berufsrevolutionären bestehen und sich auch durch eine kontinuierliche Führungsschicht auszeichnen sollte.[2]

Luxemburg war eine der schärfsten kommunistischen Kritikerinnen von Lenin, dessen »Ultra-Zentralismus« sie nicht von einem »positiven schöpferischen, sondern vom sterilen Nachtwächtergeist« getragen hielt. Sie sprach sich zwar ebenfalls für eine kommunistische Diktatur aus, trat aber für bestimmte politische Freiheiten ein und wandte sich dagegen, daß Freiheit zum Privileg nur einiger weniger wird: »Freiheit nur für die Anhänger der Regierung, nur für die Mitglieder einer Partei – mögen sie noch so zahlreich sein – ist keine Freiheit. Freiheit ist immer nur Freiheit des anders Denkenden.«[3]

Darüber hinaus war die politische Ideologie der Protestbewegung[4] vor allem durch Herbert Marcuse sehr stark beeinflußt, der von den psychoanalytischen Erkenntnissen Sigmund Freuds ausgeht und einen »neuen Menschen«, eine »Kultur ohne Unterdrückung«, ohne »repressive Mechanismen« erstrebt.[5]

Neben stark luxemburgischen und auch darüber hinaus leninschen Positionen waren noch weitere ideologische Richtungen in mehr oder weniger ausgeprägter Form vertreten, so beispielsweise der Trotzkismus mit seinen sehr starken antistalinistischen und antibürokratischen Positionen, die anarcho-syndikalistische Richtung, die – zum Teil vermengt mit trotzkistischen Strömungen – den Aufbau einer neuen Gesellschaftsordnung in enger Anlehnung an die Gewerkschaften durchsetzen will; aber auch »fidelistische« Strömungen, die dem Vorbild von Revolutionären Lateinamerikas oder auch des Fernen Ostens nacheiferten, teilweise auch maoistische Strömungen und auch anarchistische Vorstellungen, die von der utopischen Sicht eines völligen Abbaus von Herrschaft ausgingen.

Insofern ist es auch nicht statthaft, von »dem« SDS und »der« Protestbewegung auszugehen, da eine klar umrissene Strategie fehlte, wenn auch eine Vielzahl theoretischer Aussagen führender Vertreter publiziert wurde, die aber zumeist nicht für die gesamte Protestbewegung sprechen konnten. Zudem gab es innerhalb des SDS bis 1968 auch eine sehr starke traditionalistische Richtung. Neu an dieser »Neuen Linken« waren vor allem auch ihre spontanen Aktionsformen, wie Go-In, Sit-In etc., die im Zusammenhang mit dem mobilisierenden Einfluß durch Berichterstattung in den Massenmedien eine erstaunliche Stoßkraft der Protestbewegung bewirkten.

2. »Protestbewegung« – eine Definition durch Beteiligte

Den sozialpsychologischen Hintergrund der Protestbewegung hat Hans-Jürgen Krahl besonders prägnant beschrieben.[6] Bernd Rabehl hat die Protestbewegung in erster Linie als ein Aufbegehren gegen eine vermeintliche staatliche Repression definiert.[7]

Die Protestrevolte der Schüler und Studenten wird also nur als »potentiell sozialistisch« erkannt[8], denn sie gehe zunächst aus »von der Unzufriedenheit des Individuums in seiner Umwelt, das heißt von der Wahrnehmung seiner Bedürfnisse und der Einsicht in die Unmöglichkeit ihrer Befriedigung«.[9]

Die Vertreter der Protestbewegung schätzten diese sogar als eine Art von »Kulturrevolution« ein.

Dutschke sprach von einer »kulturrevolutionären Übergangsphase« auf dem Wege zur Erlangung des »Neuen Menschen«.[10]

3. Theorie des autoritären Staates

Die Aussagen des SDS und der führenden Vertreter der Protestbewegung wurden nach dem 2. Juni 1967 immer radikaler und richteten sich gegen die im Grundgesetz verfaßten Prinzipien einer modernen Demokratie. So erklärte der Berliner SDS-Funktionär Peter Neitzke auf einer Kundgebung vom 14. Dezember 1968, Lenin habe »auch die Richtung unseres Kampfes gezeigt. Dieser Kampf gipfelt in der Zertrümmerung des kapitalistischen Staatsapparats und der Errichtung der Diktatur des ganzen arbeitenden Volkes über seine Peiniger.«[11]

Basis der Ideologie der antiautoritären Protestbewegung war ihre Einschätzung des »autoritären Staates«. So schrieb Wolfgang Dreßen: »Der letzte Feind bleibt der Staat, und alle sind objektiv gegen ihn vereinigt ... Der Gegensatz ist nicht mehr der zwischen Proletariern und Kapitalisten, sondern der zwischen lebendiger Arbeit und verselbständigten Institutionen, die keinerlei Interessen mehr entsprechen ...«[12]

Vor allem Horkheimer, der unter dem Eindruck der Geschehnisse des Zweiten Weltkrieges in der »kritischen Theorie« die Theorie des autoritären Staates formulierte, hat die Protestbewegung stark beeinflußt. »In allen seinen Varianten ist der autoritäre Staat repressiv. Die maßlose Vergeudung ... entsteht ... aus den unverschämten Bedürfnissen des Machtapparats und aus der Vernichtung jeglicher Initiative der Beherrschten: Gehorsam ist nicht so produktiv.«[13]

Im engen Zusammenhang mit der Auffassung vom autoritären Staat muß auch die Manipulationsthese des SDS gesehen werden, denn die Protestbewegung zeichnete sich nicht nur durch ihre Strategie der Verweigerung aus, sie war auch von der Grundidee getragen, daß infolge der Manipulation das eigentliche revolutionäre Subjekt, das Industrieproletariat, nicht mehr in der Lage sei, seine eigenen objektiven sozialen und politischen Interessen zu erkennen. Die Industriegesellschaft verhindere nämlich die freie Selbstentfaltung des Menschen durch Manipulation, Repression und Konsumterror. Die lohnabhängigen Massen seien derart manipuliert, daß sie für eine sozialistische Politik nicht mobilisierbar seien. Deshalb seien die Intellektuellen noch am ehesten in der Lage, die totale Manipulation zu durchschauen und die unmündigen Massen gegen das »spätkapitalistische System« zu mobilisieren.[14]

Diese totale ›Manipulation‹ wurde von Dutschke mit folgenden Worten begründet: »Durch Konzessionen ... werden die Massen noch bei der Stange gehalten. Hinzu kommt, daß es dem System gelungen ist, durch langjährige funktionale Manipulation die Menschen auf die Reaktionsweise von Lurchen zu regredieren.«[15]

4. Student als revolutionäres Subjekt

Aufbauend auf der Manipulationsthese, verstieg sich die antiautoritäre Protestbewegung zu der Elitetheorie, daß nur Studenten und generell ›Intellektuelle‹ sozusagen als sozial freigesetzte Wesen in der Lage seien, den eigentlichen revolutionären Kampf gegen Ausbeutung und Unterdrückung zu führen. Nach Auffassung Dutschkes war das Proletariat hierzu nicht in der Lage: »Das Proletariat als eine Fraktion des revolutionären Lagers ist noch latent, muß sich im Kampf gegen den Staat konstituieren.«[16] Auch Reiche und Gäng vertraten die Auffassung, daß den Studenten im revolutionären Kampf eine Schlüsselstellung zukomme.[17]

Die antiautoritäre Revolte ging von einer sogenannten »Randgruppenstrategie« aus. Denn die noch nicht im System integrierten Studenten der Protestbewegung fühlten sich als die eigentlichen Agenten der revolutionären Befreiungsbewegung der Dritten Welt in den Metropolen, d. h., daß die Studenten neben anderen Randgruppen dieser Gesellschaft sich selbst als die wichtigste Gruppierung ansahen, effizienten Widerstand gegen die Herrschaftsmechanismen einer »spätkapitalistischen« Gesellschaftsordnung zu leisten.[18]

Nach Rabehl gehören im weitesten Sinne zu den Randschichten: »Deklassierte Intelligenz, Intelligenz, die außerhalb des Apparats steht, die gewisse Einsichten hat und sich weigert, im Apparat mitzuarbeiten; ferner das Lumpenproletariat, Lumpenproletariat im Sinne jener Randschichten, die durch Strukturkrise arbeitslos werden oder deren Stellung im Produktionsprozeß gefährdet ist ...« Dutschke forderte das »Arbeitermilieu als bestimmte Negation des bestehenden Systems«, das jedoch erst als »Resultat der Revolutionierung von Randschichten gelingen und nicht strategischer Ausgangspunkt der Transformierung sein kann«.[19]

Obwohl aber immer wieder betont wird, daß man auch an Randgruppen innerhalb der Arbeiterschaft herankommen müsse, wird dennoch in der antiautoritären Phase insgesamt von der Erkenntnis ausgegangen, daß das Proletariat gegenwärtig nur sehr schwer zu revolutionieren sei und deshalb die Protestbewegung nicht warten dürfe, bis die ökonomische und politische Krise des Systems eines Tages offen ausbreche: »Eine desorientierte, zersplitterte, in ihrem militanten Teil von linken Bürokraten bei der Stange gehaltene Arbeiterschaft wäre unfähig, diese voraussehbare Krise auszunutzen. Es kommt darauf an, jetzt die theoretisch-praktische und organisatorische Alternative für die deutsche Arbeiterklasse aufzuzeigen. Repressive Arbeitsteilung und ideologische Manipulation haben das Klassenbewußtsein des Arbeiters weitgehend auf die naturwüchsige Erfahrung des Untenseins beschränkt. Sie sind wegen des auf ihm besonders lastenden gesellschaftlichen Drucks zunehmend unfähig geworden, aus ihrer konsequent

vorangetriebenen Interessenvertretung heraus selbständig eine umwälzende Gesellschaftsperspektive zu konstituieren. Mehr denn je bedarf die Arbeiterklasse der revolutionären Intelligenz.«[20]
In der Protestbewegung sahen sich also die studentischen Vertreter als das eigentlich revolutionäre Subjekt, wobei sie sich als Teil eines Befreiungskampfes der gesamten Welt interpretierten und von daher auch Vergleiche der Bundesrepublik mit Vietnam vorgenommen wurden. Deshalb müsse die Taktik der studentischen Avantgarde, wenn auch in einem bescheidenen Grade, eine modifizierte Anwendung der Guerillastrategie darstellen.[21] Der Kampf der Studenten wurde sogar mit dem Kampf der Vietcong verglichen.[22]

5. Ziel: Die Rätedemokratie

Die durch die Protestrevolte entwickelte Theorie des autoritären Staates, die sich auch in häufiger Konfrontation mit der Staatsgewalt entwickelt hatte, bildete die Grundlage eines zunehmenden Antiparlamentarismus und mündete in die Forderung einer Rätedemokratie.[23] Das parlamentarische System wurde als »die aufgepappte Fassade eines autoritären Systems«[24] bezeichnet. Die durch Parlamentarismus und kapitalistische Wirtschaftsordnung bedingte ›Repression‹ war nach Auffassung des SDS nur ablösbar durch ein System der Rätedemokratie, zu dem sich beispielsweise Dutschke sehr offen bekannte: »Wenn wir sagen, außerparlamentarisch, soll das heißen, daß wir ein System von direkter Demokratie anzielen – und zwar von Rätedemokratie, die es den Menschen erlaubt, ihre zeitweiligen Vertreter direkt zu wählen und abzuwählen, wie sie es auf der Grundlage eines gegen jedwede Form von Herrschaft kritischen Bewußtseins für erforderlich halten. Dann würde sich die Herrschaft von Menschen über Menschen auf das kleinstmögliche Maß reduzieren.«[25]
Die Ablehnung des Parlamentarismus und der Gedanke der Rätedemokratie führte sogar zu der Idee, ganz Berlin in eine Rätedemokratie zu verwandeln. So erklärte Bernd Rabehl im Rahmen einer Diskussion: »Wie kann eine neue Struktur der Stadt aussehen? Sie könnte sich in viele einzelne Kollektive von jeweils drei-, vier-, fünftausend Menschen aufgliedern, die sich um eine Fabrik zentrieren. Die Fabrik ist also nicht nur Arbeitszentrum, sondern muß alle Möglichkeiten zur Entfaltung des Lebens bieten, sie muß gleichzeitig auch Schule, gleichzeitig auch Universität sein. In dieses Kollektiv kann man die Bürokraten als einzelne aufnehmen, sie müssen in diesen Lernprozeß eintreten und ein neues Bewußtsein entwickeln, sie müssen vor allen Dingen auch herausfinden aus ihrer stickigen Familiensphäre ... Es wird einen obersten Städterat geben, in den die Vertreter der einzelnen Kommunen, die einzelnen Räte, jederzeit wählbar und abwählbar ihre Vertreter hineinschicken. Sie werden den Wirtschaftsablauf kontrollieren, und zwar ohne disziplinierende Anweisungen zu geben. Sie werden dafür sorgen, daß Wirtschaftspläne und städtebauliche Projekte ausgearbeitet werden. Dabei wird die neue Technologie ihre positive Seite zeigen. Man nimmt Computer zu Hilfe, um zu berechnen, was gebaut werden muß, wie die Pläne aussehen müssen, welche Gefahren auftauchen ... Wenn es je gelingen sollte, die Arbeitszeiten so weit zu reduzieren, dann wird natürlich auch ein jeder zum Politiker werden. Es ist tendenziell auch ein jeder Künstler, wenn man sich erst einmal vom bürgerlichen Kunstbegriff befreit. Es ist ja wohl nicht jeder, der in einen Beatschuppen geht, ein Musiker; trotzdem steckt darin ein Überschuß, an dem jeder teilhat. Ich weiß nicht, ob die möglichen neuen Berufe alle schon Namen haben ... Ebenso wird jedermann Lehrer und Lernender zugleich sein. In den einzelnen Kollektiven werden Räteschulen entstehen. Dabei hätte die Vollversammlung der Betriebe den Lehrplan zu bestimmen. In einer solchen Schule würde der Unterschied zwischen Theorie und Praxis, zwischen Arbeiter und Intelligenzler

tendenziell verschwinden. Jeder würde dort die Fähigkeit erwerben, andere Funktionen zu übernehmen und den Betrieb zu leiten.«[26]

Semler ergänzte in der gleichen Diskussion, »ich glaube, bestimmte Spezialistenfunktionen muß man einfach abschaffen, im ganzen. Zum Beispiel darf es nie mehr Richter geben, es darf nie mehr einen Justizapparat geben . . .«[27]

Und Rabehl meinte schließlich, angesprochen auf die Frage einer notwendigen Umerziehung: »Wo es ganz klar ist, daß eine Umerziehung unmöglich ist, etwa bei älteren Leuten und bei bestimmten Verbrechern, da sollte man den Betreffenden die Möglichkeit geben, auszuwandern.«[28]

6. Das »Reich der Freiheit« – oder die Rolle der Utopie

Dieses Zukunftsbild, das bis hin zur sozialistischen Großküche entworfen wurde, diese schwelgenden und schwärmerischen Träume von Harmonie und Eintracht zeigen doch sehr deutlich, wie stark der utopische Akzent in der Ideologie der Protestbewegung und der Neuen Linken war. Es wurde sozusagen ein Vorgriff auf das erstrebte »Reich der Freiheit« vorgenommen, wobei als eine Zielsetzung der außerparlamentarischen Opposition von Krahl genannt wurde, »daß sich solidarische Kollektive herausbilden, die die Vereinzelung und Atomisierung der Individuen, welche die kapitalistische Gesellschaft aufgrund ihrer abstrakten Arbeitsteilung besorgt, antizipatorisch aufheben soll«.[29]

So zielte nach Krahl die antiautoritäre Revolte darauf, »so etwas wie kollektive Lernprozesse möglich zu machen«.[30]

Die erstrebte Antizipation des Reiches der Freiheit führte denn auch zu Vorstellungen eines Gegensektors zur etablierten Ordnung. So wurden im Berliner SDS Überlegungen diskutiert, wie der Aufbau von Anwaltskommunen, die Organisation von Roten-Kreuz-Trupps, von linken Ärzten, linken Abteilungen in Krankenhäusern, sozialistischen Lehrervereinigungen, Übernahme einzelner wissenschaftlicher Institute durch linke Wissenschaftler[31] vollzogen werden könne.

Ferner gab es Überlegungen zum Aufbau von Gegenkindergärten – ein Plan, der zum Teil in die Tat umgesetzt wurde.[32]

Es wurde also eine Art Gegenkultur einer repressionsfreien Gesellschaft erstrebt, was sich vor allem im Aufbau von Kommunen sehr deutlich niederschlug.[33]

In diesem Zusammenhang ist auch die Emanzipationsdebatte der Protestbewegung zu sehen, bis hin zur Schaffung eines Berliner Aktionsrates zur Befreiung der Frauen, wobei ausgeführt wurde: »Der Anspruch auf Glück (muß) in gesellschaftlicher Aktion eingelöst werden«, wobei man nur die »jetzt schon möglichen Momente einer zukünftigen Gesellschaft« vorwegnehmen könnte.[34]

Frank Wolff vertrat die Auffassung, die Idee, daß die revolutionäre Organisation das Reich der Freiheit schon vorwegnehmen müsse, sei »heute wegen der Intensität und Reichweite zentraler gesellschaftlicher Tendenzen historisch eher angemessen als etwa im Anarchismus des letzten Jahrhunderts«.[35]

Die Vorstellungen um einen Gegensektor führten dann in Berlin auch zu entsprechenden Bemühungen für eine »kritische Universität«, an der linke Wissenschaftler lehren sollten.[36]

Die antiautoritäre Protestbewegung wäre also ohne starke utopische Momente, ohne die Forderung nach einem herrschaftsfreien Raum kaum denkbar. Dies ist auch der Grund, warum beispielsweise das Aktionszentrum unabhängiger und sozialistischer Schüler (AUSS), das als verlängerter Arm des SDS an den Schulen gelten konnte, zeitweilig sehr starken Zulauf erhielt, wurde doch zur Rolle eines Schülers durch einen führenden Vertreter dieses AUSS formuliert: »Je deutlicher die Unterdrückung, je mehr er deren Ursache zu erklären lernt, desto unerträglicher wird seine Lage, desto stärker wird er die Fähigkeit zur Phantasie entwickeln, die ihm Befreiung von sämtlichen Repressionen verspricht und ihm eine

Welt mit der konkreten Negation aller Nachteile seiner jetzigen Lage ausmalt: Er stellt sich eine Schule ohne Lehrer vor oder mit Lehrern als Angestellten der Schüler (»Schule den Schülern«), ein Elternhaus, das auf Gleichberechtigung basiert, oder er malt sich sexuelle Verhaltensmöglichkeiten aus, die alles enthalten, was ihm momentan verwehrt wird: einen Raum, Verhütungsmittel, Partner und vor allem keine Aufpasser. Man mag diese Phantasie naiv nennen, aber in ihr offenbart sich das ganze existentielle Engagement des Schülers. Je weiter diese Phantasie ausgeprägt ist, desto stärker wird sich der Drang nach Emanzipation herausbilden.«[37]

7. Die Alternative: Negation

Trotz aller utopischen Momente, trotz aller vagen rätedemokratischen Vorstellungen war es dem SDS und der antiautoritären Protestrevolte nicht gelungen, ein klares politisches Konzept zu entwickeln, vor allem auch die Fragestellung zu lösen, wie unter den gegebenen gesellschaftlichen Bedingungen eine Veränderung im Sinne der Protestbewegung möglich wäre. Um die Frage nach der Alternative zur bestehenden Gesellschaftsordnung kam es lediglich ebenfalls zu vagen Andeutungen oder zu der Aussage, daß in der Negation selbst bereits die Positive stecke, so Herbert Marcuse, der in geradezu klassischer Weise die Frage nach der Alternative beantwortete: »Können wir arbeiten für die Umwälzung der bestehenden Gesellschaft, ohne eine solche konkrete Alternative anzugeben? Die konkrete Alternative ist bis jetzt Negation, aber in dem Negativen selbst steckt schon das Positive. Lassen Sie mich ein Beispiel geben: Wenn ich zum Beispiel die Frage in Amerika beantworten soll: Was wollt ihr eigentlich anstele der bisherigen Gesellschaft, würde ich sagen: Wir wollen eine Gesellschaft, in der es keine Kolonialkriege gibt, in der keine Kolonialkriege geführt werden müssen, in der keine faschistischen Diktaturen eingerichtet werden müssen, in der es keine zweitklassigen und drittklassigen Bürger mehr gibt. – Das ist alles negativ formuliert; aber man muß schon ein Vollidiot sein, um nicht zu sehen, daß in der negativen Formulierung bereits das Positive steckt.«[38]
Aber auch Dutschke weigerte sich, auf die Frage nach der Alternative eine konkrete Antwort zu geben, denn im Verlaufe eines Podiumsgespräches in der Universität Hamburg hatte Dutschke eine Antwort auf die Frage nach den Zielen des SDS abgelehnt: »Ein Dutschke will keine Antwort geben. Das wäre genau die manipulative Antwort, die ich nicht zu geben bereit bin; denn was soll es bedeuten, als einzelner Antwort zu geben, wenn die gesamtgesellschaftliche Bewußtlosigkeit bestehenbleibt. Sie muß durchbrochen werden.«[39] Diese fehlende Bereitschaft, alternative Positionen zur bestehenden Gesellschaft konkret zu definieren, basiert auf der Theorie der »Großen Verweigerung«, wie sie vor allem von Herbert Marcuse propagiert wurde. So erklärte Dutschke: »Der Prozeß der organisierten Verweigerungs-Revolution ist ein für die Menschen sichtbarer und von ihnen verursachter tendenzieller Zusammenbruch der etablierten Apparate.«[40]

8. Die »Doppelstrategie«

Diese Strategie der Verweigerung, die von einem stark utopistischen Moment begleitet war, führte innerhalb des SDS zu heftigen Diskussionen über die Frage, welche politischen Ziele mit welchen Methoden durchsetzbar seien. Vor allem waren die Freiraumtheorien heftig umstritten, die davon ausgingen, daß ein Gegenmilieu, beispielsweise eine sozialistische Universität als sozialistische Insel inmitten einer kapitalistischen Umgebung, geschaffen werden könne. Mit zusätzlicher und zunehmender Erkenntnis vorgeblicher »Repressionssteigerung« von seiten der »Herrschenden« wurde die Freiraumtheorie von seiten des SDS abge-

lehnt. »Es muß klargemacht werden, daß es im kapitalistischen Staat unmöglich eine sozialistische Universität geben kann.«[41]
Insoweit wurde auch immer stärker die Auffassung vertreten, daß studentische Mitbestimmung eher ein Mittel zur Integration durch die Herrschenden sei und das Durchsetzen von Forderungen eher Illusionen über angebliche Reformierbarkeit dieses gesellschaftlichen Systems wecken könnte, denn die Interessenvertretung könne auch zur Entpolitisierung der Studenten führen, »denen vorgegaukelt wird, durch parlamentarisches, weitgehend passives Vorgehen ihre Interessen wahrnehmen zu können«.[42]
Das Durchsetzen von Forderungen an der Hochschule dürfe nur einen taktischen Stellenwert besitzen und nicht die strategischen Ziele der Protestbewegung ersetzen, die sich in der Hochschulrevolte konkretisieren müßten.
Diese Erkenntnis führte dann zur Diskussion um die Frage einer Doppelstrategie, die darin bestand, einerseits den Kampf innerhalb der bestehenden Ordnung – sozusagen als »Partisan im Apparat«[43] in Form des von Dutschke angekündigten »langen Marsches« durch die Institutionen – zu führen, andererseits aber auch durch den Aufbau eines Gegenmilieus eine Integration in das verhaßte gesellschaftliche System zu verhindern. So schrieb der frühere Berliner AStA-Vorsitzende an der Freien Universität, Knut Nevermann: »Die Zweigleisigkeit des Kampfes in und außerhalb der Institutionen scheint mir die sicherste Gewähr zu sein, sowohl die Gefahr der Sekte als auch der Integration zu vermeiden.«[44]
Doch war diese Vorstellung der Zweigleisigkeit nie völlig unumstritten, da mit zunehmender Ablehnung der bestehenden gesellschaftlichen Ordnung die Bereitschaft zur partiellen Integration in dieses System erheblich abnahm – was insgesamt zu einer Radikalisierung der studentischen Protestbewegung nach 1968 und nach der Verabschiedung der Notstandsgesetze führte.

9. Zur Taktik des SDS

Ohne eine taktische Marschroute hätte der SDS seine Erfolge in der Massenmobilisierung nicht erzielen können. Diese erreichte er dadurch, daß er zunächst nur solche Parolen vertrat, die eine möglichst breite Integrationskraft aufwiesen und vor allem Schüler und Studenten »mitreißen« konnten, die ansonsten politisch nur in begrenztem Maße mobilisierbar sind. So führte Ezra Gerhardt im Zusammenhang mit der Anti-Notstandsgesetzgebungskampagne aus, es sei so agitiert worden, »daß eigentlich jeder gegen die Notstandsgesetze sein mußte, um möglichst viele Leute auf die Straße zu bringen, weil man tatsächlich glaubte, es gäbe noch etwas zu verhindern«.[45]
Auch Peter Brandt sprach von der Notwendigkeit, solche politischen Forderungen zu proklamieren, die möglichst vielen Leuten einsichtig seien, weil nur so eine breite Mobilisierung unter Oberschülern und Studenten herbeiführbar wäre. Es sei deshalb Aufgabe der »Avantgarde«, den »bewußtesten Gruppen«, bei Konflikten der Jugend mit den Autoritäten Losungen aufzustellen, die nicht ausdrücklich den Sozialismus zur Bedingung haben und von der großen Mehrheit als ihre Forderungen verstanden werden können, die das System jedoch nicht in der Lage sei zu verkraften: »Fordert die Großindustrie 10 Pflichtschuljahre, um eine bessere Ausbildung zu gewährleisten, dann fordern wir 12 Schuljahre für alle. Fordern Schulpolitiker und die SMV ›Mitbestimmung auf der Grundlage des bürgerlichen Schulsystems‹, dann verlangen wir Schüler-Kontrolle über alle die Schüler betreffenden Angelegenheiten.«[46]
Ähnlich formulierte auch der frühere SDS-Vorsitzende Reimut Reiche zur Taktik des SDS: »Natürlich ist es, marxistisch gesehen, schwachsinnig, für 30 Pfennig Mensazuschuß zu streiken. Die 30 Pfennig werden einem in der kapitalistischen Gesellschaft anderswo sicher wieder abgeknöpft. Und dennoch fordern wir den

Streik, unterstützen ihn. Er hält Emotionen wach, bringt Massen in Bewegung, genau wie Vietnam, der Notstand, der Ostermarsch. Und daneben ist er auch ein Demonstrationsfall – für die Sinnlosigkeit punktuellen Einsatzes, wenn man nicht die gesamten gesellschaftlichen und Eigentumsverhältnisse verändert.«[47]

10. »Direkte Aktion«

Die Strategie der ›Großen Weigerung‹ führte nun in einem zunehmenden Maße zur Konfrontation mit der staatlichen Gewalt. Nicht zuletzt lag die Ursache dafür im Prinzip der »begrenzten Regelverletzung«[48] begründet, das bestimmte Demonstrationstechniken wie Sit-Ins und Go-Ins zur Folge hatte. Ziel dieser begrenzten Regelverletzung war es, bestimmte Regeln und gesetzliche Vorschriften zunächst nur in einem begrenzten Maße zu überschreiten, was jedoch von der staatlichen Autorität nicht widerspruchslos hingenommen werden konnte und dann häufig zu einer unverhältnismäßigen Reaktion der staatlichen Gewalt führte oder auch führen mußte. Dieses bewußt herbeigeführte und gewollte Einschreiten der Polizei z. B. bei Demonstrationen brachte dann wiederum entsprechende neue Mobilisierungsmöglichkeiten und Solidarisierungsargumente, weil sich damit das volle Maß staatlicher »Repression«, das zunehmende Maß der »Faschisierung« unserer Gesellschaft zeigte.

Mit Hilfe der Prinzipien der »begrenzten Regelverletzung« ging die antiautoritäre Protestbewegung von einer »Propaganda der Tat« aus, von der »direkten Aktion«, die ihren Beitrag zur Bewußtwerdung der Massen leisten sollte. Ziel der Tätigkeit des SDS war die »spontane Massenaktion«[49], deren wesentliche Aufgabe nicht nur in der Konfrontation mit der Staatsgewalt bestand, sondern zunächst den an einer solchen Aktion Beteiligten das Gefühl kollektiven politischen Handelns vermitteln sollte. So sollten beispielsweise die Teilnehmer an solchen Demonstrationen aus der Situation der »Vereinzelung herauskommen«. Amendt formulierte dies denn auch sehr deutlich: »Das für die Stufe antiautoritären Verhaltens charakteristische Bewußtsein von Vereinzelung schlägt in der Aktion um in die Erfahrung von gegenseitiger Abhängigkeit. Das Abstraktum Solidarität wird zum konkret Notwendigen. Die aus der Aktion hervorgegangene neue Bewußtseinsstufe bleibt als Erfahrung zurück, ist mobilisierbar auch bei folgenden Aktionen.«[50]

Insofern war es auch für die Führer der Protestbewegung zunächst weniger wichtig, wie die entsprechenden Aktionen in der Öffentlichkeit bewertet wurden, sondern ob sie die Kampfkraft des SDS und der dieser verbundenen Protestbewegung erhöhten oder nicht. In diesem Sinne wurde die Strategie der organisierten Verweigerung, des Massenkampfes gegen eine etablierte Ordnung, von Dutschke als eine »kulturrevolutionäre Übergangsphase« und als eine »vorrevolutionäre Phase« bezeichnet.[51]

Hinzu kommt, daß im Zusammenhang mit den direkten Aktionen auch ritualisierte Formen der Konfrontation mit der Polizei und der etablierten Ordnung gefunden wurden, die zweifelsohne auch als solche eine Eigendynamik unabhängig von den spezifischen Zielsetzungen eines jeweiligen Protestes mit sich brachten. Insgesamt kann man davon ausgehen, daß die direkte Aktion nicht nur ein Mittel, sondern gleichzeitig auch ein Ziel darstellte. Dabei war klar, daß im Zusammenhang mit der direkten Aktion häufig auch nur kurzfristige Ziele erreicht werden konnten, etwa im Zusammenhang mit durchgeführten aktiven Streiks. So hieß es in einem vom AStA der Freien Universität Berlin im April 1969 herausgegebenen Flugblatt: »Wir haben gesagt, daß wir kurzfristig mächtig genug sind, den Lehrbetrieb zu beenden und die Universität als Ausbildungsstätte angepaßter Intelligenz funktionsunfähig zu machen.« Direkte Aktionen haben also eine »autoritätslösende, kollektiv befreiende und Identität herstellende Funktion«.[52]

Zum Teil konnte die studentische Linke mit den Erfolgen ihrer Aktion sehr zufrieden sein, was sie auch teilweise offen in ihren Publikationen zum Ausdruck brachte.[53]

11. »Befreiende Gewalt«

Die Strategie der direkten Aktion war zweifelsohne auch mit einer Eskalation hinsichtlich des Einsatzes von Gewalt verbunden. Direkte Aktionen zeigten, wie anarchistische Tendenzen innerhalb der Protestbewegung immer mehr Einfluß gewannen. Rudi Dutschke hat auf die Frage, ob er sich von Gewalt distanziere, geantwortet: »Nein. Aber die Höhe unserer Gegengewalt bestimmt sich durch das Maß der repressiven Gewalt der Herrschenden. Wir sagen ja zu den Aktionen der Antiautoritären, weil sie einen permanenten Lernprozeß der an der Aktion Beteiligten darstellen.«[54]

Innerhalb der Protestbewegung fand eine Diskussion statt, wie weit der Einsatz von Gewalt gehen dürfe. Dabei wurde die Unterscheidung zwischen Gewalt gegen Sachen und Gewalt gegen Personen vorgenommen, zwischen »befreiender« Gewalt und »reaktionärer« Gewalt, wie sie von seiten des Staates komme.

Dutschke und Rabehl sahen es auch als Aufgabe des revolutionären Subjektes an, Gewalt anwenden zu müssen. Rabehl: »Wir müssen also an Randgruppen der Arbeiterklasse herankommen. Nur die Arbeiter selbst, weil sie eine ganz andere Stellung im Produktionsprozeß haben, sind dazu fähig, extrem vorzugehen. Wir sehen das jetzt schon bei Demonstrationen.«[55] Auch Dutschke sprach sich dafür aus, revolutionäres Potential in den stagnierenden Produktionszweigen für die politische Arbeit zu gewinnen, nämlich »explosives Potential von Randschichten, die in der Tat bei Demonstrationen nicht davor zurückschrecken, Gewalt anzuwenden«.[56]

12. Gründe des Zerfalls des SDS und der Spaltung der Linken

Der Ausschluß von fünf Angehörigen der »KP-Fraktion« auf der 23. Delegiertenkonferenz des SDS im September 1968 in Frankfurt, die »spalterisch die Aktionseinheit des SDS« gefährdet hätten, weist deutlich nach, daß der Keim der Spaltung bereits innerhalb des SDS vorhanden war, als er sich auf dem Höhepunkt seines politischen Einflusses befand.[57]

Zwar hatte der SDS eine eindeutige Führungsrolle innerhalb der studentischen Organisationen, dennoch kann keine Rede davon sein, daß er in sich völlig einheitlich gewesen wäre. Vor allem gab es zwei Fraktionen, die sich gegenseitig bekämpften: die sogenannten »Antiautoritären« (mit den verschiedensten Tendenzen, zum Teil castroistischer, trotzkistischer oder maoistischer und anarchistischer Couleur), deren Hauptwortführer die Gebrüder Wolff, Lefèvre, Rabehl, Dutschke und Krahl waren. Auf der anderen Seite standen die »Traditionalisten«, die sich weitgehend an dem Marburger Politikwissenschaftler Wolfgang Abendroth orientierten – die sogenannte »KP-Fraktion«, die sich selbst als Marxisten-Leninisten im SDS sah und die die Vorläuferbewegung des MSB Spartakus darstellt:

Nach der Verabschiedung der Notstandsgesetze wurde der Zerfallprozeß innerhalb des SDS und der linken Protestbewegung insgesamt eingeläutet. Es setzte nach und nach eine immer deutlicher werdende Fraktionierung ein – vor allem seit Sommer 1969 –, wobei sich zunächst »Basisgruppen«, »Ad-hoc-Gruppen« und auch »Rote Zellen« bildeten, die in der Anfangszeit zumeist isoliert vor sich hin arbeiteten.

Folgende Gründe dürften für den Fraktionierungs- und Zerfallprozeß des SDS ausschlaggebend gewesen sein:

a) Es setzte sich immer stärker die Einsicht durch, daß in der Bundesrepublik noch längst kein Revolutionierungsprozeß eingesetzt habe. Ausschlaggebend für die Ermüdungserscheinungen und die daraus resultierenden Spaltungstendenzen, die in der Konkretisierung der politischen Strategie offenbar wurden, war also die Erkenntnis, daß die bisherige Strategie, eine Bewußtwerdung der Massen herbeiführen zu wollen, gescheitert war. Das gilt auch hinsichtlich einer Aktionseinheit mit der Arbeiterschaft, die sich – wie einzelne Reaktionen zeigten – der linken Studentenschaft gegenüber weitgehend ablehnend zeigte.

b) Es wurde innerhalb der Protestbewegung immer deutlicher, daß es nicht ausreicht, die bestehenden Verhältnisse anzugreifen, ohne eine positive Alternative in Form konkreter Gegenpositionen formuliert zu haben. »Die gegenwärtige Krise studentischer Politik beruht allerdings im antiautoritären Charakter der Bewegung selbst. Seine anfängliche Funktion lag in dem Aufbau einer zunächst nur emotionalen Gegenposition zum repräsentativen System ... Nun bedeutet die Antistellung noch keine Aufhebung des Negierten.«[58]
Doch war diese Antistellung das wesentliche gemeinsame politische Band, das die verschiedenen Fraktionierungen innerhalb des SDS und anderer, verbündeter Organisationen noch zusammenhielt. In der Tat hatte der SDS zwar vage rätedemokratische Vorstellungen entwickelt, insgesamt jedoch keine geschlossene Konzeption als Alternative zu den bekämpften Verhältnissen.[59]

c) Die Realitätsferne der führenden Funktionäre zur angeblichen »Massenbasis« hatte auch eine Entfremdung der revolutionären Führungsschicht von ihren eigenen Anhängern zur Folge. Selbst Dutschke war innerhalb des SDS heftig umstritten.

d) Die für Deutschland zunächst ungewohnten neuen Demonstrationstechniken, das Prinzip der »begrenzten Regelverletzung«, die vielfach zu einer heftigen Konfrontation mit den staatlichen Ordnungskräften führten, nutzten sich mit der Zeit ab, zumal die Polizei durch ein flexibleres Reagieren einer Solidarisierung, die sich häufig aus Zusammenstößen ergab, teilweise erfolgreich entgegenwirkte.

e) Die Protestbewegung hatte auch Züge einer Modebewegung, wobei der Reiz des »Neuen« nachzulassen begann. Damit soll die Protestbewegung nicht einfach als »Mode« abgetan werden, doch waren sich die führenden Funktionäre der Protestbewegung selbst bewußt, daß die Bewegung unter der Gefahr des Mitläufertums zu leiden hatte. Hinzu kommt, daß die Massenmobilisierung, wie sie zeitweilig in den einzelnen Universitäten festzustellen war, stark abnahm, was sich auch in einem eindeutigen Rückgang von Beteiligungsquoten bei den Wahlen zu den Studentenparlamenten niederschlug.[60]

f) Es kann auch davon ausgegangen werden, daß die Rigorosität und Rigidität vieler SDS-Forderungen manche sympathisierende Studenten nachdenklich stimmen mußte. Gerade die Anwendung von Gewalt ließ viele Studenten vorsichtiger in einer rückhaltlosen Unterstützung des SDS werden. Das galt gerade für solche Studenten, die von der beklagten Reformunfähigkeit des gesellschaftlichen Systems in der Bundesrepublik nicht völlig überzeugt waren.[61]

g) Hinzu kommt, daß im Gefolge der Protestbewegung beispielsweise eine Beschleunigung der Hochschulreform stattfand, die zwar von den Führern der Studentenbewegung als »technokratisch« und letztlich als »im Interesse der Monopole« heftig bekämpft wurde, die jedoch auf der anderen Seite weiten Teilen der Studentenschaft die Veränderbarkeit innerhalb eines demokratischen Systems nachwies. Nicht zuletzt der Regierungswechsel des Jahres 1969 führte dazu, daß damit bei vielen Studenten als den wesentlichen Trägern der

Protestbewegung die Hoffnung auf Veränderungen unseres Gesellschaftssystems verbunden war. Dies ändert nichts daran, daß von führenden Persönlichkeiten der Protestbewegung der Regierungswechsel als im Sinne der Interessen des Kapitals interpretiert wurde.

h) Darüber hinaus fehlte es innerhalb der antiautoritären Linken an einer Führerfigur mit charismatischer Ausstrahlungskraft – einer Persönlichkeit, die die divergierenden Kräfte hätte zusammenhalten können. Auch Dutschke selbst hatte seine Ausstrahlungskraft vor dem Attentat weitgehend eingebüßt. Der Tod von Hans-Jürgen Krahl durch einen Autounfall im Februar 1970 stellte sich für die Protestbewegung zudem als ein unersetzbarer Verlust dar, da Krahl eine der führenden prägenden Figuren des SDS war und der einzige, der als Integrationsfigur noch hätte in Frage kommen können.[62]

V. Zwischen SDS und ideologischer Neuorientierung

Unter Nach-SDS-Phase wird hier die Zeit nach der Auflösung des SDS im März 1970 bis etwa Ende 1972 verstanden. Zeitlich exakt kann diese Phase deshalb nicht eingegrenzt werden, weil ihr der Aufbau und das teilweise Ende von solchen Organisationen zugerechnet werden soll, die im Gefolge der Protestbewegung entstanden und die Voraussetzung für den Aufbau vor allem kommunistischer Organisationen verschiedener Couleur darstellen. Diese Phase könnte sogar bereits vor dem März 1970 angesetzt werden, da beispielsweise eine ganze Reihe von Roten Zellen schon Mitte 1969 existierte, die damit die Auflösung des SDS an einzelnen Orten faktisch bereits vorwegnahmen.

Nachfolgend seien einige Übergangsorganisationen und -gruppierungen genannt, die teilweise kurzzeitig und auch nur regional eine wichtige Stellung besaßen, die jedoch später in heute bestehenden Organisationen entweder aufgingen oder aber ihre Tätigkeit einstellten. Selbst wenn eine Reihe dieser Übergangsorganisationen zunächst nur lokale Ausbreitung hatten, so waren manche dennoch von überregionaler Bedeutung, da beim Aufbau anderer lokaler Organisationen häufig Bezug genommen wurde auf den Diskussionsstand dieser Gruppierungen. Die meisten dieser Organisationen entstanden in Berlin.

1. Rote Zellen

Die wichtigsten Übergangsorganisationen stellten die Roten Zellen dar. Im Jahre 1970 gab es mindestens 61 Rote Zellen in der Bundesrepublik, davon mindestens 19 in Berlin. Diese Roten Zellen waren lokale Gruppierungen, zumeist nach Fachbereichen orientiert, die häufig isoliert, ohne Abstimmung mit überregionalen oder anderen lokalen Organisationen, politisch arbeiteten. Sie lehnten jede überregionale Zusammenarbeit deshalb ab, weil sie den Zeitpunkt des Aufbaus von kommunistischen Parteien noch nicht für gekommen sahen, auch wenn sie generell die Notwendigkeit eines solchen Aufbaus betonten und sich als lokale Zelle einer künftigen kommunistischen Partei ansahen. Zwar gab es auch einige wenige Rote Zellen, von denen wichtige Mitglieder sich später mehr auf eine Linie Moskauer Richtung hin orientierten, doch waren die meisten Roten Zellen maoistisch orientiert und gingen von dem Prinzip straffer Organisation aus, getragen von der Forderung nach Demokratischem Zentralismus. Rote Zellen stellten teilweise auch ›Basisgruppen‹ dar. Die Basisgruppen hatten zumeist die Aufgabe, eine Bündnispolitik mit dem »Proletariat« herzustellen. Sie waren zuerst Mitte 1968 in Berlin gegründet und teilweise auch als Stadtteilgruppen tätig und propagierten bewußt die Betriebsarbeit.

Die Rote-Zellen-Bewegung hatte in Berlin ihre stärkste Ausprägung, wo nach einem Bericht des Berliner Senates alle Roten Zellen und die ihnen verwandten Gruppen an den Berliner Hochschulen 1970 ca. 500 Mitglieder gehabt haben sollen.[1] Für das Jahr 1971 dürfte noch von einer höheren Zahl, nämlich zwischen 600 und 700 Mitgliedern, ausgegangen werden.[2]

Etwa 2–3 Prozent der Berliner Studenten dürften Mitglieder der Roten Zellen gewesen sein, allerdings darf diese relativ geringe Mitgliederzahl nicht als alleiniges Anzeichen für politischen Einfluß und Anhängerschaft gewertet werden. Beispielsweise stimmten im Fachbereich Germanistik 42,6 Prozent, im Fachbereich Neuere fremdsprachliche Philologie 35,7 Prozent, im Fachbereich Mathematik 31,8 Prozent, im Fachbereich Politische Wissenschaft 31,2 Prozent oder im Fachbereich Geschichtswissenschaft immerhin 30,7 Prozent für die Kandidaten der Roten Zellen.[3]

Hinzu kommt, daß gerade die Roten Zellen in Berlin – stärker als an den anderen Hochschulen der Bundesrepublik – auch unter Angehörigen des akademischen »Mittelbaus« mit aktiven Sympathisanten rechnen konnten. So gab es spezielle Assistentengruppierungen, so die »Sozialistische Assistenzelle (SAZ)« im Fachbereich Politische Wissenschaft[4] oder die Gruppierung »Sozialistische Assistenten« im Fachbereich Germanistik.

Ein weiteres Zentrum der Roten-Zellen-Bewegung war München, wo die Roten Zellen und die Liste der Fachschaften und Basisgruppen (LFB) bei den Wahlen zum 18. Konvent im Jahre 1970 bei einer Wahlbeteiligung von 36,4 Prozent an der Universität und von nur 8 Prozent an der Pädagogischen Hochschule insgesamt 37 Sitze von 59 Sitzen erringen konnten – während der MSB Spartakus lediglich 2 Sitze erhielt. Selbst in der Katholisch-Theologischen Fakultät gab es zu diesem Zeitpunkt nur Kandidaten der Roten Zellen.[5]

Als erste Rote Zelle war in Berlin die Rote Zelle Germanistik (Rotzeg) gegründet worden.[6] Die meisten Roten Zellen entstanden erst nach Auflösung des SDS. Im SDS-Info, das im Dezember 1969 erschien, hieß es zur Roten-Zellen-Bewegung: »Die Roten Zellen entziehen sich Begriffen wie Übergangsorganisationen und Partei. Sie sind die praktische, organisatorische Klammer, die beim gegenwärtigen notwendig dezentralisierten Stand der Praxis den höchsten Organisationsstand bedeutet.«[7]

In dem Gründungsaufruf der Rotzeg hieß es: »Die Rote Zelle Germanistik wird ein Bestandteil der neu zu gründenden Massenorganisation sein.«[8] Und als Einschätzung der eigenen Funktion hieß es in einer Einladung zu einer Grundsemesterkonferenz der Rotzeg: »Die Roten Zellen an den Universitäten sind die Massenorganisationen der sozialistischen Studenten, in denen sie in ihrer politischen Praxis und ihrer organisierten Vorbereitung auf ihren Beruf den kleinbürgerlichen Individualismus überwinden und den Klassenstandpunkt des Proletariats einnehmen lernen.«[9]

Die einzelnen Roten Zellen begannen aber nach und nach, sich verschiedenen Parteien oder Parteiansätzen ideologisch zu nähern. So konnte die Rotzeg der früheren KPD/AO (der späteren KPD) zugerechnet werden, die Marxistisch-Leninistische Hochschulgruppe Germanistik (MLHG) stand dem KB/ML nahe.[10] Beispielsweise gab es auch ein Initiativkomitee der Roten Zellen in West-Berlin, das der früheren Proletarischen Linken/Parteiinitiative (PL/PI) nahestand.[11]

Die Roten Zellen, deren politische Konzeptionen in vielfacher Weise untereinander differierten, waren sich zumeist jedoch in ihrer grundsätzlichen Bejahung der Mao-Tse-tung-Ideen, ihrer Ablehnung des Kommunismus Moskauer Couleur und ihrer Forderung nach weitestgehender Disziplin in ihren eigenen Reihen einig. Im Rahmen einer »Kampf-Kritik-Umgestaltungskampagne« begann beispielsweise die Rotzeg ihren Kampf »gegen die Überreste der falschen Theorien der Studentenbewegung in den Roten Zellen«. Viele Einsichten der antiautoritären Studentenrevolte wurden nun faktisch in das Gegenteil verkehrt. Während in der antiautoritären Revolte Studenten und Intellektuelle als das eigentliche revolutionäre Subjekt angesehen worden waren, gab es nun eine ganze Reihe von Roten Zellen, die förmlich eine Anbetung des »Proletariats« vornahmen und zum Teil – gerade unter dem Eindruck des Septemberstreiks 1969 – die Agitation in den Betrieben als die zentrale politische Aufgabe propagierten. So hieß es in einem Aufruf der Roten Zellen zum 1. Mai 1970: »Mit der Gründung der Roten Zellen hat sich die Einsicht durchgesetzt, daß die Studenten und Intellektuellen als ein Teil des Kleinbürgertums anzusehen sind, der im Verlauf der proletarischen Revolution erkennen kann, daß seine Interessen die Interessen des Volkes sind, die nur durch den Sieg des Proletariats verwirklicht werden können.«[12] Allerdings wurden auch Bemühungen unternommen, die isolierte Arbeit der einzelnen Roten Zellen durch das Konzept einer Sozialistischen Massenorganisation (SOMAO) zu überwinden, eine Fragestellung, die sich vor allem deshalb gerade in Berlin stellen mußte, weil dort die sogenannte zwangsverfaßte Studentenschaft durch das Berliner Hochschulgesetz aufgehoben war und von daher kein AStA, also keine Studentenregierung, Möglichkeiten einer zentralen Koordination der einzelnen Aktivitäten bot. Doch schlug dieser Versuch[13], eine straffe sozialistische Hochschulorganisation nach dem Zellenprinzip mit einem Zentralkomitee an der Spitze aufzubauen[14], fehl.

Auffallend war, daß eine erhebliche Bereitschaft zu diszipliniererer Arbeit in den einzelnen Roten Zellen festzustellen war, was häufig das Ergebnis langwierigster Satzungsdiskussionen, so um die Fragestellung des Demokratischen Zentralismus, darstellte. Damit wurde das bis dato vielfach wirksame Freiwilligkeitsprinzip in den früheren Ad-hoc-Gruppen durch Appelle an revolutionäre Disziplin ersetzt. Für die Arbeit in der Roten Zelle sei »äußerste Pünktlichkeit, vollständige Erfüllung der übernommenen Aufgaben, Einhaltung jeder eingegangenen Verpflichtung« unabdingbare Forderung, hieß es in dem Statut der Rotzmed.[15] Oder in der Roten Zelle Germanistik war jedes Mitglied verpflichtet, in einem Ausschuß oder in einer Projektgruppe ständig mitzuarbeiten, Beschlüsse des Plenums als für sich bindend anzuerkennen, seine Seminare und Prüfungen im Kollektiv zu organisieren und einen monatlichen Mitgliedsbeitrag zu entrichten.[16] Oberstes Beschlußorgan der Roten Zellen war im Regelfalle das Plenum, das unterschiedlich häufig tagen sollte. So war in den Statuten der Rotzeg vorgesehen, daß ihr Plenum einmal in der Woche tagen sollte[17], während die Statuten der Roten Zelle Soziologie davon ausgingen, daß das Plenum mindestens einmal im Monat zusammentreten sollte. Ferner gab es in den Roten Zellen Ausschüsse, die spezifische Aufgaben zu erledigen hatten. So waren bei der Roten Zelle Germanistik im Statut folgende Funktionen u. a. festgelegt: Rekrutierungsfunktion (Erstsemesterarbeit), Funktionalisierung der wissenschaftlichen (materiellen und intellektuellen) Ressourcen für den Klassenkampf (Umfunktionierung von Lehrveranstaltungen, Institutspolitik, Schulungskurs), Unterstützung und Absicherung zentraler Kampagnen im Fachbereich und ökonomischer Organisation des Studiums für die Genossen (Studienkollektive).

2. Proletarische Linke/Parteiinitiative (PL/PI)

Zeitweilig eine bedeutende Rolle in der ideologischen Diskussion spielte die Proletarische Linke/Parteiinitiative (PL/PI), die jedoch 1972 ihre Aktivitäten nach zahlreichen inneren Spannungen einstellte. Die PL/PI entfaltete zeitweilig eine erhebliche publizistische Tätigkeit, gab als Organ das »PL – Zentralorgan der proletarischen Linken – Parteiinitiative« heraus, für das zumeist ein Matthias Borgmann verantwortlich zeichnete; außerdem erschien als Zeitung der Betriebszellen der PL/PI (verantwortlich: Udo Knapp) die Zeitung »Klassenkampf«, ferner »Hochschulkampf – Kampfblatt des Initiativkomitees der Roten Zellen in West-Berlin«, für das ebenfalls Matthias Borgmann verantwortlich zeichnete. Die PL/PI war aus der Berliner Projektgruppe Elektroindustrie (PEI) hervorgegangen, deren Ursprung wiederum in der Basisgruppe Tegel und der Betriebsgruppe Bosch-Siemens lag. Die PEI hatte sich im Herbst 1969 gebildet, also kurz nach den Septemberstreiks vor den Bundestagswahlen 1969. Sie entstand auf einer sogenannten »Harzer Konferenz«, einer dreiwöchigen Veranstaltung, in deren Rahmen sich Studenten auf ihre Tätigkeit in Betrieben vorbereiteten. Ergebnis war ein sogenanntes »Harzer Papier«.[18] Am 17. März 1970 trat die PEI unter dem Namen »Harzer Gruppe (PEI)« anläßlich eines Teach-Ins zum Prozeß gegen Horst Mahler auf und entwickelte dort ihr Konzept vom Parteiaufbau.[19] Sie gab sich schließlich nach ihrem 2. Plenum am 10./11. Juli 1970 einen neuen Namen: PL/PI.

Auf der I. Organisationskonferenz der PL/PI im September 1971 kam es bereits zur Auflösung dieser Organisation[20], die sich damit in drei Gruppierungen spaltete. Die Mitglieder der einen Richtung beschlossen, sich selbst als Fraktion aufzulösen und weiterhin als Individuen eine weitere Organisierung der politischen Arbeit vorzunehmen. Die zweite Gruppierung scharte sich um die Zeitung »Hochschulkampf«, die im Dezember 1970 gegründet worden war.[21]

Die dritte Gruppierung nannte sich Proletarische Linke und konstituierte sich als Partei[22], verfügte jedoch ebenfalls über keinen Einfluß mehr. Die Gründung der früheren PEI und dann der PL/PI ist nur vor dem Hintergrund der Erfahrungen der Septemberstreiks 1969 zu verstehen, die insofern einen erheblich mobilisierenden Charakter im studentischen Bereich hatten, als sich die Erkenntnis durchsetzte, daß das Proletariat doch revolutionärer sei als in der antiautoritären Phase meist angenommen. Dies führte bei einem Teil der studentischen Linken zu der Einsicht, verstärkte Betriebsarbeit und Betriebsagitation vornehmen zu müssen, auch wenn sich die PL/PI in ihrer Arbeit nicht nur auf diesen Bereich beschränkte. Ihr wesentliches politisches Ziel bestand in den Anstrengungen, in enger Zusammenarbeit mit den »proletarischen Massen« das »Theorieprivileg der Intelligenz abzuschaffen«, um die proletarischen Massen zu ihren eigenen Theoretikern zu machen.[23] Ihre Aufgabe legte die PL/PI auch in einer Plattform dar, die im Juli 1970 veröffentlicht wurde.[24]

3. Kommunistischer Bund/Marxisten-Leninisten

Ebenfalls auf Berlin beschränkt war die Tätigkeit des Kommunistischen Bundes/Marxisten-Leninisten, der aus den sogenannten »ML-Gruppen« der Freien Universität Berlin entstand. Diese wiederum hatten sich 1969 gebildet und waren aus der sogenannten »Ruhrkampagne« hervorgegangen, in der u. a. auch Bernd Rabehl und andere Funktionäre der Neuen Linken, so Wolf Lindemann (ehemaliger Redakteur der RPK), Solveig Ehrler (Gründungsmitglied des Republikanischen Clubs, ehemals Redakteurin der RPK) und Dieter Läpple, beteiligt waren. Doch im Herbst 1971 wurde die Arbeit des KB/ML eingestellt. »Im letzten Versuch der Erarbeitung einer politischen Linie im Herbst 1971 spitzten sich die Widersprüche zwischen dem Anspruch, kommunistische Avantgardeorganisation des Proletariats zu sein, und dem (halbherzigen) Eingeständnis, dafür überhaupt keine theoretisch-politischen Voraussetzungen zu haben, zwischen den Erfordernissen der Arbeitergruppen, die sich von der Organisation zu lösen begonnen hatten, und der davon abgehobenen Diskussion in dieser erneut zu.«[25]

Der KB/ML ging in seinen Schriften von der Notwendigkeit des Aufbaus einer nationalen Kaderpartei aus. »Die Partei ist der fortgeschrittene bewußte Vortrupp der Arbeiterklasse, der mit der revolutionären Theorie gewappnet ist. Die Partei ist die mächtigste politische Waffe der Arbeiterklasse.«[26] Seinen politischen Standort faßt der KB/ML wie folgt zusammen: »Der Marxismus-Leninismus, wie er von den großen Theoretikern und Praktikern des Klassenkampfes, Marx, Engels, Lenin, Stalin, Mao Tse-tung, entwickelt wurde, ist das Ergebnis von Verallgemeinerungen der Erfahrungen aus Klassenkämpfen der verschiedenen Epochen aller Länder und der erfolgreichen Revolution.«[27]

Der KB/ML zeichnete sich in seiner Ideologie vor allem dadurch aus, daß er sich zwar auch zur »proletarischen Linie« bekannte, jedoch in einer etwas zurückhaltenderen Form als die meisten anderen marxistisch-leninistischen Gruppen. Zwar war nach seiner Auffassung die sozialistische Revolution nur unter der Führung des Proletariats möglich, doch sei diese Revolution letztlich nur möglich mit der Hilfe der Intellektuellen: »Sie (die Arbeiter; d. Verf.) können aus dem Produktionsprozeß und ihren spontanen Kämpfen nur partielle Einsicht in das Wesen des Kapitalismus bekommen und von sich aus nicht die Perspektive zur Überwindung des Kapitalismus entwickeln.«[28]

4. Black-Panther-Solidaritätskomitee

Im Herbst 1970 war es in Frankfurt zu einer Black-Panther-Bewegung innerhalb der Neuen Linken gekommen, der frühere führende SDS-Funktionäre, so der einstige SDS-Vorsitzende Karl Dietrich Wolff, Daniel Cohn-Bendit und Johannes Weinreich, ein ehemaliges militantes SDS-Mitglied, angehörten. Zahlreiche linke Publikationen hatten sich mit der Black-Panther-Bewegung solidarisiert.[29]

Das Black-Panther-Solidaritätskomiteee war für eine Demonstration im November 1970 in Frankfurt verantwortlich, bei der es zu militanten Auseinandersetzungen kam. Dazu schrieb die Frankfurter Rundschau: »Nach einjähriger ›Pause‹ erlebte Frankfurt am Wochenende wieder eine große politische Demonstration. Dem Aufruf des Black-Panther-Solidaritätskomitees, das ›Freiheit‹ für den in den USA inhaftierten Anführer der Bewegung, Bobby Seale, forderte, folgten 3000 meist jugendliche Demonstranten, die verschiedenen sozialistischen Splittergruppen angehörten und von denen ein beträchtlicher Teil mit Bussen aus Darmstadt und anderen benachbarten Gemeinden und Städten nach Frankfurt gekommen war.«[30]

In anderen Städten der Bundesrepublik gab es Solidaritätskomitees und Demonstrationen für die Black Panther, so in Zweibrücken am 6. März 1971, der zum Internationalen Tag der Solidarität mit Bobby Seale erklärt worden war. Zweibrücken wurde deshalb gewählt, weil dort in Deutschland stationierte amerikanische Soldaten und Black-Panther-Genossen in Untersuchungshaft saßen.

Das Black-Panther-Solidaritätskomitee sah es auch als seine Aufgabe an, amerikanische Soldaten in der Bundesrepublik für die Black-Panther-Bewegung zu gewinnen, wozu zeitweilig auch als Agitationsblatt »Voice of the Lumpen« publiziert wurde, für das ein Daniel Georg verantwortlich zeichnete.[31]

VI. Zur ideologischen Entwicklung der Protestbewegung

1. Die wichtigsten Entwicklungslinien

Die antiautoritäre Phase war als negativ definierte Gemeinschaft linker Gruppen gekennzeichnet, d. h., die allen Gruppierungen gemeinsame Ablehnung des bestehenden Systems war der wichtigste Faktor des politischen Zusammenhalts. Spätestens nach der Auflösung des SDS im März 1970 zersplitterte diese Bewegung in unterschiedliche ideologische Richtungen.
Die wichtigsten Entwicklungslinien sind:

1.1. Dogmatische marxistisch-leninistische Gruppen (K-Gruppen)

Zunächst bildete sich eine Vielzahl von Gruppen, die politisch isoliert arbeiteten, d. h. sogenannte Ad-hoc-Gruppen, Basisgruppen oder Stadtteilgruppen. Diesen war die Einbindung in eine übergeordnete politische Organisation bestenfalls langfristig erstrebenswert. Ihre Ideologie erkannte aber immer mehr die Notwendigkeit des Aufbaus einer kommunistischen Partei an, d. h., daß frühere antiautoritär-sozialistische Theorien zugunsten marxistisch-leninistischer Grundanschauungen über Bord geworfen wurden.
Diese Gruppen orientierten sich immer dogmatischer an den »Mao-Tse-tung-Ideen«, zu einem erheblichen Teil auch an Stalin. Sie waren nicht bereit, intern noch eine bestimmte Form eines »linken Pluralismus« zuzulassen.
Zu diesen Organisationen, die gemeinhin auch als »K-Gruppen« bezeichnet werden, gehören u. a. folgende Parteien und Parteiansätze: Kommunistische Partei Deutschlands (im März 1980 aufgelöst); Kommunistische Partei Deutschlands/Marxisten-Leninisten (später: Kommunistische Partei Deutschlands [Marxisten-Leninisten] – KPD; pro albanisch (distanzierte sich später von Mao Tse-tung); Marxistisch-Leninistische Partei Deutschlands – MLPD (früher: Kommunistischer Arbeiterbund Deutschlands [KABD]); Kommunistischer Bund Westdeutschland (KBW), Kommunistischer Bund (KB); Arbeiterbund für den Wiederaufbau der KPD (AB).

1.2. Dogmatisch-kommunistische Gruppen Moskauer Richtung

Als ein wichtiges Ergebnis der Protestbewegung ist das Wiedererstarken einer dogmatisch-kommunistischen Richtung, deren Linie durch die KPdSU und SED vorgegeben ist, anzusehen. Eine Reihe früherer Funktionäre des SDS, aber auch anderer Gruppierungen wie des SHB oder des LSD, schloß sich vor allem dem MSB Spartakus an. Aber auch die Gründung der SDAJ am 4./5. Mai 1968 war zu einem gewissen Teil vom Willen der späteren DKP geprägt, die antiautoritären Strömungen innerhalb weiter Teile der jungen Generation in einem kommunistisch-dogmatischen Sinne zu kanalisieren.

An einer ganzen Reihe von Hochschulen wurde der MSB Spartakus die bestimmende linke Kraft, selbst wenn er teilweise über weitaus weniger Stimmen bei den Wahlen zu Studentenparlamenten verfügte als beispielsweise der SHB.

Da es aber auch innerhalb des SDS seit jeher eine »traditionalistische« Richtung gegeben hatte, war die Gründung des MSB Spartakus im Mai 1971 eine zwangsläufige Folge des zunehmenden Fraktionierungsprozesses innerhalb der Linken.

Aber auch die Bemühungen der SDAJ um eine entsprechende Arbeit an den Oberschulen – also nicht nur innerhalb der Industriearbeiterjugend – sind, genauso wie die Gründung der Kinderorganisation »Junge Pioniere« am 1. Juni 1974 in Bottrop, als ein wichtiges Zeichen langfristig koordinierter Ziele der DKP anzusehen.

1.3. »Antiautoritäre« – Anarchisten

Das Bestreben, die »antiautoritären«, anarchistischen und vielfach voluntaristischen Traditionen des SDS fortzusetzen, erlahmte nie völlig. Vor allem in der zweiten Hälfte der siebziger Jahre gab es wieder Trends zur alten »antiautoritären« Linie des SDS, was sich u. a. in Treffen zu Fragen der Emanzipation niederschlug.[1] Es gab auch – wie in Hannover – Versuche der Wiedergründung des SDS (»SDS Hannover«), die an frühere SDS-Positionen anknüpften.

Zu jener »antiautoritären« Tradition gehörten generell die Sponti-Szene, die sich insbesondere in der zweiten Hälfte der siebziger Jahre vor allem im studentischen Bereich ausbreitete, sowie die »Häuserkampf«-Bewegung in den Jahren 1980 bis 1982.

1.4. Subkultur

Ein Teil des Protestpotentials, das sich früher vermutlich den Positionen des antiautoritären SDS angeschlossen hätte, setzte den Protest in einer eigenen, vielfach aber auch unpolitischen Welt der Subkultur fort, wofür das rapide Ansteigen des Haschisch- und Drogenkonsums ein deutliches Zeichen ist. Vor allem in der zweiten Hälfte der siebziger Jahre häuften sich Phänomene des »Aussteigertums« auch in religiösen Sekten (wie »Vereinigungskirche«, »Bhagwan«-Bewegung, »Die Kinder Gottes«).[2]

Die Grenzen zwischen der »Subkultur« und den »Antiautoritären/Anarchisten« sind fließend, da gerade auch innerhalb der Sponti- und Hausbesetzer-Szene versucht wurde, eine Welt der Gegenkultur aufzubauen. Eine solche Alternativ- und Gegenkultur entstand auch im Zusammenhang mit Tausenden von Alternativprojekten.

1.5. Terrorismus

Die Aktionen der Gruppe um die Rote-Armee-Fraktion (RAF), der Bewegung 2. Juni, der Revolutionären Zellen (RZ) und weiterer terroristischer Gruppen sind als ein weiteres wichtiges Ergebnis der Protestbewegung anzusehen. Viele Führungsleute der Terroristen entstammten der Protestbewegung. Der harte Kern der Terroristen ist nie sehr groß gewesen. Ihre Aktionen waren daher nur durch unterstützende Maßnahmen einer größeren Zahl aktiver Sympathisanten möglich. Darüber hinaus fand terroristisches und militantes Gedankengut in einer ganzen Reihe von linksextremen Zeitschriften aktive Förderung. Wie insbesondere die Ereignisse des Jahres 1977 zeigten, konnten die Terroristen die öffentliche Ordnung der Bundesrepublik ganz erheblich beeinträchtigen.

1.6. »Langer Marsch durch die Institutionen«

Eine Nachwirkung der SDS-Aktivitäten läßt sich auch aus dem von Dutschke propagierten »langen Marsch durch die Institutionen« ablesen.
Erfahrungsgemäß sind zahlreiche frühere linksorientierte Studenten beruflich in solchen Bereichen tätig, die eine wichtige Multiplikatorenfunktion in der Gesellschaft haben (Lehrer, Journalist, Erwachsenenbildung). Dieser »lange Marsch« erfaßte teilweise auch die Jungsozialisten oder die Jungdemokraten.[3]
Keineswegs soll aber damit gesagt sein, daß dieser »lange Marsch« in jedem Fall bedeutet, daß unverändert die SDS-Positionen auf den neuen Arbeitsbereich übertragen werden, da sich in vielen Fällen nach Studienabschluß auch neue Einsichten und Einblicke ergeben haben. Dennoch kann und muß dieser »lange Marsch« als eine wichtige Richtung und als ein wichtiges Ergebnis der Protestbewegung angesehen werden.
Auch die Beteiligung von »grünen« und »bunten« Parteien an Landtags-, Europa- und Bundestagswahlen ist eine Umsetzung dieses »langen Marsches«, nachdem andere Versuche politischer Einflußnahme (Revolutionierung des politischen Bewußtseins, militante Massenaktionen etc.) gescheitert sind.

2. Verhältnis Neue Linke – Alte Linke

»Das ideologische Freibeutertum der antiautoritären Studentenschaft schlägt tendenziell um in Dogmatismus und Pietät, der Antikommunismus in Stalinismus, die Organisationsanarchie in angeblich ›proletarische Disziplin‹, auf die Verachtung des Arbeiters folgt die Apotheose des Proletariats.« – So bewertete 1970 ein führendes Mitglied des früheren Heidelberger SDS die Wandlung der antiautoritären Revolte in eine neokommunistische Bewegung.[4]
Um 1970 verstärkten sich innerhalb der Linken, die sich immer mehr neben Marx auch an Lenin orientierte, die Tendenzen einer Distanzierung von der »antiautoritären« SDS-Phase. So hieß es als Kritik an der antiautoritären Revolte: »Auch die Studentenbewegung der letzten Jahre hat die umfassendsten und phantastischsten Theorien aufgestellt, um den Kampf für elementare Veränderungen an der Universität, den Kampf gegen die Ordinarienherrschaft usw. führen zu können. Sie hat, um sich der Ideologie der parlamentarischen Demokratie entledigen zu können, sich nebeneinander als einsamen Verbündeten der kämpfenden Völker der dritten Welt, als Stellvertreter für ein nicht mehr kämpfendes Proletariat, als klassenlose Avantgarde im Kampf gegen den autoritären Staat verstanden. Ohne diese Illusionen über sich selbst hätte sie nicht die Stoßkraft entwickeln können, die die herrschende Ideologie erschüttert, breite Schichten des Kleinbürgertums und Randschichten des Proletariats in ihre Bewegung hineingezogen hat.«[5]
Der Zerfall der antiautoritären Revolte war jedoch auch von einer immer stärkeren Konfrontation mit der DKP und mit anderen Gruppen der Alten Linken begleitet, wobei bei aller Uneinigkeit über den einzuschlagenden politischen Weg doch bei den meisten Gruppen der ehemaligen Protestbewegung die negative Einschätzung zur DKP offenkundig war. Die Gründung der DKP wurde so durch Reimut Reiche kommentiert mit den Worten: »Die DKP ist die kläglichste kommunistische Partei, die es je gab. In Wirklichkeit gibt es sie gar nicht.«[6] Die DKP betreibe »die verrückteste und erfolgloseste Taktik, die je eine bürgerliche Partei betrieben hat, um ins Parlament zu gelangen«.[7]
Im Jahre 1969 wurde eine umfangreiche Stellungnahme durch eine »FU-Projektgruppe DKP« um den früheren SDS-Funktionär Bernd Rabehl zur DKP veröffentlicht, die darin als »eine neue sozialdemokratische Partei« bezeichnet wurde.[8] Rabehl wirft der DKP vor, sie vermeide jede Klassenkampfstrategie und gebrau-

che den Begriff »Klassenkampf« nur noch als »moralisches Postulat«[9], doch präge nicht eine »friedliche Entwicklung« die kommende Epoche, »sondern Klassenkämpfe, Streiks, Volks- und Bürgerkriege gegen die monopolkapitalistische Herrschaft kennzeichnen die Zukunft«.[10]

Der MSB Spartakus setzte sich in seinen Publikationen offen mit den Theorien seiner linken politischen Gegner auseinander, wobei der Neuen Linken vorgeworfen wurde: »eine ausgeprägte Geringschätzung der Arbeiterklasse, die extreme Überbewertung der eigenen gesellschaftlichen Rolle im Klassenkampf, die Verabsolutierung des Partisanenkampfes als der allein akzeptierten Form des revolutionären Kampfes, die Ersetzung der Agitation durch die Provokation«.[11]

Der frühere Spartakus-Bundesvorsitzende Strawe hatte bereits auf dem 1. Bundeskongreß des MSB Spartakus am 20. Mai 1971 angekündigt, daß sich sein Verband mit den »linken, opportunistischen« Strömungen innerhalb der Studentenschaft künftig deshalb verstärkt auseinandersetzen wolle, »weil wir in ihnen eine unvollkommene Entwicklung sehen, die insbesondere durch einen kleinbürgerlichen Antikommunismus an der richtigen politischen Orientierung gehindert wird. Dadurch, daß diese Strömungen jede gangbare politische Orientierung verneinen und so in keiner Form zur längerfristigen Mobilisierung der Studentenschaft beitragen, spielen sie indirekt den Interessen der herrschenden Kräfte in die Hände . . .«[12]

Von seiten der DKP und des Spartakus wird also immer wieder betont, daß diejenigen marxistischen Positionen, die nicht im Sinne der DKP liegen, sich gegen die eigentlichen Interessen der Arbeiterklasse richteten und von daher nur der »Reaktion« dienten. Zum Teil wird auch sehr vorsichtig gegenüber linken Mitbewerbern argumentiert, da nicht alle von vornherein verprellt werden sollen und die Zielsetzung der Aktionseinheit von seiten der DKP und des Spartakus nach wie vor als ein wichtiges Mittel der Bündnispolitik angesehen wird.

3. Einige wichtige kontroverse Fragen

Mit der Auflösung des SDS wurden innerhalb der extremen Linken wichtige ideologische Fragen außerordentlich kontrovers diskutiert. Hierzu gehörte vor allem die Frage, wer das eigentliche revolutionäre Subjekt darstellte. Empfanden sich in der antiautoritären Phase die Studenten als Agenten der Befreiungsbewegungen der Dritten Welt, so folgte mit dem Aufbau marxistisch-leninistischer Parteien eine Anbetung des Proletariats, denn dieses könne nur selbst sich aus der Knechtschaft des Kapitalismus, von einem Joch der Unterdrückung befreien. In der antiautoritären Phase behauptete der SDS, die Arbeiter seien aufgrund der »Manipulation« nicht in der Lage, ihre eigenen objektiven Interessen zu vertreten und die Manipulationsmechanismen zu durchbrechen: »Nur wenige, besonders die privilegierten Studenten, haben eine Chance, die subtilen Herrschaftsmechanismen zu durchschauen, an ihrer Beseitigung zu arbeiten.«[13]

Doch unter dem Eindruck der Septemberstreiks 1969 setzte sich die Einsicht in die Revolutionierbarkeit des deutschen Proletariats bei den meisten Gruppen durch, die bis dahin die Arbeiter »als völlig ruhig, immer nur als Objekte der Agitation der Studenten, nicht als Subjekt von Klassenkämpfen« empfunden hatten.[14]

Diese Erkenntnis führte vielfach dazu, daß zahlreiche Studenten sich nun auf die entsprechende Betriebsagitation und eine Arbeit in den Betrieben vorbereiteten. Insbesondere die maoistischen Gruppen betonten immer wieder, daß »kleinbürgerliche Intellektuelle« keinen »konsequenten Klassenstandpunkt« besäßen, den man nur bekommen könne, wenn man sich von Arbeitern unter den Arbeitermassen »umerziehen« lasse.[15]

Ein weiterer wichtiger kontroverser Punkt war die Organisationsfrage. »Man könnte überspitzt sagen, das Organisationsprinzip der Neuen Linken ist ihre Organisationsfeindlichkeit.«[16]

Mit dieser Aussage charakterisierte von Weiss zu Recht die antiautoritäre Phase, doch folgte der Ablehnung jeder Organisation sehr bald ihre totale Bejahung: Es entstanden marxistisch-leninistische Parteien, »Massenorganisationen« und »Kaderorganisationen«, wobei bei manch unterschiedlichen Auffassungen sich insgesamt die Einsicht in die Notwendigkeit des Aufbaus einer Organisation der revolutionären Avantgarde durchsetzte.

Wichtiger Diskussionspunkt war auch die Frage der Einsetzung der Gewerkschaften. Die maoistisch orientierten Gruppen vertraten überwiegend die Auffassung, innerhalb der Gewerkschaften sei eine »reaktionäre, verknöcherte und imperialistisch gesinnte und vom Imperialismus bestochene Gewerkschaftsführung« tätig[17], die das »Geschäft der Ausbeuter« betreibe.[18]

Nicht einig waren sich die Maoisten jedoch in der Frage, wie der Kampf gegen die so charakterisierten Gewerkschaftsführungen geführt werden solle. Zeitweilig wurde mit dem Gedanken einer eigenständigen Revolutionären Gewerkschaftsopposition (RGO) geliebäugelt, zum Teil konzipiert als außerhalb der Gewerkschaften stehende Organisation.

Auch an der Frage der Beteiligung an Parlamentswahlen schieden sich die Geister. Seit dem Jahre 1974 beteiligten sich marxistisch-leninistische Parteien an Landtags- wie an Bundestagswahlen. Diese Wahlbeteiligung bedeutete jedoch keineswegs eine Akzeptanz des Parlamentarismus: »Die KPD bekämpft das Parlament als Instrument der Bourgeoisie, die Massen zu betrügen. Sie beteiligt sich jedoch an den Wahlen und nutzt diese wie das Parlament selbst als Tribüne des Klassenkampfes.«[19]

Eine wesentliche Funktion solcher Kandidaturen bestand aber sicherlich auch darin, sich den Parteienstatus und damit besonderen grundgesetzlichen Schutz zu sichern. Darüber hinaus sollten der »Masseneinfluß« getestet und die Möglichkeiten der Wahlkampfagitation etwa mit Hilfe öffentlich-rechtlicher Medien genutzt werden.

Unterschiedliche Auffassungen gab es auch in der Einschätzung der Gewalt. Zwar fand noch in der antiautoritären Phase der Linken eine Diskussion statt, ob der Einsatz von Gewalt moralisch gerechtfertigt sei oder nicht, in der die Kompromißformel: »Gewalt gegen Sachen ja, Gewalt gegen Personen nein« gefunden wurde, aber es war ein brüchiger Kompromiß. Schon in dieser Phase wurden jene Kräfte immer stärker, die sich offen für Gewalt aussprachen. Der »Putschismus« der Roten Armee Fraktion (RAF) und anderer terroristischer Gruppen wurde jedoch von den marxistisch-leninistischen Gruppen vielfach abgelehnt, wenngleich prinzipiell Gewalt bejaht wurde. Es käme nur darauf an, bei der Ausübung revolutionärer Gewalt die »Massen« hinter sich zu haben.

VII. Wichtige Organisationen der Protestbewegung

Im folgenden werden die wichtigsten Organisationen, die aus der Protestbewegung entstanden sind, analysiert. Dabei konnten allerdings keineswegs alle Gruppen berücksichtigt werden. Im Verfassungsschutzbericht für das Jahr 1975 wird darauf hingewiesen, daß die Zahl der linksextremen Organisationen in der Bundesrepublik Deutschland (einschließlich Berlin) auf 279 (gegenüber 302 des Jahres 1974 oder gar 392 des Jahres 1971) zurückging. Hingegen stieg die Zahl der Mitglieder (Mehrfachmitgliedschaften eingeschlossen) geringfügig auf 140 200 (1974: 136 200). Nach dem Abzug von Mehrfachmitgliedschaften verbleiben 105 000 Personen (1974: 102 000), die diesen Organisationen 1975 angehörten.[1]
Von dieser Konzentrationstendenz profitierten demzufolge orthodox-kommunistische und maoistische Gruppen am meisten, wobei prozentual der Zugewinn an Mitgliedern im maoistischen Bereich sogar am höchsten war, der sich am stärksten für den »Kommunistischen Bund Westdeutschland (KBW)« auswirkte.
Eine Übersicht über die Mitgliederentwicklung in den Organisationen der Linken zwischen 1971 und 1975 vermittelt die folgende Tabelle:[2]

	1971		1972		1973		1974		1975	
Organisationen	Zahl	Mitglieder	Zahl	Mitglieder	Zahl	Mitglieder	Zahl	Mitglieder	Zahl	Mitglieder
orthodox-kommunistische u. prokommunistische	130	83 000	115	88 500	110	98 000	113	117 000	105	119 000
maoistische	35	2 000	90	6 300	61	12 000	65	13 000	64	15 000
trotzkistische	7	700	10	1 000	10	1 000	10	1 200	10	1 200
anarchistische	10	250	15	300	32	500	24	500	26	500
Sonstige Organisationen der Neuen Linken	210	2 600	135	7 000	104	5 000	90	4 500	74	4 500
	392	88 550	365	103 100	317	116 500	302	136 200	279	140 200
Nach Abzug von Mehrfachmitgliedschaften	–	67 000	–	78 000	–	87 000	–	102 000	–	105 000

Im Verfassungsschutzbericht des Jahres 1976 wurden in der Statistik neben »Kernorganisationen« und »Nebenorganisationen« auch »beeinflußte Organisationen« ausgewiesen – bis 1975 wurden alle »orthodox-kommunistischen und prokommunistischen« sowie alle »maoistischen« Organisationen jeweils unter einer Rubrik zusammengefaßt:

Organisationen	1976 Zahl	1976 Mitglieder	1977 Zahl	1977 Mitglieder	1978 Zahl	1978 Mitglieder	1979 Zahl	1979 Mitglieder	1980 Zahl	1980 Mitglieder	1981 Zahl	1981 Mitglieder	1982 Zahl	1982 Mitglieder
orthodox-kommunistische														
- Kernorganisationen	2	47500	2	49000	2	49000	2	47000	2	45000	2	44500	2	44500
- Nebenorganisationen	10	24100	11	28400	11	29100	12	29500	14	29300	14	29000	13	27000
- Beeinflußte Organisationen	72	53900[1]	58	52600[1]	50	50400[1]	46	51900[1]	44	54500[1]	48	61000[1]	50	70000[1]
dogmatische „Neue Linke"														
- Kernorganisationen	12	6000	15	6600	11	5500	12	5300	15	5200	26	5300	23	3900
- Nebenorganisationen	28	7000	28	9700	27	6800	19	3900	12	1600	13	800	11	1100
- Beeinflußte Organisationen	7	3000[1]	12	3900[1]	15	2780[1]	27	1100[1]	20	3100[1]	19	4500[1]	18	4300[1]
Trotzkistische Organisationen	10	1200	12	900	11	880	8	800	10	600	–	–[3]	–	–[3]
sonstige Organisationen der „Neuen Linken" einschl. undogmatische" anarchistische Organisationen[2]	102	5100	87	5700	81	4750	74	3800	74	3200	54	3200	55	3700
Summe	243	90900 56900[1]	225	100300 56500[1]	208	96030 53180[1]	200	90300 53000[1]	191	84900 57600[1]	176	82800 65500[1]	172	80200 74300[1]
Nach Abzug von Mehrfachmitgliedschaften		68000 42000[1]		75200 42400[1]		72000 39900[1]		67700 39700[1]		63700 43200[1]		62000 49000[1]		60150 55700[1]

1 Da den beeinflußten Organisationen auch Mitglieder angehören, die keine Kommunisten sind, wurden die Mitgliederzahlen ausgerückt.

2 Aufgrund der besonders lockeren Organisationsform können Mitgliederzahlen in diesem Bereich häufig nur geschätzt werden. Das Gesamtpotential dürfte erheblich höher sein. Für das Jahr 1982 schätzen die Verfassungsschutzbehörden, daß den losen, statistisch nicht berücksichtigten Zusammenschlüssen der undogmatischen „Szene" etwa 7000 Personen zuzurechnen sind. (Verfassungsschutzbericht 1982, S. 21)

3 Seit 1981 werden die trotzkistischen Organisationen, deren Bedeutung stark zurückging, der dogmatischen Neuen Linken zugerechnet.

Interessant ist auch die publizistische Tätigkeit, wie sie von verschiedenen Organisationen der Linken entwickelt wurde. So erhöhte sich die Zahl linksextremer und prokommunistischer periodischer Schriften im Jahre 1975 gegenüber 1974 um rund 22 Prozent, wobei sich der Anstieg ziemlich gleichmäßig auf orthodox-kommunistische sowie prokommunistische Schriften und solche der »Neuen Linken« verteilt. Festzustellen war in beiden Bereichen eine größere Zahl von Kleinzeitungen (Soldatenzeitungen, Betriebszeitungen u. a.). Allerdings war ein Auflagenrückgang hinsichtlich der durchschnittlichen Wochenauflage orthodox-kommunistischer einschließlich prokommunistischer Periodika festzustellen, der hauptsächlich auf die sinkende Auflage des DKP-Zentralorgans »Unsere Zeit (UZ)« und anderer größerer Blätter zurückzuführen ist. Hingegen stieg die durchschnittliche Wochenauflage der Periodika der »Neuen Linken«[3].

Zahl						Wochenauflage					
Periodische Publikationen	1971	1972	1973	1974	1975	1971	1972	1973	1974	1975	1976
orthodox-kommunistische und prokommunistische	710	910	1 112	1 272	1 420	309 500	333 000	542 000	1 073 000	801 500	850 600
der „Neuen Linken"	183	273	268	316	417	101 000	150 000	337 800	307 000	389 000	404 000
Gesamt:	893	1 183	1 380	1 587	1 837	410 500	483 000	879 800	1 380 000	1 190 500	1 254 600

Allerdings sollte nicht vergessen werden, daß in dieser Statistik zahlreiche andere Publikationsmittel – so beispielsweise Flugblätter, die teilweise in recht hoher Auflage verbreitet werden – nicht enthalten sind.
Von 1974 bis 1976 stieg nicht nur die Auflagenhöhe, sondern auch die Zahl der Publikationen, bei den orthodox-kommunistischen und kommunistisch beeinflußten Publikationen von 1271 (1974) über 1420 (1975) auf 1495 (1976) und bei den periodischen Publikationen der Neuen Linken (einschließlich Gewaltliteratur) von 316 (1974) über 417 (1975) auf 458 (1976).[4]
Leider gibt es keine Statistik der periodischen Publikationen, die für einen längeren Zeitraum Vergleichsmöglichkeiten der Auflagenentwicklung bietet. Daher wurden zum Vergleich die Angaben für 1980 und 1981 eingefügt.

Periodische Publikationen	Erscheinungsweise	Zahl 1980	Auflage 1980	Zahl 1981	Auflage 1981
orthodox-kommunistisch (Kernorganisationen)	täglich		53 700	3	46 000
	monatlich		69 000	41	41 000
	zweimonatlich		24 750	37	27 750
	vierteljährl.		4 025 350	886	4 004 400
		1 014	4 172 700	967	4 119 150
orthodox-kommunistisch (Nebenorganisationen)	monatlich		49 000	8	66 000
	zweimonatlich		2 500		
	vierteljährl.		211 500	416	236 500
		421	263 000	424	302 500

59

Periodische Publikationen	Erscheinungsweise	Zahl 1980	Auflage 1980	Zahl 1981	Auflage 1981
dogmatische „Neue Linke"[1]	wöchentlich		27500	3	13000
	14täglich		31200	7	25000
	monatlich		66500	16	55000
	zweimonatlich		46500	3	12000
	vierteljährl.		404500	120	246000
		134	576200	149	351000
undogmatische „Neue Linke"	wöchentlich		6000		
	14täglich		23450	2	21500
	monatlich		82900	21	67500
	zweimonatlich		19500	4	16000
	vierteljährl.		120000	41	240600
		52	251850	68	345600
	Summe:	1621	5263750	1608	5118250

1 Statistik aus Verfassungschutzbericht 1981, Bonn 1982, S. 55. Im Verfasssungschutzbericht für das Jahr 1980 waren die Trotzkisten mit 21 periodischen Publikationen und einer Auflage von 127200 besonders ausgewiesen. Für 1981 wurden ihre Publikationen bei der dogmatischen Neuen Linken aufgeführt. In dieser Statistik sind auch unregelmäßig herausgegebene Publikationen erfaßt, sofern sie mindestens viermal im Jahr erschienen sind, und daher der Spalte „vierteljährlich" zu entnehmen. Bei den Zahlenangaben handelt es sich jeweils um Einzelauflagen. Sie zeigen nicht die Jahresauflage an.

A Maoismus in der Bundesrepublik/K-Gruppen

1. Allgemeine Entwicklungslinien

Der XX. Parteitag der KPdSU im Jahre 1956, auf dem Chruschtschow heftige Angriffe gegen Stalin richtete, ist der eigentliche Ausgangspunkt für den Konflikt zwischen der KPdSU und der Kommunistischen Partei Chinas. Dementsprechend werfen die maoistischen Gruppen in der Bundesrepublik der KPdSU und der DKP vor, die revisionistische »Entartung« der KPdSU und damit auch der SEW habe seit diesem Jahr eingesetzt. Vor allem wird die Tatsache heftig angegriffen, daß von seiten der KPdSU die Politik der »friedlichen Koexistenz« vertreten würde, was als ein Verrat an den marxistisch-leninistischen Prinzipien gilt.

Die Entstehung der maoistischen Gruppen in der Bundesrepublik ist eines der wichtigsten Ergebnisse der Protestbewegung. Im Entwicklungsprozeß dieser Protestbewegung verbanden sich vielfach Reste des Altstalinismus der früheren KPD mit neostalinistischen Positionen. Insofern unternahmen einige maoistische Gruppen den Versuch, aus dem vorwiegend studentisch geprägten Bereich herauszustoßen, was vor allem – zumindest wenn man die Führung ansieht – der KPD/ML gelungen sein dürfte, aber auch dem KB, der eine relativ starke Verankerung im »Proletariat« in Hamburg und Umgebung aufweisen konnte. Da sich die maoistischen Gruppen als die eigentlichen Verfechter der revolutionären Traditionen der KPD der Weimarer Republik ansehen, versuchten sie immer wieder, vor allem Altgenossen der KPD, die entweder nicht in die DKP eingetreten oder möglicherweise aus ihr wieder ausgetreten waren, um sich zu scharen. So führte die KPD von Zeit zu Zeit Treffen früherer KPD-Mitglieder durch, womit sie nicht zuletzt ihren Anspruch, das eigentliche revolutionäre Erbe zu verwalten, zu dokumentieren trachtete.

Der Marxismus-Leninismus, an dem sich die maoistischen Gruppen orientierten, definierte sich durch folgende Gemeinsamkeiten: Orientierung an der Arbeiterklasse als dem eigentlichen revolutionären Subjekt; Aufbau der Kommunistischen Partei; Diktatur des Proletariats, bewaffneter Aufstand und Zerschlagung des bürgerlichen Staates; Absage an Entwicklung und Politik der Sowjetunion. Aber auch schon in der Ausformung dieser einzelnen Ziele kam es zu heftigen Kontroversen, bei denen sich häufig auch der Eindruck aufdrängte, daß nicht alle Auseinandersetzungen rein politischen Charakter hatten, sondern auch innerhalb der Maoisten der Bundesrepublik der Machtkampf von starken persönlichen ›Querelen‹ begleitet war.

Die zahlreichen maoistischen Gruppen bekämpften sich untereinander auf das heftigste. In den ersten Jahren rangen sie vor allem um die Anerkennung als offizielle Bruderpartei durch die KPCh. Zunächst wurde die Kommunistische Partei Deutschlands (KPD/ML) des Ernst Aust von der KPCh bevorzugt. Während Mitte 1975 eine »Arbeiterdelegation« der Kommunistischen Partei Deutschlands (KPD) bei einem Besuch in China lediglich auf Staatsebene empfangen wurde, waren die Abgesandten der KPD/ML auf Parteiebene immerhin durch ein Mitglied des Politbüros der KPCh empfangen worden.[5] Nach dem Besuch dieser beiden Delegationen – wahrscheinlich auf Betreiben der KPCh – waren in den Publikationsorganen von KPD und KPD/ML Bemühunen um eine stärkere Zusammenarbeit zu verspüren. Der KBW schien für die KPCh zunächst nicht als Ansprechpartner in Betracht zu kommen. Der frühere KABD erhielt zumindest eine kurzfristige Anerkennung durch die Tatsache, daß ein Grußschreiben von ihm in der offiziellen chinesischen Zeitschrift Peking-Rundschau veröffentlicht wurde. In den ersten Jahren des Bestehens maoistischer Gruppen hatte sich die KPCh nicht auf einen einzigen Ansprechpartner festgelegt, was nicht zuletzt auch auf die Tatsache zurückzuführen sein dürfte, daß China seine außenpolitischen Beziehungen zur Bundesrepublik Deutschland nicht durch Aktionen einzelner maoistischer Gruppen gestört sehen wollte. Darüber hinaus erschien der KPCh offensichtlich die interne Lage innerhalb der einzelnen maoistischen Gruppen zu unbestimmt, als daß sie sich nur auf eine einzelne Gruppe festlegen wollte.

Nicht zuletzt aber auch wegen des Bemühens um Anerkennung durch die KPCh dürften sich die Streitigkeiten innerhalb der maoistischen Gruppen eher verstärkt haben.

In der ersten Hälfte der siebziger Jahre war die Außenpolitik Chinas bei den maoistischen Gruppen weithin anerkannt. Die innerhalb der Maoisten kontroversen Punkte bezogen sich vor allem auf ideologische Fragen zur Einschätzung der politischen Lage der Bundesrepublik, wobei vor allem die Auseinandersetzung darum geführt wurde, ob schon die einzige und wahre kommunistische Partei in der Bundesrepublik, die ihrerseits an die politischen Traditionen der KPD der Weimarer Zeit und an das politische Vorbild der KPdSU bis 1956 anknüpfen kann, vorhanden ist. Von seiten der KPD/ML, die sich am 31. Dezember 1968 als erste Gruppierung zur Partei erklärte, und der früheren KPD wurden hier die entschiedensten Standpunkte formuliert: Sie erklärten sich bereits zur *Partei* des Proletariats und konnten folglich die anderen maoistischen Gruppen nur auffordern, sich ihnen anzuschließen. Die anderen maoistischen Gruppen, der KBW und die regional auftretenden Organisationen KB, KABD und Arbeiterbund für den Wiederaufbau der KPD gingen in ihren programmatischen Äußerungen immer wieder davon aus, daß die eigentliche kommunistische Partei erst noch aufgebaut werden müsse. Sie erklärten sich durchaus auch als offen im Sinne von Verhandlungen mit anderen maoistischen Gruppierungen. Dennoch ließen sie vielfach an dem Absolutheitsanspruch der Richtigkeit ihrer eigenen ideologischen Position keinen Zweifel.

Aber auch in anderen wichtigen Fragen ergaben sich zum Teil offene Gegensätze. Beispielsweise erstrebten KPD und KPD/ML eine Politik der Revolutionären Gewerkschaftsopposition (RGO), was also – konsequent betrieben – letztlich den Aufbau einer eigenen gewerkschaftlichen Organisation nach sich zieht, während beispielsweise der Kommunistische Bund Westdeutschland dieses Konzept ablehnte und von einer bewußten und eindeutigen Mitarbeit innerhalb der Gewerkschaften ausging.

Unterschiede gab es auch in anderen Fragen, so der Einschätzung Stalins, der am unverhohlensten von der KPD/ML verteidigt wurde, während in vereinzelter Form Kritik durch die KPD angemeldet, die schärfste Kritik jedoch von seiten des KBW an Stalin geäußert wurde.

Unterschiedliche Auffassungen bestanden auch in anderen Fragen, vor allem in der nationalen Frage, in der sehr häufig die Auffassungen Stalins hinsichtlich der Notwendigkeit einer nationalen Einheit Deutschlands übernommen wurden. Zum Teil gab es hier beinahe schwülstig-nationalistische Formulierungen, vor allem beim Arbeiterbund für den Wiederaufbau der KPD, aber auch beim KABD. Eine exponierte Stellung nahm in dieser Frage der KBW ein, der von der Teilung Deutschlands als politischer Realität ausgeht und entsprechenden Wiedervereinigungsparolen mit erheblicher Skepsis gegenübersteht. Innerhalb des KBW waren sogar Überlegungen im Gange, inwieweit er sich überhaupt innerhalb West-Berlins betätigen könne, weil es sich hier um eine selbständige politische Einheit handele, die nicht unter »Westdeutschland« zu subsumieren sei.

Hinsichtlich der Außenpolitik Chinas gab es nur wenige Kontroversen, da in den meisten Fällen die Außenpolitik Chinas, so im indisch-pakistanischen Konflikt, voll übernommen und verteidigt wurde. Auch eine zeitweilige Irritation, die durch die Einladung des CSU-Vorsitzenden Franz Josef Strauß nach China entstand, wurde wieder aufgefangen, wobei die maoistischen Gruppen im Regelfalle diesen Besuch mit dem Hinweis auf die Notwendigkeit, Mao müsse den bundesrepublikanischen »Hauptfeind« kennenlernen, rechtfertigten. Lediglich der KB übte in seinen Publikationen mit dem Wort »zum Kotzen« Kritik an dieser Einladung.

Der Tod Mao Tse-tungs im September 1976 konnte indes nicht ohne Auswirkungen auf die diversen maoistischen Gruppen innerhalb der Bundesrepublik bleiben. Die neue chinesische Führung unter Hua und Deng proklamierte zwar eine Fortsetzung der Innen- und Außenpolitik nach den Mao-Tse-tung-Ideen, daß also das Erbe Mao Tse-tungs authentisch fortgeführt werde. Nach dem Tode Mao Tse-tungs waren es vor allem die Theorie der drei Welten und die Argumentation der neuen chinesischen Führung zur »Viererbande«, die die deutschen Maoisten miteinander in Streit geraten ließen.

Die von der KPCh verbreitete Theorie der drei Welten geht davon aus, daß die Sowjetunion und die USA als »die zwei Supermächte« die »erste Welt« bilden, zur »zweiten Welt« seien die imperialistischen Staaten Europas, Japan und Australien zu zählen, während zur »dritten Welt« die Länder Asiens, Afrikas und Lateinamerikas gehören. Diese Theorie fordert die zweite und dritte Welt auf, sich gegen die beiden Supermächte zu verbinden, wobei diese vor allem den Zusammenschluß der EG-Staaten fordert.[6]

Nach der Lesart der KPCh[7] ist von den beiden Supermächten die Sowjetunion die gefährlichere, die aggressivere, die »Hauptquelle eines neuen Weltkriegs«. Die Praxis der chinesischen Außenpolitik folgerte daraus, nicht eine Einheitsfront gegen die beiden Supermächte zu fordern, »sondern in erster Linie eine Einheitsfront gegen den ›Sozialimperialismus‹ zu propagieren«. »Der sowjetische Sozialimperialismus hat das Hitlerdeutschland der 30er Jahre weit übertroffen.«[8]

Die unterschiedlichen Reaktionen der einzelnen maoistischen Gruppen auf den Machtwechsel in Peking haben z. T. zu unüberbrückbaren Differenzen geführt, wenn sie auch gleichwohl im wesentlichen bei KBW und KPD eine Annäherung an die Politik der KPCh herbeiführten.

Zwischen der früheren KPD, die sich im Jahre 1980 auflöste, und dem KBW entstand ein förmliches Ringen um die Anerkennung als Bruderpartei durch die KPCh. Mehrfach besuchten Delegationen beider Parteien die Volksrepublik China.

So reiste im November 1976 eine Delegation der KPD unter der Leitung des Parteivorsitzenden Semler in die Volksrepublik China und wurde am 9. November von Keng Biao, Mitglied des ZK der KPCh und Leiter der Abteilung für internationale Verbindungen beim ZK der KPCh, empfangen, der ihr zu Ehren ein Bankett gab. Die Rehabilitierung Dengs und dessen Ernennung zum stellvertretenden Ministerpräsidenten der Volksrepublik China fand bei der KPD Einverständnis. Sie veröffentlichte in ihrem Zentralorgan »Rote Fahne« in vollem Wortlaut das Kommuniqué des 3. Plenums des ZK der KPCh vom 16. bis 21. Juli 1977.[9]

Nach der Entmachtung der »Viererbande« und der daraus resultierenden Stärkung der Stellung Hua Guofengs beglückwünschte das Zentralkomitee der KPD in einem Telegramm »den Genossen« Hua Guofeng auf das herzlichste zu seiner Ernennung als Vorsitzender des ZK der KPCh.[10]

Der KBW berichtete in seinen Publikationsorganen kritiklos über die personellen und politischen Veränderungen in China, es wurden dem Vorsitzenden der KPCh, Hua Guofeng, »revolutionäre Grüße« übermittelt, die Radio Peking in seinem englischsprachigen Programm in vollem Wortlaut übertrug. Über Dengs Rückkehr berichtete der KBW zunächst ohne eigenen Kommentar, entschied sich aber dann nach monatelanger Zurückhaltung im August 1977 für die neue chinesische Parteilinie, indem er in der »Kommunistischen Volkszeitung« eine Grußadresse an den Vorsitzenden des ZK der KPCh, Hua Guofeng, abdruckte, dem zur erfolgreichen Durchführung des 11. Parteitages der KPCh Glückwünsche übermittelt wurden.[11]

In dieser Grußadresse hieß es, den KBW habe es mit großer Freude und Zuversicht erfüllt, daß die KPCh einen großen Sieg bei der Zerschlagung der »parteifeindlichen Viererbande« errungen habe. Dieser Sieg über die »ultrarechte Linie« der Viererbande sei ein Sieg des Marxismus-Leninismus und der Linie des großen verstorbenen Vorsitzenden Mao.

Andere K-Gruppen distanzierten sich von der chinesischen Außenpolitik, beriefen sich also weiterhin auf die Mao-Tse-tung-Ideen, nicht jedoch die KPD/ML. Diese distanzierte sich schon sehr frühzeitig von der Politik der neuen chinesischen Führung und veröffentlichte in ihrem Zentralorgan »Roter Morgen«[12] auf zwei Seiten Zitate Mao Tse-tungs über die »Fortführung des Klassenkampfes im Sozialismus«, die sich eindeutig gegen die neue Parteiführung richteten. Ein Bild zeigte Mao Tse-tung mit seiner Frau, die als dessen »enge Kampfgefährtin« bezeichnet wird. Gleichzeitig erklärte Ernst Aust Albanien zum »großen Leuchtfeuer des Sozialismus, nicht nur für Europa, sondern für die ganze Welt«[13], womit er die neue Führung der KPCh indirekt abwertete. Die KPD/ML stellte sich immer deutlicher auf die Seite der Partei der Arbeit Albaniens. So druckte sie im Juli 1977 in ihrem Zentralorgan Zitate Mao Tse-tungs und Hua Guofengs ab, die Deng beschuldigten, eine bourgeoise, konterrevolutionäre und revisionistische Haltung einzunehmen.[14]

1978 wurde durch die KPD/ML darüber hinaus Mao Tse-tung nicht mehr als Klassiker »anerkannt«, was seinen symbolischen Ausdruck in der Tatsache fand, daß im Kopf der Parteizeitung »Roter Morgen« nur noch Marx, Engels, Lenin und Stalin abgebildet sind, nicht mehr jedoch Mao Tse-tung. Die KPD/ML hielt sich deutlich an die politische Linie der Partei der Arbeit Albaniens. Die KPCh hatte Anfang der siebziger Jahre die KPD/ML offensichtlich bevorzugt, weil sie in ihrer Zusammensetzung »proletarischer« erschien als andere marxistische Gruppen, die im wesentlichen von ehemaligen Funktionären der Studentenrevolte angeleitet wurden. Auf diese Bevorzugung spielte der KB an, als er im Februar 1978 Ernst Aust vorwarf, sich um privilegierte Beziehungen der KPCh bemüht zu haben.[15]

Zu den schärfsten Kritikern des Machtwechsels in Peking gehörte der KB. Er bezeichnete ihn wiederholt als »Rechtsputsch«, der in der KPCh stattgefunden hätte.[16]

Der KB hatte bereits vor Mao Tse-tungs Tod die Außenpolitik der Volksrepublik Chinas heftig kritisiert, z. B. den Besuch von Franz Josef Strauß in China und den Empfang durch Mao Tse-tung. Auch der KABD, die spätere MLPD, distanzierte sich von der Theorie der drei Welten und bezweifelte, daß Mao Tse-tung tatsächlich diese Theorie ausgearbeitet habe.[17]

In einer anderen außenpolitischen Frage schieden sich die Geister der diversen marxistisch-leninistischen Gruppen, nämlich hinsichtlich des Einmarsches vietnamesischer Truppen in Kambodscha und des militärischen Vorgehens Chinas gegen Vietnam. Der KB begrüßte als Gegner der chinesischen Führung den Sturz des »reaktionären« Pol-Pot-Regimes durch eine »Kambodschanische Befreiungsfront«. Mit tatkräftiger Unterstützung der chinesischen Regierung, die als »einer der Hauptdrahtzieher des abenteuerlichen Kurses der kambodschanischen Machthaber« gelten könne, sei weltweit die »Lüge einer Invasion Vietnams« in Kambodscha verbreitet worden. Dort sei einem Regime ein Ende bereitet worden, »das den Sozialismus in aller Welt diskreditiert habe«.[18]

Der KABD verurteilte sowohl »Vietnams Überfall« auf Kambodscha als »Akt brutaler Aggression« als auch den Einmarsch chinesischer Truppen in Vietnam als nicht »notwendige Verteidigungsmaßnahme« und als »aggressiven Akt der neuen chinesischen Führung«. Gleichzeitig wies der KABD jedoch darauf hin, daß die Sowjetunion Vietnam durch massive Waffenlieferung zum Überfall auf Kambodscha ermuntert habe, und warnte davor, »China einseitig zu verurteilen«, weil die Sowjetunion »und ihre Lakaien« weltweit einen Propagandafeldzug gegen China führten.[19]

Die KPD/ML erklärte, schuld an diesem Krieg hätten sowohl Moskau als auch Peking, die »einseitig und massiv« jeweils eine Seite unterstützten.[20]

Den »Überfall« Chinas auf Vietnam verglich die KPD/ML mit dem Angriff der deutschen Wehrmacht auf Polen. China zeige nunmehr gegenüber Vietnam »nackte imperialistische Aggression«[21], nachdem es den Konflikt zwischen Kambodscha und Vietnam »angeheizt« habe.

Völlig auf der Linie der KPCh lagen jedoch der KBW und die KPD. Sie rechtfertigten den Einmarsch Chinas in Vietnam. Die KPD erklärte anläßlich der »vietnamesischen Aggression gegen Kambodscha«: »Moskau greift nach der Vorherrschaft in Südostasien«, wobei dieser Vorherrschaft »in erster Linie die VR China im Wege« stehe. Das ZK der KPD versicherte in einem Solidaritätstelegramm vom 8. Januar 1979 Pol-Pot ihrer »uneingeschränkten und kämpferischen Solidarität«.[22]

Trotz ideologischer Differenzen gab es verschiedentlich Bemühungen, eine Aktionseinheit der diversen maoistischen Gruppen herbeizuführen. Unter dem Eindruck eines Beschlusses des Bundesvorstandes der CDU von Ende September 1977, nach dem der Bundesrat beim Bundesverfassungsgericht gegen KBW, KPD und KPD/ML einen Verbotsantrag stellen sollte, riefen die drei betroffenen Parteien zu einer gemeinsamen Demonstration auf, zu der am 8. Oktober 1977 auf dem Bonner Rathausplatz etwa 12 000 ihrer Anhänger erschienen.[23]

Am 29. Oktober 1977 trafen sich in Köln der KAB, der KABD, der KAB/RW und der Arbeiterbund für den Wiederaufbau der KPD (AB). KBW und KPD brachten gemeinsam den Vorschlag ein, ein Aktionsprogramm zu beschließen und im Januar 1978 einen »Kongreß für Demokratie und Sozialismus« durchzuführen, der jedoch bei den übrigen Teilnehmern keine Zustimmung fand. Am 12. November 1977 trafen sich mit Ausnahme des Arbeiterbundes dieselben Organisationen zum zweitenmal in Köln, um über die Frage eines Bündnisses gegen die Verbotsdrohung zu beraten. Laut KB verliefen diese Diskussionen jedoch ebenso unergiebig wie das erste Treffen, da die Vertreter der einzelnen Gruppen ihre schon bekannten Standpunkte wiederholten und ohne eine Einigung über das weitere Vorgehen auseinandergingen.[24]

Daß die marxistisch-leninistische Bewegung in der zweiten Hälfte der siebziger Jahre immer mehr an Einfluß verlor und viele ihrer Aktivisten nicht halten konnte, hängt auch mit der fehlenden Resonanz innerhalb der Arbeiterschaft zusammen. Die K-Gruppen-Bewegung war in erster Linie ein Sammelbecken jener Kräfte, die eine revolutionäre kommunistische Partei wieder aufbauen wollten und die zur marxistisch-leninistischen Bewegung nach dem Ende der Studentenrevolte gefunden hatten. Die K-Gruppen entwickelten auch innerhalb der Gewerkschaften keine Anziehungskraft. Eine revolutionäre Perspektive wurde nicht vermittelt. Die Auflösung der KPD im März 1980 signalisierte symbolhaft den Niedergang der marxistisch-leninistischen K-Gruppen.

2. Kommunistische Partei Deutschlands (Marxisten-Leninisten); früher KPD/ML

Die am 31. Dezember 1968 – noch während der antiautoritären Protestrevolte – gegründete Kommunistische Partei Deutschlands/Marxisten-Leninisten (KPD/ML) gehört zu den wichtigen Gruppen der »linken Linken« und stellt – obwohl in dieser Partei auch eine Reihe von Altstalinisten mitarbeiten, die die »revisionistische« Schwenkung der KPdSU auf dem XX. Parteitag 1956 nicht mitvollzogen hatten – ein wichtiges Ergebnis der Protestbewegung dar, wobei besonders ihre frühere Jugendorganisation, die »Rote Garde«, gerade in Berlin zeitweilig über eine erhebliche Basis verfügte. Allerdings war der Versuch von Ernst Aust, dem Vorsitzenden dieser Organisation seit dem Gründungstag, durch die Gründung der KPD/ML ehemals antiautoritäre SDS-Genossen heranzuziehen, nicht immer erfolgreich, da allgemein zum damaligen Zeitpunkt innerhalb der bundesdeutschen Linken die Bereitschaft zur Anerkennung einer einzigen, legitimierten kommunistischen Partei noch nicht bestand. Insofern vollzog sich – wie in keiner anderen Organisation – innerhalb der KPD/ML ein permanenter Spaltungsprozeß mit zum Teil grotesk anmutenden Szenen, der erst etwa seit dem Jahre 1973 – nachdem die KPD/ML von Ernst Aust mehr oder weniger die offizielle Anerkennung durch die Partei der Arbeit Albaniens als Bruderpartei erhalten hatte – zu einem Stillstand kam.

Nach der Auflösung der KPD im März 1980 übernahm die KPD/ML den frei gewordenen Namen KPD, d. h., sie nennt sich in der Abkürzung »KPD« und mit vollem Namen »Kommunistische Partei Deutschlands (Marxisten-Leninisten)«.

Nach wie vor unumstrittener Vorsitzender dieser Gruppe ist Ernst Aust; die stellvertretenden Vorsitzenden sind Annette Schnoor und Günter Wagner (gewählt am 6. Juni 1982).

Die KPD ist in drei Landesvorstände unterteilt. Der Landesvorstand Nord – gewählt am 23. Januar 1982 – besteht aus der Vorsitzenden Heike Walter und den stellvertretenden Vorsitzenden Wolfgang Weskamp und Gerd Coldewey. Der Landesvorstand Nord umfaßt die Landesbezirksverbände Schleswig-Holstein, Hamburg-Unterelbe, Weser-Ems und Niedersachsen. Der Landesvorstand Mitte umfaßt die Landesbezirksverbände Westfalen-Lippe, Ruhr, Rheinland und Hessen. Vorsitzender ist Peter Schulte, seine am 9. Mai 1982 gewählten Stellvertreter sind Dietrich Lohse und Ulrike Bach. Ebenfalls am 9. Mai 1982 gewählt wurde der Landesvorstand Süd mit dem Vorsitzenden Lothar Krieger und seinen Stellvertretern Willi Rohr und Fritz-Helmut Stockmar. Dieser Landesvorstand umfaßt die Landesbezirksverbände Rheinland-Pfalz/Saar, Bayern und Baden-Württemberg. Die Bundesgeschäftsstelle der KPD ist in Dortmund-Hörde.

Die KPD gliedert sich nach wie vor in die Sektionen DDR, Deutsche Bundesrepublik und Westberlin. Die KPD bemüht sich insbesondere in ihrem Zentralorgan »Roter Morgen« um den Eindruck, sie verfüge in der DDR über eine eigene Sektion.

1982 hatte die KPD über 500 Mitglieder.[25] Demnach stagnierte die Mitgliederzahl der KPD/ML seit 1979, 1978 hatte sie 600 und in den Jahren 1976 und 1977 etwa 800 Mitglieder. 1982 kam die Kommunistische Jugend Deutschlands (KJD), die im Jahre 1980 an die Stelle der vormaligen »Roten Garde« trat, auf 250 Mitglieder. Die Revolutionäre Gewerkschaftsopposition (RGO) der KPD/ML verfügte 1982 über 1300 Mitglieder und die »Volksfront gegen Reaktion, Faschismus und Krieg, für Freiheit und Demokratie, Wohlstand und Frieden!« immerhin über 1500 Mitglieder. In dem Parteistatut wird eine »strenge einheitliche Parteidisziplin«, das Prinzip des Demokratischen Zentralismus, mit der Konsequenz verankert, daß sich die Minderheit der Mehrheit unterzuordnen hat.[26]

Die Basis der Partei bilden ihre Grundorganisationen, die Zellen, die ihren Leiter und dessen Stellvertreter in der Regel einmal im Jahr wählen.

Das höchste Organ ist der Parteitag, der alle vier Jahre einberufen wird. Der Parteitag wählt die Mitglieder und Kandidaten des Zentralkomitees sowie der Zentralen Parteikontrollkommission (ZPKK). Das Zentralkomitee wählt aus seiner Mitte das Politbüro des Zentralkomitees, den Vorsitzenden des Zentralkomitees und das Sekretariat. Das Zentralkomitee gibt das Zentralorgan »Roter Morgen« und das theoretische Organ »Der Weg der Partei« heraus. Die Zentrale Partei-

kontrollkommission »kämpft für die Erziehung der Partei zur revolutionären Wachsamkeit gegen jede fraktionelle Tätigkeit und feindliche Einflüsse«.[27]
Richtschnur für die Tätigkeit der Sektion Deutsche Bundesrepublik ist das vom III. Ordentlichen Parteitag beschlossene Programm in der vom IV. Ordentlichen Parteitag der KPD/ML veränderten Fassung.

2.1. Zur Geschichte der KPD/ML

2.1.1. Die Vorläufer der KPD/ML

Die KPD/ML hat eine bewegte Gründungsgeschichte hinter sich. Sie wurde am 31. Dezember 1968 unter weitgehender Führung des Altkommunisten Ernst Aust gegründet. Es kam dann zu einer ganzen Reihe von Fraktionierungen und Abspaltungen – zeitweilig gab es bis zu fünf Fraktionen –, die sich ebenfalls »KPD/ML« nannten. Vor allem die KPD/ML, die die »Rote Fahne« als ihr Zentralorgan herausgab – die erste Nummer wurde im Juli 1970 ediert –, schien zeitweilig der KPD/ML von Ernst Aust den Rang streitig machen zu können. Doch seit der offiziellen Anerkennung vor allem durch Albanien erfreute sich die KPD/ML um Ernst Aust eines relativ starken Zulaufs, während frühere Fraktionen sich sehr bald auflösten. Lediglich in Berlin konnte die KPD/ML (Neue Einheit), der aber nur wenige Mitglieder angehörten, noch einige Zeit aktiv sein.
Die KPD/ML hat eine ganze Reihe von maoistischen Vorgängern, so zum Beispiel die am 5. März 1965 – dem Todestag Stalins – gegründete Marxistisch-Leninistische Partei Deutschlands (MLPD). Diese Gruppe verschickte nach ihrer »Gründung« eine Zeitschrift mit dem Titel »Sozialistisches Deutschland« und hielt mehrere »Parteitage« ab, im Jahre 1967 angeblich bereits den vierten.[28]
Die MLPD trat anonym auf und verstand sich als illegale Kampforganisation.[29]
In aller Offenheit hingegen wurde am 22. April 1967 in Frankfurt die »Freie Sozialistische Partei (FSP)« gegründet. Erster Sekretär des Zentralkomitees dieser Organisation wurde der 1940 geborene frühere DDR-Volkspolizeiwachtmeister Günter Ackermann aus Frankfurt, Zweiter Sekretär der 1920 geborene Gastwirt Werner Heuzeroth aus Niederschelderhütte (bei Siegen).[30]
Dem »Zentralkomitee« gehörte auch die Frau des Gastwirtes Heuzeroth an. Man gab »Die Wahrheit« heraus als »Organ des Kreisverbandes Siegen/Olpe der KPD/ML« (zuletzt erschienen: Mai 1981).[31]

2.1.2. Gründung der KPD/ML

Bevor die KPD/ML am 31. Dezember 1968 durch 33 »Delegierte« ausgerufen wurde, fand am 27. Dezember 1968 ein Treffen verschiedener Gruppen statt, woraufhin im »Roten Morgen« vom Mai 1968 folgende Erklärung veröffentlicht wurde: »Die bestehenden marxistisch-leninistischen Gruppen Roter Morgen (Hamburg), Freie Sozialistische Partei/ML (Siegerland), Roter Morgen (Mannheim), Roter Morgen (Karlsruhe) und die Revolutionären Kommunisten Nordrhein-Westfalens haben auf ihrer Tagung am 27. April 1968 beschlossen, ihre Arbeit politisch und organisatorisch mit dem Ziel der Gründung einer deutschen revolutionären marxistisch-leninistischen Partei zu koordinieren. Ihr Organ ist der ›Rote Morgen‹.«[32]
Die KPD/ML, die sich in ihrem Statut als »die Partei der Arbeiterklasse, ihr bewußter und organisierter Vortrupp, die höchste Form ihrer Klassenorganisation« bezeichnete, wertet ihre Gründung so: »Nach Jahren des revisionistischen Verrats übernahm die KPD/ML das Erbe Liebknechts, Luxemburgs und Ernst Thälmanns.«[33]

2.1.3. Heftige Fraktionskämpfe

Auf einer Bundesdelegiertenkonferenz aller Roten Garden der Bundesrepublik einschließlich Berlins, die am 4. und 5. April 1970 in Frankfurt stattfand, zeigten sich die Risse innerhalb der Jugendorganisation der KPD/ML sehr deutlich.[34] Anlaß zu Auseinandersetzungen innerhalb der KPD/ML war vor allem die Frage um die Stellung des Verhältnisses der revolutionären Intelligenz zur Arbeiterklasse.

Am Vormittag des 5. April 1970 verließ die Delegation der Roten Garde aus Nordrhein-Westfalen die Versammlung. Vertreter der Roten Garde aus Südwestdeutschland, Niedersachsen und Berlin folgten.[35] Ernst Aust wurde vorgeworfen, er wolle die Partei und den Jugendverband in eine »Volkshochschule zum Studium des Marxismus-Leninismus verwandeln«.[36] Die verbliebenen Rotgardisten hingegen stellten in einem gemeinsamen Kommuniqué zur »fraktionistischen Tätigkeit der Weinfurth-Clique in Nordrhein-Westfalen« fest, daß die Ursache des Fraktionismus dieser Gruppe in ihrem »kleinbürgerlichen Individualismus« zu suchen sei.[37]

Diese Spaltung innerhalb der Jugendorganisation stellte für Aust insofern einen erheblichen Rückschlag dar, weil sich als Folge davon eine konkurrierende KPD/ML bildete, die als Zentralorgan die Schrift »Rote Fahne« herausgab, deren »Zentralbüro« (ZB) in Bochum war. Zuallererst wurde auf einer Tagung der Aust feindlichen Roten Garden von Nordrhein-Westfalen eine Umbenennung in »Kommunistischer Jugendverband Deutschlands (KJVD)« vorgenommen. Auch durch diese Namensnennung – die Jugendorganisation der KPD der Weimarer Republik hatte den gleichen Namen – sollte symbolisch zum Ausdruck gebracht werden, daß sich diese Jugendorganisation als Sachwalterin des wahren Kommunismus in der Bundesrepublik und in Deutschland ausweist. Die KPD/ML (Rote Fahne) entwickelte mit ihrem Jugendverband KJVD zeitweilig erhebliche Aktivitäten, löste sich aber – nach ebenfalls heftigen internen Spannungen – im Frühjahr 1973 auf.[38]

2.1.4. Außerordentlicher Parteitag der KPD/ML

Die Auseinandersetzungen innerhalb der KPD/ML (RM) gingen so weit, daß zeitweilig die Position von Ernst Aust erheblich gefährdet war, was sich auch anläßlich eines außerordentlichen Parteitages im Dezember 1971 sehr deutlich zeigte. Auf diesem Parteitag hatte Aust nicht mehr die Mehrheit hinter sich und bildete schließlich mit seinen Anhängern ein »Exekutivkomitee beim ZK der KPD/ML«.[39] Aber auch die Mehrheit des Parteitages stellte »keine bewußte Einheit« dar, so daß dieser dann schließlich ohne konkrete Ergebnisse abgebrochen werden mußte.[40] Durch die Tatsache aber, daß Aust weiterhin die Kontrolle über den »Roten Morgen« behielt, besaß er in den weiteren ideologischen Auseinandersetzungen erhebliche Vorteile gegenüber seinen Gegnern.

Aust gelang es nach und nach – zumal Teile der Opposition ausgeschlossen waren –, die KPD/ML wieder in den Griff zu bekommen. Im Juli 1972 fand dann der 2. ordentliche Parteitag der KPD/ML statt.[41] Im Herbst 1972 wurde in der parteiinternen Diskussion ein Programmentwurf diskutiert, der jedoch entgegen ursprünglicher Vorhaben nicht im Roten Morgen veröffentlicht wurde, weil Schwierigkeiten bei der Durchsetzung dieses Entwurfes bestanden.[42]

2.1.5. Exkurs: KPD/ML (Rote Fahne)

Etwa zur gleichen Zeit setzte ein unaufhaltsamer Auflösungsprozeß der Konkurrenz-KPD/ML um das Bochumer Zentralbüro (ZB) ein. Diese KPD/ML (ZB) – zum Teil auch KPD/ML (Rote Fahne) genannt[43] – entfaltete zeitweilig heftige Aktivitäten, die sich durchaus mit denen der Austschen KPD/ML messen konnten, wenn sie diese nicht sogar übertrafen. In ihren Publikationen hatte diese KPD/ML (ZB) die KPD/ML (RM) immer wieder angegriffen, da diese den westdeutschen Imperialismus falsch einschätze und nicht erkenne, daß die Arbeiterklasse sich allmählich von den Führern der Sozialdemokratie löse und bereit sei, selbständig in den Kampf zu ziehen.[44] Innerhalb der Gruppe Roter Morgen sei »eine Clique bürgerlicher Subjekte« der Ansicht, daß die Intellektuellen die Führung der Partei innehaben müßten.[45] Diese Gruppe würde »ihr liquidatorisches Kapitulantentum vorbereiten«.[46] Vorgeworfen wurden ferner eine Trennung von Theorie und Praxis, ein »Dekretierstil« der Leitungen und »Kommandoallüren« leitender Funktionäre.

Aber auch die KPD/ML (Rote Fahne) blieb von internem Ärger nicht verschont. Einer der Mitgründer, der Student Peter Weinfurth, wurde offensichtlich bereits im Dezember 1970 seiner Funktionen enthoben, weil er Fragen hinsichtlich der Finanzierung der »Roten Fahne« nicht beantworten konnte. Auch Willi Dickhut trennte sich wieder von dieser KPD/ML.[47] Er gründete eine neue KPD/ML, die nach dem theoretischen Organ »Revolutionärer Weg« benannt war, eng mit dem in Tübingen beheimateten KAB, dem späteren KABD, zusammenarbeitete.[48]

Doch der Zerfallprozeß der KPD/ML (ZB) war unaufhaltsam. Vom 14. bis 18. Oktober 1972 führte das Zentralbüro mit der provisorischen Bundesleitung des KJVD eine Beratung durch. Offen wurde bekundet: »Es entstand eine Situation, in der weder in der Zentrale selbst noch in der Partei mehr Klarheit über die Aufgaben herrschte.«[49]

Einer der Gründe für den Zerfall der KPD/ML (Rote Fahne) war sicherlich, daß sich die Führung dieser kommunistischen Organisation durch eine Reihe widersprüchlicher politischer Aussagen keine genügende Autorität verschaffen konnte. So hatte sie noch im August 1972 nicht nur die Kandidatur ihrer Partei zu den Bundestagswahlen angekündigt, sondern diesen Wahlkampf auch als die »zentrale« und »entscheidende Klassenschlacht« angekündigt, mit dem Ziel, »die Wahlen zu einem schweren Schlag gegen den Bonner Staat zu machen« und das KPD-Verbot sowie das »reaktionäre Wahlgesetz« zu durchbrechen.[50] In einer Erklärung des Zentralbüros anläßlich der Beratungen mit der provisorischen Bundesleitung des KJV wurde aber von einem solchen Ansinnen nachträglich Abstand genommen, da eine solche politische Auseinandersetzung »auf der Ebene des legalen Massenkampfes ein schädliches Abenteuer« gewesen wäre. Die Versuche führender Funktionäre der seitherigen KPD/ML (Rote Fahne), diese Organisation noch zu retten, schlugen fehl.

Im Frühjahr 1973 schließlich waren weite Teile der ehemaligen KPD/ML (Rote Fahne) und des KJVD bereits zur Partei von Ernst Aust übergewechselt.[51] Im Februar 1973 wurde ein gemeinsames Kommuniqué der KPD/ML und der provisorischen Bundesleitung des KJVD veröffentlicht, in der als Ziel eine politische Einheit zwischen Roten Garden und KJVD angegeben wurde.[52] Insofern kann davon ausgegangen werden, daß seit Frühjahr 1973 bei Ernst Aust wieder die eindeutige Führung der KPD/ML lag.[53] Dies dürfte nicht zuletzt darauf zurückzuführen sein, daß die KPD/ML offensichtlich die offizielle Anerkennung vor allem durch Albanien erhalten hat, währenddessen andere maoistische Gruppen – z. B. die KPD – diese Anerkenntnis nicht erhielten.

2.1.6. Die Entwicklung der KPD/ML seit 1975

Als wichtiges Datum für das Jahr 1975 wird von der KPD/ML der 30./31. August angegeben, als in der Stadthalle Offenbach ein Jugendkongreß der »Roten Garde« stattfand, an dem etwa 2000 Genossen und Freunde teilgenommen haben sollen.[54] Seitdem wurden allerdings keine überragenden Aktivitäten der Roten Garde mehr beobachtet.

Aufmerksamkeit erregte die KPD/ML mit ihrer Erklärung, sie habe um die Jahreswende 1975/76 eine Sektion in der DDR, in der eine »faschistische Diktatur« zu Hause sei, etablieren können.[55] Mit der Gründung der Sektion DDR der KPD/ML besitze die Arbeiterklasse nun in der Bundesrepublik, in West-Berlin und in der DDR »eine marxistische Vorhutpartei, die sie im Kampf gegen Imperialismus, Sozialimperialismus und modernen Revisionismus führt, unter deren Leitung sie alle Schwierigkeiten überwinden und den Sieg erringen wird«.[56] Die Gründung einer solchen Sektion DDR der KPD/ML wurde in der KPD-Zeitung »Rote Fahne« als »ein taktisches Manöver vom Schreibtisch aus« bezeichnet, das von »kleinbürgerlichem Konkurrenzgeist« geprägt sei.[57]

Ihren III. Parteitag hielt die KPD/ML dann Ende 1976 unter konspirativen Bedingungen ab. Er verabschiedete ein Programm und ein geändertes Statut.[58] Parteivorsitzender Ernst Aust erklärte am 5. Februar 1977 in Ludwigsburg anläßlich der öffentlichen Abschlußkundgebung zum III. Parteitag: »Wir stehen fest und unerschütterlich an der Seite unserer albanischen Bruderpartei mit Genossen Enver Hoxha an der Spitze ... Wir werden jeden Angriff auf Albanien – sei er ideologischer, politischer oder militärischer Art – als einen Angriff auf uns betrachten, den wir entsprechend beantworten werden.«[59]

1977 brachen die Kontakte zu Peking ab, nachdem die KPD/ML das Zentralkomitee der KP Chinas in einem Schreiben scharf kritisierte und der Spaltertätigkeit bezichtigt hatte.

Anläßlich des 100. Geburtstages von Stalin wurden von Ernst Aust auf einer Veranstaltung am 21. Dezember 1979 die »überragenden Verdienste dieses großen Führers der internationalen Arbeiterbewegung« gewürdigt.[60] Die KPD/ML betonte, für sie werde »Stalins Kampf für die Verteidigung und Festigung der Diktatur des Proletariats immer Vorbild und Richtschnur sein«.[61]

Die KPD/ML blieb aber auch weiterhin nicht von Spaltungen verschont. So fand vor dem IV. Parteitag der KPD/ML 1978 eine Trennung von solchen Genossen statt, die innerhalb der Partei »bewußt resignative Stimmung« verbreiteten und versucht hätten, »sich fraktionistisch zu betätigen, wobei sie teilweise mit außerhalb der Partei wirkenden Agenten des Klassenfeindes in Verbindung standen«.[62] Einzelne dieser Genossen arbeiteten inzwischen für die von Franz Strobl (Österreich) geleitete »bundesdeutsche Agentenorganisation« »Gegen die Strömung«.

2.2. Zum politischen Selbstverständnis der KPD/ML

2.2.1. Ausrichtung auf Albanien

Die KPD/ML blieb als einzige K-Gruppe auf eine ausländische Bruderpartei, nämlich die Partei der Arbeit Albaniens (PdAA), orientiert. Die KPD/ML, die seit jeher über hervorragende Parteibeziehungen nach Albanien verfügte und deren Vorsitzender Ernst Aust häufig auf Parteitagen in Albanien zu Gast war, vollzog auch den Bruch der PdAA mit der Kommunistischen Partei Chinas mit und distanzierte sich konsequenterweise 1978 von Mao Tse-tung, dem sie den Rang eines »Klassikers« des Marxismus/Leninismus aberkannte. In dem im Januar 1979 veröffentlichten Programm der KPD/ML distanzierte sie sich von dem »chinesischen Revisionismus« und der »Theorie der drei Welten«.

70

Ernst Aust und Horst-Dieter Koch, Mitglied des Politbüros, nahmen auch am 8. Parteitag der Partei der Arbeit Albaniens 1981 teil.[63] Die völlige Übereinstimmung der KPD mit der albanischen Bruderpartei wurde anläßlich dieses Parteitages erneut bestätigt, da die Partei der Arbeit Albaniens »niemals die faulen Theorien vom Ersterben des Klassenkampfes akzeptiert« habe, »sondern im Gegenteil den kompromißlosen Kampf gegen alle bürgerlich-revisionistischen Einflüsse geführt« habe.[64]

In dem Streit um Kosovo zwischen Jugoslawien und Albanien nimmt die KPD immer wieder Partei für Albanien.[65] Im Frühjahr 1983 gab es aber offensichtlich zwischen der PdAA und der KPD Mißstimmungen, möglicherweise wegen des geringen Einflusses der KPD in der Bundesrepublik.

2.2.2. Kampf dem »Sozialimperialismus«

Die KPD/ML bekämpft auf das heftigste die »modernen Revisionisten«, worunter vor allem die Sowjetunion und die DDR zu verstehen seien.

Die Besetzung der ČSSR durch Warschauer-Pakt-Truppen wurde als Zeichen für »Sozialimperialismus« der Sowjetunion gewertet.[66]

Auch das Gewaltverzichtsabkommen zwischen Bonn und Moskau und insgesamt die Ostverträge wurden abgelehnt und als »schamloser, niederträchtiger Verrat« bezeichnet, »mit dem die neuen Zaren im Kreml ihren vorläufig letzten Anschlag auf die Interessen – nicht nur der Bevölkerung der DDR, sondern des ganzen deutschen Volkes, in der sogenannten Berlin-Regelung krönten«.[67]

Die Chruschtschow-Nachfolger zeigten heute, »daß ihnen Recht und Souveränität der DDR einen Dreck wert sind, daß sie meinen, die Bajonette ihrer Truppen und eine ihnen sklavisch hörige Regierung würden ausreichen, um die Werktätigen der DDR daran zu hindern, sich gegen den stückchenweisen Verkauf ihrer Interessen an die westdeutschen Imperialisten zur Wehr zu setzen«.[68] Als ein »Herz und eine Seele« wurden auch Breschnew und Brandt dargestellt.[69]

Anläßlich des Besuches von Breschnew am 22. November 1981 in Bonn veröffentlichte die Kommunistische Jugend Deutschlands (KJD) einen Aufruf zu einer Demonstration gegen die Politik der Sowjetunion. »Kommunisten kämpfen für das Selbstbestimmungsrecht der Völker und treten es nicht mit dem Militärstiefel!« wurde zur Afghanistan-Politik der Sowjetunion erklärt.

Der »reale Sozialismus« sei letztlich »Staatskapitalismus«: »Marx und Lenin würden sich im Grab umdrehen, wenn sie wüßten, wie ihre Ideen im Ostblock verfälscht, verzerrt und verraten werden.«

Scharf ins Gericht ging die KPD/ML mit dem Kriegsrecht in Polen: »Der ganze Aufmarsch der Armee, alle Maßnahmen des Kriegsrechts, alle aufgefahrenen Panzer sind gegen die Arbeiterklasse gerichtet. Und das in einem Staat, der sich sozialistisch nennt und in dem angeblich die Arbeiterklasse an der Macht ist. Kann es einen klareren Beweis dafür geben, daß in Polen wie in den anderen Staaten des Warschauer Paktes der Sozialismus längst verraten worden ist, daß Polen heute kapitalistisch ist (allerdings staatskapitalistisch), daß die verlogene Propaganda von der Herrschaft der Arbeiterklasse in Polen nichts als eine zynische Phrase ist, während in Wirklichkeit die Arbeiterklasse auf brutalste Art unterdrückt und völlig entrechtet wird?«[70]

Das auf dem IV. Parteitag der KPD/ML 1978 verabschiedete Programm verurteilt erneut den Sozialimperialismus der Sowjetunion. Auch die SED mißbrauche die »große Losung der Diktatur des Proletariats«, um »ihren sozialfaschistischen Terror gegen die Arbeiterklasse und die Werktätigen zu rechtfertigen. Mit sozialistisch klingenden Phrasen versucht die SED, die Arbeiterklasse und die Werktätigen der DDR ideologisch zu entwaffnen, zu verhindern, daß die Arbeiterklasse und die Werktätigen in dem revolutionären Kampf für den Sozialismus den einzigen Ausweg aus Ausbeutung und Unterdrückung durch die neue Bourgeoisie und den sowjetischen Sozialimperialismus erkennen.«[71]

Die KPD behauptet, daß innerhalb der DDR eine Sektion der KPD gegen »die brutale Unterdrückung der Werktätigen, die Abschaffung ihrer elementarsten Rechte« kämpfe.[72]

2.2.3. Zur deutschen Nation

Vor allem aber zeigt sich die KPD/ML dem Gedanken einer einheitlichen deutschen Nation mehr als nur aufgeschlossen. So erklärte sie schon 1974: »Die deutsche Nation existiert! Obwohl es seit fast 25 Jahren keinen einheitlichen deutschen Nationalstaat mehr gibt, wünscht das deutsche Volk nach wie vor, mit allen Landsleuten gemeinsam ungehindert durch willkürliche staatliche Grenzen in der angestammten Heimat zu leben. Die Verfolgung und Schikanierung von DDR-Reisenden unter dem Adenauer-Regime konnten diesen Willen des deutschen Volkes zur nationalen Einheit ebensowenig brechen wie der Mauerbau seitens der DDR-Machthaber.«[73]

Die KPD/ML sei nicht bereit, die Spaltung Deutschlands zu unterschreiben.[74] Unter dem Motto »Weg mit Honecker, weg mit Brandt – alle Macht in Arbeiterhand« wird »für ein vereintes, unabhängiges sozialistisches Deutschland« gekämpft.[75]

Auch im Parteiprogramm von 1978 wird als Ziel »die Schaffung eines vereinten, unabhängigen, sozialistischen Deutschlands« genannt.[76] Eine Wiedervereinigung Deutschlands entspreche den »Interessen der deutschen Arbeiterklasse und des ganzen werktätigen deutschen Volkes«; deshalb sei die Lösung der nationalen Frage, die Wiedervereinigung und Erringung der nationalen Unabhängigkeit Deutschlands »untrennbar mit der allgemeinen und übergeordneten Frage der Sozialistischen Revolution in ganz Deutschland verbunden«.[77]

Am 21. November kam es auf dem Alexanderplatz in Berlin (Ost) zu einer »Solidaritätsaktion« mit in der DDR verhafteten kommunistischen Oppositionellen.[78] Mit dieser Aktion sollte an das Schicksal von DDR-Bürgern erinnert werden, die sich dort angeblich für die Ziele der KPD einsetzten.[79]

2.2.4. Zur Gewalt

Sehr klar und offen bekennt sich die KPD/ML zur revolutionären Gewalt. Sie sieht zwar ein, daß ihre Kräfte zur Zeit noch relativ schwach sind, doch sollte nicht übersehen werden, daß auf einer Reihe von Demonstrationen, vor allem anläßlich der Olympischen Spiele in München, bei Anhängern der KPD/ML große Bereitschaft zum Einsatz von Gewalt bestand. So wird der Tag herbeigesehnt, »da die Arbeiterklasse sich an der Spitze der werktätigen Volksmassen und unter der Führung ihrer bolschewistischen Partei, der KPD/ML, zum gewaltsamen Aufstand erhebt, um den verhaßten Feind mit Waffengewalt niederzuschlagen«.[80]

Ernst Aust erklärte in einem Interview mit dem Roten Morgen, daß es eine »unabdingbare Pflicht unserer marxistisch-leninistischen Partei« sei, »jederzeit auf die Illegalität vorbereitet zu sein. Es ist nicht nur ihre Pflicht, unter den Massen die Notwendigkeit der Revolution zu propagieren, ihre Unvermeidbarkeit nachzuweisen, ihren Nutzen für das Volk klarzumachen. Es ist nicht nur ihre Pflicht, die gesamten Werktätigen und die ausgebeuteten Massen auf den bewaffneten Aufstand vorzubereiten, sondern auch die praktischen Maßnahmen hierfür zu treffen.«[81]

Die KPD/ML rechtfertigte Gewalt und Terror: »Noch niemals ist eine herrschende, an der Macht befindliche Klasse freiwillig zurückgetreten. Noch nie, in keinem Land der Erde, haben die Kapitalisten freiwillig, ohne Gewalt, ihre Herrschaft an die Werktätigen abgetreten.«[82]

Auch in ihrem noch heute gültigen Programm bekennt sich die KPD zur revolutionären Gewalt: »Die Eroberung der Macht durch das Proletariat kann auf die eine oder andere Weise erfolgen: z. B. als durchgehender Prozeß über die Entfaltung von Massenaktionen, Streiks in Verbindung mit Demonstrationen bis hin zum Generalstreik, der sich mit dem bewaffneten Aufstand gegen die Staatsgewalt der Bourgeoisie vereint und entweder in kurzer Frist zum Sieg führt oder in einen längeren Volkskrieg umschlägt.«[83]

Im Programm wird ferner von einer »Notwendigkeit der gewaltsamen sozialistischen Revolution« gesprochen: »Dagegen ist die proletarische Revolution ein gewaltsamer Eingriff des Proletariats in die Eigentumsverhältnisse der bürgerlichen Gesellschaft, die Enteignung der ausbeutenden Klassen und der Übergang der Macht in die Hände der Klasse, die sich die Aufgabe stellt, das ökonomische Fundament der Gesellschaft radikal umzugestalten und jede Ausbeutung des Menschen durch den Menschen zu beseitigen.«[84]

2.2.5. Beteiligung an Parlamentswahlen

Der Parlamentarismus wird als »Betrug am Volk« bezeichnet[85], denn die Arbeiterklasse und alle Werktätigen würden »ihre endgültige Befreiung von Ausbeutung und Unterdrückung niemals mit dem Stimmzettel, sondern nur durch die gewaltsame Revolution erkämpfen können, nur durch die Zerschlagung des gesamten bürgerlichen Staatsapparates einschließlich der Schwatzbude Parlament«.[86]
»Das Parlament und die bürgerlichen Parteien dienen dazu, das Volk hinters Licht zu führen, ihm das Gefühl zu vermitteln, die politischen Entscheidungen würden nicht gemäß den Interessen der Monopolbourgeoisie, sondern nach dem Willen der Mehrheit des Volkes gefällt.«[87]
Die KPD/ML ist in ihrer Entscheidung hinsichtlich der Teilnahme an Parlamentswahlen keineswegs konsequent. So beteiligte sie sich 1974 an den Wahlen zur Hamburger Bürgerschaft und 1975 an den Landtagswahlen in Nordrhein-Westfalen. Begründet wurde die Beteiligung damit, daß der damit verbundene Parteienstatus einen besonderen Schutz böte. Die Wahlbeteiligung wirke »Bestrebungen der Bourgeoisie, uns als kriminelle Vereinigung zu verbieten, entgegen und schuf damit die juristischen Grundlagen, die legalen Möglichkeiten auszuschöpfen«.[88]
Anläßlich der Bundestagswahl 1976 rief die KPD/ML dagegen zum Wahlboykott auf: »Boykottiert die Wahl! Stimmt ungültig!«[89] 1980 unterstützte die KPD/ML die von ihr initiierte »Volksfront«.[90] Am 6. November 1982 richtete die KPD an BWK, MLPD, GIM und AB den Vorschlag, ein Wahlbündnis einzugehen.[91] Am 4. und 5. Dezember 1982 fand ein Sonderparteitag der KPD statt, der sich mit Fragen der Haltung der KPD hinsichtlich der Neuwahlen zum Bundestag beschäftigte.[92] Nachdem ein Treffen am 19. November 1982, auf dem es Gespräche der KPD mit der MLPD gab, gescheitert war, sprach sich dieser Parteitag nun für ein Wahlbündnis mit dem BWK aus.[93] Es war zwar auch zu Gesprächen der vier Organisationen GIM, BWK, KPD und MLPD gekommen, die aber ergebnislos blieben.[94]
Die »gemeinsame Wahlplattform von BWK und KPD«[95] brachte zum Ausdruck, daß die Grünen »keine Partei zur Vertretung von Arbeiterinteressen« seien, BWK und KPD hingegen sprächen sich dafür aus, »den Kapitalismus zu beseitigen«.[96]
Als notwendig wird die »Zusammenarbeit aller, die gegen die politische Reaktion und die Gefahr des Faschismus kämpfen wollen«[97], angesehen. Das Programm dieser Wahlplattform erinnert in vielerlei Beziehung an die Aussagen der »Volksfront«, die zu den Bundestagswahlen im März 1983 nicht antrat.[98]

2.3. Von der Roten Garde (RG) zur Kommunistischen Jugend Deutschlands (KJD)

Der I. Ordentliche Kongreß der Roten Garde fand am 1. Mai 1978 statt. Dabei wurde das »tiefe Vertrauen« ausgesprochen, das die KPD/ML »in ihren Jugendverband setzt«.[99] Auf dem Kongreß wurde ein Zentralkomitee gewählt, womit die KPD-Jugendorganisation zum erstenmal über eine eigene zentrale Leitung verfügte. Bislang war sie ohne jede formale Autonomie gewesen. Außerdem wurde beschlossen, die Bezeichnung KSB/ML (Kommunistischer Studentenbund/Marxisten-Leninisten) für die Hochschulorganisation abzuschaffen. Ernst Aust wurde als Ehrenmitglied in die Rote Garde aufgenommen – »als Ausdruck der kämpferischen Einheit zwischen der Partei und der Roten Garde«.[100] Reinhard Haneld, 1. Sekretär der Roten Garde, äußerte in seiner Rede ein Treuebekenntnis zur KPD/ML.[101]

Auf ihrem II. Kongreß vom 8. bis 10. Mai 1981 in Essen nannte sich die Rote Garde in Kommunistische Jugend Deutschlands (KJD) um. Die auf diesem Kongreß verabschiedete neue Satzung enthält nicht mehr das Prinzip des Demokratischen Zentralismus; auch sind die Kriterien für eine Aufnahme in den Verband zurückgeschraubt. An diesem Kongreß sollen 63 Delegierte aus dem Bundesgebiet und Westberlin teilgenommen haben.[102] Jürgen Tobegen, Sekretär der Roten Garde, erklärte vor dem Kongreß, die Arbeit des Verbandes sei »in den drei Jahren seit dem Gründungskongreß nicht so zufriedenstellend verlaufen, wie wir uns das vorgestellt hatten«.[103]

Offensichtlich hat insbesondere die Hausbesetzer-Bewegung, aber auch generell die Alternativbewegung Auswirkungen auf die Politik der bisherigen Roten Garde gehabt. Es wurde zwar auf dem Kongreß der KJD davon gesprochen, Hausbesetzungen seien ein »gerechtes und völlig legitimes Mittel im Kampf gegen die Wohnungsnot«[104], aber »auch wenn Hausbesetzungen heute modern sind, so sehen wir doch, daß andere politische Fragen aktuell anstehen, die wichtiger sind: Wir konzentrieren uns vor allem auf die Arbeit in den Betrieben, Haupt- und Realschulen und den Kasernen.«

Tatsächlich hatte es in der Roten Garde einen Schrumpfungsprozeß gegeben. Die KJD beruft sich in der neuen Satzung[105] im Gegensatz zur RG auch deshalb nicht mehr auf das Prinzip des Demokratischen Zentralismus, weil dieser »hohe Anforderungen an die Mitglieder« stellt und »eine gewisse politische und ideologische Reife« verlangt.[106]

Mit der Namensänderung sollte folgendes dokumentiert werden: Der Begriff »Rote Garde« entstammte der Kulturrevolution in China, »mit dem Maoismus aber wollen wir nichts zu tun haben, denn wir sind keine kleinbürgerlichen Idealisten, sondern ein kommunistischer Jugendverband«.[107]

Auf der konstituierenden Sitzung der Zentralen Leitung der KJD, die am 16. Mai 1981 stattfand, wurde Jürgen Tobegen zum Vorsitzenden der KJD sowie ein aus drei Genossen bestehendes Sekretariat gewählt. Als Vertreter der KPD nahm Horst-Dieter Koch, Mitglied des Politbüros der KPD, teil.[108]

In der Grußadresse des ZK wurde zum Ausdruck gebracht, daß sich die Mutterpartei, seit die Rote Garde mit der Durchführung des I. Kongresses organisatorisch selbständig wurde, »nicht ausreichend um die Entwicklung des Jugendverbandes gekümmert hat«.[109]

Das Aktionsprogramm der KJD[110] befaßt sich mit Fragen der Arbeitslosigkeit, Bildungsfreizeit und Umweltpolitik und Fragen der Gewerkschaftspolitik. Es wird der Austritt aus der NATO, eine Neutralitätspolitik sowie »Abzug der Besatzertruppen in Ost und West« verlangt. In der Diktion wird versucht, sich an der Sprache der Hausbesetzer-Bewegung zu orientieren. »Wer sich nicht wehrt, lebt verkehrt! Aber wir wollen mehr. Wir wollen alles.«[111]

In dem Aktionsprogramm findet sich eine Berufung auf Lenin, unter dessen Füh-

rung sich die Arbeiter in Rußland eine Organisation schufen, »in der sich die bewußtesten Arbeiter vereinigten. Sie leitete die Revolution. Und in Deutschland haben wir auch so eine Partei, die diese Arbeit leistet. Darum kämpfen wir zusammen mit der KPD für den Sozialismus.«[112]
Die Bemühungen der KPD um die junge Generation schlugen sich auch in einer Gründungskonferenz der Kommunistischen Studenten (KS), des Studentenverbandes der KPD, nieder, die am ersten Maiwochenende 1981 stattfand.[113] Der Verband blieb aber ohne jeden Einfluß an den Hochschulen.

2.4. Revolutionäre Gewerkschaftsopposition

Die KPD/ML geht davon aus, der DGB-Apparat sei »Unterdrückungsinstrument der Kapitalisten«.[114] Deshalb fordert sie: »Wer die Kapitalistenklasse bekämpfen will, der muß auch den DGB-Apparat als Instrument der Kapitalisten bekämpfen. Der muß rückhaltlos dafür eintreten, daß sich die Mitglieder der DGB-Gewerkschaften im Kampf gegen den DGB-Apparat zusammenschließen . . .«[115]
Am 25./26. November 1978 wurde die Revolutionäre Gewerkschaftsopposition (RGO) gegründet, die am 10. und 11. Januar 1981 in Frankfurt ihren II. Ordentlichen Kongreß abhielt, auf dem der bisherige Vorsitzende Thomas Scheffer wiedergewählt wurde.[116]
Auf diesem Kongreß waren »revolutionäre Gewerkschaften« aus Albanien, Dänemark und den USA vertreten. Nach Eigenangaben nahmen Mitglieder aus 13 der 17 Einzelgewerkschaften des DGB teil. 28 der rund 170 Delegierten »waren Kollegen, die mittels der Unvereinbarkeitsbeschlüsse aus der Gewerkschaft ausgeschlossen wurden«.[117]
Ein knappes Drittel der Delegierten stellten angeblich türkische Arbeiter. Daß ein Schwerpunkt der Agitation der KPD/ML die türkische Arbeitnehmerschaft ist, geht auch daraus hervor, daß eine Teilauflage der Zeitung »Roter Morgen« in türkischer Sprache erscheint. Im Anschluß an den II. Kongreß der RGO fand in der Westfalenhalle in Dortmund eine Abschlußveranstaltung statt, an der etwa 1500 Personen teilgenommen haben sollen.[118]
Die RGO versteht sich nicht als neue Gewerkschaft, sondern versucht, innerhalb des DGB einen Meinungsumschwung in ihrem Sinne herbeizuführen: »Viele Kollegen, vor allem aktive Gewerkschafter, stehen in scharfem Widerspruch zur DGB-Führung. Gleichzeitig hoffen sie aber, durch ihren unermüdlichen Einsatz und durch geschicktes Taktieren im Funktionärskörper den DGB zu einer wirklichen Kampforganisation der Arbeiterklasse machen zu können.«[119]
Als Aufgabe der RGO formulierte deren Vorsitzender Thomas Scheffer, es gehe darum, »innerhalb des DGB eine breite Opposition zu organisieren, um die DGB-Gewerkschaften zu erobern, die reaktionären Bonzen mit ihrem ganzen bürokratischen Apparat hinauszusäubern und sie somit zu einem Kampfinstrument der Arbeiterklasse zu machen«.[120]
Angeblich gab es zum Zeitpunkt dieses RGO-Kongresses 50 Betriebsgruppen der RGO, weit mehr als 100 Betriebsratsitze seien errungen worden.[121]
Sitz der RGO ist in Kassel. Nach den Statuten (§ 2) ist die RGO eine »gewerkschaftliche Kampforganisation«. Geleitet wird die RGO von einem zentralen Vorstand. Im Jahre 1982 hatte sie als »Massenorganisation« der KPD etwa 1300 Mitglieder.[122]
Als ihr Organ werden die »RGO-Nachrichten« herausgegeben.

2.5. Rote Hilfe Deutschlands (RHD)

Die KPD/ML gründete am 22. März 1975 in Hamburg eine Rote Hilfe Deutschlands (RHD), die anknüpfen soll an eine Hilfsorganisation gleichen Namens der KPD in der Weimarer Republik. Dieser Gründung waren zahlreiche Differenzen innerhalb der Rote-Hilfe-Gruppen in der Bundesrepublik vorausgegangen, so auf einem Kongreß vom 12./13. April 1974 in Bochum. Dort fand ein »Kampf zweier Linien« statt, wobei sich die KPD/ML gegen die »Konzeption der Spontaneisten und Anarchisten, der verkappten Trotzkisten und Revisionisten, die die Rote Hilfe zu einer rosa Caritas machen wollten«, wandte.[123]

In einem programmatischen Aufruf dieser neuen Roten Hilfe wurde der Wiederaufbau der traditionsreichen RHD propagiert und als Ziel dieser Roten Hilfe erläutert: »Sie bettelt nicht um Gerechtigkeit beim Klassenfeind, die es sowieso nicht gibt, sondern ruft auf zur Rebellion gegen das blutige Unrecht des kapitalistischen Unterdrücker-Systems. Sie beschränkt sich nicht auf die Verteidigung gewisser demokratischer, dem Klassenfeind abgetrotzter Rechte, sondern unterstützt offen alle Bestrebungen, die zum Sturz der Bourgeoisie durch das Proletariat führen.«

Der KPD/ML-Vorsitzende Ernst Aust erklärte auf der Gründungsveranstaltung der RHD am 22. März 1975: Im Kampf innerhalb der Roten Hilfe seien die Auffassungen »jener bürgerlichen und kleinbürgerlichen Elemente zurückgewiesen« worden, die die Rote Hilfe sozusagen als eine »Knastologenhilfsorganisation« betrachten, die mit ihrer Forderung »Freiheit für alle Gefangenen« keinen Unterschied machten zwischen »politischen Gefangenen und lumpenproletarischen Elementen«.[124]

Obwohl die RHD noch existiert, so blieb sie in der Folgezeit ohne öffentliche Wirkung.

2.6. Volksfront

Einer größeren Öffentlichkeit wurde die »Volksfront gegen Reaktion, Faschismus und Krieg, für Freiheit und Demokratie, Wohlstand und Frieden« erst mit den Bundestagswahlen 1980 bekannt. Die Organisation wurde am 6. Oktober 1979 in Dortmund gegründet. In den Grundsätzen der Volksfront wird auf die Gefahr eines neuen Faschismus in der Bundesrepublik hingewiesen wie auch auf die Notwendigkeit der »Einheit aller antifaschistisch und demokratisch gesinnten Menschen – über die Grenzen von Weltanschauung, Religion und Parteizugehörigkeit hinweg – im Kampf gegen eine neue faschistische Diktatur, im Kampf gegen den Ausbruch eines neuen völkermordenden Krieges«.

Die Volksfront greift Forderungen auf, die in linksextremen Kreisen auf relativ breite Zustimmung stoßen können und die nicht nur ein Charakteristikum der Forderungen der KPD/ML sind. Insbesondere wurde Franz Josef Strauß als damaliger Kanzlerkandidat der Unionsparteien auf das heftigste angegriffen.[125]

Die KPD/ML versuchte, dem Eindruck entgegenzutreten, die Volksfront sei eine reine Tarnorganisation von ihr, gleichwohl wird die Zugehörigkeit zumindest von führenden Funktionsträgern der Volksfront zur KPD/ML nicht verschwiegen. Der KPD/ML-Vorsitzende Ernst Aust wies in einem Interview mit dem »Volksecho«, dem Organ der Volksfront, die Behauptung zurück, er sei der eigentliche »Initiator der Gründung der Volksfront« gewesen.

Die Volksfront konnte z.T. erhebliche Aktivitäten aufweisen. So kamen nach Eigenangaben immerhin 5000 Besucher zu einem »Kongreß gegen Reaktion und Faschismus« am 26. Januar 1980 nach Dortmund.

Ulrich Leicht, Volksfront-Geschäftsführer, behauptete im September 1980, die Volksfront habe jetzt über 150 Kreisverbände und Ortsgruppen.[126] Die Volks-

front-Bundesgeschäftsstelle befindet sich in Essen. Die finanziellen Aufwendungen der Volksfront im Bundestagswahlkampf 1980 müssen enorm gewesen sein, auch wenn Ulrich Leicht, der bereits einmal für die KPD/ML kandidierte[127], solche Argumente in einem offenen Brief an den damaligen SPD-Bundesgeschäftsführer Egon Bahr, der auf die finanziellen Aufwendungen der Volksfront öffentlich aufmerksam gemacht hatte, zurückwies. Leicht erklärte, daß sich die Kosten der Plakataktion der Volksfront (für immerhin 150 000 Stell- und 50 000 Hängeschilder) mit den Gesamtkosten Transport etc. auf 680 000 DM belaufen würden. Diese Plakate seien weitgehend durch eigene Mitglieder – die Mitgliederzahl wurde mit 2000 angegeben – aufgestellt worden. In diesem offenen Brief wurde die Volksfront als »freiwilliger Zusammenschluß von Menschen unterschiedlicher Weltanschauung und Parteizugehörigkeit mit dem gemeinsamen Ziel des Kampfes gegen Reaktion, Faschismus und Krieg« bezeichnet. Weiter erklärte Leicht:»Daß dabei die Volksfront auch von der KPD unterstützt wird und KPD-Mitglieder in ihren Reihen hat, spricht nicht gegen, sondern für sie wie für die KPD, die dadurch zeigt, daß sie bereit ist, über politische und weltanschauliche Grenzen hinweg mit jedem zusammenzuarbeiten, der dagegen ist, daß sich ein neues 1933, ein neues 1939 wiederholen.«
Am 30./31. Januar 1982 fand der 2. Volksfront-Kongreß in Frankfurt statt.[128] Im Rechenschaftsbericht des bisherigen Vorsitzenden der Volksfront, Eike Hemmer, kam indes auch manche Resignation zum Ausdruck. Hemmer bedankte sich bei der KPD »für ihre Unterstützung«. Es sei ein Erfolg, »daß neben der KPD, die den Aufbau unserer Organisation von Anfang an mit Kräften unterstützt hat, jetzt auch der BWK den Beschluß gefaßt hat, die Volksfront zu unterstützten«.[129]
Auf diesem Kongreß wurde auch die Volksfront gegen Reaktion, Faschismus und Krieg, für Freiheit und Demokratie, Wohlstand und Frieden umbenannt in »Volksfront gegen Reaktion, Faschismus und Krieg«. Neuer Vorsitzender wurde auf diesem Kongreß Harry Dubinsky.[130]
Ulrich Leicht behauptete, daß die Volksfront zu Beginn des Jahres 1983 110 Gruppen aufwies mit etwa 2000 Mitgliedern. Ein gutes Drittel davon seien »vielleicht Genossen der KPD und des BWK, unter den türkischen Mitgliedern gibt es sicher auch kommunistische Antifaschisten«.[131]
Für den 26./27. Februar 1983 wurde zu einem Kongreß in Krefeld »Nie wieder Faschismus, nie wieder Krieg!« aufgerufen. Zu den Erstunterzeichnern gehören außer Ulrich Leicht und Harry Dubinsky auch die Schriftsteller Heinrich Schirmbeck, Peter O. Chotjewitz und Ingeborg Drewitz sowie Karola Bloch und das Betriebsratsmitglied Hartmut Siemon.[132]

3. Kommunistische Partei Deutschlands (KPD)

Im März 1980 beschloß die KPD auf ihrem III. Parteitag nahezu einstimmig die Auflösung. Lediglich die »99er-Fraktion« kündigte an, sich als Gruppe selbständig weiter zu organisieren. Damit hatte eine Organisation aufgehört zu existieren, die eindeutig als Produkt der APO angesehen werden kann und die zu ihren besten Zeiten angeblich über 15 000 Mitglieder und Sympathisanten beeinflußt haben soll.[133]
Die zehnjährige Geschichte der KPD – einst mit großem revolutionärem Elan als Ergebnis der studentischen Protestbewegung gegründet – ist symptomatisch für den Niedergang der marxistisch-leninistischen Bewegung, die sich im Gefolge des einstigen Niedergangs des SDS gebildet hatte. Die KPD war lange Jahre eine der wichtigsten Organisationen im linksextremistischen Bereich und wurde verständlicherweise von der DKP heftig bekämpft.
»Diese ultralinks maskierte Gruppe mißbraucht Namen und Tradition der Arbeiterbewegung und verfälscht deren Ziele.« Mit diesem harten Urteil bewertete der

77

frühere KPD-Vorsitzende und einstige DKP-Ehrenvorsitzende Max Reimann die maoistische KPD[134], die vor allem in den Jahren 1972 und 1973 durch eine Reihe gewalttätiger Aktionen von sich reden und in der Presse Schlagzeilen machte. Diese KPD, die keineswegs mit der Vorgängerorganisation der DKP identisch ist, ging aus der Kommunistischen Partei Deutschlands/Aufbauorganisation (KPD/AO), die im Februar 1970 in Berlin gegründet wurde[135], hervor. Die KPD/AO ihrerseits war das Ergebnis eines Zusammenschlusses von Resten der ehemals antiautoritären SDS-Revolte in Berlin.

3.1. Zur organisatorischen Struktur der KPD

Zur KPD, die im Juni 1971 in einer »Programmatischen Erklärung« ihre Gründung als Partei bekanntgab[136], gehörten weitere Organisationen und Hilfsorganisationen.
Organisationen der Partei waren:
- Kommunistischer Jugendverband Deutschlands (KJVD); Zentralorgan: Kämpfende Jugend (früher: Kommunistischer Jugendverband [KJV])
- Kommunistischer Studentenverband (KSV); Zentralorgan: Dem Volke Dienen
- Kommunistischer Oberschülerverband (KOV); Zentralorgan: Schulkampf (Der KOV wurde im Herbst 1975 in den KJVD überführt.)
- Revolutionäre Gewerkschaftsopposition (RGO); Zentralorgan: Revolutionäre Gewerkschaftsopposition.
Hilfsorganisationen waren:
- Liga gegen den Imperialismus; Zentralorgan: Internationale Solidarität
- Nationales Vietnamkomitee; Zentralorgan: Alles für den Sieg des kämpfenden vietnamesischen Volkes
- Komitee »Hände weg von der KPD«
- Rote Hilfe e.V.; Zentralorgan: Rote Hilfe.
Die KPD selbst gab als Zentralorgan die »Rote Fahne« heraus. Als Pressedienst erschien die Rote Presse Korrespondenz (RPK), jedoch in dieser Form erst ab November 1974[137], da die RPK, zeitweilig auch als Zentralorgan des KSV bezeichnet, bis zu diesem Zeitpunkt mehr als theoretische Plattform der KPD fungierte. Als theoretische Zeitschrift wurde »Wissenschaft im Klassenkampf« publiziert. Die einzelnen Organisationen zeichneten sich durch eine völlige Identifikation mit der Linie der KPD aus, obwohl sie nicht im Statut der KPD namentlich oder auch als Organisation angeführt waren. Es gibt kein einziges Beispiel für eine eigenständige Linie der KPD-»Massenorganisationen« oder Hilfsorganisationen. Die Hilfsorganisationen bezeichneten sich in ihren Statuten sogar ausdrücklich als »überparteilich«, was aber mehr formale Gründe (z. B. bei juristischer Verfolgung der KPD durch Staatsorgane) gehabt haben dürfte, zumal es deren Aufgabe war, Sympathisanten an die KPD zu binden, die ihrerseits noch nicht bereit waren, den ›letzten‹ Schritt eines Parteibeitritts zu tun. Insofern können bei der nachfolgenden Betrachtung der politischen Linie der KPD auch Aussagen der Massen- oder Hilfsorganisationen zu Rate gezogen werden.[138]
Während im Verfassungsschutzbericht für das Jahr 1972 die Zahl der KPD-Mitglieder, »die im Verkehr untereinander Vor- oder Decknamen verwenden«, noch auf 300 geschätzt wird (die Anhängerschaft wird jedoch als erheblich größer angesehen)[139], hieß es bereits im Verfassungsschutzbericht für 1973: »Die Zahl der Kandidaten und Mitglieder der KPD erreichte schätzungsweise 700. Die Zahl der Mitläufer ist erheblich höher, was sich z. B. bei zentralen Kundgebungen der Partei zeigte, für die sie bis zu 5000 Personen mobilisieren konnte.«[140]
Im März 1974 teilte das Mitglied des KPD-Zentralkomitees Horlemann in Düsseldorf mit, die KPD zähle angeblich 13 000 Sympathisanten in ihrer »unmittelbaren Nähe«, wobei noch 2000 Aktivisten hinzukämen. Nach den Darlegungen

Horlemanns existierten zum damaligen Zeitpunkt in der Bundesrepublik vier Regionalkomitees sowie 17 ordentliche Ortsleitungen und 50 Zellen in Großbetrieben.[141] Er legte anläßlich des 1. Parteitages der KPD im Juli 1974 dar, die KPD zähle inzwischen 5000 Mitglieder und Kandidaten, die in 18 Ortsleitungen und 60 bis 70 Betriebszellen organisiert seien.[142]

Das organisatorische Prinzip der Partei war der Demokratische Zentralismus: »Die leitenden Ebenen der Partei werden nach vorhergehender demokratischer Konsultation gewählt. Die gesamte Partei fügt sich der einheitlichen Disziplin: Unterordnung des einzelnen unter die Partei, Unterordnung der Minderheit unter die Mehrheit, Unterordnung der unteren Ebene unter die höheren, Unterordnung der gesamten Partei unter das Zentralkomitee.«[143]

Folgende Ebenen waren in dem Statut der KPD festgelegt:
- Parteitag: Dieser bestimmte die Generallinie der KPD und wählte auch das Zentralkomitee. Der Parteitag mußte mindestens einmal im Laufe von zwei Jahren einberufen werden.
- Ständiger Ausschuß: Dieser wurde vom Zentralkomitee gewählt.
- Zentralkomitee: »Es besteht aus erfahrenen Genossen, die politische Weitsicht und ein hohes Maß an ideologischer Festigkeit besitzen und ihre absolute Ergebenheit für die Sache der proletarischen Revolution im Kampf bewiesen haben.«[144]
- Regionalkomitees; wurden von den Parteitagen der jeweiligen Region gewählt.
- Ortsleitungen bzw. Stadtteilleitungen;
- Zellen.[145]

Die KPD war eine straff geführte und disziplinierte Organisation, in der jedem Mitglied erhöhter persönlicher Einsatz abverlangt wurde. Zwar wurden auf dem 1. Parteitag im Juni 1974 die Bedingungen für eine Mitgliedschaft gelockert, doch hieß es unter Ziffer 7 des Statuts der KPD: »Voraussetzung für die Aufnahme eines Kandidaten in die Partei ist die feste Entschlossenheit, die Revolution in allem an die erste Stelle zu setzen. Kenntnis der Grundlagen der revolutionären Theorie und eine überprüfbare Praxis im Dienste der Partei. Während der Kandidatenzeit von 6 Monaten sind den Kandidaten Parteiaufträge zu erteilen; seine Qualifizierung muß umfassend gefördert werden.«[146]

Die KPD hat nicht zuletzt deshalb vor allem in ihrer Gründungszeit straffe Disziplin gefordert, weil sie das negative Beispiel der KPD/ML vor Augen hatte. Diese hatte sich nämlich gerade in ihrer Gründungsphase als eine wenig disziplinierte und politisch-inhaltlich kaum ausgereifte Organisation ausgewiesen, was die Spaltungen forcieren mußte. Deshalb mußte die KPD für sich den Charakter einer Sammlungsbewegung ablehnen, in der ja die Prinzipien des Demokratischen Zentralismus kaum durchzusetzen sind.

Daher mußte es auch zum strategischen Plan der KPD gehören, neben dem Aufbau der Partei und der Parteiorganisationen auch »Massenorganisationen« aufzubauen, da »ohne die lebendige Organisationsarbeit unter den Massen ... eine Partei weder führend noch dauerhaft mit den Massen verbunden sein« kann.[147] Wer KPD-Aktionen beobachtet, wird also feststellen können, daß hier klare Befehlsstrukturen nach dem Prinzip von Befehl und Gehorsam vorherrschen.[148]

Diese Forderung nach ausgeprägter Disziplin kam auch in der »Vorläufigen Plattform der KPD/AO« mit puritanischer Strenge zum Ausdruck: »Damit auf jeder Ebene ein guter Arbeitsstil herrsche, ist von jedem Genossen äußerste Pünktlichkeit, vollständige Erfüllung der ihm gestellten Aufgaben, Einhaltung jeder eingegangenen Verpflichtung notwendig.«[149]

Dieses Verlangen wurde noch ergänzt von der Forderung nach konspirativem Arbeitsstil. Dies äußerte sich z. B. in Fragen von Decknamen, sogenannten »Parteinamen«, deren Führung Erkenntnisse für staatliche Ermittlungsorgane erschweren sollten. Immer wieder wird aufgefordert, »die Reihen der Partei nach außen absolut geschlossen« zu halten[150], zumal in der »Vorläufigen Plattform« der KPD/AO mit Besorgnis festgestellt wurde, es gebe die Erscheinung, »daß Genossen den Gegner taktisch geringschätzen, was sich darin äußert, daß sie mit Informationen jeder Art, Papieren, Dokumenten usw., sorglos umgehen«.[151]

Wie bereits ausgeführt, standen der KPD sogenannte Massenorganisationen und Hilfsorganisationen zur Seite. Diese waren im Parteistatut der KPD zwar nicht ausdrücklich aufgeführt, doch ging aus deren Publikationen eindeutig hervor, daß sie sich voll mit der Politik der KPD identifizierten. Von der Parteihierarchie her stand der Kommunistische Jugendverband Deutschlands (KJVD) über dem Kommunistischen Studentenverband (KSV) und dem Kommunistischen Oberschülerverband (KOV), da der KJV beide anleitete. Der KOV wurde zum Herbst 1975 sogar in den KJVD überführt. Mit dieser Regelung sollte nicht zuletzt erreicht werden, daß die Schüler- und Studentenorganisation der KPD unter dem Einfluß des aus »Proletariern« bestehenden Kommunistischen Jugendverbandes Deutschlands (KJVD) stehen, da die Herkunft der Mitglieder von KSV und KOV meist oder häufig nicht als »proletarisch« anzusehen sei.

3.2. Zur Entwicklung der KPD

Die KPD und frühere KPD/AO ging aus Resten des früheren Berliner SDS hervor. Ihre Gründungsmitglieder hatten alle führende Funktionen innerhalb des SDS inne; so: Christian Semler, Jürgen Horlemann, Peter Neitzke, Wilhelm Jaspers und Wolfgang Schwierzik. Die KPD/AO wiederum war aus dem Zerfall der Roten-Zellen-Bewegung entstanden, wobei die Berliner Rote Zelle Germanistik (Rotzeg) einen besonders starken Einfluß innerhalb der KPD/AO hatte. In der »Vorläufigen Plattform der Aufbauorganisation für die Kommunistische Partei Deutschlands«[152] wurde ausdrücklich zuerkannt, daß noch keine Organisation für sich das Recht in Anspruch nehmen kann, alleiniger und legitimierter Sachwalter der früheren KPD zu sein: »Gegenwärtig kann noch keine revolutionäre Organisation den Anspruch erheben, sich KPD zu nennen, denn das Prinzip der organisierten Klassenanalyse, die Verankerung der künftigen Partei in den Massen nehmen gerade erst ihren Anfang. Die ideologische und organisatorische Vereinheitlichung der kommunistischen Bewegung kann von uns nur dann erfolgversprechend in Angriff genommen werden, wenn wir die praktische Arbeit aufnehmen, die Organisation konsolidieren und auf der Grundlage eigener politischer Erfahrungen im Klassenkampf die Vereinheitlichung betreiben können.«[153]

Für den Beobachter mußte es jedoch überraschend kommen, daß die KPD sich eineinviertel Jahr später – im Juli 1971 – zur Partei proklamierte, da sie noch in ihrer »Vorläufigen Plattform« im März 1970 erklärt hatte: »Die Parteigründung setzt voraus, daß die Organisation auf nationaler Ebene in den proletarischen Massen verankert ist, d. h., daß die KPD/Aufbauorganisation ihren Führungsanspruch in Klassenkämpfen verwirklichen muß, indem sie die Richtigkeit ihrer politischen Linie in den Kämpfen selbst überprüft.«[154]

In ihrer »Programmatischen Erklärung« übte jedoch die KPD Selbstkritik an der Wahl des Namens »Aufbauorganisation«: »Es trifft nicht zu, daß die verschiedenen Etappen in der Stärkung und Reifung der Kommunistischen Partei sich jeweils in entsprechenden Namen niederschlagen. Die KPD-Aufbauorganisation hat vom Tage ihrer Gründung an ihre revolutionäre Verpflichtung gegenüber der Arbeiterklasse und den anderen werktätigen Schichten des Volkes wahrgenommen. Der Wahl eines falschen Namens entsprachen also in keinem Augenblick ihrer politischen Tätigkeit falsche Vorstellungen über die Etappen des Parteiaufbaus.«[155]

Die KPD stützte sich in ihrer »Programmatischen Erklärung« »auf die Erfahrungen der revolutionären Arbeiterbewegung aller Weltteile und Völker«. Dort heißt es weiter: »Sie läßt sich leiten vom Marxismus-Leninismus, in dem diese Erfahrungen theoretisch zusammengefaßt sind, und seiner schöpferischen Weiterentwicklung besonders durch Stalin und Mao Tse-tung. Insbesondere knüpft die KPD an die revolutionären Erfahrungen der deutschen Arbeiterbewegung und ihrer Kommunistischen Partei an. Sie steht in der Tradition der KPD, wie sie von Karl Liebknecht und Rosa Luxemburg begründet und durch Ernst Thälmann entscheidend weiterentwickelt wurde.«[156]

Im Frühjahr 1972 verlegte die KPD ihre Zentrale von Berlin nach Dortmund, um damit ihre Ausweitung auf die gesamte Bundesrepublik und vor allem auf das Ruhrgebiet deutlich zu dokumentieren. Seit Februar 1975 befand sich die Zentrale der KPD in Köln.[157]

1972 und 1973 wurden die KPD und ihre Massenorganisationen und Hilfsorganisationen durch gewalttätige Aktionen einer breiteren Öffentlichkeit bekannt. Die spektakulärste Aktion bestand in einer gewaltsamen Besetzung des Bonner Rathauses am 10. April 1973 im Zusammenhang mit dem Besuch des ehemaligen südvietnamesischen Staatspräsidenten Van Thieu[158], wobei 34 Polizeibeamte verletzt wurden, einer davon schwer. Als weitere Beispiele von Gewaltaktionen der KPD sind anzusehen:[159]

- Erheblicher Sachschaden entstand am 20. Dezember 1972 in Köln anläßlich einer Demonstration der KPD gegen amerikanische Luftangriffe in Nordvietnam, wobei sich Steinwürfe gegen das Amerika-Haus und Gebäude amerikanischer Industriefirmen richteten.
- Personen- und Sachschaden entstand auch anläßlich einer »Mieterdemonstration« am 31. März 1974 in Frankfurt, wo darüber hinaus auch die Liga gegen den Imperialismus und andere Gruppen beteiligt waren; auch wurden während einer Demonstration des KSV am 7. April 1973 in Frankfurt 6 Polizeibeamte verletzt.
- In Bonn wurde am 7. April 1973 durch KSV-Studenten ein Hörsaal der Bonner Universität »besetzt«, wodurch der Abbruch der Veranstaltung erzwungen und ein Verlassen des Hauses durch anwesende Störer verhindert wurde.

Vor dem Hintergrund des gewaltsamen Rathaussturmes in Bonn, aber auch des herannahenden Besuches von Breschnew in der Bundesrepublik, gegen den ebenfalls Störaktionen befürchtet wurden, fand am 15. Mai 1973 eine Blitzaktion der Polizei gegen die Stützpunkte der KPD statt, in deren Zusammenhang Jürgen Horlemann verhaftet wurde (der zu diesem Zeitpunkt flüchtige Christian Semler stellte sich später der Polizei).[160]

Für den 17. Mai 1973 hatte die KPD in Dortmund zu einer Kundgebung aufgerufen, »auf der gegen die vor dem Breschnew-Besuch verschärften Terror- und Verfolgungsmaßnahmen gegen die KPD protestiert werden« sollte.[161] Obwohl diese Demonstration durch den nordrhein-westfälischen Innenminister verboten wurde[162], wurde sie dennoch durchgeführt, jedoch »mit harten Mitteln« durch die Polizei aufgelöst.[163] Nach Angaben der Polizei wurden dabei 350 Mitglieder oder Sympathisanten der KPD festgenommen. An dieser Demonstration nahmen etwa 2000 Demonstranten teil, denen ein Aufgebot von 4000 Polizisten gegenüberstand. Kurz vor Beginn der Demonstration wurde auch eine überraschende Durchsuchung der KPD-Zentrale vorgenommen. Nach diesen Auseinandersetzungen setzte in der Öffentlichkeit eine Diskussion um die Frage eines möglichen Verbotes der KPD ein. Die KPD ihrerseits versuchte diese Situation der öffentlichen Aufmerksamkeit taktisch zu nutzen, nicht zuletzt durch die Gründung eines Komitees »Hände weg von der KPD«, mit dessen Hilfe eine Mobilisierung des Sympathisantenbereiches vorgenommen werden sollte.

Ein weiterer Höhepunkt in der kurzen Parteigeschichte der KPD sollte der 1. Parteitag im Juli 1974 werden. Der Weg dahin war jedoch nicht ohne ideologische

Hindernisse, da der Parteitag zunächst bereits Ende Februar 1974 stattfinden sollte, wobei geplant war, den Programmentwurf im Januar 1974 zu veröffentlichen.[164] Im Januar 1974 wurde schließlich mitgeteilt, das ZK der KPD habe beschlossen, den Programmentwurf erst im März 1974 zu veröffentlichen und den Parteitag für Mitte Juni 1974 einzuberufen.[165]

Im Anschluß an die Veröffentlichung des Programmentwurfes der KPD[166] fand am 16. März 1974 in Düsseldorf eine Großveranstaltung der KPD statt.[167]

Eindeutiger Höhepunkt des Jahres 1974 war der 1. Parteitag der KPD, der mit einer Großveranstaltung am 29. Juni 1974 beendet wurde.[168]

Vor dieser Großveranstaltung wurden durch 153 Delegierte an einem unbekannten Ort das »Programm und Aktionsprogramm der Kommunistischen Partei Deutschlands« beschlossen[169], das die KPD als »Teil der proletarischen Weltarmee und der kommunistischen Weltbewegung« bezeichnete, deren Ziel es sei, »die Arbeiterklasse und die Volksmassen unseres Landes zur proletarischen Revolution, zur Diktatur des Proletariats und weiter zur klassenlosen, kommunistischen Gesellschaft zu führen und so ihren Beitrag zur Weltrevolution zu leisten«.[170]

Auf der Abschlußkundgebung, an der etwa 5000 fast ausschließlich jugendliche Zuhörer teilnahmen[171], erklärte Jürgen Horlemann: »Die proletarische Revolution steht in unserem Land seit langem auf der Tagesordnung!«[172]

Am Wochenende des 6./7. Juli 1974 wählte das Zentralkomitee der KPD das Politbüro[173], dessen »Ständigem Ausschuß« Karlheinz Hutter, Werner Heuler, Jürgen Horlemann und Christian Semler angehörten.[174]

Im Mittelpunkt des letzten Jahresviertels 1974 und der ersten Jahreshälfte 1975 stand die Beteiligung an Landtagswahlen in Hessen, Bayern, Berlin, Rheinland-Pfalz, Schleswig-Holstein und Nordrhein-Westfalen. An allen Landtagswahlen erhielt die KPD durchschnittlich 0,1% der Stimmen, und lediglich in Berlin erhielt sie in einzelnen Wahlbezirken mehr als 1,0%, so in Tiergarten 1,2%, Kreuzberg 1,5%. Im »Arbeiterviertel« Wedding hingegen erhielt sie lediglich 0,7%, in Reinickendorf gar nur 0,4%. An den Wahlen in Hessen und Bayern beteiligte sich auch der Kommunistische Bund Westdeutschland (KBW), den jedoch die KPD eindeutig »überrundete«. Bei einem nicht unerheblichen Teil der Wähler dürfte bei der Wahl der KPD allerdings auch die Tatsache eine Rolle gespielt haben, daß in der Öffentlichkeit häufig der Unterschied zwischen DKP und KPD nicht bekannt war. Besonders gefeiert wurde durch die KPD die Tatsache, daß sie in dem hessischen »Odenwaldkreis« die DKP überrundet hat, da sie dort 0,7% der Stimmen (DKP 0,4%) erhielt. Auch in Erlangen wurde die DKP übertroffen, die dort lediglich 0,3%, die KPD jedoch 0,4% der Stimmen erhielt.[175]

Schlagzeilen machte die KPD auch dadurch, als am 9. Mai 1975 18 KPD-Mitglieder in Ost-Berlin am Ehrenmal in Treptow eine Demonstration durchführten: »Unsere Partei hat anläßlich des 30. Jahrestages der Befreiung vom Faschismus in einer ideologischen Offensive auf Veranstaltungen, Kundgebungen und Demonstrationen die zentrale Lehre des antifaschistischen Krieges propagiert. Wer heute Antifaschist sein will, für den gilt: Kampf den beiden imperialistischen Supermächten USA und Sowjetunion – sie sind heute die Hauptkriegstreiber in der Welt.«[176] Aus diesem Grunde wurde in Ost-Berlin eine solche Kundgebung durchgeführt, »um der Arbeiterklasse und allen fortschrittlichen Kräften in der DDR zu demonstrieren, daß gerade angesichts der Besatzungstruppen Breschnews die Lehren des antifaschistischen Kampfes gezogen werden müssen, das Vermächtnis des Genossen Stalin hochgehalten werden muß«.[177] Im Kampf gegen beide Supermächte, Sowjetunion und USA, müsse die besondere Gefährlichkeit des Sozialimperialismus erkannt werden. Unter den Verhafteten befanden sich auch Uli Lenze, Mitglied des Zentralkomitees der KPD, und Bruno Engel, Vorsitzender der Liga gegen den Imperialismus. Die Verhaftung der 18 Genossen führte u. a. zu einer »spontanen Protestaktion« vor der Ständigen Vertretung der DDR in Bonn. Die Genossen wurden wenige Tage später wieder freigelassen.[178] Einen weiteren Höhepunkt im Parteileben der KPD stellte der Besuch einer »Arbeiterdelegation in der Volksrepublik China« dar. Vom 11. Mai 1975 bis zum 3. Juni 1975 besuchte eine 10köpfige »erste westdeutsche Arbeiterdelegation« unter der Leitung von Karl-Heinz Hutter, Mitglied des Ständigen Ausschusses des Politbüros der KPD, die Volksrepublik China. Als Höhepunkt der Reise wurde der Empfang der Arbeiterdelegation durch Li Su-wen, stellvertretender Vorsitzender des Ständigen Ausschusses des IV. Nationalen Volkskongresses, gewertet.[179] Die Reise nach China wurde fortan in den Publikationsorganen der KPD als demonstrativer Nachweis ihrer Anerkennung durch die KP Chinas gewertet[180], doch kann dies nicht darüber hinwegtäuschen, daß es sich hier nicht um eine offizielle Einladung auf Parteiebene handelte, sondern um eine Einladung der chinesischen »Gesellschaft für Freundschaft mit dem Ausland«.[181]

Unter der Leitung des Politbüro-Mitglieds Christian Semler hielt sich vom 8. bis 30. November 1976 eine dreiköpfige KPD-Delegation in China auf. Im September/Oktober 1977 besuchte eine weitere Parteidelegation die Volksrepublik China. Werner Heuler, Mitglied des Politbüros der KPD und Leiter dieser Parteidelegation, wurde am 1. Oktober 1977 in Peking bei den Feierlichkeiten zum 28. Jahrestag der Gründung der Volksrepublik China von Hua Guofeng persönlich begrüßt.[182]

Die KPD hatte schon im November 1976 die Verurteilung der »Viererbande« unterstützt wie auch die Rehabilitierung von Deng Hsiao ping. Im Juni 1978 reiste wiederum eine Delegation des KPD-Zentralkomitees nach China, die auch von dem Vorsitzenden der KP Chinas, Hua Guofeng, empfangen wurde.[183] Damit war klar, daß die KPCh die KPD offiziell als Bruderpartei anerkannte.

Nach 1975 sank die Mitgliederzahl der KPD. Von 900 verringerte sie sich auf etwa 700 im Jahre 1976. 1978 sank sie noch einmal auf 550.[184]

In dieser Situation fand am 31. Juli 1977 der II. Parteitag der KPD statt, bezeichnenderweise unter Ausschluß der Öffentlichkeit – auch der Parteimitglieder, soweit sie nicht Delegierte waren. Neugewählter Parteivorsitzender wurde der frühere Berliner SDS-Funktionär Christian Semler. Der bisherige KPD-Vorsitzende Horlemann blieb gleichwohl noch Mitglied des Zentralkomitees. Auf dem Parteitag wurde eine Stellungnahme zur internationalen Lage beschlossen, wobei man bei der Analyse der gegenwärtigen Lage eine »unschätzbare Hilfe bei der von Genossen Mao Tse-tung entwickelten wissenschaftlichen These von der Einteilung der Welt in drei Welten« fand.[185]

Gefeiert wurde auf dem Parteitag der »große Aufschwung in Revolution und Produktion« nach der »Zerschlagung der Viererbande« in China, die einen »großen historischen Sieg« darstelle.

Auf diesem Parteitag wurde auch eine Resolution »Über die gegenwärtige Lage und die Aufgaben der KPD« angenommen[186] und der politische Kursschwenk innerhalb der KPCh in jedem Punkt mitgetragen. So wurde in der Resolution festgestellt, daß der »sowjetische Sozialimperialismus der Hauptfeind der europäischen Völker und Nationen ist. Hauptsächlich haben wir uns auf eine Aggression des sowjetischen Sozialimperialismus vorzubereiten.«[187]

Die KPD sprach sich für eine Wiedervereinigung Deutschlands und für einen Sieg der proletarischen Revolution in Deutschland nach Vertreibung der Supermächte aus.

Auf diesem Parteitag wurde ferner eine Resolution »Zur Gewerkschaftsarbeit und proletarischen Einheitsfrontpolitik in der BRD« verabschiedet, außerdem eine Resolution zur Aufgabe der »Roten Fahne« und eine Resolution »Über die militärpolitischen Aufgaben der KPD«.[188]

Gerade diese Resolution sollte in der ideologischen Auseinandersetzung mit den

konkurrierenden marxistisch-leninistischen Gruppen eine große Rolle spielen, weil die KPD für die »allgemeine Volksbewaffnung« eintrat, »für die Entwicklung bewaffneter Formationen der Arbeiterklasse und der Volksmassen«, wobei sie von der »historischen Erfahrung« ausging, »daß sich das Volk im revolutionären Krieg seine revolutionäre Volksarmee schaffen wird«. Die KPD schlußfolgerte daraus: »Ohne die selbständige Führung des bewaffneten Kampfes durch die Arbeiterklasse und die Volksmassen können weder der Befreiungskrieg noch die proletarische Revolution zum Sieg geführt werden. Die Kommunistische Partei muß deshalb über eine eigene Militärorganisation verfügen. Gleichzeitig müssen wir vor allem die Notwendigkeit der Volksbewaffnung propagieren, ohne die es nicht möglich sein wird, dem konterrevolutionären Krieg zu begegnen.«[189]
Der II. Parteitag der KPD wurde mit einer Großveranstaltung in Offenbach beendet, auf der nach eigenen Angaben 3000 »Genossen und Freunde« den Abschluß des Parteitages feierten. Christian Semler berichtete auf der Veranstaltung über die ideologische Entwicklung der KPD und über »die Resultate der Berichtigungsbewegung der Partei seit April 1975«.
Eine »anti-hegemonistisch-demokratische Volksbewegung« müsse geschaffen werden. In seiner Rede hob Semler »die enge Kampfverbundenheit unserer Partei mit der Kommunistischen Partei Chinas und ihrem Vorsitzenden, Genossen Hua Guofeng, hervor, die die Diktatur des Proletariats durch die Zerschlagung der ›Viererbande‹ gefestigt haben und das revolutionäre Vermächtnis Mao Tsetungs fortsetzen«.[190]

3.3. Zur politischen Orientierung der KPD

3.3.1. Verhältnis zu China, Sowjetunion und DDR

Es kann keinen Zweifel geben, daß die Politik der Kommunistischen Partei Chinas die eigentliche Richtschnur für die KPD darstellte.[191] Insofern stimmte die KPD auch kritiklos der Außenpolitik der KPCh zu, sie unterstützte also auch die Einladungen an den CSU-Vorsitzenden Strauß nach China. Der Strauß-Besuch werde dadurch gerechtfertigt, daß man ihn als einen »besonders bösartigen Gegner des Kommunismus« darstellte, dessen Einfluß aber im Sinne chinesischer Realpolitik, im Sinne einer Ausspielung der gegen den Kommunismus agierenden Kräfte untereinander, genutzt werden müsse.
Die KPD rechnete sehr deutlich mit der Politik der KPdSU, den »Sowjetrevisionisten« in der Sowjetunion, der dortigen »neuen Bourgeoisie« ab. Dabei erklärte die KPD auch den XX. Parteitag der KPdSU im Jahre 1956 zur eigentlichen Wendemarke: »Die sowjetischen Führer haben mit dem XX. Parteitag der KPdSU im Jahre 1956 die Politik der Klassenharmonie mit dem Imperialismus zum gesamten Inhalt ihrer Politik gemacht.«[192] Insofern wird die Politik zwischen der Bundesrepublik und der Sowjetunion heftig verurteilt, der Moskauer Vertrag sei ein »Komplott gegen die Arbeiterklasse der UdSSR und beider deutscher Staaten«.[193]
Anläßlich der 25-Jahr-Feiern der DDR wird festgestellt, diese sei der Staat einer neuen Bourgeoisie und Teil des »sozialimperialistisch beherrschten Blocks«.[194] Und weiter heißt es: »Nach dem 20. Parteitag der KPdSU 1956 setzten sich die Positionen des sowjetischen Revisionismus in der Führung der SED Schritt für Schritt durch.«[195]
In ihrer Analyse der weltpolitischen Lage ging die KPD davon aus, daß sich die Vereinigten Staaten eindeutig in der Defensive gegenüber der Sowjetunion befinden. Diese Generaleinschätzung führte bei der KPD zu der Auffassung, für die Bundesrepublik sei der USA-Imperialismus der weniger gefährlichere der beiden Supermächte.[196] Zwar seien die USA-Imperialisten alles andere als »die uneigen-

nützigen Verteidiger Westeuropas«. Doch besäßen heute die europäischen Länder keine genügende eigene Verteidigungskraft, »um einem militärischen Angriff des sowjetischen Sozialimperialismus, dem Hauptfeind der europäischen Völker und Staaten, erfolgreich zu begegnen«.[197] Je schwächer die NATO sei, um so einfacher sei die Aggression des Sozialimperialismus. »Nichts wünschen die Sozialimperialisten sehnlicher als weiteren Zerfall der NATO bei gleichzeitigen Erfolgen ihrer KSZE-Umgarnungsstrategie.«[198]
Deshalb müßten die Arbeiterklasse und die Volksmassen darauf vorbereitet werden, in einem nationalen Verteidigungskrieg die Führung zu übernehmen. Diese Erkenntnis wiederum führte dazu, daß sich die KPD von ihrer bisherigen Linie eines antimilitaristischen Kampfes, der bisherigen »Zersetzungslinie« ihrer Arbeit in der Bundeswehr distanzierte, da allgemeine Zersetzungspropaganda gegenüber der Bundeswehr heute »Wasser auf die Mühlen des sowjetischen Sozialimperialismus« sei.

3.3.2. Revolutionäres Subjekt

Zur Frage des revolutionären Subjektes erklärte die KPD, die Arbeiterklasse sei »die einzige konsequent revolutionäre Klasse, nur unter ihrer Führung kann der Kampf bis zur endgültigen Abschaffung jeder Klassengesellschaft geführt werden«.[199] Nur das Proletariat könne Vortrupp der werktätigen Ausgebeuteten sein. Hier stellt sich aber die Frage, inwieweit die Intelligenz, inwieweit beispielsweise Studenten bereits zum Proletariat zu zählen seien oder nicht. Die Studenten »bilden keine eigene Klasse, sondern eine soziale Schicht«. Der Klassengegensatz der studierenden Intelligenz zur Arbeiterklasse sei bestimmt »durch die gegen die Arbeiterklasse gerichtete Funktion der kapitalistischen Hochschulausbildung. Die Unterschiede in der materiellen Lage, die gleichzeitig Unterschiede in der Klassenherkunft der Studenten sind, sind Unterschiede von der Sorte, ob der Student sich das Klassenprivileg kapitalistischer Hochschulausbildung mit mehr oder weniger großen Entbehrungen erkaufen muß. Der Klassengegensatz der Studenten zur Arbeiterklasse, die Einheitlichkeit der Ausbildungssituationen werden deshalb von solchen Unterschieden nicht berührt.«[200] Deshalb sei es Aufgabe von KPD und KSV, »mehr und mehr Studenten dem Einfluß der Bourgeoisie zu entreißen und sie für die Aufgabe zu befähigen, die ihnen jetzt und während der ganzen Etappe der sozialistischen Revolution in Westdeutschland und West-Berlin vom Proletariat, dem Führer der Volksmassen, gestellt werden«.[201]

3.3.3. Rolle der Gewerkschaften

Auseinandersetzungen gab es auch innerhalb der KPD um die Rolle der Gewerkschaften, was in Baden-Württemberg zum Ausschluß einiger Genossen aus der Partei führte, denen eine rechtsopportunistische Haltung vorgeworfen wurde.
In einem Zirkular des Zentralen Komitees der KPD zum gewerkschaftlichen Kampf an die Grundorganisation der Partei[202] sprach sich die KPD dagegen aus, im Rahmen der gewerkschaftlichen Agitation neue, eigenständige Gewerkschaften aufzubauen, sondern rief auf, verstärkt den Kampf um die Position in der Gewerkschaft zu führen »und nicht ständig in der Agitation vor sich her tragen, daß man nichts machen kann, weil der Apparat nicht zu erobern ist und weil die Gewerkschaftsführung oppositionelle Gewerkschafter sowieso ausschließe«.[203]
Um jedoch den Eindruck zu vermeiden, die KPD wolle mit ihrer Forderung nach einer Revolutionären Gewerkschaftsopposition (RGO) selbständige Gewerkschaften aufbauen, wurde beschlossen, »um auch weiterhin mögliche Mißverständnisse zu vermeiden«, an die Stelle des Begriffes Revolutionäre Gewerk-

schaftsopposition (RGO) die Formulierung »Revolutionäre Gewerkschaftsbewegung« zu setzen.[204]

Damit vollzog die KPD in gewissem Sinne eine Korrektur ihrer bisherigen Gewerkschaftspolitik, die bisher offensichtlich durchaus dazu beitrug, in der RGO eine Form neuer Gewerkschaften zu sehen.

Auf ihrem II. Parteitag 1977 brach die KPD in einer Resolution zur Gewerkschaftsarbeit »restlos mit unseren falschen Konzepten von ›Revolutionärer Gewerkschaftsopposition‹ (RGO) oder ›Revolutionärer Gewerkschaftsbewegung‹ (RGB) und auf der auf diesen Konzepten beruhenden Politik in den Gewerkschaften«. Es wurde beschlossen, »die proletarische Einheitsfrontpolitik zur Leitlinie unserer Arbeit in den Gewerkschaften zu machen«.[205]

3.3.4. Rolle der Partei

Die KPD hatte den Anspruch erhoben, es gebe »nur eine Partei« in der Bundesrepublik Deutschland, »die den Kampf der Arbeiterklasse und des Volkes gegen Ausbeutung und Unterdrückung für den Sozialismus und Kommunismus führt – die KPD«.[206]

Nach ihrem eigenen Selbstverständnis war sie keine »Massenpartei«, sondern eine bolschewistische »Kaderpartei«[207], die den Marxismus-Leninismus maoistischer Prägung als »Anleitung zum Handeln« betrachtete.[208]

Dem Bemühen der KPD, an die revolutionären Traditionen der früheren KPD anzuknüpfen, entspricht der Versuch, möglichst viele ehemalige Mitglieder der früheren KPD auf ihre Seite zu ziehen.

Auch bei den Landtagswahlen bemühte sich die KPD, Wahlunterstützung von Genossen der alten KPD zu erhalten. In einem Wahlaufruf, den Mitglieder der KPD der Weimarer Zeit unterschrieben hatten, hieß es denn auch: »Unsere Erfahrungen mit der KPD haben uns gezeigt, daß sie als einzige Partei den Kampf der KPD Ernst Thälmanns, die Tradition der revolutionären deutschen Arbeiterbewegung, fortsetzt. Deshalb kämpfen wir heute zusammen mit der KPD.«[209]

3.3.5. Beteiligung an Parlamentswahlen

Immer wieder brachte die KPD zum Ausdruck, »daß der bürgerliche Parlamentarismus nichts mit Volksvertretung zu tun hat ... Die Parlamente sind reine Schwatzbuden mit Theaterbühnen des Betrugs und Schwindel.«[210] Zwar kündigte die KPD bereits in ihrer Programmatischen Erklärung vom Juli 1971 an, sie werde sich »an den Wahlen zum bürgerlichen Parlament beteiligen, um auch dort die verschiedenen Cliquen der Monopolbourgeoisie zu entlarven«[211], doch rief die KPD noch im Februar 1974 anläßlich der Bürgerschaftswahlen in Hamburg auf, ungültig zu stimmen: »Eine symbolische Wahlbeteiligung, wie die der KPD/ML, lehnen wir ab. Sie täuschen den Massen eine Alternative vor, die es nicht gibt.«[212]

Auch zur Bundestagswahl im Jahre 1972 wurde aufgefordert: »Stimmt ungültig«: »Eine Stimme haben wir, aber keine Wahl.«[213] Da die Arbeiterklasse im Parlament nicht mehr vertreten sei und »Elemente der Arbeiterbürokratie ... mit akademischen Tintenkulis um die Abgeordnetenjobs der Sozialdemokratie« wetteiferten[214], wurde auf Flugblättern erklärt: »Nur Volksfeinde stehen zur Wahl. Stimmt ungültig.«[215]

Auf der anderen Seite wurde bereits zur Bundestagswahl 1972 erklärt: »Es muß das Ziel unserer Partei sein, alle legalen Positionen auszunutzen, die es der Bourgeoisie erschweren, gegen uns vorzugehen.«[216]

Und sicherlich ist die Teilnahme der KPD an den Landtagswahlen nicht zuletzt auch dadurch zu begründen, daß sie sich dadurch den besonderen Schutz des

Parteienprivilegs besorgen wollte. Deshalb beteiligte sich die KPD bei den Landtagswahlen am 27. Oktober in Bayern[217] und in Hessen[218] wie auch den den Wahlen zum Abgeordnetenhaus am 2. März 1975 in Berlin. Bei den Landtagswahlen in Rheinland-Pfalz kandidierte die KPD am 9. März 1975 nicht als Partei, sondern als Wählergemeinschaft »Kämpft mit der KPD«.[219]

3.3.6. Rolle der Gewalt

Es gibt kaum eine maoistische Gruppe, die sich unverhohlener zur revolutionären Gewalt bekannte als die KPD. In ihrem Programm proklamierte sie als langfristiges Ziel: »Der Repressionsgewalt des bürgerlichen Staates gegenüber ist die revolutionäre Gewalt der Massen notwendig und unvermeidlich. Die Ablösung des bürgerlichen Staates durch den proletarischen ist ohne Gewalt nicht möglich.«[220] Auf einer Pressekonferenz am 10. April 1973 in Bonn erklärte das Mitglied des Ständigen Ausschusses der KPD, Jürgen Horlemann, auf die Frage, ob die KPD auch künftig bereit sei, gewalttätige Aktionen durchzuführen: »Wir sind selbstverständlich bereit, sonst wären wir ja keine revolutionären Kommunisten, die gewaltsamen Auseinandersetzungen aufzunehmen.«[221]

3.4. Zum Verhältnis KPD/ML und KPD

Als im Mai/Juni 1975 zwei Delegationen der KPD/ML und der KPD getrennt, aber fast zum gleichen Zeitpunkt sich in China aufhielten, deutete sich zunächst als Ergebnis dieser Reise ein beiderseitiges Bemühen um eine verstärkte politische Zusammenarbeit an. Es kann davon ausgegangen werden, daß die KPCh beide Gruppierungen drängte, sich zu einer einzigen politischen Partei zusammenzuschließen. Zwar erklärte der »Rote Morgen« von Ernst Aust kurz nach der Reise, die KPD stünde seiner Organisation »politisch am nächsten«[222], doch schlugen alle Bemühungen um eine Vereinigung oder auch um eine stärkere Kooperation fehl, dies vor allem auch deshalb, weil jede der beiden Gruppierungen der anderen ihre politische Position aufzwingen wollte. Das resultierte in umfänglichen Schriften, in denen jeweils auch die Gründungsgeschichten der einzelnen Organisationen intensiv untersucht wurden.[223]
Die Verschärfung der ideologischen Auseinandersetzung war nicht zuletzt auch auf die Tatsache zurückzuführen, daß beide Organisationen keine Vereinigung wollten, wobei auch personelle Animositäten eine erhebliche Rolle gespielt haben dürften.
Alles in allem kann gesagt werden, daß sich die beiden Gruppierungen KPD/ML und KPD nach ihrem China-Besuch eher noch politisch weiter auseinanderdividiert haben, daß darüber hinaus die KPD/ML gemeinsam mit dem KBW eine Reihe von Kritikpunkten an den programmatischen Aussagen der KPD geäußert hat, vor allem in der Frage der Bestimmung des Hauptfeindes und damit zusammenhängend hinsichtlich der Rolle der jeweiligen nationalen Bourgeoisie und auch hinsichtlich der Frage einer geänderten Militärpolitik.

3.5. Zur Auflösung der KPD

In der KPD bewirkte die geringe Massenbasis eine erhebliche Ernüchterung. Sie führte Mitte 1978 zu der Konsequenz, in der Öffentlichkeit möglichst nicht mehr allein aufzutreten, sondern mit anderen Kräften Bündnisse einzugehen. Bereits im Jahre 1979 lösten sich die »Rote Hilfe« und das »Forum Neue Erziehung« auf. Die »Vereinigung Kultur und Volk« beschränkte sich auf die Herausgabe der Publikation »Spuren«.
Ab 1979 wurde die bislang intern geführte Parteidiskussion heftiger, im Juni 1979

wurde vom ZK der KPD eine »Diskussionsvorlage« herausgegeben. Im Oktober 1979 stellte schließlich eine Minderheitsfraktion im ZK die Parteistruktur grundsätzlich in Frage, im Dezember 1979 mußte die KPD feststellen, daß ihre ursprünglichen Vorstellungen über den Weg zum Sozialismus oder zum Aufbau der Partei »illusorisch« gewesen seien – »der Weg, den sie dazu eingeschlagen hat, ist gescheitert. Es ist unserer Partei nicht gelungen, nennenswerten Einfluß in der Arbeiterklasse zu erringen.«[224]

Die Diskussion um Fragen der Auflösung der KPD wurde über Monate in der Parteizeitung »Rote Fahne« geführt. So erschien im Januar 1980 eine Stellungnahme zur Vorbereitung des KPD-Parteitages »Wie kann es weitergehen«, in der die Auflösung der KPD gefordert wurde.[225]

Die KPD sei durch einen »voluntaristischen Akt« gegründet worden, die Gründung der KPD hätte zu Recht in den Augen klassenbewußter Arbeiter als »Selbsternennung« erscheinen müssen. Es sei eine Politik der Selbstüberschätzung betrieben worden.

Ebenfalls im Januar 1980 veröffentlichte das KPD-Zentralorgan einen Leserbrief von 41 Mitgliedern, der zum Fanal der KPD-Auflösung werden sollte. In ihm hieß es: »Wir sind der Meinung, daß die KPD als KPD gescheitert ist. Wir haben den Anspruch erhoben, die Partei der Arbeiterklasse zu sein – wir sind es bis heute nicht. Und es ist auch nicht sichtbar, wie wir es werden könnten.«[226]

Die Diskussion um den Zustand der KPD wurde immer eindeutiger in Richtung Auflösung geführt, wobei sich auch die Gründung einer grünen Partei[227] auswirkte. Auch wurde ein »Offener Brief von Rudolf Bahro« in der Parteizeitung abgedruckt, der sich »an die Bunten und Alternativen, an den KB und die KPD« richtete. In diesem Brief spricht sich Bahro für »die Mitarbeit möglichst vieler Sozialisten aller Couleur bei den Grünen« aus, wenngleich auch er sich »gegen Doppelmitgliedschaften als Dauerzustand« wandte.

Der Auflösungsantrag der Kölner Gruppe intensivierte die parteiinterne Diskussion. Gegen ihn wandten sich u. a. KPD-Genossen aus dem »Hochschulbereich Westberlin«.[228]

Kurz vor dem Parteitag erschienen dann die »Thesen zur Entwicklung der KPD und zur Perspektive kommunistischer Arbeit«, die als Grundsatzantrag an den III. Parteitag von 99 Genossinnen und Genossen der KPD unterschrieben waren, u. a. von Alexander von Plato, Jürgen Horlemann, Christian Semler, Werner Heuler. Mit diesen Thesen wurde der Versuch unternommen, die rapiden Auflösungstendenzen abzuschwächen.[229] In diesem Antrag wird der Parteitag aufgefordert, eine Übergangsleitung bis zum Herbst 1980 zu wählen. Dann solle auf einer öffentlichen Versammlung über die weiteren politischen und organisatorischen Schritte beraten werden.[230]

In der Auflösungsphase war es vor allem Alexander von Platow, der als Mitglied der Gruppe der 99 versuchte, eine ideologische Plattform für die weitere Arbeit zu schaffen. Die parteiinterne Atmosphäre vor der Auflösung verdeutlicht folgende Stellungnahme: »Faktisch sind wir ein bürokratisch zusammengehaltenes Sammelsurium von auseinanderstrebenden ideologischen und politischen Strömungen, die sich in Gruppenbildung, Individualisierung, Bereichsorientierung, Regionalisierung und Sonderinteressen auf allen Ebenen äußern.«[231]

Der III. Parteitag vom 7. bis 9. März 1980 fand in der Nähe von Gelsenkirchen statt. Auf ihm wurde »fast einmütig« die Auflösung der KPD[232] beschlossen.

Am Schluß des III. und letzten Parteitages der KPD standen drei Anträge alternativ zur Abstimmung, ein Antrag der Gruppe 99, ein Antrag der Gruppe der 41 und ein Antrag aus Berlin, der die Auflösung der KPD und die Bildung von Arbeits- und Diskussionszusammenhängen auf freiwilliger Basis vorsah. Der Antrag der Gruppe der 41 erhielt die meisten, der Berliner Antrag die wenigsten Stimmen, keiner der Anträge erhielt allerdings eine absolute Mehrheit. Danach wurden die

Elemente des Antrages der Gruppe der 41 einzeln beschlossen. Für die Auflösung und damit auch für den Verzicht auf eine Übergangsorganisation stimmten 96% der Delegierten.[233]
Wie es das Vereinsrecht vorsieht, war also eine Zweidrittelmehrheit für die Auflösung der Partei erreicht worden.
Auf einer während des Parteitages abgehaltenen Versammlung beschlossen die gewählten Delegierten des Kommunistischen Studentenverbandes (KSV) analog zur Entscheidung der KPD auch dessen Auflösung. Eine Mitgliederversammlung der »Liga gegen den Imperialismus« (Liga) hatte schon vor dem Parteitag am 1./2. März 1980 die Auflösung dieser Organisation beschlossen, die in ihrer Blütezeit 1973 immerhin ca. 3000 Anhänger zählte.
Die Delegierten des Parteitages beschlossen die Einrichtung eines Solidaritäts- und Rechtshilfe-Fonds zur Unterstützung von Genossinnen, Genossen und Sympathisanten, »die im Verlauf ihrer revolutionären Tätigkeit von der westdeutschen Justiz angegriffen worden sind«.[234]
Den Konkursverwaltern der KPD blieb nur noch, möglichst bald das Parteieigentum zu verkaufen. Mit den erlösten Mitteln wurde der Treuhänderfonds und ein Solidaritäts- und Rechtshilfefonds eingerichtet. In diesen von einer Finanzkommission verwalteten Treuhänderfonds wurden bis zum 6. Juni 1980 140 632,73 DM überwiesen.[235] Die Parteizentrale in Köln war schon wenige Monate nach der Auflösung der KPD »räumlich und finanzmäßig in der Abwicklung faktisch fertig«.[236]
In einer Presseerklärung vom 9. März 1980 bezeichnete Christian Semler die Auflösung der KPD als einen »notwendigen Schritt angesichts des Scheiterns unseres Versuchs, einen führenden Kern für die Kommunistische Partei im Alleingang und ohne wirksamen Rückbezug auf die reale Entwicklung der Klassenkämpfe und die politischen Strömungen in der Arbeiterbewegung aufzubauen«.[237]

3.6. Gruppe der 99

Die Gruppe der 99 um Semler und von Plato hielt einerseits am Leninismus fest, andererseits forderte sie die Orientierung an der gesamten Linken und äußerte die Hoffnung, die Bildung eines revolutionären Flügels der Arbeiterbewegung vorantreiben zu können, aus dem eine »sozialistisch-kommunistische Partei hervorzugehen habe«.[238]
Die Gruppe der 99 hat auf dem III. Parteitag der KPD der Auflösung der KPD zugestimmt, »weil wir gesehen haben, daß unser mit dem Aufbau und der Arbeit der KPD verbundenes Verständnis, von Erarbeitung revolutionärer Strategie, der Verbindung von Theorie und Praxis, der Vorstellung des Aufbaus der proletarischen Partei durch die Realität selbst widerlegt ist und als gescheitert von uns akzeptiert werden muß«.[239]
Am 26./27. April 1980, also sieben Wochen nach Auflösung der KPD, trafen sich in Frankfurt a. M. etwas über 100 Angehörige der Fraktion der 99 zu einer bereits in der letzten Ausgabe der »Roten Fahne« angekündigten Konferenz.[240] Auf dieser Konferenz einigte man sich auf eine weitere Zusammenarbeit und bildete fünf zentrale Arbeitsgruppen, wählte ferner eine Redaktion für das Mitteilungsblatt »Kommunistische Briefe«.
Die letzte Nummer der »Kommunistischen Briefe« erschien im April 1981. In dem Editorial wurde von der letzten Arbeitskonferenz der Gruppe der 99 Anfang Februar 1981 berichtet und von dem Eingeständnis, daß sich aus dieser Gruppe »kein tragfähiger politischer Zusammenschluß entwickelt hat«.[241]
Der Zusammenschluß der 99 wurde »bewußt« aufgelöst, die Herausgabe der »Kommunistischen Briefe« mit der Nr. 3 eingestellt. Gleichwohl wurde die Einrichtung eines technischen Büros in Dortmund beschlossen, »das die Funktion

haben soll, Informationen, vorläufige Arbeitsberichte und -ergebnisse auszutauschen und zu Arbeitskonferenzen einzuladen«.[242]
Die Gruppe der 99 sah als Schwerpunkte weiterer Tätigkeit jedes einzelnen die Arbeit in der Sozialistischen Konferenz[243] »und in den verschiedenen Ansätzen zu einer neuen Friedensbewegung«.[244]

3.7. Gründe der KPD-Auflösung

Trotz mehrmonatiger und teilweise auch öffentlich geführter Diskussion kam die KPD-Auflösung für die Öffentlichkeit doch überraschend – für manche KPD-Aktivisten, deren wesentlicher Lebensbezug in den vorhergehenden Jahren weitgehend durch die KPD bestimmt war, wirkte sie wie ein Schock. Welches sind die Gründe, die zu diesem Beschluß führten?
Insgesamt befand sich die marxistisch-leninistische Bewegung in der zweiten Hälfte der siebziger Jahre in einer erheblichen Krise, die ihren Höhepunkt mit der Parteigründung der »Grünen« in den Jahren 1979/80 erreichte, die eine weit größere Unterstützung vor allem jüngerer Bevölkerungskreise fand.
Die marxistisch-leninistische Bewegung insgesamt hatte es nicht verstanden, sich vor allem in der Arbeiterschaft, die zum eigentlichen revolutionären Subjekt erklärt wurde, eine wirkliche Massenbasis zu schaffen, was sich auch in mageren Ergebnissen bei der Beteiligung an Landtags- und Bundestagswahlen niederschlug. Diese Tatsache wurde in den Anfangsjahren vielfach in den marxistisch-leninistischen Organisationen, somit auch in der KPD, verdrängt – und zwar bedingt durch eine sektenhafte Isolation.[245]
Es war den KPD-Mitgliedern nicht verborgen geblieben, daß die von ihnen zum revolutionären Subjekt erklärte Arbeiterschaft in der Bundesrepublik kein wahrhaft revolutionäres Potential darstellt, wobei auch die Einsicht eine Rolle spielte, daß die KPD aus der seinerzeitigen studentisch geprägten Protestbewegung entstand und bei aller Anbetung des Proletariats die soziale Basis vieler Mitglieder der KPD eben nicht innerhalb der Arbeiterschaft lag.
Es setzte sich also immer mehr die Erkenntnis durch[246], daß der Hauptfehler im Aufbau einer Kommunistischen Partei darin bestand, daß sich diese als die eigentliche Avantgarde der Arbeiterklasse empfand, ohne sich in Beziehung zum »Parteibildungsprozeß« der Arbeiterklasse oder in Bezug zu anderen »progressiven« Strömungen zu begreifen. In der KPD erkannte man, daß der Parteiaufbau der KPD ein voluntaristischer Akt war, der nicht in einer Analyse der realen Kräfte der Arbeiterbewegung stand.
Ein weiterer Grund für den Niedergang der KPD dürfte auch in der starren Übernahme der Ideologie der KP Chinas bestehen. Die Tatsache, daß die KPD praktisch jede ideologische Änderung der KPCh (von der Einschätzung der Viererbande bis zur Außenpolitik) übernahm, führte zu erheblichen Irritationen innerhalb der Partei.[247]
Christian Semler berichtete zwar davon, daß die KPD »zurückhaltend« gegenüber dem internationalen Kurs der Chinesen war, doch »so begeistert unterstützen wir den sozialistischen Aufbau«.
Zur Bedeutung des chinesischen Vorbildes für die KPD führte Semler weiter aus: »Alles, was die chinesischen Genossen zur Charakterisierung des modernen Revisionismus ausführten, hatte für uns grundlegende Bedeutung. Wir sahen in den Schriften Maos, in seinen verstreuten Bemerkungen und Sätzen den Bauplan einer künftigen Theorie. Wir nahmen die Ausarbeitungen der Chinesen als Versprechen, Schritt für Schritt eine materialistische Theorie des Revisionismus und der Übergangsgesellschaft auszuarbeiten.«[248]
Mit der »sang- und klanglosen Liquidierung aller theoretischen Positionen der Chinesen zur Frage des modernen Revisionismus« sei eine »tiefe Identitätskrise«

innerhalb der KPD eingetreten, die »heißgeliebten utopischen Bilder« seien ins Wanken gekommen.

Für eine überzeugende Linie der Partei sei hinderlich gewesen »eine völlig falsche Vorstellung von Solidarität und internationaler Verantwortung, die uns dazu trieb, z. T. wider besseres Wissen und mit starrsinnigem Eifer jeden konkreten Schritt der chinesischen Politik seit 1976 zu verteidigen«.

Ein entscheidender Grund für das Scheitern der KPD dürfte aber auch die straffe Parteidisziplin, das Prinzip des Demokratischen Zentralismus gewesen sein, die in weiten Teilen der Parteimitglieder, vor allem im studentisch geprägten Kommunistischen Studentenverband (KSV), immer mehr auf Ablehnung stieß. Eine große Bedeutung spielte hierbei eine Veröffentlichung von Erfahrungsberichten aus der Welt der K-Gruppen, die 1977 in einem Berliner Verlag erschienen war und innerhalb der Linken starke Resonanz fand.[249] Dieses auch innerhalb der KPD heftig diskutierte Buch zeigte auf, in welch unmenschlicher Form sich die Partei über individuelle Bedürfnisse einzelner Parteimitglieder hinwegsetzte, diese z. T. psychisch zerbrach und im Extremfall sogar zum Selbstmord trieb.[250]

Karl Schlögel beschreibt diesen Sachverhalt wie folgt, »daß derjenige, der sich ›zum Klassenverrat entschieden hat‹, der die herkömmlichen Sozialbeziehungen (Elternhaus, Freunde, berufliche Sphäre etc.) aufkündigt, ja zerstört, anderenorts sein Bedürfnis nach gesellschaftlicher Anerkennung, Sicherheit, Solidarität, Kommunikation etc. zu befriedigen sucht«. Schlögel kam deshalb zu der Erkenntnis, »daß auf einer so schmalen sozialen Basis die radikale Frontstellung gegen das bürgerliche Leben, Antikonformismus, Kritik von Herrschaft und Intoleranz, Entfremdung und Inhumanität in der Gesellschaft mit Subordination, Intoleranz, Konformismus innerhalb der eigenen Organisation korrespondieren kann«.[251]

Ein Einsatz rund um die Uhr war gefordert. Das in der »bürgerlichen Welt« abgelehnte Karrieremuster fand innerhalb der marxistisch-leninistischen Bewegung seine neue Entsprechung.[252]

Vielfach galt in solchen Gruppen auch eine »Konspirations-Hysterie«.[253]

Gerade die konspirativen Techniken machen vor allem am Anfang das Leben in einer solchen Organisation durchaus interessant, »abenteuerlich«, womit aber die psychische Komponente verbunden ist, sich ständig von einem angeblich faschistischen Staat in jeder Lebenslage bedroht zu fühlen.

Gerade weil in vielen Fällen die Angehörigen der KPD oder anderer marxistisch-leninistischer Organisationen jeden Kontakt zum Elternhaus und bisherigen Freundeskreis abgebrochen haben, wurde die Partei immer mehr Mittelpunkt des eigenen Lebens, ihr kam die zentrale Rolle zu. Nach Mitteilung des früheren Mitglieds des Zentralkomitees und des Politbüros der KPD und Chefredakteurs der Parteizeitung »Rote Fahne« von 1975 bis 1979, Willi Jasper (geboren 1945), avancierte ein Drittel der KPD-Mitglieder im Verlaufe der zehnjährigen Parteigeschichte »zu freigestellten Funktionären«.[254]

Dies erhöhte nicht nur die Abhängigkeit der Partei, sondern führte auch zu einer »von der allgemeinen Marginalität der Linken abgehobenen, realitätsfremden Randgruppenexistenz«.[255]

4. Kommunistischer Bund Westdeutschland (KBW)

Der 1973 gegründete Kommunistische Bund Westdeutschland (KBW) gehörte einst zu den bedeutendsten und einflußreichsten maoistischen Gruppen in der Bundesrepublik. Nach eigenen Angaben hatte der KBW im Januar 1978 2915 Mitglieder. Im Zusammenhang mit der V. Ordentlichen Delegiertenkonferenz am 20./21. September 1980 kam es zur Abspaltung etwa eines Drittels der Mitgliederschaft unter Führung einer Gruppe von ZK-Funktionären um das langjährige

ZK-Mitglied Martin Fochler und zur »Neubildung der Organisation« unter der Bezeichnung »Bund Westdeutscher Kommunisten« (BWK).[256] Nach dieser Spaltung konnte sich der KBW nicht mehr fangen und verfügte Ende 1982 nur noch über etwa 500 Mitglieder (Ende 1981: 1000).[257]
Außerordentliche Delegiertenkonferenzen am 13./14. Juni und am 13./14. November 1982 sprachen sich entgegen Auflösungsüberlegungen für ein Fortbestehen des KBW als »Zusammenschluß von Kommunisten«, der innerhalb von »Bewegungen« für die »revolutionäre Umwälzung« eintrete, aus.[258]
Die verkaufte Auflage des KBW-Organs Kommunistische Volkszeitung (KVZ) fiel auf weniger als 3000 Exemplare, die theoretische KBW-Zeitschrift »Kommunismus und Klassenkampf« auf knapp 2000.[259]
Beide stellten zum Jahresende 1982 ihr Erscheinen ein. Statt dessen erscheint seit Januar 1982 als Monatszeitschrift »Kommune – Forum für Politik und Ökonomie«, bei der der KBW nicht als Herausgeber auftritt. Verantwortlich im Sinne des Presserechts zeichnet jedoch der KBW-Funktionär Joscha Schmierer. Die Adresse ist auch mit der Adresse des KBW in Frankfurt identisch. Auch die Nebenorganisationen des KBW zerfielen. So haben dessen Studentenorganisationen »Kommunistische Hochschulgruppen« (KHG)/»Kommunistische Studentenbünde« (KSB) ihre Arbeit eingestellt, auch die »Vereinigung für revolutionäre Volksbildung« (VrV) war kaum noch aktiv.

4.1. Zur Entstehungsgeschichte

Der KBW, der am 12. Juni 1973 gegründet wurde, hatte zunächst einen relativ starken Zulauf, vor allem im studentisch-intellektuellen Bereich, zu verzeichnen. Nach Angaben des Bundesinnenministeriums hatte der KBW Ende 1973 etwa 900 Mitglieder. Die Jugend- und Studentengruppen der im KBW zusammengeschlossenen Vereinigungen kamen auf etwa 1400 Mitglieder.[260]
Diese Organisation, die sich noch nicht als kommunistische »Partei« im Sinne der KPD oder der KPD/ML verstand, wurde nach intensiven Diskussionen und nach einer teilweise mehr als einjährigen praktischen Zusammenarbeit gegründet. Delegierte des Bundes Kommunistischer Arbeiter Freiburg, des Kommunistischen Bundes Bremen, Göttingen, Osnabrück und Wolfsburg sowie der Kommunistischen Gruppe (Neues Rotes Forum) Mannheim/Heidelberg hatten mit der Verabschiedung eines Programmes und eines Statuts sowie der Beschlußfassung über einige wichtige taktische Fragen und der Wahl einer Zentralen Leitung den KBW gegründet.[261]
Außerdem nahmen an dieser Konferenz als Gastdelegierte eine ganze Reihe von Vertretern anderer kommunistischer Organisationen teil, die sich später auch weitgehend in den KBW integrierten.[262]
Die ideologisch dominierenden Gruppen im Gründungsprozeß waren zweifelsohne die Kommunistische Gruppe (Neues Rotes Forum) Mannheim/Heidelberg, vor allem deren führender Ideologe Joscha Schmierer[263], und der Kommunistische Bund Bremen.
Im März 1973 wurde schließlich der Entwurf der Programmkommission veröffentlicht[264], darüber hinaus eine ganze Reihe von Stellungnahmen zu den bisherigen Überlegungen der Programmkommission. So unterschied sich auf diese Weise der spätere KBW von den anderen konkurrierenden Organisationen wie KPD/ML und KPD, die erst nach ihrer Gründung sich um ein entsprechendes umfangreiches politisches Programm bemühten. Daher wurde auch die Auseinandersetzung innerhalb des KBW in dessen publizistischen Organen wie der »Kommunistischen Volkszeitung« und vor allem der theoretischen Schrift »Kommunismus und Klassenkampf« relativ offen und kontrovers geführt.
Etwa drei Monate nach Veröffentlichung dieses Programms wurde schließlich

der KBW in Bremen am 12. Juni 1973 endgültig gegründet, wobei außerdem ein Programm verabschiedet wurde, eine Gründungserklärung, ein Statut und diverse Resolutionen. Als gemeinsames Zentralorgan wurde die Herausgabe der »Kommunistischen Volkszeitung (KVZ)« beschlossen, die auch erstmalig im Juli 1973 erschien.

Als letzter Punkt dieser Gründungskonferenz stand die Wahl des Zentralen Komitees auf der Tagesordnung. Für das ZK, das laut Statut 11 Mitglieder hatte, kandidierten 13 Genossen. Sofort nach Schluß der Konferenz hielt das ZK seine erste Sitzung ab, auf der ein »Ständiger Ausschuß« und ein Sekretär gewählt wurden.

Die auf dieser Gründungskonferenz zutage getretenen Kontroversen wurden auch in den Publikationen des KBW fortgesetzt.[265]

Schließlich fand zwischen dem 12. und dem 14. April 1974 in Mannheim die erste Delegiertenkonferenz des Kommunistischen Bundes Westdeutschland statt[266], auf der 96 Delegierte aus Ortsgruppen und Ortsaufbaugruppen anwesend waren, außerdem Gastdelegierte von sympathisierenden Gruppen.[267]

Auf seiner 1. Sitzung wählte das Zentrale Komitee seinen Ständigen Ausschuß, dem die KBW-Funktionäre Dieter Bock, Martin Fochler, Hans-Jörg Hager, Wilfried Maier und Joscha Schmierer angehörten, wobei zum Sekretär des ZK Schmierer gewählt[268] und somit erneut die herausragende Rolle des früheren SDS-Funktionärs Schmierer innerhalb des KBW unterstrichen wurde.

Der KBW hatte eine Reihe von Hilfsorganisationen, die heute nicht mehr existieren. So gab es örtliche Hochschulgruppen, zumeist mit dem Namen »Kommunistischer Studentenbund« (KSB)[269], ferner die Gesellschaft zur Unterstützung der Volkskämpfe (GUV) als eine »Kommunistische Massenorganisation« für »fortschrittliche Intellektuelle«[270] und den Kommunistischen Arbeiterjugendbund (KAJB)[271] sowie die Vereinigung für Revolutionäre Volksbildung (VRV).[272]

4.2. Zum politischen Selbstverständnis des KBW

4.2.1. Zur politischen Gesamtorientierung des KBW

Der KBW strebt »eine soziale Revolution« an, die das Privateigentum an Produktionsmitteln aufheben und in gesellschaftliches Eigentum überführen soll.

Insgesamt orientierte sich der KBW zwar an den Lehren Mao Tse-tungs, jedoch nicht in der plumpen Form, wie dies vor allem von seiten der KPD/ML geschah.[273] Gleichwohl kann aber davon ausgegangen werden, daß der KBW in China sein politisches Vorbild sah. So wurde der X. Parteitag der KPCh als ein Sieg des Marxismus-Leninismus gefeiert.[274] China wurde als ein Ort stabiler Währung und wirtschaftlicher Entwicklung dargestellt. Aber auch andere kommunistische Länder, vor allem Albanien, jedoch auch Nordvietnam und Nordkorea, wurden als politische Vorbilder angesehen.

Ausgesprochen feindlich gestaltete sich hingegen das Verhältnis insbesondere zur Sowjetunion, der DDR und den dortigen kommunistischen Parteien. Die DDR wurde dargestellt als eine »Halbkolonie des sowjetischen Sozialimperialismus«.[275] Nicht nur die Bundesrepublik sei ein Staat »einer bürgerlichen Ausbeuterklasse«[276], sondern auch in der Sowjetunion herrsche »aufs neue Ausbeutung und Unterdrückung«[277], wo nicht die Arbeiterklasse, sondern »eine neue Bourgeoisie« an der Macht sei. So habe die DKP »grundsätzlich Frieden geschlossen mit dem bürgerlichen Staat«.[278]

In der Sowjetunion herrsche »heute eine Monopolbourgeoisie neuen Typs, die sich des Staatsapparates bedient, um sich zu bereichern. Nach außen betreibt sie eine imperialistische Politik und streitet mit den USA um die Welthegemonie.«[279]

4.2.2. Revolutionäres Subjekt

Erstaunlicherweise ist in dem auf der Gründungskonferenz des KBW verabschiedeten Programm nur sehr wenig über die Frage des revolutionären Subjektes und über die Bündnispolitik des Proletariats ausgesagt. Jedoch heißt es, »die Befreiung der Arbeiterklasse kann nur das Werk der Arbeiterklasse selbst sein«. Für die Durchführung der proletarischen Revolution werde »das westdeutsche Proletariat große Teile der Kleinbauern und jener Lohnabhängigen gewinnen, deren Lebensumstände sich denen des Proletariats mehr und mehr angleichen«.[280]
Auch wenn die Arbeiterklasse als die fortschrittlichste Klasse allein in der Lage sei, Organisator der neuen Gesellschaft zu sein, so bestehen doch nach Auffassung der Programmkommission »innerhalb der kapitalistischen Produktionsweise zwischen dem Proletariat und dem größten Teil der neuen Mittelklasse keine wesentlichen Interessendifferenzen: Beide sind zum Verkauf ihrer Arbeitskraft gezwungen und erleiden alle Folgen der Unsicherheit, der Arbeitsqual und des materiellen und sozialen Elends, die aus diesem Zwang erwachsen.«[281] Die neue Mittelklasse würde also, da sie zwischen den extremen Klassen der bürgerlichen Gesellschaft angesiedelt sei, an ihren Rändern sowohl in die Bourgeoisie als auch in das Proletariat übergehen.

4.2.3. Rolle der Gewerkschaften

Eine wichtige Bedeutung für die Ideologie des KBW hatte die Frage nach der Rolle der Gewerkschaften.[282] Diese werden als elementare Arbeiterorganisationen angesehen, die sich jedoch gegenwärtig in der Hand von ›Reformisten‹ befänden. Allerdings stünde nicht der Aufbau einer Revolutionären Gewerkschaftsopposition (RGO) auf der Tagesordnung, sondern der Kampf um die Gewerkschaften, in den Gewerkschaften.
Als Grundlage der Gewerkschaftsarbeit wurde eine Betriebszellenarbeit angesehen, wobei sich innerhalb der Gewerkschaften die Kommunisten auf allen Ebenen zu Fraktionen zusammenschließen sollen. Diesen Fraktionen würden sowohl Mitglieder des KBW als auch Mitglieder seiner »Massenorganisationen« angehören. Der KBW verpflichtete seine Mitglieder zur Arbeit in den Gewerkschaften, »betrachtet jeden freiwilligen Verzicht auf diese Arbeit als Disziplinbruch und behandelt die taktischen Fragen der Gewerkschaftsarbeit als Fragen der ganzen Organisation«.[283]
An diesen Aussagen sieht man den Stellenwert, den der KBW der Arbeit in den Einheitsgewerkschaften beimaß. Er erkennt allerdings die Schwierigkeiten seiner Arbeit innerhalb der Gewerkschaften an, zumal mit Ausschlüssen gedroht wird: »Die reformistischen Gewerkschaftsbürokraten arbeiten auf das brüderlichste mit den Unternehmensleitungen und dem Verfassungsschutz zusammen und praktizieren einen rücksichtslosen Ausschlußterror.«[284]

4.2.4. Zum Parteiaufbau

Der Kommunistische Bund Westdeutschland vertrat die Ansicht, daß die eigentlich legitimierte kommunistische Partei nach dem gegenwärtigen Stand der Klassenkämpfe noch nicht existiere: »Diese einheitliche Organisation, die zu schaffen wir uns vornehmen, ist noch nicht die Partei, weil sie noch nicht alle wesentlichen Kräfte der kommunistischen Bewegung in Westdeutschland und West-Berlin umfaßt.« Doch mache es der aktuelle Stand der kommunistischen Bewegung notwendig und möglich, die Schaffung einer solchen nationalen Organisation »direkt auf die Tagesordnung« zu setzen.[285]
Die Beteiligung des Kommunistischen Bundes Westdeutschland an den Land-

tagswahlen in Hessen am 27. Oktober 1974 und anderen Landtagswahlen bedeutete keineswegs, daß sich nunmehr der KBW bereits als eine Partei in dem von ihm verstandenen Sinne ansieht. Zwar hat er sich mit dieser Teilnahme darum bemüht, die Parteieigenschaft zu erhalten, die auch dem KBW notwendig zu sein schien, um Propaganda innerhalb der Bevölkerung zu betreiben und dadurch zusätzlichen Schutz vor der Verfolgung durch staatliche Institutionen zu erhalten, doch verstand der KBW unter »Partei« keine staatlich legitimierte Organisation, sondern die eigentliche revolutionäre Vorhut der Arbeiterklasse, die erst noch geschaffen werden müsse, die »auf der Tagesordnung steht«.

4.2.5. Nationale Frage

Der KBW konstatiert, daß die deutsche Nation gespalten sei, daß die Bundesrepublik und Berlin-West im »westlichen imperialistischen Lager« stehen: »Die DDR liegt im unmittelbaren Einflußbereich des russischen Sozialimperialismus. Das westdeutsche Proletariat muß die westdeutsche Bourgeoisie schlagen und Westdeutschland aus dem System des Imperialismus herausbrechen, ehe es die Frage der Wiedervereinigung auf die Tagesordnung setzen kann. Die Kommunisten treten allen Versuchen entgegen, das westdeutsche Proletariat unter der Fahne der Wiedervereinigung der Nation für eine imperialistische Politik gegenüber der DDR zu gewinnen. Insbesondere treten die Kommunisten den Versuchen der westdeutschen Bourgeoisie entgegen, West-Berlin zu einem Brückenkopf ihrer Aggressionsbestrebungen auszubauen.«[286]

Diese Auffassung zur nationalen Frage hatte auch eine verbandsinterne Relevanz, als eine Diskussion sogar über die Frage stattfand, ob der KBW überhaupt befugt sei, wegen seiner Orientierung in der nationalen Frage in Berlin eine Ortsgruppe aufzubauen. Ein solcher Beschluß war schließlich auf der ersten ordentlichen Delegiertenkonferenz des KBW vom 12. bis 15. April 1974 herbeigeführt worden.[287] Doch war auf der Gründungskonferenz die Frage noch strittig und blieb ungeklärt, ob »das Westberliner Proletariat gemeinsam mit dem westdeutschen den Weg zur Revolution geht«.[288]

Deshalb legten auf dieser Konferenz die Göttinger Delegierten eine Resolution vor, in der die Gültigkeit des Programmes für Berlin ausgeschlossen wurde. Aus diesem Grunde wurde in Berlin zunächst eine »Kommunistische Gruppe Westberlin (KG/WB)« ins Leben gerufen, »die eng mit dem KBW zusammenarbeitet«.[289]

In dem entsprechenden Beschluß der ersten ordentlichen Delegiertenkonferenz des KBW vom April 1974 wurde es »unbeschadet der besonderen Aufgaben, die sich in West-Berlin der Arbeiterklasse stellen«, als zweckmäßig angesehen, die Sympathisanten des KBW in West-Berlin als Ortsgruppe des KBW zu organisieren. Dies ergebe sich aus einer engen Verbindung, die aktuell zwischen Westdeutschland und Berlin-West besteht. »Die Arbeit der Kommunisten in West-Berlin als Ortsgruppe des KBW ist möglich, weil alle Forderungen unseres Minimalprogramms ausnahmslos auch für West-Berlin gelten, in West-Berlin also kein anderes Programm nötig ist, sondern das Programm gegen einen anderen Gegner bzw. gegen eine andere Kombination von Gegnern durchgesetzt werden muß.«[290]

4.2.6. »Demokratischer Kampf«

In seinem Programm erhebt der KBW eine ganze Reihe zum Teil sehr konkreter politischer Forderungen, die keineswegs darauf hindeuten können, daß der KBW bereit wäre, sich auf die Basis des Grundgesetzes zu stellen oder in irgendeiner Form an Reformen mitzuarbeiten. Diese Forderungen haben in erster Linie taktische Ziele. Sie dienen zur Agitation, um in den breiten »Volksmassen« jene Fähigkeiten herauszubilden, »derer sie bedürfen, um die politische Macht zu erobern, die sozialistische Räterepublik zu errichten und die staatliche Verwaltung selbst in die Hand zu nehmen«. Weitere Forderungen sind: Wahl der Richter und aller höheren Beamten durch das Volk; Abschaffung eines besonderen Dienstrechtes für Arbeiter, Angestellte und Beamte im öffentlichen Dienst; Abschaffung aller Verfassungs- und Gesetzesbestimmungen, »welche die Unverletzlichkeit der Person und der Wohnung, die Meinungs- und Redefreiheit, die Presse-, Versammlungs-, Koalitions-, Streik-, Organisations- und Demonstrationsfreiheit sowie das Recht auf Freizügigkeit einschränken oder unterdrücken«. Übergabe des Volksbildungswesens in die Hände demokratischer Organe der örtlichen Selbstverwaltung; Abschaffung aller indirekten Steuern und Bestreitung der öffentlichen Ausgaben ausschließlich durch eine progressive Besteuerung von Einkommen, Vermögen und Erbschaft. Darüber hinaus wird gefordert die Ersetzung der Polizei und eines stehenden Heeres durch die allgemeine Volksbewaffnung; außerdem eine Wahl der Offiziere.

4.2.7. Einschätzung der Gewalt

Das Verhältnis des KBW zur Gewalt ist eindeutig: Gewalt wird als ein legitimes politisches Mittel zur Durchsetzung einer proletarischen Revolution angesehen. Beispielsweise wurde der bewaffnete Arbeiteraufstand in Hamburg am 23. Oktober 1923 als historisches Beispiel für die Notwendigkeit revolutionären Kampfes dargestellt.[291]
Auch in Programmen des KBW wird nicht nur von einer »Zerschlagung des bürgerlichen Staatsapparates« und einer Errichtung der proletarischen Diktatur gesprochen, sondern ausdrücklich erklärt: »Solange die Bourgeoisie über bewaffnete Formationen zur Verteidigung des kapitalistischen Eigentums verfügt, wird das Proletariat die politische Macht mit Waffengewalt erkämpfen müssen.«[292]
Die Frage der Gewalt stellt sich für den KBW in erster Linie vor dem Hintergrund taktischer Notwendigkeiten. In diesem Lichte werden auch die Aktionen der Roten-Armee-Fraktion (RAF) beurteilt. Im Zusammenhang mit dem Tod von Holger Meins wird die RAF kritisiert, daß diese einen »Privatkrieg gegen den bürgerlichen Staat« führe[293], von einer falschen Strategie ausgehe. Doch müsse dem Versuch, die RAF-Häftlinge zu »Kriminellen« zu erklären, entschlossen entgegengetreten werden.
In einem »Untersuchungsbericht des Zentralen Komitees« vom 14. Dezember 1980[294] wurde das ganze Ausmaß der Intrigen innerhalb des KBW offenbar, die schließlich zur Abspaltung in den BWK führten. »Die Vorgeschichte der Spaltung des KBW ist die schrittweise Eroberung der Vorherrschaft in der Organisation durch den kleinbürgerlichen Extremismus, durch einen kleinbürgerlich-extremistischen Flügel, als dessen führender Repräsentant sich Martin Fochler immer mehr herausstellte.«[295]

4.3. KBW seit 1980

Der Niedergang des KBW war vor allem seit 1980 unaufhaltsam, als eine Spaltung erfolgte. Allerdings war der KBW auch zuvor von heftigen Auseinandersetzungen nicht verschont geblieben. So gab es bereits im Jahre 1978 eine Austrittswelle, als damals etwa ein Drittel der Mitglieder – darunter auch führende Funktionäre – austrat und die Zahl der KBW-Mitglieder auf etwa 2300 zurückfiel.[296]
1980 kam es jedoch zu einer Abspaltung in den Bund Westdeutscher Kommunisten (BWK). Das ZK des KBW war im Jahre 1980 bei wichtigen Abstimmungen gespalten. So hatte beispielsweise das ZK am 25. Mai 1980 mit 26 zu 23 Stimmen

beschlossen, die Zeitung »Kommunismus und Klassenkampf« einzustellen. Die Abstimmung über die Einstellung von »Kommunismus und Klassenkampf« als theoretische Zeitschrift war die erste nicht einstimmige Abstimmung des Zentralen Komitees.[297]

Zur Minderheit, die für die Beibehaltung dieser Zeitschrift war, gehörte auch der führende KBW-Funktionär Schmierer. Das Sekretariat des ZK legte einen »Politischen Bericht« der ZK-Vollversammlung am 2./3. August 1980 vor, der in namentlicher Abstimmung mit 24 zu 25 Stimmen abgelehnt wurde. Hinter den Minderheitsbericht des ZK hatte sich lediglich die Regionalleitung Mitte des KBW gestellt[298], währenddessen sich die Regionalleitungen Nord und Süd gegen diesen Minderheitenbericht ausgesprochen haben und die ZK-Mehrheit unterstützten.[299]

Kern der Auseinandersetzungen innerhalb des KBW waren Bemühungen der Fraktion um Schmierer um eine realistischere Einschätzung der »Klassenkampfsituation« und um Versuche, mit maßvolleren Forderungen eine zunehmende Isolierung des KBW aufzufangen.[300]

Zentraler Gegenstand der Kritik Schmierers war das 1977 unter redaktioneller Verantwortung von Martin Fochler erarbeitete Buch »Solange es Imperialismus gibt, gibt es Krieg«, in dem die Behauptung enthalten ist, der imperialistische Krieg um die Vorherrschaft in Europa sei unvermeidlich, der Termin des bewaffneten Aufstandes sei »gesetzt«: »Den 1. Mai 1977 hatten wir unter die Stoßrichtung der Vorbereitung des bewaffneten Aufstandes gestellt.«[301]

Die Fraktion um Martin Fochler verweigerte dann – wie bereits ausgeführt – am 2./3. August dem politischen Bericht durch das Sekretariat des ZK die Zustimmung. Dieser neue Kurs sei opportunistisch und »versöhnlerisch«. Ein Kampf gegen den imperialistischen Krieg als »eigenständige Etappe vor der Revolution« sei theoretisch falsch und mit den Forderungen im Programm des KBW nicht vereinbar. Der Kampf für die proletarische Revolution sei Voraussetzung und Grundlage, um den »BRD-Imperialismus« aus dem System des Imperialismus herauszubrechen. Auch die Forderung nach Unterstützung der Bewegungen, »wie sie sich zunächst entwickeln«, finde weder im Programm noch bei den Klassikern des Marxismus-Leninismus einen Halt.[302]

Schmierer und seine Anhänger gaben nicht nach, fanden hingegen sogar in den Grundeinheiten der Organisation wachsende Zustimmung, so daß die Gruppe um Fochler am 13./14. September 1980, also eine Woche vor der V. Ordentlichen Delegiertenkonferenz, zum offenen Bruch mit dem KBW aufriefen. Dieser »putschmäßig durchgeführten Abspaltung«[303] folgten etwa 600 ehemalige KBW-Genossen, wobei sie auch offensichtlich Organisationseigentum »mitgehen« ließen[304], also vor allem drucktechnische Einrichtungen, örtliche Archive, aber auch Büroausstattungen.[305]

Am 20. und 21. September 1980 fand die V. Delegiertenkonferenz des KBW in Gießen statt, an der 361 Delegierte teilnahmen. Der Politische Bericht[306], der offizieller Anlaß für die Spaltung war, wurde bei 5 Gegenstimmen und 2 Enthaltungen angenommen.[307]

Im Statut wurde festgelegt, daß die Delegiertenkonferenz und die Wahlen der Leitungen aller Ebenen künftig jährlich statt zweijährlich stattzufinden haben. Das Prinzip der Wählbarkeit aller Leitungen von unten wurde ausdrücklich bekräftigt. Die Organisation wurde ferner neu gegliedert. Die Bezirksorganisationen, in denen die Zellen zusammengefaßt sind, werden nicht mehr wie früher in 12 Bezirksgruppen und 3 Regionalverbänden zusammengefaßt, sondern in 10 Regionalverbänden mit eigenen gewählten Leitungen. Damit wurde eine straffere Angliederung der nachgeordneten Regionalverbände an die Zentrale intendiert. Das neugewählte Zentrale Komitee umfaßte 45 Mitglieder.

Das Zentrale Komitee des KBW stellte nach der V. Delegiertenkonferenz, bei der es zur Spaltung gekommen war, am 15. November 1980 fest, es sei nicht gelungen, »mit Gründung und Aufbau des KBW den Zusammenschluß der Marxisten-Leninisten in einer einheitlichen Organisation herbeizuführen und diese Organisation zum führenden Kern der Arbeiterbewegung zu machen«[308], deshalb sei eine »neue Phase des Zirkelwesens« zu konstatieren. In der Arbeiterbewegung bilde sich ein revolutionärer Flügel heraus, der KBW wie auch andere Marxisten-Leninisten seien Teil dieses revolutionären Flügels der Arbeiterbewegung. Insgesamt sei es noch nicht gelungen, »eine organisierte Vorhut der Arbeiterklasse zu schaffen«.[309]

Nach der Spaltung versuchte der KBW, sich eine ideologische Neuorientierung mit einer pragmatischeren Politik zu geben. Er bemühte sich um eine selbstkritische Bestandsaufnahme und darum, mit Foren und Öffnung seiner Publikationen für andere Gruppen aus dem »sozialistischen und kommunistischen Lager« eine Debatte über die richtige politische Linie in Gang zu bringen. Dieses Bemühen um eine Neuorientierung fand seinen Niederschlag auf der VI. Ordentlichen Delegiertenkonferenz des KBW, die – acht Jahre nach seiner Gründung – am 14. und 18. November 1981 in Frankfurt am Main stattfand.[310] Verabschiedet wurde auf dieser Delegiertenkonferenz eine »Resolution zur Kritik von Programm und Geschichte des KBW«[311], eine Resolution zur Aufgabe der »Arbeiterklasse in Westdeutschland«[312] wie auch eine »Resolution zum Kampf gegen den drohenden Krieg und unsere Stellung in der Friedensbewegung«.[313] Mit der Annahme dieser Resolutionen wurden das 1973 bei der Gründung des KBW verabschiedete Programm und die übrigen programmatischen Dokumente außer Kraft gesetzt. Der politische Tätigkeitsbereich des Zentralen Komitees wurde gebilligt. Ferner wurde eine Änderung zum Statut des KBW beschlossen.

Der KBW, der alle Bestrebungen für einen neuen Zusammenschluß der zersplitterten kommunistischen Kräfte unterstützen will, stritt auf dieser Konferenz heftig um die Frage, ob der Übergang vom Kapitalismus zum Sozialismus heute noch treffend durch die Konzeption der »Diktatur des Proletariats« gekennzeichnet werden könne. Eine Mehrheit um den langjährigen Sekretär Hans-Gerhart Schmierer hielt daran ausdrücklich fest.[314]

Die Minderheit auf dieser Delegiertenkonferenz wurde durch Bernhard Peters repräsentiert. Dieser brachte zum Ausdruck, daß die Formel von der »politischen Revolution als Voraussetzung der sozialen Befreiung« zu einer Leerformel zu werden drohe. Zwar laufe ein Prozeß der sozialen und politischen Umgestaltung, der Erkämpfung von gesellschaftlichen und politischen Machtpositionen der Arbeiterklasse und der Volksmassen auf eine Entscheidung über die politische Macht und letztlich über die Kontrolle der bewaffneten Gewaltorgane zu – »in welchen Formen immer«; die Macht könne in demokratischer Form allerdings nur dauerhaft gesichert werden, wenn die Arbeiterklasse schon vorher auf allen Ebenen der Politik und Gesellschaft den Kampf aufnimmt und Erfolge erziele. Es sei notwendig zwar eine »politische Revolution im Sinne der politischen Entmachtung der Bourgeoisie, des Zerbrechens ihrer Gewaltorgane: Polizei, Armee, Justiz und Bürokratie«, aber ohne vorausgegangene Veränderung der gesellschaftlichen Stellung der Arbeiterklasse und der Volksmassen sei eine »politische Revolution« undenkbar oder doch sehr unwahrscheinlich.[315]

Um neue Spaltungen zu vermeiden, wurde der Streit zwischen beiden Fraktionen auf dieser Delegiertenkonferenz nicht voll ausgetragen. Peters trat 1982 aus dem KBW aus.[316]

Bei seiner 7. Ordentlichen Delegiertenkonferenz am 21./22. Mai 1983 in Frankfurt organisierte sich der KBW nunmehr als Verein und verzichtete auf den Status einer Partei. Es wurde ein provisorischer Vorstand gewählt, dem u. a. auch Joscha Schmierer angehört. Der Parteibildungsprozeß der »Grünen« wird in einem Beschluß unterstützt.

4.4. Organisation, Mitgliederbewegung und Publikationswesen des KBW

Exakt erfaßte der KBW seine Mitgliederbewegung. So wurde anläßlich der 6. Ordentlichen Delegiertenkonferenz in einem Tätigkeitsbericht des Zentralen Komitees des KBW berichtet, durch die Spaltung im September 1980 habe der KBW ein Drittel seiner Mitglieder verloren (die damalige Region Nord verlor 37,2%, die Region Süd 60,8% ihrer Mitglieder, die sich zum großen Teil dem Bund Westdeutscher Kommunisten angeschlossen hätten, wobei noch eine Gruppe ehemaliger Nürnberger Mitglieder eine »Kommunistische Gruppe Mittelfranken« gründete). Die Gesamtzahl der KBW-Mitglieder sank dann von September 1980 bis Mitte 1981 noch um weitere 14%. Nach dem Kongreß der Studentenorganisationen im Februar 1981 haben die meisten Kommunistischen Hochschulgruppen (KHG) und Kommunistischen Studentenbünde (KSB) ihre Auflösung als selbständige Studentenorganisation beschlossen. Ihre Mitglieder traten zum größten Teil in den KBW ein, wenn sie nicht dort schon Mitglied waren. Relativ hoch war der Anteil an Mitgliedern, die bereits in der Gründungszeit des KBW 1973 oder 1974 eingetreten sind. Diese machten nach der im Oktober 1981 veröffentlichten Statistik im April 1981 55% der Mitgliederschaft aus. Der KBW konnte sich also auf einen relativ großen und stabilen Stamm älterer Mitglieder stützen, was aber gleichzeitig auch darauf hindeutet, daß ein kontinuierlicher Zugang von jüngeren Neumitgliedern nicht mehr erfolgte. Nach der Mitgliederstatistik des KBW hatte dieser im Januar 1978 mit 2915 Mitgliedern einen Höchststand. Nach dieser Statistik dürften wegen einer sehr hohen Fluktuation, wie sie konstatiert wurde, etwa über 8000 Mitglieder bis zu diesem Zeitpunkt irgendwann einmal in den KBW eingetreten sein. In manchen Jahren habe mehr als die Hälfte der Mitglieder gewechselt, am stärksten in den Jahren 1976, 1977 und 1978. Über die Fluktuation im Gesamtverband einschließlich Jugend-, Schüler-, Studenten- und Intellektuellen-Organisationen lasse sich nichts Genaues sagen. Dieser Gesamtverband sei aber zeitweise mehr als doppelt so groß wie der KBW gewesen. Von den 45 Mitgliedern des Zentralen Komitees des KBW im Jahre 1981 seien allerdings nur drei als Delegierte auf der Gründungskonferenz des KBW zugegen gewesen, zwei weitere als Gastdelegierte. Allerdings seien 22 ZK-Mitglieder schon seit 1973 in der Organisation.

Der KBW war für seinen beachtlichen Besitz und für seine erheblichen finanziellen Mittel bekannt, die der Parteiarbeit zur Verfügung standen. 1981 beschäftigten der KBW und die ihm angeschlossenen Unternehmen 34 Angestellte, den Ständigen Ausschuß des ZK eingeschlossen.[317]

Ein Jahr zuvor – also noch vor der Spaltung – waren es noch 67 gewesen. Die hohen Vermögenswerte des KBW dürften nicht nur auf hohe Opferbereitschaft einzelner Mitglieder zurückzuführen sein, sondern zusätzlich noch auf die Tatsache, daß beispielsweise bei entsprechenden Erbschaften Vermögen in die Organisation eingebracht wurde.[318]

Der KBW galt unter den linksextremen Organisationen der Neuen Linken zeitweilig als finanziell besonders potent. So erwarb er über sein Wirtschaftsunternehmen Kühl KG im Frühjahr 1977 in Frankfurt, Mainzer Landstraße 147, ein sechsstöckiges ehemaliges Verlagsgebäude, wobei der Kaufpreis von 2,7 Millionen DM bar bezahlt wurde.[319]

Der politische Niedergang des KBW führte zu Konsequenzen im Publikationswesen dieser Organisation. Im Herbst 1982 war der Handverkauf der KVZ durch den KBW auf unter 1000 Exemplare geschrumpft.[320]

Die Bundesleitung beschloß deshalb am 3. Oktober 1982 die Konzentration auf lediglich eine Monatszeitschrift.[321]

Eine außerordentliche Delegiertenkonferenz des KBW am 13./14. November 1982 sprach sich für die Unterstützung einer politischen Monatszeitschrift aus, die unter dem Namen »Kommune« seit der Jahreswende 1982/83 erscheint. Die große Mehrheit der Delegierten entschied sich für die Übertragung der Herausgeberschaft an einen nicht an den KBW gebundenen Herausgeberkreis, wenngleich auch Schmierer weiterhin den größten Einfluß auf diese Zeitschrift haben dürfte.[322]

In der letzten Nummer der KVZ, die immerhin im 10. Jahrgang erschien, wurde in einer Art Nachruf auf die KVZ erklärt: »Das Ende ist unfreiwillig, und darin drückt sich auch aus, daß uns die Erneuerung nach 1980 nicht in dem Maß gelungen ist, wie wir dies damals erhofft hatten.«

Als »Haupttätigkeit« des KBW wird in diesem Nachruf nunmehr die »Einflußnahme auf die Meinungsbildung der Linken« gesehen.[323]

5. Bund Westdeutscher Kommunisten (BWK)

»Die versammelten Delegierten von Zellen und Mitgliedern, von Leitungen des KBW legen ihre Ämter im Organisationsrahmen des KBW nieder, weil der KBW nicht nur aufgehört hat, auf Grundlage des Programms der westdeutschen Kommunisten tätig zu sein, sondern sich inzwischen damit beschäftigt, gegen dieses Programm in der Öffentlichkeit tätig zu werden.« Mit diesen Worten spaltete sich eine Minderheit innerhalb des KBW, die gleichwohl im Zentralen Komitee des KBW eine knappe Mehrheit hatte, in einem »Beschluß zur Reorganisation der westdeutschen Kommunisten auf Grundlage des Programms der westdeutschen Kommunisten« ab.[324]

Diese Minderheit um Martin Fochler hatte bereits eine Woche vor der V. Ordentlichen Delegiertenkonferenz des KBW zum offenen Bruch aufgerufen.[325]

Dem Aufruf folgten etwa 600 KBW-Mitglieder. Schon Ende 1980 nahm die BWK-Zentrale in Köln ihre Arbeit auf. Ein 14tägig erscheinendes Verbandsorgan »Politische Berichte« wird seit Mitte Oktober 1980 über eine neu gegründete »Gesellschaft für Nachrichtenerfassung und Nachrichtenverbreitung Verlagsgesellschaft mbH« (GNN) herausgegeben. Diese erreichte jedoch 1982 nur noch eine Auflage von etwa 1500 (1981: ca. 2100) Exemplaren.[326]

Die 1. Ordentliche Delegiertenkonferenz des BWK fand am 7./8. Februar 1981 in Hannover statt, auf der die 32 Mitglieder des Zentralen Komitees gewählt wurden. Dem Tätigkeitsbericht zufolge lag die Mitgliederzahl des BWK bei 600.

Im Februar 1982 hielt der BWK seine 2. ordentliche Delegiertenkonferenz in Hannover ab. Wie aus den Dokumenten hervorgeht, konnte sich keine Aufbruchstimmung verbreiten: »Im Berichtszeitraum ist es der Organisation nicht gelungen, neue Mitglieder zu gewinnen, im Gegenteil hatten wir Mitgliederverluste zu verzeichnen. Ebenso ist die Auflage der Politischen Berichte gesunken.«[327]

Zum Jahresende 1982/83 waren in den sieben Landesverbänden des BWK noch etwa 500 (1981: ca. 550) Mitglieder organisiert.[328]

Höchstes Organ des BWK ist die Zentrale Delegiertenkonferenz, die durch die Delegierten der Landesverbände gebildet und jährlich vom Zentralen Komitee (ZK) einberufen wird. Die Zentrale Delegiertenkonferenz beschließt über Programm und Statut, bestimmt die politische Linie des BWK, nimmt den Tätigkeitsbericht des ZK entgegen, wählt das ZK und legt Richtlinien über Höhe und Aufteilung der Mitgliedsbeiträge fest.[329]

Durch eine aktive Bündnispolitik will der BWK die Tatsache einer geringen Mitgliederzahl überspielen. Vor allem mit der KPD/ML und der Marxistischen Gruppe versuchte er Bündnisse. So kritisierte er auf seiner 2. Delegiertenkonferenz im November 1982 die Bonner »Friedendemonstration« vom 10. Juni 1982 mit den Worten: »Die Demonstration hört sich widerstandslos die nationalistischen und chauvinistischen Reden der bürgerlichen Politiker an. Sogar Faschi-

sten können sich in der Demonstration tummeln«, und unterstützte deshalb auch einen Aufruf der Marxistischen Gruppe zur Gegendemonstration.[330]
In Aktionseinheit mit der Marxistischen Gruppe demonstrierte der BWK gegen die NATO auch am 17. Juni 1983 in Bonn.

Im Sommer 1982 leiteten die »Kommunistische Hochschulgruppen« (KHG) des BWK eine Initiative ein, »um über gemeinsame Schritte von Revolutionären an den Hochschulen zu beraten«.[331]

Ein erstes Treffen fand am 25./26. Juni 1982 statt[332], eine weitere Begegnung wurde am 18./19. Dezember 1982 organisiert. Unter den Anwesenden waren Mitglieder des BWK, der anarchistischen Freien Arbeiter-Union (FAU), der Freien Arbeiterunion Studenten (FAUST), des Kommunistischen Bundes (KB) und der Kommunistischen Studenten (Studentenverband der KPD). Bei diesem Zusammentreffen wurde eine »Arbeitsgemeinschaft für revolutionäre Hochschulpolitik« gebildet, die einen Koordinationsausschuß bestimmte, der die Zusammenarbeit gewährleisten soll.[333]

In eine besonders enge Kooperation trat der BWK mit der KPD/ML ein. Die Zusammenarbeit dieser beiden Organisationen zeigte sich auch auf dem Bundeskongreß der KPD-beeinflußten »Volksfront gegen Reaktion, Faschismus und Krieg« (Volksfront) am 30./31. Januar 1981 in Frankfurt a. M. Anläßlich der Bundestagswahlen im März 1983 kam es – ähnlich wie schon bei der Bürgerschaftswahl 1982 in Hamburg – zu einem »Wahlbündnis revolutionärer Sozialisten zu den Bundestagswahlen 1983« aus KPD und BWK, die eine gemeinsame Wahlplattform verabschiedeten.[334]

In Schleswig-Holstein, Hamburg, Bremen und Nordrhein-Westfalen wurde eine Offene Liste der KPD, in den Bundesländern Niedersachsen, Baden-Württemberg und Bayern eine Offene Liste des BWK aufgestellt; Mitglieder beider Organisationen traten jeweils gemeinsam auf diesen Offenen Listen an.[335]

Zu seiner 3. Delegiertenkonferenz am 1./2. April 1983 hatte der BWK erstmals Vertreter des KB, FAU, der trotzkistischen GIM, der KPD (Marxisten-Leninisten), der Marxistischen Gruppe (MG) und der MLPD eingeladen und Rederecht gewährt. Zentrales Thema der Konferenz war ein Antrag des ZK des BWK zur »Zusammenarbeit der Revolutionären Sozialisten nach den Bundestagswahlen«.[336]

In einem einstimmig verabschiedeten Antrag wurde ein engeres Zusammenwirken der Organisationen, »die den unversöhnlichen Interessengegensatz von Bourgeoisie und Proletariat behaupten«, für notwendig gehalten, insbesondere um in theoretischen Fragen weiterzukommen.[337]

Die zentralen Komitees von BWK und KPD trafen sich am 16. April 1983 zu einer gemeinsamen Sitzung, um den Wahlausgang und die Kandidatur des »Bündnisses Revolutionärer Sozialisten« zu erörtern. In einem Kommuniqué wurde festgestellt: »Der politische Anspruch, mit dem BWK und KPD mit dem Bündnis Revolutionärer Sozialisten zur Bundestagswahl angetreten sind, kann seine Glaubwürdigkeit nur behalten, wenn BWK und KPD ernsthaft prüfen, wie auch über den 6. März hinaus die Möglichkeit besteht, die politischen Aufgaben, die sich das Bündnis in seiner Wahlplattform gestellt hat, gemeinsam zu lösen.«[338]

Die politische Nähe beider Organisationen – auch wenn auf politische Differenzen hingewiesen wird – zeigt sich auch daran, daß die Zentralen Komitees von BWK und KPD in diesem Kommuniqué ihre Bereitschaft zur Klärung der Frage erklären, »ob die Einheit der Revolutionären Sozialisten in einer Partei möglich ist«. Beide Organisationen wollen dies mit möglichst vielen revolutionären sozialistischen Kräften gemeinsam tun. In diesem Komitee werden institutionelle Maßnahmen zur Koordinierung der Arbeit beider Organisationen beschlossen, z. B. Sitzungen der Zentralen Komitees von KPD und BWK in halbjährigem Turnus.

Für den BWK gilt nach wie vor das vom KBW im Juni 1973 beschlossene und noch 1976 überarbeitete Programm. Auf der Gründungskonferenz des BWK im September 1980 wurde ein »Programm des Bundes Westdeutscher Kommunisten« verabschiedet, das an wesentliche Positionen des früheren KBW-Programms anschließt. Die »proletarische Weltrevolution sei aus einer wissenschaftlichen Voraussage zur Realität geworden«.[339]

Als »Meilensteine auf dem Weg zur endgültigen Befreiung der Menschheit von Ausbeutung und Unterdrückung« sieht der BWK u. a. die Gründung der Volksrepublik China, die »Siege des koreanischen und vietnamesischen Volkes über den Imperialismus und die Errichtung einer revolutionären Staatsmacht in Nordkorea und Nordvietnam, der Sieg des kubanischen Volkes über den US-Imperialismus«.[340]

Der BWK spricht von einer »revisionistischen Entartung der Deutschen Demokratischen Republik«, »in der sich die bürgerlichen Machthaber in Partei und Staat als Kommunisten ausgeben und damit dem Ansehen des Kommunismus schaden«.[341]

Der BWK will die »Zerschlagung des bürgerlichen Staatsapparates und die Errichtung der proletarischen Diktatur, d. h. die Eroberung der politischen Macht durch das Proletariat und ihre Ausübung in einer solchen Form, die es ihm ermöglicht, auf der Basis umfassender und direkter Demokratie für die arbeitenden Massen den Widerstand der Ausbeuter bei der Vollendung der sozialen Revolution zu brechen«.[342]

Ohne Umschweife bekennt sich der BWK zur Gewalt als Mittel der Politik: »Solange die Bourgeoisie über bewaffnete Formationen zur Verteidigung des kapitalistischen Eigentums verfügt, wird das Proletariat die politische Macht mit Waffengewalt erkämpfen müssen.«[343]

Die konkreten politischen Forderungen des BWK erinnern nahtlos an die Forderungen des früheren KBW, die im ständigen »demokratischen Kampf« gegen den imperialistischen Staatsapparat »zur Zerschlagung des bürgerlichen Staates und zur Eroberung der politischen Macht durch das Proletariat« erhoben werden:[344]

Rechenschaftspflicht und jederzeitige Abwählbarkeit aller Volksvertreter; Wahl der Richter und aller höheren Beamten durch das Volk; Ersetzung der Polizei und des stehenden Heeres durch die allgemeine Volksbewaffnung; Wahl der Offiziere; Übergabe des Volksbildungswesens in die Hände »demokratischer Organe der Selbstverwaltung«; restloser Abzug aller fremden Truppen aus Westdeutschland und Aufhebung aller Überreste des Besatzungsstatus; völkerrechtliche Anerkennung der DDR; 8 Wochen bezahlter Urlaub im Jahr u. a.

6. Marxistisch-Leninistische Partei Deutschlands (MLPD) (vormals: Kommunistischer Arbeiterbund Deutschlands [KABD])

Der unter streng konspirativen Bedingungen am 17./18. Juni 1982 durchgeführte 5. und letzte Zentrale Delegiertentag des Kommunistischen Arbeiterbundes Deutschlands (KABD) war gleichzeitig auch Gründungsparteitag der Marxistisch-Leninistischen Partei Deutschlands (MLPD). An der öffentlichen »Partei-Gründungsveranstaltung« der MLPD am 21. August 1982 in Düsseldorf nahmen immerhin etwa 2800, zumeist jüngere Sympathisanten dieser Organisation teil. Eine Spendenkampagne zur Parteigründung erbrachte nach eigenen Angaben 1,7 Millionen DM.[345]

Ende 1982 verfügte die MLPD über 900 Mitglieder. Sie wurde also zur mitgliederstärksten Kernorganisation der dogmatischen Neuen Linken, obgleich innerhalb der Linken die Kommentare zu dieser Neukonstituierung meist wenig schmeichelhaft waren.

Zum Jahresende 1982 verfügte die MLPD über mehr als 80 Ortsgruppen und Stützpunkte, die in 11 Bezirken organisiert waren. Die Parteizentrale befindet sich in Essen. Die Auflage der »Roten Fahne« lag Ende 1982 bei etwa 8000 Exemplaren.[346]

Die Nebenorganisationen der MLPD sind der Revolutionäre Jugendverband Deutschlands (RJVD) mit dem Organ »Rebell«, die Kommunistischen Studentengruppen (KSG) mit dem Organ »Roter Pfeil« und der Bund Kommunistischer Intellektueller (BKI), denen zusammen etwa 600 Mitglieder angehören. Die »Komitees gegen die Verlängerung der Wehrdienstzeit« sind ebenfalls von der MLPD beeinflußt.

Vorsitzender der MLPD ist der am 9. März 1954 in Neustadt geborene Stefan Engel. Der Altkommunist Willi Dickhut spielt aber weiterhin eine wichtige Rolle innerhalb der MLPD, wie er es auch zuvor im KABD getan hat.

6.1. Zur Geschichte des KABD

Die MLPD ging aus dem Kommunistischen Arbeiterbund (KABD) hervor, der seinerseits ein Zusammenschluß zweier früher selbständiger Organisationen war, nämlich des Kommunistischen Arbeiterbundes (Marxisten-Leninisten) und der Kommunistischen Partei Deutschlands/Marxisten-Leninisten (Revolutionärer Weg). Diese KPD/ML (Revolutionärer Weg)[347], die nach dem theoretischen Organ »Revolutionärer Weg« benannt ist, stellte eine Abspaltung der KPD/ML (Zentralbüro)[348] dar, die sich wiederum von der KPD/ML (Roter Morgen)[349] getrennt hatte.[350]

Der KABD, der eine maoistisch-stalinistische Linie vertrat, war eine der wichtigen Gruppen, die sich als ein Ergebnis der studentischen Protestbewegung herauskristallisiert hatten, da sich die Gründergruppe des KABD vor allem um das Organ »Roter Pfeil« scharte, das im Jahre 1969 von einer ganzen Reihe von Basisgruppen und Projektgruppen in Tübingen herausgegeben worden war.[351]

6.1.1. Zur KPD/ML (Revolutionärer Weg)

Zu den führenden Personen der KPD/ML (RW), die sich im August 1970 von der KPD/ML (ZB) trennte, gehörten vor allem Willi Dickhut, Gerd Flatow und Franz Wennig. Dickhut gab weiterhin das theoretische Organ »Revolutionärer Weg« heraus und besaß somit relativ großen Einfluß auf den KABD. Sein Einfluß rührt nicht zuletzt daher, daß er zu dem Kreis von Altkommunisten gehört, die sich dem Maoismus angeschlossen haben und nicht der heutigen DKP. Die Abspaltung von der KPD/ML (ZB) wurde nach dem 18. August 1970 vollzogen, nachdem Willi Dickhut als Vorsitzender der Landeskontrollkommission gegen vier Mitglieder der Landesleitung der KPD/ML (ZB), vor allem gegen Peter Weinfurth, ein Parteiverfahren eingeleitet hatte. Die Landeskontrollkommission warf Weinfurth und seinen Anhängern vor, sie wollten die Führung der KPD/ML (ZB) usurpieren, indem sie selbst als »führende Zirkel«, als Zentralbüro eingesetzt und sich deshalb als unfehlbar angesehen hätten. Diese verselbständigte Gruppe habe sich der Kontrolle durch die Partei entzogen.[352] Das Zentralbüro habe vorwiegend aus »kleinbürgerlichen Intellektuellen« bestanden, die den Boden des Marxismus-Leninismus verlassen hätten.[353]

6.1.2. Fusion KPD/ML (RW) und KAB/ML

Am 30./31. August 1970 fand im süddeutschen Raum der erste Bundesdelegiertentag des KAB statt. Innerhalb dieser Organisation waren offensichtlich zwei Linien vertreten, einerseits vor allem die Tübinger Genossen, auf der anderen Seite die Mannheimer Genossen, die beide für sich in Anspruch nahmen, die eigentlich proletarische Linie zu vertreten.[354]

Am 5./6. August 1972 schlossen sich der Kommunistische Arbeiterbund (Marxisten-Leninisten) und die Kommunistische Partei Deutschlands (Marxisten-Leninisten/Revolutionärer Weg) zu einer Organisation zusammen, was als wegweisender Fortschritt für den Aufbau einer kommunistischen Partei gefeiert wurde.[355] Gleichzeitig wurde eine Grundsatzerklärung »Vorwärts zum Sozialismus!« und ein »Aktionsprogramm gegen die Monopoloffensive« veröffentlicht, die auf diesem ersten Zentralen Delegiertentag der KABD beschlossen wurden.[356]

Angeblich wurden 691 Anträge aus den Ortsgruppen des KABD behandelt, die als ein »anschauliches Beispiel« dafür gewertet wurden, »wie der KABD bei der Ausarbeitung seiner politisch-ideologischen Linie durch die breite Diskussion und Systematisierung aller Kampferfahrungen seiner Betriebs- und Stadtteilgruppen die dialektische Einheit von Theorie und Praxis verwirklicht«.[357] In der Grundsatzerklärung wie auch im Aktionsprogramm kam eine unversöhnliche Haltung des KABD gegen jeden Reformismus und Revisionismus zum Ausdruck.[358] Gleichwohl wurde die politische Atmosphäre der Bundesrepublik nüchterner eingeschätzt als durch andere maoistische Gruppen: »Gegenwärtig befinden wir uns in Westdeutschland in einer Etappe des Klassenkampfes ohne revolutionäre Situation. Wohl nehmen die ökonomischen Kämpfe an Stärke zu, die politischen Kämpfe jedoch sind noch wenig entfaltet.«[359]

Zwar wurden auf dieser ersten Zentralen Delegiertentagung die früheren Organisationen KAB/ML und KPD/ML (RW) vereinigt, nicht jedoch deren Jugendorganisationen. Im Januar 1973 fand eine Tagung der Zentralen Leitung des KABD statt, auf der u.a. Fragen der Verschmelzung der Revolutionären Jugend (ML), Jugendorganisation der bisherigen KAB/ML, und des Kommunistischen Jugendverbandes Deutschland – RW (KJVD), Jugendorganisation der KPD/ML (RW), zu einem einheitlichen Jugendverband des KABD diskutiert wurden.[360]

Am 26./27. Oktober 1974 tagte schließlich der 2. Zentrale Delegiertentag des KABD, wobei in der »Roten Fahne« stolz berichtet wurde, daß schon die soziale Zusammensetzung gezeigt habe, daß innerhalb des KABD »die Arbeiterklasse die Führung« habe. 81% der Delegierten gehörten demnach zur Arbeiterklasse, der Rest waren angeblich Akademiker und andere Angehörige der Mittelschichten, 92% der Delegierten seien Mitglieder einer Gewerkschaft gewesen.[361] Die Delegierten beauftragten die Zentrale Leitung, ein neues Aktionsprogramm auszuarbeiten, da das alte noch von einer falschen Analyse und Taktik ausgegangen sei.[362] Eine Spaltung im Bereich des KABD gab es im Mai 1976, als sich ehemalige Ortsgruppen des KABD und des RJVD im Saarland in den Kommunistischen Arbeiterbund Saar (KABS) abspalteten (22. Mai). Darüber hinaus kam es in Hessen zu einer weiteren Abspaltung. Inzwischen konstituierten sich die Genossen in Hessen als Kommunistischer Arbeiterbund (Revolutionärer Weg) – KAB (RW) – mit der Jugendorganisation Revolutionäre Jugend (Marxisten-Leninisten – RJ/ML) – und der Studentenorganisation Kommunistische Studentengruppe Frankfurt – KSG Ffm. Zwischen dem KAB-Saar und dem KAB (RW) bestanden »kameradschaftliche Kontakte«. Anfang 1978 gab sich der KAB/RW den neuen Namen »Revolutionärer Weg«. Von den etwa 45 Mitgliedern dieser Gruppe erklärten im Februar 1979 43 Mitglieder ihre völlige oder weitgehende Übereinstimmung mit der Ideologie des KBW, in dem sie sich dann auch mehrheitlich organisierten.

6.1.3. Revolutionärer Jugendverband Deutschlands (RJVD)

Am 30. Juni 1973 wurden »die beiden kommunistischen Massenorganisationen der Arbeiterjugend«, KJVD (RW) und RJML, in den Revolutionären Jugendverband Deutschlands, »die Jugendmassenorganisation des KABD«, umgewandelt.[363] Kommentiert wurde diese Vereinigung im KABD-Organ »Rote Fahne« wie folgt: »Da gab es kein abstraktes Geschwätz und keine hochgestochene Theoretisiererei.«[364]

Der Revolutionäre Jugendverband Deutschlands verabschiedete ein Programm »Arbeiterjugend kämpft für den Sozialismus«[365], in dem immer wieder die ideologische Abhängigkeit vom KABD zum Ausdruck kam. »Der Revolutionäre Jugendverband Deutschlands ist der Jugendverband des Kommunistischen Arbeiterbundes Deutschlands . . .«

Der RJVD gab, wie zuvor auch die Revolutionäre Jugend (ML), die Zeitung »Rebell« heraus, die jedoch ab Juli 1974 nicht mehr als eigenständiges Organ, sondern als Jugendbeilage zur Roten Fahne des KABD erschien.[366]

Später jedoch wurde diese Entscheidung hinsichtlich des »Rebell« wieder rückgängig gemacht. Mit der Nummer 25 der Roten Fahne vom 6. Dezember 1975 wurde die Zeitung Rebell als selbständiges Organ unter dem Namen »Rebell – Organ des Revolutionären Jugendverbandes Deutschlands« herausgegeben.

Der RJVD führte am 22./23. November 1975 seinen 2. Verbandsdelegiertentag durch, wobei es auf dieser Konferenz zu erheblichen Auseinandersetzungen gekommen sein muß: »Einige Mitglieder der alten Verbandsleitung, die in verschiedenen Fällen Kritik unterdrückten, wurden verpflichtet, ein Jahr lang ohne jede Funktion an der Basis zu arbeiten, um ihr Denken umzugestalten.«[367] Wie heftig die Auseinandersetzung war, darauf weist auch die Tatsache hin, daß der Rechenschaftsbericht der alten Verbandsleitung abgelehnt worden war.

Ebenso wie der RJVD sind die Kommunistischen Studentengruppen (KSG) als Organisation des KABD anzusehen, die von diesem angeleitet wurden und völlig unter dessen ideologischer Führung standen. Im Juni 1973 fand der 1. Zentrale Delegiertentag der Kommunistischen Studentengruppen statt[368], dessen Hauptaufgabe so interpretiert wurde, daß es jetzt notwendig sei, »den Schritt zu einer höheren Stufe der Einheit, den Schritt zur Gründung der einheitlichen bundesweiten Organisation Kommunistischer Studentengruppen als der Studentenmassenorganisation des KABD zu vollziehen und diesem wichtigen Schritt voran auf dem Weg der Vereinigung der Organisation durch die Verabschiedung eines Statuts und durch die Wahl einer zentralen Leitung Ausdruck zu verleihen«.[369]

Die Studenten der KSG/ML und der KSG traten bei einer Reihe von Studentenparlamentswahlen auch unter dem Namen Roter Pfeil an.

6.2. Zum politischen Selbstverständnis des KABD

6.2.1. Grundsätzliche politische Orientierung

Der KABD, der sich neben den Mao-Tse-tung-Ideen sehr stark vor allem auch an Stalin orientierte[370], stellte vor allem China – aber auch Albanien – als das Land dar, in dem die politischen Zielvorstellungen des KABD voll verwirklicht sind. Heftige Angriffe hingegen werden gegen die DKP, KPdSU, DDR und Sowjetunion vorgebracht[371]. In der Sowjetunion sei eine neue Bourgeoisie an der Macht, wo die Arbeiterklasse »im Betrieb nichts mehr zu sagen« habe, sich die Macht »in Händen der hochbezahlten Betriebsdirektoren«, der neuen »bürokratischen Monopolbourgeoisie«, befinde.[372] Die Sowjetunion träfe Kriegsvorbereitungen gegen das sozialistische China[373], eine Argumentation, die voll auf der offiziellen Linie der KP Chinas liegt.[374] Die Ostverträge zwischen Bonn und Moskau werden als »Bankrotterklärung der SED-Revisionisten«[375] dargestellt.

6.2.2. Revolutionäres Subjekt und Rolle der Partei

Insgesamt fällt auf, daß der KABD weniger differenzierende Theorien aufwies als andere Organisationen. So erklärte er schlicht, daß nur das Proletariat die Revolution herbeiführen könnte, ließ sich aber nicht weiter darüber aus, wo die Grenzen des Proletariats zu anderen Schichten oder Klassen liegen könnten. Die Kämpfe der Arbeiterklasse seien nicht ohne »die Vorhut der Arbeiterklasse«, die »Kommunistische Partei«, durchführbar. Gleichwohl hielt sich der KABD noch nicht für die eigentliche Partei, die erst noch aufgebaut werden müsse. Im Gegensatz zu anderen Staaten, in denen »die kommunistischen Parteien den bewaffneten Kampf gegen den Imperialismus und seine Handlanger« führen und sich »stählen in der Schmiede des Volkskrieges«[376], stelle sich die Situation in Deutschland anders dar: »Wir sind noch weit davon entfernt, eine solche Partei zu besitzen.«[377]

6.2.3. Rolle der Gewerkschaften

Hinsichtlich der Gewerkschaften wird zwar konstatiert, daß ihre Tätigkeit in der bisherigen Praxis nicht gesellschaftsverändernd sei, da der gewerkschaftliche Kampf bisher in der Hauptsache ein Kampf um Reformen sei und innerhalb der Grenzen des kapitalistischen Gesellschaftssystems geführt werde. Im DGB beherrschten in Wirklichkeit rechte Gewerkschaftsführer die Gewerkschaften und verbreiteten in ihnen in Theorie und Praxis den Reformismus und verfolgten eine Politik der Klassenzusammenarbeit mit dem Monopolkapital.[378] Dennoch wird der Kampf in den Gewerkschaften trotz der dort herrschenden »reformistischen Illusionsmacherei«[379] als Pflicht der Kommunisten propagiert. Die Septemberstreiks des Jahres 1969 hätten gezeigt, »daß breite Teile der Arbeiterklasse die Notwendigkeit begriffen haben, diesen gewerkschaftlichen Rahmen zu durchbrechen und durch selbständige Kämpfe die eigenen Forderungen durchzusetzen«.[380]

6.2.4. Rolle der Gewalt

Für den KABD war klar, daß die Erlangung der politischen Macht auch unter Einsatz revolutionärer Gewalt vonstatten gehen muß. Zur Durchführung der Revolution sei es unabdingbar, »die bürgerliche Staatsmaschinerie zu zerschlagen und auf ihren Trümmern die Diktatur des Proletariats zu errichten«.[381] In der Grundsatzerklärung des KABD von 1972 heißt es weiter: »Die Arbeiterklasse wünscht, daß sich die Revolution ohne Gewaltanwendung durchsetzen würde. Doch waren es stets die Herrschenden, die gewaltsam gegen die um ihre Zukunft ringenden Werktätigen vorgingen. Die Frage der Gewalt stellt sich also unabhängig vom Willen des Proletariats. Die Anwendung von Gewalt durch die herrschende Klasse zwingt dem Proletariat den bewaffneten Kampf auf. Alle revisionistischen Schalmeienklänge vom ›Zurückdrängen der Macht der Monopole‹, vom ›friedlichen parlamentarischen Weg zum Sozialismus‹ sind darum illusionistisch und aufs schärfste zu bekämpfen.«[382]

6.2.5. Nationale Frage

Der KABD ging von der Notwendigkeit einer Wiedervereinigung Deutschlands aus und lag auch in diesen Vorstellungen klar auf der Linie der chinesischen Außenpolitik. Insofern wird beispielsweise auch die Änderung der DDR-Verfassung schärfstens kritisiert. »Die Honecker-Clique geht den Weg Adenauers, den Weg der Spaltung im Auftrag einer ausländischen imperialistischen Macht.«[383]

Die Wiedervereinigung der beiden Teile Deutschlands könne dann erfolgen, wenn »die sozialen Voraussetzungen geschaffen sind, um die Spaltung zu überwinden. In der DDR wurden die Diktatur des Proletariats und die anderen Grundlagen des Sozialismus aufgehoben ... In Westdeutschland herrscht der Imperialismus, so steht die Arbeiterklasse in der Bundesrepublik vor der Aufgabe, den westdeutschen Imperialismus zu stürzen und die Diktatur des Proletariats zu errichten als Voraussetzung für den Aufbau des Sozialismus. Der Kampf um die soziale Befreiung ist in beiden Teilen Deutschlands gleichermaßen die Hauptaufgabe des Proletariats, der Volksmassen.«[384]

6.3. Vom KABD zur MLPD

Auf dem Weg zur MLPD mußte der KABD noch manche Erschütterung erleben. So spaltete sich im Mai 1976 eine Gruppe ab, die im April 1977 als Kommunistischer Arbeiterbund (Revolutionärer Weg) die erste reguläre Ausgabe ihrer Zeitung »Revolutionärer Weg« herausgab.[385]
Einen schweren Verlust für den KABD stellte der Ausschluß des Altkommunisten Gerhard Flatow aus Ratingen dar. Er wurde wegen seines Eintretens für die Politik der KPCh aus dem KABD ausgeschlossen.[386]
Der KABD verlor darüber hinaus 1979 einen Großteil des Landesverbandes Bayern (Verlust ganzer Ortsgruppen wie Aschaffenburg und München; Austritt bzw. Ausschluß mehrerer Landesleitungsmitglieder).[387]
In den Folgejahren trat der KABD nur relativ selten an die Öffentlichkeit. Er bekannte sich unverändert zum Marxismus-Leninismus und zu den Mao-Tse-tung-Ideen, lehnte aber die Politik der KPCh in den Jahren nach dem Tode von Mao Tse-tung ab. Neben Baden-Württemberg war der Schwerpunkt von KABD-Aktivitäten Nordrhein-Westfalen. Er arbeitete überwiegend konspirativ und trat mit seinen Nebenorganisationen, dem RJVD mit der Zeitschrift »Rebell« und KSG mit dem Organ »Roter Pfeil«, sowie dem »Bund Kommunistischer Intellektueller« in erster Linie mit Zeitungen und auch Flugblättern an die Öffentlichkeit.[388]
Höhepunkte der Arbeit des KABD waren die Pressefeste seines Zentralorgans »Rote Fahne«, an denen bis zu 2000 Personen (1977) teilnahmen.[389]
1980 wurde die Mitgliederzahl des KABD auf etwa 700 geschätzt.[390] Im Jahre 1981 war sogar eine Zunahme auf 900 Mitglieder zu verzeichnen.[391] Zu diesem Zeitpunkt konzentrierte der KABD seine Aktivitäten bereits auf die Vorbereitung der »Parteigründung«. So wurde im August 1981 von der zentralen Leitung des KABD der »Entwurf des Parteiprogramms für den Gründungsparteitag der Revolutionären Partei der Arbeiterklasse« veröffentlicht. Der KABD berief sich hierbei auf die Lehren Mao Tse-tungs, sprach aber nicht nur von einer »revisionistischen Entartung der Sowjetunion«, sondern warf der VR China ebenfalls eine revisionistische Politik vor, weil auch dort nach Maos Tod der Kapitalismus restauriert worden sei. Die ideologische Orientierung gewinnt eine klare Kontur: »Die entscheidende Grundlage für die Entstehung einer neuen kommunistischen Weltbewegung bilden die Lehren von Marx, Engels, Lenin, Stalin und Mao Tse-tung und die Verteidigung der Großen Proletarischen Kulturrevolution.«[392]
In dem Programmentwurf von 1981 wird der Sowjetunion vorgeworfen, sie habe nach dem XX. Parteitag der KPdSU im Februar 1956 »schrittweise die Restauration des Kapitalismus in Form eines bürokratischen Monopolkapitalismus durchgeführt.«[393]
Dagegen wird eine »sozialistische Umwälzung« der Wirtschaft gefordert, die Arbeiterklasse müsse nach der Eroberung der Staatsmacht die Diktatur des Proletariats errichten[394], wobei unverhohlen Gewalt als Mittel der Politik akzeptiert wird: »Zur Errichtung ihrer kommunistischen Ziele organisiert die Arbeiterklasse

mit der Diktatur des Proletariats den Klassenkampf im Sozialismus. Auch in der zweiten Stufe des Kommunismus bleibt die Diktatur des Proletariats vorerst bestehen, allerdings mit veränderten Aufgaben und Kampfformen. Die Hauptaufgabe der Diktatur des Proletariats in der 1. Stufe besteht in der Unterdrückung und Liquidierung der kapitalistischen Klasse. Entsprechend stehen die politischen und militärischen Kampfformen noch lange Zeit im Vordergrund.«[395] Nach diesem Parteiprogramm werde sich die Arbeiterklasse »unter Führung der revolutionären Massenpartei zum bewaffneten Aufstand, der höchsten Form des Klassenkampfes, zum Sturz des Kapitalismus erheben und den bürgerlichen Staatsapparat zerschlagen, um auf den Trümmern der alten Gesellschaft den Sozialismus aufzubauen«.[396] Insbesondere in dem Organ »Rote Fahne« wurde eine Programmdiskussion geführt[397], womit der KABD auf die Gründung einer revolutionären Partei vorbereitet werden sollte.

Interessant ist, daß sich die MLPD nicht generell auf die »Proletarische Kulturrevolution« in China beruft, sondern auf die »Idee« dieser Kulturrevolution.

Zur Diktatur des Proletariats heißt es im Grundsatzprogramm der MLPD: »Zur Erreichung ihrer kommunistischen Ziele organisiert die Arbeiterklasse mit der Diktatur des Proletariats den Klassenkampf im Sozialismus. Die Hauptaufgabe der Diktatur des Proletariats im Sozialismus besteht in der Unterdrückung und Liquidierung der Kapitalisten als Klasse. Entsprechend stehen die politischen und militärischen Kampfformen noch lange Zeit im Vordergrund, wobei der ideologische Kampf der führende Faktor ist.«[398]

Mit der Einfügung des »ideologischen« Kampfes wurde eine leichte Korrektur des Grundsatzprogrammentwurfs vorgenommen. Alles in allem sind die Änderungen jedoch nur geringfügig.

Der 5. Zentrale Delegiertentag des KABD am 17./18. Juni 1982 und der I. Parteitag der MLPD gingen ineinander über. Das Entstehen der MLPD wurde gefeiert: »Die Gründung der MLPD nach 10jähriger Aufbauarbeit und die Ausarbeitung der proletarischen Linie ist ein großer Erfolg.«[399]

Das Prinzip des Demokratischen Zentralismus wurde in dem Statut der MLPD verankert, d. h., daß sich die Minderheit der Mehrheit und die unteren Ebenen den jeweils höheren Ebenen unterzuordnen haben.[400]

Die MLPD versteht sich als »politische Vorhutorganisation der Arbeiterklasse in der Bundesrepublik Deutschland und in West-Berlin«.[401] Weiter heißt es: »Ihr grundlegendes Ziel ist der revolutionäre Sturz der Diktatur der Monopolkapitalisten und die Errichtung der Diktatur des Proletariats für den Aufbau des Sozialismus als Übergangsstadium zur klassenlosen kommunistischen Gesellschaft.«[402]

Der »Revolutionäre Jugendverband Deutschlands« (RJVD), die »Kommunistische Studentengruppe« (KSG) und der »Bund Kommunistischer Intellektueller« (BKI) arbeiten nach § 21 des Statuts der MLPD »unter der ideologisch-politischen Führung und im Rahmen der Strategie der Partei«.

7. Arbeiterbund für den Wiederaufbau der KPD (AB)

Der Arbeiterbund für den Wiederaufbau der KPD ist eine Erscheinung im südbayerischen Raum. Sie ging hervor aus den Arbeiter-Basis-Gruppen (ABG), die im wesentlichen ein Produkt der ehemals antiautoritären Münchener Rote-Zellen-Bewegung darstellen. Ende Mai 1973 wurde ein Kongreß durchgeführt, der eine Überführung der Arbeiter-Basis-Gruppen in den Arbeiterbund für den Wiederaufbau der KPD vornahm und ein Statut des Arbeiterbundes für den Wiederaufbau der KPD beschloß.[403]

Der Arbeiterbund für den Wiederaufbau der KPD (AB) dürfte Ende 1982 etwa 300 Mitglieder gehabt haben. Der AB ist vorwiegend in Bayern tätig, und zwar dort vorwiegend in München, Augsburg, Nürnberg, Regensburg und im Raum

Altötting-Burghausen-Waldkraiburg.[404] Außerhalb Bayerns verfügt der AB in 14 Städten (1980: 9) des Bundesgebietes über Ortsgruppen oder Stützpunkte. Ferner gibt es an einigen Orten »Freundeskreise«, die den AB finanziell unterstützen sollen. Das Zentralorgan des AB ist die »Kommunistische Arbeiter Zeitung (KAZ)«, herausgegeben vom Verlag Das Freie Buch, München. Verantwortlicher Redakteur ist Helge Sommerrock. Nach wie vor spielt Thomas Schmitz-Bender eine gewichtige Rolle innerhalb des AB. Politisch untergeordnet sind diesem »Arbeiterbund« der Kommunistische Hochschulbund (KHB/ML) und die Rote-Schüler-Front (RSF).

7.1. Zur geschichtlichen Entwicklung des Arbeiterbundes

In einer Nullnummer zum 1. Mai 1970 veröffentlichten die Arbeiter-Basis-Gruppen München eine »Programmatische Erklärung«, in der sie unter anderem zum Wiederaufbau der Kommunistischen Partei aufforderten.[405] Die ABG, die sich in einer Reihe vor allem Münchener Betriebe durch Werkszeitungen auswiesen, blieben allerdings von entsprechenden Spaltungen nicht verschont. »Kleinbürgerliche Kräfte«, gegen die sich »die konsequent revolutionären Kräfte der Arbeiter-Basis-Gruppen schon nach der Gründung durchsetzen mußten«[406], wurden ausgeschlossen.
Nur mühsam gelang es den Arbeiter-Basis-Gruppen, auch außerhalb Münchens Fuß zu fassen. Im Mai 1973 wurden die verschiedenen Arbeiter-Basis-Gruppen in den »Arbeiterbund für den Wiederaufbau der KPD« übernommen.[407]
Im Februar 1974 wurde auf einer außerordentlichen Delegiertenkonferenz des Arbeiterbundes für den Wiederaufbau der KPD ein Programm verabschiedet, außerdem eine Programmerklärung »Zur friedlichen Wiedervereinigung Deutschlands«.[408] Ferner wurde eine Änderung des Statuts beschlossen. So wurde festgelegt, daß jede Aufnahme in die Organisation durch zwei Bürgen aus dem Industrieproletariat befürwortet sein muß, um so den proletarischen Charakter der Organisation »noch mehr zu sichern«.[409]
Als Ziel wurde dem Arbeiterbund in einer Resolution aufgegeben, »bis zur nächsten ordentlichen Delegiertenkonferenz seine Mitglieder aus dem Industrieproletariat zu verdoppeln«, womit eine »klare Absage an eine Aufnahme- und Gewinnpolitik erteilt« wurde, »wie sie heute in vielen Organisationen« betrieben werde, nämlich einer Politik des »Sammelns von kleinbürgerlichen Kräften, die auch diese Organisation bestimmen und immer mehr liberalistische Tendenzen begünstigen und sich nicht den Interessen des Proletariats unterwerfen wollen, auch wenn sie das in Worten tun«.[410]

7.2. Kommunistischer Hochschulbund/Marxisten-Leninisten (KHB/ML) und Rote-Schüler-Front (RSF)

Politische Bündnispartner des Arbeiterbundes sind der Kommunistische Hochschulbund/Marxisten-Leninisten (KHB/ML) und die Rote-Schüler-Front (RSF). In ihren Publikationen identifizieren sie sich voll mit den Zielen des Arbeiterbundes.
In einer gemeinsamen Resolution hatten beide Organisationen ihr Verhältnis zu den Arbeiter-Basis-Gruppen, der Vorgängerorganisation des Arbeiterbundes, dargelegt: »Schüler und Studenten stehen im Kapitalismus in einem unversöhnlichen Widerspruch zur Monopolbourgeoisie, während demgegenüber ihr Widerspruch zur Arbeiterklasse von sekundärer Bedeutung ist. Aufgabe der Kommunisten an Schulen und Hochschulen ist es deshalb, die Schüler und Studenten zu Bündnispartnern des Proletariats zu erziehen. Diese Aufgabe können sie aber nur erfüllen, wenn sie von einer proletarischen Organisation angeleitet werden.

Heute, da es keine Kommunistische Partei gibt, bedeutet das, daß sie von einem kommunistischen proletarischen Zirkel, d. h. in München von den Arbeiter-Basis-Gruppen, angeleitet werden. Sowohl die KHB/ML als auch die RSF werden von den Arbeiter-Basis-Gruppen angeleitet, arbeiten mit den Arbeiter-Basis-Gruppen zusammen und unterstützen die Arbeiter-Basis-Gruppen nach ihren Erfordernissen. Dadurch wird gewährleistet, daß der KHB/ML und die RSF in allen wesentlichen politischen Fragen eine korrekte marxistisch-leninistische Linie vertreten.«[411]

Die RSF wurde bereits im Jahre 1970 gegründet. Sie arbeitete in ihrer Anfangszeit offensichtlich eng mit der KPD/ML (Roter Morgen) zusammen.

Der KHB/ML, der im September 1971 seine Grundsatzerklärung veröffentlichte[412], verstand sich zwar als eine eigenständige Organisation, die sich jedoch »politisch der Generallinie der ABG unterordnet«.[413]

Auch nach der Umbenennung von Arbeiter-Basis-Gruppen (ABG) in den Arbeiterbund für den Wiederaufbau der KPD ist nicht bekanntgeworden, daß sich ein anderes politisches Verhältnis der »Mutterorganisation« zu KHB/ML und zur RSF ergeben hätte.

7.3. Zum Statut des AB

Nach dem Statut des AB müssen seine Mitglieder u. a. »den Marxismus, den Leninismus und die Maotsetungideen lebendig studieren« und an einer vom Arbeiterbund für den Wiederaufbau der KPD angeleiteten Schulung teilnehmen, den Marxismus, den Leninismus und die Maotsetungideen »lebendig anwenden« und in einer Organisationseinheit des Arbeiterbundes für den Wiederaufbau der KPD aktiv und kontinuierlich arbeiten. Als organisatorisches Prinzip des Arbeiterbundes gilt der Demokratische Zentralismus. Als höchstes Führungsorgan wird in den Statuten die Delegiertenkonferenz, die alle zwei Jahre einmal stattfinden soll, angesehen und zwischen diesen Delegiertenkonferenzen das Zentralkomitee. Weitere Organisationseinheiten sind die Ortsgruppen und zwischen den Mitgliederversammlungen der Ortsgruppen die von ihnen gewählten Ortskomitees. Ferner gibt es nach diesem Statut Grundorganisationen, in denen die praktisch arbeitenden Zellen in den Betrieben bzw. Branchen, in den Wohnbezirken bzw. Stadtteilen u. a. gesellschaftlichen Bereichen zusammengefaßt sind. Ferner gibt es eine Schiedskommission.

7.4. Zur ideologischen Linie des AB

Nach wie vor gilt für den AB sein im Februar 1974 verabschiedetes Programm.[414] In diesem Programm bezeichnet sich der AB als »Organisation des fortgeschrittensten, klassenbewußtesten und deshalb revolutionärsten Teils der Arbeiterklasse. Er ist eine Vorhut-Organisation, die die Arbeiterklasse und die breiten Volksmassen zum Kampf gegen die Klassenfeinde führt.« Als theoretische Grundlage betrachtet der AB den Marxismus-Leninismus.[415]

Das revolutionäre Subjekt kann nach Auffassung des AB nur die Arbeiterklasse selbst sein[416], »weil das Industrieproletariat der konzentrierteste, geschlossenste, aufgeklärteste und kampfgestählteste Teil der werktätigen Massen« sei, »ist nur die Arbeiterklasse als einzige revolutionäre Klasse dazu befähigt, die werktätigen Klassen der Bauernschaft und sämtliche Schichten des Volks um sich zu scharen und zum Sturmangriff auf den Kapitalismus zu führen. Die Arbeiterklasse ist die erste und einzige Klasse in der Geschichte der Menschheit, die berufen ist, die ungeheure Mehrheit aus Knechtschaft und Elend zu führen.«[417]

Eindeutig rechtfertigt der AB die Anwendung von Gewalt: »Die Arbeiterklasse wünscht sich zutiefst, daß die Revolution ohne Gewaltanwendung durchgeführt würde. Doch war es stets eine Handvoll Herrschender, die gewaltsam gegen die um ihre Zukunft ringenden Volksmassen vorging. Die Arbeiterklasse hat keine andere Wahl. Sie muß die Diktatur der Kapitalistenklasse brechen, die bürgerliche Staatsmaschinerie zerschlagen und auf ihren Trümmern die Herrschaft der Arbeiterklasse errichten als ein Bollwerk gegen die Feinde der Revolution, gegen alle Versuche der Kapitalistenklasse, die Macht wieder an sich zu reißen.«[418] Ziel des AB ist die »Diktatur des Proletariats«, d. h. die Eroberung einer solchen politischen Macht durch das Proletariat, die es ihm erlaubt, jeglichen Widerstand der Ausbeuter zu unterdrücken.[419]

In seinem Programm beruft sich der AB häufig auf die KPCh und die »Große Proletarische Kulturrevolution«. Stalin wird als »großer Revolutionär«[420] gefeiert. Der AB sieht es als seine Aufgabe an, »das Werk Karl Liebknechts, Rosa Luxemburgs, Ernst Thälmanns und der vielen Tausend deutscher Kommunisten fortzusetzen und die heroische Kommunistische Partei Deutschlands gegen jegliche Anfeindungen, Verleumdungen nach Kräften zu verteidigen und ihr revolutionäres Banner hochzuhalten«.[421]

Der AB knüpft auch an die Nachkriegs-KPD an. Er stellt die Vereinigung der KPD und der SPD zur SED (1946) im Bereich der heutigen DDR als »die Erfüllung des tiefen Wunsches der deutschen Arbeiter« dar.[422] Der KPD-Führung in der Bundesrepublik wirft der AB für den Zeitpunkt nach dem Verbot (1956) vor, auf den »revisionistischen« Kurs der »Chruschtschow-Clique« umgeschwenkt zu sein. Deshalb sei es die Hauptaufgabe des AB, »alles in seinen Kräften Stehende zu tun, um die Kommunistische Partei Deutschlands wieder mit aufzubauen. Die Befreiung der Arbeiterklasse und der breiten Volksmassen ist nicht möglich ohne den Wiederaufbau der Kommunistischen Partei Deutschlands. Deshalb ordnet er all seine Tätigkeit diesem seinem Lebensziel unter.«[423]

Der AB zeichnet sich durch einen teilweise schwülstigen Nationalismus aus. So tritt er ein »für die Erfüllung des im ganzen deutschen Volk lebendigen Wunsches nach Beseitigung seiner knechtischen Unterdrückung und der Spaltung seiner Nation, die die größte der vielen Demütigungen ist, die der deutsche Imperialismus über die Nation brachte«.[424]

Der AB ist für die »friedliche Wiedervereinigung der Deutschen Nation, für ein freies, einiges und sozialistisches Deutschland«. Es müsse die Voraussetzung geschaffen werden, »daß die Einheit der deutschen Nation von den Werktätigen aus Ost- und Westdeutschland wiederhergestellt wird, daß der Weg frei wird für die lichte und glühende Zukunft, für ein freies, einiges und sozialistisches Deutschland«.[425]

Auf der Außerordentlichen Delegiertenkonferenz des AB im Februar 1974 wurde eine »Programmerklärung zur friedlichen Wiedervereinigung Deutschlands« mit dem Titel »Damit Deutschland den Deutschen gehört!« verabschiedet.[426]

In dieser Programmerklärung wird bedauert, daß die Vereinigung der deutschen Arbeiterklasse u. a. auch durch die »rechte SPD-Führung um Kurt Schumacher und seinem Zögling Erich Ollenhauer« zurückgewiesen und hintertrieben worden sei. Die DDR sei heute ein Land, in dem nicht mehr die Arbeiter und Bauern herrschten, sondern dessen wahre Herren ebenso wie in anderen osteuropäischen Ländern »die revisionistischen Machthaber der heutigen Sowjetunion sind, die nur in Worten Sozialisten, aber in der Tat Imperialisten sind: Sozialimperialisten!«[427]

Zunächst hatte auch der AB nach dem Sturz der »Viererbande« in der Volksrepublik China Schwierigkeiten, sich auf die veränderte politische Lage einzustellen: »Wer jetzt von uns verlangt, daß wir uns zum Richter über das chinesische Volk machen, indem wir eine Einschätzung der derzeitigen Situation geben, der muß uns sagen können, wozu uns eine so aus der Luft gegriffene Einschätzung für unseren Kampf eigentlich dienen soll.«[428] Für den AB habe sich aber nichts daran

geändert, daß die Volksrepublik China »ein sozialistischer Staat ist, daß dort die Arbeiterklasse unter Führung der Kommunistischen Partei herrscht und daß die chinesische Regierung das chinesische Volk vertritt«.
Der AB distanzierte sich dann jedoch immer mehr von der Politik der KP Chinas. So fordern, nach Ansicht der III. Delegiertenkonferenz des AB 1978, die »konterrevolutionären Versuche der chinesischen Revisionisten innerhalb der KPCh zur größten Wachsamkeit und Kampfbereitschaft« heraus.[429]
Die kriegerischen Auseinandersetzungen zwischen der Volksrepublik China mit Vietnam im Frühjahr 1979 stellten für den AB einen »schweren Rückschlag für die proletarische Weltrevolution« dar, das ZK des AB formulierte deshalb in einem Telegramm an Hua Guofeng: »Entsetzt über den Angriff auf das sozialistische Vietnam, fordern die Verfechter der Mao-Tse-tung-Ideen in Westdeutschland Euch zum sofortigen Rückzug aus dem vietnamesischen Gebiet auf.« Gleichwohl wurde aber auch Hanoi beschuldigt, die Lehren Maos zu diffamieren und heute »genau das Gegenteil« der früheren Urteile über die KP Chinas zu formulieren.

7.4.1. Zur Politik der »Einheitsfront«

Schriften zu theoretischen Fragen sind innerhalb des AB relativ selten. Seine Konzeption ist eine Politik der »Einheitsfront«, die sich im wesentlichen in der Bildung und Unterstützung von Anti-Strauß-Komitees niederschlägt. Nach Auffassung des AB erfolgt der Wiederaufbau der Kommunistischen Partei auf der Linie der Einheitsfront.[430]
Diese Anti-Strauß-Fixierung veranlaßte einen Beobachter aus der ML-Szene zu folgender Bewertung des AB: »Die verbliebenen Genossen gehen heute in einem Maße im Anti-Strauß-Kampf auf, das schon die Gefahr heraufbeschwört, daß die eigenen ideologischen Grundlagen, die Anerkennung von Grundsätzen des ML (Marxismus-Leninismus) so stark untergraben werden, daß die Organisation aufhören könnte, Teil der ML-Bewegung zu sein. Auch insoweit der AB sich um neue Mitglieder bemüht, orientiert er sich dabei so gut wie ausschließlich auf Straußgegner. In der Organisation hat sich eine Stimmung entwickelt, die es mit sich bringt, daß auch die Genossen, die theoretischen Aufgaben gegenüber am aufgeschlossensten sind, die Arbeit an diesen theoretischen Aufgaben mit der Begründung ablehnen, erst müsse ein Sieg gegen Strauß erreicht werden, bevor man diese Aufgaben überhaupt sinnvoll angehen könnte.«[431]
AB-Aktivisten haben die Führung der sogenannten Anti-Strauß-Komitees inne, deren Sprachrohr »Demokratischer Informationsdienst« (DID) ist mit einer vermuteten Auflage von rund 4000 Exemplaren. Der AB beeinflußt ferner Organisationen wie das »Regensburger Bürgerkomitee«, das die Zeitschrift »Zur Sache« herausgibt.[432]
Überhaupt ist der AB bemüht, sich in seiner Arbeit auf Organisationen zu stützen, deren Verbindungen zum AB nicht von vornherein erkennbar sind. So unterwanderte der AB offensichtlich den Landesverband Bayern des Bundes Deutscher Pfadfinder (BDP), der deshalb mit Wirkung vom 20. März 1983 aus dem BDP ausgeschlossen wurde.[433]
Aus der Zeitschrift des BDP-Landesverbandes Bayern »Kämpfende Jugend« ging unschwer die ideologische Nähe zum Arbeiterbund hervor.
Anläßlich der Bundestagswahl 1980 kandidierte der AB nicht. Er veranstaltete gleichwohl wieder einen »Anachronistischen Zug«, der am 15. September 1980 in Sonthofen startete. An ihm nahmen rund 40 Fahrzeuge und 150 Mitwirkende teil, die als Nonnen, Priester, Richter, Soldaten, Manager und Politiker verkleidet waren.[434] Die Route führte über München, Passau, Straubing, Regensburg, Nürnberg, Stuttgart, Hannover, Hamburg und Kiel nach Bonn.[435]
Am 5. Oktober 1980 traf der Zug in Bonn ein. Dieser »Anachronistische Zug« ko-

pierte einen ebenso genannten Demonstrationszug gegen die Bundespräsidenten-
wahl 1979.[436]
Anläßlich der Bundestagswahlen im Jahre 1983 plädierte der AB für eine »aus
linken Sozialdemokraten und demokratisch Gesinnten aus der Bewegung der
Grünen« gebildete Regierung.[437]
Durch den AB wurde 1976 auch eine »Initiative für ein ehrliches und klares Nein
zur Verjährung von Nazi-Verbrechen« gegründet. Damit versuchte der AB, sich
eines Themas zu bemächtigen, das breite Resonanz in Teilen der Bevölkerung gefunden hatte – und zwar weit über die engere Anhängerschaft von kommunistischen Gruppen hinaus. Der AB selbst hielt sich als Organisation aber im Hintergrund, was dazu führte, daß die DKP in ihrer Zeitung von »Roßtäuschertricks«
sprach, die »zur Spaltung der antifaschistischen Bewegung« vorgenommen würden.[438] Die Initiatoren dieser Initiative, Thomas Schmitz-Bender, München, Ute
Schilde, Regensburg, und Angela Kammrad, München, seien »seit langem als
Aktivisten« des AB »bekannt«.[439]
Bundesweit bekannt wurde der vom AB initiierte sogenannte »Anachronistische
Zug«, der im Zusammenhang mit der Wahl von Karl Carstens zum Bundespräsi-
denten für den 23. Mai 1979 angemeldet und zu dem aufgerufen wurde u. a. von
dem Schriftsteller Günter Wallraff, dem »Konkret«-Herausgeber Hermann
Gremliza, von dem Schauspieler und Autoren Willi Thomczyk, der Sozialpädago-
gin Ute Schilde und von Angela Kammrad von der Schauspielgruppe »Roter
Wecker«.[440]
Der Protestzug lief auch unter dem Motto »Mit Bertolt Brecht am 23. Mai gegen
Carstens«. Dieser »Anachronistische Zug« bezog sich auf ein Gedicht von Bertolt Brecht, »Der anachronistische Zug oder Freiheit und Democracy«. Aufgabe
dieses Zuges war es, das Brechtsche Gedicht in Gestalten umzusetzen und aufzu-
führen und damit auf die Straße zu gehen.[441]
Der ehemalige SDS-Funktionär Schmitz-Bender gehört nach wie vor zu den Füh-
rungsleuten des AB. Thomas Schmitz-Bender nahm auch am Vorabend der Auf-
führung des Brecht-Gedichtes in Bonn an einer Pressekonferenz teil.[442]
Auf dieser Pressekonferenz war auch Hanne Hiob zugegen, Mitarbeiterin der
Redaktion der AB-Zeitung »KAZ«[443] und Tochter von Bertolt Brecht.[444] An jener
Pressekonferenz nahmen auch Klaus Staeck und der frühere SPD-Abgeordnete
Klaus Thüsing teil. An dem Protestzug dürften sich immerhin 1500 Personen be-
teiligt haben.

7.4.2. Zur Frage einer Beteiligung an Parlamentswahlen

Einen eigenwilligen Standpunkt, der ihn von anderen K-Gruppen unterschied,
nahm der AB in der Frage der Beteiligung an Parlamentswahlen ein. So rief er
1972 anläßlich der Kommunalwahlen in Bayern und der Bundestagswahl wie
auch bei den bayerischen Landtagswahlen 1974 zur Wahl von SPD und DKP
auf.[445] Dabei ging man von der Analyse aus, daß heute noch nicht »unser bißchen
Stimmrecht« dazu genutzt werden könne, »um durch die Wahl kommunistischer
Kandidaten allen bürgerlichen Parteien eine Abfuhr zu erteilen«.[446] Es sei die
Pflicht, so anläßlich der Kommunalwahlen in Bayern im Juni 1972, »Sozialdemokraten wählen, Kandidaten von SPD und DKP«.[447]
Für die richtige und erfolgreiche Anwendung eines Wahlboykotts sei heute weder
die historische Situation vorhanden noch der erforderliche Reifegrad der Bewe-
gung der Arbeiter- und Volksmassen.
Anläßlich der Landtagswahlen am 15. Oktober 1978 sprach der AB eine Wahl-
empfehlung zugunsten der SPD aus.

8. Kommunistischer Bund (KB)

Eine interessante Variante der marxistisch-leninistischen Gruppen in der Bundesrepublik Deutschland stellt der KB dar, der insbesondere in Hamburg und im norddeutschen Raum den Schwerpunkt seiner Aktivitäten, zeitweilig aber auch Stützpunkte in der gesamten Bundesrepublik hatte. Der KB vertrat maoistische Positionen, kritisierte gleichwohl aber auch des öfteren die chinesische Außenpolitik und warf der chinesischen Führung nach Mao Tse-tung »Revisionismus« vor. Der KB war trotz seines Bekenntnisses zum Marxismus-Leninismus nicht so dogmatisch wie z. B. die KPD/ML oder die KPD und verstand es besser, flexibel auf aktuelle politische Fragen und Ereignisse zu reagieren. Er war auch frühzeitig der Ökologie-Bewegung aufgeschlossen und versuchte vor allem im Zusammenhang mit den Auseinandersetzungen in Brokdorf Einfluß zu gewinnen.

Der KB hielt bis 1979 – als enorme Spannungen sichtbar wurden, die schließlich zur Abspaltung der »Gruppe Z« führten – sein innerorganisatorisches Leben der Öffentlichkeit verborgen. Die Mitglieder seines »Leitenden Gremiums« (LG) wurden bis dahin nicht gewählt, auch ihre Namen wurden nicht veröffentlicht. Kai Ehlers, Hamburg, und Jürgen Reents, Frankfurt a. M. (1983 für die Grünen in den Deutschen Bundestag gewählt), zeichneten 1976 für viele Publikationen des KB verantwortlich.

8.1. Zur Gründungsgeschichte des KB

Der KB ging aus dem Sozialistischen Arbeiter- und Lehrlingszentrum (SALZ)[448] und aus dem Kommunistischen Arbeiterbund (KAB) hervor, die Ende 1971 nach etwa einjähriger Zusammenarbeit der beiden Organisationen den KB gründeten, zwar eine gemeinsame Leitung bildeten, wobei jedoch die beiden Organisationen mit unterschiedlicher Struktur zunächst bestehenblieben.[449]

Dem KB hatten sich auf seiner Gründung auch die Organisationen SALZ Bremerhaven, KB/ML Eutin, KB/ML Flensburg, SALZ Frankfurt und KAB Oldenburg angeschlossen.

Über seine regionale Ausdehnung schrieb die Zeitung »Arbeiterkampf« selbst: »Der Kommunistische Bund umfaßt nur einen sehr kleinen Teil der Kommunistischen Organisationen und ist fast ausschließlich auf Norddeutschland beschränkt.«[450] In der Tat hat sich der Kommunistische Bund seit seiner Gründung wenig ausgeweitet. Im Januar 1975 war er lediglich in der Lage, für Braunschweig, Bremen, Bremerhaven, Eutin, Flensburg, Frankfurt, Göttingen, Hamburg, Hannover, Kassel, Kiel, Lübeck, Oldenburg und Berlin Kontaktadressen anzugeben. Offizielles Organ ist die Zeitung »Arbeiterkampf«, als theoretisches Organ fungiert die »Arbeiterzeitung«. Seit September 1974 erscheint die Zeitung »Rebell« als »Jugendzeitung des Kommunistischen Bundes«.[451]

Mit dem Auftauchen des »Rebell« stellte das seitherige »Sozialistische Schülerforum«, herausgegeben vom Sozialistischen Schülerbund (SSB) Hamburg[452], sein Erscheinen ein.[453]

8.2. Sozialistischer Studentenbund (SSB)

Als Studentenorganisation diente dem KB faktisch der Sozialistische Studentenbund (SSB), der in Hamburg die Zeitschrift »Solidarität« herausgab. Der SSB ging hervor aus dem KHB/ML, der wiederum eine der Vorgängerorganisationen des KB, dem SALZ, als einem »kommunistischen Parteiansatz« untergeordnet war und von diesem »ideologisch kontrolliert« wurde.[454]

Die politische Nähe des SSB zum KB ergab sich auch aus dessen Statut: »Der SSB orientiert sich an der politischen Linie des Kommunistischen Bundes und

unterstützt aktiv die Politik des KB und arbeitet mit dem Arbeiterkampf in der Studentenschaft. Die Mitglieder des SSB sind verpflichtet, sich dem KB gegenüber solidarisch zu verhalten.«[455]
In seinen gesamten Publikationen hatte sich der SSB immer wieder eindeutig mit dem KB identifiziert, so daß seine theoretischen Aussagen auch für diesen Geltung hatten, zumal im Politischen Bericht des SSB zu lesen war: »Die Orientierung des SSB am KB beruht auf der Übereinstimmung mit dem KB in den wesentlichen Fragen der gesellschaftlichen Entwicklung und der Aufgaben der Kommunisten in dieser Situation.«[456] Der Sozialistische Studentenbund Hamburg war im April 1973 gegründet worden. Er ging aus einer ganzen Reihe von Spaltungen hervor.
Die Sozialistische Studentengruppe, die die Zeitung »Rote Presse« herausgab, arbeitete eng mit der Kommunistischen Gruppe Hamburg zusammen, die ihrerseits die »Hamburger Arbeiterzeitung« herausbrachte. Die Kommunistische Gruppe Hamburg nahm durch Gastdelegierte schließlich am Pfingstwochenende des 8.–12. Juni 1973 an der Gründung des Kommunistischen Bundes Westdeutschland teil. Beide Organisationen, Sozialistische Studentengruppe und die schon frühzeitig ihre politische Sympathie für die Gruppe Neues Rotes Forum in ihren Zeitungen äußernde Kommunistische Gruppe[457], gingen dann im Kommunistischen Bund Westdeutschland auf und stellten die Herausgabe eigener Zeitungen ein. Gerade aus der Entwicklung der Hamburger Organisation des KBW erklärten sich die teilweise emotional geprägten Auseinandersetzungen, die lange noch zwischen dem KB und dem Kommunistischen Bund Westdeutschland stattfanden.[458]

8.3. Wichtige politische Fragen des KB

8.3.1. Zur politischen Gesamtorientierung des KB

Der KB vertritt eine Politik »auf der Grundlage des Marxismus-Leninismus und seiner Weiterentwicklung durch Mao Tse-tung«.[459] Wenngleich der KB (bzw. KAB) generell eine maoistische Linie vertritt, so steht er doch den Lehren Mao Tse-tungs insgesamt differenzierter gegenüber, vor allem aber begleitete er die Politik Stalins mit ausgesprochener Skepsis.[460]
Bezeichnend für diese Einstellung ist nachfolgendes Zitat: »Die Arbeiter aller Länder und die unterdrückten Völker haben heute kein ›sozialistisches Vaterland‹, auf das sie ihre Hoffnungen setzen können und nach dem sie sich orientieren können.«[461]
Allerdings ist der KB der Auffassung, daß der XX. Parteitag der KPdSU, der eine politische Ächtung Stalins herbeiführte, nicht erst den Beginn des Revisionismus moderner Prägung darstellte, auch wenn hier der Beginn der gegenwärtigen Spaltung der kommunistischen Weltbewegung zu sehen sei. Die auf diesem Parteitag vorgenommene »Entstalinisierung« habe den Zweck gehabt, »die zu Lebzeiten Stalins eingeleitete bürgerliche Restauration in der Sowjetunion auf eine qualitativ neue Stufe zu heben«.[462]
Die Gesamtorientierung des KB läßt sich auch aus seinem Verhältnis zur KPdSU und zur DDR ableiten. Ein Indikator für diese Gesamtorientierung stellt seine Stellungnahme zur Ostpolitik dar. Hier vertritt der KB den Standpunkt, die sowjetische Regierung habe »in früheren Jahren den richtigen Standpunkt vertreten, daß im Mittelpunkt einer europäischen Friedensregelung der Abschluß eines Friedensvertrages mit beiden deutschen Staaten stehen muß«.[463] Die sowjetische Regierung sei jedoch der DDR in den Rücken gefallen.

8.3.2. Revolutionäres Subjekt

Auch von seiten des KB wird die These der Studentenbewegung abgelehnt, die von einer verbürgerlichten Arbeiterklasse ausgeht, die gar kein Interesse mehr an einem Kampf gegen die Kapitalisten habe.[464] So heißt es denn auch im Statut des SSB, dieser arbeite auf das Bündnis der fortschrittlichen Studenten mit der Arbeiterklasse im Kampf für den Sozialismus hin, was die Aufgabe nach sich ziehe, die fortschrittlichen Studenten zu der Erkenntnis zu führen, »daß nur die Arbeiterklasse alle Teile des Volkes von Unterdrückung und Ausbeutung befreien kann«, daß die fortschrittlichen Studenten für die Unterstützung der Kämpfe der Arbeiterklasse mobilisiert werden müssen und »die gemeinsame Front der Arbeiterklasse, der fortschrittlichen Studenten und aller anderen unterdrückten Teile des Volkes gegen Unterdrückung und Ausbeutung« ausgebaut werden müsse.[465]
Jedoch geht der KB davon aus, daß die Studenten ein Bündnis mit der Arbeiterklasse lediglich vorbereiten können.

8.3.3. Zur Gewerkschaftsfrage

Eindeutig lehnt der KB die Gründung einer Gewerkschaftsopposition wie bei KPD/ML oder KPD ab.
Es sei zwar notwendig, eine starke interne Gewerkschaftsopposition aufzubauen, die jedoch nicht als Mittel der Spaltung der Gewerkschaften, sondern im Gegenteil als »die einzig wirksame Verhinderung einer Spaltung der Gewerkschaften durch die reaktionären Gewerkschaftsführer, die schon jetzt durch Versuche der Isolierung und des Ausschlusses fortschrittlicher Kollegen ihren Beginn findet«, angesehen wird. Pflicht der Kommunisten sei es, sich in den Massenkämpfen als beste Vertreter der Forderungen und Interessen der Massen zu erweisen. Insofern will sich der KAB nicht mit einer »sektiererischen RGO-Politik« identifizieren, sondern »der Aufbau starker Gewerkschaftsoppositionen bedeutet für ihn den Aufbau einer innergewerkschaftlichen Opposition«.[466]

8.3.4. Zum Parteiaufbau

Der KB lehnt jede Vermutung ab, er würde sich selbst bereits als »Partei« begreifen. In der Gemeinsamen Erklärung von SALZ und KAB anläßlich der Gründung des Kommunistischen Bundes hieß es ebenfalls: »Der Kommunistische Bund ist noch keine Partei. Er ist auch kein Parteiersatz. Er ist vielmehr die Organisationsform in der jetzigen Etappe der Parteischaffung, wo vom Zirkelwesen schrittweise zum Wiederaufbau der Kommunistischen Partei übergegangen wird.«[467]
Zur Frage des Parteiaufbaus vertritt der Kommunistische Bund die Auffassung, daß sich die Kader »nur in der Massenarbeit bilden und bewähren können – daß die Massenarbeit überhaupt die Voraussetzung für das Entstehen von Kadern ist, die diese Bezeichnung verdienen«.[468]

8.3.5. Rolle der Gewalt

Auch der KB sieht den Einsatz von Gewalt als ein legitimes Mittel, dessen Gebrauch von der politischen Notwendigkeit bestimmt sein müsse. »Die Kommunisten haben zu keiner Zeit die Bewegung an irgendeine bestimmte Kampfform gebunden, sondern immer die verschiedensten Kampfformen anerkannt, die sich in der langen Geschichte der Arbeiterbewegung und des Kampfes der unterdrückten Völker herausbilden.«[469]

116

Der KB fordert, der Staat müsse »zerschlagen« werden, weil noch nie »durch eine parlamentarische Mehrheit der Weg zum Sozialismus geöffnet worden« wäre.[470] Gleichwohl hält der KB den Einsatz revolutionärer Gewalt für verfrüht und hat in seiner Auseinandersetzung mit den terroristischen Aktionen der »Roten-Armee-Fraktion« diese als eine letztlich kleinbürgerliche politische Richtung bezeichnet: »Der individuelle Terrorismus hat seine soziale Basis unter den kleinbürgerlich geprägten Intellektuellen. In einer Situation, wo die revolutionäre Entwicklung noch nicht weit entfaltet ist, wo sie noch ganz am Anfang steht und sich einem scheinbar unbesiegbaren Klassenfeind gegenübersieht, neigen viele der äußerst feinfühligen und unter den Verbrechen des Imperialismus leidenden Intellektuellen dazu, die Revolution ohne die Arbeiter auszurufen, sie anstelle der Arbeiter durchführen zu wollen.« Wenngleich die Handlungen der RAF von seiten des KB letzten Endes durchaus als »sinnlos oder schädlich« bezeichnet wurden, in einigen Fällen sogar vom Standpunkt der Arbeiterklasse aus als »verbrecherisch«[471] und die RAF selbst nur als eine »Karikatur auf den bewaffneten Kampf« bezeichnet wurde, da sie losgelöst von der Arbeiterbewegung sei, stelle doch die Niederlage der RAF »auch einen Teil der Erfahrungen der revolutionären Bewegung in unserem Lande« dar.[472]

8.4. Der KB auf dem Weg zur Spaltung

Der KB stellte in der Vergangenheit so etwas wie ein Scharnier zwischen der marxistisch-leninistischen Bewegung und der undogmatischen Linken dar. Der KB distanzierte sich immer mehr von einzelnen Tendenzen der ML-Bewegung. Wichtiger Bezugspunkt seiner Tätigkeit wurden die Frauenbewegung, die Anti-AKW-(Atomkraftwerke-)Bewegung, wesentliche Forderungen aus dem Spektrum der Alternativbewegung. Nicht umsonst hatte die Zeitung »Arbeiterkampf« im Jahre 1977 auf dem Höhepunkt der militanten Auseinandersetzungen um die Kernenergie ihre höchsten Auflagenziffern. Der KB konnte sich aber im Vergleich zu anderen Gruppierungen der ML-Bewegung noch relativ lange halten, weil er sich bemühte, an die Spitze der Alternativ-Bewegung zu gelangen. Gleichwohl blieb er von der Tatsache nicht verschont, daß mit dem Aufkommen »neuer sozialer Bewegungen« in der zweiten Hälfte der 70er Jahre alle marxistisch-leninistischen Gruppen, genauer gesagt: alle dogmatischen Gruppen, an Anhängerschaft verloren.

Dem KB wurde übrigens vom DKP-nahen Institut für Marxistische Studien und Forschungen (IMSF) attestiert, daß es ihm gelungen sei, »einen großen Teil der spontan wachsenden Umweltschutzbewegung besonders gegen Kernkraftwerke, aber auch andere Initiativen im Bereich der Frauen-, Minderheiten- und Randgruppenarbeit an sich zu binden«.[473]

Dieses Protestpotential mit einer Vielzahl von Gruppen und Initiativen habe dann die Grundlage für die »Bunte Liste/Wehrt Euch« gebildet, einen Zusammenschluß von weit über 50 »Bürger- und Basis-Initiativen«, die »unter der politischen Führung des KB zur Bürgerschaftswahl 1978 kandidierte«.[474]

Hinter maoistischen und linksradikalen Phrasen habe sich im KB sukzessive eine grundlegende politische Umorientierung und auch eine kräftemäßige Umgruppierung hin zu spontaneistischen und in ersten Ansätzen reformistischen Positionen vollzogen. Immerhin wurde im Zusammenhang mit dem Auftreten der »Grünen« in Hamburg in dieser DKP-Studie von einer »noch zu schwachen Verankerung der DKP in der Arbeiterklasse« gesprochen.[475]

Die politische Wirkung des KB, speziell in Norddeutschland, war über viele Jahre durchaus beachtlich. Die Hamburger Gruppe war – so 1976 – mit mehr als 800 Aktivisten (1975: 450) – die führende Kraft des KB.[476]

Das KB-Organ »Arbeiterkampf« steigerte in diesem Jahr seine Auflage von 18 000 sogar auf etwa 24 000 Exemplare.[477]

Die Hamburger Gruppe leistete weiterhin eine intensive Betriebsarbeit. Zu diesem Zeitpunkt unterhielt sie in 42 Betrieben Zellen, gab 16 Betriebszeitungen heraus (1975: 21) und stellte 28 Betriebsratsmitglieder.

1976 konnte der KB von allen linksextremistischen Organisationen Hamburgs die meisten Teilnehmer bei Kundgebungen mobilisieren – bis zu 3000 (1975 sogar 5000).[478]

Ferner »steuerte« er in Hamburg den »Ring Bündischer Jugend« und im Schülerbereich den »Sozialistischen Schülerbund (SSB)« mit im Jahre 1976 etwa 150 Mitgliedern.

Für das Jahr 1977 wurde die Zahl der aktiven Anhänger auf etwa 1700 geschätzt, hiervon etwa 900 in Hamburg.[479] Danach sank die Zahl der aktiven Anhänger des KB. Im Jahre 1982 verfügte er zwar weiterhin über Ortsgruppen und Stützpunkte in allen Bundesländern, die Zahl der Mitglieder fiel jedoch auf etwa 500, davon etwa 300 in Hamburg.[480]

Innerhalb des KB entwickelte sich noch im Laufe des Jahres 1979 eine sogenannte »Struktur-Fraktion« (auch: »Kritik-Fraktion«). Deshalb legte das Leitende Gremium (LG) Ende Juli 1979 seine ersten »Thesen zur Bildung von Fraktionen im KB« zur Diskussion und Abstimmung vor.[481] Diese Thesen führten innerhalb des KB zu heftigen Auseinandersetzungen, was dann zu einer »schrittweisen Herausbildung der Zentrumsströmung« führte.[482]

Am 23. September 1979 wurde der zweite Teil der »Thesen zur Fraktionsbildung von der LG-Mehrheit vorgelegt, die die Meinung vertrat, daß die Zentrumsströmung möglich rasch unter Fraktionspflicht genommen werden müsse.[483]

In einem als »Vorläufige Plattform« deklarierten Papier der Z-Fraktion wird ausdrücklich die Forderung erhoben, der KB müsse innerhalb der grünen Bewegung arbeiten, »sein diesbezügliches Engagement sogar noch erheblich erhöhen, will er nicht zur politisch bedeutungslosen Sekte (à la KPD/ML) verkommen«.[484]

Die im Mehrheitsblock des KB erkennbare Abkehr von der Wahlbewegung (z. T. hinter maximalistischen Forderungen, Parolen und Ansprüchen versteckt) würde weitere Chancen verbauen, die Krise im KB zu überwinden. Der Mehrheit innerhalb des KB wird vorgeworfen, daß dort neben richtigen Ansichten und Grundsätzen zur Bündnispolitik und Massenarbeit eine – wenn auch teilweise berechtigte – Angst vorhanden sei, »daß sich der KB in der Massenbewegung zerreibt, sich ideologisch (und organisatorisch) auflöst«.[485]

Zwischen Mehrheit und Minderheit (Gruppe Z) war die Einschätzung der Frage kontrovers, wie dem Auftreten einer grünen und alternativen Partei begegnet werden solle, da – so die Gruppe Z – die alternative Wahlbewegung im Begriff sei, sich »zum Schmelztiegel einer sich neu formierenden westdeutschen Linken« zu entwickeln. Die Situation der Bundesrepublik sei »objektiv mit einem gesellschaftspolitischen Prozeß der Herausbildung einer neuen Partei« gekennzeichnet, und es sei notwendig, daß sich der KB innerhalb dieser Bewegung engagieren müsse, wolle er nicht zur bedeutungslosen Sekte verkommen. Es gelte, innerhalb der Bewegung der Grünen »die Zusammenarbeit mit dem linksreformistischen Flügel« zu suchen, um dort »marxistische und radikal-demokratische Positionen zu verankern, Verbindungen und Arbeitszusammenhänge auf- und auszubauen, die langfristigen, dauerhaften und entwicklungsfähigen Bestand haben«.[486]

Die Gruppe Z meinte, daß die Linke trotz aller Schwierigkeiten und Rückschläge in einen »beharrlichen Kampf für ein Bündnis mit den fortschrittlichen Teilen der Grünen eintreten muß, um langfristig zu einer Blockbildung gegen den konservativ-reaktionären Teil der Grünen – der sein Zentrum in der GAZ hat – anzustreben. Voraussetzung für eine solche Politik ist natürlich der Auf- und Ausbau eigenständiger Bunter Alternativer Listen sowie ihr bundesweiter Zusammenschluß in programmatischer Hinsicht.«[487]

Die Gruppe Z veröffentlichte im November 1979 »Überlegungen zur Krise des KB«, aus denen hervorgeht, daß dieser »in den letzten eineinhalb bis zwei Jahren« mehr als die Hälfte seiner Mitglieder (unter Einschluß der organisierten Sympathisanten) verloren habe, und zwar von etwa 2500 Mitgliedern auf ca. 1000 geschrumpft sei. »Die übergroße Mehrheit dieses enormen Verlustes ist u. E. der ideologischen Zerfahrenheit, des massiven Auftretens von Fehlströmungen aller Art (v. a. solcher des kleinbürgerlichen Individualismus, z. B. Ultra-Demokratismus, Utopismus, Feminismus) geschuldet.«[488]

Das LG des KB sprach am 25. November 1979 eine Beurlaubung der damaligen Zentrumsleitung (ZL) von allen Organisationsterminen aus. »Nach wüsten Angriffen einiger Sprecher der Gruppe Z« auf der Vollversammlung der Bunten Liste Hamburg vom 1./2. Dezember 1979 wurden Ausschlußverfahren gegen diese eingeleitet.[489] Die Gruppe Z, die sich unterdessen zur Fraktion erklärt hatte, forderte einen eigenen Fraktionsstatus. Am 17. Dezember 1979 stellte eine Delegiertenversammlung des KB der Hamburger Gruppe mit 77 gegen 5 Stimmen »die faktische Trennung in zwei autonome Organisationen fest«.[490] Am 22. Dezember 1979 wurde dieser Beschluß von einer »nationalen Delegiertenversammlung« in Kassel mit 56 gegen 2 Stimmen bei 9 Enthaltungen bestätigt.[491] Dabei verzichtete die Gruppe Z auf eine Teilnahme an diesen Delegiertenkonferenzen und schickte jeweils nur zwei Beobachter. Insgesamt umfaßte die Gruppe Z bei ihrem Ausscheiden aus dem KB etwa 200 Mitglieder. Nach Mitteilungen des KB kamen davon 54% aus den ehemaligen Hamburger »Zentrum«-Bereichen (die von der ZL angeleitet wurden), 11,5% aus den restlichen Hamburger Bereichen, 34,5% aus Ortsgruppen außerhalb Hamburgs (30% von ZL angeleitete Gruppen wie Schleswig-Holstein, Hannover, Göttingen, Westberlin; 4,5% Sonstige). Die Gruppe Z kommt also zu 84% aus dem direkten ehemaligen Anleitungsbereich der ZL.

Der KB bekräftigte auch nach dieser Abspaltung der Z-Fraktion sein Bekenntnis zum Marxismus-Leninismus, denn nicht dieser sei gescheitert, sondern die »westdeutsche ML-Bewegung an ihren sektiererischen Fehlern«.[492]

Diese Auseinandersetzungen führten zu erheblichen Mitgliedereinbußen. So verfügte der KB am Jahresende 1979 über höchstens 600 aktive Anhänger (1978: 1400)[493], wenngleich er auch noch Stützpunkte und Kontaktadressen in allen Bundesländern hatte. Die personelle Schwächung des KB wirkte sich auch auf den Absatz des »Arbeitskampf« aus. Dieser soll noch 1977 eine verkaufte Auflage von 25 000 Exemplaren gehabt haben. »Von da an sank die Auflage regelmäßig und ist gegenwärtig bei 5000 verkauften Zeitungen angelangt. Noch ist nicht absehbar, ob wir damit schon den Tiefpunkt erreicht haben.«[494]

8.5. Der KB nach der Spaltung

Vom 4. bis 6. Januar 1980 führte der KB seinen 1. Kongreß durch. An ihm haben nach Eigenangaben 250 Delegierte der angeblich über 1000 Mitglieder des KB, Delegierte von Sympathisantengruppen und Gäste aus anderen Organisationen teilgenommen. Die veränderte interne Lage, die sich auch aus der Abspaltung der Z-Fraktion ergab, schlug sich insoweit nieder, als auch Vertreter anderer Organisationen an wichtigen Teilen des Kongresses teilnehmen konnten und ein entsprechendes Rederecht erhielten.[495]

An diesem Kongreß nahmen u. a. Maier und Fücks von den Komitees für Demokratie und Sozialismus (KDS) teil, in dem vor allem frühere Mitglieder des KBW organisiert waren, ferner Alexander von Plato als Vertreter der damals noch existierenden KPD. Anwesend war auch ein Vertreter der trotzkistischen Gruppe Internationaler Marxisten (GIM).

Erstmals wurde im KB die Frage des Statuts in der gesamten Organisation diskutiert. Bislang gab es lediglich ein Gründungsstatut, das nur in sehr allgemeiner Weise das organisatorische Leben des KB regelte. Es war aus der Zusammenarbeit von KAB und SALZ entstanden. In dem neuen Statut wurde Stärkung der »Kollektivität der Grundeinheiten der Organisation«[496] beschlossen.

Bislang galt, daß sich die Minderheit den Mehrheitsbeschlüssen zu unterwerfen habe und diese mit vertreten müsse. Das gilt auch weiter, aber disziplinarische Maßnahmen sollen nur dann ergriffen werden, wenn einzelne Mitglieder oder Einheiten ausdrücklich gegen Beschlüsse verstoßen. Ein zweiter Schwerpunkt des Statuts ist das Recht auf Fraktionsbildung, die als Möglichkeit gesehen wird, den Meinungsbildungsprozeß innerhalb der Organisation voranzutreiben.

Auf diesem Kongreß wurde von den Delegierten erstmals die Leitung des KB gewählt: »Die alte Leitung (deren Legitimation trotz der bisherigen Nicht-Wahl bisher im KB niemals angezweifelt wurde) entstammt noch dem Gründungsprozeß des KB.«[497]

Gleichwohl wurde aber der alten Leitung nahezu einstimmig das Vertrauen ausgesprochen, so daß diese zusammen mit Vertretern aus den Regionen und den Arbeitsbereichen die neue Leitung bildete.[498]

Der Zerfall des KB hielt an. Im Januar 1982 bekannte er: »Seit unserem 1. Kongreß im Januar 1980 haben sich die Voraussetzungen für den KB nicht verbessert. Gegenüber 1980 ist unsere organisierte Mitgliedschaft mit fast 300 Genoss(inn)en noch weiter zurückgegangen, begleitet von einem anhaltenden Rückgang der Zeitungsauflage. Auflösungsprozesse von Organisationen mit revolutionärem Anspruch und die Abwendung großer Teile der Linken vom Marxismus sind vorangeschritten.«[499]

Am 16. und 17. Juni 1982 fand der zweite Kongreß des KB statt, an dem 120 Delegierte und ebenso viele Mitglieder und Sympathisanten teilnahmen. Als Gäste waren Vertreter der Sozialistischen Studiengruppen (SOST), des KBW, des BWK, der Freien Arbeiter Union (FAU), der Gruppe Z und der MG anwesend.[500] Der Kongreß beschloß, die KB-Zeitung »Arbeiterkampf« nur noch monatlich erscheinen zu lassen, was auf eine schwierige Finanzlage schließen ließ.

Im Mittelpunkt der Debatte standen die vom Leitenden Gremium (LG) vorgelegten »Thesen zur Perspektive des Arbeiterkampfes«[501]. Auf diesem Kongreß wurde eine deutliche Selbstkritik an der Praxis der marxistisch-leninistischen Gruppen geäußert: »Heute stehen wir vor den Scherbenhaufen der kurzen Geschichte der ML-Bewegung.«[502]

Ernüchterung hinsichtlich der revolutionären Massenbasis schlägt durch, wenn der KB erklärt: »Die revolutionäre Linke hat Abschied zu nehmen von überkommenen Vorstellungen der Arbeit im Proletariat, wie sie in den Anfängen auch in unserer Organisation vorgeherrscht haben. Sie hat, wenn sie sich von den damaligen Illusionen löst, keinen Grund, vom Proletariat Abschied zu nehmen; denn gescheitert sind die eigenen Vorstellungen von dem, was Arbeiterklasse sein sollte.«

In den Thesen zur Perspektive »Arbeiterkampf« wurde zum revolutionären Subjekt erklärt: »Die entscheidende Trägerin revolutionärer Umwälzungen, die Arbeiterklasse, ist gegenwärtig ein schlafender Riese, eine zersplitterte, politisch gelähmte Klasse. Die Hoffnung der Linken, die Arbeiterkämpfe von 1968/69 seien Signal für ein andauerndes Anwachsen dieser Kämpfe hin zu einer revolutionären Arbeiterbewegung, hat sich nicht erfüllt. Dies ist eine Grundlage für die Abkehr von der Arbeiterklasse als revolutionärem Subjekt.«

Der KB setzte sich auch mit der Politik der Volksrepublik China auseinander. In der ML-Bewegung sei der sich auf die KPCh berufende »Antirevisionismus« auch ein ideologischer Schutzwall gegen die Diskreditierung des Sozialismus durch die Länder des Warschauer Paktes gewesen. Von Anfang an hätten in der ML-Bewegung »schwärmerische und unkritische Positionen zur VR China, ins-

120

besondere zur Kulturrevolution, vorgeherrscht. Die konterrevolutionäre Entwicklung in China hat diesen trügerischen Schutzwall niedergerissen und den Revolutionären, sofern sie das ›chinesische Modell‹ bedingungslos propagierten, die Identität und den praktischen Beweis für die Machbarkeit ihrer Ideen geraubt.«[503]

Die Krise des KB wurde auch auf diesem zweiten Kongreß deutlich. Schon im Mai 1981 wurde im »Arbeiterkampf« zum Ausdruck gebracht, daß die sogenannte Sponti-Szene und in diesem Zusammenhang die Hausbesetzerbewegung, aber auch Tendenzen einer »neuen Innerlichkeit« den KB stark beeinflußten. »Neue Innerlichkeiten« bedeute, die eigene Person, die eigenen Interessen und Bedürfnisse zum Zentrum der Politik und der politischen Auseinandersetzung zu machen mit der Folge, daß gesellschaftliche Prozesse und Auseinandersetzungen demgegenüber in den Hintergrund träten.

Auf diesem Kongreß wurde die »Entdeckung« des »subjektiven Faktors« konstatiert. Etwa ab 1975 habe im KB die Diskussion um Frauenpolitik begonnen, die Bahnbrecher für eine politische Betrachtung wurde, die nicht allein die »objektive Notwendigkeit« und die politische Benutzbarkeit dieser Frage zum Inhalt hatte, sondern die erstmals auf organisatorischer Ebene einer ML-Organisation den subjektiven Faktor entdeckte – die sich öffnete für individuelles Emanzipationsstreben, die also das »Private« öffentlich und diskutierbar machte und sich für Utopien öffnete, die nicht allein im Bereich des nach der Revolution Machbaren lagen: »In dieser Phase öffnete der KB sich für die Diskussion . . . von konkreten Utopien in Bereichen wie der Kindererziehung, der Schwulenunterdrückung und Lesbenunterdrückung . . . Hier wurde, erstmals seitens einer ML-Organisation, die rigide und muffige Praxis der Kultur der meisten ML-Organisationen angegriffen und zum Gegenstand politischer Diskussion und Auseinandersetzung sowie der Entwicklung konkreter Veränderungen und Alternativen gemacht.«[504]

9. Gruppe Z

Die Auseinandersetzungen innerhalb des KB, vor allem zwischen August und Dezember 1979, führten zur Abspaltung der »Gruppe Z«.

Eigentlicher Grund für die Spaltung war die Diskussion um die Frage des Verhältnisses zu den im Bundesland Hamburg, aber auch bundesweit entstandenen Gruppierungen der »Grünen« und damit auch die Frage der Einschätzung des Parlamentarismus bzw. der taktischen Vorteile einer Parlamentsarbeit. Die Mehrheit des KB lehnte es ab, die Entwicklung der Grünen zu fördern, während die Minderheitsfraktion, die »Zentrumsfraktion« im KB und in der Bunte-Liste-Fraktion der Eimsbütteler Bezirksversammlung, in der Mitarbeit und der Mitgliedschaft bei den sich auch in Hamburg gründenden »Alternativen« bzw. »Grünen« eine Chance politischer Einflußnahme sahen.[505]

Das zentrale Ziel der Gruppe Z war, »die wachsende politische Ausstrahlungskraft der Grünen als Durchgangsstadium und Sammelbecken für eine später zu gründende und umzuwandelnde ökologisch-sozialistische Partei zu nutzen, die von Beginn an über parlamentarische Positionen verfügt«.[506]

Eine Studie des DKP-nahen IMSF kam zu dem Ergebnis, der rund 150 Mitglieder starken Z-Gruppe sei es im neu entstandenen Landesverband der Grünen gelungen, »aufgrund ihrer großen politischen und organisatorischen Erfahrungen und der politischen Unerfahrenheit großer Teile der sich bei den Grünen neu sammelnden Kräfte sehr schnell Schlüsselpositionen im Landesvorstand zu erringen«.[507] Die Gruppe Z stelle »faktisch das politisch-organisatorische Rückgrat der Hamburger Grünen« dar.[508] Sie wollte nicht mehr, wie der KB, versuchen, von außen auf die Bewegung der Grünen einzuwirken, sondern innerhalb dieser

Bewegung arbeiten. Anfang 1982 stellte die Gruppe Z im Landesverband Hamburg der Grünen sechs von acht Vorstandsmitgliedern.[509] Nach den Bürgerschaftswahlen im Juni 1982 ging ihre Vertretung im Landesvorstand auf drei zurück. Zwei Mitglieder der Gruppe Z wurden über die Grün-Alternative Liste (GAL) in die Hamburger Bürgerschaft gewählt. Zwei andere Mitglieder der »Gruppe Z« gehörten der Programmkommission der »Grünen« auf Bundesebene an. Auf der Bundesversammlung der »Grünen« vom 12. bis 14. November 1982 wurde einer der beiden, Rainer Trampert, zu einem der drei Sprecher des Bundesvorstandes der »Grünen« gewählt. Die »Gruppe Z« hat innerhalb der Grünen als einzige linksextremistische Gruppierung einen organisierten Zusammenhang aufrechterhalten, teilte Spranger weiter mit.[510]

GAL-Fraktionssprecher Thomas Ebermann erläuterte seine Motive für die Zusammenarbeit mit den Grünen in einem Referat auf einer Fraktionskonferenz des KB im November 1979: Es gehe um das »Wahrnehmen einer möglichst umfassenden Einflußnahme und Bündnispolitik gegenüber der grünen Wahlbewegung, um das Überleben der Kommunisten in dieser Situation zu sichern ... Wir vertreten das Konzept der Blockbildung, um die Verhandlungskonstellation zugunsten der Grünen/Alternativen zu verändern, um die Möglichkeit der ›Erpressung‹ und Einflußnahme auf die Grünen zu erhöhen, und vertreten eine Politik, die den Entrismus offenhält.«[511]

»Entrismus« ist ein bei den Trotzkisten angewandtes Konzept, nach dem relativ schwache revolutionäre Kräfte in eine Großorganisation eindringen, diese also unterwandern, und darin tätig sein sollen, bis sie selbst mächtig genug sind, um die führende Rolle im Klassenkampf zu übernehmen.

In einem Interview mit der Berliner tageszeitung äußerten sich Thomas Ebermann als Fraktionsvorsitzender der GAL in der Hamburger Bürgerschaft und Redakteur der Monatszeitschrift »Moderne Zeiten« sowie Willi K. Goltermann, ebenfalls Mitglied der Gruppe Z und Redakteur der »Modernen Zeiten«, zur Rolle der Gruppe Z in der Hamburger GAL.[512] Es sei nie ein Geheimnis gewesen, »daß Sozialisten, Kommunisten und Marxisten sowohl bei den Grünen als auch in der Alternativen Liste auf allen Ebenen mitarbeiten«. (Ebermann) Partiell distanzieren sich Goltermann und Ebermann vom Leninismus; dennoch wird Wert auf eine besondere Organisierung gelegt: »Wir vertreten aber weiterhin das Prinzip der besonderen Organisierung der Marxisten. Und zwar sowohl vom Standpunkt der notwendigen gemeinsamen Debatte, des gemeinsamen Lernens also, als auch vom Standpunkt der Aufgabenteilung in der politischen Arbeit. Beides wäre ohne besondere Organisation nicht möglich. Sie ist für uns ein Prinzip der Vernunft und Rationalität.« (Ebermann)[513]

Von der Gruppe Z wird die Zeitschrift »Moderne Zeiten« herausgegeben – ursprünglich handelte es sich hier nach eigenen Aussagen um ein Vereinigungsprojekt verschiedenster politischer Traditionen – der »Undogmatischen Linken« im Umfeld des Sozialistischen Büros (SB), der SPD, der orthodoxen und weniger orthodoxen ML-Bewegung (wie KBW und KB) und schließlich des Spektrums der DKP/SEW.[514]

10. Marxisten-Leninisten Deutschlands (MLD)

Im Bereich der maoistischen und marxistisch-leninistischen Gruppierungen gab es immer auch Splittergruppen, zumeist Abspaltungen, die dann für einige Jahre existierten und zumindest regional Aktivitäten entfalteten. Zu jenen Gruppen gehörten auch die MLD, die sich im März 1976 gründeten. Ein erheblicher Mitgliederanteil war 1971 aus der KPD/ML ausgeschieden.[515]

Die Marxisten-Leninisten Deutschlands bzw. deren wesentlicher Vorläufer, die Frankfurter Marxisten-Leninisten (FML), sind das Ergebnis der Spaltung der

KPD/ML auf dem 1. außerordentlichen Parteitag 1971. Gemeinsam mit Marxisten-Leninisten aus Aachen, Bochum, Duisburg und Mönchengladbach traten die FML am 1. Mai 1974 mit einer eigenen Maizeitung unter den Losungen »Für den Sturz des Westdeutschen Imperialismus!«, »Für die Vertreibung der Supermächte!« auf und kritisierten scharf jegliche Politik der Klassenzusammenarbeit.[516]

Ein Jahr später wurde die Schrift »Maoist« Nr. 1 »Für Vaterlandsverteidigung und Burgfrieden« veröffentlicht. Im März 1976 wurden dann von Frankfurter und Aachener Marxisten-Leninisten die MLD gegründet. Im Oktober 1981 wurden die MLD schließlich aufgelöst.[517]

Die MLD wollten 1979 eigentlich die »Marxistisch-Leninistisch-Kommunistische Partei Deutschlands« ausrufen, doch auch sie mußten erkennen, daß ihre Organisation in den Strudel der allgemeinen Krise der maoistischen Gruppen geriet.[518]

Im Jahre 1980 dürften den MLD etwa 250 Mitglieder und Sympathisanten zuzurechnen gewesen sein.[519]

Die MLD zeichneten sich durch besondere maoistische Linientreue aus, vor allem aber durch einen teilweise schwülstigen Nationalismus und dadurch, daß sie die Außenpolitik der Unionsparteien in vielen Punkten in ihrem Zentralorgan »Die neue Welt« (später: »die 80er jahre«) massiv verteidigten.[520]

Die betont nationalistische Komponente der MLD zeigte sich auch symbolhaft auf der Titelseite der Zeitung »Die neue Welt«: Neben der roten Fahne wurde dort auch die schwarz-rot-goldene Fahne abgedruckt. Anläßlich des 17. Juni wehrten sich die MLD gegen Bestrebungen, den 17. Juni als nationalen Gedenktag abzuschaffen.[521] Auch eine Ersetzung des nationalen Gedenktages durch die Terminierung auf ein anderes Datum wäre eine »Kapitulation vor Breschnew und seinem Lakaien Honecker; sie reiht sich ein in die allgemeine Linie der Entspannungspolitiker: Kapitulation und Kompromiß statt Widerstand gegen den sowjetischen Sozialimperialismus. In diesem Sinn begrüßen wir die Veranstaltungen der CDU und CSU zum Tag der Deutschen Einheit. Denn was wir brauchen, ist nicht ein Gedenktag gegen einen bereits geschlagenen Faschismus Marke Hitler, sondern gegen den noch lebenden Sozialfaschismus Marke UdSSR.«[522]

Warum neben der roten Fahne auch die schwarz-rot-goldene Fahne in der Parteizeitung der MLD abgebildet war, erklärt die MLD wie folgt: Die rote Fahne stehe für die internationale Solidarität der Arbeiterklasse und für den weltweiten Sieg des Kommunismus, wobei der Versuch der »neuen Zaren im Kreml«, ihre »sozialfaschistischen Schandtaten« mit dieser Fahne zu bemänteln, kläglich scheitern werde. Die schwarz-rot-goldene Fahne stehe für die »Unabhängigkeit und Einheit unserer Nation«, sie sei heute die »Fahne der Einheitsfront aller demokratischen und patriotischen Klassen und Kräfte gegen die sozialimperialistische Bedrohung«.

Wichtig sei eine Unterstützung der Oppositionellen in der DDR, wobei die Unterstützung nicht davon abhängig gemacht werden solle, ob es sich um Christen oder Sozialisten handelt, sondern alle Oppositionellen müßten unterstützt werden, auch die Verbreitung ihrer Schriften. Aus einer solchen Einheitsfront dürfe keine Gruppierung ausgeschlossen werden: »Irgendwelche egoistischen Partei-Interessen nutzen nur Moskau. Wir von den MLD sind zwar keine große Organisation, aber wir sind ein wichtiger Bestandteil dieser Einheitsfront, sind ideologisch am besten gerüstet und warnen dementsprechend heute am weitestgehenden vor der russischen Gefahr. Die kühnsten Vertreter der Konservativen, Christdemokraten, müssen mit dem Aufbau der Einheitsfront beginnen.«[523]

Heftige Angriffe richteten die MLD gegen die SPD; so wird Egon Bahr im Zusammenhang mit dem Breschnew-Besuch in der Bundesrepublik vorgeworfen, er wolle die »Finnlandisierung« der Bundesrepublik.[524]

Die SPD-Spitze betreibe eine »aktive Kampagne gegen den NATO-Bündnispartner USA«. Die Neutronenwaffe wäre entscheidend, »um mit taktisch-nuklearen Waffen ein Gegengewicht gegen die mehrfache Panzer-Überlegenheit der UdSSR zu schaffen«.[525]

Am 18. Mai 1978 traten die MLD an die damals noch existierende KPD mit der Aufforderung zu gemeinsamen Gesprächen heran, »um auf der Grundlage der Kritik am Revisionismus und Trotzkismus die Einheit der Marxisten-Leninisten herzustellen, um die Pläne des sowjetischen Sozialimperialismus zur Spaltung der wirklichen Revolutionäre und aller nationalen und demokratischen Kräfte zu durchkreuzen und die Kraft der Volksmassen zu entfalten und sie selbständig zu organisieren«.[526]

Der Abbruch der Gespräche »zwischen uns im September 1975«, so in diesem Offenen Brief an das ZK der KPD, habe die Entwicklung des »modernen Trotzkismus« nur gefördert. In den wichtigsten Grundfragen der Ideologie sei zwischen KPD und MLD Einigkeit[527], wenngleich es eine Reihe wichtigster Widersprüche in der Linie und Politik zwischen KPD und MLD gebe.

11. Übergangserscheinungen nach dem Zerfall der K-Gruppen

Im wesentlichen entstanden im Zusammenhang mit dem Zerfall der ML-Bewegung vier Übergangsorganisationen:
– Gruppe der 99 als Nachfolgeorganisation der maoistischen KPD[528]
– die Gruppe Z, die sich aus dem KB löste und zum organisierten Teil innerhalb der grünen Bewegung wurde[529]
– die Komitees für Demokratie und Sozialismus (KDS), in denen vorwiegend ehemalige KBW-Mitglieder aktiv wurden, sowie
– die Sozialistischen Konferenzen (SKs), an denen sich fast das gesamte Spektrum der Linken beteiligte und die einen lockeren Diskussionszusammenhang darstellten.

Da die beiden erstgenannten Gruppierungen im Zusammenhang mit der Entwicklung der maoistischen KPD (vgl. S. 89) bzw. des KB (vgl. S. 121) bereits ausführlich behandelt worden sind, beschränken wir uns im folgenden auf die beiden letztgenannten Übergangsorganisationen.

Von den angeführten Übergangsformen nach dem Zerfall der K-Gruppen existiert gegenwärtig nur noch die Gruppe Z.

11.1. Komitees für Demokratie und Sozialismus (KDS)

Ehemalige Mitglieder von K-Gruppen, vor allem des Kommunistischen Bundes Westdeutschland (KBW), hatten sich 1979 zu Komitees für Demokratie und Sozialismus (KDS) zusammengeschlossen. Diese hielten am 13./14. April und am 8./9. September 1979 in Mannheim ihre zentralen Arbeitskonferenzen ab und gaben seit Dezember 1979 die »hefte für demokratie und sozialismus« heraus. Ende 1979 umfaßten die KDS örtliche Komitees, Initiativen und Redaktionsgruppen in 24 Städten, die die KDS-Plattform anerkannten.[530]

Am 13./14. April 1979 trafen sich in Mannheim auf Initiative der »Kommunistischen Arbeitsgruppe Mannheim/Heidelberg« – ehemalige, z.T. führende Mitglieder des KBW, aber auch ehemalige Mitglieder der früheren KPD und des Kommunistischen Arbeiterbundes Deutschlands (KABD), die die Gründung von Komitees für Demokratie und Sozialismus (KDS) als Sammelbecken für alle »revolutionären Kräfte« außerhalb der bestehenden kommunistischen und sozialistischen Organisationen beschlossen. Die Teilnehmer einigten sich auf eine Plattform, nach der sie sich für die politische und organisatorische Einheit der Sozialisten und Kommunisten einsetzen, ihre Zersplitterung und Spaltung überwinden und dafür insbesondere auch in den Gewerkschaften arbeiten wollten. Bei dem Treffen in Mannheim wurde ein Arbeitsausschuß gebildet, dem Vertreter aus Aachen, Bremen, Berlin, Hamburg, Karlsruhe, Mannheim und Stuttgart angehörten. Etwa 150 Teilnehmer waren auf einer 2. Arbeitskonferenz der KDS am 8./9. September 1979 in Mannheim zusammengekommen.[531]

Nach der KDS-Plattform ist ihr generelles Ziel, den »Staatsapparat« als Instrument der »herrschenden Klasse« zu zerstören, als Nahziele werden angegeben, die Mobilisierung der Arbeiterschaft in Betrieben, die Agitation der Gewerkschaften, der Polizei und der Bundeswehr sowie Aktionen an »Schwachstellen« (Z.B-Antikernkraftkampagne).[532]

Die KDS bezeichneten den Führungs- und Absolutheitsanspruch einer einzigen politischen Partei als mit dem Sozialismus unvereinbar. Sie bekannten sich zum Recht auf Bildung mehrerer politischer Parteien.[533]

In der Zeitschrift »hefte für demokratie und sozialismus«[534] veröffentlichten die KDS ihren Vorschlag zur »Bildung eines revolutionären Blocks« und zur Schaffung einer gemeinsamen politisch-theoretischen Zeitschrift des »revolutionär-marxistischen Flügels als besondere Richtung der Linken, der, ausgehend von den Zielen und Grundsätzen des Kommunismus, eine eigenständige theoretische Position und politische Praxis im Klassenkampf entwickelt«.

Am Vorabend der Sozialistischen Konferenz in Kassel am Wochenende des 2./4. Mai 1980 fand ein Treffen statt, auf dem Angehörige des Kommunistischen Bundes, der Z-Fraktion, der Gruppe der 99 und der KDS ihre Ansichten zu diesem Projekt austauschten.[535]

Die KDS mußten aber sehr bald die Wirkungslosigkeit ihrer Arbeit erkennen und erklärten Ende 1980, ihre politischen Aktivitäten hätten bisher »allesamt daneben gelegen«: Es sei nicht gelungen, zu einer Art »überfraktionellem Sammelpunkt der sozialistisch-kommunistischen Bewegung« zu werden. Die eigentliche Schwäche der KDS sei aber, daß ihre »sozialistische Kritik am Kapitalismus« nicht greife.[536]

Den KDS war keine lange Lebensdauer gegönnt. Im Jahre 1982 entfalteten sie kaum noch Aktivitäten. Ihre Vertreter in der Monatszeitschrift »Moderne Zeiten« zogen sich aus der Redaktion zurück.

11.2. Sozialistische Konferenz

Auch eine Übergangserscheinung nach dem und während des Zerfalls von ML-Gruppen und der Gründung einer »Grünen Partei« war eine sogenannte »Sozialistische Konferenz«, die insgesamt dreimal, zuerst am 2. bis 4. Mai 1980 in Kassel stattfand. Die Zweite Sozialistische Konferenz fand dann in Marburg zwischen dem 13. und 15. Februar 1981 statt, die letzte vom 27. bis 29. November 1981 in Bochum.

Immerhin trafen sich auf der 1. Sozialistischen Konferenz etwa tausend Angehörige der Linken. Schwerpunkt der Konferenz war das Thema »Ökologie und Sozialismus – Verhältnis der Linken zur Ökologie-Bewegung«. Rudolf Bahro formulierte es als Ziel dieser Konferenz, »für ein gemeinsames politisches Verhalten ein Konzept zu finden«.[537]

An dieser Konferenz nahm fast das ganze Spektrum der bundesdeutschen Linken teil, so Vertreter des KB, Gruppe Z und KDS, die 41er- wie die 99er-Fraktion der ehemaligen KPD, das Sozialistische Büro Offenbach wie auch die unterschiedlichsten trotzkistischen Schattierungen.[538]

Diese 1. Sozialistische Konferenz wurde von einer Berliner Vorbereitungsgruppe um Rudolf Steinke, Mitorganisator des Bahro-Kongresses im November 1978 und Redakteur der in Berlin erscheinenden »Zeitung für eine neue Linke – Langer Marsch«, ausgerichtet. Am 8. Dezember 1979 hatte sich Rudolf Bahro an

125

Steinke mit der Anregung gewandt, Möglichkeiten für eine »Sozialistische Konferenz« zur Ökologiebewegung zu sondieren und Perspektiven vor allem für die Zeit bis zur Bundestagswahl 1980 zu entwickeln. »Es müßte doch möglich sein, bei einer solchen Zusammenkunft einen Konsens über die programmatischen Anliegen zu erreichen, die sich für uns mit der grünen Bewegung verbinden, und auf diese Weise auch eine Vorarbeit für unsere Einstellung auf die 80er Jahre überhaupt zu leisten.«[539] Steinke erhielt auf seine Anfrage vom 20. Dezember 1979 bei etwa 300 Organisationen und Einzelpersonen ein überwiegend positives Echo. Es bildeten sich verschiedene örtliche Vorbereitungsgruppen für eine »Sozialistische Konferenz«, wobei eine Initialfunktion der Berliner Gruppe zukam, die sich aus Mitgliedern des SB, der im März 1980 aufgelösten KPD, der »Alternativen Liste – Für Demokratie und Umweltschutz« sowie aus Mitarbeitern der politisch-theoretischen Zeitschriften »Prokla«, »Beiträge zum wissenschaftlichen Sozialismus«, »Kritik« und der Zeitschrift »Langer Marsch« zusammensetzte. Ein »nationales Vorbereitungstreffen« fand Ende Februar 1980 in Frankfurt a. M. statt, an dem außer den schon genannten Gruppen auch Vertreter des KB, der von dieser Organisation abgespaltenen Gruppe Z, der KDS sowie verschiedener trotzkistischer Organisationen (Spartacusbund, Kommunistische Liga, GIM und Trotzkistische Liga Deutschlands) teilnahmen.

Auf dieser 1. Sozialistischen Konferenz konnte keine Übereinstimmung erreicht, kein Konzept entwickelt werden. Der wesentliche Erfolg dieser Veranstaltung dürfte darin gelegen haben, daß die unterschiedlichsten politischen Strömungen, die sich in den Jahren zuvor infolge ihres politischen Absolutheitsanspruches voneinander abkapselten, wieder miteinander in einen Dialog traten. Wichtigstes Ergebnis der 1. Sozialistischen Konferenz war der Beschluß, das Projekt fortzusetzen. Gleichwohl waren auf dieser 1. Sozialistischen Konferenz die Gegensätze z. T. diametral, nicht nur wenn es um die Frage nach den politischen Fehlern der Linken in der Vergangenheit ging, sondern auch, welches politisches Konzept für die Zukunft einzuschlagen sei.[540]

Bahro erklärte auf dieser Konferenz, daß das grenzenlose ökonomische Wachstum auf der Basis der Ausbeutung natürlicher und menschlicher Ressourcen am Ende sei. Er stellte die Frage, ob nicht die Menschheitsfrage Vorrang hätte vor der »Klassenfrage«, ob also der Klassenkampf noch das Subjekt einer Umwälzung sein könne angesichts unmittelbarer Bedrohungen für die Menschheit schlechthin, durch Ressourcen-Ausbeutung, Umweltverschmutzung, fortschreitende Vergiftung durch Chemikalien etc.[541] Auf der 2. Sozialistischen Konferenz gerieten die Ökologen schon deutlich ins Hintertreffen.

Anläßlich dieser 1. Sozialistischen Konferenz konstituierte sich eine nationale Koordinationsgruppe »Sozialistische Konferenz«, die noch in Kassel bestätigt wurde. Diese Koordinationsgruppe sah ihre Aufgabe in der Bündelung der lokalen und regionalen Aktivitäten zur Vorbereitung der 2. Sozialistischen Konferenz, die dann vom 13. bis 15. Februar 1981 stattfand. In einem Rundbrief zur Vorbereitung dieser Konferenz wurde die Frage nach einem politischen Neubeginn der »westdeutschen Linken« gestellt, denn: »Spätestens mit dem Gründungsparteitag der Grünen war eine grundlegende Überprüfung der Politikvorstellungen und Aktionsformen, der konstitutiven Ideologien und Organisationsansätze überfällig, nicht nur in den ML-Gruppen, die schon vorher auf die neue Situation mit Krisensituationen, Spaltungen und Selbstauflösung reagiert hatten«.[542]

Zur 2. Sozialistischen Konferenz kamen etwa 2000 Personen nach Marburg. Der Verlauf war teilweise völlig chaotisch, u. a. auch bedingt durch die Tatsache, daß am Sonntagvormittag die Marxistische Gruppe die Versammlung im Audimax mit Pfeifkonzerten gesprengt hatte. Das Abschlußprogramm mußte wegen dieser Sprengung durch Sprechchöre der MG in einen kleineren Hörsaal verlegt werden. An der Konferenz nahm wieder eine Reihe von ehemaligen Funktionären und Sympathisanten von K-Gruppen teil, ferner, wohl noch stärker als an der 1. Konferenz, mehrere Mitglieder des Parteivorstandes und des Bezirksvorstandes der DKP. Wichtige Differenzen bestanden in der Frage, ob man sich hauptsächlich auf die Arbeiterbewegung stützen solle oder auf die »neuen sozialen Bewegungen«, ob man an die »Verteilungskämpfe« anknüpfen solle oder an tieferliegende »Gattungsinteressen«, ob man hauptsächlich gegen den Kapitalismus oder gegen das Industrie-System kämpfen solle.[543]

Die 2. Sozialistische Konferenz zeigte auch, daß der 1979 aus der DDR-Haft entlassene Systemkritiker Bahro als Integrationstheoretiker einer neuen Linken nicht in Betracht kam. Er mußte sogar bittere Anklagen über sich ergehen lassen. Ihm wurde erklärt, die Sozialistische Konferenz werde nicht als Plattform herhalten »für einen dritten Weg zwischen Sozialismus und Kapitalismus«. Das böse Wort »Putschist« fiel später sogar aus diesem Kreis, der Bahro bislang fleißig applaudiert hatte.[544]

An der 3. und letzten Sozialistischen Konferenz, die vom 27. bis 29. November 1981 in Bochum stattfand, nahmen nur noch 600 Personen teil. Die Referenten der SPD-Linken[545] und Rudolf Bahro, der die erste Sozialistische Konferenz wesentlich initiiert hatte, fehlten, genauso wie die angekündigte Petra Kelly. An der Konferenz nahmen aber Mitglieder von KB, DKB, Gruppe Z, Grüne, SOST, Sozialistisches Büro, KBW und Redakteure der Zeitungen und Zeitschriften »moderne zeiten«, »Wechselwirkung«, »Revier«, »Argument« und »Prokla« teil.[546]

Auf dieser Konferenz wurde mehrheitlich die Auffassung vertreten, daß man die Sozialistische Konferenz in Form von Kongressen mit dem Anspruch des Massencharakters nicht mehr weiterführen wolle. Das Projekt der Zeitschrift »moderne zeiten« verknüpft mit der »Initiative Sozialistische Politik« (ISP) als Trägerverein dieser Zeitschrift wurde als ein Abfallprodukt der Sozialistischen Konferenzen bezeichnet, die allerdings nur noch von der Gruppe Z verantwortet wird.[547]

B Marxistische Gruppe (MG) als Sondererscheinung der Neuen Linken

Die Marxistische Gruppe (MG) ist eindeutig ein Ergebnis der Münchener Rote-Zellen-Bewegung. Sie wird gemeinhin nicht zu den »K-Gruppen« gezählt, obschon sie durch ihre Berufung auf Marx und vor allem dessen Werk »Das Kapital« eine klar umrissene, wenn auch vielfach wirr erscheinende Ideologie besitzt. Innerhalb der »Neuen Linken« nimmt die MG eine Ausnahmestellung ein. Sie lehnt zwar den »Leninismus« ab, gleichwohl herrscht in dieser Gruppe eine straffe Disziplin und ein streng hierarchischer Aufbau. Das Treiben der Gruppe geschieht unter konspirativen Bedingungen, so daß es außerordentlich schwierig ist, Einblicke in ihre Struktur, in Mitgliederbewegung etc. zu bekommen. Die MG hat einerseits Züge einer marxistisch-leninistischen Kaderorganisation, andererseits beruft sie sich nicht auf den »Marxismus-Leninismus«, sondern in erster Linie auf die Schriften von Marx. In gewissem Sinne gilt sie daher als »undogmatisch«, obwohl ihr Dogma vor allem »Das Kapital« von Marx ist.
Mit dem Zerfall der sogenannten K-Gruppen Anfang der 80er Jahre konnte die MG sogar ihre Mitgliederzahl erhöhen und verfügte Ende 1982 über etwa 1000 Mitglieder (1981: 700), überwiegend Studenten und Angehörige akademischer Berufe, außerdem mehrere Tausend in »Sympathisantenplena« fest eingebundene Anhänger.[1]
Wenngleich der Schwerpunkt der MG Bayern blieb, konnte sie doch – vor allem an Hochschulorten – in der gesamten Bundesrepublik Stützpunkte errichten.
Die MG kann eindeutig aus der Zeit der Studentenrevolte hergeleitet werden; sie entwickelte sich aus den Roten Zellen, die zu Beginn des Wintersemesters 1969/70 an verschiedenen Hochschulorten in Bayern, vor allem in München, ihre Agitationsarbeit aufnahmen. In der Folgezeit kam es dann zu heftigen ideologischen Streitigkeiten, um die Verwirklichung einer »Arbeitskonferenz« (AK) und – daraus resultierend – zu Abspaltungen. Die verbliebenen Roten Zellen beherrschten über mehrere Jahre den AStA an der Ludwig-Maximilian-Universität in München. Außerdem hatten sie auch an den anderen Hochschulen Sympathisanten – und Marxistische Schülergruppen. Seit dem Sommersemester 1977 nennen sich die Roten Zellen Marxistische Gruppe. Die wichtigsten MG-Leitungsfunktionäre (Dr. Karl Held und Dr. Dr. Herbert Fertl) waren bereits in der Studentenrevolte aktiv. Hier handelt es sich um besonders redegewandte Funktionäre mit charismatischen Fähigkeiten.
Die MG wird von einer »Politkommissionsleitung« geleitet, die mit einem Zentralkomitee vergleichbar ist. Ihr ist ein »Betriebsausschuß« mit Sitz in München nachgeordnet, der für ideologische Grundsatzfragen zuständig ist und aus bis zu 20 Leitungsfunktionären bestehen soll. Die Finanzierung der Marxistischen Gruppe geschieht in der Regel aus sehr hohen und einkommensabhängigen Mitgliedsbeiträgen und aus dem Verkauf von Publikationen.
Die MG führt sogenannte Sympathisantenplena durch, wobei die Zahl der Besucher von Veranstaltungen in München teilweise über 600, gelegentlich sogar bei 1500 liegt (1982/83). Die Sympathisanten der Marxistischen Gruppe erfahren eine intensive Schulungsarbeit und müssen sich auch zum Flugblattverteilen etc. zur Verfügung stellen. Innerhalb der MG gibt es ein ausgeklügeltes System der Schulungsarbeit, so gibt es Fachplena der MG und auch Prüfungen in Ideologie des Marxismus-Leninismus; in der Regel dauert es Jahre, bis das einzelne Mitglied eine Vollmitgliedschaft erwirbt.
Von jedem einzelnen Mitglied wird eine hohe Opferbereitschaft verlangt. Sie sollen ihren gesamten Lebensstil den Zielen der MG unterordnen. Die Bewährungszeit der Sympathisanten dient vor allem der ideologischen Festigung des einzel-

nen Mitglieds, aber auch seiner Fähigkeit zu einem überzeugten und gewandten Auftreten.

Der MG zugehörig sind der »Verein zur Förderung des Studentenwesens e. V.«, die »MHB-Gesellschaft für Druck und Vertrieb wissenschaftlicher Literatur mbH« und der »Resultate-Verlag« in München sowie mehrere MG-Läden.

Von der MG werden herausgegeben die »Marxistische Studentenzeitung« (MSZ), ferner die »Marxistische Arbeiterzeitung« (MAZ), außerdem erschienen an einzelnen Hochschulen sogenannte Hochschulzeitungen.

Das Anwachsen der MG gerade im Zusammenhang mit dem Zerfall der K-Gruppen ist auf intensive Schulung und ihre Ideologie zurückzuführen. Ihre Schriften kritisieren in vielfacher Weise alle anderen konkurrierenden linken Organisationen. Die bestehende politische Ordung der Bundesrepublik wird aufs schärfste abgelehnt, jedoch nur selten wird in dieser Negation klar, welche konkreten eigenen politischen Vorstellungen die MG hat. Ihre Faszinationskraft ist vielleicht gerade dadurch begründet, daß sie – ähnlich wie der »antiautoritäre« SDS – im wesentlichen in der Negation zu verharren scheint, ohne die eigene Alternative so zu verdeutlichen, daß sie ihrerseits kritisiert werden könnte.

Wie schon zum Ausdruck gebracht, orientiert sich die MG in ihrer Ideologie vor allem an den Schriften von Karl Marx und speziell an »Das Kapital« aus. Zwar klingt manches sehr verworren, doch ist es der besondere Stil dieser Gruppe, durch besonders süffisante Formulierungen ihre politischen Gegner ins Lächerliche zu ziehen.

Schwerpunkt der MG ist die Schulung von Intellektuellen im sogenannten »Wissenschaftlichen Sozialismus«, da das Proletariat für den revolutionären Auftrag letztlich noch nicht reif genug sei, um die entwickelte revolutionäre Theorie vermitteln zu können.

Die MG distanziert sich zwar auch von der Politik der Sowjetunion und der DDR, in erster Linie allerdings lehnt sie die Politik des Westens und hier insbesondere der NATO ab. So formierte sich die MG anläßlich der Großdemonstration der Friedensbewegung in Bonn zum NATO-Gipfel am 10. Juni 1982 als eigenständige Demonstration. Der Friedensbewegung wird vorgeworfen, sie wolle in Wirklichkeit »nicht gegen den Oberanführer der transatlantischen Kriegsallianz und seine treuen Vorposten auf die Straße« gehen, also insbesondere gegen den amerikanischen Präsidenten Reagan demonstrieren, sondern erhebliche Teile der Friedensbewegung seien im Vorfeld der Reagan-Friedensdemonstration voll und ganz damit beschäftigt, »die nationale Glaubwürdigkeit zu vollstrecken« und die Tatsache, daß der amerikanische »Imperialismus« in »Mittelamerika über Leichen geht«, aufzuwiegen mit dem militärischen Engagement der Sowjetunion in Afghanistan.[2]

Nach Auffassung der MG sei es eine merkwürdige Sorte von »Protest«, »die jede Leiche in Südamerika und jede Rakete in Europa zwar nicht befürworten, aber mit dem Hinweis auf tote Afghanen und SS-20 für eigentlich unausweichlich halten will«, und daß eine solche Protestbewegung »hierzulande frei herumlaufen darf, erfüllt die Bewegung mit unendlicher Dankbarkeit«: »Die schiere Existenz der Friedensbewegung gilt ihr als moralischer Ausweis für die Güte der eigenen Nation – da ist jeder Protest erlaubt, der sich die Maßstäbe des Erlaubten zu Herzen nimmt. Wo darf man so etwas schon? Im Osten jedenfalls nicht!«[3]

Die Häme, mit der die MG die Friedensbewegung bedenkt, der Opportunismus vorgeworfen wird, geht aus folgendem Zitat hervor: »Außer auf sich selbst hat die Friedensbewegung mit ihrem moralischen Opportunismus auf nichts und niemand Eindruck gemacht, die Linke ausgenommen. Diese charaktervollen Menschen, die ein Jahrzehnt lang Gott und die Welt mit ihrem Standpunkt traktiert haben, dem Standpunkt nämlich, daß alle Arbeiter, Studenten, Hausfrauen und Rentner unterwegs wären zum jeweiligen Sozialismus, diese leibhaftigen Vertreter der Massen haben in der Friedensbewegung endlich ihre Massenbewegung gefunden. Ihnen braucht man das opportunistische Prinzip der Einheit, wenn sie vor und über jeder Sache rangiert, nicht erst groß zu erklären«, erklärt die MG zur »westdeutschen Linken«.[4]

»Gegen den NATO-Imperialismus und die Deutsch-Amerikanische Kriegsallianz« demonstrierten nach Eigenangaben am 10. Juni 1982 etwa 20 000 Menschen, wobei der Demonstrationsaufruf auch durch den BWK unterstützt wurde.[5] Vermutlich nahmen weniger als 10 000 Personen an dieser Demonstration teil – aber immerhin. Nur noch wenige Organisationen aus dem linksextremen Lager der Neuen Linken wären in der Lage, so viele Mitglieder und Sympathisanten für eine Einzeldemonstration zu gewinnen.

In Fragen des Nachrüstungsbeschlusses der NATO steht die MG der Position der Sowjetunion sehr nahe. So wird letztlich der Einmarsch sowjetischer Truppen in Afghanistan gerechtfertigt: »Und in Afghanistan selbst sorgt die NATO mit Waffennachschub und Geldspenden dafür, daß nach und nach für die gesamte Bevölkerung das Kriegführen gegen die Besatzungsarmee zur einzigen Erwerbsquelle wird. Was stört es den Westen, wenn dabei ein halbes Volk draufgeht: Hauptsache, die Sowjetunion wird in einen Krieg verstrickt, der sie schwächt und ihre Südgrenze unsicher macht. Mit der Besetzung Afghanistans wollte die Sowjetunion sich gegen die weltweite Einkreisungspolitik der NATO einen Vorposten sichern.«[6]

Die MG sieht die Sowjetunion keineswegs als uneingeschränktes Vorbild an, denn dort solle »gefälligst mal eine Planwirtschaft« gemacht werden, es sollten »endlich die Klassen« abgeschafft und auch dafür gesorgt werden, daß sich in der Sowjetunion »das Leben für die Leute lohne«. In außenpolitischen Fragen steht die MG jedoch weitgehend auf der Seite der Sowjetunion, da sie die durch das westliche Verteidigungsbündnis vermeintlich resultierende Gefahr eines dritten Weltkrieges für ungleich gefährlicher hält. Dies zeigte sich auch in einer Stellungnahme der MG anläßlich des Breschnew-Besuches in der Bundesrepublik Deutschland, als die MG eine »Demonstration gegen BRD-Imperialismus und NATO-Weltherrschaft«[7] veranstaltete.

Eine entscheidende Frontstellung nimmt die MG gegen den Deutschen Gewerkschaftsbund ein, in dem »eine korrupte Führung sich bürokratisch über die Anliegen der Basis hinwegsetzt, lauter Bonzen, die die Bürokratie dazu benutzen, um die Kampfbereitschaft der Arbeiter zu ersticken«.[8] Die DGB-Einheitsgewerkschaft sei »so schwarz-rot-gold, daß jede Kritik an ihr, die ihr Fehler bei der Verfolgung von ›Arbeitnehmerinteressen‹ vorwirft, eine einzige Verharmlosung darstellt. In trauter Zusammenarbeit mit der Sozialdemokratie hat sie auch den letzten Anschein fallengelassen, sie sei auf die Durchsetzung eines Klasseninteresses aus.«[9]

In einem »Manifest gegen den DGB« heißt es: »Daß dieser Verein die Organisation der deutschen Arbeiter ist, spricht nicht im geringsten für den DGB. Das beweist nur, was für schlimme Fehler die deutschen Arbeiter sich bei der gewerkschaftlichen Vertretung ihrer Interessen leisten. Und daß diese Fehler schon wieder eine 30jährige Tradition haben, spricht erst recht nicht für sie. Wir meinen: 3 Jahrzehnte DGB sind genug!«[10]

Der DGB wird »zum Meister der Heuchelei in internationalen Fragen« erklärt.[11] Ihm wird vorgeworfen, er schätze als »patriotischer Verein« die NATO, vermisse lediglich nur noch ein Recht auf gewerkschaftliche Gruppenbetreuung. »Ohne das westliche Kriegsbündnis, das seine Freiheit so gerne in den Ostblock exportieren möchte, wären Lohnarbeit und Geldentwertung, Arbeitshetze und Steuererhöhungen, körperlicher Verschleiß und Schulden ein enormes Unglück, eine einzige Unterdrückung. Dank der NATO findet das alles aber im Reich der Freiheit statt; und damit geht es in Ordnung. Für die Freiheit kann man sich zwar nichts kaufen; aber Sich-Einteilen heißt hierzulande eben ›Freiheit‹ und ist deswegen gut. Das ist die moderne Heimatliebe des DGB. Kritik kennt dieser patriotische Verein nur in einer Hinsicht: Seine Liebe zur militärischen Gewalt und Stärke seiner Nation wird noch viel zu wenig eingesetzt. Am liebsten möchte er den deutschen Soldaten seine Mitglieder als Schutzstaffel und Sturmabteilung zur Seite stellen.«

Daß die MG einen ernstzunehmenden Faktor an den Hochschulen der Bundesrepublik darstellt, geht aus der zunehmenden Beschäftigung des DKP-nahen MSB Spartakus mit der Ideologie der MG hervor.[12]

C Trotzkismus in der Bundesrepublik

Von Maoisten als »imperialistisch-faschistische Sabotageorganisation«[1] und als »Vortrupp der konterrevolutionären Bourgeoisie«[2], von der DKP als »buntschekkigste antisozialistische Kräfte«[3] und als »Instrument des Imperialismus in seinem Kampf gegen die revolutionäre Arbeiterbewegung«[4] bezeichnet, besitzt der Trotzkismus in der Bundesrepublik zweifelsohne eine Sonderrolle innerhalb der »Linken«. Der Verfassungsschutzbericht für das Jahr 1973 sprach zwar lediglich von »schätzungsweise 1000 aktiven Anhängern des Trotzkismus, die in 10 Vereinigungen organisiert sind«[5], doch läßt sich allein an der Zahl der Anhänger, die untereinander auf das heftigste zerstritten sind und alle für sich in Anspruch nehmen, die einzig legitimierten Sachwalter der Lehren von Trotzki zu sein, die Bedeutung des Trotzkismus für die Bundesrepublik noch nicht ablesen.

Ganz wesentlich haben trotzkistische Positionen die Studentenrevolte beeinflußt – führende Vertreter der Neuen Linken waren Herausgeber der trotzkistischen Zeitung »Was tun«, wie Rudi Dutschke, Christian Semler (später KPD), Thomas Schmitz-Bender (heute Arbeiterbund für den Wiederaufbau der KPD) oder Günter Amendt.[6] Auch heute noch haben die Positionen der Trotzkisten viele Gemeinsamkeiten mit der Ideologie der antiautoritären Studentenrevolte.

Der Trotzkismus übt zweifelsohne gerade im Bereich von »Intellektuellen« – nicht zuletzt durch seine antistalinistische Akzentuierung – eine nicht zu unterschätzende Faszinationskraft aus, was auch durch die Tatsache begünstigt wird, daß der Trotzkismus sich nirgendwo auf der Welt bisher als reale Politik konkretisiert hat, also nicht durch von der eigenen Politik geschaffene Fakten »korrumpiert« ist. Dieser Umstand dürfte entscheidend für die Anziehungskraft des Trotzkismus auf sozialistische Intellektuelle sein, die einem rigorosen Moralismus folgen. Hinzu kommt aber auch, daß die Vertreter des Trotzkismus im Regelfalle durch eine größere Bereitschaft zu differenzierender Argumentation auffallen als Vertreter zahlreicher anderer linksextremer Organisationen.

Eine in sich abgerundete Theorie des »Trotzkismus« gibt es jedoch nicht, zumal Leo Trotzki im Laufe seines politischen Lebens auch eine Reihe widersprüchlicher oder frühere Aussagen korrigierender Positionen eingenommen hat. Trotzki – zeitweilig eine der einflußreichsten Persönlichkeiten in der Partei Lenins und der eigentliche Schöpfer der Roten Armee – hatte sich nach Lenins Tod im Jahre 1924 um dessen Nachfolge bemüht, unterlag jedoch Stalin. Trotzki, der von der Forderung nach »permanenter Revolution«[7] ausging, überwarf sich mit Stalin vor allem wegen dessen Forderung nach »Sozialismus in einem Lande«. Trotzkis Meinung war, die Revolution in Rußland solle auf ganz Europa ausgeweitet werden, die sozialistische Weltrevolution solle sich als eine Kette nationaler Revolutionen entfalten.

Eine zweite wesentliche Differenz mit Stalin war, daß Trotzki in Rußland das Heraufkommen der Bürokratie als eines nicht mehr kontrollierten und kontrollierbaren Machtfaktors kritisierte. Die Entartung der Partei stelle die Ursache dieser tödlichen Gefahr des Sozialismus dar. Zwar seien die Produktionsmittel in der Hand des Staates, dieser werde jedoch von der Bürokratie behindert. Trotzki forderte daher die Ablösung dieser Bürokratie durch eine Rätedemokratie.[8]

Zunächst war Trotzki lediglich bestrebt, innerhalb der Komintern eine Fraktion in Form einer internationalen Oppositionsbewegung zu bilden. Auf seine Initiative hin wurde aber die IV. Internationale dann doch am 3. September 1938 in der Nähe von Paris gegründet. Ziel dieser IV. Internationale sollte es aus der Sicht Trotzkis sein, die Situation des Umbruchs auszunutzen, die sich nach seiner Auffassung im Zusammenhang mit dem von ihm erwarteten Zweiten Weltkrieg ergab. Diese begünstige nach seiner Auffassung das Heraufkommen einer revolutionären Situation. Die zeitweilige Bedeutungslosigkeit der IV. Internationale wurde auch durch die Tatsache begünstigt, daß sich die Trotzkisten – wie dies auch in der Bundesrepublik der Fall war und ist – auf internationaler wie auf nationaler Ebene spalteten, wobei auf dem 7. Weltkongreß, der vom 1. bis 9. Juni 1963 in Rom stattfand, ein »Programm der Wiedervereinigung« verabschiedet wurde, auf dem sich bis dahin verfeindete Gruppen auf der Basis dieses Programms wiedervereinigten.[9]

Die Ziele der IV. Internationale gehen aus ihrem Statut hervor, in dessen Ziffer I der Präambel es heißt: »Bei der Förderung und Verteidigung der historischen Interessen des Weltproletariats ist die Grundlage der IV. Internationale das Programm und das organisatorische Konzept des revolutionären Marxismus, der während verschiedener Perioden der Geschichte durch die Erste, Zweite und Dritte Internationale vertreten wurde.«[10]

Folgende Ziele wurden in dem Statut der IV. Internationale aus den auf dem II. Komintern-Kongreß verabschiedeten Statuten der Dritten Internationale zitiert: »Die Kommunistische Internationale setzt sich zum Ziel den bewaffneten Kampf für den Sturz der internationalen Bourgeoisie und die Schaffung der internationalen Räterepublik als ersten Schritt auf dem Wege zur völligen Abschaffung jeglicher Regierungsherrschaft. Die Kommunistische Internationale hält die Diktatur des Proletariats für das einzige verfügbare Mittel, um die Menschheit dem Schrecken des Kapitalismus zu entreißen. Und die Kommunistische Internationale hält die Räteherrschaft für die von der Geschichte gebotene Form der Diktatur des Proletariats.«[11]

Die Schlagkraft der trotzkistischen Bewegung wird weitgehend dadurch eingeschränkt, daß sie in eine Reihe von Fraktionen zersplittert ist. Dabei wird man von folgenden Fraktionen ausgehen können:

– Die »Frankisten«. Das »Vereinigte Sekretariat (VS)« mit Sitz in Brüssel ist das wichtigste internationale Zentrum des Trotzkismus. Führender Vertreter ist Pierre Frank, einstiger Sekretär von Trotzki. Zu dieser Richtung des Vereinigten Sekretariats gehört vor allem Ernest Mandel. Das Vereinigte Sekretariat führte auch den 10. Weltkongreß der IV. Internationale durch, der in der letzten Februarwoche des Jahres 1974 in Schweden stattfand, an dem etwa 250 Delegierte und Gastdelegierte 48 Sektionen und sympathisierende Organisationen aus 41 Ländern repräsentiert haben wollen.[12] Deutsche Mitgliederorganisation ist die Gruppe Internationale Marxisten (GIM), aus der Schweiz gehört die Revolutionäre Marxistische Liga (RML), aus Österreich die Gruppe Revolutionäre Marxisten (GRM) dem Vereinigten Sekretariat an.

– Die Lambertisten. Sie scharen sich vor allem um das Internationale Komitee in London und sind nach einem Pierre Boussel alias Lambert benannt.

– Die Healyisten. Diese werden repräsentiert vor allem durch Thomas Gerard (Gerry) Healy von der englischen Socialist Labour League (SLL). Healy wurde früher den Lambertisten zugerechnet.

– Die Posadisten. Sie sind benannt nach dem Lateinamerikaner J. Posadas.

– Die Pabloisten. Sie stellen die wohl unbedeutendste Gruppe der Trotzkisten dar und sind benannt nach Michael Raptis alias Pablo.

1. Gruppe Internationaler Marxisten (GIM)

Die GIM, Deutsche Sektion der IV. Internationale, die dem »Vereinigten Sekretariat« mit Sitz in Brüssel angeschlossen ist, stellt mit 200 Mitgliedern[13] die stärkste trotzkistische Organisation, wenngleich sie auch einen Mitgliederverlust hinnehmen mußte. Sie verfügte 1981 noch über 240 Mitglieder.[14] 1976 soll die GIM noch 600 Mitglieder in 51 Ortsgruppen und Stützpunkten gehabt haben.[15] Die Mitgliederzahl sank dann kontinuierlich auf 500 im Jahre 1977. Dieser Mitgliederstand konnte bis 1979 beibehalten werden, verringerte sich bis 1980 jedoch auf etwa 300[16], auf 250 im Jahre 1981[17] und schließlich auf 200 im Jahre 1982.

Auch die Auflage des 14täglich erscheinenden Zentralorgans »Was tun« ging von 2500 Exemplaren (1981) auf 2000 (1982) zurück.[18] GIM gibt ferner den Informationsdienst »Inprekor« heraus.

Im Mai 1983 wurden Kontaktadressen der GIM (neben der Zentrale in Frankfurt a. M.) angegeben in Aachen, Berlin, Braunschweig, Bremen, Düsseldorf, Duisburg, Oberhausen, Emden, Freiburg, Gundelfingen, Hamburg, Karlsruhe, Köln, Konstanz, Lörrach, Ludwigshafen, Mainz, Mannheim, München, Nürnberg, Osnabrück, Stuttgart und Tübingen.

Führungsorgane der GIM sind das »Politische Büro« und ein 25köpfiges ZK. Die »Nationale Konferenz« (NK) tritt jährlich zusammen und legt die Grundzüge der Politik der GIM fest.[19]

Mitglied der GIM kann sein, »wer die politischen Ziele der IV. Internationalen anerkennt, praktisch und theoretisch für ihre Verwirklichung arbeitet und seinen statutarischen Verpflichtungen nachkommt«.[20]

Die GIM gilt als Deutsche Sektion des »Vereinigten Sekretariats der IV. Internationale«, als deren führende Vertreter der ehemalige Trotzki-Sekretär Pierre Frank und Professor Ernest Mandel gelten.

1.1. Geschichtliche Entwicklung der GIM

Auch die GIM ging aus einem Spaltungsprozeß hervor. Sie wurde Pfingsten 1969 gegründet und als offizielle deutsche Sektion durch die IV. Internationale anerkannt – im Gegensatz zu der früheren Organisation Internationale Kommunisten Deutschlands (IKD), die kurze Zeit später, nämlich im Juni 1969, gegründet wurde, aus der dann im wesentlichen der spätere Spartacusbund hervorging. Beide, GIM wie IKD, gehörten zuvor bereits der IV. Internationale an. Offensichtlich war aber die IKD nach ihrer Abspaltung aus der internen Diskussion der IV. Internationale fast völlig ausgeschlossen worden.[21]

Als Jugendorganisation der GIM konstituierte sich vom 29. bis 31. Mai 1971 in Frankfurt auf ihrer ersten Nationalen Konferenz[22] die Revolutionär-Kommunistische Jugend (RKJ), die auch als »Sympathisantengruppe« des Vereinigten Sekretariats geführt wurde. GIM und RKJ vereinigten sich zum Jahreswechsel 1972/73 in Kassel als einheitliche Organisation unter dem Namen »Gruppe Internationale Marxisten – deutsche Sektion der IV. Internationale (GIM)«. Die Auflösung der RKJ als eigenständige Jugendorganisation entsprach auch den Intentionen des Vereinigten Sekretariats der IV. Internationale, das befürchtete, die Jugendorganisationen verfügten nicht über eine ausreichende Anzahl trotzkistischer Kader und könnten sich daher möglicherweise zu einer Fehleinschätzung der organisierten Arbeiterbewegung hinreißen lassen.[23]

Die GIM hatte durch eine ganze Reihe von Aktionen versucht, sich innerhalb vor allem der studentischen Öffentlichkeit zu profilieren. Zum einen versuchte sie, Kapital aus der Tatsache zu schlagen, daß ihre Aktivistin Sibylle Plogstedt im Frühjahr 1971 in Prag in einem Trotzkistenprozeß vor Gericht stand und schließlich im Sommer 1971 in die Bundesrepublik abgeschoben wurde.[24] In diesem Zusammenhang wurde am 8. Juli 1971 in Berlin ein Teach-In durchgeführt, an dem sich nach Angaben der GIM über 1000 Personen, vorwiegend Studenten, beteiligten. Diese Solidarisierungswelle, wie sie für Plogstedt noch während ihrer Haft initiiert wurde, zeitigte allerdings keine besonders nachhaltigen Wirkungen zugunsten der GIM als Organisation.

Günstigere Mobilisierungsmöglichkeiten lieferte jedoch das durch die Bundesregierung ausgesprochene Einreiseverbot für den führenden Funktionär des Vereinigten Sekretariats, Ernest Mandel, worüber es auch in der Presse zu kontroversen Diskussionen kam.[25] Mandel, zum damaligen Zeitpunkt noch nicht im Besitze des Doktorgrades, war vom Fachbereich 10 (Wirtschaftswissenschaften) der Freien Universität zur Berufung auf eine ordentliche Professur für Volkswirtschaftslehre vorgeschlagen worden. In einer Erklärung des Senates von Berlin vom 22. Februar 1972 wurde die wissenschaftliche Qualität von Mandel zwar nicht in Frage gestellt, doch komme es auf – wie es weiter heißt – die wissenschaftliche Qualifikation allein nicht an, vielmehr müsse aufgrund der Bestimmungen des Landesbeamtengesetzes jeder Beamte »sich durch sein gesamtes dienstliches Verhalten zu der freiheitlich-demokratischen Grundordnung bekennen und für deren Erhaltung eintreten«, eine Vorschrift, die auch entsprechend für Angestellte des öffentlichen Dienstes gelte. In einer vom Senator für Wissenschaft und Kunst der Öffentlichkeit gleichzeitig übergebenen Stellungnahme hieß es zur Ablehnung einer solchen Berufung von Mandel: »Mandel fordert auf, die parlamentarische Demokratie zu beseitigen und an ihre Stelle eine Räterepublik zu setzen. Das von Mandel befürwortete Rätesystem beinhaltet die Abkehr von elementaren Grundsätzen der freiheitlich-demokratischen Grundordnung im Sinne des Grundgesetzes. Mandel fordert auf, diese Räterepublik durch illegale Mittel, d.h. rechtswidrig und unter Anwendung von Gewalt, zu errichten. Auch die IV. Internationale, deren maßgeblicher Funktionär er ist, bekennt sich ›zum bewaffneten Kampf zum Sturz der internationalen Bourgeoisie‹. Damit war die Ablehnung der Berufung Ernest Mandels nicht nur rechtmäßig, sondern aufgrund der Verpflichtung zur Beachtung des Prinzips der Gesetzmäßigkeit der Verwaltung auch zwangsläufig.«

Erneut zu Diskussionen kam es nach diesem Einreiseverbot, das für Mandel übrigens auch in der Schweiz und in den Vereinigten Staaten existiert, als Pläne bekannt wurden, daß eine mehrköpfige Prüfungskommission der Freien Universität Berlin die mündliche Prüfung zur Erlangung der Doktorwürde von Mandel in Brüssel abnehmen wollte.[26] Das Einreiseverbot für Mandel führte dann zu einem »Kongreß gegen politische Unterdrückung«, der am 24. April bis zum 26. April 1972 im Auditorium maximum der Freien Universität Berlin abgehalten wurde. Den Referaten folgten bis zu 4500 Zuhörer.[27] Die Bedeutung dieses Kongresses lag u. a. auch darin, daß sich hieran Gruppen fast des gesamten linken Spektrums der Bundesrepublik beteiligten.[28]

Gerade im Jahre 1972 führte die GIM eine Reihe von Demonstrationen durch, mit deren Hilfe sie sich einer breiteren Unterstützung aus dem Sympathisantenbereich versichern wollte. So führte sie unter dem Motto »Solidarität mit dem irischen Befreiungskampf!« im Juni 1972 eine Irlandkampagne mit Vertretern der prov. IRA durch.[29]

Eine »Solidaritätskundgebung« mit tausend Teilnehmern fand am 4. Juni 1973 in der Universität Frankfurt statt und führte zu einem spontanen Demonstrationszug, der unter Einsatz von Schlagstöcken und Wasserwerfern durch die Polizei aufgelöst wurde. An dieser Demonstration waren auch Rudi Dutschke und Daniel Cohn-Bendit beteiligt.

Vom 22. bis 24. März 1974 fand in Frankfurt die jährliche Delegiertenkonferenz der GIM statt, auf der heftige Diskussionen über das sogenannte »Europäische Dokument«[30] entstanden, einen Thesenentwurf des Vereinigten Sekretariats zum 10. Weltkongreß der IV. Internationale. Die Vereinigungskonferenz von GIM und RKJ hatte dieses Dokument bereits in seiner generellen Tendenz verabschiedet. Über diesen Thesenentwurf war es auf dieser Delegiertenkonferenz zu einigen Kontroversen gekommen, in deren Verlauf sich drei Tendenzen innerhalb der GIM herausbildeten: die Internationalistische Tendenz (IT), die Kompaßtendenz (KT) und die Leninistisch-Trotzkistische Tendenz (LTT).[31] Auf dieser Nationalen Konferenz wurde auch ein neues Zentralkomitee gewählt, in dem die Internationalistische Tendenz die Mehrheit errang.

135

1.2. Zum politischen Selbstverständnis der GIM

1.2.1. Revolutionäres Subjekt: die »neue Avantgarde«

Die GIM unterscheidet sich durch ihre Anerkennung des Thesenpapiers des Vereinigten Sekretariats und der darin enthaltenen Theorie der »neuen Avantgarde« als des revolutionären Subjekts ganz wesentlich von den meisten Organisationen, die der Protestbewegung entstammen. Gleichzeitig knüpft sie mit dieser Theorie noch am ehesten an Auffassungen aus dieser Zeit der antiautoritären Protestrevolte an, die der studentischen Intelligenz einen besonderen Stellenwert im revolutionären Kampf zuweisen.

So heißt es in diesem Thesenpapier: »Eine neue Avantgarde taucht auf, die sich der Kontrolle der traditionellen Arbeiterorganisationen weitgehend entzieht und den Beginn einer Modifizierung des historischen Kräfteverhältnisses kennzeichnet zwischen den Bürokratien der traditionellen Organisationen und der revolutionären Avantgarde, so wie es aus den Niederlagen der internationalen Revolution während der 20er und 30er Jahre und der bürokratischen Degenerierung der UdSSR und der Komintern hervorgegangen ist.«[32]

Auf der Basis ihrer Gesamtbetrachtung zog damit die IV. Internationale in ihrem Thesenpapier den Schluß, daß die zentrale Aufgabe für sie darin bestehen muß, »innerhalb der neuen Avantgarde mit Massencharakter die Hegemonie zu erringen, um qualitativ stärkere revolutionäre Organisationen aufzubauen«. Aufgabe der revolutionären Marxisten in dieser neuen Avantgarde sei es deshalb, durch einen ständigen politischen Kampf innerhalb dieser Avantgarde diese »umzugestalten« und aus ihr »ein adäquates Instrument zur Neugliederung der organisierten Arbeiterbewegung zu machen«.

Diese Auffassungen machen deutlich, warum Trotzkisten häufig im intellektuellen Bereich eine starke Anziehungskraft besitzen. Zwar wird durch die GIM immer wieder von der Gefahr eines Rückfalls in spontaneistische, kleinbürgerliche, aber auch ökonomistische Positionen gewarnt, doch vermag die trotzkistische Auffassung von der Rolle des revolutionären Subjekts auch vielen Intellektuellen einen Platz im revolutionären Kampf zuzuweisen, da auch heute noch beispielsweise der Studentenbewegung eine tatsächliche Avantgardefunktion zuerkannt wird.

Die Stärke der neuen Avantgarde liegt nach Auffassung der GIM in ihrem hohen politischen Bewußtsein und ihrer prinzipiellen Bereitschaft zum revolutionären Engagement, ihre Schwäche wird darin gesehen, daß sie nicht im Proletariat verankert ist. Diese neue Avantgarde sei das natürliche Reservoir zum Aufbau einer revolutionären Organisation. Deshalb wird es als unabdingbare Aufgabe des GIM angesehen, innerhalb dieser neuen Avantgarde ein politisch dominierendes Gewicht zu gewinnen.

1.2.2. Rolle der Gewerkschaften

Auch hinsichtlich ihrer Einschätzung der Rolle der Gewerkschaften unterscheidet sich die GIM ganz eindeutig von maoistischen Organisationen. So warf sie beispielsweise der KPD vor, diese krame die in der Weimarer Republik gescheiterte RGO-Strategie »vom Misthaufen der Geschichte«[33] hervor. Die GIM verteidigt die parteipolitische Unabhängigkeit der Gewerkschaften, die damit politisch nicht neutral seien. Notwendig sei, gegen jede Spaltung der Gewerkschaften zu kämpfen, es müsse vielmehr der Kampf gegen die interne Gewerkschaftsbürokratie aufgenommen werden. Der Tendenz zur wachsenden Integration der Gewerkschaftsspitzen in den bürgerlichen Staatsapparat hinein müsse auf das entschiedenste entgegengewirkt werden. Der Kampf in den Gewerkschaften selbst sei also die wesentlichste Möglichkeit, revolutionäre Massenkämpfe langfristig herbeizuführen.[34]

Ernest Mandel beispielsweise fordert, wie dies durchgängig ebenfalls in den GIM-Papieren der Fall ist, die Strategie der Arbeiterproduktionskontrolle, die im Gegensatz zur vorgeblichen »Mitbestimmung« davon ausgehe, »daß Tarifautonomie der Gewerkschaften einerseits und Mitverantwortung für die Profitmaximierung der Betriebe und Konzerne andererseits, daß Verteidigung der Interessen Lohnabhängiger einerseits und das sich den Bewegungsgesetzen der kapitalistischen Produktionsweise Fügen andererseits grundlegend unvereinbar sind«.[35]

Das bedeutet ein Kontroll- und Vetorecht für Lohnabhängige, »nicht aber Mitverantwortung für die Verwaltung kapitalistischer Betriebe und kapitalistischer Wirtschaft«.[36]

Voraussetzung hierzu sei der Kampf um die Unabhängigkeit der Gewerkschaften vom bürgerlichen Staat, »der Kampf um ein klassenkämpferisches Aktionsprogramm der Gewerkschaften als Alternative zur Sozialpartnerschaftspolitik der Gewerkschaftsbürokratie«.[37] Daraus herleitend wird als wichtigstes Ziel die Herausbildung einer neuen Arbeitervorhut angesehen, »durch die Bewaffnung der kämpferischen und politisiertesten Arbeiter mit dem revolutionären Programm die Herausbildung und Gewinnung dieser neuen Arbeitervorhut voranzubringen«.[38]

1.2.3. Konzeption der Übergangsforderungen

Das Entwicklungstempo der neuen Arbeitervorhut und ihre für den Klassenkampf positive Bewegungsrichtung hänge sowohl von der Beeinflussung der betrieblichen Führung anhand der Übergangsstrategie ab als auch von der Frage, inwieweit bestimmte Forderungen durch entsprechende Kampfformen, z. B. Streikkomitees, realisiert werden sollen.

Revolutionäre Politik könne sich nicht von der Hoffnung auf spontane Veränderungen leiten lassen. Die Konzeption der Übergangsforderungen sei auf die Mobilisierung einer jeweils höchstmöglichen Klassenaktivität ausgerichtet. »Sie setzt zwar bei den unmittelbaren Bedürfnissen an, bleibt aber nicht dabei stehen, sondern versucht, das Bewußtsein und die Aktivität der Massen immer wieder auf die nächst höhere Stufe des Kampfes zu heben.«[39] Als »Übergangsforderungen« bezeichnet also Mandel »solche Forderungen, die nicht in den normalen Lauf der bürgerlichen Gesellschaft integriert oder assimiliert werden können«.[40]

So müsse der Kampf um den Lohn, um Verbesserungen der Ausbildungssituation bewußt mit den weitergehenden politischen Zielen und der »historischen Aufgabe des Proletariats« in Verbindung gesetzt werden.

Eine spezifische Form des Rigorismus, die dem Trotzkismus eigen ist und ihm gerade deshalb im intellektuellen Bereich Ausstrahlungskraft vermittelt, kommt in der Auffassung zum Ausdruck, daß eine sukzessive Erlangung der Macht durch die GIM kaum als möglich erachtet wird. Mandel führt hierzu aus: »Man kann den Kapitalismus nicht stufenweise stürzen, man kann eine bürgerliche Armee nicht Bataillon für Bataillon schlagen, man kann die Macht der Bourgeoisie nicht Stück für Stück zerstören. Diese Ziele kann man nur durch die revolutionäre Mobilisierung der Massen erreichen ... Revolutionäre Aktionen sind möglich nur während dieser prärevolutionären Situationen, wenn die Spannung der Klassenbeziehungen ihren Höhepunkt erreicht hat und der Klassenkonflikt am schärfsten ist.«[41]

1.2.4. Politisches Ziel: Räterepublik

Langfristig fordert die GIM die Errichtung einer Räterepublik, wobei am Anfang der Machtergreifung das Proletariat, die werktätige Klasse, die erlangte Macht zu verteidigen hätte: »Sie errichtet ihre Diktatur: die Diktatur des Proletariats. Diese Diktatur kann uns nicht schrecken, es ist nicht die Diktatur im üblichen Sinne des Wortes, es ist nicht die willkürliche Macht eines Mannes oder einer kleinen Gruppe. Es ist die Diktatur der übergroßen Mehrheit des Volkes gegenüber der Minderheit der alten Ausbeuter. Auch zielt diese Diktatur nicht auf die physische Vernichtung der Individuen, sondern auf die Beseitigung einer sozialen Klasse. Seiner Produktionsmittel entledigt, wird der ehemalige Kapitalist auch im Sozialismus eine neue befriedigende Existenz finden können, eine Existenz ohne Vorrechte und Nachteile. Aber hart und konsequent wird es ihm die Diktatur untersagen, sich neu zu formieren und zu bewaffnen, um die alten Ausbeutungsverhältnisse wiederherzustellen.«[42]
Die GIM sagt klar, daß gegenüber den Resten der alten Gesellschaft sich die Rätedemokratie als Diktatur betätige. Auf der anderen Seite sei es Aufgabe einer Rätedemokratie, »eine beispiellose Erweiterung der Freiheitsrechte der werktätigen Klasse«[43] herbeizuführen. Dabei könnten durchaus mehrere politische Parteien existieren, die jedoch nur Ziele dieser neuen Gesellschaftsordnung zu vertreten hätten: »Die Organisationsfreiheit für alle Parteien, die sich in den Rahmen der Verfassung des Arbeiterstaates stellen, bedeutet praktisch Presse- und Versammlungsfreiheit, Räume, Sendezeiten in Radio und Fernsehen. Aber sie werden alle Möglichkeiten haben, Mehrheiten für ihre Vorschläge zu erlangen. Die alleinige Macht hingegen werden die Räte keiner Partei ausliefern, mag diese auch in manchen Zeiten die fortschrittlichsten Teile der Arbeiterklasse repräsentieren. Der Aufbau des Sozialismus wird das Werk der ganzen werktätigen Klasse sein.«[44]

1.2.5. Zur Beteiligung an Parlamentswahlen

Noch anläßlich der Bundestagswahlen im Jahre 1972 hatte die GIM beschlossen, »daß ihre Stellungnahme zur Wahl nicht auf die Empfehlung eines bestimmten Wahlverhaltens hinauslaufen kann«.[45] Auch die Wahl der DKP komme nicht in Frage, da deren Wahlprogramm »reformistisch bis opportunistisch – reaktionär« sei.[46] Allerdings zeigte die GIM die Bereitschaft, solche DKP-Kandidaten, die »über den Rahmen der allgemeinen DKP-Litanei von der ›fortgeschrittenen Demokratie‹ und dem ›antimonopolistischen Kampf‹ hinausgehen«, zu unterstützen, weil solche Kandidaten objektiv den ›Differenzierungsprozeß‹ vorantreiben und dem Klassenkampf nützten.[47]
Bei den Landtagswahlen in Niedersachsen am 9. Juni 1974 rief die GIM zur Wahl der DKP oder SPD auf, »wobei uns klar ist, daß die große Mehrheit SPD wählen wird, weil sie in der DKP zu Recht keine Alternative sieht«.[48] Bei den am 9. Oktober 1974 in Hessen und Bayern durchgeführten Landtagswahlen hingegen erklärte die GIM, sie stehe selbst »noch nicht« zur Wahl, sie rief aber, wie im übrigen auch anläßlich der Wahlen zum Berliner Abgeordnetenhaus am 2. März 1975, dazu auf, Kandidaten der »revolutionären Linken« zu wählen, also Vertreter solcher »Organisationen, die klar dem parlamentarischen oder reformistischen ›Weg zum Sozialismus‹ eine Absage erteilt haben und auf unserer Seite für die sozialistische Revolution kämpfen«. Eine Stimme für diese Organisationen besage, das gestiegene Gewicht der revolutionären Linken zum Ausdruck zu bringen.[49] Und zur Berliner Wahl erklärte die GIM: »Wählen wir revolutionäre Organisationen, um zu dokumentieren, daß die Krise des Kapitalismus nicht im Parlament gelöst werden kann!«[50]

1976 beteiligte sich die GIM an der Bundestagswahl (12 Wahlkreise, 3 Landeslisten), um als Partei im Sinne des Parteiengesetzes anerkannt zu werden und so ihre Tätigkeit im Schutze des Parteienprivilegs ausüben zu können.[51] Sie erhielt jedoch lediglich 4767 Zweitstimmen.

Zur Wahl der SPD rief die trotzkistische GIM auf einer Nationalen Konferenz am 28./29. Juni 1980 auf.[52] Anwesend waren 75 Delegierte, die die angeblich 27 Ortsgruppen der GIM repräsentierten.

Die maoistischen Gruppen KPD, BWK und MLPD diskutierten mit der GIM die Frage eines linken Wahlbündnisses zur Bundestagswahl im Jahre 1983. Diese Verhandlungen scheiterten und führten lediglich zu Wahllisten, bei denen KPD und BWK miteinander kooperierten. Die GIM erklärte hierzu, daß sie nach dem Scheitern dieser Verhandlungen »weiter am Zustandekommen sozialistischer Direktkandidaturen arbeite und zur Abgabe der Zweitstimme für die SPD aufrufen« werde.[53] Die GIM empfahl ihren Anhängern schließlich im Februar 1983 die Wahl der SPD: »Es geht um eine linke Mehrheit gegen Kohl und Kapital. Keine Stimme den Unternehmerparteien CDU/CSU und FDP! Wegen ihrer unklaren Haltung zur Arbeiterbewegung können wir als Sozialisten nicht zur Wahl der Grünen aufrufen. SPD zu wählen kann für uns aber keine Zustimmung zu deren Programm bedeuten. Wir treten ein für eine SPD-Regierung, parlamentarisch gestützt von den Grünen, unter Druck gesetzt durch Mobilisierungen der Gewerkschaften und der Friedensbewegung: damit Schluß gemacht wird mit der Unternehmerpolitik!«[54]

Diese Erklärung wurde durch die Minderheit der GIM, dem »Duisburger Kreis«, nach der Bundestagswahl kritisiert. Ein Wahlsieg der SPD »wäre kein Erfolg für die Arbeiterklasse gewesen und wäre auch im Massenbewußtsein nicht so verstanden worden«.[55] Die GIM habe sich »unzulässig stark auf die parlamentarische Ebene konzentriert«, die außerparlamentarische Ebene sei letztlich für die Bestimmung der »klassenpolitischen Situation entscheidend«. Die Minderheit der GIM spricht von »parlamentarischen Illusionen der Mehrheit der Arbeiter«. Da gegenwärtig niemand zur Wahl stünde, von dem man behaupten könne, »daß er Arbeiterinteressen ernst nimmt und selbst eine ernstzunehmende Kraft darstellt«, könne auch nicht zur Wahl dieser oder jener Partei aufgerufen werden, es müsse aber alles getan werden, damit eine »solche klassenkämpferische Partei entsteht«. Die Minderheit beruft sich auf Ernest Mandel, wonach das »zentrale taktische Ziel der heutigen Etappe in Westeuropa« nicht die Eroberung der Massen, sondern erst die Sammlung, die ideologische Gewinnung und Homogenisierung der Avantgarde sei.[56]

Die GIM hält trotz mancher Beteiligung an parlamentarischen Wahlen Gewalt für ein legitimes Mittel, da sie die »Diktatur des Proletariats« anstrebt: »Diese Diktatur kann uns nicht schrecken«, denn es ist »nicht die Diktatur im üblichen Sinne des Wortes, es ist nicht die willkürliche Macht eines Mannes oder einer kleinen Gruppe. Es ist die Diktatur der übergroßen Mehrheit des Volkes gegenüber der Minderheit der alten Ausbeuter.« Weiter heißt es: »Hart und konsequent wird ihnen die Diktatur untersagt, sich neu zu formieren und zu bewaffnen, um die alten Ausbeutungsverhältnisse wiederherzustellen.«[57]

Die Anwendung revolutionärer Gewalt ist für die GIM eine Frage der Zweckmäßigkeit: »Revolutionäre Gewalt ist nur die Gewalt, die der Revolution nützt.«[58]

1.3. Zur neueren Entwicklung der GIM

Im Gegensatz zu den orthodox-kommunistischen und stalinistischen wie maoistischen Parteien gestattet die GIM jedoch innerhalb ihrer Organisation die Bildung von Tendenzen und Fraktionen, was sich auf ihren nationalen Konferenzen wie auch in ihrem Zentralorgan publizistisch niederschlägt. So hatten sich auf der na-

tionalen Konferenz der GIM 1977 fünf »Tendenzen« gegenübergestanden, so daß eine gemeinsame Plattform nicht mehr erarbeitet werden konnte.[59]
Es war auch auf der Delegiertenkonferenz im Jahre 1979 »nicht möglich, auf der Grundlage hinreichend geklärter Positionen und klarer Mehrheitsverhältnisse eine neue Leitung zu wählen«.[60]
1979 konnte ein neues ZK gewählt werden, wenngleich es auch zu Fraktionskämpfen in Fragen der Betriebs- und Gewerkschaftsarbeit kam.
Vom 17. bis 20. Juni 1982 fand in Frankfurt a. M. die Delegiertenkonferenz der GIM statt, bei der Mitgliederverluste seit der Nationalen Konferenz des Jahres 1980 zugegeben werden mußten.[61]
Anders als die meisten aus der Studentenbewegung entstandenen Organisationen habe sich die GIM aber wieder konsolidieren können.[62] Daß ihr dies gelungen sei, erklärt sie durch zwei Gründe: zum einen durch ihre Zugehörigkeit zur IV. Internationale »und damit ihre Einbettung in eine weltweite revolutionäre Organisation, die garantiert, daß die Verspätung der Klassenkampfentwicklung in der BRD nicht einer kleinen Organisation, die von den Kämpfen der Massen lebt, das Genick brechen kann«.[63]
Zum anderen führt sie dies auf ihre Einbettung in die historische Tradition der Oktoberrevolution zurück und auf »die Kontinuität der Wahrung des Erbes der Oktoberrevolution und der revolutionären Kritik an der bürokratischen Entartung der DDR, der Sowjetunion und der Länder Osteuropas. Dieser Tradition verdankt sie ihre programmatische Festigkeit und organisatorische Selbständigkeit.«[64]
Die GIM begreift sich als »ein Kern der zu schaffenden revolutionären Arbeiterpartei mit Masseneinfluß als Teil einer revolutionären Masseninternationale. Eine solche Partei kann nur durch einen Prozeß der Umgruppierung auf der Linken, der politischen Klärung unter den Vorhutkräften der Arbeiterklasse und der Linkswendung von Teilen der SPD entstehen.«[65]
Heftige Vorwürfe erhebt die GIM gegenüber dem DGB, der sich unter die »Diktate der Regierungspolitik« habe unterordnen lassen und dessen Apparat enorm zentralisiert worden sei. Die Gewerkschaftsführung stelle ein »bedeutendes Hemmnis für eine Radikalisierung« der Arbeiterklasse dar.[66]
Die wichtigste Voraussetzung für den Aufbau einer sozialistischen Alternative sei die Stärkung der »klassenkämpferischen Kräfte in der Arbeiterbewegung, aber auch der Aufbau einer revolutionären Organisation als der geeignetsten Form, die besten Elemente der sich radikalisierenden Jugend zu organisieren und mit dem revolutionären Marxismus zu bewaffnen. Politisierte Jugendliche bilden heute das Potential, das am ehesten für revolutionär-marxistische Positionen ansprechbar ist und das die höchste Bereitschaft mit sich bringt, sich zu organisieren.«[67]
Die »Was tun«-Redaktion erklärte zur Jahreswende 1982/83 zu der Tatsache, daß diese Zeitung nunmehr 15 Jahre erscheint und zur Zeit der APO entstand: »Wir stellen uns bewußt in die Tradition der revolutionären Aktivisten der APO und unserer Zeitung.«[68]
Die GIM bemüht sich auch um den Aufbau einer revolutionären Jugendorganisation im Rahmen der vom Büro der IV. Internationale gestellten Aufgabe. Vergleichbare Jugendorganisationen im Ausland gibt es mit dem Namen »Revolution« in England, »Rebel« in den Niederlanden. In Deutschland heißt die Gruppe Roter Maulwurf, deren Zeitung unter gleichem Titel erscheint.
Die Roten Maulwürfe kämpfen für den »Aufbau einer internationalen Organisation von Revolutionären. Als junge Sozialistinnen und Sozialisten arbeiten wir am Aufbau einer revolutionären Jugendorganisation in Sympathie zur IV. Internationalen. Zusammen mit revolutionären Jugendorganisationen anderer Länder wollen wir eine Jugendinternationale aufbauen.«[69]

Im Juni 1982 gab es »ein halbes Dutzend Maulwurfsgruppen in der BRD mit etwa 50 Mitgliedern«.[70]

2. Spartacusbund

Der am 2./3. Februar 1974 gegründete Spartacusbund, Herausgeber der Zeitschrift »Spartacus«[71] und des theoretischen Organs »Ergebnisse & Perspektiven«, stellte eine weitere wichtige trotzkistische Organisation dar. Teile dieser Organisation kommen aus einer Spaltung, die sich innerhalb der früheren Sektion der IV. Internationale Mitte 1969 vollzog, als diese sich in die Gruppe GIM und die IKD aufsplitterte.

Der Spartacusbund konnte nur noch wenig Eigenaktivitäten entwickeln, seine Mitgliederschaft war stetig rückläufig. Im April 1981 gab er noch Regionalanschriften in Berlin, Münster, Stuttgart, Bremen und Frankfurt a. M. an. Noch im Lauf des Jahres 1981 löste er sich auf.[72] Er hat seitdem jegliche Aktivitäten eingestellt. Die letzte Ausgabe seines Zentralorgans »Spartacus« datiert vom April 1981 (Nr. 65). Einige seiner Mitglieder dürften vermutlich auch zur GIM übergewechselt sein.

Der Spartacusbund erkannte – im Gegensatz zur GIM – die IV. Internationale nicht als Führungsorgan an, sondern tendierte zur Pariser Gruppe der Lambertisten. »Keine Tendenz der heutigen trotzkistischen Weltbewegung kann in organisatorischer oder programmatischer Hinsicht für sich in Anspruch nehmen, die Weltpartei des Proletariats zu sein!«[73]

2.1. Geschichtliche Entwicklung

2.1.1. Internationale Kommunisten Deutschlands (IKD)

Im Juli 1969 wurden die Internationalen Kommunisten Deutschlands (IKD) ins Leben gerufen. IKD war dann in Form einer organisierten Tendenz Teil des Spartacus, dessen Anfänge zu Zeiten der antiautoritären Studentenrevolte in Berlin lagen. Dort wurde um die sozialistische Schülergruppe »Neuer Roter Turm« und um andere Gruppen auf einer Vollversammlung am 30. Oktober 1968 ein »Initiativausschuß für eine revolutionäre Jugendorganisation« gebildet.[74]

Damals traten als Gründer vor allem Peter Brandt, Jochen Ebmaier und Wolfgang Zeller in Erscheinung. Der Initiativausschuß sah sich als marxistisch-revolutionäre Gruppe in den Berliner »Falken« an. Seine Gründer hatten schon einige Zeit zuvor die »Illusion« aufgegeben, »über den Kanal der SPD größere proletarische Massen in Bewegung setzen und so einen Differenzierungsprozeß in der Partei einleiten zu können, der eines Tages zur Abspaltung eines breiten Linksflügels führen würde«.[75]

Vielmehr gelangten diese Genossen unter dem Eindruck der französischen Mairevolte zur Auffassung, das strategische Ziel – Schaffung einer revolutionären Partei der Arbeiterklasse – könne nur über den »Umweg« einer kadermäßig strukturierten revolutionären Jugendorganisation erreicht werden, deren Aufgabe es sei, »über die Lehrlinge und jungen Arbeiter proletarisches Klassenbewußtsein in der Arbeiterklasse zu verankern und sich im Klassenkampf mit jenen Teilen des Proletariats zu vereinen, die im Begriff sind, sich ihrer historischen Rolle als Totengräber des Kapitalismus bewußt zu werden«. In der »Plattform des Initiativausschusses« heißt es deshalb weiter, Ziel sei es, »die politischen und organisatorischen Grundlagen für die zu schaffende revolutionäre Partei der Arbeiterklasse legen zu helfen«.

Politisches Vorbild war dabei die französische Jeunesse Communiste Revolutionaire (JCR), eine Trotzkistenverbindung, die nach den Pariser Revolten verboten wurde und in den Untergrund ging. Am 7. Dezember 1968 fand eine erste ordentliche Plenarversammlung statt, die dann den Beschluß faßte, daß sich der Initiativausschuß Anfang März 1969 endgültig als unabhängige, eigenständige Organisation konstituieren solle. Am 15. November 1970 wurde eine Delegiertenkonferenz durchgeführt[76], die für den Spartacus einen wichtigen Schritt auf dem Wege zur Zentralisierung seiner Politik darstellte.

2.1.2. Konstituierung als KJO – Spartacus

Am 27./28. März 1971 fand in Frankfurt am Main schließlich eine Delegiertenkonferenz aller Spartacus-Gruppen statt, deren Resultat die formelle Konstituierung dieser Organisation auf Bundesebene und Umbenennung in »Kommunistische Jugendorganisation (KJO) Spartacus« war.
Auf dieser Konferenz wurde eine Plattform verabschiedet, deren Text mit fünf programmatischen Mitgliedschaftsbedingungen endet:
1. Anerkennung der Notwendigkeit der proletarischen Revolution und der Diktatur des Proletariats;
2. Anerkennung der Notwendigkeit der zentralisierten revolutionären Klassenführung in Gestalt der kommunistischen Partei;
3. Anerkennung der Notwendigkeit des Aufbaus der kommunistischen Jugendorganisation als eines strategischen Moments im Entstehungsprozeß der Partei des deutschen Proletariats;
4. Anerkennung der Notwendigkeit des antibürokratischen Kampfes in den Gewerkschaften;
5. Anerkennung der Notwendigkeit des systematischen Kampfes gegen alle Spielarten des Sozialdemokratismus und Stalinismus.[77]
In dieser Plattform heißt es ausdrücklich: »Die Wiederbelebung der Arbeiterbewegung kann nur auf revolutionärer Grundlage erfolgen. Sie geht in Westdeutschland von dem Teil der Arbeiterklasse aus, der durch die historischen Wunden des deutschen Proletariats am wenigsten demoralisiert ist: der proletarischen Jugend.« Der Spartacus konstituierte sich als eine spezifische Jugendorganisation, weil er davon ausging, daß sich die jungen Arbeiter und Lehrlinge gegenüber ihrer Klasse in einer spezifischen Lage befinden und den Angriffen des Kapitals besonders wehrlos ausgesetzt seien. In der KJO-Plattform wird von der generellen Zielsetzung ausgegangen, daß sich die Arbeiterjugend über Betriebe und Branchen hinweg zu einer einheitlichen Kampffront zusammenschließen müsse. Dieser Kampf sei jedoch ohne die Solidarität der älteren Arbeiter machtlos, denn nur als gesamte Klasse der Proletarier vermöge sie einen siegreichen Kampf für Forderungen zu führen, die sich gegen die Bourgeoisie insgesamt richten. Dennoch wird auf dieser Plattform des KJO-Spartacus von einer besonderen Jugendperspektive ausgegangen, da die Lehrlinge und Jungarbeiter noch am ehesten als revolutionierbar und am wenigsten in unserem gesellschaftlichen System integriert angesehen wurden.

2.1.3. Abspaltung in: Spartacus (BL)

In der Tat sollte diese spezifische Jugendperspektive des Spartacus im Mittelpunkt der weiteren Auseinandersetzungen dieser Organisation und ihrer Spaltung stehen, die nicht lange auf sich warten ließ. Im Anschluß an die zweite Bundeskonferenz am 11./12. Dezember 1971 in Frankfurt, entstand eine neue Organisation mit dem Namen Spartacus (Bolschewiki-Leninisten). Sowohl Spartacus-BL als auch Spartacus-KJO beanspruchten den »Spartacus« weiterhin als ihr Zentralorgan.
Dieser Spaltung gingen heftige Diskussionen der einzelnen Fraktionen voraus,

wobei diejenige Fraktion, die weiterhin auf der Existenz des Spartacus als spezifischer Jugendorganisation beharrte, »Thesen zur Reorientierung von Spartacus«[78] verabschiedete, in denen durchaus auch Selbstkritik geübt wurde. Bisher sei man von der »naiven Annahme einer bereits kämpfenden Massenbewegung der arbeitenden Jugend« ausgegangen, wobei allerdings diese Auffassung nicht als Ergebnis »einer fehlerhaften theoretischen Reflexion, sondern einer impressionistischen Verwechselung des Massenanhangs, den sich die antiautoritäre Studentenbewegung Ende der 60er Jahre unter den Lehrlingen hat beschaffen können, mit einer genuinen Arbeiterjugendbewegung« interpretiert wurde.[79]
Die abgespaltene sogenannte »bolschewistische Fraktion (Bolfra)«, die offensichtlich die Mehrheit darstellte, kritisierte diese Jugendperspektive: »Diese Minderheit, die sich hauptsächlich aus den IKD rekrutiert, beanspruchte für sich, die Kontinuität der alten Organisation darzustellen, ein Anspruch, der sich allerdings ausschließlich auf den von ihr kontinuierlich fortgeführten Jugendsyndikalismus unter Fortführung des Namens KJO gründet.«[80] Eine besondere Rolle spielte in diesem Spaltungsprozeß die Bonner Organisation, die als eigenständige trotzkistische Tendenz mit Spartacus im Spätsommer 1970 fusionierte und sich bis dahin »Gruppe Roter Anfang Bonn (Bolschewiki-Leninisten-Trotzkisten) früher Rotzeg« nannte. Die Bonner Gruppe bildete den Kern der »bolschewistischen Fraktion« und wußte sich in ihrer Ablehnung vor allem der IKD-Richtung mit einer sogenannten Kommunistischen Fraktion (Kommfra) einig.[81]

2.1.4. Abspaltung in: KO Spartacus

Aber auch nach dieser Spaltung kam die Kommunistische Jugendorganisation Spartacus nicht zur Ruhe. Auf der 5. Bundeskonferenz Ende Juni 1973 zeigten sich starke Tendenzen, die von Vorstellungen des Entrismus und dem Aufbau einer revolutionären Fraktion in der SPD getragen waren. In einer Resolution wurde sogar eine »Konzentration auf die sozialdemokratische Politik« beschlossen.[82]
Im September 1973 erklärte jedoch die Zentrale Leitung der KJO Spartacus, daß inzwischen eine Mehrheit der Zentralen Leitung die Politische Resolution dieser Bundeskonferenz als einen Fehler ansehe, »da die Einschätzung der Rolle der SPD sich nur an der Oberfläche bewege, während es gerade gelte, die politische Funktion der SPD und ihrer diversen Flügel im Verhältnis zur Klassenbewegung des Proletariats zu bestimmen«.[83]
Am 17./18. November 1973 fand in Essen die nationale Konferenz der KJO Spartacus statt, auf der eine Mehrheitsfraktion die bisherige strategische Orientierung auf die Arbeiterjugend prinzipiell verwarf und sich von der Kommunistischen Jugendorganisation KJO in die Kommunistische Organisation Spartacus umwandelte.[84]
Der neugeschaffene KO Spartacus kritisierte, das Konzept der Kommunistischen Jugendorganisation sei bisher davon ausgegangen, auf absehbare Zeit würde lediglich die Arbeiterjugend in der Lage sein, politische Kämpfe gegen die Herrschaft der Bourgeoisie zu entfalten, doch habe die reale Entwicklung der Klassenkämpfe in den letzten Jahren gezeigt, daß diese wesentliche Voraussetzung der KJO-Konzeption einer ernsthaften Prüfung nicht habe standhalten können. So wird am Beispiel der Entwicklung innerhalb der Gewerkschaften, der SPD und von Entwicklungen am Rande der traditionellen Organisationen der Arbeiterbewegung ein politischer Ausdruck der sich verschärfenden Klassenkämpfe konstatiert.[85] Die Zentrale Leitung der KO Spartacus gab auch sogleich zu verstehen, daß sie in entsprechende Fusionsverhandlungen mit dem Spartacus (Bolschewiki-Leninisten) eintreten wolle.[86]

2.1.5. Fusion von KO Spartacus und Spartacus/BL zum Spartacusbund

Am 2. und 3. Februar 1974 fand eine Fusionskonferenz von KO Spartacus und Spartacus/BL zum Spartacusbund statt.

Als vorläufige programmatische Grundlage des Spartacusbundes wurde die seitherige Grundsatzerklärung von Spartacus/BL mit einer zusätzlichen Resolution verabschiedet, die sich im wesentlichen mit ideologischen Fragen befaßte, die im Zusammenhang mit den Fusionsverhandlungen konkretisiert wurden.

Der Spartacusbund stellte sich auf die Basis des trotzkistischen Übergangsprogrammes von 1938, das die systematischste und ausgereifteste Darstellung der Prinzipien der kommunistischen Weltbewegung sei, nachdem die Komintern unter Führung Stalins in das Lager der Konterrevolution übergewechselt sei. Die Aufgabe des Spartacusbundes bestünde darin, die Methode dieses Programmes auf die heutige Lage anzuwenden, d. h.: »Man muß den Massen im Prozeß des täglichen Kampfes helfen, die Brücke zwischen gegenwärtigen Forderungen und dem Programm der sozialistischen Revolution zu finden. Diese Brücke sollte aus einem System von Übergangsforderungen bestehen, das von den jetzigen Bedingungen und dem heutigen Bewußtsein breiter Schichten der Arbeiterklasse ausgeht und unausweichlich zu ein und derselben Schlußfolgerung führt: der Eroberung der Macht durch das Proletariat.«[87]

Am 11. Februar 1974 erklärte das Politische Büro des Spartacusbundes sein Interesse, als Beobachter auf dem 10. Weltkongreß der IV. Internationale des Vereinigten Sekretariats in Schweden teilnehmen zu können. Diesem Wunsch wurde jedoch nicht stattgegeben.

Ohne eine konkrete Mitgliederzahl anzugeben – nach eigenen Angaben waren auf der Fusionskonferenz 30 Ortsgruppen anwesend –, handelte es sich beim Spartacusbund nach Angaben von 1974 um eine politische Organisation, die vorwiegend aus jungen Mitgliedern bestand. 50% der Mitglieder seien zwischen 21 und 25 Jahre, 30% zwischen 18 und 20 Jahre, 10% unter 18 und 10% zwischen 25 und 30 Jahre oder darüber alt. 25% seien Frauen. 50% aller Mitglieder seien werktätig (davon 50% Arbeiter, 30% Lehrlinge, 20% Angestellte). Von den 35% der Schüler und Studenten seien 85% Studenten und 15% Schüler. 15% sämtlicher Mitglieder seien Soldaten oder Ersatzdienstleistende. Von den werktätigen Genossen hätten 40% einen Hauptschulabschluß, 40% Realschulabschluß und 20% Abitur. 35% der gewerkschaftlich Organisierten des Spartacusbundes hätten gewerkschaftliche Funktionen. Das Verhältnis von Mitgliedern zu Kandidaten sei 3:2. Von den Mitgliedern des Spartacusbundes seien etwa 50% aus der KO Spartacus und die anderen 50% aus der früheren Organisation Spartacus/BL gekommen. Knapp 30% der Mitglieder seien Mitbegründer der KJO 1970/71[88].

Am 29. und 30. Juni 1974 fand in Dortmund die 3. Bundeskonferenz des Spartacusbundes statt, auf der »die politischen Grundlinien der nächsten Periode« verabschiedet wurden.[89] Im ersten Teil wird auf das Verhältnis der Arbeiterschaft zur SPD eingegangen und festgestellt, daß die SPD sich »so deutlich wie selten in den letzten 20 Jahren gegen die Arbeiter« gestellt habe: »Unsere Aufgabe ist es heute, die politische Enttäuschung der fortgeschrittensten Arbeiter in eine aktive Hinwendung zu einer kommunistischen Alternative zu verwandeln.«[90]

Zur Frage der oppositionellen Gewerkschaften wurde eine Korrektur der bisherigen Linie vorgenommen: Der Auffassung, daß der Aufbau einer klassenkämpferischen Tendenz in den Gewerkschaften der wesentliche Schwerpunkt der Politik des Spartacusbundes sein müßte, wurde widersprochen, da man ansonsten einer politischen Antwort auf die Krise, die den Arbeiter betreffe, ausweichen würde. Deshalb weise der Spartacusbund darauf hin, daß nicht der Aufbau einer gewerkschaftlichen, sondern einer politischen Alternative in den Mittelpunkt der politischen Agitation gestellt werden müsse.[91]

2.2. Zum politischen Selbstverständnis des Spartacusbundes

Der eigentlich gravierende Unterschied zwischen GIM und Spartacusbund liegt in der Frage der Einschätzung, inwieweit die von Trotzki initiierte IV. Internationale noch existiert. »Nur eine neue, die Vierte Internationale, kann der Arbeiterbewegung ihr neues Programm und ihre neue Führung geben. Für den Aufbau einer internationalen Klassenführung! Für den Wiederaufbau der IV. Internationale!« hieß es in einer Erklärung des Spartacusbundes zu den Wahlen zum Berliner Abgeordnetenhaus.[92] Der Spartacusbund ist der Auffassung, der Anspruch des Vereinigten Sekretariats, die IV. Internationale darzustellen, sei »politische Hochstapelei«[93], denn die IV. Internationale sei nicht in der Lage gewesen, sich in der revolutionären Nachkriegskrise an die Spitze der internationalen Arbeitermassen zu stellen.

Aber auch in anderen Bereichen gab es Unterschiede zur GIM. Hier ist vor allem die Frage der Einschätzung der SPD durch die GIM zu nennen. Während die GIM die Sozialdemokratie als »bürgerliche Arbeiterpartei« bzw. »kleinbürgerliche Arbeiterpartei«[94] bezeichnet, vertritt der Spartacusbund die Auffassung, der »sozialdemokratische Reformismus« verteidige die kapitalistische Staatsverfassung »um jeden Preis gegen die Arbeiterklasse«.[95]

Diese differierende Auffassung von der Rolle der Sozialdemokratie führte auch anläßlich der Landtagswahlen des Jahres 1974 zu unterschiedlichen Positionen. Anläßlich der Niedersachsenwahl forderte die GIM zur Wahl von DKP oder SPD auf.

Interessant waren die Äußerungen und Aktionen des Spartacusbundes zu den Landtagswahlen der Jahre 1974 und 1975. Anläßlich der Wahlen zum Berliner Abgeordnetenhaus legte der Spartacusbund einen Wahlprogrammentwurf vor, war allerdings selbst nicht in der Lage und bereit, zu den Wahlen zu kandidieren. Deshalb brachte der Spartacusbund zum Ausdruck, daß sowohl bei den Wahlen zum Abgeordnetenhaus wie auch bei den darauffolgenden Landtagswahlen in Nordrhein-Westfalen und Rheinland-Pfalz ein Wahlbündnis mit revolutionären Einheitskandidaten erstellt werden soll, sozusagen auch als ein Prüfstein, inwieweit es gelingt, »den fortgeschrittenen Arbeitern, Angestellten und Intellektuellen eine glaubwürdige kommunistische Alternative zu geben«.[96]

Vor den nordrhein-westfälischen Landtagswahlen im Mai 1975 rief der Spartacusbund auf, ein kommunistisches Wahlbündnis zu bilden.[97] Die Arbeiterklasse stehe heute »politisch unbewaffnet der Arbeitslosigkeit gegenüber«.[98] Da die politische Situation in der Bundesrepublik umgeschlagen sei und die CDU zur Offensive gegen SPD und die Gewerkschaften angesetzt habe, SPD und Gewerkschaftsbürokratie auf Krise und CDU-Offensive mit einem scharfen »Rechtsruck« reagierten, stelle sich für die Arbeiterklasse heute dringender denn je die Frage nach einer politischen Klassenalternative zur SPD. Da auch die DKP durch ihre Anpassung an die Sozialdemokratie offen die Rolle der Flankendeckung der Gewerkschaftsbürokratie einnehme, sei auch diese keine realistische Alternative. Deshalb müsse zu den Landtagswahlen ein kommunistisches Wahlbündnis gebildet werden, an dem sich Gruppen links von SPD und DKP beteiligen sollten, denn bisher sei noch keine Organisation in der Lage, »sich mit Anstand als die revolutionäre Partei« zu bezeichnen.[99] Die Bemühungen des Spartacusbundes blieben jedoch innerhalb der Linken ohne Resonanz.[100]

Zu den Landtagswahlen in Rheinland-Pfalz am 9. März 1975 forderte der Spartacusbund in Koblenz auf, sich der Stimme zu enthalten, »um damit den kandidierenden Parteien zu zeigen: ihr seid keine Alternative!«[101] Die Vorgängerorganisation des Spartacusbundes, die KJO Spartacus, hatte hingegen anläßlich der Bundestagswahl im Jahre 1972 unter Berufung auf ein Zitat von Karl Liebknecht (»Die SPD ist nichts als ein stinkender Leichnam«) aufgefordert, die DKP kritisch zu unterstützen[102], da diese die einzige Arbeiterpartei sei. Die »DKP-Büro-kraten« würden keine konsequente Arbeiterpolitik betreiben: »Ihrer wahren Natur nach ist die (die DKP; d. Verf.) lediglich die Außenfiliale der Bürokratien der degenerierten Arbeiterstaaten.«[103] Der Spartacusbund beteiligte sich hingegen an den Landtagswahlen in Baden-Württemberg im April 1976.

Zu den Bundestagswahlen 1976 gab der Spartacusbund die Losung aus, ungültig zu stimmen. Der Wahlboykott wurde deshalb als notwendig erachtet, weil keine Partei – auch nicht die trotzkistische Konkurrenzorganisation GIM – in einer Wahlplattform dazu aufgerufen habe, Räteorgane zu bilden und sich zu bewaffnen, um den bürgerlichen Staatsapparat zu zerschlagen und die Diktatur des Proletariats zu errichten.[104]

Der Spartacusbund solidarisierte sich mit dem Kampf der Hausbesetzer. Hausbesetzungen seien »die beste Antwort, die man auf die Angriffe des bürgerlichen Staats (in welcher Form auch immer) geben konnte«.[105] Der Spartacusbund sah das Hauptproblem der Besetzerbewegung darin, »daß sie sich weder rätedemokratisch strukturiert« noch ernsthaft Versuche unternommen habe, eine soziale Ausweitung der Bewegung voranzutreiben. »Trotz unserer eindeutigen Sympathie für jeden guten Krawall müssen wir deutlich betonen, daß wir darin keine Perspektive des Kampfes sehen.« Der Staat würde sich durch ein »paar zerbrochene Scheiben nicht gerade besonders beeindrucken« lassen. Es müsse vielmehr eine soziale Ausweitung des Hausbesetzerkampfes angestrebt werden. Der Hausbesetzerbewegung wird »spontaneistisches Bewußtsein« zugesprochen: »In maßloser Überschätzung der eigenen Kraft und blindem Vertrauen auf den guten Lauf der Dinge wird die Bewegung an sich hochgejubelt.« Der Spartacusbund druckte auch in seinem Zentralorgan »kommentarlos« eine Hungerstreik-erklärung der RAF ab, »um unsere Solidarität mit den Genossen(innen) im Kampf gegen den bürgerlichen Staat zu zeigen. Und weil wir wissen, daß die Publikationsmöglichkeiten der RAF vom bürgerlichen Staat total unterdrückt werden.«[106]

3. Trotzkistische Liga Deutschlands (TLD)

Die Trotzkistische Liga Deutschlands verfügte im Jahre 1982 nur noch über knapp 80 Mitglieder (1981: 100).[107] Die TLD ist »sympathisierende« Sektion der Internationalen »Spartacist-Tendenz«. Die TLD gibt in ihrer Zeitschrift »Sparta-kist« Kontaktadressen in Frankfurt, Hamburg und Berlin an. Die Zeitschrift »Spartakist« erscheint im Frankfurter Avantgarde-Verlag. Als Chefredakteur wird ein Christof Steiner genannt, presserechtlich verantwortlich zeichnet jedoch ein Fred Zierenberg, Frankfurt a. M.

Diese trotzkistische Tendenz wird auch von den »Österreichischen Bolschewiki-Leninisten (ÖBL)« verfolgt. Im November 1974 wurde berichtet, daß das Berliner Komitee zur Unterstützung der Deklaration der Spartacist League/US und der Österreichischen Bolschewiki-Leninisten zur gemeinsamen Arbeit in Deutschland seinen Namen geändert und sich als »Trotzkistische Liga Deutschlands« konstituiert hat.[108] Auf einer »internationalen Vorkonferenz«, die im Januar 1974 in Deutschland stattfand, wurde die »programmatische Übereinstimmung deutscher Genossen mit der Spartacist-League/ANZ (Australia and New Zealand; d. Verf.) und der Spartacist-League/US sowie mit den anderen nationalen Gruppen und Komitees festgestellt«.[109] In der ersten Juliwoche 1974 fand »in den Bergen Mitteleuropas« ein »europäisches Sommerlager« statt, das von Anhängern dieser trotzkistischen Richtung abgehalten wurde, an dem über 50 Genossen aus 8 Ländern teilgenommen haben sollen.[110]

Die TLD verteidigt im wesentlichen die sowjetische Außenpolitik. Anläßlich der »Friedensdemonstration« am 10. Oktober 1981 demonstrierte die TLD mit der

Parole »Verteidigt DDR und Sowjetunion! Nieder mit der NATO!« In ihrem Demonstrationsaufruf hieß es[111]: »Über die Zerstörung Kubas und Vietnams, der DDR und der Sowjetunion will der amerikanische Imperialismus seine Hegemonie wiederherstellen. In diesem Feldzug muß man Seite beziehen: die Verteidigung von DDR und Sowjetunion als historisch fortschrittliche Staaten, und zwar trotz der dort herrschenden Bürokratie.«[112]

Auch die Afghanistan-Politik der Sowjetunion wird verteidigt. »Kein klassenbewußtes DGB-Mitglied dürfe seine Unterschrift unter die antikommunistische ›Hetzschrift‹ setzen, womit der ›Friedensaufruf des DGB‹ gemeint ist, in dem es u. a. heißt: ›Die Besetzung Afghanistans‹ verletzt das Selbstbestimmungsrecht dieses Volkes und versetzt der Entspannungspolitik einen schweren Schlag.« Die »herrschende Klasse« in Amerika bereite sich darauf vor, die Sowjetunion durch einen atomaren Erstschlag vom Erdboden verschwinden zu lassen.[113]

Auch das Kriegsrecht in Polen wird durch die TLD mit der Politik der USA gerechtfertigt, da der »US-Imperialismus« in dem »konterrevolutionären Ausbruch in und um Solidarnosc« die bisher beste Gelegenheit dafür gesehen habe, die Sowjetunion zurückzudrängen. Reagan habe vor Enttäuschung aufgeheult, »als die polnische Armee im letzten Dezember den konterrevolutionären Drang von Solidarnosc zur Macht gestoppt hat!«[114] »Mit dem Gewehr vor der Brust hat die stalinistische Bürokratie im letzten möglichen Augenblick, noch im Besitz der Staatsmacht zu handeln, praktisch einen Gegenputsch durchgeführt«, meint TLD weiter. Dem polnischen Arbeiterführer Walesa wurde vorgehalten, bei der Verwirklichung seiner Pläne »wäre Polen zu einem fanatischen Alliierten von Reagans Kriegszug geworden und hätte das atomare Arsenal der NATO direkt an die Grenzen der Sowjetunion gebracht«.[115]

Die TLD glaubt nicht an die »Illusion von einem neutralen friedlichen Deutschland«, spricht sich aber gleichzeitig dafür aus, den Kampf für eine Arbeiterregierung – die Diktatur des Proletariats – »untrennbar mit der Aufgabe der revolutionären Wiedervereinigung Deutschlands« zu verbinden[116], und kämpft gegen die Schaffung eines »kapitalistischen Großdeutschlands«: »Der andere Weg, die Vereinigung der Arbeiterklasse für eine proletarische Revolution in Westdeutschland und für eine politische Revolution in der DDR, ist der einzige Weg, der Frieden in der Welt schaffen kann, indem die Arbeiter die Kapitalisten entwaffnen und diese Waffen selber in die Hand nehmen, bis alle vom Erdball beseitigt sind, die ein Interesse an Ausbeutung, Aufrüstung und Krieg haben.«[117] »Ein Rätedeutschland wäre das industrielle Machtzentrum für die Vereinigten Sozialistischen Staaten von Europa.«[118]

Die Bewegung innerhalb der evangelischen Kirche in der DDR »Schwerter zu Pflugscharen« wird interpretiert als »ein direkter Versuch, die DDR angesichts der imperialistischen Kriegsdrohungen zu entwaffnen, die Ergebnisse des Zweiten Weltkrieges durch einen neuen ›Drang nach Osten‹ rückgängig zu machen und mit der Bildung eines ›neutralen wiedervereinigten, imperialistischen Großdeutschlands‹ zu beginnen«. Die TLD fordert deshalb: »Für die bedingungslose militärische Verteidigung der Arbeiterstaaten gegen Imperialismus und innere Konterrevolution!«[119]

Anläßlich der Bundestagswahlen im März 1983 sprach sich die TLD weder für die Wahl der SPD noch für eine Stimmabgabe für die Grünen aus.[120] Es gebe keine Grundlage, »der SPD heute irgendeine Unterstützung zu geben«. Die SPD sei immer noch der entscheidende Bremsklotz zur Mobilisierung der Arbeiterklasse für ihre eigenen Klasseninteressen. »Eine revolutionäre Massenpartei kann in Westdeutschland nur aufgebaut werden, wenn es gelingt, die Sozialdemokratie entlang ihrer Klassenlinie zu spalten . . . Massenstreiks können die verräterischen Pläne der reformistischen Politiker innerhalb und außerhalb der SPD zum Platzen bringen, die arbeiterfeindliche Kohl-Regierung beiseite räumen und den Weg bahnen zum Kampf für eine Arbeiterregierung in einem revolutionär wiedervereinigten Deutschland, in dem Ausbeutung, Unterdrückung und Arbeitslosigkeit der Vergangenheit angehören werden.«[121]

4. Internationale Arbeiterkorrespondenz (IAK) und Junge Garde (JG)

Eine enge Zusammenarbeit bestand zwischen der nicht mehr existierenden Jungen Garde und der heute noch bestehenden Gruppe um die »Internationale Arbeiterkorrespondenz – Organ der Gruppe IAK zum Aufbau der trotzkistischen Organisation in ganz Deutschland«. Diese kleine trotzkistische Organisation steht der lambertistischen Richtung nahe. Die IAK-Gruppe fordert nach wie vor den Entrismus als die geeignete Taktik zum Aufbau der revolutionären Partei. Den Massen in Deutschland müsse geholfen werden, aus ihren eigenen Erfahrungen mit der Praxis und Politik des Stalinismus und der Sozialdemokratie die notwendigen Konsequenzen für den Aufbau der trotzkistischen Organisation »für ganz Deutschland« zu ziehen.

Die Gründung der IAK geht auf das Jahr 1966 zurück und schloß sich dem Internationalen Komitee zum Wiederaufbau der IV. Internationale an, in dem die beiden trotzkistischen Richtungen der Lambertisten und der Healyisten vereinigt waren. Nach deren Spaltung schlug sich die IAK auf die Seite der Lambertisten.[122]

Jugendorganisation des BSA war die Junge Garde, die vor allem für eine offene Arbeit in der SPD, bei den Jungsozialisten und in den Gewerkschaften eintrat. Am 4. und 5. April 1970 hatten sich die bis zu diesem Zeitpunkt lediglich in loser Verbindung stehenden Gruppen Junger Revolutionäre/Gruppen Junger Sozialisten in Bochum als »Junge Garde – für die Revolutionäre Internationale der Jugend« zu einer nationalen Organisation zusammengeschlossen.[123] In ihrem programmatischen und politischen Kampf stützte sich die Junge Garde auf die trotzkistischen Genossen um die »Internationale Arbeiterkorrespondenz«.[124]

Der Jungen Garde wurden zwar lediglich 200 Mitglieder zugerechnet, dennoch war es ihr am 4. Juli 1971 gelungen, eine »Internationale Versammlung der Jugend« in der Gruga-Halle in Essen, an der über 2000 Personen, darunter etwa 1500 Franzosen, teilnahmen, durchzuführen. Außerdem nahmen an dieser Veranstaltung 19 Delegationen trotzkistischer Jugendverbände aus allen Erdteilen, ferner Exilgruppen von Ostblockstaaten teil.[125]

»Für eine SPD-Alleinregierung auf der Grundlage eines Arbeiterprogramms« lautete ein Spruchband auf dieser Versammlung, die die entristische Position der ehemaligen Jungen Garde kennzeichnete. Dieses Ziel wurde ebenfalls in der Zeitung »Sozialistische Arbeiterpolitik – Organ für eine Arbeiterpolitik in der SPD« propagiert, für das eine Carla Boulboullé verantwortlich zeichnete, in dem eine »Einheitsfront der Arbeiter für eine SPD-Alleinregierung« und »Raus mit den Unternehmer-Ministern der FDP aus der Regierung«[126] gefordert wird.[127]

5. Bund Sozialistischer Arbeiter (BSA)

Der BSA, die Deutsche Sektion des »Internationalen Komitees der Vierten Internationale« mit Sitz in London, zählt zusammen mit seiner Jugendorganisation »Sozialistischer Jugendbund« (SJB) im Jahre 1982 nur noch etwa 150 Mitglieder. Auch er hatte damit einen Mitgliederschwund zu verzeichnen: 1981 waren laut Verfassungsschutzbericht noch 200 Mitglieder zu verzeichnen.[128]

Der BSA gibt seit dem 1. Oktober 1976 die »Neue Arbeiterpresse« (vormals: »Der Funke«) heraus. Der Sozialistische Jugendbund publiziert seit Oktober 1975 das Organ »links voran«.

148

Die Gründung des BSA liegt im Jahre 1971[129] – einer der Gründer war Michael Spur – und hat eine gemeinsame Geschichte mit der Gruppe um die Zeitschrift »Internationale Arbeiterkorrespondenz« (IAK). Der Absprung vom IAK erfolgte im September 1971, und zwar kurz nach der endgültigen Spaltung des Internationalen Comitées zum Wiederaufbau der IV. Internationale in Lambertisten und Healyisten, wobei sich der BSA auf die Seite von Thomas Gerard (Gerry) Healy von der Socialist Labour League (SLL)[130] schlug. Die Gründer des BSA bauten parallel zur Jungen Garde der IAK den Sozialistischen Jugendbund auf. BSA und SJB kämpfen für den Ausbau einer trotzkistischen Partei, ein Kampf in einer Situation, die als »historischer Wendepunkt«[131] bezeichnet wird. Diese trotzkistische Partei müsse aufgebaut werden, da die »reformistischen SPD- und Gewerkschaftsführer, die eng an den Staat und die Kapitalisten gebunden sind und mit allen Mitteln den zusammenbrechenden Kapitalismus aufrechterhalten wollen«[132], heute zu Instrumenten des Angriffs auf die Arbeiterklasse würden. Die einzige Antwort auf den stattfindenden Zusammenbruch liege im Aufbau einer revolutionären Führung. Die Arbeiterklasse könne sich nur dann verteidigen, wenn sie für ein sozialistisches Programm und den Aufbau einer neuen unabhängigen marxistischen Führung kämpfe.

Der BSA strebte den »Sturz der kapitalistischen Schmidt-Regierung« an, es müsse aber »durch die Mobilisierung eine SPD-Alleinregierung an die Macht gebracht werden«. Durch eine solche Alleinregierung müßten endlich sozialistische Maßnahmen umgesetzt werden, wozu entschädigungslose Enteignung der Industrie und Banken unter Arbeiterkontrollen gehört.[133]

6. Sozialistische Arbeitergruppe (SAG)

Die SAG entstand 1969/70 aus dem Frankfurter SDS und konzentrierte sich lange Zeit auf den Frankfurter Raum.[134]

Bei Betriebsrätewahlen unterstützte sie »Gruppen Oppositioneller Gewerkschafter« (GOG), die in einzelnen Fällen – so 1975 bei Opel in Bochum – 36,3% der Stimmen erhielten.[135]

Die SAG äußert in ihrer »Politischen Plattform« Positionen, wie sie von trotzkistischen Organisationen vertreten werden. So wird die »bürokratische Entartung« der Gewerkschaften beklagt: »Deswegen ist der Kampf gegen das Kapital untrennbar verbunden mit dem Kampf um die demokratische Kontrolle dieser Organisationen durch die Arbeiter selbst. Die notwendige Erfahrung zur Revolutionierung der bestehenden Gesellschaft gewinnt die Arbeiterklasse im ständigen Kampf gegen die herrschende Klasse.« Um gegen die Kapitalisten einen bewußten und geschlossenen Kampf zu führen, sei der Wiederaufbau einer revolutionären marxistischen Partei notwendig, »die die bewußte Avantgarde der Arbeiterklasse umfaßt«. In dieser politischen Plattform wird ferner eine »stalinistische Bürokratie«, die die »revolutionären Errungenschaften der russischen Arbeiterklasse gewaltsam zerschlug«, kritisiert.

Die Außenpolitik der stalinistischen Bürokratie habe schon vor dem Zweiten Weltkrieg wesentlich zur Niederlage der revolutionären Arbeiterbewegung in der ganzen Welt beigetragen. »Die Aufstände der Arbeiterklasse in der DDR (1953), in Polen und Ungarn (1956), die Befreiungsbewegung in der ČSSR (1968) und der Arbeiteraufstand in Polen (1970) beweisen, daß die diktatorische Staats- und Parteibürokratie nur durch eine revolutionäre Arbeiterbewegung gestürzt werden kann. Die Aufstände haben zwar die Bürokratien vorübergehend zu Reformgeständnissen gezwungen, aber ihre Herrschaft nicht gebrochen.«[136]

In den von der SAG veröffentlichten »Politischen Grundsätzen« wird »zur Sicherung der Sozialistischen Revolution« ein Staat auf der Basis von Arbeiterräten gefordert. Voraussetzung ist aber der Sturz des Kapitalismus durch die Arbeiterklasse. Die Befreiung der Arbeiter könne nur durch die unabhängige Aktion der Arbeiterklasse selbst erreicht werden. »Der Kapitalismus kann nicht allmählich verbessert oder schrittweise in seinem Wesen verändert werden. Der Kapitalismus kann nur auf revolutionärem Weg gestürzt werden. Die Arbeiterklasse kann die Parlamente, die Armee, die Polizei und Justiz nicht übernehmen und für ihre Zwecke dienstbar machen. Es gibt daher keinen parlamentarischen Weg zum Sozialismus.«[137]

Rußland, China und Osteuropa seien »nicht sozialistische, sondern staatskapitalistische Länder«. Die SAG unterstützten die Arbeiterkämpfe in den Ländern gegen die herrschenden bürokratischen Klassen. Die SAG arbeiteten in den Massenorganisationen des Proletariats, besonders in den Gewerkschaften und Betriebsräten. »Unser Ziel ist es, die Massenorganisationen unter die demokratische Kontrolle der Arbeiterbasis zu stellen und sie so zu echten Kampforganisationen zu machen.«[138]

Die Sozialistische Arbeitergruppe gibt die Zeitschrift »Klassenkampf«[139] heraus.

7. Gruppe Arbeiterstimme

Fast völlig bedeutungslos ist die Gruppe Arbeiterstimme, die das gleichnamige Organ »Arbeiterstimme – Zeitschrift für marxistische Theorie und Praxis« herausgibt. Die Gruppe Arbeiterstimme – früher »Gruppe Revolutionärer Kommunisten (Trotzkisten)« – wird den »Posadisten« zugerechnet.[140]

In einem in der »Arbeiterstimme« veröffentlichten Brief von Posadas wird – was für Trotzkisten erstaunlich ist – die DDR relativ gut beurteilt, da dort die Massen in einer »höheren sozialen Lebensweise, in einer höheren menschlichen Würde« lebten. Es gäbe in der DDR eine größere Achtung für das Leben des Menschen, für menschliche Fraternität und Solidarität. »Und der Arbeiterstaat strahlt seinen Einfluß aus.«[141]

Darum sei eine der wichtigsten Losungen: »Vereinigung beider Deutschlands in ein einziges Deutschland auf der Basis des fortschrittlicheren, und das ist der deutsche Arbeiterstaat. Volle sowjetische Demokratie mit dem Recht auf Tendenzen! Für ein Programm von Verstaatlichungen, der Wirtschaftsplanung, mit voller gewerkschaftlicher und sowjetischer Demokratie, damit die ganzen Massen eingreifen können. Volle Rechte für die revolutionären Tendenzen, um in das Leben des Landes einzugreifen mit dem Ziel, die Arbeiterräte zu entfalten, als Mittel der Kontrolle, die die Initiativen der Massen befürworten, um die Partei zu unterstützen und anzuregen und um gleichzeitig zu kontrollieren und zu verhindern, daß sich die Bürokratie errichtet.«[142]

Anläßlich der hessischen Landtagswahlen riefen die deutschen Posadisten zu einem Kampf »für eine Einheitsfront und ein bewußt antikapitalistisches und antiimperialistisches Programm in der SPD und in der DKP« auf.[143] Diese Auffassung wurde von den Posadisten bereits anläßlich der Landtagswahl in Hessen 1970 vertreten, wo die Errichtung einer sozialistischen Demokratie in beiden Teilen Deutschlands und eine sozialistische Wiedervereinigung gefordert wurden. »Die Organisierung des linken Flügels der SPD, dessen momentanes Zentrum die Jusos sein könnten, sowie der Aufbau der DKP mit dem gleichen Programm der sozialistischen Revolution ist eine objektive Notwendigkeit, und diese soll bei diesen Wahlen zur Sprache kommen.«[144]

Die Invasion Moskaus in Afghanistan wird durch die Gruppe Arbeiterstimme positiv gewertet, habe diese doch »nicht den Zweck, ein Land zu besetzen«, sondern es soll »das Voranschreiten der Konterrevolution« verhindert werden. Afghanistan habe eine wichtige strategische Bedeutung, deshalb müsse es »jedem Linken klar sein, daß es sich in den Händen der Revolution befinden muß«. Wer die sowjetische Intervention verurteile, würde für die Konterrevolution Stellung nehmen. In der Zeitschrift wird eine Einheitsfront gegen alle westlichen Boykottmaßnahmen gegenüber dem Ostblock gefordert.[145]

Am 3. und 4. Oktober 1981 fand in Nürnberg eine Jahreskonferenz statt, an der angeblich Teilnehmer aus Nürnberg, Regensburg, Straubing, Berlin, Frankfurt a. M., Bremen, München, Heidelberg, Bamberg, Bonn und Bielefeld, ferner aus Schweden teilgenommen haben sollen.

Anläßlich der Friedensdemonstrationen am 10. Oktober 1981 verteilte die Gruppe Arbeiterstimme in Bonn ein Flugblatt, mit dem sie sich gegen eine Gleichsetzung der Rüstungspolitik des Westens mit der Rüstungspolitik des Ostens wendet: »Auch die UdSSR muß Machtpolitik treiben, sonst wäre sie schon bei ihrer Gründung von den westlichen Interventionstruppen vernichtet worden, hätte sie die Barbarei Hitler-Deutschlands nicht überlebt, und es hätte zur Kapitulation vor dem Atombombenmonopol der USA kommen müssen.«[146]

Die NATO-Mitgliedsländer hätten folgende Ziele: »Die kapitalistische Gesellschaftsordnung zu erhalten, die imperialistische Macht auszudehnen, um sich Rohstoffquellen und Absatzmärkte einzugliedern. Sie wissen nur zu gut, daß die einzige ernstliche Gegenkraft dazu die Sowjetunion ist. Das muß man sehen bei aller Kritik, die man immer wieder gezwungen ist, an ihr zu üben.«

Bartsch geht davon aus, daß die Posadisten Entrismus sowohl in der SPD als auch in der DKP betreiben, weshalb die DKP mehrere Posadisten ausgeschlossen habe.[147]

D Kommunistische Gruppen Moskauer Prägung

Das Wiedererstarken eines an der Sowjetunion orientierten Kommunismus ist eine der wichtigsten Folgen der studentischen Protestbewegung, da relevante Teile dieser früheren Bewegung durch die DKP, den Spartakus und andere Organisationen integriert wurden und die Gründung der DKP 1969 nicht zuletzt auch im Zusammenhang mit der Situation der Protestbewegung erklärbar sein dürfte. Im folgenden sollen also im wesentlichen nur jene Momente der DKP herausgearbeitet werden, die für das Gesamtverständnis der Protestbewegung notwendig erscheinen, da die Ideologie der DKP als Vertreter der »Alten Linken« bereits vor der Existenz der antiautoritären Studentenrevolte die gleiche Ausprägung hatte und nur in einigen wenigen Fragen – so zur Rolle der Intelligenz – sich zur Aktualisierung ihrer bis dahin durch die Linie der früheren KPD und insgesamt der SED und KPdSU vorgeprägten Ideologie herausgefordert sah. Ein Schwerpunkt der folgenden Ausführungen wird also in erster Linie auf den MSB Spartakus gelegt, der am ehesten als ein Ergebnis der Protestbewegung angesehen werden kann.

1. Die Deutsche Kommunistische Partei (DKP)

Die KPD, die trotz ihres Verbotes durch das Bundesverfassungsgericht im Jahre 1956 neben einer verdeckten Arbeit gerade auch mit Beginn der studentischen Protestrevolte sich immer stärker auch auf eine offene Arbeit hin orientierte, versuchte schon frühzeitig, Einfluß innerhalb der Protestbewegung zu gewinnen, obwohl es ein Kennzeichen der antiautoritären Protestbewegung war, bestimmte Aktivitäten der Warschauer-Pakt-Staaten auf das heftigste zu kritisieren, zum Beispiel den Einmarsch sowjetischer und anderer Truppen in die Tschechoslowakei im Jahre 1968. Dabei darf nicht vergessen werden, daß entsprechende Bemühungen, die Protestbewegung zu beeinflussen, bereits in West-Berlin durch die dortige SEW unternommen worden waren, wenn auch in den meisten Fällen zunächst ohne Erfolg. Doch lieferten die Erfahrungen der SEW in Berlin auch wichtige Hinweise für das Vorgehen der DKP in den Gebieten, in denen die antiautoritäre Protestbewegung den stärksten Einfluß hatte verzeichnen können.[1]

1.1. Zur Gründung der DKP

Das Verbot der KPD im Jahre 1956 hatte bewirkt, daß die Kräfte um die heutige DKP eine bestimmte Form politischer Unabhängigkeit, beispielsweise von der SED oder der politischen Linie der KPdSU (wie es tendenziell in der KPI oder KPF der Fall ist), nicht hatten erlangen können, vielmehr waren weite Teile des Führungskaders der DKP mit der früheren KPD identisch.[2] Die Tatsache, daß die wichtigsten DKP-Funktionäre entweder ab dem Jahre 1956 in der DDR lebten oder aber in verdeckter Form Parteiarbeit in der Bundesrepublik betrieben, diesen bestimmte Erfahrungswerte und Profilierungsmöglichkeiten der zugelassenen Parteien abgingen, führte zu der Tatsache, daß innerhalb der verbotenen KPD und heutigen DKP der Einfluß des »Apparats« seit jeher relativ stark war und auch bestimmte »antiautoritäre« Momente der Protestbewegung die heutige DKP und vor allem ihre Jugendorganisationen kaum hatten beeinflussen können. Woraus ist zu erklären, daß – für manche Parteigenossen ausgesprochen überraschend – im Jahre 1969 die DKP gegründet wurde? Diese Gründung erfolgte, obwohl bis dahin die Forderung nach einer Aufhebung des Verbotes immer wieder erhoben wurde, was im übrigen allerdings aus rechtlichen Gründen nicht möglich war. Am 13. März 1967 war ein »Initiativausschuß für die Wiederzulassung der

KPD« von fünf früheren KPD-Funktionären ins Leben gerufen worden, wobei drei Mitglieder des Zentralkomitees der KPD, nämlich Max Schäfer, Herbert Mies und Grete Thiele, die seit 1956 in der DDR wohnten, am 8. Februar 1968 in Frankfurt am Main den Entwurf eines »Programms der Kommunistischen Partei Deutschlands« der Presse übergeben wollten. Doch wurde diese Veranstaltung unterbunden, weil eine versuchte Umgehung des KPD-Verbotes allzu offensichtlich war.

So kam es völlig überraschend, daß am 26. September 1968 der spätere DKP-Vorsitzende Kurt Bachmann im Auftrag des Zentralkomitees der verbotenen KPD auf einer Pressekonferenz in Frankfurt eine »Erklärung zur Neu-Konstituierung einer Kommunistischen Partei« publizierte, die vier Tage zuvor von einem aus 31 Personen bestehenden Ausschuß beschlossen worden war. Offiziell wurde die DKP am 12./13. April 1969 in Essen gegründet, wobei sie ihre anfängliche Argumentation, sie sei nicht identisch mit der verbotenen KPD, nach und nach aufgab. Denn zunächst war immer noch die Forderung nach einer Wiederzulassung der KPD erhoben worden, nicht zuletzt wohl auch deshalb, um der politischen und auch juristischen Öffentlichkeit den Nachweis zweier kommunistischer Parteien, d.h. den Nachweis der Nichtidentität mit einer verbotenen Partei, zu erbringen. Denn nach den grundgesetzlichen Bestimmungen können jederzeit Nachfolgeorganisationen einer durch das Bundesverfassungsgericht verbotenen Partei durch den Innenminister aufgelöst werden.

Nach und nach wurde allerdings die Identifikation der DKP mit der früheren KPD immer stärker, was schließlich seinen beredten Ausdruck in der Tatsache fand, daß Max Reimann, Erster Sekretär der verbotenen KPD, im September 1971 zunächst Mitglied und dann zwei Monate später, im November 1971, Ehrenpräsident der DKP wurde.

Aber nicht nur allein von der Struktur – weitgehende Identität des alten Führungskaders der KPD mit der DKP –, sondern auch von den politischen Aussagen her stellte sich die DKP immer offener als identisch mit der früheren KPD dar, wenn sie auch inkriminierte Worte wie »Diktatur des Proletariats« verklausulierte und sorgsam umschrieb.

Die DKP berief sich schon auf ihrem Düsseldorfer Parteitag 1971 eindeutig auf den Marxismus-Leninismus und betonte die Identität ihrer politischen Zielsetzungen mit der KPdSU und der SED:

»Unzerstörbar sind die Bande der Solidarität, die die DKP mit der Sowjetunion und der KPdSU, mit der DDR und der SED, mit den übrigen Ländern der sozialistischen Staatengemeinschaft, mit der revolutionären Arbeiterbewegung und der antiimperialistischen Befreiungsbewegung in der ganzen Welt verbinden.«[3]

Und zur DDR wurde ausgeführt: »In der DDR haben die Arbeiter, unsere Klassengenossen, die Macht. Ihre politische und organisatorische Vereinigung und die Führung durch ihre marxistisch-leninistische Partei, die SED, haben sie befähigt, ihre von Marx, Engels und Lenin theoretisch begründete historische Rolle praktisch zu verwirklichen.«[4]

In ihrem auf dem Mannheimer Programm-Parteitag im Mai 1981 beschlossenen Programm erstrebt die DKP »die grundlegende Umgestaltung der gesellschaftlichen Verhältnisse in der Bundesrepublik Deutschland. Das Ziel sei ›der Sozialismus‹, der die grundlegende Alternative zum historisch überlebten kapitalistischen Ausbeutersystem« bilde. Als erste Phase der kommunistischen Gesellschaftsformation sei der Sozialismus »zugleich eine Etappe auf dem Weg zum Kommunismus, jener Gesellschaft, in der es keine Klassen mehr gibt«.[5] Die sozialistische Gesellschaftsordnung setze die »Erringung der politischen Macht durch die Arbeiterklasse im Bündnis mit den anderen Werktätigen voraus«.[6] Eine Etappe auf dem Wege zum Sozialismus sei »eine von der Arbeiterklasse und den anderen demokratischen Kräften getragene antimonopolistisch-demokratische

Staatsmacht«.[7] Denn: »Die DKP erachtet es als möglich und im Interesse der Arbeiterklasse erstrebenswert, daß der Kampf um eine Wende zu demokratischem und sozialem Fortschritt in eine antimonopolistische Demokratie einmündet. Unter einer antimonopolistischen Demokratie versteht die DKP eine Periode grundlegender Umgestaltungen, in der die Arbeiterklasse und die anderen demokratischen Kräfte über so viel Kraft und parlamentarischen Einfluß verfügen, daß sie eine ihre gemeinsamen Interessen vertretende Koalitionsregierung bilden können.«[8]

Die DKP sah neben der Betriebsagitation (vor allem im Bereich der Großindustrie) ihren weiteren, wichtigen Schwerpunkt im Bereich der jungen Generation, zumal im Hochschulbereich. Ihre Mitgliederstärke sowie die Tatsache, daß sie in der gesamten Bundesrepublik binnen relativ kurzer Zeit eine schlagkräftige Organisation aufbauen konnte, während zu diesem Zeitpunkt die Organisationen der Neuen Linken vorwiegend isoliert und vielfach in Basisgruppen ohne überregionale Abstimmung arbeiteten, zeigen, daß die Gründung der DKP u. a. den Zweck verfolgte, die antiautoritäre Protestbewegung im dogmatisch-kommunistischen Sinne zu kanalisieren. Dadurch war es der DKP oder auch mit ihr zunächst nur sympathisierenden Kräften möglich, in überregionaler Abstimmung bestimmte Machtpositionen zu besetzen, die die Neue Linke im Hochschulbereich teilweise mehr oder minder freiwillig aufgegeben hatte.[9]

Nicht nur die Tatsache, daß es der DKP und den ihr verbündeten Organisationen binnen relativ kurzer Zeig gelang, eine erhöhte Schlagkraft an den Tag zu legen, sondern allein die Zahl der aktiven DKP-Mitglieder dürfte erklären, daß die DKP und die ihr verbundenen Organisationen numerisch von den Politikern der im Bundestag vertretenen politischen Parteien als die größere Gefahr für die freiheitlich-demokratische Grundordnung interpretiert werden konnten. Hinzu kommt, daß der DKP erhebliche Finanzmittel zur Verfügung standen, über die in diesem Ausmaße andere Parteien der extremen Linken nicht verfügen konnten.

In ihrem Rechenschaftsbericht für das Jahr 1981, zu dem die DKP laut Parteiengesetz verpflichtet ist, wies diese Partei als Gesamteinnahmen 15 102 744,13 DM aus, wobei als Mitgliedsbeiträge 5 763 177,53 DM und als Spenden 6 535 960,78 DM angegeben wurden.[10]

Auf dem 6. Parteitag der DKP gab der wiedergewählte DKP-Vorsitzende Herbert Mies die Zahl der DKP-Mitglieder mit 48 856 an, nach Auffassung des Bundesministeriums des Innern dürfte die tatsächliche Anzahl jedoch weiterhin bei etwa 40 000 liegen.[11] Die Sozialistische Einheitspartei Westberlins (SEW) dürfte etwa 4500 Mitglieder haben.[12] Im Jahre 1982 dürfte die Zahl der DKP-Mitglieder leicht zurückgegangen sein und 40 000 unterschritten haben. Weder der vom 6. Parteitag beschlossene Wettbewerb »Stärkt die DKP« noch das Engagement in der »Friedensbewegung« brachten wesentliche Mitgliedergewinne.[13] Über 30% aller DKP-Mitglieder dürften jünger als 30 Jahre, mehr als 20% älter als 60 Jahre sein. Das Durchschnittsalter der Führungskader auf Bundesebene liegt bei 50 Jahren; etwa 80% dieser Funktionäre sind aus der illegalen KPD hervorgegangen.[14] Die Mitglieder der DKP sind in etwa 1300 Grundorganisationen (300 Betriebs-, 900 Ortsbzw. Wohngebietsgruppen, 100 Hochschulgruppen) organisiert, die in etwa 200 Kreisorganisationen zusammengefaßt sind.

Auch die Tatsache, daß die DKP die Tageszeitung »Unsere Zeit (UZ)« herausbringt und eine ganze Reihe von Schulungsstätten aufgebaut hat, weist nach, daß die DKP eine langfristig angelegte und gezielte Arbeit leistet, was sich beispielsweise auch an der Gründung der Jungen Pioniere als Kinderorganisation der DKP am 1. Juni 1974 in Bottrop zeigte. Für die Schulungsarbeit der DKP werden auch Institutionen in der DDR (z.Teil sogar Jahreslehrgänge) und auch in der UdSSR genutzt.

Die DKP und die ihr verbundenen Organisationen stellen die größte und stärkste linksextreme politische Kraft in der Bundesrepublik dar. Dennoch soll im Rahmen der vorliegenden Untersuchung die DKP nur insoweit herangezogen werden, als sie zum Verständnis der Protestbewegung sowie zur Erklärung der Position anderer kommunistischer Organisationen notwendig und wichtig ist. Für den Bereich der DKP existiert bereits eine Reihe von Untersuchungen, die Organisationen, politische Praxis und Theorie der DKP eingehend und umfassend analysiert haben.[15]

In dieser Untersuchung soll dagegen ausführlicher auf den Marxistischen Studentenbund Spartakus eingegangen werden, da dieser der Protestbewegung entsprang und viele seiner Mitglieder aus der Protestbewegung kamen, wobei sich zumindest partiell auch der Spartakus auf die Studentenbewegung beruft. Eingegangen werden soll auch – zur Abrundung und Vervollständigung des Bildes – auf die Sozialistische Deutsche Arbeiterjugend (SDAJ) und auf die »Jungen Pioniere« sowie auf die Schülerarbeit der DKP.

Die besondere Aufmerksamkeit, die die DKP der jungen Generation widmet, findet zudem immer wieder ihren Niederschlag in entsprechenden Veröffentlichungen und Beschlußfassungen. So heißt es in den Thesen des Düsseldorfer Parteitages der DKP 1971: »Die jungen Arbeiter, Schüler und Studenten haben in ihrem Kampf für eine Alternative zum imperialistischen System die Solidarität und Hilfe der DKP. Ihre praktische Tätigkeit und ihr Jugendprogramm, das die Grundrechte und Aktionsforderungen der jungen Generation zum Inhalt hat, beweisen, daß die DKP an der Seite der Jugend steht ... Die DKP unterstützt den Kampf der Gewerkschaftsjugend, der Sozialistischen Deutschen Arbeiterjugend (SDAJ) und anderer Arbeiterjugendorganisationen, des Marxistischen Studentenbundes Spartakus und der anderen demokratischen und sozialistischen Schülergruppen und Studentenverbände für die Durchsetzung der Forderungen der jungen Generation.« (These 31)[16]

1.2. Jugendliche und DKP

Auf jugendlichen Nachwuchs legt die DKP besonderen Wert. Deshalb führte das Institut für Marxistische Studien und Forschungen (IMFS) in Frankfurt a. M. im Einvernehmen mit dem Vorstand der DKP eine Befragung von 270 Jugendlichen durch, die im Zeitraum zwischen 1976 und 1978 in die DKP eintraten und zum Untersuchungszeitpunkt (Ende 1978) nicht älter als 30 Jahre waren. Untersucht wurde also das neu gewonnene DKP-Mitgliederpotential in den Jahren 1976–1978. Einige Daten dieser Untersuchung[17] sind besonders interessant. Der überwiegende Teil der befragten DKP-Mitglieder lebte zu diesem Zeitpunkt bereits außerhalb des Elternhauses: lediglich 16% der Arbeitenden und nur 3% der Studierenden gaben an, zum Befragungszeitpunkt bei den Eltern zu wohnen.[18] Erstaunlich hoch sind die Anteile derjenigen, die in einer Wohngemeinschaft leben, unter den befragten Studierenden immerhin 46%.

Die meisten jugendlichen DKP-Mitglieder stammen aus solchen Elternhäusern, in denen dem Kommunismus nur wenig Neigung entgegengebracht wird. Unter den befragten lohnabhängigen Jugendlichen stammen lediglich 11% aus Elternhäusern mit kommunistischer Tendenz, jedoch 32% aus Elternhäusern mit sozialdemokratischer Orientierung, 6% mit liberaler, je 12% mit christlicher und 12% konservativer Tendenz und 6% aus Elternhäusern mit »rechten Auffassungen« (ferner 17% aus politisch desinteressierten Elternhäusern; Sonstige/keine Antwort = 4%).[19] Bei den befragten Studierenden kommen lediglich 4% aus Elternhäusern mit kommunistischer Tendenz, 33% aus Elternhäusern mit sozialdemokratischer, 9% mit liberaler, 9% mit christlicher, 20% mit konservativer Tendenz und 8% aus Elternhäusern mit »rechten Auffassungen« (15% politisch desinteressiert, Sonstige/keine Antworten 2%).

Die DKP-Untersuchung enthält nur wenige Angaben über die soziale Herkunft der jungen DKP-Mitglieder. Sie kommt zu dem Ergebnis, daß es deutliche Unterschiede in der sozialen Herkunft der berufstätigen Jugendlichen und der Studenten gibt: berufstätige Jugendliche, insbesondere junge Arbeiter, rekrutieren sich am häufigsten aus Arbeiterfamilien, während unter den Studierenden eine Überrepräsentation von Angestellten- und Beamtenkindern festgestellt wird. Ausweislich dieser Statistik ist bei den männlichen und weiblichen Arbeiterjugendlichen bzw. bei den Studierenden insgesamt folgender Vaterberuf zu konstatieren (die erste Zahl bezieht sich auf männliche und weibliche Arbeiterjugendliche, die zweite Zahl auf männliche und weibliche Studenten): ungelernte und angelernte Arbeiter 23/17, Facharbeiter 30/8, untere und mittlere Angestellte 9/22, einfache und mittlere Beamte 6/11, leitende Angestellte 6/12, gehobene und höhere Beamte 6/9, freie Berufe 4/8, Unternehmer, Angestellte in der Unternehmensleitung 8/11, Sonstige/keine Angaben 9/4 (Prozentzahlen).[20]

Generell besteht bei dieser Untersuchung der Eindruck, daß der Anteil der jugendlichen Arbeitnehmer bewußt sehr stark herausgestellt wurde, was mit dem ideologischen Anspruch der DKP als einer revolutionären Arbeiterpartei zusammenhängen dürfte. Es gibt auch eine Reihe von methodischen Unsicherheiten.[21]

Der Analyse zufolge waren 50,4% der Befragten Männer und demnach 49,6% Frauen, die folgende Tätigkeiten ausübten: 20% Arbeiter (15,2% Arbeiter, 1,1% Jungarbeiter, 3,7% gewerbliche »Lehrlinge«), 31,4% Angestellte (27,7% Angestellte, 3,7% angestellte »Lehrlinge«), 3,7% Beamte und Beamtenanwärter, 3,7% Hausfrauen, Freiberufler und Arbeitslose sowie 41,5% Schüler und Studenten (3,7% Schüler, 37,8% Studenten).[22]

Gerade die letzten Zahlen weisen den Einfluß der »jungen Intelligenz« auf die DKP in der jungen Mitgliederschaft nach, obwohl die DKP »in ihren Bemühungen um die zahlenmäßige Vergrößerung mit besonderer Sorgfalt« darauf geachtet habe, »ihre Reihen durch die Gewinnung von Mitgliedern aus der Industriearbeiterschaft, dem Kern der Arbeiterklasse, zu stärken«, ist sie offensichtlich diesem Ziel nicht näher gekommen, denn nach der vorgelegten Analyse haben die Hälfte in Klein- und Mittelbetrieben (bis 300 Beschäftigte) etwas mehr als 40% in Betrieben bis zu 9000 Beschäftigten gearbeitet.

SDAJ und MSB Spartakus haben als Rekrutierungsfeld, als »Durchlauferhitzer«, für die DKP eine außerordentlich wichtige Bedeutung, weil davon ausgegangen werden kann, daß zahlreiche Mitglieder erst auf dem Umweg über eine Vorfeldorganisation der DKP zugeführt werden. So waren 43% der lohnabhängigen Jugendlichen und 72% der Studierenden vor ihrem DKP-Beitritt in der SDAJ oder im MSB Spartakus organisiert und lernten dort Kommunisten kennen.[23]

Interessanterweise war nach dieser Umfrage ein erheblicher Teil der jugendlichen DKP-Mitglieder vor Eintritt in diese Partei Mitglied in anderen Organisationen, wobei in dieser Untersuchung insbesondere Jungsozialisten und SPD, aber auch Die Falken und die Naturfreundejugend genannt wurden, aber auch maoistische Organisationen.

Die Studie nennt eine Reihe von Gründen, nach denen die Befragten Hemmungen hinsichtlich eines Parteibeitritts gehabt hätten. So sei die Haltung der DKP gegenüber den »sozialistischen Ländern« eine der »höchsten Barrieren« vor dem Parteieintritt gewesen; immerhin habe die Hälfte der Befragten vor ihrem Eintritt Vorbehalte gegen die DDR gehabt. Die Hälfte der Befragten habe vor ihrem Eintritt in die DKP Zweifel geäußert, ob der »antimonopolistische Kampf« der DKP wirklich revolutionär genannt werden könne. Dies zeigt, daß ein Teil der Befragten von Organisationen der Neuen Linken beeinflußt wurde.

1.3. DKP-Hochschulgruppen

In enger Kooperation mit dem MSB Spartakus stehen die DKP-Hochschulgruppen, die Teil der Partei seien, womit für diese Politik, Taktik und Organisationsprinzipien der Partei verbindlich sind.[24] »Als Parteigruppen an der Hochschule sind sie auf die Arbeiterklasse orientiert und setzen sich gleichfalls entschieden für die Arbeitereinheit und den Zusammenschluß aller demokratischen und sozialistischen Kräfte an der Universität ein. Sie wirken bewußtseinsbildend und initiativ in der außerparlamentarischen Bewegung und den gewählten Vertretungsorganen. Sie orientieren sich in der Hauptsache auf die Arbeit im Hochschulbereich.«[25]

Durch die Existenz von DKP-Hochschulgruppen[26] wird der Eindruck vermittelt, der MSB Spartakus sei eine parteipolitisch ungebundene Organisation. Im Regelfalle handelt es sich aber bei der DKP-Hochschulgruppe um solche Mitglieder, die vielfach den Kern der jeweiligen Spartakus-Führung darstellen und damit den ständigen Einfluß und die ideologische Kontrolle der DKP in diesem Bereich gewährleisten. Außerdem ist es ein wichtiges Ziel kommunistischer Hochschularbeit, mit möglichst vielen Organisationen aufzuwarten, um innerhalb der Studentenschaft den Eindruck möglichst breit gelagerter Aktivitäten zu vermitteln. In den DKP-Hochschulgruppen sind auch Nichtstudenten, die als Lehrende oder in der Verwaltung der Hochschulen arbeiten (also »Lehrende, Lernende und Arbeitende«), Mitglied.

2. Abspaltung in der Sozialistischen Einheitspartei Westberlins (SEW)

Einen Sonderfall stellt die SEW dar, die in besonderer Konfrontation zu der in Berlin beheimateten Neuen Linken steht. Während in der DKP offensichtlich keinerlei nennenswerte Opposition zur offiziellen Politik dieser Partei laut wurde – ungeachtet innerhalb der Linken so umstrittener Entscheidungen der UdSSR wie etwa der Einmarsch in Afghanistan oder das Kriegsrecht in Polen –, ging es in der SEW nicht ohne Friktionen ab. Denn bereits seit 1976/1977 wurde in der SEW vereinzelt an der Parteilinie Kritik geübt, wobei die Unterordnung der SEW unter die SED im Mittelpunkt stand, ferner die Billigung der Verfolgung der Regimekritiker in der DDR und anderen Staaten des Ostblocks wie auch die Unterdrückung innerparteilicher Diskussionen beispielsweise zum Thema Eurokommunismus. In dieser Zeit ist allerdings die Kritik nur parteiintern geäußert worden. Das änderte sich jedoch, als Mitte Dezember 1980 unter der Verantwortung des früheren Mitglieds des Sekretariats des SEW-Kreisvorstandes Wedding, R. Schwarzenau, eine Flugschrift unter dem Titel »Die Klarheit« erschien, die an Funktionäre und Mitglieder der SEW verschickt wurde. Mit dem Titel »Die Klarheit« wird indirekt auf das SEW-Parteiorgan »Die Wahrheit« Bezug genommen, lautete doch ein früherer Werbespruch der SEW für ihr Parteiorgan »Willst du Klarheit, lies die Wahrheit«. In den Veröffentlichungen der »Klarheit« setzten sich die Autoren beispielsweise kritisch mit dem sowjetischen Einmarsch in Afghanistan auseinander, auch mit den »Lobhudeleien« der SEW-Zeitung »Die Wahrheit«, anläßlich des 100. Geburtstages von Stalin, ferner wurde auch die Politik der DDR-Reichsbahn in Berlin (West) angegriffen, die zahlreiche Kündigungen vorgenommen hatte.

Noch im März 1980 betonten die Herausgeber der »Klarheit«[27], sie hätten Angebote von Rundfunk und Fernsehen, sich in der Öffentlichkeit zu artikulieren, abgelehnt, sie betrieben keine Parteispaltung. Im Mai 1980[28] ist dem Artikel »In eigener Sache« zu entnehmen, ein Teil »Der Klarheit«-Mitarbeiter sei der Auffassung, die SEW sei nicht mehr »alleiniger organisatorischer Bezugspunkt«, während ein anderer Teil der Mitarbeiter an dem bisherigen Konzept der Flugschrift festhalte, ausschließlich ein Forum der innerparteilichen Diskussion zu sein, weil es »keine Alternative der SEW« gebe.

Am 28. Mai 1980 traten 30 Mitglieder und Funktionäre der SEW aus dieser Partei aus. In einer »öffentlichen Austrittserklärung« teilten sie mit, »daß diese Partei nicht in der Lage ist, eine Politik und Strategie zu entwickeln, die einen für die große Mehrheit der Westberliner Bevölkerung konsensfähigen Vorschlag zu einem den Bedingungen Westberlins adäquaten Weg hin zum Sozialismus enthält«. Die ausgetretenen SEW-Mitglieder wollten weiterhin für eine sozialistische Politik eintreten und riefen deshalb »zu einer Konferenz zu Problemen der Perspektive sozialistischer Politik und Organisation in Westberlin« auf.[29]

3. Junge Pioniere (JP)

Die Jungen Pioniere wurden am 1. Juni 1974 in Bottrop gegründet.[30] Diese Gründung ist die Konsequenz eines Beschlusses des Hamburger Parteitages der DKP vom 2. bis 4. November 1973: »Der Parteivorstand wird beauftragt, alle Bestrebungen zu fördern, die der Schaffung einer sozialistischen Kinderorganisation in der BRD dienen.« Es kann davon ausgegangen werden, daß zum Zeitpunkt der Gründung etwa 100 Kindergruppen in der Bundesrepublik existierten, doch soll es nach Angaben der JP-Bundesleitung im Oktober 1974 bereits 141 Gruppen gegeben haben.[31]

Zu den Initiatoren der Gründung der JP gehörten auch eine Reihe ehemaliger Spartakus-Mitglieder. Auf der Gründungskonferenz in Bottrop wurden 10 Grundsätze der JP und eine Erklärung »Für die Rechte der Kinder« und darüber hinaus eine Satzung verabschiedet. 33 Mitglieder der Bundesleitung wurden dort gewählt, die wiederum auf ihrer konstituierenden Sitzung ein Bundessekretariat bildeten: Achim Krooß aus Dortmund wurde 1. Vorsitzender; stellvertretende Vorsitzende wurde Gaby Pöll (Hannover). Im Anschluß an die Gründungskonferenz in Bottrop wurde ein Kinderfest veranstaltet, für das nach Angaben der DKP 12 000 Karten verkauft wurden.

Alle Kinder in der Bundesrepublik im Alter von 6 bis 14 Jahren können Mitglieder der Jungen Pioniere werden, außerdem Jugendliche und Erwachsene, die die Organisation der Gruppe leiten, unterstützen oder fördern. Die Organisation gliedert sich in Gruppen, Ortsverbände und Bundesverband; Landesverbände können mit Zustimmung der Bundesleitung gebildet werden.

Auf der 4. Bundeskonferenz der Jungen Pioniere am 4./5. Dezember 1982 in Dortmund wurde Achim Krooß wiedergewählt; er gehört der DKP und dem geschäftsführenden Bundesvorstand der SDAJ an. Nach Schätzung des Bundesinnenministeriums dürfte die Mitgliederzahl der Jungen Pioniere Ende 1982 »weiterhin bei 3500« gelegen haben.[32]

Monatlich wird von der JP-Bundesleitung das »Pionierleiter-Info« und die Kinderzeitung »Willibald« herausgegeben. Die Jungen Pioniere sind auch weiterhin Mitglied in der internationalen Kinderorganisation CIMEA, einer Zweigorganisation des sowjetisch gesteuerten »Weltbundes der Demokratischen Jugend« (WBDJ).

In einem Antrag auf dem VII. Bundeskongreß der SDAJ am 6./7. März 1982 wurde die Notwendigkeit einer verstärkten Aktivität der Jungen Pioniere »zur Erweiterung des Masseneinflusses der SDAJ« gefordert, durch eine »Orientierung der Arbeit auf die Altersgruppe der 13- bis 15jährigen, die systematische und zielgerichtete Arbeit unter diesen Jugendlichen, um sie mit unserer Weltanschauung bekannt zu machen und, wenn möglich, bei der SDAJ zu organisieren. Die Zusammenarbeit zwischen der SDAJ und den Jungen Pionieren ist in diesem Zusammenhang von zentraler Bedeutung und muß mit aller Kraft verbessert werden.«

Es wird in diesem Antrag, dessen Annahme die Antragskommission empfohlen hatte, unumwunden zum Ausdruck gebracht, daß die Jungen Pioniere als Reservoir für die SDAJ dienen sollen: »Die SDAJ muß – über die Jungen Pioniere – allen Kindern als der beste Freund und Helfer bekannt werden. Denn wer was für die Kinder tut, den finden auch die Kinder gut!« Als Möglichkeiten für gemeinsame Aktivitäten und Aktionen der SDAJ mit Gruppen der Jungen Pioniere werden genannt: gemeinsame öffentliche Veranstaltungen zu Karneval, Nikolaus, gemeinsame Kinderfeste etc.; die Vorbereitung, Werbung und Durchführung der Kinderferienaktion von DKP und Jungen Pionieren mit vielen SDAJlern als Betreuer insbesondere für die älteren Kinder, gemeinsame öffentliche Aktionen für sichere Straßen, für Freizeitheime, zur Sicherung des Friedens, gegen Kriegsspielzeug.

Die DKP sieht in der Kinderarbeit eine wichtige Aufgabe. Sie organisiert zusammen mit den Jungen Pionieren, unterstützt von der SDAJ, seit Anfang der 70er Jahre für 10- bis 14jährige Ferienreisen in die DDR unter dem Motto »Wir fahren in ein kinderfreundliches Land«. Ähnliche Reisen hatte bereits die kommunistisch gesteuerte Arbeitsgemeinschaft »Frohe Ferien für alle Kinder« von 1954 bis zu ihrem Verbot 1961 veranstaltet. An diesen Ferienreisen nehmen mehr als 4000 Kinder in etwa 30 Lagern teil. Die Aufenthaltsdauer beträgt in der Regel zwei Wochen, wofür im allgemeinen weniger als 150 DM, häufig sogar unter 100 DM zu zahlen waren. Eines der Ziele dieser Kinderferien-Aktionen ist das Bemühen um Neumitglieder innerhalb der Jungen Pioniere.

4. Sozialistische Deutsche Arbeiterjugend (SDAJ)

Der SDAJ gehörten im Jahre 1982 ca. 15 000 aktive Mitglieder an, die in etwa 800 Gruppen – darunter etwa 100 Betriebsgruppen – organisiert waren.[33]
Auf dem VII. Bundeskongreß am 6./7. März 1982 wurde Werner Stürmann als Bundesvorsitzender der SDAJ wiedergewählt. Stürmann ist auch im Präsidium des Parteivorstandes der DKP. Etwa 40% aller SDAJ-Mitglieder dürften gleichzeitig der DKP angehören.[34]
»elan – das Jugendmagazin« erschien als Sprachrohr der SDAJ monatlich in einer Auflage von etwa 30 000 Exemplaren (1981: 35 000 Exemplaren).[35]

4.1. Generelle Linie der SDAJ

Die SDAJ als »ein revolutionärer Arbeiterjugendverband«[36] betonte auf ihrem VII. Bundeskongreß am 6./7. März 1982 in Düsseldorf immer wieder, sie kämpfe an der Seite der DKP für den Sozialismus, wobei der »reale Sozialismus« als Vorbild genannt wurde: »Dort ist die Wirklichkeit, wofür wir kämpfen.«[37]
In der journalistisch sehr gut aufgemachten SDAJ-Zeitschrift »elan«, die von führenden SDAJ-Funktionären herausgegeben wird, werden die Sowjetunion und die DDR als Staaten gepriesen, in denen Demokratie und Menschenrechte verwirklicht sind. Der frühere KPD-Vorsitzende Max Reimann wurde von der SDAJ als »revolutionäres Vorbild«, »ein Beispiel für Aufopferungsbereitschaft für die Sache der werktätigen Menschen und der Jugend, ein Beispiel für revolutionäre Klugheit und großen Mut« bezeichnet (Beileidsschreiben des SDAJ-Bundesvorstandes anläßlich des Todes von Reimann).[38]
Auf dem SDAJ-Bundeskongreß in Düsseldorf 1982 wurden auch die intensiven Kontakte zu kommunistischen Jugendorganisationen der DDR und des Auslandes deutlich. Beispielsweise beteiligte sich die SDAJ am »Festival des politischen Liedes« (14.–21. Februar 1982) in Berlin (Ost), am »Internationalen Freundschaftslager« am Scharmützelsee (15.–21. Juli 1982) sowie am »Internationalen Jugendlager« in Werder (28. November bis 3. Dezember 1982).

Gemeinsam mit FDJ-Funktionären führte die SDAJ vom 28. September bis 3. Oktober 1982 eine Woche »So lebt die Jugend in der DDR« durch. Auch wurde eine »Freundschaftsreise« der SDAJ mit etwa 270 Jugendlichen in die UdSSR organisiert (2.–7. Juli 1982), außerdem vereinbarten die Verbände SDAJ und der leninsche Komsomol (Jugendorganisation der KPdSU) anläßlich eines Besuches vom 9. bis 11. Februar 1982 in Moskau einen neuen Fünfjahresplan über ihre Zusammenarbeit. Mit Hilfe der »Freien Deutschen Jugend« (FDJ) der DDR wurde eine »Jugendbildungsstätte Burg Wahrberg« in Aurach/Kreis Ansbach 1977 eingerichtet, in der jährlich mehrere hundert SDAJ-Mitglieder in Lehrgängen geschult werden, die in der Regel einwöchig sind.

Die SDAJ identifiziert sich völlig mit den politischen Zielen der DKP, was nicht nur aus der Tatsache ersichtlich wird, daß zahlreiche SDAJ-Funktionäre gewichtige Funktionen innerhalb der DKP wahrnehmen. Es gibt keinen Hinweis, daß auf dem SDAJ-Bundeskongreß im März 1982 die DKP etwa in offener Form kritisiert wurde oder gar ideologische Abweichungen vorhanden sind. Beispielsweise wird die Haltung der DKP im Zusammenhang mit dem Kriegsrecht in Polen eindeutig unterstützt. Das Verbot der polnischen Gewerkschaft Solidarnosc wurde mit der Vorbereitung einer »bewaffneten Machtergreifung« durch eine »Konterrevolution« gerechtfertigt: »Wir sind solidarisch mit denjenigen in Polen, die sich entschieden der Konterrevolution entgegenstellen.«[39]

Die Pro-DKP-Linie der SDAJ kommt auch in der unkritischen Rechtfertigung des Mauerbaus vom 13. August 1961 zum Ausdruck. So veröffentlichte das SDAJ-Organ elan anläßlich des 20. Jahrestages des Mauerbaus ein Interview mit dem Kommandeur einer Hundertschaft einer Betriebskampfgruppe in der DDR, die zum Mauerbau abkommandiert worden war.[40]

Ihre teilweise Isolation innerhalb der jungen Linken versucht die SDAJ durch radikale Positionen zu durchbrechen. So wurde die SDAJ in einem Antrag auf ihrem Düsseldorfer Bundeskongreß als »fester Bestandteil der Haus- und Instandbesetzerbewegung« interpretiert. In diesem Antrag zur Wohnungssituation formulierte die Antragskommission: »Wir sind im Recht, wenn wir leerstehende Häuser besetzen/instand besetzen, um Wohnraum zu nutzen, um auf den Wohnungsnotstand aufmerksam zu machen, um gegen Wohnraumvernichtung zu protestieren, während Hunderttausende vergeblich nach einer Wohnung zu tragbaren Mieten suchen.« Das gemeinsame Zusammenwirken verschiedenster Kräfte wie Mieterinitiativen, Jugendzentrumsinitiativen, der Friedensbewegung, der Bewegungen »gegen den Abbau demokratischer Rechte« könne im »außerparlamentarischen Kampf« viel bewirken, da gemeinsames Handeln »Aktions- und Kampfformen« erproben ließe. Entscheidend sei, »daß Aktionen und Kampfformen die Bewegung verbreitern und ein gemeinsames Vorgehen ermöglichen. Die Gewalt der Hausbesitzer, die Gewalt des Staates kann unterschiedlich beantwortet werden. Wo Recht zu Unrecht wird, wird Widerstand zur Pflicht!«

Die SDAJ akzeptiert Gewalt als Mittel der Politik, zumal eine ganze Reihe von SDAJ-Mitgliedern auch an Hausbesetzungen immer wieder beteiligt war. So gibt es Anhaltspunkte dafür, daß die DKP und ihre Vorfeldorganisationen, insbesondere die SDAJ, bis zum Januar 1982 an ungefähr 50 Hausbesetzungen beteiligt und bei etwa einem Dutzend hiervon führend tätig waren.[41]

In einem Wahlaufruf anläßlich der Bundestagswahlen im März 1983 wandte sich die SDAJ nicht nur gegen sog. »Rechtskräfte«, sondern auch gegen die »Grünen«, die »keine Alternative« seien: »Ihr Nein zu den Raketen ist klar. Aber ihre Forderungen sind nicht immer im Interesse der Arbeiterklasse, die umfassende und konsequente Vertretung der Arbeiterklasse ist nicht ihr erklärtes Ziel, den Sozialismus lehnen sie ab. Sie wollen hauptsächlich ins Parlament. Gemeinsames Vorgehen in der Bewegung aller Aktiven fördern sie nicht. Ihren Alleinvertretungsanspruch für soziale und demokratische Bewegungen lehnen wir ab.«[42]

160

Die Erbitterung gegenüber den »Grünen« wird in diesem Wahlaufruf zugunsten der DKP sehr deutlich: »Wir haben nicht das ganze Jahr gekämpft, über Tausende von Kilometern demonstriert, haben vor Kasernen- und Fabriktoren gefroren und den Wald an der Startbahn-West verteidigt, um wieder nur Stimmvieh zu sein.«

4.2. Zur Geschichte der SDAJ

Die SDAJ wurde bereits vor der DKP am 4./5. Mai 1968 offiziell ins Leben gerufen im Schloß Borbeck bei Essen. Damit fiel die Gründung der SDAJ in die antiautoritäre Phase der studentischen Linken, was beispielsweise auch zu entsprechenden Unmutsäußerungen innerhalb des SDS-nahen Aktionszentrums Unabhängiger und Sozialistischer Schüler (AUSS) führte, das Klage darüber führte, es gäbe »eine Fülle von Beispielen, wie DKP und SDAJ Schülergruppen unterlaufen haben und so deren Existenz in Frage stellten«.[43]
Obwohl bei der Gründung der SDAJ darauf geachtet wurde, daß nur möglichst »linientreue« Jugendliche aufgenommen wurden, kam es doch anfänglich zu internen Differenzen, als die SDAJ-Bundesführung den Einmarsch Warschauer-Pakt-Truppen in die ČSSR begrüßte. Es wurde sehr hart gegen solche Mitglieder vorgegangen, die sich deutlich von dieser Invasion distanzierten. In Mannheim beispielsweise wurde zunächst ein SDAJ-Vorstand abgewählt, der den Einmarsch guthieß. Der neue Vorstand deutete den Einmarsch in die ČSSR in einer Presseerklärung als »ein Eingeständnis der politischen Schwäche«: »Die Bürokraten des erstarrten Sozialismus in der Sowjetunion sehen sich nicht in der Lage, historisch bedingte Impulse zu erkennen, geschweige denn, sie politisch zu konkretisieren.« Die UdSSR sei durch die militärische Intervention der sozialistischen Bewegung der gesamten Welt in den Rücken gefallen. Daraufhin wurden von dem unterlegenen Vorstand auch Altkommunisten zu Hilfe gerufen, und bei der darauffolgenden Mitgliederversammlung wurden die neuen Vorstandsmitglieder, gegen die auch ein Ausschlußantrag beschlossen wurde, von den KP-Anhängern aus dem Saal hinausgeprügelt.[44]
Schon nach kurzer Zeit waren solche Fraktionskämpfe in der SDAJ gebannt, zumal die antiautoritäre Linie der Protestbewegung spätestens im Jahr 1970 abklang und auch andere linke Organisationen von einer sehr starken Betonung revolutionärer Disziplin und absoluter Unterwerfung unter die Beschlüsse einer Organisation ausgingen.
Wie alle Bundeskongresse der SDAJ nachweisen, gibt es innerhalb der SDAJ selbst und in ihrem Verhältnis zur DKP keine wesentlichen Differenzen, da die ideologische Anbindung an die DKP völlig außer Zweifel steht. So erklärte der SDAJ-Bundesvorsitzende Gehrcke auf dem IV. Bundeskongreß der SDAJ am 18./19. Mai 1974 in Hannover: »Erfolgreich ist die Arbeiterjugend der BRD, wenn sie mit der Partei der Arbeiterklasse, der Deutschen Kommunistischen Partei, kämpft. Die DKP will alles für die arbeitenden Menschen. Die DKP hat konstruktive Vorschläge für die Lösung der Alltagsprobleme und der Zukunftsfragen ... Die DKP ist die Partei, die die Grundrechte der Jugend zu ihrem Programm gemacht hat. Wer seine Forderungen durchsetzen will, muß sich mit der fortschrittlichsten Kraft verbünden. Das ist die kommunistische Weltbewegung, in der die DKP zusammen mit 50 Millionen Kämpfern für Frieden, Demokratie und Sozialismus streitet. Dafür kämpft auch die SDAJ. Deshalb fühlen wir uns eng verbunden mit der DKP und sagen: Stärkt die Deutsche Kommunistische Partei!«[45]
Auch in anderen Stellungnahmen wurde immer wieder auf die unverbrüchliche Zusammenarbeit mit der DKP hingewiesen.[46]
Beste Beziehungen bestehen seit vielen Jahren zum sowjetischen Jugendverband

Komsomol. Am 14. März 1973 wurde ein Protokoll zur weiteren Vertiefung der brüderlichen Zusammenarbeit zwischen Komsomol und SDAJ in Dortmund unterzeichnet. Diese Unterzeichnung wurde von der SDAJ wie folgt bewertet: »Als sozialistischer Jugendverband ist die SDAJ besonders eng und solidarisch verbunden der Jugend der UdSSR, der DDR und den anderen Ländern der sozialistischen Staatengemeinschaft. Vom ersten Tag ihres Bestehens an war für die SDAJ die Freundschaft zwischen der Sowjetunion, die Verbundenheit mit dem leninschen Kommunistischen Jugendverband der Sowjetunion Kernstück und lebendigster Ausdruck ihres Internationalismus.«[47]

Wie sehr die Sowjetunion als Vorbild von der SDAJ angesehen wird, zeigen auch Formulierungen der »Fünf Grundrechte der Jugend« im »Kampfprogramm der SDAJ«: »In der Sowjetunion sind die Voraussetzungen für die freie Entwicklung der Jugend geschaffen. Dort sind die Grundrechte der Jugend gesichert. Dort werden demokratische Bildungssysteme geschaffen, die beispielhaft sind. Dort ist die Jugend frei von Sorgen um ihre soziale Sicherheit, sie entwickelt sich in einer gesunden, kulturvollen Umgebung. Die Jugend nimmt dort verantwortungsbewußt und engagiert an der staatlichen Leitung, an der Gestaltung der komplizierten gesellschaftlichen Prozesse und der Lösung der Probleme beim Aufbau der sozialistischen Gesellschaft teil. Die Politik ihrer Länder ist von Aufgaben der Friedenssicherung bestimmt.«[48]

Während sich die SDAJ in ihrer Anfangszeit vorwiegend im Bereich der Arbeiterjugend betätigte, konzentrierten sich ihre Bemühungen später auch auf die Schülerarbeit, da sich als Ergebnis der Protestbewegung an einer ganzen Reihe von Schulen DKP-nahe Schülergruppen gebildet hatten. Diese Schülergruppen entstanden teilweise aus einem Spaltungsprozeß, ähnlich wie dies an der Hochschule auch bei Studentengruppen geschah. Um die Schülerarbeit zu koordinieren, wurde am 17. Juli 1973 in Dortmund parallel zur 6. Bundesvorstandssitzung der SDAJ der »Arbeitskreis Schüler beim Bundesvorstand der SDAJ« gebildet.[49]

Die SDAJ-Schülergruppen machen aus ihrer Nähe zur DKP ebenfalls nicht den geringsten Hehl. So sandte beispielsweise der Sozialistische Schülerbund Bremen an den Düsseldorfer Parteitag der DKP 1971 »heiße Kampfesgrüße«: »An der Seite der Arbeiterklasse, solidarisch verbunden mit der DKP als der Partei der Arbeiterklasse, entwickelt der SSB mit wachsendem Erfolg seinen Kampf gegen die Bildungspolitik des Großkapitals, gegen Antikommunismus und reaktionäre Lehrinhalte, gegen die zunehmenden rechtssozialdemokratischen Theorien an den Gymnasien und für eine Bildung, die sich den Traditionen der deutschen Arbeiterklasse und ihrer wissenschaftlichen Weltanschauung verpflichtet.«[50]

Der SDAJ-Bundesvorsitzende Gehrcke berichtete in seinem Tätigkeitsbericht an den 4. Bundeskongreß der SDAJ am 18./19. Mai 1974 in Hannover, daß sich inzwischen 34 Schülergruppen korporativ der SDAJ angeschlossen hätten. Am 19. Januar 1980 fand ein Schülerkongreß der SDAJ in Wuppertal statt, der unter dem Motto stand »Wer sich nicht wehrt – lebt verkehrt«.[51]

5. Marxistischer Studentenbund (MSB) Spartakus[52]

Der MSB Spartakus wurde auf seinem ersten Bundeskongreß vom 20. bis 22. Mai 1971 in Bonn konstituiert. Binnen kurzer Zeit entwickelte er sich an einer ganzen Reihe von Hochschulen zu der entscheidenden linken politischen Kraft, unter deren Führung der Kampf einerseits gegen das sogenannte »Rechtskartell«, andererseits aber auch gegen »revisionistische« Positionen der Neuen Linken geführt wurde. Der Spartakus hat es innerhalb ganz kurzer Zeit verstanden, diese Führungsrolle an einigen Hochschulen durchzusetzen. Dies ist nicht zuletzt auch das Ergebnis einer konsequenten Bündnispolitik, vor allem mit dem damaligen SHB, der sich später, auf Druck der SPD, in »Sozialistischer Hochschulbund (SHB)«

umfirmieren mußte, aber auch mit anderen Organisationen, die sich teilweise als »unabhängig« oder beispielsweise als »GEW-Hochschulgruppen« profilierten. Mit im Bündnis sind außerdem DKP-Hochschulgruppen, die jedoch nicht nur Studenten umfassen, sondern alle Personen, die an der jeweiligen Hochschule tätig sind, also auch aus dem nichtwissenschaftlichen Bereich bis hin zum Bereich der Lehrenden. Gleichzeitig bilden die studentischen Mitglieder der DKP-Hochschulgruppe im Regelfalle auch den Führungskern der jeweiligen Spartakus-Organisation, so daß auf diese Weise nicht nur eine bestimmte Form von Kontinuität in die Praxis umgesetzt, sondern auch ein konfliktloses Verhältnis zur DKP institutionalisiert werden konnte.

5.1. Geschichtliche Entwicklung

5.1.1. »Traditionalisten« im SDS

Bevor der Spartakus im Mai 1971 ins Leben gerufen wurde, wurden umfangreiche Vorarbeiten unternommen, die auf eine langfristige Strategie der DKP auch im Hochschulbereich schließen lassen. Der Ursprung des Spartakus liegt in der antiautoritären Studentenrevolte, da es bereits damals eine ganze Reihe von Gruppen innerhalb des SDS gab, die sich der mehr traditionalistischen Linie des Marxismus verpflichtet fühlten, so vor allem die Marburger Gruppe, aber beispielsweise auch der SDS in Köln. Zudem stellte der Kölner SDS insofern einen Schwerpunkt der SDS-Traditionalisten dar, als er die Zeitschrift »Facit« herausgegeben hat, wobei der Facit-Herausgeberkreis Kerngruppe des späteren Spartakus wurde. Es kann auch davon ausgegangen werden, daß trotz der heftigen Auseinandersetzungen, die es innerhalb des SDS zwischen Traditionalisten und Antiautoritären gab, zumindest zeitweilig der Einfluß der Traditionalisten in einigen wichtigen Aktionen des SDS nicht unterschätzt werden darf. Bereits in der antiautoritären Phase des SDS waren die Versuche der Kreise um die spätere DKP intensiviert worden, die studentische Bewegung zu beeinflussen, was auch in Form von Schulungsseminaren, zum Teil sogar in der DDR, seinen Niederschlag fand. Bei einer Reihe von Aktionen des SDS, beispielsweise Vietnam-Aktionen und Bundeswehraktionen, lieferten die entsprechenden Aufbereitungen, wie sie aus der DDR besorgt wurden, die notwendige argumentative Ausgangsbasis.

Die Konflikte zwischen ›Traditionalisten‹ und ›Antiautoritären‹ fanden ihren ersten Höhepunkt auf den Weltjugendfestspielen 1968 in Sofia. Die SDS-Delegation bestand in Sofia mehrheitlich aus traditionalistischen SDS-Genossen, währenddessen der SDS-Vorsitzende K. D. Wolff, der die Führung dieser Delegation innehatte, auf diesen Weltjugendfestspielen spontaneistische Vorgehensweisen der antiautoritären Protestbewegung erproben wollte, die von der Leitung der Weltjugendfestspiele als offene Provokation empfunden wurden. Es war innerhalb der Delegation zu erheblichen Auseinandersetzungen gekommen, was dann schließlich anläßlich der kurz nach den Weltjugendfestspielen stattfindenden SDS-Delegiertenkonferenz mit dem Ausschluß der fünf SDS-Genossen ein Ende fand.[53]

Der Ausschluß der fünf Genossen wurde durch den SDS-Bundesvorstand am 10. August 1968 beschlossen, da jene öffentlich wiederholt die Initiative des SDS zu einer Demonstration vor der US-Botschaft in Sofia als spalterisch diffamiert und die handgreiflichen Aktionen gegen diese Demonstranten für notwendig erklärt und ausdrücklich begrüßt hätten. Zudem hätten sie in Foren und Kolloquien des Festivals mehrfach zum Ausdruck gebracht, sich vom SDS-Bundesvorstand nicht repräsentiert zu fühlen. Sie hätten ferner beschlossen, sich an einem Empfang der Freien Deutschen Jugend (FDJ) der DDR zu beteiligen, obwohl sie gewußt hätten, daß der SDS-Bundesvorsitzende als einziger Teilnehmer aus der Bundesrepublik »ausgeladen« worden sei. »Die fünf Genossen haben nicht nur in wesentlichen Fragen (beispielsweise der Kritik an Aspekten der sowjetischen Koexistenzpolitik) mit dem politischen Anspruch einer ›SDS-Delegation‹ mit der Linie des SDS nicht übereinstimmende Auffassungen vertreten, sondern bei ihrer Identifizierung mit der Festivaladministration sogar Brachialgewalt und Polizeieinsatz in Kauf genommen.«[54]

Der SDS-Theoretiker Krahl begründete für den SDS-Bundesvorstand den Ausschluß: »Jene Genossen haben im Grunde genommen die Organisation des SDS im ganzen angegriffen. Sie haben sich selbst in gewisser Hinsicht als Fraktion innerhalb des SDS ausgeschlossen, gewissermaßen zu einer Fraktion im Rahmen der APO gemacht, aber nicht mehr als Fraktion innerhalb des SDS gehandelt.«[55]

Auch der Sprecher des damals noch bestehenden Liberalen Studentenbundes Deutschlands (LSD), Frank von Auer, unterstützte diese Position »notwendiger Abgrenzungen« aus Gründen »revolutionärer Disziplin«.[56]

Innerhalb des SDS hatte es sogar Bestrebungen gegeben, nicht nur jene fünf Genossen auszuschließen, sondern die gesamte traditionalistische Fraktion, wofür sich aber offensichtlich keine Mehrheit finden ließ. Die Mehrheit für den Ausschluß der fünf bisherigen SDS-Genossen der KP-Fraktion war jedoch eindeutig: Von den 119 Delegierten hatten 75 Delegierte für den Ausschlußantrag des SDS-Bundesvorstandes votiert, dem sich lediglich 24 Delegierte widersetzten.

Beim Ausschluß kamen aber die politischen Divergenzen zwischen antiautoritärem SDS und der traditionalistischen Richtung des Spartakus voll zum Tragen. Die Antiautoritären lehnten die politische Praxis, vor allem den »Bürokratismus« der Staaten des Ostblocks ab; insbesondere aber lehnten sie die Rolle der späteren DKP als Kern des Klassenkampfes ab. So hatte denn auch Dutschke immer wieder erklärt: »Denn die Befreiung der Lohnabhängigen kann nur durch ihre praktisch umwälzende Bewußtwerdung geschehen, nicht durch eine Partei, eine Bürokratie oder durch ein Parlament.«[57]

Die Traditionalisten hingegen machten den Antiautoritären den Vorwurf, sie begrenzten ihre Kämpfe letztlich nur auf die Studentenbewegung, seien aber nicht zu einer breiten Organisierung und zu einer konsequenten Bündnispolitik fähig. Auch seien sie nicht bereit und in der Lage, die Lohnbewegung der Arbeiter zu unterstützen. Abgelehnt wurde auch die Position des SDS, der jede Organisation als solche als »autoritär« abtat und der auch gleichzeitig den von der DKP propagierten Kampfformen bis hin zur Wahlbeteiligung ablehnend gegenüberstand.[58]

Von seiten der späteren Spartakus-Genossen wurde es immer wieder als Schwäche des SDS interpretiert, daß sich in ihm eine ganze Reihe von Fraktionen unterschiedlichster Couleur befanden, die sich teilweise in gewissem Sinne aus politisch neutralisierten. Insgesamt wurde dem SDS jedoch vorgeworfen, daß er über einen bürgerlich-revolutionären Ansatz der Revolution nicht hinausgekommen sei und zudem eine einseitige Betonung des aktiven, subjektiven Moments in der geschichtlichen Bewegung vornehme, die bei der Intelligenz immer naheliege. Der SDS gehe aus von einem dem liberal-frühbürgerlichen Freiheitsbegriff verwandten Begriff der Selbstbestimmung und der Selbstbezeichnung als »antiautoritär«[59]. Vor allem aber wurde dem SDS eine zunehmende Tendenz zum Trotzkismus bescheinigt. Im Zusammenhang mit gleichzeitig anarchistischen Tendenzen wurde dem SDS ferner Voluntarismus unterstellt.[60] Letztlich wurden die »revisionistischen Varianten« innerhalb des SDS schlicht als »bürgerliche, liberale Ideologie innerhalb der Arbeiterbewegung« dargestellt.[61]

Mit dem Ausschluß der fünf Genossen fanden die Auseinandersetzungen zwischen marxistisch-traditionalistischen und antiautoritären Genossen ihren eindeutigen Höhepunkt, da es schon lange vorher innerhalb des SDS zu Kontroversen gekommen war.[62] Gleichzeitig zeigte die 23. Delegiertenkonferenz des SDS Zeichen bestimmter Resignation, zumindest war sie doch offenkundig durch die

164

Tatsache geprägt, daß sie eine langfristige Strategie für den SDS nicht mehr entwickeln konnte. So war denn der Ausschluß der KP-Genossen einer der wenigen bindenden Momente innerhalb der »Antiautoritären«.

5.1.2. Gründung zur Assoziation

Trotz aller Differenzen, die aufgetreten waren, stellte sich der Spartakus auch nach der Trennung von den antiautoritären Strömungen in die Tradition der Protestbewegung, was in einem gewissen Sinne allerdings auch taktischen Charakter gehabt haben dürfte, um die entsprechenden Sympathien für die Studentenrebellion als solche vor allem im Hochschulbereich zu nutzen. So erklärte der führende Marburger Spartakus-Funktionär Paul Schäfer: »Spartakus begreift sich als Nachfolgeorganisation des inzwischen historischen antiimperialistischen SDS, jenes SDS, der es verstand, die Widersprüche zwischen der gerade der Intelligenz eindoktrinierten freiheitlich-demokratischen Ideologie und den Realitäten in der Welt manifest zu machen, und der es verstand, diese Widersprüche in massenhafte Protestbewegungen umzusetzen.«[63]
Gerade weil sich die traditionalistischen Studenten des SDS bewußt als Teil der Protestbewegung verstanden, wurde schon längst vor der Gründung des Spartakus als Bundesverband im Mai 1971 zunächst für einzelne KP-orientierte Gruppen der Name »SDS Spartakus« gewählt.[64]
Der Ausschluß zwang nun die KP-Fraktion, sich eigenständig und damit außerhalb des SDS zu konstituieren. Am 12. Januar 1969 trafen sich Vertreter mehrerer lokaler SDS-Gruppen, vor allem aus dem Bereich Nordrhein-Westfalens, und Mitglieder von SDS-Minderheitsfraktionen aus allen Teilen der Bundesrepublik in Westhofen/Ruhr.[65] Ergebnis dieses Treffens war die Gründung der »Assoziation Marxistischer Studenten – Spartakus«. Name und Form einer Assoziation wurden deshalb gewählt, weil damit den Anhängern der KP-Fraktion in den noch bestehenden SDS-Gruppen die Möglichkeit gegeben werden sollte, dort Einfluß zu behalten. Wo dies nicht mehr möglich war, bildeten diese Genossen eine eigene Organisation. Auf dieser Westhofener Gründungskonferenz wurden auch die wichtigsten Grundorientierungen des Spartakus festgelegt, die dann schließlich in einer Grundsatzerklärung konkretisiert wurden, wie dies auf der 3. Gruppenvertretertagung des Spartakus im Frühjahr 1969 in Marburg geschah. In dieser Grundsatzerklärung[66] wurden allerdings bestimmte Positionen des Spartakus nur angedeutet, so das Verhältnis zur DDR und zur Sowjetunion. Hier heißt es lediglich: »Wir halten es nicht mit denen, die den Sozialismus überall für gut halten, nur nicht in den sozialistischen Ländern, insbesondere der DDR. Denn die Weiterentwicklung der sozialistischen Länder hat zentrale Bedeutung für den Kampf der Sozialisten in der Bundesrepublik.«[67]
Allerdings wurde zahlreichen antiautoritären Positionen eine eindeutige Absage erteilt. So wurde der SDS-These widersprochen, die Arbeiterklasse bedürfe heute in ihrem Kampf nicht mehr einer revolutionären Partei, da die Ausgebeuteten spontan und selbsttätig zu den jeweils notwendigen nächsten Schritten auf dem Wege zum Sozialismus fänden, weil damit ein »Gegensatz zwischen Spontaneität und Bewußtsein konstruiert« würde, wobei diese Position »die Notwendigkeit des organisierten Hineintragens von Bewußtsein übersieht und weil sie die Notwendigkeit des organisierten Kampfes in der Auseinandersetzung mit der höchst organisierten und erfahrenen herrschenden Klasse vergißt«.[68]
Auch die Ansicht, die Kampfmittel ließen sich ihrer Form nach in revolutionäre und reformistische unterscheiden, sei falsch, weil der Charakter von Kampfmitteln sich am Ziel messe, nämlich der sozialistischen Revolution, an den Machtverhältnissen in der konkreten Situation und am Bewußtseinsstand der Beteiligten. Vor allem aber wurde den Positionen im SDS widersprochen, Intellektuelle seien

das eigentliche revolutionäre Subjekt, während die Arbeiterklasse lediglich früher einmal vielleicht revolutionär gewesen sei.

Und im letzten Absatz der Grundsatzerklärung heißt es zur Ausdehnung des Spartakus: »Zu uns gehören SDS-Gruppen in einigen Städten des Rhein-Ruhr-Gebietes, die in ihrer Gesamtheit marxistische Positionen vertreten; zu uns gehören marxistische Fraktionen in anderen SDS-Gruppen; zu uns gehören aber auch Gruppen marxistischer Studenten an solchen Orten, in denen alle Bemühungen, im SDS durch politische Diskussion eine gemeinsame marxistische Praxis zu bestimmen, gescheitert sind.«

5.1.3. Gründungskongreß in Bonn

Weniger als 2½ Jahre später, vom 20. bis 22. Mai 1971, wurde in Bonn schließlich die bisherige Assoziation Marxistischer Studenten in den Marxistischen Studentenbund (MSB) Spartakus verwandelt, dem zu diesem Zeitpunkt immerhin Gruppen an etwa 40 Hochschulen der Bundesrepublik angehörten. Bei dem Aufbau dieser Studentenorganisation wurde auch über den Namen »Spartakus« diskutiert. Durch die Namensgebung sollte daran erinnert werden, daß sich 1915 die Kriegsgegner innerhalb der SPD um Rosa Luxemburg und Karl Liebknecht in der Gruppe Internationale vereinigten, die seit Januar 1916 ihr eigenes Informationsmaterial herausbrachten. Ihre politischen Briefe waren mit »Spartacus« unterzeichnet, wobei die »Internationalen« sich »Spartacusbund« nannten. Schließlich war zum Jahreswechsel 1918/19 die Kommunistische Partei Deutschlands (Spartakusbund) gegründet worden.

Bereits zum Zeitpunkt seines Gründungskongresses hatte sich der Spartakus praktisch zur einflußreichsten linken politischen Studentenorganisation entwickelt. Von den etwa 425 Studentenparlamentssitzen, die auf die überregionalen Gruppen Ring Christlich-Demokratischer Studenten (RCDS), die damalige Deutsche Studenten Union (DSU), den damaligen Sozialdemokratischen Hochschulbund (SHB) und den MSB Spartakus entfielen, kamen auf den Spartakus bereits etwa 100 Sitze. Der Einfluß des Spartakus war jedoch weitaus größer, da es ihm inzwischen gelungen war, den SHB ideologisch weitgehend zu kontrollieren und auch noch eine Reihe anderer unabhängiger Gruppen, bis hin zu GEW-Hochschulgruppen, stark zu beeinflussen.[69]

Mit dem SHB bildete er gemeinsam an einer ganzen Reihe von Hochschulen die Mehrheiten in den Studentenparlamenten und damit die Allgemeinen Studentenausschüsse. Auffallend daran war vor allem, daß die Zahl der Mandate in der studentischen Selbstverwaltung überproportional zu dem tatsächlichen Stimmenergebnis auch im Verhältnis zu den Koalitionspartnern war. Dies weist nach, daß es dem MSB Spartakus gelungen war, in der studentischen Exekutive faktisch einen weitaus größeren Einfluß zu erhalten, als ihm dies vom eigentlichen Stimmenergebnis her zugestanden hätte.

Über 200 ordentliche Delegierte aus 35 Gruppen, die sich bis dahin in der Assoziation zusammengefunden hatten, verabschiedeten auf diesem Kongreß eine Grundsatzerklärung, eine Satzung und wählten auch einen neuen Vorstand. Weitere 10 Gruppen sollen als Beobachter am Kongreß teilgenommen haben.[70]

Der gesamte Verlauf dieses Gründungskongresses[71] wies deutlich nach, von welch langer politischer Hand die Gründung dieses Verbandes vorbereitet worden war, bei der es sozusagen nicht eine einzige politische Panne gab und auch die entsprechende Disziplin im völligen Gegensatz zum chaotischen Durcheinander von SDS-Delegiertenkonferenzen stand. Der zuvor verteilte »Ablaufplan« wurde auf dem Kongreß exakt eingehalten. Diese Disziplin wurde immer wieder in den entsprechenden Reden und auch im Rahmen des über dreistündigen Hauptreferates des späteren Spartakus-Bundesvorsitzenden Christoph Strawe bekundet. Das Referat von Strawe, das ständig von tosendem Beifall unterbrochen wurde, erfuhr aus den Reihen der Delegierten nicht die geringste Kritik, sondern es wurden lediglich »ergänzende« Beiträge geliefert, häufig wurde minutenlanger Beifall stehend dargebracht, wobei sich die Redner – wie dies auf östlichen Parteitagen auch der Fall ist – selbst beklatschten. Diese disziplinierte Grundposition brachte denn auch Strawe in seinem Hauptreferat immer wieder zum Ausdruck, denn der Spartakus sei »kein intellektueller Debattierklub und Tummelplatz für die vom bürgerlichen Wissenschaftsbetrieb enttäuschten Studenten«.[72]

An dem Kongreß nahmen auch zahlreiche ausländische Vertreter, ferner Betriebsratsvorsitzende, Vertreter der Sozialistischen Deutschen Arbeiterjugend (SDAJ), Vertreter des damaligen Sozialdemokratischen Hochschulbundes (SHB), der FDJ, des Studentenrates der UdSSR und der DKP teil. In diesen Ansprachen und den entsprechenden Reaktionen des Kongresses kam die herzliche Verbundenheit der Delegierten mit der DDR und der KPdSU zum Ausdruck. So erklärte als Vertreter der FDJ Werner Hannig: »Mit Spartakus hat sich eine Studentenorganisation entwickelt, die einen kompromißlosen Kampf für die demokratische Hochschulerneuerung, gegen reaktionäre Bildungs- und Hochschulpolitik, gegen die Unterordnung der Wissenschaft unter die Interessen des Kapitals führt.«[73] Der FDJ-Vertreter übergab dem Kongreß eine Schenkungsurkunde für eine Bibliothek marxistisch-leninistischer Literatur, die etwa 500 Bände umfaßte.

Der Vertreter des Bundeszentralrates des SHB, Stephan Albrecht, betonte in seiner Ansprache, »daß die Rekonstruktion des Verbandes Deutscher Studentenschaften und vieler Allgemeiner Studentenausschüsse das Ergebnis der gemeinsamen Arbeit von SHB und Spartakus gewesen ist. Die erfolgreiche Zusammenarbeit war und ist nur möglich auf der Grundlage einer richtigen Einschätzung des staatsmonopolistischen Systems der Bundesrepublik, der Prozesse der wissenschaftlich-technischen Revolution und des nationalen wie internationalen Kräfteverhältnisses. Dieses Bündnis zwischen SHB und Spartakus beruht auf der gemeinsamen antiimperialistischen Grundhaltung.«[74]

Als Vertreter der DKP feierte zunächst Professor Dr. Robert Steigerwald »namens der marxistischen Kampfpartei der Arbeiterklasse in der Bundesrepublik« die Gründung des Spartakus als »bedeutendes Ereignis der jüngeren Geschichte der sozialistischen Bewegung unseres Landes« und überbrachte diesem Kongreß »brüderliche sozialistische Grüße«: »Damit tritt nun erstmals in der BRD ein Studentenverband in die politische Arena ein, der seine Tätigkeit auf der Grundlage des Marxismus entwickelt und gerade darum in seiner Programmatik von der inneren Einheit des antimonopolistischen und sozialistischen Kampfes ausgeht. Das ist der erste und einzige Studentenbund der Bundesrepublik, der seinen Beitrag für die Einheit der drei Ströme des weltrevolutionären Prozesses leistet, des sozialistischen Weltsystems, dessen Hauptkraft die Sowjetunion war und ist, der revolutionären Arbeiterklasse in den Ländern des entwickelten Kapitalismus, der antiimperialistischen Befreiungsbewegung in den Ländern der sogenannten Dritten Welt.«[75]

Ebenso wie Steigerwald erhielt als damaliger stellvertretender Vorsitzender der Deutschen Kommunistischen Partei Herbert Mies kaum enden wollenden Beifall, als er den Delegierten gegenüber erklärte, »daß durch Euer Mitwirken es möglich geworden ist, daß dieses Land wieder eine legale Kommunistische Partei, die Deutsche Kommunistische Partei, bekam«.[76] Damit erkannte Mies an, daß die Gründung der DKP auch als ein Ergebnis der Aktivitäten der Protestbewegung angesehen werden kann, zumal er erklärte, daß sich »auf einem Höhepunkt der studentischen Bewegung« Kommunisten der Bundesrepublik zusammengetan hätten »in der Hoffnung, daß die Bildung der Deutschen Kommunistischen Partei Solidarität und Sympathie in einem Teil linksgerichteter Studenten finden möge«.[77] Diese Solidarität sei zwischen Spartakus und DKP hergestellt.

167

Der Spartakus hat sich in dieser Satzung als »eine gegenüber Parteien und Vereinigungen selbständige marxistische Studentenorganisation an den Hoch- und Fachhochschulen in der BRD« bezeichnet. Hinsichtlich eines Ausschlusses sind dem Bundesvorstand weitgehende Rechte eingeräumt worden, da in der Satzung verankert ist, wenn Ausschlußgründe auf eine gesamte Gruppe zutreffen, daß »diese Gruppe vom Bundesvorstand aufgelöst werden« kann. Gegen einen solchen Auflösungsbeschluß kann bei einer Schiedskommission Einspruch erhoben werden. Oberstes Organ ist der Bundeskongreß, auf Gruppenebene die Mitgliederversammlung. Der Bundeskongreß tagt in der Regel einmal im Kalenderjahr, mindestens aber alle zwei Jahre.

5.1.4. 2. Bundeskongreß in Hamburg

Im Februar 1973 fand der 2. Bundeskongreß des Spartakus in Hamburg statt, an dem 366 Delegierte aus 70 Spartakusgruppen teilnahmen.[78] Auf diesem 2. Bundeskongreß wurde ein »Programm für das gemeinsame Handeln der Studenten« verabschiedet, um eine Zusammenfassung der »Kampferfahrungen der Studenten« vorzunehmen. Denn: »Der spontane Protest gegen die Mißstände an den Hochschulen und den Abbau der demokratischen Rechte in unserer Gesellschaft ist zum bewußten und organisierten Handeln geworden.«[79]
Im Mittelpunkt dieses 2. Bundeskongresses des Spartakus stand die Verabschiedung des »Programmes für das gemeinsame Handeln der Studenten«, von dem ein Entwurf bereits einige Monate zuvor in der Studentenschaft bekanntgemacht wurde. Inhaltliche Korrekturen hat es jedoch an diesem Entwurf nicht gegeben, sondern nur Verdeutlichungen. Konkretisiert wurde vor allem die Einschätzung des »kapitalistischen Staates«, auch die Fragen der Bündnispolitik wurden breiter behandelt. Das Programm formulierte, »demokratische Ausbildungsziele« für einzelne Bereiche des Studiums, so in der Lehrerausbildung, Historikerausbildung usw. Insgesamt war aber auch hier eine lebhafte Diskussion, wie sie bei antiautoritären Studenten die Regel war, nicht zu vernehmen.

5.1.5. 3. Bundeskongreß in Frankfurt

Der MSB Spartakus, der am 20. Oktober 1973 ein »Meeting« in Dortmund zu Fragen der Studentenpolitik veranstaltet hatte, an dem etwa 2000 Mitglieder teilgenommen haben dürften[80], führte am 22. Februar 1974 seine 3. Bundeskonferenz in Frankfurt durch.[81] Dort erfolgte eine wichtige personelle Veränderung: Christoph Strawe, der dem Verband seit 1971 als Bundesvorsitzender vorstand, hatte bereits vor dem Kongreß in den »roten blättern« zum Ausdruck gebracht, daß er für dieses Amt nicht mehr zur Verfügung stünde und daß als sein Nachfolger Steffen Lehndorff neuer Vorsitzender werden sollte.[82] Offensichtlich stand jedoch bereits seit einigen Monaten fest, daß Lehndorff Nachfolger Strawes würde. Denn bereits auf dem Hamburger Parteitag der DKP, der vom 2. bis 4. November 1973 stattfand, wurde Steffen Lehndorff in den 93 Personen umfassenden Parteivorstand der DKP gewählt.[83]
Durch die frühzeitige Nominierung von Lehndorff wurde klar, daß die Personalpolitik innerhalb des Spartakus im Regelfalle schon längst entschieden sein dürfte, bevor es zu einer entsprechenden Bundeskonferenz kommt. Von den 302 Delegierten der 3. Bundeskonferenz wurden alle 58 Angehörige des Bundesvorstandes einstimmig gewählt.[84] Diesem Bundesvorstand gehörten auch Christoph Strawe, Michael Maercks und Jürgen Büscher sowie weitere Spartakus-Funktionäre »der ersten Stunde« an. Auf seiner konstituierenden Sitzung wählte der Bundesvorstand Steffen Lehndorff einstimmig zum neuen Bundesvorsitzenden, seine Stellvertreter wurden Klaus Görke und Paul Schäfer.

Steffen Lehndorff, der auch zunächst noch in seiner Eigenschaft als stellvertretender Vorsitzender des MSB Spartakus den Bericht des Bundesvorstandes an den 3. Bundeskongreß gab, berichtete, daß der Spartakus inzwischen 104 Gruppen und 4428 Mitglieder habe.[85]

5.1.6. 4. Bundeskongreß in Köln

Am 8. und 9. Oktober 1975 fand in der Stadthalle Köln-Mülheim der 4. Bundeskongreß unter dem Motto »Für unsere sozialen und politischen Rechte gemeinsam mit der Arbeiterjugend – Macht mit im MSB Spartakus« statt, der jedoch keine besonderen Höhepunkte aufwies. Laut Bericht der Mandatsprüfungskommission waren auf diesem Kongreß aus 157 Gruppen 401 Delegierte anwesend, wobei Delegierte aus neun Gruppen fehlten.

Der etwa zweistündige politische Bericht des Bundesvorstandes an den 4. Bundeskongreß wurde vom MSB-Bundesvorsitzenden Steffen Lehndorff vorgetragen. Die politische Linie dieses Berichtes wurde in einem Entlastungsantrag einstimmig gebilligt.

Für die Revisionskommission erklärte der Spartakus-Funktionär Dieter Fornoni, die Auflage des Verbandsorganes »rote blätter« habe auf 30 000 gesteigert werden können. Aufgrund der Empfehlung der Revisionskommission wurde der Bundesvorstand einstimmig entlastet.

Wie beim Spartakus üblich, fanden die Wahlen zu den Leitungsgremien in nichtöffentlichen Sitzungen statt. Die Delegierten wählten einen 85köpfigen Bundesvorstand sowie die Mitglieder der Schieds- und Revisionskommission. Auf seiner konstituierenden Sitzung wählte der neue Bundesvorstand einstimmig das nachfolgende Sekretariat: Steffen Lehndorff (Vorsitzender), Beate Landefeld, Rainer Naujoks und Rainer Krings (stellvertretende Vorsitzende) und als weitere Mitglieder: Christiane Reymann, Christfried Seifert, Hans-Peter Brenner, Claus Proft, Peter Degkwitz, Franz Hutzfeldt und Fritz Weigel. Aus dem Sekretariat schieden die bisherigen stellvertretenden Vorsitzenden Paul Schäfer und Klaus Görke aus.

5.1.7. 5. Bundeskongreß in München

Auf seinem 5. Bundeskongreß am 8./9. Oktober 1977 in München, der unter dem Motto »Mit Spartakus – im Spartakus – für das Recht auf Bildung – für das Recht auf Arbeit« stattfand, wiederholte der MSB sein Bekenntnis zu den Lehren von Marx, Engels und Lenin. Neue Bundesvorsitzende wurde Beate Landefeld, Mitglied des Parteivorstandes der DKP. Auf diesem Bundeskongreß wurde insbesondere die Bündnispolitik mit dem SHB immer wieder herausgestrichen. Die damalige SHB-Bundesvorsitzende Mechthild Jansen erklärte in einer Grußadresse gegenüber den Spartakus-Delegierten: »MSB und SHB sind auch deshalb zu entscheidenden Kräften in der Studentenbewegung geworden, weil sie für eine Politik der Aktionseinheit eingetreten sind und weil sie diese Politik erfolgreich praktiziert haben ... Der SHB wird sich aus diesem Grunde weiterhin zu dem bekennen, was er als richtig erkannt hat: die Aktionseinheit von Sozialdemokraten und Kommunisten.« Beate Landefeld sprach von »kameradschaftlicher Zusammenarbeit zwischen SHB und MSB«.

In dem Spartakus-Rechenschaftsbericht wird die Sowjetunion mit großer Sympathie geschildert: »Die Überlebtheit der kapitalistischen Gesellschaftsordnung, der Fortschritt im historischen Prozeß ihrer Ablösung durch den Sozialismus lassen sich am deutlichsten an der internationalen politischen Entwicklung ablesen ... Da ist die demokratische Verfassungsdiskussion in der Sowjetunion, die demonstriert, in welcher Ruhe und Sicherheit 60 Jahre nach der Oktoberrevolu-

tion die gewaltigen neuen Aufgaben und Probleme bei der Schaffung der Grundlagen des Kommunismus von breitesten Volksmassen angepackt werden.«
Der Spartakus konnte nach seinen eigenen Angaben die Zahl seiner Mitglieder im Jahre 1977 auf 5800 steigern, die in etwa 210 Gruppen organisiert waren. Die Auflagenhöhe des monatlich erscheinenden MSB-Organs »Rote Blätter« lag im Jahre 1977 bei etwa 30 000 Exemplaren.

5.1.8. 6. Bundeskongreß in Marburg

Auf dem 6. MSB-Bundeskongreß am 13./14. Oktober 1979 in Marburg wurde Uwe Knickrehm, Mitglied des DKP-Bezirksvorstandes Hamburg, zum Bundesvorsitzenden des Spartakus gewählt.[86] Auf diesem Kongreß wurden 89 Mitglieder in den Bundesvorstand des MSB Spartakus – und zwar einstimmig – gewählt.[87] Der DKP-Vorsitzende Herbert Mies überbrachte diesem Kongreß »die herzlichen und solidarischen Kampfesgrüße« des DKP-Parteivorstandes.[88] Mies sprach ferner von einer »festen Kampfgemeinschaft« von DKP und MSB Spartakus.
Auf diesem Kongreß wurde auch an ein wichtiges Ereignis erinnert: Das von SDAJ und MSB Spartakus am 13./14. Mai 1978 in Dortmund durchgeführte »Festival der Jugend« konnte etwa 80 000 Besucher zählen.[89] Nach eigenen Angaben haben hieran allerdings rund 200 000 junge Menschen teilgenommen.[90]

5.1.9. 7. Bundeskongreß in Bremen

Der 7. Bundeskongreß des Spartakus fand am 3./4. Oktober 1981 in Bremen statt. Uwe Knickrehm wurde als Bundesvorsitzender wiedergewählt. Im gleichen Jahr wurde er auch Mitglied des DKP-Parteivorstandes. Breiten Raum im Bericht des Bundesvorstandes an den Bundeskongreß, vorgetragen durch Knickrehm, nahm die Alternativ- und Ökologiebewegung ein, die fortan weit größere Resonanz haben sollte als die DKP und ihre Jugendorganisationen. Knickrehm mußte eingestehen, diese Bewegung unterschätzt zu haben. »Als bedeutende organisierte Form ist aus der Ökologiebewegung die ›Grüne Partei‹ hervorgegangen. Aufgrund der Stärke der außerparlamentarischen Bewegungen konnten sich in ihr im wesentlichen humanistische Positionen durchsetzen. Diese Entwicklungsmöglichkeiten haben wir am Anfang unterschätzt.«[91] In dem politischen Bericht des Bundesvorstandes wird die Notwendigkeit deutlich betont, auf die Ökologie- und Alternativ-Bewegung zu reagieren: »Wir nehmen uns vor, auf neue soziale und politische Bewegungen zuzugehen. Wir sehen in ihrer Herausbildung eine Bestätigung unserer antimonopolistischen Strategie. Erste Ansätze breiter antimonopolistischer Bewegungen werden in all ihrer Widersprüchlichkeit lebendig. In dieser Situation wäre es kurios, wenn wir uns darüber grämen würden, daß manches in diesen Bewegungen nicht so aussieht, wie wir es gerne sehen würden.«[92]
Gleichzeitig wird völlige Loyalität zur DKP als »die marxistische Arbeiterpartei unseres Landes«, als »die bestorganisierteste Linkskraft, auch wenn sie noch zu schwach ist«, beschworen: »Mit der DKP verbindet uns das gemeinsame sozialistische Ziel, die marxistische Weltanschauung und Analyse. Und uns verbindet Freundschaft von Organisation zu Organisation und Freundschaft von Genossen zu Genossen. Von den Genossen der DKP können wir lernen.«[93]
An das 3. »Festival der Jugend«, das am 19./20. Juni 1981 in Dortmund mit 100 000 Teilnehmern (Eigenangabe sogar 210 000 Teilnehmer) stattgefunden hatte, wurde rückblickend erinnert.

5.1.10. 8. Bundeskongreß

Für den 3. und 4. Oktober 1983 wird der 8. Bundeskongreß des MSB Spartakus einberufen. Auf diesem Kongreß soll das erste Frauenprogramm in der Geschichte des MSB Spartakus verabschiedet werden. Auf diesem Bundeskongreß soll auch eine erneute Mitgliederwerbeaktion abgeschlossen werden.

Nach den Bundestagswahlen des Jahres 1983 propagierte der Spartakus auch weiterhin eine Zusammenarbeit zwischen den »progressiven« Kräften, die den Sieg des »Rechtsblocks« bekämpfen. Mehrheiten links von der CDU seien punktuell möglich und strategisch notwendig, alle Kraft »gegen rechts« müsse konzentriert werden. Auch kleine Differenzen im Lager der Herrschenden müßten genützt und Bündnisse angestrebt werden, »die auch die SPD-Führung einschließen«.[94] Notwendig sei die »Entwicklung einer bildungspolitischen großen Koaliton von unten, in der auch die SPD ihren Platz finden muß«.[95]

Der Wahlsieg von CDU/CSU und FDP im März 1983, vor allem aber auch die vernichtende Niederlage der DKP, wurde vom MSB Spartakus als Rückschlag gewertet. Dieser Wahlausgang sei nicht zuletzt dadurch zustande gekommen, daß die Linke eine falsche Stoßrichtung ihres Kampfes propagiert habe, die sich in erster Linie gegen die SPD gerichtet habe, womit eine Unterschätzung der Rechtskräfte als der eigentlichen Hauptgefahr verbunden gewesen sei. Die »rechtssozialdemokratische Führung« sei schuld daran, »daß das Wendemanöver der Bourgeoisie und der Rechten in Sachen Bundesregierung so tadellos gelungen ist«[96], woraus der spontane Reflex vieler Linker rühre, die SPD zum Hauptgegner machen zu wollen. Ein weiterer Grund sei jedoch auch die Angst vor der Integration durch die SPD.

5.2. Das politische Endziel des MSB Spartakus: die Diktatur des Proletariats

Im Verfassungsschutzbericht für das Jahr 1973 wird davon ausgegangen, daß etwa ein Fünftel der MSB-Mitglieder der DKP angehören.[97] Wahrscheinlich ist der Anteil der DKP-Mitglieder aber noch höher. Es gibt sogar Vermutungen, daß mehr als die Hälfte der Spartakus-Mitglieder gleichzeitig der DKP angehören.[98] Drei Viertel der Bundesvorstandsmitglieder des Spartakus sind jedenfalls offensichtlich in der DKP. Damit ist gesichert, daß die DKP jederzeit in allen wichtigen Gremien des Spartakus über den notwendigen Einfluß verfügt. Doch insgesamt läßt der Spartakus auch keinen Zweifel daran aufkommen, daß er der DKP treu gegenübersteht. »Spartakus stimmt mit der DKP in der marxistischen Analyse der Klassenfronten in der Bundesrepublik und im internationalen Rahmen überein.« (Strawe)[99]

Wie aus allen auf dem Spartakus-Bundeskongreß gehaltenen Reden hervorgeht, ist das Verhältnis zwischen DKP und dem MSB in allen Grundfragen der Ideologie völlig problemlos.

Nicht zuletzt vor dem Hintergrund des KPD-Verbotsurteils von 1956 hüten sich DKP wie MSB davor, den Terminus »Diktatur des Proletariats« zu gebrauchen, auch wenn beispielsweise der Spartakus den Marxismus-Leninismus als »Anleitung zum revolutionären Handeln«[100] bezeichnet und auch wenn er von der »Notwendigkeit revolutionärer Umgestaltung«[101] ausgeht. Damit ist klar, daß der Marxismus-Leninismus für den MSB eindeutig auch eine Anleitung und Aufforderung zum politischen Handeln darstellt, nicht nur eine wissenschaftliche Theorie. Der MSB, der für eine »antimonopolistische Alternative im Hochschulbereich und in der Gesellschaft«[102] und für die »antimonopolistische Umwälzung«[103] kämpft, stellt sehr viel eindeutiger, als es die DKP tut, in seiner Grundsatzerklärung das Ziel einer »sozialistischen Revolution« in den Vordergrund.[104] Insgesamt faßt der Spartakus seine Vorstellungen vom Endziel kommunistischer

Politik konkreter zusammen, und es dürfte nicht zuletzt auch den studentischen Einflüssen zu verdanken sein, daß bei der Verabschiedung der DKP-Thesen auf dem Düsseldorfer Parteitag vom November 1971 die These 9 (antimonopolistische Demokratie) eine Konkretisierung und zugleich eindeutige Verschärfung erfahren hat. Im Thesenentwurf hieß es noch: »Die antimonopolistische Demokratie, die demokratische Erneuerung von Staat und Gesellschaft ist eine Durchgangsphase, in der die Herrschaft des Monopolkapitalismus beseitigt und der Weg zum Sozialismus eröffnet wird.«

Die tatsächlich verabschiedete These 9 wurde sehr viel konkreter: »Eine antimonopolistische Demokratie hat die grundlegende Veränderung des politischen Kräfteverhältnisses, die Erkämpfung einer von der Arbeiterklasse geführten und gemeinsam mit allen antimonopolistischen Kräften getragenen Staatsmacht zur Voraussetzung.«[105]

Aus den oben angeführten Gründen hat der MSB Spartakus seit 1975 auf Bundesebene nicht mehr den Begriff »Diktatur des Proletariats« verwendet – sondern die Synonyma »Macht« oder »Herrschaft der Arbeiterklasse«. Noch in einer zum Studienjahr 1973/74 erschienenen »Einführung in die Politik des MSB Spartakus« (Herausgeber Bundesvorstand des MSB Spartakus) wurde die »Durchführung der proletarischen Revolution und Errichtung der Diktatur des Proletariats« gefordert, wobei die »wichtigste Aufgabe des Staates der Diktatur des Proletariats« die »Schaffung der sozialistischen Produktionsweise« gleichwohl die »entscheidende Bedingung für den Sieg des Sozialismus« sei. In einem auf dem 5. Bundeskongreß des MSB Spartakus im Oktober 1977 verabschiedeten »Programm für das gemeinsame Handeln der Studenten« wird die »Diktatur des Proletariats« wie folgt umschrieben: »Voraussetzung für den Sozialismus ist jedoch mehr als eine Summe von Reformen, und auch die Überwindung der Monopolmacht ist nicht der Sozialismus. Sozialismus bedeutet Eroberung der Staatsmacht durch die Arbeiterklasse, Vergesellschaftung des Eigentums an den entscheidenden Produktionsmitteln und Übergang zu einer gesamtgesellschaftlichen Planung der Volkswirtschaft. In internen Schulungsmaterialien wehrt sich der Spartakus sehr deutlich gegen den Vorwurf des Reformismus von seiten maoistischer Gruppen: »Es ist nicht wahr, daß die DKP glaubt, der Kapitalismus könne durch Reformen allmählich in den Sozialismus hinüberwachsen. Wer das unterstellt, ist entweder nicht informiert oder er lügt. ›Die sozialistische Gesellschaftsordnung‹, so heißt es in der Grundsatzerklärung der DKP, ›setzt die Erringung der politischen Macht durch die Arbeiterklasse im Bündnis mit anderen werktätigen Volksschichten voraus.‹ Der Kampf um Reformen ist systemimmanenter Kampf um die relative Verbesserung der Lage der Arbeiterklasse im Kapitalismus und um die Veränderung des politischen Kräfteverhältnisses der Klassen zugunsten der Arbeiterklasse mit dem Ziel, die Ausgangsposition der Arbeiterklasse für den Kampf um die politische Macht und sozialistische Umwelt zu verbessern . . .«[106]

5.3. Spartakus und Gewalt

Ein wichtiges Kriterium für die Unterscheidung von Reformismus und revolutionärer Reformpolitik sei die Art und Weise, in der die Reform zustande kommt. In diesem Zusammenhang wird von seiten der DKP und des Spartakus freimütig erklärt: »Für die DKP ist die antimonopolistische Demokratie nicht für alle Zeiten und überall die einzige Möglichkeit des Übergangs zum Sozialismus.«[107] Der Kampf der Kommunisten sei kein »friedlicher Spaziergang«: »Ganz gleich, auf welchem Wege die Arbeiterklasse zum Sozialismus gelangt, es wird immer ein Weg des erbitterten Klassenkampfes sein.«[108]

DKP und MSB Spartakus versuchen sich gegenüber dem Vorwurf zu wehren, ihre politische Position würde ein friedliches Hineinwachsen in den Kapitalismus mit sich bringen. Ausdrücklich wird in dem bereits zitierten Studienmaterial des Spartakus erklärt, »daß die Kommunisten in der Lage und bereit sein müssen, jeweils die Kampfformen anzuwenden, die die objektive Entwicklung auf die Tagesordnung setzt«.[109] Sie können sich damit »weder im negativen noch positiven Sinne auf bestimmte Kampfformen festlegen«.[110]

Der Spartakus ist also durchaus auch bereit, zur Erlangung des sozialistischen Endziels gewaltsame Auseinandersetzungen einzukalkulieren, denn der »Übergang zum Sozialismus wird kein gewaltloser Spaziergang sein, denn die herrschende Klasse ist noch nie freiwillig von der Bühne der Geschichte abgetreten«.[111]

Die DKP – und mit ihr der MSB Spartakus – legt sich in ihrem Programm keineswegs auf einen friedlichen Weg fest, sie hält die Anwendung von Gewalt prinzipiell für legitim, um ihre Ziele »im Prozeß des Ringens um die Herbeiführung einer Wende zu demokratischem und sozialem Fortschritt« durchzusetzen: »Wie sich dieser Weg konkret gestalten wird – das hängt vor allem von der Kraft der Arbeiterklasse, von der Stabilität ihres Bündnisses mit den anderen demokratischen Kräften, von der Stärke ihrer revolutionären Partei, aber auch von den Formen des Widerstandes der Reaktion ab.«[112] Das herrschende Großkapital habe stets im Falle der Bedrohung seiner Macht und Privilegien versucht, den »gesellschaftlichen Fortschritt durch Wirtschaftssabotage und politische Diversion, durch Terror und blutige Gewalt gegen das Volk aufzuhalten«. Deshalb müsse »im harten Kampf« durch die Arbeiterklasse und das ganze werktätige Volk der unvermeidliche Widerstand des Großkapitals überwunden werden, um »die Reaktion an der Anwendung blutiger konterrevolutionärer Gewalt zu hindern und den für die arbeitenden Menschen günstigsten Weg zum Sozialismus durchzusetzen«.[113] Es sei zwar »völlig unmarxistisch«, bereits heute darüber Aussagen zu machen, »was in einer späteren Periode des Klassenkampfes an Mitteln notwendig« sein könnte. Sicher sei aber heute schon dies: der Weg zum Sozialismus werde »natürlich« kein »friedlicher Spaziergang« sein.[114]

Durch einzelne spektakuläre Aktionen bemüht sich der Spartakus, Anschluß an »spontaneistische« Aktivitäten der Jugendszene zu finden. So wurde von etwa 50 Mitgliedern des Spartakus das Bonner Büro der Deutschen Presseagentur (DPA) besetzt. Beendet wurde die Besetzung, nachdem die Nachrichtenagentur den Eindringlingen versprach, ihren Protest gegen die Politik der NATO zu veröffentlichen.[115] Über 50 Zeitungen aus dem gesamten Bundesgebiet berichteten über diese Aktion am 4. April 1981.

Der MSB Spartakus bekannte sich immer offener zur Anwendung revolutionärer Gewalt. Mit dem Konzept der »sozialen Verteidigung«, das von einem Teil der Linken vertreten wird, setzte sich die Spartakus-Bundesvorsitzende Beate Landefeld öffentlich auseinander. Zwar werden die Anhänger der sozialen Verteidigung als »engagierter und oft konsequent vorwärtsdrängender Teil der Friedensbewegung« angesehen[116], doch werden die Überlegungen einer »sozialen Verteidigung« weitestgehend abgelehnt. Es sei falsch, Macht gegen mögliche Gegner der angestrebten menschenwürdigen Gesellschaft durch »gewaltfreien« Widerstand, durch »soziale Verteidigung« zu entfalten. Beate Landefeld unterschied deshalb zwischen »reaktionärer« und »fortschrittlicher« Gewalt. Für die arbeitenden Menschen seien solche Formen der Druckausübung am günstigsten, die am wenigsten Opfer kosten. »Dies sind in der Regel friedliche Kampfformen. Es kann jedoch Situationen geben, in denen größere Opfer der fortschrittlichen Kräfte allein durch den Übergang zu militärischen Formen des Klassenkampfes, gegen den Terror der Reaktion vermieden werden können.«[117] Ob die Gewalt ein Mittel der Politik sei, hänge deshalb von der Frage ab, ob diese den »arbeitenden Menschen« oder der »Ausbeuterklasse« nutze: »Entscheidend für die Bewertung von

Gewalt ist, ob sie den materiellen, sozialen und kulturellen Bedürfnissen der arbeitenden Menschen nützt oder ob sie der Erhaltung bzw. Wiederherstellung der Macht der Ausbeuterklassen dient.

Eine gewalt- und herrschaftsfreie Gesellschaft kann sich erst entwickeln, wenn Ausbeutung und Klassenspaltung überwunden sind.«[118]

Unter dem Eindruck des »Häuserkampfes« der undogmatischen Neuen Linken und der Mobilisierungsfähigkeit mit Hilfe gewalttätiger Agitation revidierten DKP und die der DKP nahestehenden Organisationen ihre bisherige verbale Zurückhaltung hinsichtlich der Rolle von Gewalt. Spätestens seit 1979 gehen die DKP und die von ihr beeinflußten Organisationen aggressiver vor und beteiligen sich auch gelegentlich an gewalttätigen Aktionen wie z.B. Hausbesetzungen. Die DKP unterscheidet hierbei zwischen »friedlichen und nicht-friedlichen Formen der Gewalt«.[119] In dieser Sprachregelung heißt es weiter: »Entscheidend für die Bewertung von Gewalt ist, ob sie den materiellen, sozialen und kulturellen Bedürfnissen der arbeitenden Menschen nützt oder ob sie der Erhaltung bzw. Wiederherstellung der Macht der Ausbeuterklassen dient. Eine gewalt- und herrschaftsfreie Gesellschaft kann sich erst entwickeln, wenn Ausbeutung und Klassenspaltung überwunden sind.«[120]

Die DKP sieht mit einer gewissen Sorge, daß in Teilen der jungen Generation eine Protestbewegung entsteht, die an ihr vorbeigeht. Diese Alternativ- und Friedensbewegung wird vom DKP-Vorsitzenden Mies interpretiert als »Geltendmachung demokratischen Bürgerwillens«, als »neue Ansätze für die weitere Formierung antimonopolistischer, demokratischer Bewegungen«.[121] DKP-Vorsitzender Mies erklärte auf dem Hannoveraner DKP-Parteitag, die Hausbesetzer-Bewegung habe »dem Kampf für das Recht auf Wohnung neue Impulse gegeben«.[122] Die DKP versucht deshalb, diese Bewegung als Plattform für ihre eigene Agitation zu nutzen. Noch mehr als auf die DKP mußte die Hausbesetzerbewegung auf den Spartakus Eindruck machen, sind doch an Hausbesetzungen in hohem Maße insbesondere Studenten beteiligt. Welche »Kampfformen« richtig sind, versucht auch der Spartakus zu klären. So heißt es in einem Thesenpapier des MSB zur Vorbereitung des 7. Bundeskongresses am 3. und 4. Oktober 1981, die Frage »militant oder nicht-militant?« dürfe nicht zum »Maßstab aller Dinge« werden, denn es gehe darum, »welche Kampfform am effektivsten dazu führt, das gestellte Ziel durchzusetzen«. Weiter heißt es: »Wir fragen also nicht zuerst: ›Darf man das?‹, sondern: Nutzt es der Bewegung? Führt die Kampfform die Betroffenen zusammen? Kann mit ihr der Druck verstärkt, die Politisierung vertieft werden?«[123] Nach Auffassung des Spartakus ist hinsichtlich des Einsatzes von Gewalt als Kriterium entscheidend »nicht die Reaktion der Politiker und Parteien, sondern die Effektivität der Bewegung, die Resonanz in der Bevölkerung«.[124] Gewalt wird also nicht prinzipiell abgelehnt, sondern in erster Linie unter taktischen Gesichtspunkten interpretiert.[125] Nach Auffassung des Spartakus muß die Studentenbewegung »ein aktives politisches Verhältnis zur Instandbesetzerbewegung entwickeln«.[126]

Innerhalb der Hausbesetzerbewegung gibt es immer wieder Versuche, sich von der DKP und dem Spartakus abzugrenzen, dieser hingegen versucht, die Hausbesetzerbewegung in den eigenen politischen Kampf einzubeziehen. »Die Instandbesetzer suchen Nähe, Wärme, das Miteinander, alles, was ihnen von unserer profitdurchdrungenen Gesellschaft verweigert wird.«[127]

Im Zusammenhang mit der Frankfurter Startbahn West erklärte Rudi Hechler, DKP-Stadtverordneter in Mörfelden, daß gewalttätige Aktivitäten durchaus politisch sinnvoll sein können: »Ich meine, daß man nicht pauschal sagen kann, Blockade-Aktionen seien keine Kampfform, die heute möglich ist. Das kommt auf die jeweilige Situation an. Die Bauern in Südfrankreich legen die ganze Region lahm mit Blockaden, wenn es um den Absatz ihrer Produkte geht. Das ist eine außerordentlich effektive Kampfform, die akzeptiert wird, weil sie einhergeht mit einer Argumentation, die die Leute begreifen.« Und weiter: »Ich meine, das Entscheidende, und das betrifft auch die Frage der Kampfformen, muß einfach die Frage sein, hilft es der Bewegung weiter oder schadet es der Bewegung. Das ist für mich das Kriterium.«[128]

Damit ist klar, daß sich sowohl DKP als auch Spartakus nicht nur nicht vom Einsatz revolutionärer Gewalt distanzieren, sondern diese durchaus für möglich und sogar legitim halten. Durch vage Andeutungen wird hier eine konkretere Aussage umgangen. Aber es heißt deutlich: »Wie sich die Entwicklung zum Sozialismus konkret vollziehen wird, darüber entscheidet der Klassenkampf.«[129] DKP und Spartakus haben zwar bekundet, daß sie die sozialistische Umgestaltung »auf der Basis der im Grundgesetz verkündeten demokratischen Prinzipien und Rechte«[130] durchsetzen wollen, an keiner Stelle ihrer Aussagen jedoch legen sie ein prinzipielles Bekenntnis zur parlamentarischen Regierungsform ab, sondern berufen sich nur allgemein auf »demokratische Prinzipien und Rechte«.

Es fällt auf, daß sich der Spartakus bei all seinen Äußerungen zum Grundgesetz nie zu den dort verankerten liberalen Freiheitsrechten äußert, sondern lediglich Nachweise zu bringen versucht, warum das Grundgesetz aus seiner Sicht nach Inkrafttreten durch die bundesdeutsche »Reaktion« permanent verletzt worden sei. Der »Staat der Reaktion« habe nach 1949 bald sein wahres Gesicht gezeigt, nämlich »unbedingte Unterwerfung unter die imperialistischen Besatzungsmächte«, die »Ablehnung sämtlicher Friedensinitiativen der Sowjetunion und der DDR«, eine »kalte Kriegshetze«, die »Unterdrückung der gesamten antifaschistischen Opposition« und die »Restauration der alten monopolkapitalistischen Verhältnisse mitsamt dem alten Staatsapparat«.[131] All dies sei nur möglich gewesen bei gleichzeitig schweren Verstößen gegen das Grundgesetz, vor allem in den Fragen, in denen die Arbeiterbewegung Kampfpositionen hätte erobern können. »Wer die alten Machtverhältnisse restaurieren will, kann nicht bürgerlich-demokratische Prinzipien antifaschistischen Charakters durchsetzen.«[132] Insgesamt kann also gesagt werden, daß sich der Spartakus nicht zu den institutionellen Festlegungen (wie Parlamentarismus) des Grundgesetzes äußert, sondern ausdrücklich erklärt: »Verfassungsfragen sind Kampffragen.«[133] Und in den DKP-offiziösen »Marxistischen Blättern« hieß es schon anläßlich der Bundestagswahl 1969: »Für die Marxisten waren und sind stets die außerparlamentarischen Kampfformen die bedeutendsten.«[134] Die beiden führenden Ideologen der DKP, Willy Gerns und Robert Steigerwald, sagen dies ähnlich deutlich: »Für Marxisten ist es eine Binsenweisheit, daß der konkrete Klassenkampf darüber entscheidet, mit welchen Mitteln und auf welchem Wege die Herrschaft der Monopole gebrochen werden kann.«[135]

5.4. Staatsmonopolistischer Kapitalismus

Die Vorstellungen von DKP und Spartakus von einer »antimonopolistischen Demokratie« sind nur vor dem Hintergrund ihrer Analyse der Bundesrepublik als »staatsmonopolistischem Kapitalismus« zu verstehen. Der staatsmonopolistische Kapitalismus – und dies ist die gemeinsame Position von DKP und MSB Spartakus – ist »jenes Stadium des Imperialismus, in dem die monopolistischen Strukturen erweitert werden, und innerhalb dieses Stadiums wiederum die gegenwärtige Phase, in der sie das Eingreifen des Staates und eine wachsende Verflechtung zwischen den Monopolen und dem Staat entwickeln«.[136]

Die Theorie des Stamokap[137] bemüht sich, die wirtschaftliche, soziale und politische Entwicklung der westlichen Industrieländer wissenschaftlich zu durchleuchten, und will eine Antwort auf die Frage finden, warum das System des Kapitalismus entgegen allen Prognosen des Zusammenbruchs gegenwärtig eine solche

Tendenz nicht zeigt. Dem Kapitalismus wird sogar eine begrenzte Entwicklungschance zugestanden. Dies erfordert im gewissen Sinne auch eine Änderung der politischen Strategie, da ein plötzlicher und unvermittelter Übergang zum Sozialismus kaum noch erwartet werden kann.

Die Theorie des staatsmonopolistischen Kapitalismus (Stamokap) wurde vor allem in Frankreich und der DDR entwickelt. War noch für Lenin der Imperialismus das letzte Stadium des Kapitalismus, so wird heute davon ausgegangen, daß der staatsmonopolistische Kapitalismus die letzte Phase des Imperialismus ist.[138]

DKP und MSB Spartakus behaupten, daß eine Vereinigung der Macht der Monopole mit der Macht des Staates stattgefunden habe – im Interesse der Monopolbourgeoisie. Allerdings geht der Spartakus davon aus, daß die Veränderungen in der Funktion des Staates, »die in den letzten Jahrzehnten eingetreten sind und vor allem durch das umfassende ökonomische Eingreifen des Staates gekennzeichnet sind«[139], beachtet werden müssen, denn der Staat selbst fordere und organisiere die gewaltig anwachsende Konzentration des Kapitals zu immer größeren wirtschaftlichen und politischen Machtzusammenballungen. Um das Gesellschafts- und Wirtschaftssystem der Bundesrepublik aufrechtzuerhalten, sei der Staat zu einer »umfassenden ökonomischen Aktivität ... zugunsten des Monopolkapitals« gezwungen, »um den Kapitalismus überhaupt auf den Beinen zu halten«.[140] Diese These muß natürlich zwangsläufig zu der Auffassung führen, daß damit auch die SPD als Regierungspartei die Funktion eines Handlangers der Monopole erfülle.

5.5. Marx an die Uni

Gerade in den ersten Jahren seines Bestehens lautete die zentrale Forderung des Spartakus: »Marx an die Uni!« Damit wurde einer teilweise vorhandenen generellen Stimmung auch außerhalb des engeren DKP-Lagers entsprochen, daß die Beschäftigung mit dem Marxismus an den Hochschulen der Bundesrepublik vorangetrieben werden müsse. So erklärte der frühere Spartakus-Bundesvorsitzende Christoph Strawe ausdrücklich, Marx müsse nicht aus »pluralistischen Symmetriegründen« an die Universität geholt werden[141], sondern diese Forderung liege »im unmittelbaren politischen und sozialen Interesse der meisten Studenten«. Diese Forderung sollte auch den Nachweis liefern, daß an den Hochschulen der Bundesrepublik nur wenige Marxisten vertreten seien, obwohl nur Marxisten den Marxismus-Leninismus unverfälscht lehren und interpretieren könnten. Zwar hat der Spartakus damit nicht etwa eine liberale Position verkündet – denn nach seiner Endzielvorstellung soll und kann es nur Hochschulen mit Marxisten geben –, doch er hat mit dieser Forderung zweifelsohne in weiten Teilen der studentischen und außerstudentischen Öffentlichkeit zunächst breite Sympathie gewonnen, gerade auch bei liberal orientierten Kräften der politischen Mitte. Dennoch hat der Spartakus in seinen Äußerungen keinen Hehl daraus gemacht, daß er mit seiner Forderung »Marx an die Uni« keine liberale Parole vertritt, sondern jede Realisierung dieser Forderung als einen Schritt auf dem Weg zum politischen Endziel ansieht.

Christoph Strawe hatte unter breitem Beifall auf dem Gründungskongreß deutlich erklärt, für die Studenten sei es notwendig, »die Erkenntnisse des wissenschaftlichen Sozialismus aus erster Hand von Marxisten selber zu erfahren. So wird der Kampf für die Verankerung des Marxismus an der bürgerlichen Universität ein Instrument zur Verdrängung aller Formen von Vernichtungswissenschaft, denn es gibt keine friedliche Koexistenz von marxistischer und bürgerlicher Wissenschaft an einer Hochschule.«[142]

Damit ist klar: Spartakus kämpft nicht etwa für einen Pluralismus verschiedener Wissenschaften, die gleichberechtigt nebeneinander leben können, sondern sein

Wissenschaftsverständnis ist absout parteilich: »Der MSB Spartakus geht aus vom Antagonismus marxistischer und bürgerlicher Wissenschaft und fordert mit der Parole ›Marx an die Uni!‹, diesen Antagonismus offen und kompromißlos auszutragen.«[143]

Aus seinem Wissenschaftsverständnis heraus kann der Spartakus einen Wissenschaftspluralismus auch gar nicht wollen, denn: »Der Marxismus entspricht den sozialen und politischen Interessen der Studenten, weil er als einzige Wissenschaft in der Lage ist, sie ihre gesellschaftliche Stellung erkennen zu lassen.« (Strawe)[144]

Mit seiner Forderung »Marx an die Uni« will der MSB Spartakus beweisen, daß er den ideologischen mit dem politischen Kampf vereinigt und damit demonstriert, »daß der Marxismus die Wissenschaft ist, die den Weg zur revolutionären Veränderung der kapitalistischen Gesellschaft zeigt«.[145] Diese Vereinigung des politischen und ideologischen Kampfes zeigt die taktische Variante dieser Forderung, denn im Kampf um die Realisierung dieser Lösung könne »der Zusammenhang der Diskriminierung des Marxismus an der Hochschule mit der Herrschaft des Monopolkapitals in der BRD anhand der eigenen Erfahrungen der mobilisierten Studentenmassen von Sozialisten erläutert und so die Bewußtseinsentwicklung in der Studentenschaft vorwärts getrieben werden«.[146] Von seiten des Spartakus wird es also bereits als »bedeutende Kräfteverschiebung im ideologischen Klassenkampf« bewertet, wenn es gelinge, »die totale Diskriminierung des Marxismus im öffentlichen Leben zu durchbrechen, indem konsequente Marxisten an einer entscheidenden Stelle der bürgerlichen Ideologieproduktion Fuß fassen«.[147]

Der MSB Spartakus entwickelte Mitte der siebziger Jahre ein Konzept der Demokratischen Gegenhochschule (DGH). Vor allem mit dem Slogan »Erfolgreich streiken: Demokratische Gegenhochschulen aufbauen!« bemühte sich der MSB insbesondere um 1977, die Studentenbewegung um eine weitere Aktionsform zu bereichern. Dieser Vorschlag baut auf den Erfahrungen der »kritischen Universität« auf, die seinerzeit von der antiautoritären Studentenrevolte in Berlin initiiert wurde. In der Spartakus-Festschrift »2. Juni 1967 und die Studentenbewegung« hat der damalige Sekretär des MSB-Bundesvorstandes Naumann klargestellt, worum es bei der demokratischen Gegenuniversität gehe: »Die DGU ist eine Kampfform, um den Zusammenhalt und die politische Stoßrichtung der Bewegung gegen HRG (Hochschulrahmengesetz, d. Verf.) und Studienplatzvernichtung weiter zu entwickeln; unsere antimonopolistischen Alternativen zur Formierungspolitik der Herrschenden in praktischer Zusammenarbeit mit anderen außerparlamentarischen Kräften zu verdeutlichen; durch die Schaffung breiter Bündnisse die Widerstandsfront gegen die 2. Bildungskatastrophe zu vergrößern und Teilerfolge zu erringen.«[148]

5.6. Gewerkschaftliche Orientierung

Der MSB vertritt die Auffassung, in der Verbindung des ökonomischen mit dem politisch-ideologischen Kampf müsse die grundsätzliche Interessengleichheit mit der Arbeiterklasse aufgezeigt werden.[149]

Deshalb versucht der Spartakus auch, in allen seinen Positionen eine Übereinstimmung mit den hochschulpolitischen und wirtschaftspolitischen Vorstellungen der Gewerkschaften herzustellen. So forderte er seine Mitglieder auf, in die Gewerkschaften, vor allem in die Gewerkschaft Erziehung und Wissenschaft (GEW), einzutreten, und vermeidet möglichst jede Situation, in der sich gegebenenfalls die Gewerkschaften von DKP oder Spartakus distanzieren könnten. Aufgrund seiner Analyse des staatsmonopolistischen Kapitalismus muß der Staat eine unmittelbare und ökonomische Regulierungsfunktion im Interesse des Monopolkapitalismus übernehmen. Er wird damit tendenziell zum realen Gesamtkapitalisten. Dies bringe natürlich eine objektiv sehr viel direktere Konfrontation der organisierten Arbeiterschaft mit dem staatlichen Apparat.[150] Die Politik der gewerkschaftlichen Orientierung geht also aus von einer möglichst engen Zusammenarbeit mit den Gewerkschaften und von der Notwendigkeit einer umfassenden und organisierten studentischen Interessenvertretung, z.B. in den Organen der sogenannten verfaßten Studentenschaft wie Studentenparlament und Allgemeiner Studentenausschuß.[151]

In der Tat ist der Erfolg des MSB Spartakus, wie bereits betont, auch darin zu suchen, daß er sich der Organe der verfaßten Studentenschaft zu einem Zeitpunkt bemächtigte, als andere linke Gruppen eine Mitarbeit in diesen Gremien ablehnten.

Der Kampf um die verfaßte Studentenschaft[152] wurde von seiten des Spartakus aus mehreren Aspekten heraus geführt. Zum einen bieten die Organe der verfaßten Studentenschaft beste Möglichkeiten der Koordinierung politischer Aktivitäten, vor allem verfügen die Vertreter in diesen Organen über einen entsprechenden Wissens- und Informationsvorsprung. Zum anderen aber waren sich die Spartakisten der Möglichkeiten eines AStA auch gegenüber weniger politisierten Studenten bewußt, da einem solchen Allgemeinen Studentenausschuß eine bestimmte Autorität zukomme, die im Sinne des antimonopolistischen Kampfes genutzt werden müsse. Zum dritten aber wurden auch die weitgehenden Möglichkeiten gesehen, die ein von der Studentenschaft aus Zwangsbeiträgen finanzierter Selbstverwaltungsapparat bietet (in großen Universitäten teilweise weit über 500 000 DM pro Jahr). Deswegen wurde schon frühzeitig jede Vorstellung einer Ablösung der verfaßten Studentenschaft, wie sie bisweilen von Vertretern der Neuen Linken für richtig gehalten wurde, auf das entschiedenste abgelehnt: »In der Frage der Verteidigung der Verfaßtheit studentischer Organe sind ... Konzessionen selbstmörderisch. Vage Rätevorstellungen, nach denen die Basisgruppen das einzig mögliche Delegationssystem der Studentenschaft seien und die verfaßte Studentenschaft von ihrer Struktur her ein basisbezogener Funktionsklüngel, nehmen dem Gegner im Grunde das Argumentieren ab.«[153]

Die Politik der »gewerkschaftlichen Orientierung« brachte es mit sich, daß der Spartakus vor allem auch in den einzelnen Fachschaften seine Bemühungen verstärkte, denn diese böten neben dem AStA »die beste Möglichkeit, aufgrund ihres allgemeinen Charakters die Masse der Studenten zu organisieren«.[154] Hier versuchte der Spartakus vor allem sich in Fragen studentischer Sozialpolitik zu profilieren, auch in Fragen der Studien- und Studienplatzsituation, was ihm da und dort durchaus auch den Respekt wenig politisierter, insgesamt jedoch nicht dem Kommunismus verbundener Kommilitonen einbrachte. Der Einsatz des Spartakus für konkrete, auch tagespolitische Fragen, wird auch aus Gründen politischer Taktik für notwendig erachtet. Denn dadurch sollen solche Studenten gewonnen werden, die MSB Spartakus und DKP kritisch gegenüberstehen, denn: »Viele Arbeiter und Studenten haben es in den vergangenen Kämpfen selbst feststellen können, daß es gerade die Marxisten waren, die sich am aktivsten für ihre Interessen eingesetzt haben.«[155]

Zwar verwahrt sich der Spartakus gegen die Auffassung, dieser Einsatz für solche Interessen entspreche nur rein taktischem Kalkül, denn es wird gesagt, daß alle Forderungen in der Richtung der revolutionären Entwicklung liegen und solche Forderungen stets mit dem Endziel verknüpft sein müßten, d. h., »tagespolitische (Sofort- und Teil-)Forderungen müssen auf die Gewinnung breiter Massen gerichtet sein ...«[156]

Aus diesem Grunde ist denn auch für den Spartakus der Kampf für das Bundesausbildungsförderungsgesetz (Bafög) letztlich ein Kampf zur Mobilisierung der Studenten und eine Möglichkeit zur Darstellung der Situation in der DDR aus der Sicht des Spartakus, weniger zunächst ein konkreter, auf die Tagespolitik bezogener sozialpolitischer Kampf: »Auch hier hat z. B. die Anerkennung der DDR eine Menge mit der unmittelbaren Lage zu tun: Einmal ist sie ein Schritt, der die Sicherung des Friedens in Europa erleichtert und Mittel auch für die Ausbildungsförderung frei macht, und dann können wir mit dieser Forderung die Darstellung der Lage der Studenten in der DDR verbinden.« (Strawe)[157]

In diesem Kampf in der Sozialpolitik müsse also offen gesagt werden, wer die Gegner und wer die Bündnispartner seien. Allerdings erklärt der Spartakus immer wieder, daß es das Ziel demokratischer Reformen sein müsse, »die revolutionären Kräfte von Etappe zu Etappe zu führen, ihre Reihen zu vergrößern, ihre Kampferfahrungen zu stählen, ihr Klassenbewußtsein zu erweitern und zu festigen«.[158] Damit wird klar: »Der Kampf um Reformen ist kein Selbstzweck. Seine Bestimmung, sein Inhalt, seine Richtung erhält er durch das strategische Ziel der revolutionären Umwälzung.«[159]

5.7. Aktionseinheit[160]

»Die Aktionseinheit ist und bleibt in der Studentenbewegung ebenso wie in der Arbeiterklasse das entscheidende Kettenglied für die Stärkung ihrer Kampfkraft ebenso wie für die Stärkung der Positionen fortschrittlicher Sozialdemokraten.« (Steffen Lehndorff)[161]

Der Spartakus geht, ähnlich wie die DKP, davon aus, daß er nur dann eine realistische Chance in der Bundesrepublik und an den Hochschulen speziell hat, wenn er eine aktive Bündnispolitik auch mit solchen Gruppen eingeht, die ihm in vielen Fragen skeptisch gegenüberstehen. Die DKP hat diese Notwendigkeit wie folgt formuliert: »Eine wesentliche Bedingung für die Entfaltung der Kraft der Arbeiterklasse ist ihr gemeinsames Handeln als Klasse. Das erfordert die Herstellung der Aktionseinheit von Sozialdemokraten, Kommunisten, christlichen und parteilosen Arbeitern.« (These 29)[162]

Der Spartakus, der auch eine möglichst enge Zusammenarbeit mit Liberalen erstrebt – und dies da und dort durchaus auch mit dem Liberalen Hochschulverband (LHV) praktizierte –, geht davon aus, daß eine breitangelegte Bündnispolitik und die »Entwicklung eines antimonopolistischen Bewußtseins« notwendig seien. »Die Frage des effizienten Widerstandes ist eine Frage unserer Macht – und eine studentische Organisation ist nur dann mächtig, wenn es gelingt, die Massen der Studenten zu solidarisieren, gleichzeitig aber mit allen Mitteln den Kampf um die Verteidigung zu demokratischen Positionen zu führen.«[163] Strawe erklärt in seinem Hauptreferat anläßlich des Gründungskongresses: »Jeder einzelne, vielleicht noch so unsichere und zeitweilige Bündnispartner ist wesentlich und notwendig für den Erfolg des antimonopolistischen Programms.«[164] Allerdings sei nicht Verschmelzung mit dem Bündnispartner die Folge einer solchen Bündnispolitik, sondern das Gegenteil, nämlich die Herausstellung der eigenen Ziele, wobei sich der Spartakus auf Lenin beruft: »Nur wer zu sich selbst kein Vertrauen hat, kann sich vor vorübergehenden Bündnissen fürchten, aber keine einzige politische Partei könnte ohne solche Bündnisse existieren.« Daher sei im »antimonopolistischen Kampf« eben ein Zusammengehen »selbst mit den schwankendsten Liberalen« erforderlich.[165]

Auch in der Frage der Notwendigkeit einer »Aktionseinheit« ist der MSB Spartakus mit der DKP einig. Unter »Aktionseinheit der Arbeiterklasse« versteht die DKP die Zusammenarbeit mit Sozialdemokraten, Gewerkschaftern und parteilosen Arbeitern, und strebt – darauf aufbauend – ein »breites antimonopolistisches Bündnis« (Volksfront) an, also aller gegen das »Monopolkapital« gerichteten Kräfte, wozu intellektuelle und bürgerliche Kreise bis hin zu mittleren Unternehmern zu zählen seien. Die DKP will dabei punktuelle Bündnisse zu »umfassenden antimonopolistischen Bündnissen im Interesse grundlegender antimonopolistischer Umgestaltungen« ausbauen.[166]

In der »Aktionseinheit« – in erster Linie von Kommunisten und Sozialdemokraten – sieht die DKP das »Kernstück« ihrer Bündnispolitik.[167] Es wäre »nichts falscher, als die Aktionseinheitspolitik gegenüber der Bündnispolitik zurücktreten zu lassen oder einen Gegensatz zwischen diesen beiden Komponenten unserer Politik zu konstruieren«.[168]

6. DKP, MSB Spartakus und die »neuen sozialen Bewegungen«[169]

Der 6. Parteitag der DKP in Hannover vom 29. bis 31. Mai 1981, der ein dreiviertel Jahr nach den Bundestagswahlen im Oktober 1980 stattfand, war insofern bemerkenswert, als eine gewisse Nachdenklichkeit über die bisherige Erfolglosigkeit bei der Teilnahme an Landtags- und Bundestagswahlen gerade in der Rede des DKP-Vorsitzenden Mies zum Ausdruck kam. So wurde betont, daß es bei aller Richtigkeit der selbständigen Kandidatur der DKP »als der marxistischen Arbeiterpartei unseres Landes« an der Zeit sei, »ernsthaft zu prüfen, wo und unter welchen Bedingungen die Möglichkeit eines organisierten parlamentarischen Zusammengehens verschiedener demokratischer und linker Kräfte geschaffen werden könnte«.[170] Für eine solche Zusammenarbeit auf dem parlamentarischen Feld seien unterschiedliche Formen denkbar. Mit diesen Überlegungen reagierte die DKP auch auf die Tatsache, daß anläßlich der Bundestagswahlen im Jahre 1980 die »Grünen« weitaus mehr Stimmen auf sich vereinigen konnten als die DKP.[171]

Mies schließt auch ein mögliches Wahlbündnis nicht aus, wenn sich die Partner auf ein gemeinsames Minimalprogramm verständigen und jene Fragen sparen würden, in denen die Standpunkte nicht zu vereinbaren sind. Mies: »Wir würden es begrüßen, wenn sich über diese und andere Fragen ein Meinungsaustausch der verschiedenen demokratischen und linken Kräfte in unserem Land entwickeln würde. Wir sind bereit, an einem solchen Dialog teilzunehmen.« Ein solches Angebot unterbreitete Mies auch noch einmal anläßlich seines Referates auf der 4. Tagung des Parteivorstandes der DKP am 22./23. Mai 1982.[172]

Die DKP und der MSB Spartakus sehen in der Umweltschutzbewegung ein beträchtliches, objektiv antiimperialistisches und antimonopolistisches Potential, das die »entschiedene Unterstützung der Kommunisten« habe.[173]

»Hauptkampffeld« der Partei sei die Friedensbewegung, in der sie »Aktionseinheits- und Bündnispolitik« praktizieren und auch Kräfte für die Stärkung der Partei gewinnen wolle.[174] Entsprechend dem Leninschen Grundsatz, »Kommunisten müssen da sein, wo die Massen sind«[175], will die DKP in den Protestbewegungen Einfluß nehmen: »Wer etwas bewegen will, muß sich selbst bewegen, muß in Bewegungen mitarbeiten, er muß in ihnen und für sie aktiv und initiativ sein«, erklärte Herbert Mies.[176]

Die DKP hat sich auf ihrem Hannoverschen Parteitag sehr viel ausführlicher als zuvor mit Fragen der Bündnispolitik befaßt, weil sie die Gefahr einer Isolierung von der Protestbewegung erkennt. Sie war vor allem aufgeschreckt durch die Tatsache, daß im Zusammenhang mit den Bonner Großdemonstrationen von 1981 und 1982 immer wieder versucht wurde, die Forderung nach Aufhebung des NATO-Doppelbeschlusses mit der Forderung nach Abbau der sowjetischen Mittelstreckenraketen zu verbinden. Auch die Haltung der DKP zum Kriegsrecht in Polen und zur verbotenen Gewerkschaft »Solidarnosc« sowie deren Befürwortung von Atomkraftwerken in der DDR waren Gegenstand kontroverser Diskussionen innerhalb der Grünen-Bewegung. Die DKP und mithin der Spartakus erklären, jeder, der die DKP aus der Friedensbewegung »ausgrenzen« wolle, sei der Argumentation des Verfassungsschutzes erlegen. Die Gegner der »Friedensbewe-

gung« »schlagen auf die Kommunisten, aber sie wollen die gesamte Friedensbewegung und ihre gegenwärtig wichtigste Forderung treffen«. Kommunisten aus der Friedensbewegung auszugrenzen hieße, »dem Druck der Gegner des Friedens nachzugeben und ihnen einen Gefallen zu tun«.[177] Auch ihre Verurteilung der Friedensbewegung »Schwerter zu Pflugscharen« in der DDR ließ die DKP bei manchen Angehörigen der Friedensbewegung ins Zwielicht rücken.[178]
»Linken Antikommunismus« unterstellt der Spartakus insbesondere der undogmatischen Neuen Linken, die gerade im Jahr 1978 an den Hochschulen der Bundesrepublik stark an Boden gewonnen hatte. Mit »linkem Antikommunismus« werden aber nicht nur sogenannte »Basisgruppen« identifiziert, auch Teile der Juso-Hochschulgruppen, »die dabei Bündnisse sogar mit Maoisten eingehen«.[179] Dieser »linke Antikommunismus« ziele darauf ab, »die Linkskräfte zu desorientieren, zu spalten und von den aktuellen Aufgaben des Kampfes in der Bundesrepublik abzuhalten«.[180] Es sei daher dringend erforderlich, die vermeintliche Verbindung zwischen »linken« und »normalen« bourgeoisen Antikommunismus aufzuzeigen. Begründet wird dies u. a. damit, daß offensichtlich durch die Menschenrechtspolitik des seinerzeitigen amerikanischen Präsidenten Carter gegenüber den sozialistischen Ländern »Tendenzen einer Rückkehr zum kalten Krieg eingeleitet« wurden. Den ›Spontis‹ wird eine spontane, primär systemkritische und antikapitalistische Protesthaltung abgesprochen: »Nicht die aktive Teilnahme an den gesellschaftlichen Klassenauseinandersetzungen, sondern Rückzug aus der Politik ins Getto der ›scene‹ oder in die Innerlichkeit, nicht die Erkenntnis der gesellschaftlichen Widersprüche als Triebfedern der Gesellschaftsveränderung, sondern deren Mystifizierung, nicht die fordernde Anklage der Inhumanität des Kapitalismus aus dem Wissen seiner historischen Überlebtheit, sondern die Ohnmacht des Unwissens, Wissenschaftsfeindlichkeit und Zukunftspessimismus sind dort angesagt.«[181] Weiter heißt es: »Auf den Leim der von imperialistischen Ideologen ausgelegten Ruten kriechen die Spontis, wenn sie Technikfeindlichkeit und Irrealismus, Flucht aus der gesellschaftlichen Wirklichkeit und Individualismus zu ihrem Programm erheben.«[182]
Die vormalige Spartakus-Vorsitzende Landefeld warf in ihrem Referat den Spontis vor, sie würden mit ihren Konzeptionen von »alternativem Leben« einen »Irrweg« propagieren: »Der Versuch, sich außerhalb der gesellschaftlichen Verhältnisse zu stellen, ist eine Fiktion, die von der idealistischen Konstruktion eines autonomen Individuums ausgeht. In Fluchtwinkeln scheinbar jenseits der schlechten Wirklichkeit entwickeln sich nicht neue, sondern reproduzieren sich alte Verhaltensweisen.«[183] Indem die Spontis sowohl verbindliche Organisation als auch das Handeln nach einer revolutionären Strategie (Programm) ablehnen, würden sie die Zersplitterung der Kämpfe, das blinde Reagieren auf Maßnahmen der Herrschenden und damit die Ineffektivität des eigenen Handelns zum Ideal erklären.
Diese heftige Kritik ist nicht zuletzt durch die Tatsache bestimmt, daß innerhalb des VDS im Vorstand ein Basisgruppen-Vertreter mitwirkte, der sich in sehr vielen Aktivitäten im Gegensatz zum Spartakus stellte und den Hegemonieanspruch des Spartakus ablehnte. Zu den von Spontis und Basisgruppen gemeinsam vertretenen Auffassungen gehört die Abneigung gegenüber einem organisierten und planmäßigen Handeln sowie die Ablehnung einer marxistischen Parteiorganisation. Der Spartakus wirft den Basisgruppen einen Rückzug auf den Kampf in den einzelnen Fachbereichen vor. In ihrer Anbetung spontaner Protestaktionen, in der Beschränkung auf »Bewegungen am Fachbereich« bei Ablehnung des planmäßigen, langfristigen und organisierten Massenkampfes versuchten die Spontis und Basisgruppen ihre eigenen Unzulänglichkeiten und Beschränktheiten zu kompensieren.[184]
Auf dem Wahlkongreß der DKP in Wuppertal im Januar 1983 warf Mies den

»Grünen« vor, sie hätten kein sozialistisches Ziel und seien keine »grundlegende Alternative zum herrschenden System«, ein beträchtlicher Teil der »Grünen« sei vom Antikommunismus und Antisowjetismus geprägt. Mies erklärte, es seien vor allem die »Grünen« gewesen, »die ein breites demokratisches Wahlbündnis ohne Ausgrenzung irgendeiner demokratischen Kraft verhindert haben«.[185]

Wie sehr die DKP das Aufkommen einer Alternativ- und Friedensbewegung fürchten muß, zeigt eine Untersuchung des DKP-nahen Instituts IMSF am Beispiel Hamburgs:[186] »Die ideologische und politische Anziehungskraft der grün-alternativen Strömungen hat die früher in gewissem Umfang wirksame Ausstrahlung der DKP auf das jugendliche Protestpotential und vor allem auf die unteren lohnabhängigen Mittelschichten- und Intelligenzgruppen Hamburgs stark reduziert, damit auch das Wählerpotential der DKP erheblich eingeschränkt und vor allem die Schwächen ihrer Verankerung in der Arbeiterklasse Hamburgs aufgedeckt.«

Als bündnispolitische Konsequenzen hinsichtlich der Hamburger Situation gibt es nach dieser Analyse »keinen Grund«, den neuen sozialen und politischen Bewegungen zurückhaltend oder gar ängstlich gegenüberzustehen. »Nur die konsequente Orientierung auf die Unterstützung und Zusammenarbeit mit diesen Bewegungen bei gleichzeitig verstärkter ideologischer Auseinandersetzung kann die Ausstrahlungs- und Überzeugungskraft marxistischer Politik, Ideologie und Theorie in den gemeinsamen Aktionen und Lernprozessen erhöhen.«[187] Gleichzeitig erfordere eine konstruktive und wirksame antimonopolistische Bündnispolitik gegenüber den neuen sozialen Bewegungen und den sie tragenden sozialen Gruppen und Schichten Kompromißbereitschaft der politischen Arbeiterbewegung, vor allem der marxistischen Arbeiterpartei, um »sich im Bündnis jeweils auf solche Forderungen zu einigen, die von allen Bündnispartnern unterstützt werden können«.[188]

E Sonstige parteinahe Studentengruppen der Linken

Unter »parteinahen Studentenorganisationen« werden im nachfolgenden diejenigen Organisationen verstanden, die als Studentenverbände seinerzeit den im Bundestag vertretenen Parteien zugerechnet wurden – die Studentenorganisationen anderer Parteien sind bereits in den entsprechenden Kapiteln behandelt.

In der antiautoritären Phase der studentischen Linken spielten die parteinahen Studentenorganisationen eine relativ geringe Rolle. Auch der Ring Christlich-Demokratischer Studenten (RCDS), der sich als einziger den im Bundestag vertretenen demokratischen Parteien zugerechneter Studentenverband eigenständig im Verhältnis zur Neuen Linken profilierte, blieb von den Einflüssen der Protestbewegung nicht völlig unbeeinflußt. In der antiautoritären Phase des SDS hatten SHB und der damalige Liberale Studentenbund Deutschlands (LSD) kein eigenständiges politisches Profil. Wer die Publikationen des früheren LSD untersucht, wird feststellen müssen, daß diese Organisation voll die Politik des SDS stützte, was sich auch in entsprechenden Ansprachen, zum Beispiel des LSD-Vorsitzenden Frank von Auer auf SDS-Delegiertenkonferenzen, niederschlug. Auch dem SHB gegenüber hatte der SDS einen eindeutigen Führungsanspruch erhoben. Dies zeigte sich auf einer Delegiertenkonferenz des SHB in Bochum, auf der der frühere SDS-Bundesvorsitzende Reimut Reiche als Gast am 9. März 1967 zu den dortigen Auseinandersetzungen erklärte: »Sie können versichert sein, daß wir kein Interesse daran haben, einen SHB, dessen politische Kraft so schwach ist wie die augenblickliche, zu spalten oder auflösen zu helfen. Ihr habt uns in der letzten Zeit oft genützt, wenn wir Bündnisse an der Hochschule eingegangen sind; uns zu schaden wart ihr stets zu schwach und zu abhängig. Darum haben wir an einem Ende des SHB . . . kein politisches Interesse. Ob der SHB den Hochschulen als sozialdemokratische Hülse ohne eigene politische Kraft erhalten bleibt, das ist uns wiederum aber keine existentielle Frage, kaum eine politische Frage. Eine irgendwie links von der SPD herumgeisternde sozialdemokratische Organisation ohne politische Perspektive an den Hochschulen, das ist eine Hülse, die an Wert vor den Studenten immer mehr einbüßen wird . . .«[1]

Trotz dieser arroganten Ansprache von Reiche fühlte sich der SHB in den darauffolgenden Jahren nach wie vor dem SDS fast völlig verbunden. Vielleicht war es auch gerade diese Arroganz und die sich darin ausdrückende vorgebliche Selbstsicherheit der SDS-Funktionäre, die die Ursache dafür darstellte, daß sich zahlreiche Studentenorganisationen in der antiautoritären Phase fast völlig dem Absolutheits- und Führungsanspruch des SDS beugten. Erst mit dem Zerfall des SDS sahen sich auch diese Organisationen – zu denen auch zahlreiche lokale Studentenorganisationen, aber auch beispielsweise Evangelische Studentengemeinden gerechnet wurden – gezwungen, sich unabhängig vom SDS zu orientieren.

1. Sozialistischer Hochschulbund (SHB)
früher Sozialdemokratischer Hochschulbund (SHB)

Der Sozialdemokratische Hochschulbund mußte sich auf seiner Bundesdelegiertenversammlung, die am 17. und 18. November 1973 in Bonn stattfand, in »Sozialistischer Hochschulbund« umbenennen, nachdem ihm vom SPD-Bundesvorstand gerichtlich die Führung des Namens »sozialdemokratisch« entzogen worden war.[2] Damit fand eine längere, zum Teil auch juristisch geführte Auseinandersetzung zwischen SPD und SHB ihr vorläufiges Ende. Der SHB hatte unter dem Eindruck der studentischen Revolte eine Radikalisierung vollzogen, die ihn in erheblichen Gegensatz zur SPD bringen mußte. Spätestens Ende 1968 wurde diese Radikalisierung offenbar, als der führende SHB-Funktionär Jens Litten aus dem SHB ausgeschlossen wurde.[3]

Der SHB wurde 1960 gegründet, nachdem sich innerhalb des SDS immer stärkere Tendenzen einer Distanzierung von der offiziellen SPD-Linken gezeigt hatten. Am 26. Mai 1960 wurde zwischen dem damaligen SPD-Vorsitzenden Erich Ollenhauer und dem früheren SHB-Bundesvorsitzenden Jürgen Maruhn eine Vereinbarung getroffen, in der der SHB ausdrücklich anerkannte, »daß die SPD das ausschließliche Recht an der Namensbezeichnung ›sozialdemokratisch‹ hat«. Für die SPD war Voraussetzung und Bedingung der Genehmigung der Namensführung »sozialdemokratisch«, daß sich der SHB in seiner Satzung verpflichtet, »das Godesberger Programm der SPD als die verbindliche Grundlage seiner Wirksamkeit anzuerkennen und diese Verpflichtung auch jeweils zu erfüllen«. Am 3. Juni 1961 wurde die Vereinbarung zwischen SPD und SHB insoweit erneuert, als die SPD dem SHB die widerrufliche Genehmigung erteilte, in seinem Namen die Bezeichnung »sozialdemokratisch« zu führen.

Seit Mitte der 60er Jahre wurden zunehmend Konflikte zwischen der SPD und dem SHB sichtbar, der sich zuvor durch eine absolute Treue zur SPD ausgezeichnet und jede Zusammenarbeit mit dem SDS abgelehnt hatte.[4]

Mit der Bildung der Großen Koalition im März 1967 verschärften sich die Spannungen zwischen SHB und SPD. Der SHB schloß sich in der darauffolgenden Zeit weitgehend den Aktionen des SDS an, doch gab es bereits vor allem 1969, auf der 10. Bundesdelegiertenversammlung des SHB in Hannoversch-Münden, Auseinandersetzungen zwischen Antiautoritären und Vertretern einer stärker traditionalistisch-marxistischen Richtung. Seit diesem Zeitpunkt machte sich immer stärker der Einfluß dieser traditionalistischen Richtung bemerkbar, was sich auch in einer Zusammenarbeit innerhalb der VDS niederschlug. Auf der 11. Bundesdelegiertenversammlung des SHB in Koblenz, die vom 20. bis 23. November 1970 stattfand, wurde die Aktionseinheit von Sozialdemokraten und Kommunisten beschlossen: »Die BDV fordert alle SHB-Gruppen und alle Sozialdemokraten auf, Aktionsgemeinschaften mit Kommunisten dort zu praktizieren, wo es den gemeinsamen sozialen und politischen Interessen dient.«

Im März 1971 wurde dem SHB mitgeteilt, daß dieser keine finanziellen Zuwendungen von seiten der SPD mehr zu erwarten habe.[5] Die sich nach und nach abzeichnende Trennung der SPD vom SHB war eine Folge zunehmender Abhängigkeit dieser Organisation von MSB Spartakus und DKP, wobei sich die Fraktionen im SHB »kompromißlos bis zur Lähmung«[6] gegenseitig matt setzten. Zur 3. außerordentlichen Bundesdelegiertenversammlung des SHB vom 7.–9. Mai 1971 in Göttingen vermerkte der Vorwärts, »daß die politischen Grundvorstellungen des SHB sich mit den Prinzipien einer sozialdemokratisch geführten Politik nicht mehr auf einen gemeinsamen Nenner bringen lassen«.

Auf seiner vom 2. bis 5. Dezember 1971 in Bonn durchgeführten Bundesdelegiertenversammlung hatte sich der SHB in zwei Fraktionen gespalten.[7] Zu dieser Spaltung war es im Verlauf der 12. ordentlichen BDV gekommen, an der 54 von 67 insgesamt in der Bundesrepublik bestehenden Gruppen teilnahmen. 60 Prozent waren der sogenannten »Mehrheitsfraktion«, die spartakusorientiert war, und 40 Prozent der »Minderheitsfraktion« zuzurechnen. Letztere erklärte, sie werde zwar den SHB formell nicht verlassen, sehe aber zur Zeit keine Möglichkeit mehr, mit der Mehrheitsfraktion zusammenzuarbeiten. Der Auszug der Minderheitsfraktion folgte auf die Verabschiedung eines als »Gesamtprogramm-Entwurf« titulierten Grundsatzpapiers des SHB. Die Sozialistische Fraktion (SF) warf der Mehrheit vor, deren Politik habe den Spartakus gestärkt, und Abgrenzungsversuche der Mehrheit gegenüber dem Spartakus hätten nur verbalen Charakter oder würden aus Opportunismus gegenüber dem SPD-Bundesvorstand formuliert.

Die Vertreter der Sozialistischen Fraktion im Bundeszentralrat des SHB, Michael Stamm, Reinhard Tegtmeier und Reinhard Zimmermann, hatten auf der 12. ordentlichen Bundesdelegiertenversammlung des SHB einen Rechenschaftsbericht vorgelegt, in dem sie sich kritisch mit der Politik der sogenannten »Spartakus-Fraktion« innerhalb des SHB auseinandersetzten: »Inhaltlich ist jedoch die Spartakus-Fraktion im SHB von Spartakus selbst nur schwer zu unterscheiden, und die Perspektive der DKP als Partei der Arbeiterklasse ist bei führenden Vertretern dieser Fraktion wesentlich eine taktische Frage, von welcher Organisation aus am besten zum Volksfrontbündnis mit der DKP beigetragen werden kann. Die gewerkschaftliche Orientierung, insoweit sie eine Beschränkung auf die Ansätze gewerkschaftlichen Bewußtseins enthält, ist bestens dazu geeignet, den Anspruch für eine Massenorganisierung zu liefern, die mangels weiterer politischer Orientierung leicht auf die DKP orientiert werden kann.«[8]

Die Sozialistische Fraktion wiederum konnte sich genausowenig wie die KP-Fraktion besonderer Sympathie durch den SPD-Vorstand erfreuen. So hieß es in einem Brief des SPD-Vorstandes an alle Landesverbände, Bezirke und Unterbezirke vom 13. Juni 1972, die Sozialistische Fraktion »kritisiert zwar die SHB-Mehrheit wegen ihrer DKP-Nähe, tut dies aber von Positionen aus, die eher links von der DKP zu suchen sind, und kann daher wohl auch kaum als sonderlich SPD-nahe bezeichnet werden«.[9] Am 19. Juli 1972 wurde auf Antrag des SPD-Bundesvorstandes durch das Landgericht Bonn ein Urteil erwirkt, in dem dem SHB die Führung des Namens »sozialdemokratisch« untersagt wurde.[10] Am 16. Mai 1973 schließlich wurde in einem Urteil des Oberlandesgerichts Köln[11] dem SHB endgültig die Führung des Namens »sozialdemokratisch« verboten, der sich dann auf seiner Bundesdelegiertenversammlung am 17./18. November 1973 in »Sozialistischer Hochschulbund« umbenannte.

Die »Sozialistische Fraktion« war bereits im Oktober/November 1972 endgültig aus dem SHB ausgeschieden.[12] Mit dem Austritt der Sozialistischen Fraktion aus dem SHB war dieser weitgehend von interner Opposition befreit, seine politische Linie immer mehr auf die Politik des Spartakus zugeschnitten. Damit fand der Prozeß permanenter Infiltrierungsbemühungen von seiten des Spartakus sein erfolgreiches Ende, was nicht zuletzt auch als Folge langjähriger Kontakte speziell in die DDR und andere Länder des Ostblocks zu werten ist. Diese Infiltrierungsbemühungen fanden in einigen Gruppen des SHB bereits im Jahre 1968 statt.[13]

Steffen Lehndorff, der gemeinsam mit drei weiteren Kölner SHB-Mitgliedern am 7. Mai 1971 seinen Übertritt vom SHB in den Spartakus bekanntgab[14], hatte zur Rolle des SHB im Mai 1970 bereits erklärt: »Wir stehen in unserer Programmatik der DKP näher als der SPD.«[15]

Der SHB scheute sich inzwischen auch nicht mehr, offen seine sehr guten Verbindungen in die DDR bekanntzugeben. So schloß er am 2. Dezember 1973 in Bonn mit dem Zentralrat der Freien Deutschen Jugend (FDJ) einen »Freundschaftsvertrag«, in dem eine Zusammenarbeit beider Organisationen, die sich »mit allen Kräften der demokratischen Weltjugendbewegung im Kampf um einen dauerhaften Frieden und für gesellschaftlichen Fortschritt verbunden« fühlen, beschlossen wurde.[16]

Im Februar 1977 wurde zwischen dem Zentralrat der Freien Deutschen Jugend der DDR, vertreten durch den Zweiten Sekretär Erich Postler, und dem Bundesvorstand des SHB, vertreten durch die damalige Bundesvorsitzende Mechthild Jansen, eine »Vereinbarung über die Gestaltung der internationalen Beziehungen zwischen dem Zentralrat der Freien Deutschen Jugend (FDJ) und dem Bundesvorstand des Sozialistischen Hochschulbundes (SHB)« unterzeichnet. Beide Seiten bekräftigten in dieser Vereinbarung den Willen, »ihre Zusammenarbeit im Interesse der Jugend und Studenten ihrer Länder und der Festigung der Aktionseinheit der demokratischen Weltjugend- und Studentenbewegung weiterzuentwik-

keln«. Beide Organisationen erklärten in dieser Vereinbarung weiter: »Sie bringen ihren Willen zum Ausdruck, konsequent gegen Antikommunismus, Antisowjetismus sowie gegen die Bestrebungen der Entspannungsgegner aufzutreten.« Die Nähe des SHB zur DKP zeigte sich besonders deutlich in den ideologischen Schriften des SHB und in seinem Schulungsmaterial. In einer Publikation der Bonner SHB-Gruppe »Die Politik der friedlichen Koexistenz« finden sich ausschließlich Beiträge von DDR- oder russischen Autoren, so von Walter Ulbricht, Otto Winzer oder Willi Stoph. Ähnliches gilt auch für die von der gleichen Gruppe herausgegebene Publikation »Monopoltheorie & Imperialismus heute«, in deren Vorwort ausdrücklich auf Lenins Imperialismustheorie Bezug genommen wird: »Die Theorie Lenins ist als einzige aus der Entwicklung der Grundgesetzmäßigkeiten der kapitalistischen Produktionsverhältnisse, der Akkumulation und Konzentration des Kapitals, des Umschlags von der freien Konkurrenz in das Monopol abgeleitet und besitzt heute unverändert – durch die Realität bestätigte Gültigkeit.«[17] Der SHB stellte sich auch innerhalb der Auseinandersetzung der Jungsozialisten voll hinter die Stamokap-Fraktion bzw. trat als Teil dieser Fraktion innerhalb der Jungsozialisten auf. Dies führte zu einer zunehmenden Distanzierung der Jungsozialisten vom SHB, was Johano Strasser zu folgender Anmerkung veranlaßte: »Es kann keinen Zweifel daran geben, daß das neue Grundsatzprogramm des SHB sich von den politischen Vorstellungen der Jungsozialisten nicht nur hinsichtlich der Strategie unterscheidet, sondern auch hinsichtlich der Zielvorstellungen der sozialistischen Gesellschaft.«[18] In all seinen Veröffentlichungen identifizierte sich der SHB mit der Theorie des Stamokap.[19]
In seinem Grundsatzprogramm bemühte sich der SHB, die SPD als solche von der »rechten Führung« zu separieren: Der SHB bezeichnete sich als »Organisation sozialdemokratischer Studenten an den Hochschulen der BRD, die auf der Grundlage des wissenschaftlichen Sozialismus den Kampf um eine demokratische Wissenschaft und Bildungspolitik führt. Er ist mit der Sozialdemokratie dadurch verbunden, daß viele seiner Mitglieder in der SPD organisiert sind und er seinen politischen Standort innerhalb der sozialdemokratischen Bewegung hat. In der Erfüllung seiner Aufgaben an den Hochschulen ist er jedoch politisch und organisatorisch unabhängig.«[20]
In den letzten zehn Jahren hat sich das politische Grundverständnis des SHB auch nicht in Nuancen geändert. Aus der Lektüre der auf den letzten Bundesdelegiertenversammlungen des SHB vorgelegten Rechenschaftsberichten des Vorstands ergibt sich, daß diese Studentenorganisation nach wie vor nahtlos mit dem MSB Spartakus übereinstimmt. Die »auf prinzipiellen Positionen beider Verbände beruhende Aktionseinheit von MSB und SHB« wird als »die am weitesten entwickelte, fundierteste Zusammenarbeit von Sozialdemokraten und Kommunisten in der BRD« bezeichnet.[21] Es wird von einem »Kernbündnis von SHB und MSB Spartakus« gesprochen, das als einziges in der BRD die aus bitteren historischen Erfahrungen gezogene Erkenntnis in die Notwendigkeit der Aktionseinheit von Sozialdemokraten und Kommunisten in die politische Praxis umsetzt[22], ja, es wird sogar von einer »prinzipiellen Bündnisverpflichtung der Zusammenarbeit mit Kommunisten« ausgegangen.[23]
Der wesentliche Unterschied zwischen SHB und MSB Spartakus besteht darin, daß sich der SHB nach seinem Selbstverständnis in der SPD verankert sieht. Der SHB versteht sich als »sozialdemokratischer Studentenverband«[24], der sich deshalb auf die SPD orientiere, »weil es in dieser Partei – wenn auch in unterschiedlichem Maße – klassenbewußte marxistische Kräfte gibt, die genau wie wir in Opposition zur Parteiführung stehen«.[25]
Der SHB geht von einer »Doppelstrategie« aus, die »sowohl auf die innerparteiliche Willensbildung Einfluß nehmen als auch die außerparlamentarische Bewegung stärken« soll: »Die Forderungen der außerparlamentarischen Bewegung in

186

die SPD hineinzutragen und in dieser Partei auf die Mitarbeit in den Bewegungen zu orientieren, um so die SPD auf diese Position zu zwingen, ist die Aufgabe von fortschrittlichen Sozialdemokraten in der Parteiarbeit.«[26]
Die Politik der früheren SPD-geführten Bundesregierung wurde in aller Härte abgelehnt: »Eine sozialdemokratisch geführte Bundesregierung machte sich damit zum Betreiber der umfassenden Formierungspolitik der Monopole, die Profit und Herrschaft in den achtziger Jahren sichern soll.«[27] Im wesentlichen beruft sich der SHB immer noch auf sein 1971 verabschiedetes Grundsatzpapier, das seinerzeit zu einer Spaltung des SHB führte. Die kritiklose Übernahme von Positionen des Spartakus und der DKP hat sich seit dieser Zeit eher noch verstärkt. So wurde der Einmarsch sowjetischer Truppen in Afghanistan im SHB-Bundesvorstand-Rechenschaftsbericht durch den Bundesvorsitzenden Berghorn 1980 in Siegen unter Hinweis auf eine von ihm erkannte prinzipielle Friedensliebe der Sowjetunion gerechtfertigt.[28]
Auch die Erhöhung der Zwangsumtauschsätze bei Besuchen von Bürgern der Bundesrepublik Deutschland in der DDR wird als »unvermeidlich« dargestellt[29], und das Kriegsrecht in Polen wird gerechtfertigt. Die Lage in Polen sei »erst durch das Eingreifen imperialistischer Kräfte« entstanden. Das Kriegsrecht sei erklärt worden »kurz vor einem Entwicklungspunkt, wo das Land drohte, im Chaos zu versinken, an einem Punkt, den Kräfte, die die gesellschaftliche Entwicklung zurückdrehen wollen, bewußt herbeiführen wollten, um in der allgemeinen Anarchie das Heft in die Hand zu bekommen«.[30]
Die kommunistische Linie des SHB fand ihren Niederschlag auch in der Rechtfertigung der Ausbürgerung von Rudolf Bahro: »Es gibt für uns keinen Grund, bereits im Vorverständnis davon auszugehen, daß die Begründung für die Verurteilung von Rudolf Bahro seitens des Berliner Stadtgerichts der DDR falsch ist. Und daß geheimdienstliche Tätigkeit in unterschiedlichen Formen und mit unterschiedlichen Mitteln ausgeübt werden kann, wird jeder einschlägige Fachmann bestätigen können.«[31] Gerade diese SHB-Erklärung erfuhr innerhalb der SPD und weiten Teilen der Jungsozialisten scharfe Ablehnung: »Das alles klingt sehr nach Originalton DKP, was nichts Ehrenrühriges sein muß. Aber wenn der SHB-Vorstand DKP-Positionen zur Verteidigung von Menschenrechtsverletzungen in der DDR einnimmt, dann sollte er dies auch konsequent tun, nämlich als Unterabteilung des Marxistischen Studentenbundes Spartakus, nicht aber als Studentenverband, der für sich in Anspruch nimmt, Juso-Positionen an den Universitäten zu vertreten.«[32]
Die außerordentlich enge Zusammenarbeit zwischen SHB und MSB Spartakus wird auch durch die Tatsache deutlich, daß das Verbandsorgan des SHB seit 1974 in der »Hausdruckerei« der DKP, Plambeck & Co., gedruckt wird. Der SHB hat nach eigenen Angaben über 2000 Mitglieder.[33] Davon sollen etwa 70% in der SPD organisiert und »viele bei den Jungsozialisten aktiv« sein.[34]
In einer Veröffentlichung der Friedrich-Ebert-Stiftung wurde schon 1975 auf die Rolle des SHB als Mehrheitsbeschaffer für den MSB Spartakus unmißverständlich hingewiesen: »Zur relativen Machtposition hat wesentlich die selbstmörderische Politik des Sozialistischen Hochschulbundes (SHB), vormals Sozialdemokratischer Hochschulbund (SHB), beigetragen. Von DKP-Agenten im Vorstand des SHB fehlgeleitete Sozialdemokraten haben im Hochschulbereich die Aktionseinheit von Kommunisten und Sozialdemokraten praktiziert; der Preis für diese Aktionseinheit ... war die Zersplitterung des ehemals einflußreichsten Hochschulverbandes und das Verschwinden sozialdemokratischer Positionen aus der studentischen Politik.«[35]

2. Sozialdemokratischer Hochschulbund/Sozialistische Fraktion

Ab Herbst 1972 war die Trennung zwischen der Mehrheits- und Minderheitsfraktion innerhalb des SHB endgültig vollzogen. Zunächst hatte sich die Sozialistische Fraktion bemüht, innerhalb des SHB als eigenständig organisierte Gruppierung politisch wirksam zu werden. Insgesamt gab es aber keine klare Strategie in dieser Minderheitsfraktion, die sich lediglich in der Ablehnung des Kommunismus Moskauer Richtung einig wußte. So hieß es in einem Flugblatt des SHB/SF an der Universität Heidelberg: »Es ist den SHB-Gruppen, die die Sozialistische Fraktion konstituiert haben, nicht mehr möglich, in zentralen theoretischen und praktischen Fragen mit den Spartakus-orientierten SHB-Gruppen zusammenzuarbeiten, da diese andere Fraktion einerseits in schrankenlosem Opportunismus gegenüber der SPD vom ›sozialdemokratischen Klassenstandpunkt‹ schwätzt, andererseits in Theorie und Praxis das DKP-Programm des ›antimonopolistischen Kampfes‹ betreibt und schließlich eine Hochschulpolitik unter der schwammigen Parole einer ›gewerkschaftlichen Orientierung‹ propagiert, die in keiner Weise theoretisch ausgewiesen ist und nichts anderes darstellt als den hilflosen Ausdruck einer perspektivlosen Handwerkelei. Demgegenüber vertritt die Sozialistische Fraktion die Auffassung, daß Kampf an der Hochschule und gewerkschaftlicher Kampf nur Teilstrategien einer gesamtgesellschaftlichen Strategie sein können, die wiederum nicht in einem langsamen ›Zurückdrängen der Monopole‹ bestehen kann, sondern mit der bewußten Perspektive der sozialistischen Revolution entwickelt werden muß.«[36]

Die Sozialistische Fraktion, die noch bis zum Jahre 1973 existierte und sich vor allem bemühte, mit dem Offenbacher »Sozialistischen Büro« in eine nähere Zusammenarbeit zu kommen, gab als überregionales Organ die »Sozialistische Front« heraus.[37]

Die wichtigsten Gruppen der Sozialistischen Fraktion bestanden in Frankfurt und Gießen. Teile der Sozialistischen Fraktion standen zumindest den sogenannten »Antirevisionisten« der Hannoveraner Jungsozialisten nahe. Zum Teil vertrat die SF antiautoritäre Positionen und kritisierte von diesem Standort die neoleninistischen Organisationen der Neuen Linken.

Zumindest Teile der SF hatten ein offenes Verhältnis zur Frage der Gewalt. So rief der AStA der Uni Frankfurt, der vom SHB/SF gestellt wurde, zu Hausbesetzungen in Frankfurt auf und war aktiv an der Unterstützung der Besetzung des Hauses »Kettenhofweg 51« beteiligt.[38] In einer Stellungnahme zur Frage der Gewalt erklärte die Sozialistische Fraktion ausdrücklich, daß nach ihrer Auffassung »eine legale, parlamentarische Transformation des kapitalistisch-parlamentarischen Systems der Herrschaft weniger Besitzer der Produktionsmittel ... nicht möglich ist«. Mit dieser Position treffe sie sich mit der Roten-Armee-Fraktion an dem Punkt, »wo die Notwendigkeit des ... bewaffneten Kampfes zur Überwindung des Kapitalismus festgestellt wird«.[39]

Allerdings dürfe die sozialistische Revolution »keine Revolution von oben sein ..., keine Revolution, die von irgendeiner selbsternannten Avantgarde über die Köpfe derjenigen hinweg, denen diese Revolution Befreiung bringen soll«, führe. Dies bedeute, »daß aus der Notwendigkeit des bewaffneten Kampfes nicht die Richtigkeit des bewaffneten Kampfes zu jedem beliebigen Zeitpunkt gefolgert werden kann«.[40] Von diesem Standpunkt her wurden die Theorien der RAF kritisiert, deren Bombenanschläge sich »völlig beziehungslos zu aktuellen Erscheinungsformen der Klassenauseinandersetzungen« verhielten.[41] Für falsch erklärt wurde das Konzept der RAF darüber hinaus in seinem Avantgardeanspruch und seiner »unhistorischen undialektischen Betrachtungsweise«.

Dieses offene Verhältnis zur Frage der Gewalt führte zu einem Ausschlußantrag der Mehrheitsfraktion des SHB gegenüber der Frankfurter SF-Gruppe, da anläß-

lich eines Teach-Ins der »Roten Hilfe Frankfurt« am 31. Mai 1972 durch die SF die Aktionen der RAF öffentlich gebilligt worden sein sollen.[42]
Mitte der 70er Jahre hat sich die Sozialistische Fraktion aufgelöst.

3. Juso-Hochschulgruppen

»Der um Sponti-Einflüsse bereinigte SHB entwickelte sich nunmehr rapide in Richtung MSB Spartakus. In der Praxis an den Hochschulen gab es zwischen beiden bald keine relevanten Differenzen mehr, und dieser Prozeß der praktischen Annäherung wurde vom SHB dann im November 1972 auch theoretisch vollzogen, indem er sein bis heute gültiges Grundsatzprogramm verabschiedete.«[43] Dieses Grundsatzprogramm des SHB von 1972 verankerte bereits die Stamokap-Theorie und die Notwendigkeit des »antimonopolistischen Kampfes« zur Errichtung einer »antimonopolistischen Demokratie als Öffnung des Weges zum Sozialismus«.[44]
Richard Meng, führend in den später gegründeten Juso-Hochschulgruppen, analysierte den SHB wie folgt:
»Mit der Festschreibung der antimonopolistischen Strategie, mit ihrer Umsetzung in der Politik der sogenannten ›gewerkschaftlichen Orientierung‹ und mit der Proklamation der Politik der ›prinzipiellen Aktionseinheit‹ mit Kommunisten (gemeint sind MSB Spartakus und DKP) ist der SHB bezüglich seines hochschulpolitischen Auftretens vom MSB Spartakus nicht mehr zu unterscheiden.«[45]
Viele Jungsozialisten hätten trotz großer inhaltlicher Bedenken die Entwicklung des SHB lange Zeit mitgetragen, »andere wiederum waren mit dieser Entwicklung sogar einverstanden«.[46] Gleichwohl sei durch die Satzung des SHB (§ 2) die Gründung von Juso-Hochschulgruppen »geradezu provoziert« worden: »Die politischen Grundsätze des Verbandes sind in seiner Grundsatzerklärung festgelegt, die für alle Mitglieder und Organe des Verbandes bindend ist.« Da jedoch in der Grundsatzerklärung wesentliche Positionen der antimonopolistischen Strategie des SHB festgeschrieben seien, sei für solche Jungsozialisten, die die politischen Einschätzungen der Grundsatzpapiere des SHB nicht teilten, die Mitarbeit im SHB praktisch unmöglich gemacht worden. So entwickelte sich denn auch die Zusammenarbeit verschiedener Jusogruppen, die an einigen Hochschulen unabhängig voneinander entstanden waren; eine lockere Koordination dieser Gruppen begann 1973.[47]
Im Vorfeld der 25. Mitgliederversammlung des VDS fand im März 1973 ein gemeinsames Seminar von 5 Jusogruppen statt, das als Zeitpunkt der bundesweiten Konstituierung von Juso-Hochschulgruppen als eigenständige politische Gruppierung gelten kann.[48]
Einige Bedeutung erlangten die Juso-Hochschulgruppen durch die Tatsache, daß ohne sie eine Vorstandsbildung innerhalb des VDS nicht möglich war. Die Arbeit der VDS war deshalb einer der wesentlichen Bezugspunkte der überregionalen Arbeit der Juso-Hochschulgruppen. Zunächst waren die Juso-Hochschulgruppen durch das Vorstandsmitglied Otmar Schreiner vertreten.
Die Konstituierung der Juso-Hochschulgruppen stieß nicht nur auf erhebliches Mißtrauen beim SHB, sondern auch innerhalb des Bundesverbandes der Jungsozialisten selbst, vor allem in jenen Bezirken, die der Stamokap-Position nahestanden.[49] Offiziell akzeptiert waren die Juso-Hochschulgruppen innerhalb des Juso-Verbandes erst im Dezember 1974, als der Juso-Bundesausschuß die Existenz zweier Organisationsmöglichkeiten für sozialdemokratische Studenten feststellte, zugleich aber für »die Schaffung einer einheitlichen Vertretung sozialdemokratischer Studenten an den Hochschulen« eintrat.[50]
In der Gründungsphase waren die Juso-Hochschulgruppen weitgehend identisch

mit der Minderheitsfraktion innerhalb des Bundesverbandes der Jungsozialisten, die vom Bezirksverband Hannover der Jusos angeführt wurden und sich als »nichtrevisionistisch« bezeichneten. Gerade wenn man ihre Einschätzung der Rolle des Staates und der Intelligenz untersucht, wird man die Feststellung, daß die Juso-Hochschulgruppen eher »links« von der DKP standen, unterstützen müssen.

Die Einschätzung der SPD durch die Juso-Hochschulgruppen ging davon aus, daß die Beteiligung der SPD an der Bundesregierung »auch im Interesse von Teilen des Monopolkapitals« lag[51], selbst unter einer SPD/FDP-Regierung sei ein »beschleunigter Abbau demokratischer Rechte«[52] zu verzeichnen. Die Verflechtung von »integrationistischer SPD und Gewerkschaftsführung« gewährleiste eine Regulierung der aufbrechenden Klassenauseinandersetzung in integrierender Weise.[53]

Die Juso-Hochschulgruppen vertreten die Auffassung, der Sozialismus lasse sich nicht »durch die Erringung der Staatsmacht stückchenweise, Baustein für Baustein errichten«.[54] Diese Absage an eine »reformistische« Politik veranlaßt die Juso-Hochschulgruppen zu der Feststellung, es dürfe nicht bei moralischer Empörung bleiben, sondern es müsse über diesen Rahmen hinaus Bewußtseinsbildung betrieben und der Aktion eine richtige Stoßrichtung gegeben werden: »So wie spontane Aktionen den Emotionen der Studentenschaft nachfolgen können, kann die Emotion und darauffolgende spontane Aktion auch Teil einer Strategie sein, wichtige Angriffe geplant zu vermitteln.« Diese sehr an die Spontaneitätstheorien von Rosa Luxemburg erinnernden Aussagen führten die Juso-Hochschulgruppen zu der Erkenntnis, »daß die Spontaneität je nach Situation sinnvoll« (wie z. B. eine Rektoratsbesetzung) oder auch »sinnlos« (wie die Rathausbesetzung in Bonn anläßlich des Van-Thieu-Besuches) sein könne. So sprach sich auch ein führender Funktionär der Juso-Hochschulgruppen auf einer Mitgliederversammlung des Verbandes Deutscher Studentenschaften im März 1974 für ein »Zusammenspiel von legalen und illegalen Mitteln« aus.

Hinsichtlich der Bündnisstrategie gehen die Juso-Hochschulgruppen davon aus, daß das Spektrum ihrer akzeptablen Bündnispartner »von liberalen bis linkskommunistischen Kräften, soweit sie Gewähr dafür bieten, daß durch ihr Auftreten nicht die gesamte Aktion diskreditiert wird«, reicht.[55]

Es sei notwendig, beispielsweise einen vom RCDS geführten AStA »durch eine Koalition aller linken und liberalen Gruppen« zu verhindern.[56] So hatte beispielsweise in Göttingen die Juso-Hochschulgruppe ausdrücklich eine Koalition mit dem RCDS nach den Wahlen zum Studentenparlament im Jahr 1974 ausgeschlossen, weil dieser »verfassungsfeindlich« sei, fand sich hingegen bereit, mit dem maoistischen »Initiativkomitee für die Gründung eines kommunistischen Hochschulbundes (IK/KHB)« eine Koalition einzugehen.

Es fällt auf, daß die Juso-Hochschulgruppen in ihrer Anfangszeit sehr stark vom Spontaneismus und vom Gedankengut einer undogmatischen Linken beeinflußt waren.

Im Laufe der Debatten über theoretische Selbstfindung der Juso-Hochschulgruppen wurden mangels eigener Theorieansätze Anleihen bei ideologisch nahestehenden Positionen gemacht. Besonders wichtig war damals der Juso-Bezirk Hannover, daneben waren auch Einflüsse aus dem Spektrum der undogmatischen Linken zu registrieren.[57] Eine wichtige ideologische Auseinandersetzung mit dem SHB war die Frage des revolutionären Subjektes. Die Juso-Hochschulgruppen vertraten im Gegensatz zu MSB Spartakus und SHB die Auffassung, daß es keine Interessenshomogenität von Arbeitern und Studenten gibt. Studenten seien gesellschaftspolitisch Teil der Intelligenz und damit klassenspezifisch nicht eindeutig einzuordnen. Große Teile der Intelligenz partizipierten an kapitalistischer Herrschaft, die gesellschaftliche Trennung von Hand- und Kopfarbeit unterscheide sie prinzipiell von der Arbeiterklasse. Nur Teile der Studenten seien für die Arbeiterklasse bündnisfähig.[58]

Die Juso-Hochschulgruppen vertraten auch die Position, sozialistische Politik dürfte nicht im »Aufstellen von Tagesforderungen« steckenbleiben, sondern sozialistische Organisationen hätten sich demgegenüber stärker auf die »Überwindung des Gesamtsystems des Kapitalismus« hin zu orientieren, »an jedem Einzelproblem ist der Zusammenhang zum System des Kapitalismus aufzuzeigen«.[59]

Die Juso-Hochschulgruppen verfügen nicht über die gleiche zentrale Struktur wie SHB oder die meisten anderen Studentenorganisationen. Sie sind »Projektgruppen« der Jungsozialisten. Die Bezirke und Landesverbände der Jungsozialisten koordinieren die Arbeit der jeweiligen Juso-Hochschulgruppen für ihren regionalen Bereich.[60]

Nach den »Organisationsrichtlinien« lädt der Juso-Bundesvorstand mindestens zweimal jährlich zu einem Koordinierungstreffen ein, zu dem jede Juso-Hochschulgruppe zwei Vertreter entsendet. Ferner wählt das Koordinierungstreffen der Jungsozialisten-Hochschulgruppen zur Koordination der Hochschularbeit einen vier- bis siebenköpfigen Arbeitskreis, der dann vom Bundesvorstand der Jungsozialisten berufen wird und diesen für den Bereich Hochschule berät, die Arbeit der Juso-Hochschulgruppen koordiniert und die Koordinierungstreffen vorbereitet. Durch diese Organisationsform soll sichergestellt werden, daß die Juso-Hochschulgruppen relativ eng an die Arbeit der Jungsozialisten angebunden sind und sich nicht – wie ehedem der SHB – zu einem erheblichen Teil verselbständigen können. Daher wird festgelegt: »Die Juso-Hochschulgruppen auf Bundesebene stimmen sich in allen wichtigen Fragen mit dem Juso-Bundesvorstand ab.«[61]

Die Juso-Hochschulgruppen haben kein einheitliches ideologisches Konzept, sondern spiegeln auch die jeweiligen Strömungen auf Bundesebene der Jusos wider. Eine gewisse Vereinheitlichung ihrer Ideologie bewirken die »Arbeitshefte zur sozialistischen Theorie und Praxis«, die sich allerdings nicht als ein »offizielles« Organ der Juso-Hochschulgruppen verstehen, obwohl der Herausgeberkreis personell identisch mit den Mitgliedern des »Arbeitskreises Hochschule«, dem gewählten Vertretungsorgan der Juso-Hochschulgruppen auf Bundesebene, ist. Die Juso-Hochschulgruppen orientieren sich nicht »aus taktischen Gründen« auf die SPD, sondern aus grundsätzlichen.[62] Aufgabe von Jungsozialisten und der »Parteilinken insgesamt« sei die Notwendigkeit, die Aufklärungs- und Mobilisierungsarbeit in der Bevölkerung mit einer offensiveren innerparteilichen Arbeit zu verbinden »und dadurch die klassenbewußten Kräfte in der Partei (zu) stärken und fortschrittliche Positionen in der Gesellschaft aus(zu)bauen«.[63]

In diesem Sinne betrachten die Juso-Hochschulgruppen »die Veränderung der SPD zu einer Partei, die sich an den Interessen der Lohnabhängigen und den geschichtlichen Aufgaben der Sozialdemokratie orientiert, als eine schwierige und langwierige, aber prinzipiell notwendige und lösbare Aufgabe, um den Weg zum Sozialismus zu öffnen«.[64] Aufgabe der Juso-Hochschulgruppen ist es demnach auch, »innerhalb der SPD für sozialistische Mehrheiten zu kämpfen«.

Es werden »wesentliche Unterschiede zu den Positionen des MSB Spartakus« konstatiert, etwa in der Einschätzung der Situation in den osteuropäischen Staaten. Dort sei zwar »durch die Abschaffung des Privateigentums an den wichtigsten Produktionsmitteln ein wichtiger Meilenstein auf dem Wege zum Sozialismus erreicht worden«[65], doch sei in der Frage der »demokratischen Planung und Lenkung der Produktion und Konsumtion unserer Meinung nach eine durchaus bedeutende Weiterentwicklung notwendig«. Bei der kritischen Diskussion über die Zustände in den sozialistischen Ländern müsse »Grundlage« das »Ausgehen von sozialistischen Positionen sein, um zu verhindern, daß diese Diskussion zur Stärkung des Antikommunismus in der BRD führt«.[66]

191

Ab 1976 wechselten auch frühere SHB-Genossen – die ihre Politik an der soge-nannten »Freudenberger Plattform« orientierten – unter wesentlicher Beibehal-tung von Stamokap-Positionen in die Juso-Hochschulgruppen über.[67]

4. Liberaler Studentenbund Deutschlands (LSD)

Mit einer Erklärung des Bundesvorstandes und des Beirates des Liberalen Stu-dentenbundes Deutschlands (LSD) vom 17. August 1969 wurden alle Beziehun-gen zur FDP abgebrochen und als eine Konsequenz der Tatsache hingestellt, »daß eine politische Zusammenarbeit beider Organisationen schon seit längerem nicht möglich ist. Die FDP ist nicht gewillt, den forcierten Abbau der Grund-rechte in allen gesellschaftlichen Bereichen aufzuhalten.«[68] Dieser formelle Bruch beendete das schon seit Jahren bestehende Konfliktverhältnis zwischen der FDP und ihrer einstigen akademischen Nachwuchsorganisation.

Diesem Abbruch der Beziehungen ging die Trennung des Berliner Landesverban-des, der sich damals Liberaler Studentenbund Westberlin (LSW) nannte, voraus, der der FDP vorwarf, sich ihr ›linksliberales‹ Image aus wahltaktischen Gründen »erlogen« zu haben, und erklärte: »Auf den Landeslisten sprießen die reaktionä-ren Scheißkerle hoch«. Zwar formuliere die FDP eine im Ansatz akzeptable Hochschulreform, doch spucke sie als Mitregent in einigen Bundesländern »fa-schistische« Hochschulgesetze aus. Schließlich sei die FDP »Wurmfortsatz des Obrigkeitsstaates«.

Als damaliger FDP-Vorsitzender hatte Walter Scheel kurz vor dem Bruch mit dem LSD in einem Zeitungsinterview erklärt: »Der LSD ist nach meiner Beob-achtung in einem sehr, sehr schlechten Organisationszustand. Es gibt überhaupt keine zentralen Gewalten im LSD, sondern er ist atomisiert auf die verschiedenen Universitätsbereiche.«[69]

Die FDP zeigte sich von diesem Abbruch der Beziehungen »nicht überrascht«[70] und nicht »beeindruckt«[71], denn dieser Schritt habe zwangsläufig kommen müs-sen, nachdem sich der LSD vom Parlamentarismus abgewandt habe.

In der Tat existierte der LSD zu diesem Zeitpunkt nur noch an ganz wenigen Hochschulorten und dort meistens in totaler Abhängigkeit von antiautoritären Gruppen. Sein letztes Lebenszeichen gab er schließlich im Jahr 1971, nachdem er um den Jahreswechsel 1970/71 seinen »Bundesvorstand« von Bonn nach Berlin verlegte.

Obwohl er in der antiautoritären Revolte so gut wie kein eigenständiges Profil zeigte, konnte sich der LSD nur deshalb noch so lange am Leben erhalten, weil er bis 1971 öffentliche Mittel aus dem Bundesjugendplan bewilligt erhalten hatte. Freimütig erklärte deshalb auch der LSD in einem Flugblatt, das im Oktober 1970 verteilt wurde: »Der Liberale Studentenbund Westberlins existiert trotz der an-tiautoritären Phase der Studentenrevolte heute noch, weil seine Mitglieder es als richtige Taktik im Klassenkampf erachtet haben, sich die Mittel zur Zerschlagung der Reaktion von dieser selbst zu beschaffen (z. B. steuerversierten Liberalen).«

Der LSW, der noch die einzige halbwegs funktionierende Gruppe darstellte, rief, da es die erstrebte marxistisch-leninistische Partei noch nicht gäbe, anläßlich der Wahlen zum Berliner Abgeordnetenhaus im März 1971 zur Wahl der SEW auf, da deren soziale Basis in der Arbeiterklasse läge.

Führende Mitglieder des LSD wurden später u. a. in der KPD, im KSV oder auch im Spartakus aktiv.

5. Liberaler Hochschulverband (LHV)

Der Liberale Hochschulverband ging an einer ganzen Reihe von Hochschulen der Bundesrepublik Bündnisse vor allem mit dem Spartakus ein und arbeitete auch im VDS-Vorstand gemeinsam mit einem Vertreter der Juso-Hochschulgruppen, des Marxistischen Studentenbundes Spartakus und des SHB mit. Der LHV wurde auf einem Gründungskongreß in Mainz vom 7. bis 9. April 1972 ins Leben gerufen und sollte im liberalen Spektrum eine Lücke schließen, nachdem der LSD alle Aktivitäten eingestellt hatte.

In der Satzung des LHV steht hinsichtlich des Verhältnisses zur FDP: »Mitglied des LHV kann nur sein, wer einem mit dem LHV in politischem Wettbewerb stehenden Studentenbund oder einer mit der FDP in politischem Wettbewerb stehenden Partei oder deren Neben- und Sonderorganisation angehört.«[72]

Der LHV, der sich gegen jede Koalition mit dem RCDS auf einer Bundesdelegiertenkonferenz am 18. November 1973 ausgesprochen hat[73], hat sich allerdings zu einer entsprechenden Bündnispolitik mit Organisationen wie beispielsweise dem MSB Spartakus bereit erklärt.[74]

Der MSB Spartakus wird von LHV durchaus als akzeptabler Bündnispartner angesehen: »Der MSB Spartakus kommt wegen der Übereinstimmung mit unseren allgemeinpolitischen und hochschulpolitischen Teilzielen und aufgrund seiner generell systemüberwindenden Perspektive zumindest für eine punktuelle Zusammenarbeit in Frage.«[75]

Diese Bündnispolitik schlug sich so auch in einem Grußwort des Spartakus an die 4. Bundeskonferenz des LHV im November 1973 in Düsseldorf nieder, in dem es wörtlich hieß: »Liebe Freunde, die Zusammenarbeit unserer Organisationen entwickelt sich an vielen Hochschulorten gut ... Schon heute kann ich sagen, daß wir Eure Beteiligung an unserem nächsten Bundeskongreß im nächsten Frühjahr und an der theoretischen Konferenz zur Rolle der Studentenbewegung im Klassenkampf sehr begrüßen werden. Wir sind der Meinung: Entwickeln wir die Gemeinsamkeiten in der praktischen Politik weiter. Unser gemeinsames Handeln für gemeinsame Interessen kann die Studentenbewegung in der Bundesrepublik weiterbringen.«[76]

In Einzelfällen war der LHV aber offensichtlich nicht nur bereit, mit dem Spartakus und dem SHB zusammenzuarbeiten, sondern auch mit links von ihnen stehenden politischen Kräften, so mit der Kommunistischen Hochschulinitiative (KHI) in Bochum. In einem am 22. Januar 1974 dort verteilten gemeinsamen Flugblatt von KHI und LHV hieß es u. a.: »Die Studenten sollen später bestimmte Funktionen zur Aufrechterhaltung dieses Gesellschaftssystems wahrnehmen. Sie sollen zu Agenten der ökonomischen Ausbeutung und Verbreitung der bürgerlichen Ideologie herangebildet werden ... Der kapitalistische Staat plündert das Volk durch seine Steuerpolitik verstärkt aus.«[77]

Der LHV versteht sich hinsichtlich einer politischen Programmatik als eine Organisation, die die »Überwindung des kapitalistischen Systems« erstrebt.[78]

Oder in einem Protokoll eines Strategieseminars hieß es zur Zielsetzung des LHV: »Eine antikapitalistische Strategie, die die Veränderung der materiellen Basis und die Selbstveränderung des Menschen umfaßt, muß davon ausgehen, daß die Massen selbst und nicht eine ihnen gegenüberstehende Elite den Kampf um die neue Gesellschaft führen müssen. Die Massenbewegung muß auch nach der Überwindung des kapitalistischen Systems beibehalten werden, um das Entstehen neuer autoritärer Strukturen zu verhindern.«[79]

Außerdem brachte der LHV in einem Beschluß seiner Bundesdelegiertenkonferenz vom April 1973 seine Skepsis gegenüber dem Funktionieren der parlamentarischen Regierungsordnung zum Ausdruck. »Obwohl Parteien und Parlamente bereits weitgehend entmachtet sind, Gewerkschaften höchstens verbal den Klassenstandpunkt vertreten und den Beherrschten lediglich einen Anschein demokratischer Willensbildung vermitteln, wird dennoch die Zerschlagung formaldemokratischer Institutionen und die Aushöhlung bürgerlicher Freiheit vorangetrieben . . ., denn Parteien, Parlamente sind potentiell demokratisch und von daher eine ständige Bedrohung der Herrschenden.«[80]

Die weiterhin andauernde Zusammenarbeit des LHV mit Kommunisten an den Hochschulen der Bundesrepublik fand ihre Bestätigung beispielsweise in dem Grußwort des Mitglieds des geschäftsführenden Bundesvorstands des LHV, Manfred Konfurius, anläßlich des 6. Bundeskongresses des Spartakus am 13./14. Oktober 1979 in Marburg. Konfurius betonte bei dieser Gelegenheit, »daß in vielen Bereichen die Zusammenarbeit unserer Verbände sich sowohl auf Bundesebene, in den VDS, als auch in den Hochschulen bewährt hat«.[81] Bilanzierend stellte Konfurius fest, »daß die Zusammenarbeit im neuen VDS-Vorstand erfolgreich und konstruktiv ist und daß viele Schwächen der Arbeit der vergangenen Jahre vermieden werden konnten«.[82] Er schloß sein Grußwort mit der Feststellung: »Denn nach wie vor gilt: Der gemeinsame Feind steht rechts! Ihn zu bekämpfen ist unsere Aufgabe! Unsere gemeinsame Aufgabe! . . . Euer Optimismus ist unser Optimismus – gemeinsam werden wir es schaffen.«[83]

F Sozialistisches Büro (SB)

Das Sozialistische Büro wurde im April 1969 gegründet.[1] Es steht in der Tradition der Protestbewegung und vertritt auch heute noch einen undogmatischen sozialistischen Kurs. Dies bestätigte auch ein prominentes Mitglied des SB, Rudi Dutschke, auf einer Berliner Veranstaltung am 7. Dezember 1977, indem er ausführte, daß das SB »die Erbschaft der sechziger Jahre bei sich behalten hat und sich nicht nur als Intellektuellenclub der Vergangenheit begreift«.[2] Das SB ist nach Dutschkes Meinung »noch keine sozialistische Organisation, die sich im Rahmen der gesellschaftlichen Widerspruchsebenen außerparlamentarisch und parlamentarisch politisch stellt im Klassenkampf«, sondern »eine wichtige und fundamentale Übergangsorganisation«, weshalb er Mitglied des SB sei.

In der Gründungserklärung des SB vom April 1969 legt das SB klar, daß es für Sozialisten notwendig sei, sich in einem Zusammenschluß in Wohngebieten, in berufsbezogenen Gruppen, innerhalb von politischen Organisationen zu vereinen, und erteilte denjenigen linken Gruppen eine Absage, die Spontaneität zum Mythos machen wollten und jede beständige Form der Kooperation in einer Organisation ablehnten. Der Rückzug in überkommene Organisationsmuster und deren politische Fesseln helfe nicht weiter, ebensowenig wie Spontaneität, aber: »Die Linke wird Organisationsformen, die den veränderten gesellschaftlichen Bedingungen entsprechen, nicht in einem Wurf erreichen.«[3]

Im Jahr 1982 fiel die Zahl der SB-Mitglieder auf etwa 900 (1981: etwa 1000); die Auflage seiner Monatsschrift »links« sank von etwa 8200 Exemplaren 1981 auf 7000 Exemplare 1982.[4] Im März 1983 gab es lokale Gruppen und Kontaktadressen des SB in Bielefeld, Bremen, Darmstadt, Dortmund, Düsseldorf, Mülheim, Essen, Offenbach, Gießen, Hamburg, Hannover, Heidelberg, Kassel, Kiel, Köln, Lübeck, Münster, Bergneustadt, Radevormwald, Saarbrücken, Stuttgart, Tübingen und Wiesbaden.[5] Neben »links« gibt das SB noch die Zeitung »express« heraus, die den Untertitel »zeitung für sozialistische betriebs- und gewerkschaftsarbeit« hat. Beide Zeitschriften erscheinen im Verlag 2000, Offenbach.

Innerhalb des SB gibt es die Einzelmitgliedschaft, aber auch die korporative Gruppen-Mitgliedschaft. Zur Finanzierung der Arbeit des SB hat jedes Mitglied einen monatlichen Beitrag in Höhe von 10% der monatlichen Lohnsteuer zu bezahlen. Es gibt lokale SB-Gruppen mit unterschiedlichen organisatorischen Einheiten, ferner überregionale Zusammenarbeit. Auf Bundesebene werden Arbeitsgruppen-Tagungen in Form einer Vertreterversammlung sowie zentrale Mitgliedertagungen mit thematischen Schwerpunkten durchgeführt. Ferner besteht ein Delegiertenrat und ein Arbeitsausschuß. Dieser wird für die Dauer eines Jahres gewählt und hat 12 Mitglieder. Der Arbeitsausschuß hat die organisatorische Kontinuität der Aktivitäten zu sichern und kann für das SB Erklärungen abgeben, wenn im Interesse der Handlungsfähigkeit keine Diskussion und Entscheidung des Delegiertenrates möglich ist.

1. Zur Geschichte des SB

Initiiert wurde das Sozialistische Büro im April 1969 von Andreas Buro, Heiner Halberstadt, Arno Klönne und Klaus Vack. Das SB ist eine Sammlungsbewegung aus hauptsächlich drei Strömungen:[6]

- Mitwirkende aus Kampagnen der fünfziger und sechziger Jahre (wie »Kampf dem Atomtod«, »Ostermarsch der Atomwaffengegner«, Anti-Notstandsgesetzgebungs-Bewegung und undogmatische Sozialisten aus der früheren SDS-Förderergesellschaft »Sozialistischer Bund«);

- einige SDS-Aktivisten (Oskar Negt, Elmar Altvater, Ursula Schmiederer) und viele SDS-Angehörige, die die Trennung der SPD vom SDS im Jahre 1961 miterlebt hatten;
- einzelne Gruppierungen aus der Schülerbewegung, aus dem Lehrerbereich, Gewerkschaftsjugendgruppen, Bürgerinitiativen, Sozialarbeiter, die Kontakt zu den Resten der APO suchten, vereinzelt auch Betriebsgruppen, wie z. B. die »plakat«-Gruppe Daimler in Württemberg, die aus der illegalisierten KPD der fünfziger Jahre hervorging.

In seiner Geschichte hat das SB immer wieder verstanden, durch innerhalb der Linken weithin beachtete Kongresse Diskussionsprozesse auszulösen. Diese Kongresse hatten teilweise erheblichen Zulauf, wobei unterschiedliche ideologische Ansätze vertreten wurden. Einer der ersten Kongresse war der Angela-Davis-Kongreß 1972.

Das SB unterstützte zunächst Anfang der siebziger Jahre eine sogenannte Sozialisationskampagne. Das im Herbst 1972 erschienene Buch von Dieter Duhm, »Angst im Kapitalismus« fand innerhalb der Linken starke Resonanz, wobei die Frage nach der Verbindung von politischer Arbeit und persönlicher Befreiung im Kapitalismus diskutiert wurde.[7]

So wurde im April 1973 ein sogenanntes »Frankfurter Seminar« veranstaltet, an dem etwa 500 Personen teilnahmen.[8] 1974 fand eine Wiederholung dieses Seminars statt, an dem sogar etwa 1000 Personen teilgenommen haben sollen.[9]

Das SB trat ferner mit einer Anti-Repressionskampagne hervor. So fand 1976 ein Pfingstkongreß mit 14 000 Teilnehmern statt[10], an dem zahlreiche Gruppen und Anhänger der undogmatischen Neuen Linken teilnahmen.[11] Prominente Namen wie Oskar Negt, Helmut Gollwitzer, Heinz Brandt, Rudi Dutschke, Alexander Kluge, Wolf-Dieter Narr, Elmar Altvater, Alexander Schubart, Klaus Vack, Daniel Cohn-Bendit und Arno Klönne sprachen auf diesem Kongreß, dessen Aufgabe u. a. darin bestand, »Einschüchterung und Angst der Linken zu durchbrechen«.[12]

Anläßlich dieser »Antirepressionskampagne« erklärte der SB-Arbeitsausschuß, daß es notwendig sei, die Beziehungen zum linken Flügel innerhalb der SPD nicht abzubrechen. Die Linke außerhalb der SPD dürfe sich nicht von jenen innerhalb der SPD, die sich als Sozialisten begreifen, trennen lassen – trotz aller unterschiedlichen Einschätzungen in Strategie und Taktik. Es müsse das Ziel sein, einen ständigen Diskussionsprozeß zwischen diesen beiden Teilen der linken Bewegung herzustellen, zumal der Kongreß die Einsicht vermittelt und demonstriert habe, »wie sehr Sozialisten innerhalb der SPD darauf angewiesen sind, daß außerhalb der Sozialdemokratie sich sozialistisches Potential frei entfalten kann«.[13] Sozialisten in der SPD könnten politische Bewegungsfreiheit für sich nur erhalten, wenn eine starke sozialistische Bewegung außerhalb der Partei existiere. In Fortsetzung der Antirepressionskampagne forderte das SB dazu auf, »Rotarbeit« zu organisieren und diese »wie auch andere Aktivitäten von Widerstand gegen Berufsverbote, Disziplinierung und Unterdrückung auch materiell zu unterstützen«. Aus diesem Grunde richtete das SB einen Solidaritätsfonds ein. Unter »Rotarbeit« wird verstanden, »daß politische und ökonomische Unterdrückung und in diesem Zusammenhang erfolgende Berufsverbote nicht zu der beabsichtigten Wirkung kommen«.[14] Das SB will organisatorisch und finanziell helfen, daß »von Berufsverboten und anderen Repressionsmaßnahmen Betroffene ihre Qualifikationen für eine persönlich und politisch sinnvolle Arbeit einsetzen« können, daß Arbeitsvorhaben und Projekte, »die aus politischen Gründen unterdrückt werden, durch solidarische Selbsthilfe und Selbstorganisation dennoch realisiert werden«.[15]

In den Auflösungsprozeß der diversen kommunistischen Organisationen der Neuen Linken griff das SB mit einer Diskussionsveranstaltung, dem »Großen

Ratschlag«, ein, die vom 27. bis 29. Juni 1980 in Frankfurt a. M. mit etwa 3000 Teilnehmern stattfand und sich mit den »neuen sozialen Protestbewegungen« auseinandersetzte. Ziel des Kongresses war, gerade auch »traditionelle Konzepte von gesellschaftlicher Umwälzung« zu überdenken, da die herrschende Politik nicht nur Widerstand, sondern auch Angst, Anpassung und Apathie erzeuge: »Tagtäglich erfahren wir unsere Machtlosigkeit und fühlen uns manchmal hilflos den bedrohlichen Entwicklungen ausgeliefert. Allgemein verbindende Ideen und Orientierungen fehlen. Wen nimmt's da wunder, daß Resignation zunimmt, daß viele in Konsum, Drogen oder Heilslehren flüchten und daß Überforderung und Mutlosigkeit unseren Widerstandswillen untergraben.«[16] Auch das SB war wie alle linksorientierten politischen Organisationen von der Parteigründung der »Grünen« betroffen. So trafen sich etwa 300 Delegierte des SB am Wochenende des 16. Februar 1980 in Hannover zu einem Arbeitstreffen zum Thema »Wahlfrage, Ökologiebewegung und Rechtsentwicklung«. Über das Verhältnis zu den »Grünen« entzündete sich eine heftige Kontroverse um das Selbstverständnis und die traditionelle Politik des SB. Der Delegiertenrat des SB hatte zuvor am 9. Dezember 1979 mit einer Mehrheit von 16:11:3 Stimmen den Mitgliedern des SB eine Unterstützung der »Basisdemokratischen und Sozialistischen Fraktionen« in den Bunten, Alternativen und Grünen Wählerinitiativen empfohlen.[17]
Gegen diese Position war von einem Teil der Gründer des SB in der Zeitung »links« heftig polemisiert worden.[18] Oskar Negt bezeichnete die Gründung der Grünen Partei als politischen Fehler, wobei sich das SB diesem »Phänomen« in der Weise stellen solle, daß es Auffangstellungen für enttäuschte Grüne vorbereite. Negt riet den Delegierten, keine Wahlempfehlungen für das SB zu verabschieden. Norbert Kostede, Bielefeld, meinte, es gelte, mit SB-Dogmen aufzuräumen. Die auch von ihm hochgeschätzte Diskussionstoleranz im SB habe als Kulisse für einen »schleichenden Zerfall der Organisation, in der die Basis folgenlos diskutiere«, gedient, während die »große Politik« durch öffentliche Meinungsäußerungen einiger Prominenter gemacht werde.[19] Er könne sich keine sozialistische Gesellschaft ohne parlamentsähnliche repräsentative Gremien vorstellen. Zum Abschluß des Kongresses wurde die von Kostede u. a. formulierte Resolution verabschiedet, die eine Mehrheit von 89 zu 62 Stimmen bei immerhin 44 Enthaltungen erhielt. In dieser Resolution hieß es zu der zentralen Frage: »Es besteht Einigkeit darin, daß gegen die ›Gefahr Strauß‹ eine breite Mobilisierung aller demokratischen und sozialistischen Kräfte erforderlich ist. Hierbei kommt es aber darauf an, nicht länger auf das – wenn auch kleinere – Übel SPD zu hoffen, sondern schon jetzt die Ansätze für eine langfristige Alternative zur Sozialdemokratie zu entwickeln. Es gilt für uns Sozialisten, diese Alternative mitzuformen, indem wir dort unsere Ziele und basisdemokratischen Organisationsvorstellungen einbringen.«[20]
Auch anläßlich der Bundestagswahlen vom 6. März 1983 sprach sich das SB für eine Wahl der Grünen aus. Es sei heute »nicht mehr richtig«, die SPD als »kleineres Übel« zu wählen. Das in der Gesellschaft vorhandene »Bedürfnis nach grundlegenden Veränderungen« finde parteipolitisch heute seinen Ausdruck in den Grünen. »Die SPD kann von den Grünen im Parlament in Schwierigkeiten gebracht und unter Druck gesetzt werden. Gerade auch, wer noch auf eine Änderung der SPD setzen sollte, muß die Anwesenheit der Grünen im Bundestag befördern.«[21]
Die Wahlaufrufe zugunsten der Grünen sind eine wichtige Kursrevision der bisherigen Linie des SB, da in der Vergangenheit bei aller Kritik an der Politik der SPD immer die Hoffnung auf eine Erstarkung ihres linken Flügels innerhalb des SB bestand.

2. Zur politischen Position des SB

Wenngleich das SB zu einzelnen Kampagnen viele Tausende Besucher mobilisieren konnte, hat es sich doch nie als eine »Partei« verstanden, sondern im wesentlichen als eine recht heterogene Sammlungsbewegung. Darin lag auch die eigentliche Stärke des SB. Ein gewisser linker Pluralismus ist dort möglich, er reicht von Antiautoriäten und Spontis bis hin zu Positionen, die mit der Alten Linken eine gewisse Verwandtschaft aufweisen. Wenn jedoch sein politisches Programm für alle SB-Aktivisten verbindlich würde, wären Fraktionskämpfe mit der Konsequenz von Spaltungen unvermeidlich.

Im Februar 1975 wurde vom Arbeitsausschuß ein Entwurf von »Thesen des SB«[22] vorgelegt. Man ging von einer baldigen Verabschiedung der Thesen in überarbeiteter Form aus. Eine Überarbeitung der Thesen erfolgte aber nicht. Gleichwohl erschien im Oktober 1979 eine 10. Auflage (65 000–67 000 Exemplare). Die »Thesen des SB« können also im wesentlichen als Plattform dieser Organisation angesehen werden. Sie sind für den SB jedoch »kein Parteiprogramm«, denn im Unterschied zu Parteiprogrammen verzichten sie darauf, »eine geschlossene Weltanschauung zu vermitteln, der sich die Mitglieder formal zu verpflichten hätten«. In den Thesen wird von der Notwendigkeit der »Weiterentwicklungen der Marxschen Theorie« ausgegangen[23], wobei der SB – dessen aktivste Mitglieder überwiegend Intellektuelle seien – die Aufgabe habe, die gemeinsamen Bezugspunkte sozialistischer Praxis von linken Intellektuellen und Angehörigen der Arbeiterklasse herauszuarbeiten. Die Intellektuellen müßten dabei berücksichtigen, »daß die stets vorhandene Kluft zwischen revolutionärer Theorie und dem, was in der Gegenwart real durchführbar ist, beim einzelnen Lohnarbeiter auch Abwehrhaltungen hervorrufen kann«.[24]

Der SB versteht sich als Teil der »Sozialistischen Revolutionären Bewegung«, wobei er die Protest- und Studentenbewegung trotz »der erst bruchstückhaften Theorieentwicklung« und »der sozialen Beschränktheit der Basis dieser Bewegung und der dadurch bewirkten Unfähigkeit, die Erfahrungen und subjektiven Bewußtseinsstrukturen anderer sozialer Bereiche in Theorie, Bildung und strategische Zielsetzung einzubeziehen«[25], durchaus positiv bewertet. Diese habe »zur Möglichkeit einer Rekonstruktion der Arbeiterbewegung in Westdeutschland insofern beigetragen, als sie die Chancen einer selbständigen Interessenvertretung und Organisierung wieder stärker bewußt gemacht, die Legitimation des bürgerlichen Staates als Herrschaftsideologie enthüllt und das Interesse an marxistischer Analyse neu belebt hat«. Das SB erhebe keinen Alleinvertretungsanspruch auf richtige Politik, es sei nicht »als organisatorischer Ausdruck fortgeschrittener Klassenkämpfe entstanden, sondern als Arbeitsgemeinschaft von einzelnen Genossen und Gruppen aus der zerschlagenen oder zerfallenen ›Alten Linken‹ (darunter auch betrieblichen Ansätzen), zu sozialistischen Positionen gekommenen Mitarbeitern der Ostermarsch- und Anti-Notstandsbewegung und solchen Gruppen der linken Studentenbewegung, die sowohl gegenüber der DKP als auch gegenüber den sich bildenden ›Studentenparteien‹ prinzipielle politische Kritik übten«.[26]

Die politische Position des SB innerhalb der bundesdeutschen Linken bestimmte sich zunächst negativ: »Das SB wurde zum Anziehungspunkt für solche Sozialisten, die in die Umfunktionierung der SPD in eine sozialistische Partei keine Hoffnungen setzten – die die theoretisch-politische Position und die Struktur der innerparteilichen Willensbildung der DKP nicht akzeptieren wollten – die den Weg der Gründung studentischer Kaderparteien für falsch hielten.«[27] Die Thesen des SB gehen von einer marxistisch-sozialistischen Analyse der Gesellschaft in der Bundesrepublik Deutschland aus, wobei eine »enge Verflechtung von Sozialdemokratie und Gewerkschaften« konstatiert wird, die sich auf die Handlungsmöglichkeiten der Gewerkschaften und ihre Funktionäre »lähmend« auswirke: »Aus der doppelten Loyalitätsbindung der Gewerkschaften, einerseits die Interessen der Lohnabhängigen vertreten zu müssen, andererseits (z. B. im Rahmen der Konzertierten Aktion) die Wirtschaftspolitik der Regierung zu stützen, folgen Konsequenzen für die innere Struktur der Gewerkschaften.«[28] Insbesondere in seiner Zeitung »express« weist das SB immer wieder auf »undemokratische Erscheinungen in den Gewerkschaftsapparaten« hin.[29]

Diejenigen Kräfte innerhalb der Gewerkschaften, »die eine an den Realitäten der Klassengegensätze orientierte Gewerkschaftspolitik durchzusetzen versuchen, werden durch Ausschluß und Ausschlußdrohungen diszipliniert«.[30]

Nach den Thesen des SB ist es notwendig, sozialistische Betriebsgruppen aufzubauen, weil es nur über die Arbeit dieser Gruppen möglich sei, z. B. in Aktionen oder Gewerkschaftslehrgängen »politisierte Kollegen in die praktische Arbeit mit einzubeziehen, um der häufig einsetzenden Resignation vorzubeugen«, wobei es wichtiger Aspekt dieser Arbeit sein müsse, »die personelle Basis der bisher meist vereinzelt arbeitenden Sozialisten zu erweitern und so zu erreichen, daß die Kontinuität von betrieblichen Ansätzen nicht mehr von einzelnen abhängig ist«.[31]

Die Betriebsgruppen bei dieser Arbeit zu unterstützen, sei eine »wichtige Aufgabe des SB«, wobei es diesen nicht um konspirative Fraktionsbildungen innerhalb von Gewerkschaften gehe, sondern darum, »durch offene und öffentliche Argumentation (›express‹, Betriebszeitungen, Flugblätter) die klassenbewußte Linie in Betrieben und Gewerkschaften zu stärken (so etwa durch lokale oder regionale Projektgruppen) und durch Arbeitstagungen theoretisch zu fundieren«.[32] Daher sollen SB-Genossen, die in Betrieb und Gewerkschaft aktiv sind, lokale bzw. regionale Arbeitskreise bilden, »um ihr praktisches Vorgehen aufeinander abzustimmen und die theoretische Diskussion zu intensivieren«.[33]

Das SB geht davon aus, daß Gewalt zur Durchsetzung der politischen Ziele prinzipiell notwendig ist. In der Bundesrepublik sei die Liberalität sehr schwach ausgeprägt, antikommunistische Hexenjagd-Stimmung sei sehr leicht zu entfachen und die wichtigsten Organisationen der Arbeiterbewegung, die Gewerkschaften, seien »mit blamabler Leichtigkeit einzuschüchtern«, »die Politik des Berufsverbots« sei Ausdruck einer »Rechtsentwicklung in der westdeutschen Gesellschaft, in der Linke – von Liberalen bis hin zu Kommunisten – nur noch als Bürger mit halbierten Rechten geführt werden«.[34]

Der Staatsapparat nutze das Rechtssystem, »um formal den Übergang zum autoritären Staat vollziehen zu können«.[35] Die Ausübung staatlicher Gewalt sei nicht bloß Ausdruck der Zuspitzung kapitalistischer Widersprüche. »Gewalt ist vielmehr das wesentliche Moment der bürgerlichen Gesellschaft, denn sie basiert wesentlich auf der Herrschaft des Kapitals über die Lohnarbeit.«[36]

Aus dieser Analyse wird gefolgert, daß sich das Problem der Gewalt für die Arbeiterklasse und ihre Organisationen auch nicht prinzipiell so stellt, »als hätten sie eine Wahl zwischen friedlichen oder militanten Mitteln«: »Die Gewalt wird jeder sozialistischen Politik durch den Zwang der Verhältnisse aufgezwungen.«[37]

Die »Kämpfe um die Durchsetzung oder Erhaltung demokratischer Errungenschaften wie auch Kämpfe um bessere Arbeitsbedingungen, höhere Löhne« enthielten insofern das eigentlich revolutionäre Moment der Klassenauseinandersetzungen, als sie objektive Bedingungen für die Konstitution der Arbeiterklasse als revolutionäres Proletariat schaffen, denn nur in solchen Kämpfen könne sich die Arbeiterklasse als handelnde Klasse erfahren, wobei die »Herausbildung der revolutionären Klasseneinheit« notwendig sei.[38] Das SB sucht eine breit gefächerte Bündnispolitik, sowohl den Kontakt und die Zusammenarbeit mit »Sozialisten in der SPD – auch wenn wir die strategische Bindung von Sozialisten an die SPD für einen prinzipiellen Fehler halten«, den Kontakt und die Zusammenarbeit »mit in der DKP organisierten Sozialisten – auch wenn wir die DKP-Politik, die ihr zugrunde liegende Theorie und die Struktur der Willensbildung dieser Partei in wichtigen Punkten kritisieren«, den Kontakt und die Zusammenarbeit mit Genossen in den neu gegründeten kommunistischen Parteien – »auch wenn wir Organisationsmuster, theoretische und programmatische Aussagen dieser Organisationen kritisieren und ihren Anspruch als Kader der Arbeiterklasse verneinen«, den Kontakt und die Zusammenarbeit »mit Genossen anderer sozialistischer Gruppen, insbesondere solchen, die sich an Betriebs- und Gewerkschaftsarbeit orientieren«.[39]

In verschiedener Hinsicht kann das SB als Vorstufe für die Entstehung aktueller Protesterscheinungen und der neuen sozialen Bewegungen gelten.

G Der Anarchismus

Ideengeschichtlich stellt der Anarchismus eine Vielzahl einzelner Strömungen verschiedenster Ausprägung dar. Gemeinsam ist diesen lediglich die Ablehnung staatlicher Zwangsorganisationen. In Deutschland selbst hat im Gegensatz zu Rußland und zu den romanischen Ländern die Theorie des Anarchismus nie eine bedeutsame Rolle gespielt.

Die verschiedenen Schulen des Anarchismus reichen von der Anbetung der Gewalt bis hin zu gewaltlosen Methoden des Widerstandes. So standen die Verfechter eines individuellen Anarchismus – von liberalen Positionen ausgehend, daß die Freiheit nur durch die Freiheit des Mitmenschen begrenzt ist – in unüberbrückbarem Gegensatz zur Theorie des kollektiven Anarchismus, wie sie von Bakunin vertreten wurde. Dieser ging davon aus, daß der Mensch Bewußtsein nur durch kollektive Arbeit erfahre, wobei gegen jede staatliche Autorität als solche angekämpft werden müsse.

Die einzelnen Bemühungen, den Anarchismus organisatorisch zusammenzuschließen, mußten scheitern, da der Gegensatz zwischen erstrebter Freiheit und notwendiger Disziplin nicht aufgelöst werden konnte. Die Organisationsfeindschaft mancher anarchistischer Tendenzen stand also in einem unlösbaren Gegensatz zur Notwendigkeit politischer Organisierung.

Eine besondere Richtung des Anarchismus stellt auch der Anarchosyndikalismus dar, der als eine staatsfeindliche Bewegung Ende des 19. Jahrhunderts entstand. Diese Richtung geht davon aus, daß die Organisierung der Interessen der Arbeiterklasse nicht über sozialistische Parteien und staatliche Organe vorgenommen werden soll. Als Ziel wurde die Übergabe der Produktionsmittel an die Gewerkschaften angegeben, also nicht an den Staat.

Der Anarchismus erhielt nach dem Zweiten Weltkrieg durch die Aktivitäten der linken Protestbewegung neuen Auftrieb, wobei allerdings auch Spannungen zwischen Altanarchisten und jungen »Anarchos« auftauchten. Besonders durch die Ereignisse des Mai 1968 in Frankreich, die auf studentischer Seite sehr stark von Daniel Cohn-Bendit geprägt waren, wurden anarchistische Tendenzen weithin politische Praxis, in deren Gefolge auch internationale Organisationen der Anarchos entstanden, so eine »Situationistische Internationale« und die »Organisation revolutionärer Anarchisten (ORA)«, die sowohl den antisozialen Individualismus als auch den antipersönlichen Kommunismus ablehnten.[1]

Nachfolgend soll eine Charakterisierung des Anarchismus in der Bundesrepublik, wie er sich im Zusammenhang mit der Protestbewegung entwickelt hat, versucht werden, wobei nicht alle Abgrenzungen entsprechend berücksichtigt werden können, zumal sich die anarchistischen Tendenzen in der Bundesrepublik in den seltensten Fällen in ›Reinform‹ gezeigt haben. Auch wenn der »antiautoritäre« SDS ideengeschichtlich eher den kollektivistischen und kommunistischen Vorstellungen eines Michael Bakunin und Peter Kropotkin näher stand als dem frühen Anarchismus eines William Godwin, Pierre Josef Proudhon oder Max Stirner[2], so gab es gerade zur Zeit der »antiautoritären« Revolte vor allem anarcho-syndikalistische, anarcho-marxistische und räte-anarchistische Positionen. Im Gefolge dieser anarchistischen Vorstellungen siedelte sich häufig eine Subkultur an, die durch sehr starke libertär-hedonistische Tendenzen geprägt war.

Wohl wissend, daß nicht alle »klassischen« Tendenzen des Anarchismus berücksichtigt werden können, sei folgende Gliederung vorgenommen, die sich zur Unterscheidung der anarchistischen Gruppen oder anarchistisch orientierten Gruppen in der Bundesrepublik anbietet:

– 1. Terroristen

Hierunter werden solche Gruppen verstanden, die – ausgehend von einem unüberbietbaren Haß gegen unsere Gesellschaftsordnung – durch Gewalt und individuellen Terror ihre politischen Ziele einer sozialistischen Revolution durchsetzen wollen. Die Terroristen gehen dabei von einer »Propaganda der Tat« aus, von einem Primat der Praxis. D. h., nach ihrer Auffassung kann erst durch die politische Praxis, durch den gewaltsamen Widerstand gegen die »Gewalt der Herrschenden« der politische Kampf einen Reifegrad erhalten.

Dies hat jedoch zur Folge, daß die Anhänger dieser Richtung nur sehr wenige Vorstellungen über die Konzeption einer neuen Gesellschaft mitteilen. Sie gehen vielmehr von einem extremen Feindbild unserer Gesellschaftsordnung aus, vor allem gegen die staatlichen Ordnungskräfte, die als Inbegriff eines neuen Faschismus und eines Polizeistaates gewertet werden. Weiter fällt bei diesen Gruppen auf, daß sie von einer tiefen Realitätsferne hinsichtlich ihres Ansehens in den ›breiten Massen‹ geprägt sind und von daher die Anwendung von Gewalt eine von realer politischer Einschätzung und von taktischen Fragen losgelöste Eigendynamik entwickelt.

Unter der Rubrik Terroristen sind auch jene Gruppen – wie die Roten Hilfen – zusammengefaßt, die sich als legale Gruppen und Organisationen voll mit den Zielen der Terroristen identifizieren. Allerdings sind auch hier die Grenzen fließend, da eine klare ideologische Abgrenzung zwischen den einzelnen Gruppierungen nicht möglich ist und Überschneidungen sowie Mehrfachaktivitäten, insbesondere aber eine gegenseitige Unterstützung über mehrere Gruppierungen hin festgestellt werden können. Dies gilt im wesentlichen auch für die verschiedenen »Roten Hilfen«, die in ihrer »Knastarbeit« nur bedingt einen Unterschied zwischen den einzelnen Gruppierungen machen. Die Grenzen sind fließend auch zur nächsten Gruppe:

– 2. Gruppen anarcho-marxistischer, räte-anarchistischer
und anarcho-syndikalistischer Orientierung

Eine eindeutige Abgrenzung dieser einzelnen Richtungen untereinander ist schwierig auszumachen. Anarcho-Marxisten heben die Gemeinsamkeiten von Marx und Bakunin hervor.

Der Gedanke des Räte-Anarchismus fand in der studentischen Protestbewegung wieder neuen Auftrieb, als der Aufbau eines Rätesystems auf anarchistischer Grundlage gefordert wurde.

Eine wichtige Rolle spielten aber auch die Anarcho-Syndikalisten, die mit Hilfe der Übergabe der Produktionsmittel an die Gewerkschaften eine neue Gesellschaft aufbauen wollen. Ideologisch wurde diese Tendenz vor allem durch die Göttinger Studentenzeitung »politikon« vertreten.

– 3. Hedonistisch-libertäre Strömungen

Hierunter fallen Bewegungen, die sehr stark individualistisch-anarchistischen Charakter besitzen und vor allem von Momenten der Subkultur (Kommunewesen, Drogen) geprägt sind. Sicherlich ist auch ein Teil der »Spontis« zu dieser Richtung zu zählen, die durch spontaneistische Aktionen wie Hausbesetzungen (»Häuserkampf«) und Demonstrationen gegen Fahrpreiserhöhungen, durch Aktionen mit der Zielsetzung einer Bewußtwerdung der Massen ihre politischen Ziele vertreten wollen.

Hedonistisch-libertäre Strömungen haben für die Entwicklung der Anarcho-Kriminalität eine indirekte Rolle als Nachwuchsreservoire gespielt. Die »Bewegung 2. Juni« rekrutierte sich z. B. direkt aus ehemaligen Angehörigen der Kommunebewegung und der Drogenszene der endsechziger Jahre. Die Mitglieder dieser in der Anfangsphase stark fluktuierenden Gruppierungen kamen aus dem »Zentralrat der umherschweifenden Haschrebellen« über eine Gruppe mit der Bezeichnung »Blues« zu in ihrer kriminellen Intensität sich steigernden Sprengstoffanschlägen. Diese Entwicklung endete über Banküberfälle in der Schwerstkriminalität wie Mord und Geiselnahme.

Um es aber noch einmal zu betonen: Die jeweiligen Grenzen der hedonistisch-libertären Gruppen zueinander sind fließend, die politischen Auffassungen sind keinesfalls durch eine ausgeprägte Kontinuität geprägt.

1. Terroristen

1.1. Rote-Armee-Fraktion (RAF)

Die Rote-Armee-Fraktion (RAF) wäre ohne die Protestbewegung nicht denkbar gewesen. Ein erheblicher Teil der Anhänger und Sympathisanten dieser Gruppen war in der antiautoritären Phase des SDS an dessen Aktionen, vor allem in Berlin, beteiligt. Die Papiere der RAF nehmen ausdrücklich Bezug auf die Ergebnisse der Studentenrevolte.

1.1.1. Geschichtliche Entwicklung

Der genaue Zeitpunkt der RAF-»Gründung« ist nicht auszumachen, doch kann davon ausgegangen werden, daß sich 1968 nach zahlreichen militanten Aktionen vor allem in Berlin der harte Kern dieser Gruppe, nämlich Andreas Baader, Horst Mahler, Gudrun Ensslin, Ulrike Meinhof, Peter Homann und Hans-Jürgen Bäkker, allmählich herausbildete. Allerdings wurde der Entschluß, mit Methoden einer Stadtguerilla vom Untergrund aus die »kapitalistische Ausbeuterordnung« zu bekämpfen, wohl erst Anfang 1970 gefaßt, was entsprechende von der Polizei aufgefundene Fälschungsmaterialien bei der Festnahme Baaders am 4. April 1970 und im Pkw von Astrid Proll nachwiesen. Von einem »Gründungsdatum« im herkömmlichen Sinn kann also nicht gesprochen werden.

Das Jahr 1968 als zeitlichen Vorbeginn der Tätigkeit der RAF anzusehen kann auch damit begründet werden, daß am 2. April 1968 Baader und Ensslin mit zwei weiteren Komplicen in zwei Kaufhäusern in Frankfurt Brandsätze legten, jedoch zwei Tage später festgenommen wurden.

Im Oktober 1968 fand die Gerichtsverhandlung gegen die Täter statt, die zu je drei Jahren Zuchthaus verurteilt wurden. Baader und Ensslin wurden jedoch bis zur Berufung freigesetzt. Da aber beide den Strafantritt verweigerten, wurde gegen sie Vollstreckungshaftbefehl erlassen. Am 14. Mai 1970 wurde Baader, der am 4. April 1970 bei einer Kraftfahrzeugüberprüfung verhaftet worden war, aus dem Leseraum des Deutschen Zentralinstituts für soziale Fragen in Berlin-Dahlem durch Meinhof, Schubert und Goergens befreit. Bis zu diesem Zeitpunkt waren darüber hinaus eine Reihe von gewaltsamen Anschlägen, so am 10. November 1969 auf das jüdische Gemeindezentrum in Berlin oder am 28. November 1969 auf den Landgerichtsdirektor Heinsen und Oberstaatsanwalt Severin in Berlin sowie am 12. Dezember 1969 auf das Amerika-Haus, das El-Al-Büro in Berlin sowie andere Aktionen in München durchgeführt worden.

Im Zusammenhang mit diesen Aktionen des Jahres 1969 und 1970 wurde in einer Reihe von linksextremen Zeitungen offen die Forderung nach revolutionärer Gewalt laut. Am extremsten geschah dies in dem Blatt »agit 883«, das zeitweilig den Untertitel »Kampfblatt der kommunistischen Rebellen« hatte und häufig beschlagnahmt wurde. Dieses Blatt (Auflage zwischen 4000 und 6000 Exemplaren) forderte im Juni 1970 den Aufbau einer »Roten Armee«. Begründet wurde dies u.a. wie folgt: »Ihr habt klarzumachen, daß das sozialdemokratischer Dreck ist zu behaupten, der Imperialismus samt allen Neubauers und Westmorelands, Bonn, Senats, Landesjugendamt und Bezirksämter, der ganze Schweinkram ließe sich unterwandern, nasführen, überrumpeln, einschüchtern, kampflos abschaffen. Macht das klar, daß die Revolution kein Osterspaziergang sein wird. Daß die Schweine die Mittel natürlich so weit eskalieren werden, wie sie können, aber auch nicht weiter. Um die Konflikte auf die Spitze treiben zu können, bauen wir die Rote Armee auf.« Der Text schließt ab: »Die Klassenkämpfe entfalten – das Proletariat organisieren – mit dem bewaffneten Widerstand beginnen – die Rote Armee aufbauen!«[3]

Zuvor wurde in der gleichen Zeitschrift agit 883[4] in einem Brief der Gruppe um Baader und Meinhof kurz nach der Befreiung Baaders erklärt: »Glaubte irgendein Schwein wirklich, wir würden von der Entfaltung der Klassenkämpfe, der Reorganisation des Proletariats reden, ohne uns gleichzeitig zu bewaffnen?...« In diesem Beitrag wurde bereits die Forderung »Die Rote Armee aufbauen« aufgestellt.

Nachdem bereits im September und Oktober 1969 Münchner Anarchisten, nämlich Georg von Rauch und Kunzelmann, mit palästinensischen Organisationen Verbindung aufgenommen hatten, wurden die Kontakte im Juni 1970 fortgesetzt. Auf dem Wege über Ost-Berlin nach Beirut reisten am 8. Juni 1970 acht Terroristen – Mahler, Schelm, Thoms, Becker, Rey, Grasshof, Asdonk und Jansen – in den Libanon. Baader, Ensslin und Meinhof kamen kurze Zeit später nach. Nach Rückkehr dieser Gruppe in die Bundesrepublik am 9. August 1970 kam es zu einer Reihe von Überfällen, vor allem auf Bankinstitute. So wurden am 29. September 1970 drei Berliner Banken von 11 Männern und 8 Frauen der RAF gleichzeitig überfallen, wobei sie 217 469,75 DM erbeuteten.

Bis zur Verhaftung des harten Kerns der RAF im Juni 1972 folgte eine Reihe weiterer Aktionen: Banküberfälle, Einbrüche in Rathäuser, Diebstähle hochwertiger Elektronikgeräte, Bombenanschläge auf amerikanische Kraftfahrzeuge. Bei Festnahmen und Festnahmeversuchen wurden auch Polizeibeamte getötet. Eine Eskalation der Aktionen ereignete sich im Mai 1972. Zunächst wurde am 11. Mai 1972 auf das Hauptquartier des V. Armeekorps der US-Streitkräfte in Frankfurt ein Bombenanschlag verübt, wobei ein amerikanischer Oberst getötet und 13 Personen verletzt wurden. Am 12. Mai 1972 fanden Bombenanschläge auf das bayerische Landeskriminalamt in München und auf das Augsburger Polizeipräsidium statt. Drei Tage später, am 15. Mai 1972, explodierte der Wagen des Bundesrichters Wolfgang Buddenberg, der mit den Ermittlungen gegen die RAF betraut war, wobei dessen Frau schwer verletzt wurde. Am 19. Mai 1972 explodierten zwei Bomben im Springer-Verlagshaus in Hamburg. Am 24. Mai 1972 wurden ein Offizier und zwei Feldwebel getötet, als zwei Autos, die mit Sprengstoff gefüllt waren, im Hauptquartier der amerikanischen Streitkräfte in Europa (USAREUR) in Heidelberg explodierten.[5]

Die RAF nahm zu diesen Aktionen teilweise auch in Presseerklärungen oder in anderen Veröffentlichungen, wie Flugblättern, Stellung. Vor allem aber versuchte sie eine theoretische Rechtfertigung für den Einsatz von Terror und Gewalt. Hierbei sind vor allem folgende Schriften zu nennen:
– »Das Konzept Stadtguerilla«. Diese 15seitige Schrift tauchte zuerst im April 1971 auf und wurde von Ulrike Meinhof verfaßt, in der auch zum erstenmal die Gruppe sich selbst mit dem Namen »Rote-Armee-Fraktion« kennzeichnete. Hier unternimmt Meinhof zunächst eine Rechtfertigung der Tätigkeit der RAF, denn »viele Genossen verbreiten Unwahrheiten über uns«[6], und kommt dann zu dem Schluß: »Wir behaupten, daß die Organisierung von bewaffneten Widerstandsgruppen zu diesem Zeitpunkt in der Bundesrepublik und West-Berlin richtig ist, möglich ist, gerechtfertigt ist. Daß es richtig, möglich und gerechtfertigt ist, hier und jetzt Stadtguerilla zu machen.«[7]

– Im Juni 1971 gelangte eine weitere Schrift mit dem Titel »Die Lücken der revolutionären Theorie schließen – die Rote Armee aufbauen« an die Öffentlichkeit, zunächst noch getarnt als »Verkehrsrechts- und Verkehrsaufklärungsheft – Die neue Straßenverkehrsordnung mit den neuen Verkehrszeichen und Hinweisschildern sowie Bußgeldkatalog«.

Verfasser dieser Schrift ist der frühere »APO-Anwalt« Horst Mahler, der am 8. Dezember 1970 festgenommen worden war. Mahler hatte diese Schrift in der Haft geschrieben, worauf handschriftliche Korrekturen von ihm hindeuten. Diese Schrift erschien auch als Rotbuch 29 des Berliner Wagenbachverlages unter dem Titel »Kollektiv RAF – Über den bewaffneten Kampf in Westeuropa«, gegen dessen Verbreitung rechtliche Schritte unternommen wurden. Diese Schrift schließt mit der Frage ab »Was sind die nächsten Schritte?«.

Die Antwort lautete:

– »Umfassende Propaganda für den bewaffneten Kampf; den Massen erklären, warum dieser notwendig und unvermeidlich ist und wie er vorbereitet werden kann (konspirative Flugblätter und Wandparolen).

– Anleitungen für die Herstellung von Waffen, für die Kampftaktik usw. auf die gleiche Weise verbreiten.

– Kommandotruppen bilden (3er-, 5er-, 10er-Gruppen) mit Genossen, die man sowohl in persönlicher als auch in politischer Beziehung gut kennen muß, um beurteilen zu können, ob sie den Anforderungen und Belastungen des bewaffneten Kampfes (insbesondere im Knast) standhalten und unter allen Umständen (auch im Bett!) den Mund halten können. Die Zusammensetzung der Kommandos kann nicht in Gruppen und Organisationen diskutiert oder gar beschlossen werden, die sich nicht schon selbst durch eine entsprechende Praxis als intakte konspirative Einheiten erwiesen haben. Es ist ein großer Fehler, Leute mitreden zu lassen, die selbst nicht völlig entschlossen sind, am Kampf teilzunehmen.«[8]

– Eine dritte Schrift, »Dem Volk dienen – Rote-Armee-Fraktion: Stadtguerilla und Klassenkampf«, wurde zunächst im April 1972 in »Der Spiegel« veröffentlicht; der Text war der Redaktion per Post zugegangen.[9]

Verfasser dieser Schrift ist wiederum Ulrike Meinhof, die die Aktionen der RAF verteidigte. Nach ihrer Auffassung ist die Verurteilung des Konzepts Stadtguerilla innerhalb eines Teils der Linken »viel zu oberflächlich und aus dem Ärmel geschüttelt, als daß wir uns damit abfinden könnten«. Sie erklärt in dieser neuen Schrift:»Stadtguerilla ist die Verbindung von nationalem und internationalem Klassenkampf. Stadtguerilla ist eine Möglichkeit, im Bewußtsein der Menschen die Zusammenhänge imperialistischer Herrschaft herzustellen. Stadtguerilla ist die revolutionäre Interventionsmethode von insgesamt schwachen revolutionären Kräften. Einen Fortschritt im Klassenkampf gibt es nur, wenn die legale Arbeit mit illegaler Arbeit verbunden wird, wenn die politisch-propagandistische Arbeit die Perspektive bewaffneter Kampf hat, wenn die politisch-organisatorische Arbeit die Möglichkeit Stadtguerilla einschließt.«[10]

– Auf dem linken Büchermarkt kam im November 1972 schließlich eine weitere Schrift mit dem Titel »Den antiimperialistischen Kampf führen! Die Rote Armee aufbauen! – Die Aktion des Schwarzen September in München – Zur Strategie des antiimperialistischen Kampfes«. Autorin war vermutlich Ulrike Meinhof.

Am 1. Juni 1972 wurden Baader, Meins und Raspe in Frankfurt nach Feuergefechten mit der Polizei festgenommen, Ensslin am 7. Juni 1972 und schließlich am 15. Juni 1972 Ulrike Meinhof in Hannover-Langenhagen. Weitere RAF-Mitglieder konnten zu dieser Zeit inhaftiert werden.

In der Folgezeit kam es zu Bemühungen der RAF, aus dem Gefängnis heraus – mit Hilfe ihrer Anwälte – den weiteren Kampf ihrer sich noch in Freiheit befindlichen Gefährten zu dirigieren, ihre Ziele durch eine Reihe von Aktionen einer breiteren Öffentlichkeit bekanntzumachen. Ein Mittel hierzu war der Kampf gegen die »Isolationsfolter«[11] oder der Hungerstreik der RAF.[12]

Kurz nach dem Abbruch des Hungerstreiks wurden die Entführung des Berliner CDU-Vorsitzenden Peter Lorenz durch die »Bewegung 2. Juni« im März 1975 und der Überfall eines »Kommandos Holger Meins« auf die Deutsche Botschaft in Stockholm am 24. April 1975 durchgeführt.

Vier der Terroristen – Siegfried Hausner, Lutz Taufer, Hanna Krabbe und Bernhard Rössner – gehörten dem ehemaligen Heidelberger »Sozialistischen Patientenkollektiv« an. Weiter beteiligt war Karl-Heinz Dellwo, der im Oktober 1973 wegen Beteiligung an einer gewaltsamen Hausbesetzung in Hamburg zu einem Jahr Gefängnis verurteilt worden war. Hausner ist wenige Tage nach dem Überfall an den Verletzungen gestorben, die er sich bei der Sprengung der Botschaft zugezogen hatte.

Das »Kommando Holger Meins« hatte die Freilassung von 26 »politischen Gefangenen« gefordert: Gudrun Ensslin (Stuttgart), Andreas Baader (Stuttgart), Ulrike Meinhof (Stuttgart), Jan Raspe (Stuttgart), Carmen Roll (Stuttgart), Werner Hoppe (Hamburg), Helmut Pohl (Hamburg), Wolfgang Beer (Hamburg), Eberhard Becker (Hamburg), Manfred Grasshof (Zweibrücken), Klaus Jentzschke (Zweibrücken), Wolfgang Quante (Bremen), Ronald Augustin (Bückeburg), Ali Jansen (Berlin), Brigitte Mohnhaupt (Berlin), Bernhard Braun (Berlin), Ingrid Schubert (Berlin), Annerose Reiche (Berlin), Ilse Stachowiak (Hamburg), Irmgard Möller (Hamburg), Sigurd Debus (Hamburg), Christa Eckes (Hamburg), Wolfgang Stahl (Hamburg), Margret Schiller (Lübeck), Monika Berberich (Berlin), Johannes Weinrich (Karlsruhe).

Während des Prozesses vor dem Düsseldorfer Oberlandesgericht bezeichneten die wegen ihres Anschlages auf die Deutsche Botschaft in Stockholm Angeklagten ihre Tat als »Kriegshandlung«. Hanna Krabbe verlas mehrere Briefe, die Ulrike Meinhof in der Zeit vom 19. März bis zum 13. April 1976 an die vier Stockholm-Attentäter gerichtet hatte und in denen sie sich mit der inneren Struktur der RAF, deren Programm und den Haftbedingungen auseinandergesetzt hatte. In einem dieser Schreiben erkannte Ulrike Meinhof Andreas Baader ausdrücklich als Führer der RAF an.[13]

Im Zusammenhang mit dem Hungerstreik – dem das RAF-Mitglied Holger Meins zum Opfer gefallen ist – muß es 1976 auch zu Auseinandersetzungen innerhalb der Gruppe gekommen sein, wie weit dieser Streik tatsächlich gehen solle und inwieweit dem Tod von Holger Meins noch weitere Opfer folgen sollten. Gerade dieser Tod hatte in der Öffentlichkeit heftige Diskussionen zur Frage einer Zwangsernährung ausgelöst.

Die RAF war keineswegs bis ins letzte geschlossen, auch wenn die Befehle des engeren Führungskreises nach wie vor als solche anerkannt und zumeist bedingungslos verfolgt wurden. In diesem Zusammenhang muß allerdings das ehemals führende RAF-Mitglied Horst Mahler genannt werden, der sich 1974 vom Konzept der RAF abwandte und in die Rote Hilfe e. V. der maoistischen KPD eintrat. Der frühere »APO-Anwalt« warf der RAF vor, sie verherrliche in abstrakten Deklamationen das Volk, »wo es ihnen aber konkret gegenübertritt, stellen sie die gleichen hohen Ansprüche, denen sie sich selbst unterwerfen – und verachten die Massen, weil sie diese Ansprüche nicht erfüllen«.[14]

Mahler warf der RAF vor, sie vertrete letztlich eine Position »utopischer Weltverbesserei«[15], sie ignoriere die »bahnbrechende Entdeckung von Marx, der nachwies, daß erst das Proletariat in der Lage und dazu berufen ist, durch nichts anderes als die kämpferische Wahrnehmung seiner eigenen materiellen Interessen – und nicht etwa aus einem moralischen Impuls heraus – die Ausbeuterklasse zu stürzen und der Ausbeutung des Menschen durch den Menschen ein Ende zu bereiten.[16]

206

Der Exkommunarde Dieter Kunzelmann – inzwischen auch Mitglied der maoistischen KPD – lobte aus dem Gefängnis heraus die »beispielhafte Selbstkritik« von Mahler und seine »solidarische Kritik an der sektiererischen Linie der RAF«. Je mehr gefangengehaltene Genossen die »falsche Linie des krampfhaften Festhaltens an von den Klassenkämpfen isolierten Widerstandsaktionen berichtigen, sich aus den Gefängniszellen heraus mit den Massen und ihren Kämpfen verbinden« würden, desto günstiger würden auch die Bedingungen für den Aufbau einer zukünftigen Massenbewegung unter Führung der Arbeiterklasse.[17]

In einer von Monika Berberich im Auftrag der RAF am 27. September 1974 abgegebenen Erklärung wurde Horst Mahler als ein »dreckiger, bürgerlicher Chauvinist« bezeichnet, der in der Praxis der RAF, ihrer konkreten Politik und ihren taktischen Bestimmungen und in ihren Bündnissen nie eine Rolle gespielt habe. Ihm wurde Eitelkeit und Ignoranz vorgeworfen, sein klassenspezifischer Subjektivismus und Leichtsinn hätten eine dauernde Gefährdung der Praxis der RAF dargestellt.[18]

Mahlers Veröffentlichungen hätte die RAF auch immer erst nach dem Erscheinen kennengelernt, da er gewußt habe, daß er nicht für die RAF sprechen könne. Hinsichtlich des Veröffentlichungstermins der Mahlerschen Distanzierung wurde ihm vorgeworfen, daß er sie deshalb zu Beginn des »Baader-Befreiungs-Prozesses« publiziert habe, um sich in diesem Verfahren »bei der Justiz anzuschmieren«.[19] Er distanzierte sich gerade in dem Moment öffentlich von der RAF, in dem über 40 »politische Gefangene« in einen Hungerstreik getreten seien, er selbst aber nicht mehr den Willen zum Kampf besitze. »Weil er Angst hatte vor diesem Hungerstreik, hat er versucht, ihn zu liquidieren, macht er aus seinem täglichen Egoismus ein politisches Programm, hat er versucht, die legale Linke für sein Privatinteresse gegen die Gefangenen aus der RAF aufzuhetzen.«[20]

Damit habe er eine »bewußte Kollaboration mit dem Bundeskriminalamt und der Berliner Justiz vollzogen«, er sei eine Marionette der politischen Polizei in Wiesbaden und Bonn und sei geblieben, was er immer nur war: »Ein Zyniker, ein Chauvinist, ein Mandarin, jetzt offen Partei für den Staatsschutz – politisch eine belanglose, eine hauptsächlich lächerliche Figur.«[21]

Am 21. Dezember 1975 fand ein bewaffneter Überfall von Terroristen auf das OPEC-Gebäude in Wien statt. Als Mittäter wurde der deutsche Staatsangehörige Hans-Joachim Klein identifiziert. Ferner waren hieran beteiligt: Gabriele Kröcher-Tiedemann sowie Ilich Ramirez – Sanchez (»Carlos«).[22]

Der Selbstmord von Ulrike Meinhof in ihrer Zelle in der Nacht vom 8. Mai auf den 9. Mai 1976 in Stuttgart-Stammheim stellte für die terroristische Bewegung einen schweren Rückschlag dar und führte zu mehreren gewalttätigen Aktionen in Großstädten der Bundesrepublik. In einem in Hamburg verteilten Flugblatt (»Zum Mord an Ulrike«) hieß es u. a.: »So wie die USA versucht haben, das vietnamesische Volk zu vernichten, soll auch hier in der BRD der antiimperialistische Kampf liquidiert werden. Daß dabei Ulrike ermordet worden ist, hat System: Seitdem sie im Kollektiv kämpft, wird sie als ›verführte Intellektuelle‹, als ›verrückt‹ dargestellt. In konsequenter Fortführung dieser Schweinestrategie wird ihr jetzt der ›Selbstmord‹ aufgrund von ›Differenzen innerhalb der Gruppe‹ in die Schuhe geschoben. Damit soll der kollektive, antiimperialistische Kampf der Genossen gespalten, personalisiert und psychologisiert werden: Teile und herrsche!«

Am 7. Juli 1976 konnten Monika Berberich, Juliane Plambeck, Gabriele Friederike Rollnik und Inge Viet aus der Frauenhaftanstalt Lehrter Straße in Berlin ausbrechen. Monika Berberich wurde am 21. Juli 1976 in Berlin wieder festgenommen. Am 21. Juli 1976 wurde Rolf Pohle verhaftet, der am 3. März 1975 zusammen mit vier weiteren Terroristen im Austausch gegen Peter Lorenz freigelassen und in den Süd-Jemen ausgeflogen worden war.

Das Jahr 1977 wurde zum Höhepunkt terroristischer Gewaltakte in der Bundesrepublik. Am 7. April 1977 wurden Generalbundesanwalt Siegfried Buback und sein Fahrer Wolfgang Göbel auf der Fahrt zum Gebäude der Bundesanwaltschaft in Karlsruhe durch Schüsse aus einer Maschinenpistole getötet. Der schwerverletzte Justizhauptwachtmeister Georg Wurster erlag seinen Verletzungen. Der Tat verdächtigt wurden die Terroristen Günter Sonnenberg, Christian Klar und Knut Folkerts.[23]

Heftige öffentliche Reaktionen erfuhr der sogenannte Buback-Nachruf, der von einem »Göttinger Mescalero« unterzeichnet war.[24]

Am 30. Juli 1977 wurde in Oberursel/Hessen der Vorstandsvorsitzende der Dresdner Bank, Jürgen Ponto, durch Schüsse tödlich verletzt, nachdem sich die der Familie Ponto bekannte tatbeteiligte Susanne Albrecht über die Sprechanlage der Eingangspforte gemeldet hatte. Offensichtlich sollte Ponto entführt werden.

Am 5. September 1977 wurde schließlich Hanns Martin Schleyer, Präsident des Bundesverbandes der Deutschen Arbeitgeberverbände, in Köln entführt, die ihn begleitenden Polizisten und sein Fahrer wurden erschossen. Die am 13. Oktober 1977 erfolgte Entführung der Lufthansa-Maschine »Landshut« von Mallorca nach Somalia durch ein rein palästinensisches Kommando sollte offensichtlich das mit der Geiselnahme verbundene Ziel der Freilassung von »RAF-Gefangenen« unterstützen. Am 17. Oktober 1977 wurde Flugkapitän Jürgen Schumann vor den Augen der Passagiere ermordet, einen Tag später befreite die GSG 9 alle Passagiere und Besatzungsmitglieder der entführten Lufthansa-Maschine. Am 19. Oktober 1977 wurde der ermordete Hanns Martin Schleyer im Elsaß aufgefunden.

Die RAF war ideologisch davon ausgegangen, daß der Präsident der BDA, Schleyer, als Arbeitgebervertreter letztlich mehr Macht habe als der Bundeskanzler. Daß die Bundesregierung nicht bereit war, sich trotz des drohenden Todes von Schleyer erpressen zu lassen, zeigt die ideologische Fehleinschätzung der RAF, die sie in eine Krise stürzen mußte. Darüber hinaus wurde eine Reihe von Angehörigen der RAF durch die Sicherheitsbehörden festgenommen, was zu einer wesentlichen Dezimierung der RAF-Aktivisten führte. Auch wurden immer mehr konspirative Wohnungen der Terroristen entdeckt, die dazu übergingen, vor allem ins europäische Ausland auszuweichen. Durch Hungerstreiks vor allem im Jahre 1977 versuchten die inhaftierten RAF-Mitglieder, die Bundesrepublik Deutschland als »faschistischen Repressionsstaat« zu diskreditieren, und erhoben vor allem die Forderung nach Zusammenlegung.

Im Jahre 1977 zeigte sich auch die starke internationale Verflechtung des Terrorismus. So wurden Anfang April 1977 in der Nähe von Stockholm Mitglieder einer Gruppe festgenommen, zu der neben Schweden und Südamerikanern auch die beiden Deutschen Norbert Kröcher und Manfred Adomeit gehörten. Den hohen Ausbildungsstand auch von deutschen Terroristen zeigten die bei Kröcher gefundenen Ausarbeitungen über die Vorbereitung und Durchführung terroristischer Anschläge (sogenannte »Kröcher-Papiere«).

Sosehr das Jahr 1977 für die RAF einen Höhepunkt ihrer terroristischen Aktivitäten darstellt, so sehr beeinflußte es auch die weiteren Aktivitäten dieser Organisation. Zum einen fand innerhalb der extremen Linken eine sehr kontrovers geführte Diskussion um die Gewaltfrage statt, wobei die ablehnenden Argumente in der Regel überwogen – wenn damit auch nicht prinzipiell der Gewalt eine Absage erteilt werden sollte, sondern kritisiert wurde, daß sich die Aktionen vor allem im Zusammenhang mit der Flugzeugentführung »gegen das Volk« gerichtet hätten, weil unschuldige Bürger getroffen wurden.[25]

Am 30. April 1977 erklärten die »Gefangenen aus der RAF in Stammheim«, daß nach einer Zusammenlegung von einigen »Gefangenen« die zentrale Forderung des Hungerstreiks erfüllt wäre und die »Gefangenen aus der RAF« daher den

Streik beendeten. Diese Erklärung wurde von Gudrun Ensslin »für die Gefangenen aus der RAF« unterschrieben.[26]

Die Zielsetzung des Hungerstreiks und einer entsprechenden publizistischen Mobilisierung wurde auch in dem Versuch der Terroristen Baader, Ensslin und Raspe deutlich, ihre Selbsttötung den äußeren Umständen nach als Mord erscheinen zu lassen. Diesen Mordtheorien stellt sich jedoch der frühere Terrorist Hans-Joachim Klein entgegen, der hinsichtlich des Todes von Baader, Ensslin und Raspe erklärte, er habe gewußt, daß diese schon »seit 1975 Waffen im Knast hatten«.[27]

In der Alternativpresse, so in der Zeitung Radikal, wurde ein Zitat des Vaters von Gudrun Ensslin aus einem Interview mit der italienischen Zeitung Lotta Continua wiedergegeben, nach dem er davon überzeugt sei, daß seine Tochter ermordet wurde. »Sie hatte immer befürchtet, auch im Fall einer Befreiung liquidiert zu werden. Nach dem Tod von Ulrike hatte sie mir gesagt, daß es auch für sie so enden könnte. Dabei hatte sie den Selbstmord immer ausgeschlossen.«[28]

Innerhalb der Linken wurde eine heftige Diskussion über die Frage geführt, ob der Kampf der RAF nicht als Putschismus zu deuten sei.[28a]

Die Entführung und Ermordung von Dr. Schleyer und die danach erfolgte Entführung der Lufthansa-Maschine »Landshut« führte innerhalb der linken Szene zu dem Vorwurf, die RAF-»Genossen« seien zu »Killern« geworden.[29]

Die »Rote Hilfe Westberlin« stellte sogar fest, ». . . es ist ja wohl kaum noch eine politische Gruppierung zu nennen, die sich nicht bereits ungefragt in der einen oder anderen Weise distanziert hat«.[29a]

Die »Rote Hilfe Westberlin«, die bis dahin immer ihre grundsätzliche Solidarität mit der »Stadtguerilla« bekundet hatte, erklärte: »Wir halten diese und ähnliche Aktionen für falsch, weil sie gegen zufällig getroffene Menschen gerichtet sind.«[30]

Nach der Selbsttötung der inhaftierten Terroristen Baader, Ensslin, Raspe und Schubert flaute allerdings innerhalb der linken Szene die Kritik an der Stadtguerilla sichtlich ab.

Im Sommer 1980 hatte die RAF ihre frühere Stärke wieder erreicht. Von den 20 geschätzten Mitgliedern des harten Kerns waren etwa ein Drittel Neuzugänge, die sich auf 150–200 Sympathisanten stützten.[30a]

Die Enttarnung konspirativer Wohnungen im In- und Ausland führte in den letzten Jahren zu einer Reihe von Festnahmen. Wichtig war vor allem die Enttarnung einer konspirativen Wohnung in Heidelberg am 13. Oktober 1980, in der umfangreiche Strategiepapiere gefunden wurden. Insgesamt war die RAF trotz des im Juni 1980 bekanntgegebenen Anschlusses der »Bewegung 2. Juni« nach wie vor personell außerordentlich geschwächt. Die RAF-Inhaftierten bemühten sich um das Zustandekommen eines kollektiven Hungerstreiks, mit dem sie eine Behandlung als »Kriegsgefangene« nach der »Genfer Konvention« und die Zusammenlegung zu sogenannten interaktionsfähigen Gruppen erreichen wollten. Ein über sechswöchiger Hungerstreik der inhaftierten Terroristen im Frühjahr 1981 wurde nach dem Hungertod von Sigurd Debus abgebrochen.

Die RAF zeichnet im Jahre 1981 verantwortlich für die Anschläge auf das Hauptquartier der US-Luftwaffe in Europa und der NATO-Luftstreitkräfte Europa-Mitte in Ramstein am 31. August 1981 sowie auf den Oberkommandierenden der NATO-Heeresgruppe Mitte und der US-Landstreitkräfte Europa, General Kroesen, in Heidelberg am 15. September 1981. Auch in der Folgezeit wurden Anschläge auf Einrichtungen der amerikanischen Armee verstärkt.

Die Erklärungen zum Anschlag auf das Hauptquartier der US-Luftwaffe in Ramstein am 31. August und General Kroesen in Heidelberg am 15. September 1981 sind für die jüngere ideologische Entwicklung der RAF ein wichtiger Indikator. Der mit »rote armeefraktion« unterzeichnete Bekennerbrief ist mit der Aufforderung überschrieben: »Die Zentren, die Basen und die Strategen der amerikanischen Militärmaschine angreifen.« Die RAF besinnt sich mit ihrer weitgehenden Konzentration auf die Bekämpfung der US-Streitkräfte auf einen politischen Kurs, den sie mit terroristischen Anschlägen gegen Einrichtungen der US-Streitkräfte vor allem bis 1972 verfolgt hatte. Nach 1972 richtete sich der Kampf der RAF in erster Linie auf die Befreiung inhaftierter RAF-Genossen. Die Bekennerschreiben in Ramstein und Heidelberg vermitteln ein deutlich gewachsenes ideologisches Selbstbewußtsein und sollen auch dem Eindruck einer ideologischen Verflachung entgegenwirken. Sie erhoffen sich auch bei Teilen der »Friedensbewegung« Zustimmung, wenn sie Ramstein als »Zentrale für den Atomkrieg in Europa«, als »Startplatz für cruise missiles« und den »Abschuß der Pershing 2« bezeichnen. Interessanterweise decken sich die Aussagen im Zusammenhang mit dem Anschlag auf General Kroesen weitgehend mit den inhaltlichen Aussagen der italienischen »Roten Brigaden« im Zusammenhang mit der Entführung des Generals Dozier.

Im Gegensatz zu den Terrorakten im Jahre 1977, als die RAF insbesondere im Zusammenhang mit der Entführung der Lufthansamaschine »Landshut« innerhalb der Linken herbe Kritik einstecken mußte, gelang es ihr, nach den Anschlägen in Ramstein und Heidelberg ihre Kommando-Erklärungen in alternativen Zeitschriften unterzubringen, ohne daß dabei eine kritische Auseinandersetzung mit diesen Terroraktivitäten erfolgte.

Im Jahre 1982 brachte die RAF nach fast 10 Jahren unter dem Titel »Guerilla, Widerstand und anti-imperialistische Front« wieder eine umfassende ideologische Schrift heraus.[31]

Mit dieser Schrift versuchte die RAF dem auch innerhalb der Linken geäußerten Argument entgegenzutreten, sie verfüge nicht über eine umfassende revolutionäre Strategie. Die Aussagen dieses Grundsatzpapiers decken sich im wesentlichen mit den Strategiepapieren, die im Oktober 1980 in einer konspirativen RAF-Wohnung in Heidelberg sichergestellt worden waren. Mit dieser Schrift versucht die RAF auch, ihre seit 1977 sichtbare Schwächephase zu überwinden, zumal sie sich selbstkritisch mit ihren Aktionen des Jahres 1977 auseinandersetzt, denn nach 1977 »war nichts mehr wie vorher«. Die RAF habe »Fehler gemacht und die Offensive wurde zu unserer härtesten Niederlage«. Zu den Aktionen des Jahres 1977 erklärte die RAF in diesem Papier, sie habe sich auf das konkrete Ziel, »die Gefangenen rauszuholen«, konzentriert, denn: »Seit Stockholm ist der Kampf um die Gefangenen zu einer Kernfrage in der Auseinandersetzung Guerilla–Staat geworden.« Aus dieser Schrift geht hervor, daß die Aktionen gegen Ponto und Schleyer offensichtlich in einem engen Planungszusammenhang gestanden haben müssen, da die »politische Eskalation der Aktion« dadurch »entschärft« wurde, »daß die Entführung Pontos schiefging und so der eine Fuß in der ganzen taktischen und politischen Bestimmung fehlte. Unser entscheidender Fehler aber war, die Aktion nicht noch mal von Grund auf neu zu bestimmen, nachdem die Bundesregierung das erste Ultimatum hatte verfallen lassen, also klar war, daß sie Schleyer aufgegeben hatten und auf seinen Tod warteten, der ihre schnelle Konsolidierung hätte bringen sollen. An Schleyers Anstrengung, doch noch den Austausch zu erreichen, hatten wir gesehen, daß seine connections und sein Einfluß einen Dreck wert waren gegen die Macht der geschlossenen imperialistischen Strategie.«

Auch die Flugzeugentführung wurde kritisiert: »Im Zusammenhang mit einer Aktion aus der Metropole, mit dem Ziel der Polarisierung in der Metropole, den Bruch zwischen Volk und Staat mußte das Mittel – Flugzeugentführung – gegen den ganzen Angriff kippen, weil es die, die in dem Flugzeug saßen, zwangsläufig in die gleiche Objektsituation gedrückt hat, wie es der imperialistische Staat sowieso und immer mit den Menschen macht, worin aber das Ziel einer revolutionären Aktion gebrochen ist.« Während aber in den in der Heidelberger Wohnung gefundenen Strategiepapieren die Flugzeugentführung mit »mehr als ein Fehler« bezeichnet wurde, weil sie sich gegen das Volk gerichtet habe, werden in dem Juni 1982 bekannt gewordenen Papier in erster Linie taktische Gründe in den Vordergrund gestellt. Es kann davon ausgegangen werden, daß innerhalb der RAF die Flugzeugentführung nach Mogadischu sehr umstritten war, da diese »im Widerspruch« zu dem propagierten Grundsatz gestanden habe, daß sich die Aktionen der Guerilla niemals gegen das Volk richten dürften. Dies wurde bereits 1978 bekannt, als der wegen seiner Beteiligung am terroristischen Überfall auf die Deutsche Botschaft in Stockholm zu lebenslanger Freiheitsstrafe verurteilte Karl-Heinz Dellwo in einem Kassiber die Lufthansamaschine-Entführung verurteilte. Dieser Kassiber wurde bei dem am 11. Mai 1978 in Paris festgenommenen Stefan Wisniewski sichergestellt.[32]

Möglicherweise ist die relativ lange Ruhepause der RAF auch auf die Notwendigkeit einer ideologischen Konsolidierung zurückzuführen und beruht nicht allein auf einer personellen und logistischen Schwächung.

Wesentliche Abweichungen in dem 1982 veröffentlichten Papier zu den grundlegenden Basisschriften der RAF von 1971/72 sind nicht zu verzeichnen, da sie sich auch weiterhin als Avantgarde in einem internationalen bewaffneten Kampf bezeichnet. Modifizierungen ergeben sich lediglich in der Imperialismus-Analyse der RAF, weshalb auch das Schwergewicht der Schrift in den strategischen Überlegungen zur »anti-imperialistischen Front« liegt. »Der Imperialismus verfügt über keine positive, produktive Perspektive mehr, er ist nur noch die von Zerstörung. Das ist der Kern der Erfahrung, die die Wurzel der neuen Militanz in allen Lebensbereichen ist.« Daß sich der Imperialismus weltweit in einer defensiven Position befindet, führt bei der RAF zur Auffassung, »daß es jetzt möglich und notwendig ist, einen neuen Abschnitt in der revolutionären Strategie im imperialistischen Zentrum zu entfalten«, wobei die »kämpfende Front gegen die imperialistische Strategie« sich in erster Linie gegen die »US-Kriegsstrategie in Europa« gegen »BRD-Staat und NATO« richtet. In diesem Papier wird klarer herausgearbeitet, wie sich die RAF eine »anti-imperialistische Front« vorstellt. Dazu zählen »militärische Angriffe, einheitliche koordinierte militante Projekte, die darauf aus sind, die imperialistische Strategie zu durchkreuzen, politische Initiativen zur Vermittlung von Politik, die im aktuellen Widerstand eingreifen, sie ist struktureller und organisatorischer Kampf um die Handlungsfähigkeit, sie ist zu jedem Moment ihrer Entwicklung Kampf um die Möglichkeit und den praktischen Zweck von Diskussion und Kommunikation für den Prozeß der Strategie.« Zwar erklärt die RAF, daß es einen »legalen Arm der RAF« nicht gebe, sie baut aber dennoch auf »legal« verankerte Unterstützerkreise.

Die Schrift richtet sich sicherlich auch an militante Kräfte der undogmatischen extremistischen Linken, auf die die RAF auch mit Hilfe der von ihr bestrittenen legalen RAF einwirken will. Es muß davon ausgegangen werden, daß zumindest einzelne Angehörige des legalen RAF-Bereichs mit der illegalen Kommandoebene der RAF in Verbindung stehen bzw. diese Kommando-Angehörigen bei logistischen Aufgaben unterstützt haben. Sie sind auch für militante Aktionen wie Störung von Veranstaltungen und Theatervorstellungen, Besetzungsaktionen in öffentlichen Institutionen und in Zeitungsreaktionen etc. verantwortlich.

Diese Unterstützergruppen arbeiteten nicht im verborgenen, sondern in sogenannten »Antifaschistischen Gruppen«, die sich vor allem auf die Städte Berlin, Bochum, Darmstadt, Heidelberg, Hamburg, Frankfurt, Wuppertal, Wiesbaden und Stuttgart verteilten. In diesen »Antifaschistischen Gruppen« fand die RAF auch immer wieder ihren Nachwuchs.

Daß die RAF weiterhin eine Bedrohung der politischen Ordnung darstellt, kann schon aus der Tatsache abgeleitet werden, daß gegenwärtig nach mehr als 25 terroristischen Gewalttätern gefahndet wird.[33]

1.1.2. Kritik der Revolutionären Zellen an der RAF

Der Hungertod von Sigurd Debus im Hamburger Haftkrankenhaus sollte in den ersten Monaten des Jahres 1981 die Wirkung eines Fanals haben. Ein bundesweiter kollektiver Hungerstreik, der nach dem Tod von Debus beendet wurde (2. Februar–16. April), war von zahlreichen Begleiterscheinungen wie Anschlägen »Besetzungsaktionen« und von breitgefächerten publizistischen Aktivitäten bestimmt. Auf seinem Höhepunkt am 23. Februar 1981 verweigerten 53 Inhaftierte (z. T. mutmaßliche Terroristen) die Nahrungsaufnahme, um damit für »bessere« Haftbedingungen wie Zusammenlegung zu sogenannten interaktionsfähigen Gruppen zu demonstrieren, aber auch um damit die Solidarität von Teilen der extremistischen Linken mit der RAF wiederzugewinnen.[34]

Auch diese Hungerstreikaktionen waren innerhalb des terroristischen Lagers nicht unumstritten. Der wegen der Teilnahme am Stockholmer Attentat 1975 angeklagte Stefan Wisniewski brach den Hungerstreik mit folgender Begründung ab: »Jemand anderen ins offene Messer laufen zu lassen: obwohl man's selber falsch findet, an dieser politischen Stoßrichtung zu eskalieren, ist nicht weniger verantwortungslos, als wenn's einen unmittelbar selbst betrifft.«[35]

Auch die Revolutionären Zellen übten Kritik an der Hungerstreiktaktik der RAF, denn die Hungerstreikziele seien illusionär gewesen, der Tod eines »Typen aus dem 2. Glied« – womit Debus gemeint war – sei zynisch[36] und die terroristischen »Autonomen«, die nach dem Vorbild der italienischen Roten Brigaden alle Gefangenen politisieren wollen, erklärten zu diesem Tod: »Unter der Prämisse des finalen Hungerstreiks, wie ihn die RAF-Gefangenen begonnen hatten, wäre aber doch konsequenterweise zu erwarten gewesen, daß beim Tode von Sigurd Debus der Hungerstreik erst recht fortgesetzt werden würde. Tatsache ist, daß RAF-Gefangene sich schon drei Wochen vor dem Tod von Sigurd per Infusion ernähren ließen ... Der Hungerstreik der RAF-Gefangenen hatte am Schluß nichts Heroisches mehr, er endete im Deal und im Verscheißern sowohl der übrigen Gefangenen drinnen wie auch der Unterstützer draußen.«[37]

Der Tod von Sigurd Debus wird von den Revolutionären Zellen zu einer prinzipiellen Kritik an der RAF genutzt. Die RAF sei von »Vermessenheit« und »Realitätsverlust« geprägt, weil sie sich mit der IRA vergleiche: »Das erinnert uns alles an die altbekannte, aber immer unerträglicher und peinlicher werdende Großkotzigkeit und Selbstüberschätzung der RAF, für die Selbstkritik ein Fremdwort ist und die damit zwangsläufig nur Helden (Fighter) oder Verräter bzw. Counterschweine kennt, produziert.«[38]

»Spätestens nach zwei Wochen der sechs Wochen Schleyer-Entführung« habe die RAF die politische Initiative aus der Hand gegeben und sich auf »Mauscheleien und nichtöffentliche Verhandlungen mit dem Staat« eingelassen, im Gegensatz etwa zur Lorenz-Entführung sei »die Aktion immer mehr zum bloßen Deal« verkommen. Die RAF ist und bleibe »die einzige Metropolen-Guerilla, die die Illegalität proklamiert«, wobei diese Proklamation der Illegalität nichts mit der Notwendigkeit zu tun habe, die sich für jede Guerilla stelle: »Die Illegalität zu organisieren, d. h. die technischen, finanziellen und organisatorischen Bedingungen zu schaffen, um illegal gewordenen Mitgliedern und Teilen der Bewegung auch unter schwierigen Bedingungen der Illegalität die Handlungsfähigkeit zu erhalten. Handlungsfähigkeit mit minimalem Aufwand besteht in der Legalität, während die Schaffung/Erhaltung der Handlungsfähigkeit in der Illegalität mit großem Aufwand und erschwerten Bedingungen verbunden ist.« Damit spielen die Revolutionären Zellen auf eine prinzipiell unterschiedliche Vorgehensweise der RAF und RZ an. Während die RAF weitgehend im Untergrund operiert – verbunden mit der Gefahr einer weitgehenden Isolierung auch von der linksextremen Szene, nur gestützt auf einen legalen Arm der RAF –, bemühen sich die Re-

volutionären Zellen, die Illegalität mit der Legalität zu verbinden, also nicht unterzutauchen.
Der RAF wird vorgeworfen, sie sei »putschistisch« und verharre zu sehr in Kriterien des Militärischen, die Forderung nach Anwendung der Genfer Konvention, die Anerkennung als Kriegsgefangene halten die RZ für »falsch bis unmöglich«. Zwar befänden sich auch die RZ »im Krieg mit den Herrschenden, aber wir sind Sozialrevolutionäre, keine Soldaten, wollen es auch nie sein. Soziale Revolution ist weder Partei- noch Armee-Sache. Wenn sie es trotzdem wird, verliert sie ihren revolutionären Charakter, bleibt formal und putschistisch.« Die Forderung nach einem Kriegsgefangenenstatus sei eine Forderung nach einem Sonderstatus, »die letztendlich jeden gemeinsamen Kampf gegen den Knast ausschließt, boykottiert«.[38a]
Der Kampf müsse um »Normalvollzug für alle«, die im »Knast« sind, geführt werden.[39]

1.1.3. Zum politischen Selbstverständnis der RAF

1.1.3.1. Berufung auf Studentenbewegung

Die RAF berief sich immer wieder auf die Tradition der studentischen Protestbewegung. So hieß es auch in: »Das Konzept der Stadtguerilla«: »Es ist das Verdienst der Studentenbewegung in der Bundesrepublik und West-Berlin – ihrer Straßenkämpfe, Brandstiftungen, Anwendung von Gegengewalt, ihres Pathos, also auch über Übertreibungen und Ignoranz, kurz: ihrer Praxis, den Marxismus-Leninismus im Bewußtsein wenigstens der Intelligenz als diejenige politische Theorie rekonstruiert zu haben, ohne die politische, ökonomische und ideologische Tatsachen und ihrer Erscheinungsformen nicht auf den Begriff zu bringen sind, ihr innerer und äußerer Zusammenhang nicht zu beschreiben ist.«[40]
Die Studentenbewegung sei zerfallen, als ihre spezifisch studentisch-kleinbürgerliche Organisationsform, das »antiautoritäre Lager«, sich als ungeeignet erwiesen habe, eine ihren Zielen angemessene Praxis zu entwickeln. Anders als in Italien und Frankreich sei in der Bundesrepublik der Funke der Studentenbewegung nicht zum Steppenbrand entfaltbarer Klassenkämpfe geworden. Aber: »Die Rote-Armee-Fraktion leugnet im Unterschied zu den proletarischen Organisationen der Neuen Linken ihre Vorgeschichte als Geschichte der Klassenbewegung nicht, die den Marxismus-Leninismus als Waffe im Klassenkampf rekonstruiert und den internationalen Kontext für den revolutionären Kampf in den Metropolen hergestellt hat.«[41]
Die RAF bekannte sich bei aller Kritik ausdrücklich zur Studentenbewegung und übernahm auch von ihr einzelne Auffassungen wie speziell die herausgehobene Rolle der revolutionären Intelligenz. Ein Großteil der RAF-Mitglieder rekrutierte sich aus der einstigen antiautoritären Protestbewegung.[42]
Die Berufung auf die studentische Protestbewegung ließ jedoch außerhalb der RAF immer mehr nach. Sowohl bei den Gruppierungen im Ruhrgebiet (»Rote-Ruhr-Armee«) als auch in Hamburg (Debus-Bande), aber auch in Berlin wurde zwar eine ideologische Bezugnahme auf das »Konzept Stadtguerilla« vorgenommen, ohne daß dabei die einstige Protestbewegung in besonderer Weise herausgehoben wurde. Bei diesen Gruppen stand pragmatisch in erster Linie das Primat der Praxis im Vordergrund mit den bekannten kriminellen Vorgehensweisen wie Bankraub etc.

1.1.3.2. Das Primat der Praxis

Die RAF bekennt selbst, daß ihr Konzept Stadtguerilla aus Lateinamerika stammt. In der Tat waren gerade in der früheren antiautoritären Protestphase Revolutionäre aus Lateinamerika als Helden verehrt worden. Die Veröffentlichung des brasilianischen Stadtguerillos Carlos Marighella »Minihandbuch des Stadtguerillo«[43] fand im Bereich der Protestbewegung weite Beachtung. Meinhof schreibt zu diesem Konzept Stadtguerilla: »Stadtguerilla geht davon aus, daß es die preußische Marschordnung nicht geben wird, in der viele sogenannte Revolutionäre das Volk in den revolutionären Kampf führen möchten. Geht davon aus, daß man, wenn die Situation reif sein wird für den bewaffneten Kampf, es zu spät sein wird, ihn erst vorzubereiten. Daß es ohne revolutionäre Initiative in einem Land, dessen Potential an Gewalt so groß, dessen revolutionäre Tradition zu kaputt und so schwach sind wie in der Bundesrepublik, auch dann keine revolutionäre Orientierung geben wird, wenn die Bedingungen für den revolutionären Kampf günstiger sein werden, als sie es jetzt schon sind – aufgrund der politischen und ökonomischen Entwicklung des Spätkapitalismus selbst.«[44]

In allen Schriften der RAF kam eine nur bei Fanatikern anzutreffende kämpferische Entschlossenheit zum Ausdruck. So wurde die Auffassung vertreten, die revolutionäre Situation entstehe nicht erst, wenn sie auch die Soziologen erkennen würden. »Sie kündigt sich an in der Richtungsänderung der Gewalttätigkeit. Sie ist vorhanden, wenn die durch die Unterdrückung in den Unterdrückten erzeugte Gewalttätigkeit, der gewaltsame Widerstand gegen das Ausbeutungssystem, gegen die Gewalt der Herrschenden die Fesseln einer individuellen Abreaktion abschüttelt und kollektive Ziele annimmt. Der kollektive Widerstand ist der Keim der Revolution. Die richtige revolutionäre Theorie hat ihn zu entwickeln und zu formen. Die Pflicht jedes Revolutionärs ist es, jeden Ansatz zum kollektiven Widerstand in den Massen aufzugreifen, weiter zu entwickeln, zu organisieren und zu führen, auch ohne Aussicht auf den Sieg.«[45] Und Ulrike Meinhof erklärte zur Entschlossenheit der RAF: »Erfolgsmeldungen über uns können nur heißen: verhaftet oder tot.«[46]

Die RAF geht vom »Primat der Praxis« aus, d. h., sie behauptet, »daß ohne revolutionäre Initiative, ohne die praktische revolutionäre Intervention der Avantgarde, der sozialistischen Arbeiter und Intellektuellen, ohne den konkreten antiimperialistischen Kampf es keinen Vereinheitlichungsprozeß gibt, daß das Bündnis nur in gemeinsamen Kämpfen hergestellt wird oder nicht, in denen der bewußte Teil der Arbeiter und Intellektuellen nicht Regie zu führen, sondern voranzugehen hat.«[47]

Einen Fortschritt im Klassenkampf gebe es nur, »wenn die legale Arbeit mit illegaler Arbeit verbunden wird, wenn die politisch-propagandistische Arbeit die Perspektive bewaffneter Kampf hat, wenn die politisch-organisatorische Arbeit die Möglichkeit Stadtguerilla einschließt«.[48]

Hauptaufgabe der Stadtguerilla ist es, die staatliche Ordnung in Frage zu stellen, unter Einsatz möglichst weniger Mittel ein Höchstmaß polizeilicher und anderer Ordnungskräfte zu binden und dadurch dieses System zu verunsichern sowie dem Bürger klarzumachen, welche Schwächen der Staat besitzt. Als wirksames Mittel des Kampfes gegen die staatliche Autorität wird ihre bewußte Verächtlichmachung gesehen. Dieses Bestreben zieht sich wie ein roter Faden so durch die Gewalttaten der Bewegung 2. Juni (Flugblätter nach dem Mord an von Drenkmann »Lustig, lustig . . .«, »Die Entführung aus unserer Sicht« mit dem »Lorenz-Lied«, Negerküsse bei Banküberfällen). Hierbei scheint vor allem Fritz Teufel die Initiative ergriffen zu haben.[49]

Dieses Ziel der Verunsicherung des Staates schimmert in allen Papieren der RAF sehr deutlich durch. So heißt es: »Stadtguerilla zielt darauf, den staatlichen Herrschaftsapparat an einzelnen Punkten zu destruieren, stellenweise außer Kraft zu setzen, den Mythos von der Allgegenwart des Systems und seiner Unverletzbarkeit zu zerstören.«[50]

1.1.4. Allgemeine Betrachtungen zur Stadtguerilla

Dem individuellen Terror gegen einzelne Vertreter der bundesrepublikanischen Gesellschaft wird eine wesentliche Funktion zugewiesen. Mahler sprach davon, daß sich die Angriffe der Guerilla auch gegen leitende Beamte, Richter, Direktoren usw. richten, »daß der Krieg in die Wohnviertel der Herrschenden getragen wird«.[51] In einer Stellungnahme der RAF vom 20. Mai 1972, in der sich diese zum Sprengstoffanschlag gegen den Richter im Bundesgerichtshof Buddenberg äußert, heißt es denn auch: »Wir werden so oft und so lange Sprengstoffanschläge gegen Richter und Staatsanwälte durchführen, bis sie aufgehört haben, gegen die politischen Gefangenen Rechtsbrüche zu begehen. Wir verlangen damit nichts, was für diese Justiz unmöglich wäre.«

Insgesamt kann gesagt werden, daß die RAF – wie auch Nachfolge- und befreundete Organisationen – niemals zu ihren Aktionen und Aktivitäten in der Lage gewesen wären, wenn sie nicht eine breite Zahl von Sympathisanten immer wieder zu ihrer Unterstützung gehabt hätten. In offiziellen und veröffentlichten Berichten wird zwar immer wieder von etwa 60 Angehörigen des »harten Kerns« gesprochen, immerhin wird aber in einer vom Bundesministerium des Inneren veröffentlichten »Dokumentation über die Aktivitäten anarchistischer Gewalttäter in der Bundesrepublik Deutschland« zuerkannt, daß seit 1972 insgesamt rund 200 Personen festgenommen worden seien, die im Verdacht stehen, »die RAF unterstützt oder mit ähnlicher Zielsetzung kriminelle Handlungen begangen« zu haben.[52] Ohne eine breite Zahl von Sympathisanten, die vorwiegend aus dem intellektuellen Bereich kommen, hätten die Terroristen also nicht über längere Zeit untertauchen können.

Zweifellos entwickelt sich der Terrorismus immer mehr als ein internationales Phänomen, da sich auch in anderen industrialisierten Ländern eine erhebliche Anfälligkeit für die Aktionen solcher Gruppierungen ergeben hat. Die Internationalisierung dieses Phänomens ergibt sich einerseits aus der Möglichkeit für Terroristen, in anderen Ländern unterzutauchen. Zum anderen findet durch diese Internationalisierung eine jeweilige Verfeinerung der einzelnen Aktionen in allen betroffenen Ländern statt, da die Erfahrungen über terroristische Methoden weitergegeben werden. Darüber hinaus bietet die internationale Zusammenarbeit auch die Möglichkeit finanzieller Unterstützung.[53]

Allerdings sind die Verhältnisse lateinamerikanischer Länder, von denen beispielsweise Marighella ausgeht, mit der Bundesrepublik nicht zu vergleichen, so daß eine Übernahme des Stadtguerilla-Konzepts auf erhebliche Widerstände stößt. Zum einen sind die sozialen Voraussetzungen in der Bundesrepublik so geartet, daß auch bei unterprivilegierten Gruppen terroristische und putschistische Aktionen in Form einer Stadtguerilla nicht auf Zustimmung stoßen. Beispielsweise würde die Zerstörung von Elektrizitätswerken durch Stadtguerillaaktionen für alle Bevölkerungskreise in einer Industriestadt eher eine Panik als die erhoffte Unterstützung für die Stadtguerillas bewirken. Vor allem hat der Guerillakrieg nur dort eine besondere Erfolgschance, wo eine weitgehende Verarmung vorliegt und breite Bevölkerungskreise »nichts mehr zu verlieren« haben, also keinen sozialen Besitzstand aufs Spiel setzen. Nur in einer derart strukturierten Bevölkerung können die Guerillakämpfer »wie die Fische im Wasser« unerkannt untertauchen. Gleichwohl ist es allerdings nach wie vor auch in einer Industriegesellschaft wie der Bundesrepublik mit zahlreichen, die Anonymität bewahrenden

Großstädten RAF-Angehörigen und -Sympathisanten möglich, unerkannt unterzutauchen. Im Vergleich zu Lateinamerika besteht auch eine andere geographische Situation, da bestimmte natürliche Voraussetzungen (Dschungel usw.) für den Guerillakrieg bei uns fehlen. Außerdem sind in einem hochentwickelten Industriestaat mit großer Bevölkerungsdichte bessere Möglichkeiten für Ordnungskräfte zur Überwachung der Stadtguerillas gegeben. Allerdings gibt es gerade in Großstädten Kommunikationsmöglichkeiten, die die Arbeitsbedingungen der Stadtguerilla erleichtern.

Jedenfalls muß klar gesehen werden, daß hochindustrialisierte Länder, die durch eine weitgehende Spezialisierung geprägt sind, besonders für Störungen spezieller Bereiche, die dann die gesamte Gesellschaft treffen, in besonderem Maße anfällig sind. Dies hat die RAF erkannt. Auch wenn die Zahl der RAF-Aktivisten relativ gering geblieben ist, waren die Wirkungen terroristischer Aktivität für die Gesellschaft erheblich und fordern weiter besondere Wachsamkeit.

Neben der RAF entstanden Nachfolgeorganisationen, die nach einem ähnlichen Konzept arbeiten. Allerdings hat die RAF ihrerseits immer wieder einen Führungsanspruch auch gegenüber anderen Terrorgruppen vertreten. Vor allem folgende Nachfolgegruppen sind zu nennen:

1.2. Sozialistisches Patientenkollektiv (SPK)[54]

»MAHLER, MEINHOF, BAADER, das sind unsere Kader!!!«[55] Mit dieser in einem »Patienten-Info« vom Juli 1971 verbreiteten Aussage stellte sich das Sozialistische Patientenkollektiv (SPK) in Heidelberg hinter die generelle Linie der Baader-Meinhof-Gruppe. In einem gewissen Sinne zunächst eine eigenständige Organisation, unterhielt das Sozialistische Patientenkollektiv dennoch enge Verbindung zur Roten-Armee-Fraktion, bzw. einige ihrer Mitglieder stießen ganz zur RAF, nachdem die führenden Mitglieder des SPK im Juli 1971 festgenommen wurden.[56]

Das SPK ging aus einer Gruppe von etwa 40 Patienten hervor, die in der Psychiatrischen Poliklinik Heidelberg behandelt wurden und die sich der »ideologisch-politischen Agitation bei Gruppentherapie«[57] um den am 29. Januar 1935 geborenen Assistenzarzt Doktor Wolfgang Huber anschlossen. Huber war durch Professor W. von Bayer, Direktor der Psychiatrischen und Neurologischen Klinik, am 21. Februar 1970 fristlos entlassen[58] worden.

Huber begriff die Krankheit als politischen Sachverhalt, wobei Krankheit in den Zusammenhang der »kapitalistischen Klassengesellschaft« gestellt wird. Krankheit wird als »Voraussetzung und Resultat der kapitalistischen Produktionsverhältnisse«[59] interpretiert. Als Resultat der kapitalistischen Produktionsverhältnisse sei Krankheit »in ihrer entfalteten Form als Protest des Lebens gegen das Kapital die revolutionäre Produktivkraft für die Menschen«.[60]

Dabei wurden Krankheit und Kapital für identisch erklärt: »In dem Umfang, in dem totes Kapital akkumuliert wird – ein Vorgang, der mit Vernichtung menschlicher Arbeit, sogenannter Kapitalvernichtung, Hand in Hand geht –, nimmt die Verbreitung und Intensität von Krankheit zu.«[61]

In einem Rundfunkinterview mit 5 Mitgliedern des SPK wurde Krankheit als Protest formuliert, der zwei Seiten habe: »Krankheit ist Protest und gleichzeitig Hemmung dieses Protestes. Durch die dialektische Symptomdeutung verschwindet die Hemmung, und der Protest wird frei und äußert sich in Form von politischer Aktivität.«[62]

In einer so gedeuteten »progressiven Psychiatrie« wird von der Notwendigkeit einer Offenlegung der Krankheitssymptome im Rahmen der Einzel- und Gruppentherapie ausgegangen. Diese erfordere die Notwendigkeit der Selbstorganisation der Patienten auch in Form eines kollektiven Widerstandes gegen die Ursachen und Verursacher von Krankheit: »Im Arzt-Patient-Verhältnis, in der therapeutischen Situation erfährt der Patient brennpunktartig seine totale Objektrolle und Rechtlosigkeit gegenüber den und innerhalb der gesellschaftlichen Verhältnisse, von denen das Arzt-Patient-Verhältnis nur eines ist. Diese Situation, dieses Verhältnis ist also der Ansatzpunkt, die bestehenden gesellschaftlichen Verhältnisse überhaupt, deren Objekt der Patient ist, bedürfnisbezogen bewußt werden zu lassen.«[63]

Diese Erkenntnis führte, nachdem es am 12. Februar 1970 zu einer sogenannten Vollversammlung der Patienten von Huber in der Poliklinik kam, zur Gründung des Sozialistischen Patientenkollektivs. Diese Selbstorganisation der im SPK vereinigten psychisch Kranken sollte die Aufgabe erfüllen, daß die Therapie in gegenseitiger Unterstützung selbst praktiziert wird. Diese Therapie konnte nach Auffassung des SPK nur in einer dialektischen Auflösung der Symptome bestehen. Da jedoch diese Symptome als »Einheit von reaktionärer Seite und progressiver Seite« dargestellt wurden, mußte sich diese Therapie einzig und allein am Marxismus orientieren.

Nachdem Huber durch die Universität Heidelberg entlassen worden war, mobilisierte er seine Patienten, die am 27. Februar 1970 die Diensträume des Verwaltungsdirektors der Klinischen Universitätsanstalten besetzten. Nicht zuletzt auch unter dem Eindruck der Erklärung Hubers, daß bei einigen seiner Patienten Selbstmordgefahr bestünde, stellte die Universitätsleitung, deren damaliger Rektor Rendtorff in einer Stellungnahme des SPK als »Pfaffendrecksau« bezeichnet wurde[64], vier Räume in einem universitätseigenen Gebäude zur Verfügung.

Am 6. Juli 1970 schließlich besetzten etwa 20 Angehörige des SPK das Rektorat[65], woraufhin am 9. Juli der Verwaltungsrat der Universität beschloß, das Projekt des SPK »unter einem noch zu bildenden Kuratorium« als Einrichtung an der Universität durchzuführen.[66] Daraufhin wurde am 10. Juli das Rektorat geräumt. Kultusminister Hahn bezeichnete diesen Vertrag zwischen Universität und SPK vom 9. Juli 1970 als »in höchstem Maße rechtswidrig«.[67]

Am 18. September 1970 untersagte der Kultusminister in einem Erlaß den Vollzugsbeschluß des Universitätsverwaltungsrates, »an Doktor Huber und das Sozialistische Patientenkollektiv weitere Leistungen zu erbringen«. Es sei umgehend dafür Sorge zu tragen, daß die zugewiesenen Räume von Dr. Huber geräumt werden.[68] Daraufhin kam es zu einer Kontroverse zwischen dem Kultusministerium und dem Rektorat.[69] Gegen den Erlaß des Kultusministeriums hatte das SPK Rechtsmittel eingelegt, wobei die Beschwerde durch den Verwaltungsgerichtshof Baden-Württemberg verworfen wurde.[70]

Die Auseinandersetzungen zur Frage einer finanziellen Unterstützung der Arbeit des SPK, dem bis zu seiner Auflösung bis zu 500 Patienten zuzurechnen gewesen sein sollen[71], wurden in der Öffentlichkeit und zwischen Wissenschaftlern sehr kontrovers geführt, die jeweils von den Gegnern bzw. Befürwortern eines solchen Projektes als argumentative Stütze herangezogen wurden.[72] Positiv zur SPK äußerten sich vor allem Professor Peter Brückner (Hannover)[73] sowie Dr. Spazier, Heidelberg.[74]

Eine positive Beurteilung des SPK gab auch der französische Philosoph Jean Paul Sartre, der Baader 1972 in seinem Gefängnis in Stuttgart-Stammheim besuchen konnte und sich erfreut darüber zeigte, »den tatsächlichen Fortschritt erfahren zu haben, den das SPK darstellt«. Er forderte das SPK auf: »Ihr werdet mit allen Mitteln kämpfen müssen, denn die Herrschenden unserer Gesellschaft legen es darauf an, euch an der Fortführung eurer praktischen Arbeit zu hindern, und sei es auch nur dadurch, daß sie euch schnöde wegen Konspiration anklagen.

Aber man wird euch nicht nach schwachsinnigen Verhaftungen beurteilen, sondern nach den Resultaten, die ihr erzielt.«[75]

Zu erneuten Auseinandersetzungen um das SPK kam es, als am 24. Juni 1971 in Wiesenbach bei Heidelberg ein Polizeibeamter im Rahmen einer Fahrzeugkontrolle angeschossen wurde.[76] Im Zuge der Ermittlungen wurde u. a. auch Huber vorläufig festgenommen, in dessen Haus in Wiesenbach auch Zündsätze gefunden worden sein sollen.[77] Die Aktionen der Polizei führten auch zu Hausdurchsuchungen bei Patienten und Sympathisanten des SPK. In Patienten-Infos bekannte sich das SPK immer eindeutiger zum »Sieg im Volkskrieg«[78], immer offener zum Kampf gegen die »Kapitalistendrecksäue«[79]; zu Aktionen einer Stadtguerilla, also einem »Volkskrieg von sehr langer Dauer, in dem das Volk in jeder Etappe des Kampfes die wirkungsvollsten Aktionsformen gegen die bewaffneten Kräfte der herrschenden Drecksäcke anwendet«.[80]

Im Juli 1971 wurde das Sozialistische Patientenkollektiv umbenannt in IZRU (Informationszentrum Rote Volks-Universität). Man habe deshalb den »Laden dichtgemacht«, da Polizeiaktionen gegen das SPK angenommen wurden.[81]

In einer großangelegten Organisation schließlich wurden wenige Tage später, am 21. Juli 1971, sieben führende Kräfte des SPK verhaftet. Unter den Festgenommenen befanden sich auch Huber und seine Frau sowie die SPK-Mitglieder Ewald Görlich, Christina Berster, Heinz Muhler, Siegfried Hausner und Dalia Michel.[82] Die umfangreichen Ermittlungen erbrachten, daß sich innerhalb des Sozialistischen Patientenkollektivs eine kleine Gruppe um Dr. Huber gebildet hatte, ein »innerer Kreis«, der auch den übrigen SPK-Mitgliedern gegenüber geheimgehalten wurde und der sich auf die bewaffnete Auseinandersetzung vorbereitete. So bestanden auch verschiedene Arbeitskreise für Funk-, Spreng- und Fototechnik.[83] Ermittelt wurde vor allem gegen Huber und seine Gefolgsleute, weil ihnen ein Brandanschlag am 1. Januar 1971 auf das Psychiatrische Landeskrankenhaus Wiesloch und der versuchte Sprengstoffanschlag auf das Finanzamt in Heidelberg am 10. März 1971 zur Last gelegt werden. Außerdem soll ein Anschlag auf den Sonderzug des damaligen Bundespräsidenten Gustav Heinemann, der am 16. und 17. Februar 1971 Heidelberg besucht hatte, geplant worden sein.[84]

Ferner wurde eine große Menge Sprengstoff sichergestellt, die von der Ehefrau Hubers, Ursula Huber, in einem Keller in der Heidelberger Weststadt deponiert wurde.[85] Dem Arbeitskreis Sprengtechnik des SPK gehörten außer Frau Huber auch Christina Berster, Siegfried Hausner und Carmen Roll an. Außerdem gab es einen Arbeitskreis Fototechnik, dessen Aufgabe vor allem darin bestand, Polizeibeamte und polizeiliche Kraftfahrzeuge sowie militärische Objekte zu fotografieren. Andere Mitglieder des ehemaligen SPK tauchten unter oder traten näher mit der Baader-Meinhof-Gruppe in Kontakt. Trotz der Verhaftung führender Mitglieder des SPK blieb das Informationszentrum Rote Volks-Universität (IZRU) weiter am Leben, das als Agitationsschrift »Rote Volksuniversität!« herausbrachte, in der es sich ausdrücklich mit der Linie der RAF identifizierte.[86]

1.3. Bewegung 2. Juni

Die Bewegung 2. Juni – die inzwischen in der RAF weitgehend aufgegangen ist – wurde durch die Entführung des Berliner CDU-Landesvorsitzenden Peter Lorenz am 27. Februar 1975 weltweit bekannt. Ein exaktes Datum für die »Gründung« dieser Organisation ist ähnlich wie bei der RAF nicht auszumachen, da sich – wie auch bei anderen terroristischen Gruppen – im Regelfalle anfangs nur spontan Kommandotrupps herausbildeten, die sich zunächst wechselnde Bezeichnungen gaben. Nicht zuletzt durch die Presseberichterstattung im Zuge der Fahndung verfestigten sich derartige Bezeichnungen, die nach taktischen Erwägungen aber auch spontan wieder gewechselt werden konnten. Die ersten Aktivitäten der »Bewegung 2. Juni« bzw. einzelner Mitglieder dürften aber bis auf das Jahr 1969 zurückgehen.[87]

Für die Entführung von Peter Lorenz war aber eindeutig die »Bewegung 2. Juni« verantwortlich, ebenfalls für eine Reihe anderer krimineller Gewalttaten, so für Anschläge auf den britischen Jagdclub Gatow und den amerikanischen Offiziersklub Dahlem, außerdem auf das Landeskriminalamt in Schöneberg. Der Bewegung 2. Juni werden außerdem eine Reihe von Banküberfällen zur Last gelegt.[88]

Die Bewegung 2. Juni, die sich diesen Namen in Anspielung auf den Tod von Benno Ohnesorg am 2. Juni 1967 anläßlich des Schahbesuchs gegeben hatte, hatte erhebliche politische Differenzen mit der RAF, da innerhalb dieser Organisation die Distanzierung der gruppenpraktischen Arbeit der RAF einen breiten Raum einnahm. Man wollte sich insbesondere nicht auf einen größeren geographischen Raum als Berlin konzentrieren, da die Überzeugung vorherrschte, durch ein ähnlich aufwendiges Leben wie die RAF (teure Wohnungen, weite Reisen) gehe der »Kontakt zu den Massen« verloren. Ausgesprochen utopisch mutet die aus dieser kritischen Abgrenzung geborene Idee an, den überwiegend von sozial schwachen Bevölkerungsteilen bewohnten Bezirk Kreuzberg zum »befreiten Gebiet« zu erklären, nachdem man dort in einer Vielzahl von Wohnungen Unterschlupf bei Sympathisanten gefunden hatte und damit an eine breite Massenbasis glaubte.

Gerade am Beispiel der Bewegung 2. Juni, die im Gegensatz zur RAF keine ideologischen Schriften herausbrachte, wird die Bedeutung des Aktionismus in der anarchistischen Bewegung klar. Denn der ideologische Unterbau, der anfänglich in den gruppeninternen Diskussionen noch eine Rolle spielte, verlor immer mehr an Bedeutung und wurde zunehmend durch einen rein kriminellen Aktionismus ersetzt. Ein Grund hierfür: Die Beschaffung operativer Mittel wie Geld, Autos, Waffen und Dokumente nahm schon durch die notwendigen Überlegungen und Handlungen so viel Zeit in Anspruch, daß für ideologische Fragen kaum noch Raum blieb.

Die Bewegung 2. Juni – wie auch andere terroristische Organisationen – übernahm in Ermangelung eigener ideologischer Konzepte die »revolutionären Theorien der RAF«. Mit der Begründung, daß dies mit der Gruppenpraxis nicht zu vereinbaren wäre, wurde von eigenen Veröffentlichungen abgesehen. Die dennoch bekanntgewordenen Schriften enthalten auch überwiegend Darstellungen des organisatorischen Aufbaus, der Aufgaben und Willenskundgebungen zur Bildung der »Stadtguerilla«.

Das Fehlen eigener ideologischer Schriften zeigte, daß es keine theoretischen Überlegungen gab, man hatte sich zunächst nur zusammengefunden, um »politische Gefangene« zu befreien. Man sprach von einer »Fortführung des bewaffneten Kampfes«, wie ihn die RAF verstand. Allerdings betrachtete man auch die Gefangenenbefreiung subjektiv als Form einer »Versicherung auf Gegenseitigkeit« in der Hoffnung, nach einer durchaus einkalkulierten eigenen Inhaftierung später selbst befreit zu werden.

Die berufliche wie schulische Vorbildung der Angehörigen der Bewegung 2. Juni lassen erkennen, daß sich diese – im Gegensatz zur RAF – vorwiegend aus dem Arbeitermilieu rekrutierten und nicht aus dem gehobenen Bürgertum. Die soziale Herkunft spiegelte sich auch in der Gestaltung des Lebens im Untergrund wider. Die Angehörigen dieser Vereinigung tauchten vor allem in Sanierungsgebieten Berlins unter, wobei sie sich den dort vorhandenen Subkulturen ohne Schwierigkeiten einpaßten. Daraus resultierten im übrigen auch für die Ermittlungsbehörden große Schwierigkeiten. Hingegen wurde der RAF vorgeworfen, sie habe einen zu aufwendigen Lebensstil, lebe in Apartmenthäusern und brause »mit schnellen BMWs durch Westdeutschland«.

In der Nacht vom 4. zum 5. Juni 1974 wurde der 22jährige Student Ulrich

Schmücker im Berliner Grunewald erschossen aufgefunden, nachdem ein »Kommando Schwarzer Juni« an dem »Konterrevolutionär und Verräter« Ulrich Schmücker diese »Hinrichtung« vollzogen hatte. In einem der Deutschen Presse-Agentur übergebenen Kommuniqué des »Kommandos Schwarzer Juni« wurde mitgeteilt, daß Schmücker »von einem Tribunal der Bewegung 2. Juni wegen seiner Aussagen vor Staatsschutzbehörden der BRD und West-Berlin zum Tode verurteilt worden« sei.[89]
Der »Verrätermord« an Ulrich Schmücker wurde von der Bewegung 2. Juni initiiert.
Damit war erstmalig seit der Existenz der Neuen Linken in der Bundesrepublik ein Mitglied einer linken Organisation in Selbstjustiz von linken Genossen ermordet worden. Schmücker war Angehöriger der Bewegung 2. Juni gewesen und war im Frühjahr 1972 in Bad Neuenahr mit weiteren drei Genossen verhaftet worden. Im Februar 1973 wurde er zu einer Strafe von 30 Monaten Gefängnis verurteilt. Er brauchte jedoch seine Reststrafe wegen seines Gesundheitszustandes nicht abzusitzen. Er ging zurück nach Berlin, wo er erneut Kontakte zur Bewegung 2. Juni anknüpfte und ein Jahr später ermordet wurde, weil ihm vorgeworfen wurde, er sei Agent des Verfassungsschutzes. In einem Kommuniqué wurden ausführlich die Gründe des Kommandos Schwarzer Juni dargelegt, da das »weinerliche opportunistische Gesabbere der westdeutschen und Westberliner Linken« weder Verrat verhindert »noch den potentiellen Verrätern die Lust am Produzieren von unsolidarischem Verhalten genommen« habe.[90] Diese Ermordung führte innerhalb der linken Bewegung zu zahlreichen Kontroversen.[91]
Am 10. Nobember 1974 wurde der Berliner Kammergerichtspräsident Günther von Drenkmann ermordet. Auch hierfür übernahm die Bewegung 2. Juni die Verantwortung.
Am 27. Februar 1975 schließlich wurde Peter Lorenz entführt. Einen Tag später ging im Berliner Büro der DPA das erste Schreiben der Entführer ein, dem auch ein Foto von Lorenz beilag. In diesem Schreiben wurde die Freilassung Horst Mahlers, Verena Beckers, Gabriele Kröcher-Tiedemanns, Rolf Pohles, Ina Siepmanns und Rolf Heißlers sowie die Aufhebung aller Urteile in Verbindung mit Demonstrationen nach dem Tod von Holger Meins sowie freie Ausreise und Lösegeld gefordert. Außerdem sollte der frühere Regierende Bürgermeister von Berlin, Albertz, die Terroristen begleiten. Durch eine Reihe von über Funk und Fernsehen durchgegebenen Mitteilungen, die durch die Geiselnahme erzwungen waren, verständigte sich die Polizei mit den Entführern, die ihrerseits mehrere numerierte Mitteilungen der Polizei überbracht hatten. Am Montag, dem 3. März, bestiegen die Häftlinge Becker, Heißler, Kröcher-Tiedmann[92], Pohle und Siepmann zusammen mit Pfarrer Albertz eine Boeing 707 auf dem Frankfurter Flughafen. Horst Mahler hatte in einer im Fernsehen verbreiteten Erklärung seine Befreiung abgelehnt und nutzte seine Rede als Wahlaufruf zugunsten der KPD, die sich am 2. März in Berlin anläßlich der Wahlen zum Abgeordnetenhaus beteiligte. Die Maschine landete schließlich am 3. März 19.41 Uhr in Aden (Südjemen). Pastor Albertz verlas am Dienstag, dem 4. März, die Erklärung der ausgeflogenen Terroristen und erfüllte damit die letzte Bedingung der Kidnapper.
Im Anschluß an die Freilassung von Peter Lorenz aus seinem »Volksgefängnis« fand in großem Umfang eine Suchaktion statt, an der sich auch Polizeibeamte aus dem übrigen Bundesgebiet beteiligten.
In der Woche des 24. März 1975 tauchte in mehreren Berliner Bezirken ein Flugblatt der Bewegung 2. Juni auf. Auf dem Flugblatt, das mit Schreibmaschine in Kleinbuchstaben geschrieben war, hieß es u. a.: »Wir begreifen unseren kampf als teil des allgemeinen Widerstandes, auch wir sind listig, d. h., wir schlagen nicht wild um uns, sondern schätzen unsere möglichkeiten realistisch ein. Wir lernen aus der praxis. Nur deshalb ist die Lorenzentführung eine ›perfekte‹ aktion gewe-

sen.« Außerdem wurde ein Spottlied auf die Entführung von Lorenz dem Flugblatt beigegeben.[93]

Mit Erstaunen muß zur Kenntnis genommen werden, daß die Entführer von Lorenz nicht die Freilassung von Ulrike Meinhof und Andreas Baader und anderen Bandenmitgliedern verlangt hatten, sondern lediglich Häftlinge der zweiten Garnitur. Eine Erklärung hierfür wäre, daß die eigentliche Gerichtsverhandlung abgewartet werden sollte, da unter der Liste der sechs Freizulassenden lediglich bereits rechtskräftig Verurteilte standen. Es ist aber wohl eher davon auszugehen, daß zwischen der Bewegung 2. Juni und der RAF Differenzen bestanden, da die RAF einen eindeutigen »Führungsanspruch« innerhalb der terroristischen Bewegung proklamierte.

Offensichtlich hatte das Bundeskriminalamt die Bewegung 2. Juni unterschätzt, denn in einem Lagebericht vom 14. 10. 1974 hieß es zu dieser Organisation: »Niveau und Schlagkraft der RAF hat sie nie erreicht. Die kriminelle Vereinigung Bewegung 2. Juni konnte im Anschluß an die Festnahme ihres Kommandos – einschließlich Ulrich Schmücker – am 7. Mai 1972 in Bad Neuenahr nach und nach zerschlagen werden. Die Aussagen Schmückers haben dazu beigetragen.«[94]

In diesem Lagebericht des BKA war aber durchaus die Möglichkeit von Geiselnahmeaktionen angedeutet worden, denn es sei davon auszugehen, »daß eine von der RAF-Führung gesteuerte Stadt-Guerilla-Gruppe sich – vermutlich mit Hilfe ausländischer Genossen – auf eine Geiselnahmeaktion vorbereitet. Daneben müssen begleitende Aktionen oder willkürliche Anschlußtaten unabhängig von der RAF operierender Anarcho-Gruppen einkalkuliert werden.«[95]

Es kann davon ausgegangen werden, daß zwischen den freigelassenen Terroristen und den Entführern von Lorenz Kontakte bestanden haben müssen, denn der Auftrag der freigelassenen Terroristen an Pfarrer Albertz, für die Lorenz-Entführer ein Kennwort nach Berlin zu bringen, ist als Beweis anzusehen, daß zwischen Entführern und den bis dahin noch in Haft Befindlichen seit längerer Zeit Kontakte bestanden haben müssen. Von seiten der Sicherheitsbehörden wurde die Vermutung geäußert, daß diese Kontakte hergestellt wurden, nachdem durch die Preisgabe eines entdeckten Geheimcodes im November 1974 dieser Verständigungsweg der Terroristen abgebrochen war. Gefunden wurde dieser Code, der sich auf Seite 14 in Fontanes Effie Briest bezog, im Notizbuch von Angela Luther, die ebenfalls zum Kreis der Lorenz-Entführer gerechnet wird.[96]

Im Anschluß an die Freilassung von Lorenz gab die Polizei die Namen von acht Terroristen bekannt, die praktisch alle im Zusammenhang mit der Protestbewegung standen und aus ihr hervorgegangen sind. Chef der Entführer war Ralf Reinders, nach dem die Polizei seit 1969 vergeblich gefahndet hatte. Er soll an der Ermordung Ulrich Schmückers beteiligt gewesen sein. Reinders hatte enge Kontakte zu den Kommunarden Teufel, Langhans und Kunzelmann. Im Zusammenhang mit Anschlägen auf das jüdische Gemeindezentrum in Berlin und den Berliner Richter Heimsen tauchte sein Name im Jahre 1969 auf. Danach ging er zu den »herumschweifenden Haschrebellen«, zu denen auch Georg von Rauch gehört hatte, der im November 1971 bei einem Feuergefecht mit der Berliner Polizei erschossen worden war.[97]

Zu den acht Gesuchten gehörte auch Fritz Teufel, der Ende der 60er Jahre eine zentrale Figur bei den Studentendemonstrationen war und zwei Jahre Haft wegen menschengefährdender Brandstiftung verbüßte. Die weiteren Gesuchten waren: Angela Luther[98], Norbert Erich Kröcher[99], Till Meyer[100], Andreas Vogel[101], Werner Sauber[102] und Inge Viett[103].

Am 9. September 1975 wurde der Chef der Bewegung 2. Juni, Ralf Reinders, im Zuge einer Großfahndung verhaftet. Er konnte in Räumen, die als illegale Druckerei und Sprengstoffwerkstatt benutzt wurden, zusammen mit seinen Komplizinnen Inge Viett und Juliane Plambeck festgenommen werden. Brieftasche und

Notizbücher von Lorenz waren unter den Hunderten von Fundsachen. Am 13. September wurden Fritz Teufel und Gabriele Rollnik überrumpelt. Am 14. November 1975 wurde das Lorenz-Versteck gefunden. Am 26. März 1976 wurde Andreas Vogel in Berlin verhaftet.

Mitglieder der Bewegung 2. Juni veröffentlichten 1977 Papiere zur Strategie und Taktik ihrer Organisation. Die Veröffentlichungen der Angehörigen der Bewegung 2. Juni orientierten sich aber an unterschiedlichen strategischen Konzepten. Ein Teil, zu dem die Inhaftierten Fritz Teufel, Gerhard Klöpper, Ralf Reinders und Ronald Fritzsch gehörten, legte seine Vorstellungen in den Publikationen dar, die unter den Titeln »Brief aus Moabit« und »Die Unbeugsamen von der Spree« veröffentlicht wurden.[104]

Diese Papiere wurde im Februar bzw. November 1978 verbreitet. Aus diesen Papieren gehen erhebliche Differenzen zur RAF und eine größere Nähe zu den Revolutionären Zellen hervor. Während für die RAF der »anti-imperialistische weltweite Kampf im Vordergrund« stand und sie ihre Hoffnungen auf die Kräfte der Dritten Welt setzte, verknüpften die Bewegung 2. Juni und die RZ »die Frage des militanten Widerstands mehr mit den täglichen (hiesigen) Problemen des Lebens, Probleme, die wir alle haben können und die sich nicht lösen lassen, wenn man vor der Gewaltfrage zurückschreckt«.[105]

Dieser »Brief aus Moabit« stammt von »dem Teil der Bewegung, der dem alten Konzept des 2. Juni treu geblieben ist, auch im Knastalltag«. Diese Gefangenen würde sich nicht in erster Linie als »anti-imperialistische Fighter (= Kriegsgefangene = Sonderstatus nach der Genfer Konvention) sehen«.[106]

Es wird eine »Isolation im Volk« konstatiert. Als eine »Form der Resignation« wird die »Hinwendung von bewaffneten Gruppen zu einem neuen anti-imperialistischen Konzept« bewertet.[107]

Die RAF betrachte die Bundesrepublik »nur als militärisches Operationsfeld«. Die »beste und wirksamste Solidarität« mit den Völkern der Dritten Welt und deren »Befreiungskämpfern« sei der »Aufbau einer starken revolutionären Widerstandsbewegung hier, die es dem kapitalistischen Staat verunmöglicht, seine imperialistischen Interessen zu verwirklichen«.[108]

In diesen Papieren wird ein »alltägliches Widerstandsverhalten« gefordert, was am deutlichsten bei den militanten Ansätzen der Anti-Atomkraftbewegung zu finden sei. Ein solches alltägliches Widerstandsverhalten bedeute auch, »aus einer Demo heraus ein Bullen-Revier oder Rathaus klein zu machen, wenn ein besetztes Haus wie die Feuerwache geräumt und abgerissen wird«.[109]

Die »praktische internationale Solidarität« lasse sich am besten beweisen, »wenn Firmen abbrennen, die Waffen in den Iran oder Kernkraftwerke nach Südafrika liefern«.[110]

In diesem Papier bezeichnet sich die Gruppe als »Revolutionäre Guerilla-Opposition aus der Konkursmasse der Bewegung 2. Juni«.[111]

Ein anderer Teil der Bewegung 2. Juni veröffentlichte Erklärungen, die dem mehr »internationalistisch ausgerichteten« Programm der RAF entsprechen. Diese Positionen wurden u. a. von den in der Schweiz festgenommenen und dort inhaftierten Gabriele Kröcher-Tiedemann und Christian Möller sowie von dem im Mai 1978 erneut Berliner Haftanstalt befreiten und bald darauf in Bulgarien erneut verhafteten Till Meyer vertreten.[112]

In einer Erwiderung zum TUNIX-Papier – gemeint ist der »Brief aus Moabit«, der sich auch »zum Treffen in TUNIX« äußert – distanzieren sich deren Verfasser von der Revolutionären Guerilla-Opposition (RGO), die ein »entsolidarisiertes Verhältnis zur RAF« und »zum bewaffneten Kampf überhaupt« an den Tag gelegt habe.[113]

Die Bundesrepublik sei »zum militärischen Operationsfeld gemacht worden, von denen, die die Militärs befehligen, von denen, die die Macht haben, die BRD, und nicht nur die BRD, sondern die ganze Welt in eine Wasserstoffbombe verwandeln«.[114]

Zwar sei eine Kritik an der »Landshut«-Entführung »richtig und notwendig«, doch sollte man nicht vergessen, daß durch Krisenstäbe in Bonn, Washington und durch die Planungszentren der NATO die Toten einkalkuliert wurden. Zur Argumentation der RGO, der Widerstand lasse sich nur aus der Alltagssituation heraus konkretisieren, argumentiert die »Erwiderung zum TUNIX-Papier«, daß sich der Alltag in der Bundesrepublik nicht trennen lasse vom Alltag im Iran, Chile, Zaire, Argentinien, Palästina oder dem Alltag »der wirtschaftlich unterentwickelt gehaltenen Welt«.[115]

Diejenigen, »die für uns hier Fabrikhallen, Knäste, Heime, Klappsen produzieren, in die sie uns stecken wollen, sind dieselben, die die Befehle gegeben haben zur Ermordung von Che Guevara, Allende, Lumumba, Steve Biko, Ulrike und Holger, zum Mord in Stammheim und Stadelheim, die ihre Söldner nach Vietnam und Shaba, ihr Geld und ihre Waffen nach Südafrika und in den Iran schikken«.[116]

Deshalb müsse sowohl gegen die Herrschenden in der Bundesrepublik und die Herrschenden in aller Welt gekämpft werden, weil sie die gleichen seien, eine »Mafia, zusammengesetzt aus den politischen und ökonomischen Schaltzentren, kennt keine Grenzen, ihre Morde sind legal, ihre Unterdrückung heißt Entwicklungshilfe, Arbeitsfriede und Entspannung. Ihr Friede ist bewaffneter Friede.«[117]

Am 2. Juni 1980 wurde eine Erklärung veröffentlicht, die die Auflösung der Bewegung 2. Juni und die Überführung in die RAF verkündete.[118]

Darin hieß es u. a.: »Nach 10 Jahren bewaffneten Kampf wollten wir unsere Geschichte kritisch reflektieren und erklären, warum wir heute sagen: Wir lösen die Bewegung 2. Juni als Organisation auf und führen in der RAF – als RAF – den anti-imperialistischen Kampf weiter.« Die Verfasser dieses Textes fordern die zum Terrorismus neigenden Kräfte zu einer »Einheit im anti-imperialistischen bewaffneten Kampf« auf. Diese Erklärung wurde jedoch nicht von allen Teilen der Bewegung 2. Juni mitgetragen. Entsprechende Erklärungen wurden von den in Berlin einsitzenden Ralf Reinders, Klaus Viehmann und Ronald Fritzsch abgegeben.[119]

Ausdrücklich bekennen sich die Autoren zur bisherigen Praxis der Bewegung 2. Juni, deren Wahl der Mittel und Methoden des Kampfes »die Ergebnisse der damaligen Erfahrungen aus der Jugendrebellion« waren.[120]

Es gebe eine unterschiedliche Entstehungsgeschichte der beiden Gruppen. Während die Bewegung 2. Juni »aus den sozialen Zusammenhängen ihrer Akteure und die RAF aufgrund ihres theoretischen Revolutionsmodells« entstanden sei, ergäben sich Widersprüche auch zum einen aus dem »zentralistischen Organisationsprinzip der RAF« und den »autonomen, dezentralen Strukturen« andererseits. Ein weiterer Konfliktpunkt habe sich aus der Frage der Illegalisierung der Kader, »die die RAF zum Prinzip erhob«, ergeben.

Die von den sich an die RAF anschließenden ehemaligen Mitgliedern der Bewegung 2. Juni formulierte Kritik im Zusammenhang mit der Entführung von Peter Lorenz wird auf das heftigste zurückgewiesen. »Wer heute die Lorenz-Aktion, den einzig größeren Sieg in 12 Jahren bewaffneter Kampf, so mit Scheiße bewirft, dem ist echt die Hirnpaste am Auslaufen, aber total!«[121]

Der RAF wird vorgeworfen, daß deren Aktionen nicht die Menschen politisch für sie gewinnen würde, sondern eher »dem Staat in die Arme treibe«. Es sei keineswegs »besonders revolutionär, auf die Sympathien des Volkes zu scheißen«, wie dies die RAF täte.[122]

1.4. Revolutionäre Zellen

Lange Zeit war die Breite und Gefährlichkeit sogenannter »Revolutionärer Zellen« nicht bekannt. Ein Blick in die Statistik zeigt aber, daß im Zeitraum vom 1. Januar 1981 bis zum 28. Februar 1982 insgesamt 165 terroristische Anschläge in der Bundesrepublik Deutschland durchgeführt wurden, die die Bundesregierung wie folgt zugeordnet hat: Rote Armee-Fraktion 2, Revolutionäre Zellen 32, rechtsextremistische Gewalttäter 21, sonstige oder unbekannte Täter 100.[123]
Revolutionäre Zellen sind im Gegensatz zur RAF bei militanten Kernkraftgegnern, Hausbesetzern, Spontis insofern heimisch geworden, als sie dort in kleinen, meist voneinander unabhängigen Gruppen organisiert sind, wobei sie sich vor allem an den Roten Brigaden Italiens orientieren und die Begründung für die Hungerstreikaktionen der RAF deshalb ablehnen, weil sie für Haftverbesserungen aller Gefangenen sind. Sie zeichnen sich durch eine intensive Nähe zur linken Szene aus, in der sie leben. Der Realitätsverlust ist bei ihnen also weit geringer als bei solchen Terroristen wie der RAF, die in den Untergrund abtauchen und häufig völlig isoliert operieren und sich von daher auch in eine Scheinwelt begeben.
Zu den allgemeinen Zielen der Revolutionären Zellen gehört: »Die Gegenmacht in kleine Kerne organisieren, die autonom in den verschiedenen gesellschaftlichen Bereichen arbeiten, kämpfen, intervenieren, schützen, die Teil der politischen Massenarbeit sind. Wenn wir ganz viele Kerne sind, ist die Stoßrichtung für die Stadtguerilla als Massenperspektive geschaffen.«[124]
Die RZ knüpfen an die Tradition der Berliner »umherschweifenden Haschrebellen« Anfang der siebziger Jahre an. Die Revolutionären Zellen orientieren sich weitgehend an aktuellen politischen Themen wie Fahrpreiserhöhungen oder Hausbesetzungen, die sich der Bevölkerung vermitteln lassen, d. h., daß sie sich auch als »populäre Guerilla« verstehen, weil sie ihre Forderungen der breiten Masse der Bevölkerung einsichtig machen wollen. Sie werden häufig auch als sogen. »Feierabendtäter« bezeichnet, weil sie nicht untertauchen, sondern außerhalb ihres Berufes oder Studiums ihren terroristischen Tätigkeiten nachgehen.
Die RZ benötigen keinen großen logistischen Aufwand, wie das bei der RAF der Fall ist. Sie sind im terroristischen Vorfeld sehr gut verankert und schotten sich zumeist gegenüber anderen Revolutionären Zellen ab, auch wenn in der letzten Zeit offensichtlich überörtlich Aktionen gegen Einrichtungen der US-Armee koordiniert abgestimmt wurden. Ihre Abschottung in Kleingruppen macht sie indes gefährlicher als die RAF, bei der die Täter weitgehend bekannt sind und die eher innerhalb der extremen Linken vor allem nach der Entführung der Lufthansa-Maschine »Landshut« mit einer distanzierten Haltung zu rechnen hat. Die Revolutionären Zellen verfügen aber, ähnlich wie die RAF, über gute Verbindungen ins Ausland, insbesondere in extremistische Palästinenser-Kreise.
1973 übernahm zum ersten Mal eine Revolutionäre Zelle die Verantwortung für einen Anschlag.[125] Die RZ bekannten sich auch zur Tötung des Hessischen Ministers für Wirtschaft und Technik, Herbert Karry, am 11. Mai 1981. In einem Bekennerbrief der RZ heißt es hierzu: »Der Tod von Karry war nicht beabsichtigt, sondern ein Unfall. Geplant war, durch mehrere Schüsse in seine Beine dafür zu sorgen, daß er länger das Bett hüten muß, als ihm und seinen Freunden lieb ist, den »Türaufmacher« des Kapitals (Karry über Karry) für längere Zeit daran zu hindern, seine widerlichen und zerstörerischen Projekte weiter zu verfolgen. Hätten wir Karry umlegen wollen, hätten wir ein anderes Kaliber benutzt und vor allem seinen Kopf (bzw. seinen Oberkörper) ins Visier genommen. Das wäre wesentlich leichter gewesen. Daß eins der Projektile, von denen er getroffen wurde, seine Beckenschlagader zerfetzt und damit tödlich wurde, war der große – nicht einkalkulierte – Zufall in der Geschichte... Daß Karry durch einen Zufall die Reise in die ewigen Jagdgründe antreten mußte, bekümmert uns ausschließlich

insofern, als dies nicht geplant war, wir damit das Aktionsziel verfehlten.«[126]
Die Erklärung der RZ zeigte aber auf, daß auch das Konzept von Strafaktionen (Schießen in Beine, das auch von italienischen Terroristen praktiziert wird) gutgeheißen wird. Die RZ lehnen den ideologischen und militärischen Führungsanspruch der RAF ab. Einen wichtigen Anknüpfungspunkt für ihre Strategie eines »massenorientierten« Kampfes sehen die RZ in der Anti-Kernkraftbewegung, aber auch in Aktionen gegen den Bau der Startbahn West, gegen Erhöhung von Strom- und Fahrpreisen oder umweltbelastenden Maßnahmen u. ä. Am 22. Januar 1980 verbreiteten Revolutionäre Zellen in der Universität Frankfurt ein Flugblatt mit einer Empfehlung, sich »langfristig« in kleinen handlungsfähigen Gruppen zusammenzuschließen und sich logistisch (Erlernen von Ausweisfälschungen, Beschaffen von Waffen) auf »illegales Handeln vorzubereiten«.[127]
Damit weichen sie von ihrer bisherigen Konzeption ab, die einen Einsatz aus der Legalität heraus vorsieht. Publizistisches Sprachrohr der RZ ist die Zeitung »Revolutionärer Zorn«. Von 1975 – April 1980 sind 5 Ausgaben dieser Zeitung erschienen. Im April 1978 wurde eine »Praxis-Sondernummer« des »Revolutionären Zorn« veröffentlicht, die überwiegend technische Anleitungen zu terroristischen Aktionen enthielt.
In einer im Januar 1981 erschienenen Ausgabe der Zeitung »Revolutionärer Zorn« geben die Herausgeber einen Rückblick auf 8 Jahre RZ, wobei sie »eine Verbreiterung des bewaffneten Widerstands« mit »Methoden der Subversivität« propagieren, die sich nicht nur in terroristischen Handlungsformen, sondern in jeglicher Art von Militanz und Verweigerung sehen, wie z. B. »Klauen, Plündern, Schwarzfahren, Häuser besetzen . . . .«.[128]
In den RZ bestehen unterschiedliche ideologische Richtungen. So gibt es das Konzept einer »Guerilla Diffusa«, worunter verstanden wird, daß kleine Gruppen entstehen, »die ganz heimlich und abgeschlossen die Verantwortung, Planung und Durchführung eines Anschlages übernehmen. . . Jede Gruppe handelt selbstbestimmt, hat keinen Namen und tauscht in losem Kontakt zu anderen Erfahrungen aus. Die Namen wechseln, der militante Angriff bleibt breit gefächert, auf die vielen Angriffspunkte des Staates verstreut (diffusa). Wenn wir es schaffen, unlogisch und unberechenbar zu bleiben, wird er perfektionistische BKA-Apparat weiterhin vor einem Berg von unaufgeklärten Kommandoerklärungen stehen.«[129]
Name und Konzept der Guerilla Diffusa stammen aus Italien, wo sich »Guerilla Diffusa«-Gruppen von den Roten Brigaden abspalteten, denen sie stalinistische Methoden vorwarfen. Wahrscheinlich organisieren sich unter diesem Namen vor allem Mitglieder der Spontiszene, die noch loser organisiert sind als die streng gegeneinander abgeschotteten Revolutionären Zellen.[130] Die oft nur zwei bis vier Mitglieder zählenden Diffusa-Gruppen suchen sich die Ziele ihrer Anschläge spontan aus der Tagespolitik, sie gelten deshalb als »Gelegenheitsterroristen«, die nach der Tatausführung wieder sofort in die Legalität des bürgerlichen Daseins untertauchen. Ein ideologisches oder strategisches Konzept fehlt weitgehend. An die Stelle der Ideologie treten Parolen wie »Selbstverwirklichung durch Aggression«.
Ferner gibt es eine militante Betätigung auch außerhalb terroristischer Kernbereiche durch sogenannte »autonome Gruppen«, da sich in Kreisen der undogmatischen Neuen Linken die Bereitschaft herausgebildet hat, durch illegale Aktionen einen Bruch mit dem »System« herbeizuführen und für die Bildung von »Gegenmacht« einzutreten. Auf solche »autonome« Gruppen haben vor allem die RZ direkten konzeptionellen Einfluß. Gleichwohl sind aber auch Propagandaerklärungen der RAF in Zeitschriften »autonomer« Gruppen abgedruckt worden, z. B. im Organ »Vollautonom«, das sich als Sprachrohr für Autonomiebestrebungen im

Frankfurter Raum versteht. Der Übergang solcher »Autonomer«[131] zum Terrorismus ist fließend.

Im März 1983 wurde ein Papier der »Autonomen« veröffentlicht, das sich kritisch sowohl mit der ideologischen und politischen Praxis der RAF und der Bewegung 2. Juni als auch mit den RZ befaßte. Die sogenannten »Autonomen« kritisieren, daß auch die RZ sich als eine Avantgarde innerhalb der Protestbewegung empfinden. »Anstatt von außen, wie auch immer, Erfahrungen an jeweilige Bewegungen heranzutragen«, sollten die Genossinnen und Genossen »in ihnen leben«.[132]

Diese »Autonomen« sprechen sich für einen »der Subversion verbundenen Ansatz von bewaffnetem Kampf« aus und gegen Terroraktionen, die sich gegenüber den Massen nicht vermitteln lassen. So wird der Anschlag auf den hessischen Wirtschaftsminister Karry auf das heftigste kritisiert, da »die ganze Art und Durchführung« des Anschlages den Regierenden in der Bundesrepublik die Möglichkeit gegeben habe, von einer Bedrohung der Bevölkerung durch »Terrorkommandos« zu sprechen, Aktionen der Militanten müßten jedoch in der ganzen Breite der Bevölkerung und speziell innerhalb der Jugend zu vermitteln sein. Auch ein Bombenanschlag auf das hessische Wirtschaftsministerium wird deshalb kritisiert, weil der Fundplatz der Bombe geeignet war, »eher und völlig unpräzise Menschen zu treffen und zu verletzen und nicht das Objekt bzw. politische Repräsentanten«.[133]

Weiter heißt es: »Unsere Kritik richtet sich ja nicht grundsätzlich gegen Bomben auf Ministerien.« Aber: »Diese Bombenaktion und der Karry-Anschlag sind vergleichbar: beide verlassen die Ebene der Sabotage und beschreiten die Ebene der Kriegserklärung an die Machtzentren«[134], denn »hier ist noch lange kein Krieg in Sicht – zumindest kein Volkskrieg«.[135] Deshalb sei es wichtig, endlich mit der »falschen Analyse« der RAF sowie Teilen der Bewegung 2. Juni und der Roten Zellen »aufzuräumen, daß die objektiven gesellschaftlichen Verhältnisse hier die Strategie eines Guerilla-Krieges rechtfertigen bzw. notwendig machen«. Jede Theorie und vor allem jede Praxis revolutionärer Kriegführung könne nur dann mit Erfolg angewendet werden, »wenn die wichtigste Voraussetzung erfüllt ist, nämlich die inhaltliche und praktische Verankerung im Großteil der Bevölkerung«.[136] Zu keinem Zeitpunkt sei die Kluft zwischen legaler und illegaler Linker größer gewesen als derzeit – im März 1983. Die Guerilla weise sich in der gegenwärtigen Situation durch Folgendes aus: »Sie sondert sich ab, nicht nur, weil ihr nun die Zeit für den inneren Kontakt fehlt, sondern auch, weil sich aus der Not heraus der eigene Maßstab verschiebt.«[137] Da sie über den eigenen Horizont kaum noch hinausschaue, verliere die Gruppe mit der Zeit den Sinn »für tatsächliche Entwicklungen und damit überhaupt die Möglichkeit, ihre Isolierung zu überwinden«. Zwangsläufig sei sie daher angewiesen auf Unterstützung und gehe »Bündnisse« ein, wobei sie den Verlust ihrer Autonomie riskiere. Dem Verschleiß an Kräften folge die Auflösung »der autonomen und dezentralen Strukturen, um als dezentralisierte Gruppe überhaupt noch handlungsfähig zu sein«.[138]

Im April/Mai 1983 meldete sich eine Autonome Revolutionäre Zelle mit einem Grundsatzpapier. Die Revolutionäre Linke kenne kein Land auf der Erde, das ihrer »ideologischen Propaganda von Marx und Bakunin, Lenin, Rosa, Che Guevara und Mao auch nur entfernt entsprechen würde«.[139] Alle Ansätze und Hoffnungen auf radikale Veränderungen seien in »irgendeiner großen Enttäuschung gelandet«: »Der real existierende Sozialismus hat mit seiner verknöcherten und autoritären Bürokratenstruktur (in der SU, China und Kuba) nicht mehr viel mit sozialistischem Befreiungskampf zu tun. Jede Utopie von klassenloser Gesellschaft wird in den sozialistischen Ländern konsequent verhindert: freie Sexualität, freie Arbeitsorganisation, experimentelles Leben.« Vor einem solchen Hintergrund stehe die Revolutionäre Linke mit ihrer »Identitätskrise«: »Da wo es

Marx, Mao oder Lenin im Ausverkauf gibt, kann die metropolitane Linke nicht leben.«

Diese Autonome Revolutionäre Zelle diagnostiziert wichtige »Krisenanzeichen in den Metropolen«, wenngleich diese auch »noch lange keine notwendigen Zeichen für eine soziale Revolution« darstellten. In diesem Grundsatzpapier wird die besondere Bedeutung der Subkultur zur Findung der politischen Identität beschrieben und auch die Notwendigkeit einer »Politisierung unzufriedener Arbeitsloser«. Gleichwohl wird konstatiert, daß der Masseneinfluß gegenwärtig noch gering ist: »Während wir die soziale Revolution propagieren, genießen die Massen die Bild-Zeitung und würden sich freuen, uns zu erschlagen.« In dieser »desillusionierten Metropolen-Realität« sei die »Subkultur als politischer Ausdruck von der Suche nach einem anderen Leben entstanden, jenseits der bürgerlichen Homogenität, als Bruch mit Familie, Sexual- und Arbeitsmoral. Eine ganze Generation tauschte in den 70er Jahren den Fernseher gegen einen Joint ein. Und es sind nach wie vor die Nicht-Integrierten, die outlaws, die in den Motropolen rebellieren. Die Basis aller revolutionären Kämpfe bis jetzt war die politische Subkultur, alle militanten Kerne schwimmen in dieser Subkultur und brauchen ihre Verweigerung bürgerlicher Normen.«[140]

Die »massenpsychologische Macht der Medien, ihre Politik mit dem realen Sexualfrust des Kleinbürgers müssen wir in unsere Strategie mit einbeziehen«, worunter »phantasievolle Aktionen gegen die patriarchalische Moral, für freie Sexualität, gegen Kirche und Kleinfamilie« verstanden werden: »Diese schon immer wichtigen Inhalte der politischen Subkultur (Verweigerung stupider bürgerlicher Sexual- und Arbeitsmoral) gilt es, gerade jetzt deutlicher herauszuarbeiten und mit der Politisierung unzufriedener Arbeitsloser zusammenzubringen.«[141]

Eine verläßliche zahlenmäßige Einschätzung des gesamten RZ-Potentials ist nach Auffassung der Sicherheitsbehörden nicht möglich.[142]

Es muß aber auch davon ausgegangen werden, daß sich die RZ Zulauf für ihr Konzept der Massenmilitanz langfristig aus dem Bereich der Arbeitslosen erhoffen.

Die Zahl der Terrorakte, die von deutschen linksextremistischen Gruppen begangen wurden oder diesen zuzurechnen sind, hat sich 1982 mit insgesamt 184 (ein Bankraub, 63 Sprengstoff- und 120 Brandanschläge bzw. -versuche) gegenüber 129 im Vorjahr stark erhöht (1978: 52, 1979: 41, 1980: 77). Während dabei die Zahl der Brandanschläge um etwa ein Fünftel gestiegen ist, haben sich die Sprengstoffanschläge im Vergleich gegenüber 1981 mehr als verdoppelt.[143]

Im Jahre 1982 waren verstärkt gleichzeitige Anschläge an verschiedenen Orten festgestellt worden, was darauf hindeutet, daß die RZ zu einer Koordinierung verschiedener Aktionen mit anderen Gruppen bereit und imstande sind.

Räumliche Schwerpunkte der Anschläge waren Hessen (32%), Nordrhein-Westfalen und Berlin (jeweils 15%). Einen Höhepunkt erreichten die Terrorakte im Juni 1982 im Zusammenhang mit dem Besuch des amerikanischen Präsidenten Reagan in der Bundesrepublik und mit dem NATO-Gipfeltreffen in Bonn. Mehr als ein Viertel, nämlich etwa 27% aller Anschläge, richteten sich gegen militärische und zivile amerikanische Einrichtungen bzw. gegen amerikanische Soldaten. Die RZ versuchen durch ihre Anschläge zu demonstrieren, daß nur gewaltsame Widerstandsformen wirkungsvoll sind und einen entsprechenden Massenprotest einleiten könnten. Bevorzugte Aktivitäten beziehen sich auf den Ausbau der Startbahn West des Frankfurter Flughafens (z. B. auch Anschläge gegen beteiligte Firmen etc.). So erklärten die RZ zu ihren Aktionen vom 22. Oktober 1981: »Wir meinen, daß der Kampf um die Verhinderung der Startbahn West, soll er einigermaßen effektiv geführt werden, auf 2 Ebenen stattfinden muß: Einmal draußen im Wald als Massenauseinandersetzung und zum anderen durch überall stattfindende Sabotage militanter Zellen.« So übernahmen die RZ in einer Reihe von schriftlichen Erklärungen die Verantwortung für Gewaltakte, insbesondere gegenüber Firmen, die am Ausbau der Startbahn West beteiligt sind. Es ist davon auszugehen, daß ein besonders wichtiger Teil der RZ im Rhein-Main-Gebiet operiert.

1.5. Rote und Schwarze Hilfen

1970 wurde in Berlin die erste Rote Hilfe gegründet, die zu dieser Zeit noch von den verschiedensten Flügeln der APO getragen wurde, auch von diversen kommunistischen Parteien, die zu diesem Zeitpunkt im Entstehen begriffen waren. Auch in anderen Städten kam es zu Rote-Hilfe-Gründungen, so in München, Hamburg, Köln, Frankfurt a. M., Fulda, Gießen, Nürnberg, Erlangen, Würzburg, Marburg, Kassel, Wetzlar, Stuttgart, Karlsruhe, Heilbronn, Kiel und Flensburg.[144]
Ziel der Rote-Hilfe-Gruppen war nicht nur die rechtliche Unterstützung verhafteter Genossen, sondern die entsprechenden Kampagnen der Baader-Meinhof-Gruppe wurden hier argumentativ vorbereitet, so der Hungerstreik der RAF-Häftlinge.[145] Es kann davon ausgegangen werden, daß die Rote-Hilfe-Gruppen nicht nur verbal den Kampf der RAF unterstützen. Auffallend war, daß beispielsweise nach der Verhaftung von Baader und Meinhof binnen kurzer Zeit zumindest in fast allen Universitätsstädten entsprechende Flugblätter verteilt wurden und Parolen zugunsten der RAF an öffentlichen Gebäuden mit Farbspraydosen angebracht worden waren. Die Aktivitäten der RAF fanden also ihre Unterstützung auch durch legale oder halblegale Organisationen, wobei davon ausgegangen werden kann, daß nicht nur Genossen, die im engeren Sinne aus der Roten-Hilfe-Bewegung stammen, beispielsweise RAF-Aktivisten, entsprechenden Unterschlupf gewährt haben. Es besteht auch die Vermutung, daß trotz aller verbaler Distanzierung vom »Putschismus« der RAF auch Angehörige der KPD oder des KBW grundsätzlich zu den Sympathisanten der RAF gehört haben dürften, wenn es darum ging, diesen Schutz vor staatlicher »Verfolgung« zu bieten.
Die Bedeutung der Existenz der Rote-Hilfe-Gruppen wurde auch durch die Tatsache untermauert, daß es ihnen möglich war, etwa 20 Stunden nach dem Tode von Holger Meins in Berlin etwa 8000 Demonstranten auf die Straße zu bringen.
Außer den »Rote-Hilfe-Gruppen« gab es für ähnlich gerichtete Aufgaben darüber hinaus den »Gefangenenrat Frankfurt«, eine Gruppe von entlassenen Strafgefangenen, die durch Agitation vor allem gegen die »Zwangsernährung« von sich reden machte. Sich selbst sah der Gefangenenrat als die »vorläufige Vertretung und vorläufige Kampfabteilung der proletarischen Internierten, stellvertretend für die Hunderttausende, die in der Internierung, in den Gefängnissen und Anstalten leben«.[146] Als »Ständiges Büro« des Gefangenenrates wurde das »Büro Goller« in Frankfurt angegeben. »Dem Gefangenenrat kann angehören, wer mindestens einmal für längere Zeit in einer Justizvollzugsanstalt, in einer psychiatrischen Haftanstalt, in einer Fürsorgeanstalt oder in einer anderen geschlossenen Anstalt interniert war und wer seiner proletarischen Herkunft und Lebenslage nach dazu vorausbestimmt war und noch ist.«[147]
Der Frankfurter Gefangenenrat war ein »erster Versuch, eine revolutionäre Gefangenenbewegung zu organisieren«.[148] Die Roten und Schwarzen Hilfen der undogmatischen Linken standen 1974 trotz mancher Krisen und Spaltungen auf dem Höhepunkt ihrer Entwicklung. In Berlin, Frankfurt und München kamen oft bis zu 2000 Leute zu ihren Veranstaltungen.[149]
Im Herbst 1977 ist die Gefangenenbewegung auf ihrem Tiefpunkt angelangt. Es gab kaum noch »Knastgruppen«, Rote Hilfen bestanden nur noch in Berlin und München.[150] Für 1980 wird folgende Zustandsbeschreibung gegeben: Es gibt keine Rote Hilfe e. V. mehr, keine Komitees, keinen Gefangenenrat, kaum noch

Rote oder Schwarze Hilfen, aber es gibt durchaus eine Reihe von Angehörigen der Szene, die »Knastarbeit« machen wollen und sich deshalb »Knastgruppe« nennen. Es handelt sich hier vielfach um Angehörige der Alternativ-Bewegung. Ausgehend von der Auffassung, daß der »Knast« ein Ort ist, »an dem sich die staatlichen Repressionen und Unterdrückungsmaßnahmen am härtesten auswirken«, entstanden schließlich »Frauenknastgruppen«, »Grüne Hilfen«, »Rosa Hilfen«, »Stadtteilknastgruppen«. Solche »Knastgruppen« unterstützen von außen Aktionen der Inhaftierten, z. B. Protestaktionen für besseres Essen etc.[151]

1.6. Lebenslaufanalyse von Terroristen

Im Rahmen eines vom Bundesministerium des Innern geförderte Forschungsprojektes über »Ursachen des Terrorismus« wurden Lebensläufe von Mitgliedern und aktiven Unterstützern terroristischer Gruppen analysiert. In den unterschiedlichen Lebensläufen konnten keine Bestimmungsgründe gefunden werden, die zwangsläufig zum Terrorismus führen. Den typischen Terroristen gibt es nach dieser Analyse genausowenig, wie es auch nicht die typische terroristische Karriere gibt. Es wurden die Lebensläufe von insgesamt 227 Linksterroristen, hauptsächlich Mitglieder der RAF und der Bewegung 2. Juni, analysiert. Die Erhebungen wurden von Januar bis Juni 1979 durchgeführt. Allerdings gelangten nur 92 Ermittlungspositionen in die statistische Auswertung.[152]
Nach dieser Analyse ist ein überdurchschnittliches gesellschaftliches Herkunftsniveau der Terroristen erkennbar, während 47% der Linksterroristen Väter aus gehobenen Berufskategorien haben, trifft das nur für 12% der Altersgenossen eines normalen Bevölkerungsquerschnitts zu.[153]
Die Terroristinnen kommen in noch größerer Zahl aus den gehobenen Schichten. 60% der Linksterroristinnen haben Väter aus den gehobenen Berufskreisen, aber nur 39% der Linksterroristen. Die Linksterroristen kommen aus besonders bildungsbeflissenen Familien, vergleicht man, welche Bildungswege Terroristen und Kinder aus dem Bevölkerungsdurchschnitt gegangen sind, wenn die Väter die gleichen Berufe hatten: Arbeiterkinder in der Bevölkerung haben zu 67% die Volksschule besucht; Arbeiterkinder, die später in die terroristische Szene gegangen sind, aber nur zu 27%. Terroristen sind Kinder überdurchschnittlich ehrgeiziger Eltern.[154]
Die Zahl der unvollständigen Bildungswege ist in der Terroristengruppe überdurchschnittlich groß, die Ausbildung wird vielfach nicht abgeschlossen, was indessen z. T. mit dem Anschluß an eine politische Gruppierung und dem späteren Untertauchen zusammenhängt.
Bei terroristischen Biographien fällt auf, daß dort ein besonders hohes Maß an Belastungen, wie Tod des Vaters, Scheidung etc., auftritt: Nach dem 14. Lebensjahr ist die Zahl der vollständigen Elernfamilien auf rd. 75% abgesunken, jeder vierte Terrorist ist also nach dem 14. Lebensjahr nicht mehr in einem intakten Elternhaus aufgewachsen, hingegen wuchsen 87% des altersmäßig vergleichbaren Bevölkerungsquerschnitts in einer vollständigen Familie auch nach dem 14. Lebensjahr auf. 5% der Linksterroristen sind Vollwaisen. Insgesamt haben 15% während der Jugend den Vater verloren, 6% die Mutter. Die Berichte über den Verlust des Vaters sind besonders häufig unter den Terroristenjahrgängen bis 1945. 19% haben die Väter verloren, 4% die Mütter. Von den 50er Jahren an steigt die Zahl der Scheidungswaisen unter den Terroristen.[155]
Die deutschen Terroristen sind überwiegend protestantisch oder konfessionslos. Von nur 19% ist aktenkundig, daß sie katholisch sind. Die Konfessionslosen stammen ihrerseits wiederum überwiegend aus evangelischen Familien (zu rd. 70%). Faßt man alle verfügbaren Informationen zusammen, so sind 68% der Terroristen

im weitesten Sinne im evangelischen Milieu aufgewachsen, 26% in einem katholischen Milieu.[156]

42% der Linksterroristen haben die Universität besucht, mit oder ohne Abschluß.[157] Die wichtigsten Studienorte sind Berlin und Heidelberg, gefolgt von Hamburg und Frankfurt. Auffällige Verhaltensweisen vor dem Anschluß an eine terroristische Gruppe sind das Leben in Kommunen und Wohngemeinschaften, die Beschränkung des Kontaktes auf bestimmte Gruppen, Aggressivität nach außen gegenüber Autorität, die Aufgabe regelmäßiger Tätigkeit, der Übergang zu einer stereotypen ideologischen Sprache und eine zunehmende Isolierung.[158]

Für die Vorphase ist auch die Auflösung von Bindungen charakteristisch. So haben sich in dieser Phase bei den Linksterroristen 28% aktiv von den Eltern getrennt, 12% haben den Partner verlassen oder sogar auch die Kinder. Der Anschluß an terroristische Gruppen geschah z. T. über vorauslaufende Gruppenzugehörigkeiten (z. B. Gefangenenhilfeorganisationen, zu Organisationen der Neuen Linken, zu unabhängigen linksextremen Gruppen, Studentenorganisationen, Kommunen u. a.).[159]

Für den individuellen Weg in den Terrorismus spielen einzelne Einflußpersonen, die in einer labilen Lebensphase, wie z. B. bei Mißerfolgen, Schwierigkeiten, mehr oder minder zufällige Bedeutung erlangt haben, eine wesentliche Rolle.[160]

So ist festzustellen, daß häufig ein intellektuell höher eingeschätzter Beeinflusser eine Person mit einem vorhandenen, aber bisher frustrierten Bildungsaufstiegsstreben für das Ideengut gewinnt, das aufgrund fehlender, umfassender Informationen unkritisch übernommen wird. So wurden führende Mitglieder terroristischer Gruppen zu Idolen, Leitfiguren und Vorbildern mit starker persönlicher charismatischer Ausstrahlungskraft, so daß neben der Gruppenbindung auch eine Fixierung an Einzelpersonen bestand.

Interessant ist ferner, daß bestimmte Phasen des Ausstiegs aus der Gesellschaft in den meisten Fällen bereits abgeschlossen waren, bevor politische Orientierungen im Sinne der später verfolgten Gruppenziele die individuelle Entwicklung zu beeinflussen begannen. So folgte in den meisten untersuchten Fällen die Politisierung dem inneren und äußeren Bruch mit der Familie und der Ablösung von den Wertvorstellungen der durch die Familie repräsentierten bürgerlichen Welt. »Auch wenn welt- und innenpolitische Ereignisse, vor allem der Vietnam-Krieg, in der Begründung aktuellen terroristischen Handelns eine zentrale Rolle spielen, kommt ihnen in der individuellen Entwicklung doch weniger eine auslösende und motivierende als eine bestätigende und legitimierende Bedeutung zu.«[161]

2. Andere Strömungen

2.1. Gruppen anarcho-marxistischer, räte-anarchistischer und anarcho-syndikalistischer Orientierung

Diese Gruppen bestehen häufig nur kurze Zeit und sind zumeist recht klein. »Wir lehnen als Anarchisten alle Herrschaftslehren und alle Herrschaft ab, wollen das Selbstbewußtsein und die Selbstbestimmung der im Kapitalismus verführten und betrogenen Massen und durch die Entmachtung der Herrschaft die herrschaftslose Ordnung, wo die Güter verwendet werden, um gleiches Wohlergehen aller zu gestalten. Keine Herren, keine Knechte, allen Menschen gleiche Rechte, oder: keine Armen, keine Reichen, alle Gleiche unter Gleichen, das will der Anarchismus.«[162] Mit dieser Definition werden die Ziele der Gruppe um die Zeitschrift »Befreiung« definiert, die jahrelang von dem Altanarchisten Willy Huppertz herausgegeben wurde. Dieses Blatt wurde seit Januar 1974 abwechselnd je drei Monate in Köln und in Berlin (Sozialistisches Zentrum) betreut.[163]

Eine weitere anarchistische Gruppe hatte sich um die Zeitschrift »Freie Presse« geschart, die ein klares Bekenntnis zum Räte-Anarchismus formuliert: »Unser Ziel ist die Verwirklichung einer Gesellschaft, in der es keine Herrschaft, keine Ausbeutung und Unterdrückung gibt. Abschaffung des Kapitalismus und Aufbau einer freien Gesellschaft, in der es keine zentrale Macht mehr gibt und in der das Prinzip der freien Vereinbarung und das System der freien Räte uneingeschränkt gelten, sind unsere Forderungen.«[164]

Weitere anarchistische Gruppen bildeten sich um die Zeitung »Revolte« (früher MAD-Anarchistische Hefte), die in Hamburg erschien, ferner um die Zeitschrift »Hannoversche Fresse« (Hannover) und um das Organ »Schwarze Protokolle«. Die »Spontis«, deren Auffassungen in den Publikationsorganen »Wir wollen alles« und »Der lange Marsch« wiedergegeben werden, aktivieren sich vor allem in Fragen des sogenannten »Häuserkampfes«[165], wobei es hier vor allem in Frankfurt zu gewaltsamen Auseinandersetzungen mit der Polizei kam. Zu einer Neubelebung des »Häuserkampfes« kam es dann vor allem Anfang der achtziger Jahre. Aber auch die Jugendzentrumsbewegung wird von den sogenannten »Spontis« getragen, die autonome Jugendzentren ohne staatliche oder sonstige Aufsicht erkämpfen wollen, womit eine gute Möglichkeit gegeben ist, »anpolitisierten« Jugendlichen zu einer intensiven politischen Agitation zu verhelfen. Auch die Jugendzentrumsbewegung, die man zum Teil selbst in mittleren und kleineren Städten der Bundesrepublik antreffen kann, läßt sich ohne die Tradition der Studentenbewegung schlecht denken, wie ebenso die Aktionen für Hausbesetzungen. Die Jugendzentrumsbewegung wird wie folgt charakterisiert: »Radikal in der Forderung nach Selbstbestimmung, Selbstverwaltung ebenso die Durchsetzung dieser Forderungen mittels Demonstrationen, Hausbesetzungen, Bullenkloppereien, Pinselaktionen, Go-Ins, Emanzipationsansprüche nach freier Kommunikation werden formuliert und die normalen Konsummethoden kritisiert.«[166]

Eine weitere anarchistische Gruppe ist um die Zeitschrift »Graswurzel-Revolution« entstanden, die seit 1972 erscheint. Sie propagiert die gewaltfreie Revolution und hat zum Ziel, »die Gewalt der heutigen Gesellschaft zu beseitigen, und die dazu keine physische Gewalt anwendet, also auf die Verletzung und Tötung von Personen verzichtet und auch in ihrer Organisationsform strukturelle Gewalt vermeidet«.[167]

Nur durch die Selbstorganisation sei eine gewaltfreie Revolution herbeizuführen. Um eine gewaltlose Gesellschaft zu schaffen, müsse in den Widerstand auch schon die Schaffung von Alternativen – die neue Form des Zusammenlebens, etwa in Wohngemeinschaften, Nahrungsmittelkooperativen, freien Kliniken, freien Schulen, selbstverwaltete Jugendzentren, alternative Presse, Handwerkskooperationen usw. – eingebaut werden, wodurch das Wertsystem der neuen sozialen Ordnung, das im Widerstand allgemein nur in der Ablehnung des Bestehenden zum Ausdruck kommt, eine konstruktive Funktion erhalte.[168]

Anstelle »zentralisierter Verwaltungen und Überwachung durch einen mit Gewaltmitteln ausgestatteten Staatsapparat sollen Selbstbestimmung und freiwillige Hilfe treten. Anstelle ungezügelten wirtschaftlichen Wachstums, das sich allein nach Profiten richtet und die Umwelt wie den Menschen stört, sollen energiesparende und umweltfreundliche Produktionsweisen treten, die den Bedürfnissen des Menschen dienen und in der Arbeit befriedigen.«[169]

Wichtigste Zeitschrift im anarchistischen Bereich ist nach wie vor die »Graswurzel-Revolution« – für eine gewaltfreie, herrschaftslose Gesellschaft, die von der »Föderation Gewaltfreier Aktionsgruppen« (FÖGA) herausgegeben wird. Diese Zeitschrift ist eine assoziierte Zeitschrift des War Resisters International (Internationale der Kriegsdienstgegner), in der sich auf der Grundlage der Gewaltlosigkeit seit 1921 weltweit Friedensorganisationen und Zeitschriften zusammenschließen. Unter »Graswurzel-Revolution« wird eine tiefgreifende, gesellschaft-

liche Umwandlung im Kampf gegen alle Formen der Gewalt, »in der durch Macht von der Basis her Gewalt und Herrschaft abgeschafft werden«, verstanden.[170]
Die Zeitschrift »Graswurzel-Revolution« spricht sich für einen »zivilen Ungehorsam« gegen Atomwaffen aus[171] und versuchte auch, Einfluß auf die Ostermarschbewegung 1983 zu nehmen.[172]
Ferner gibt es das Blatt »Direkte Aktion«, eine Publikation der »Initiative ›Freie Arbeiter-Union‹« (FAU). Diese Gruppierung arbeitet in der Tradition und im internationalen Kontext der Anarcho-Syndikalisten, wie sie vor allem in Spanien und in Portugal wirksam wurden. Ihre Aktivität bezieht sich besonders auf die Betriebe.[173]
Die Anarcho-Syndikalisten lehnen die Organisierung ihrer Interessen in zentral aufgebauten Parteien und Organisationen ab. Sie wollen die Selbstorganisation der Arbeitenden in autonomen, unabhängigen Gruppen, die auf lokaler, regionaler und nationaler Ebene zusammengeschlossen sind. »Direkte Aktionen«, z. B. Fabrikbesetzungen, Boykotts, Streiks, halten sie für richtig, »indirekte« Maßnahmen wie den parlamentarischen Kampf lehnen sie jedoch ab. Ihr Ziel ist die »herrschaftsfreie, auf Selbstverwaltung gegründete Gesellschaft«. Antistaatlichkeit, Antiparlamentarismus, Antimilitarismus, Föderalismus, direkte Demokratie (Selbstbestimmung), direkte Aktionen sind die Prinzipien des Anarcho-Syndikalismus und Zielsetzungen der »Initiative ›Freie Arbeiterunion‹«.
Im Frühjahr 1983 bestanden Kontaktadressen für die »Initiative ›Freie Arbeiter-Union‹« in Berlin, Bremen, Dortmund, Dieburg, Elmshorn, Frankfurt, Hannover, Holzwickede, Köln, Lüdenscheid, Remscheid, Saarbrücken, Wetzlar, Wiesbaden und Wuppertal.
Außerdem gibt es eine Föderation Anarchistischer Initiativen (FAI), die das Blatt Aktion – anarchistisches Magazin herausgibt. In dieser Zeitschrift wird der Anarcho-Syndikalismus als »klassenkämpferische Gewerkschaftsbewegung ohne bonzenhafte Bürokratie« definiert.[174]
Eine Beteiligung bei Parlamentswahlen wird abgelehnt: »Die Parlamentstätigkeit widerspricht dem Anspruch auf mehr direkte Demokratie. Es geht doch um Selbstbestimmung, direkte Interessendurchsetzung – nicht um Vertretung und Delegation. Entscheidend ist, daß Atomkraftwerke, Altstadtzerstörung (Wohnraumvernichtung), Startbahn West etc. an Ort und Stelle verhindert werden – und daß freie Jugendhäuser, Kinderläden und freie Abtreibung erkämpft werden, nicht daß irgendwelche Vertreter im Parlament ihre Meinung dazu abgeben können!!!«[175]
Seit 1980 erscheint in der Bundesrepublik als neue anarchistische Vierteljahresschrift »Schwarzer Faden«. Diese Publikation will insbesondere den theoretischen Meinungsaustausch verschiedener Richtungen der nachwachsenden anarchistischen bzw. libertären Gruppen dienen. Redaktionsanschrift ist Reutlingen.[176]
Zu den anarchistischen Zeitschriften in der Bundesrepublik Deutschland sind ferner noch folgende zu zählen: Schwarze Protokolle (Redaktion in Berlin), Heinzel-Press – Freiheitlich-Sozialistische Zeitschrift (Redaktion in Köln), Der Metzger (Redaktion in Duisburg).

2.2. Hedonistisch-libertäre Gruppen

Im Zusammenhang mit der Protestbewegung entstand auch eine Subkultur mit zum Teil sehr stark libertären Tendenzen.[177] Vor allem gab es eine ganze Reihe von Zeitschriften, die den Drogenkonsum propagierten, so die Zeitschrift »Päng«, aber auch »Germania« und die Zeitschrift »Love«. Gleichzeitig wurden neue Formen des Wohnens in Kollektiven auf dem Lande angepriesen. Eine ähnliche Tendenz hatte auch die Zeitung »Hundert Blumen«, in der man sich neben den Problemen des »Feminismus« insonderheit auch den Fragestellungen der Homosexualität aufgeschlossen wußte.

Im Rahmen der Gegenkultur-Bemühungen, mit denen ein »Gegenmilieu« aufgebaut werden sollte, wurde vor allem die Idee der Kommune aufgegriffen, die bereits auch in der antiautoritären Phase eine wichtige Rolle gespielt hat.[178] Es wurden auch wieder die in der antiautoritären Phase erfolglosen Bemühungen einer Politisierung der Rocker neu aufgenommen (1968 war so in Berlin ein Ermittlungsausschuß zur Zusammenarbeit mit Rockern eingesetzt worden).[179] Teilweise wurden Rockergruppen geradezu euphorisch eingeschätzt. »Die Tatsache ist: Rockergruppen, in denen auch Mädchen entgegen allen Lügen eine Menge zu sagen haben, sind die einzigen Selbsthilfeorganisationen des deutschen Proletariats.«[180] Allerdings mußte diese optimistische Erwartungshaltung teilweise wieder korrigiert werden.

Alles in allem sind aber stärkere Bemühungen festzustellen, jene Momente wieder zu aktivieren, die in der antiautoritären Phase des SDS eine wichtige Rolle gespielt haben. Das zeigte sich so auch auf einem sogenannten »Frankfurter Seminar« im April 1973, woran etwa 500 Personen teilnahmen.[181] Auf diesem Seminar wurden zahlreiche Fragestellungen der antiautoritären Phase erneut aufgegriffen. Im Jahre 1974 fand eine Wiederholung dieses Frankfurter April-Seminars statt, an dem etwa 1000 Personen teilgenommen haben sollen.[182]

Anarchistische Vorstellungen sind auch zu einem Charakteristikum der Spontis geworden, die seit Mitte der 70er Jahre einen deutlichen Aufschwung erlebten und in der neuen sozialen Bewegung dargestellt werden.

H »Neue soziale Bewegungen«

1. Was ist »neu« an den »neuen sozialen Bewegungen«?

Die Angehörigen der »neuen sozialen Bewegung« – zu der auch die Spontis, Autonomen, Hausbesetzer und Teile der Alternativbewegung gehören – empfinden sich insoweit als einer »*neuen* Bewegung« zugehörig, als sie eine Überwindung des »bloßen Kampfes der traditionellen Linken gegen die kapitalistischen Eigentumsverhältnisse« anstreben: »Ausgehend von den subjektiven Erfahrungen und Bedürfnissen, abgestoßen von der allseitigen Kälte, Verlogenheit und Ziellosigkeit, erfolgt zunehmend die Abkehr von dieser ›ersten Gesellschaft‹ schlechthin. Man weiß, daß man so nicht leben will: Im Plastik-Faschismus, in der Anonymität und Isolation. Seine begrenzte Lebenszeit will man nicht mit sinnloser Arbeit und sinnlosem Konsum vertun. Man versucht, ›anders zu leben‹ oder, bescheidener, zumindest zu überleben, was angesichts der staatlichen Aufrüstung nach innen und außen sowie der drohenden Ökokatastrophe ja keine Selbstverständlichkeit mehr ist ... Auf die alten Illusionen und Versprechungen verläßt sich fast niemand mehr. Wer glaubt schon noch an die proletarische Revolution als Voraussetzung für ein neues System und einen neuen Menschen?[1]
Die neuen sozialen Bewegungen versuchen, »am Rande, in Nischen und auf Inseln, das Modell einer sanften, solidarischen, ökologisch ausgeglichenen und demokratischen Zivilisation aufzubauen«.[2] »Wer vertraut angesichts der Erfahrung von fast 15 Jahren staatlicher Reformpolitik noch der Vorstellung, daß allein über andere Mehrheitsverhältnisse in den Parlamenten von oben schrittweise der Sozialismus eingeführt werden könnte?«[3]
Die »neuen sozialen Bewegungen« verstehen sich also politisch als Teil der Linken. Sie wollen sich jedoch mit keiner bestehenden sozialistischen Gesellschaftsordnung identifizieren, sondern kritisieren in solchen politischen Systemen ähnliche Tendenzen wie in einer »kapitalistischen« Gesellschaftsordnung, weshalb die Fixierung nur auf Fragen der Eigentumsverhältnisse falsch sei.
In den neuen sozialen Bewegungen geht es vor allem um die Veränderung des persönlichen Alltagslebens wie auch um die Entwicklung eines konsumkritischen und als intensiv empfundenen Lebensstils. Neben anarchistischem Gedankengut spielen kulturkritische Momente wie auch marxistische Elemente eine wichtige Rolle, aber auch eine Wunsch- und Bedürfnisideologie, lebensphilosophische und existentialistische Ansätze. Manche Angehörige der neuen sozialen Bewegungen stehen jedem theoretischen Denken distanziert gegenüber.[4]

2. Spontis, Undogmatische, Autonome

»Unterstützt den militanten Widerstand«, »Steine sind keine Argumente / sondern die einzige Sprache, die sie verstehen«. »Power trotz Trauer« – »Kommt Zeit, kommt Rat, kommt Attentat« – »Legal, illegal, scheißegal« – »Schmidt, Du Gangster, bald bist Du weg vom Fenster« – »Bomben bauen, Waffen klaun, Yankees auf die Pfoten haun« – »Gegen Begin/Reagan/Schmidt, da hilft nur noch Dynamit« – »Wandelt Haß in Energie« – »Lassen wir unsere Dämonen raus!« – »Auch ohne Euer Tränengas haben wir genug zu heulen!« – »Lieber Instandbesetzen als Kaputtbesitzen!« – »Was lange gärt, wird endlich Wut!« – »Wir nehmen uns, was uns gehört!« – »Spekulantenblut schmeckt gut!« – »Wir sind die Leute, vor denen uns unsere Eltern immer gewarnt haben!« – »Reagan verjagen, BRD zerschlagen!«.
Solche Sponti-Sprüche an Hauswänden oder in Sponti-Zeitungen zeigen eine ge-

ballte Emotionalität, wobei mit provozierend-witzigen Formulierungen resignativ-aggressives Gedankengut vermittelt wird. Die Spontis konnten deshalb zeitweilig einen besonderen Zulauf verzeichnen, weil sie durch unkonventionelles Auftreten provozierend wirkten und durch die Spontaneität ihrer Aktivität herausfordernd waren. Ihre Protestformen, vielfach humorvoll verpackt, stießen häufig allein der Unkonventionalität wegen auch auf Sympathie bei solchen, die die politischen Grundüberzeugungen von Spontis nicht teilen.

Die Spontis werden einer undogmatischen Linken zugerechnet und stehen damit beispielsweise im Gegensatz zur DKP oder zu all jenen linksextremen Kaderorganisationen, die am Ausgang des SDS Anfang der siebziger Jahre gegründet wurden und die von ihren Mitgliedern ein hohes Maß an revolutionärer Disziplin abforderten. Nach der Auflösung des SDS im Jahre 1970 waren die »antiautoritären« Strömungen einer undogmatischen Linken gerade auch im Hochschulbereich weitgehend verschwunden. Es wurden zwar immer wieder Publikationen in der linksextremen Szene verbreitet, die anarchistisches Gedankengut vermittelten. Hier handelte es sich aber vielfach um Strömungen, die sich auf die klassischen Theoretiker des Anarchismus beriefen.[5]

2.1. Zur Entwicklung der Sponti-Bewegung

Etwa ab 1975 tauchten an den Hochschulen der Bundesrepublik immer mehr undogmatische Gruppen auf, die gemeinhin auch als Spontis bezeichnet wurden und meist nur aus wenigen Personen und sehr häufig auch nur kurzlebig bestanden. Sie lehnten eine marxistisch-leninistische Konzeption ab und traten für Autonomie, Selbstorganisation der »Unterdrückten« und für Spontaneität eigener Gefühlsäußerungen, für spontane Aktionen ein – die »mehr aus dem Bauch heraus« als »aus dem Kopf«.

Daß aber die Theorien der undogmatischen Linken durchaus auf einen Resonanzboden stoßen konnten, zeigte ein sogenannter »Anti-Repressionskongreß«, den das Sozialistische Büro Pfingsten 1976 in Frankfurt/Main mit etwa 14 000 Teilnehmern durchführte. Es entwickelte sich eine immer schwieriger überschaubare undogmatische, linksextremistische Bewegung.

Insbesondere im Hochschulbereich entstanden Gruppen der undogmatischen Bewegung, die sich z. T. außerordentlich phantasievolle Namen gaben und sich nicht zuletzt auch wegen der Unkonventionalität ihres Auftretens und mancher humorvoller Protestaktivitäten gerade innerhalb der Studentenschaft zeitweilig einer großen Beliebtheit erfreuen konnten. Sponti-Gruppen traten an den Hochschulen auch als »Basisgruppen« auf, die Namen hatten wie »Liste Aktiver Unorganisierter Studenten (LAUS)« an der Pädagogischen Hochschule Berlin, »Liste von Unorganisierten in den Institutsgruppen« (LUI) an der Universität Heidelberg, die Bündnisliste »Was lange gärt, wird endlich Wut« an der Universität Bremen, die »Gruppe Unabhängiger Individual-Chaoten« (GUIC) an der Universität Freiburg, die Liste »Spontifex Marxismus« an der Universität Marburg, die »Sozialistische Undogmatische Studenteninitiative« (SUSI) an der Universität Trier (Motto: »Umstürzlerisch, unorganisiert, ungehorsam, undiszipliniert«), oder die »Linke Liste« (LILI) an der Universität Heidelberg, die 1976 von der »freizeitlich, demagogischen Grundordnung« sprach. Weitere Gruppen, wie »Alpträumer«, »Trotz alledem«, »Politik links unten«, »Rührt Euch«, entstanden an den Hochschulen. Anfang 1979 stellten die Spontis an der Universität Frankfurt die Hälfte der Abgeordneten im Studentenparlament und damit auch den Allgemeinen Studentenausschuß, an der Universität Bochum waren sie die stärkste Fraktion, an der Universität Oldenburg die zweitstärkste Gruppierung, an der Universität Braunschweig gewannen sie bei den Wahlen des Jahres 1978 22 von 48 Sitzen im Studentenparlament. Selbst an Hochburgen der orthodoxen

Kommunisten wie in Bremen und Marburg konnten die Undogmatischen erhebliche Gewinne erzielen.[6]

Anfang 1979 besaßen die Basisgruppen mehr als 150 Sitze in den Studentenparlamenten und waren damit etwa gleichstark wie die Jungsozialisten-Hochschulgruppen. In den »Vereinigten Deutschen Studentenschaften« (VDS) stellten sie zu diesem Zeitpunkt die stärkste Einzelfraktion und waren über lange Jahre im Vorstand vertreten.

Viele der Sponti-Gruppen, die seit 1975 entstanden, hatten nur noch kurze Lebensdauer; sehr viele von ihnen sind noch 1979 zerfallen. Die Sponti-Bewegung war weitgehend auf die Hochschulen orientiert. Sie bereitete aber argumentativ wie personell das Feld für die vor allem ab 1980 einsetzende Hausbesetzerbewegung vor, aber auch zuvor für die Anti-AKW-Bewegung und später für die »Alternativen« und »Grünen«. Seitens der Spontis werden bzw. wurden u. a. folgende Blätter herausgegeben: BUG-Info der Berliner Undogmatischen Gruppen; Info der Bremer Unpäßlicher Gruppen; Trotz alledem – Zeitung nicht nur für Pädagogik-Studenten, Universität Hamburg; Die Plünderer – von der Bewegung für die Bewegung, Berlin.

Publikationsorgane dieser Spontis waren ferner das in Heidelberg erscheinende »Carlo Sponti« oder die in Berlin erscheinende »Zeitung für eine neue Linke – Der lange Marsch«. Eine Reihe von Titeln der Alternativpresse werden meist ohne Herausgeber- und Verfasserhinweise in der linken Szene verbreitet, so die Titel »Vollautonom, Frankfurt«, »Freizeit '81«, München, »Guerilla diffusa« (Positionspapier autonomer Gruppen aus verschiedenen Städten), »Bewegung in Freiburg«, »K 36« (Schrift von Hausbesetzern in Berlin-Kreuzberg).

Wichtiges Datum der Sponti-Bewegung war ein »Nationaler Widerstandskongreß: Reise nach TUNIX« vom 27.–29. Jan. 1978 in Berlin, wo die etwa 6000 Teilnehmer »diesmal über neue Formen des Widerstandes nicht nur miteinander diskutieren, sondern sie schon in der Art des Ablaufs unseres Treffens praktizieren« wollten.[7]

Die Teilnehmer wollten »neue Ideen für einen neuen Kampf entwickeln, den wir selbst bestimmen«. Sie wollten bereden, »wie wir unsere Ausreise aus dem ›Modell Deutschland‹ organisieren«, »wie wir das ›Modell Deutschland‹ zerstören und durch TUNIX ersetzen«. Dieser Aufruf gipfelte in der Forderung »Wir wollen alles und wollen es jetzt!!!!!!«.

Nach Eigendefinition war es ein »Treffen aller Freaks, Freunde und Genossen, ein Treffen all derer . . ., denen es stinkt, ›in diesem unserem Lande‹«.

Anläßlich dieses TUNIX-Kongresses kam es auch zu gewalttätigen Auseinandersetzungen, das Treffen glich teilweise einem Happening. Parolen wie »Es wird krachen, wir werden die Stadt zur Wiese machen«, oder »Siemens wird brennen und anderes auch« wurden verbreitet.

Wer prinzipiell zu den Spontis gerechnet wird, geht aus einem Aufruf zu einem weiteren Sponti-Treffen für Juni 1978 in Frankfurt hervor, der in der Zeitung »Pflasterstrand« – verantwortlich: Daniel Cohn-Bendit – veröffentlicht wurde. Mit diesem Kongreß sollte »ein Beben stattfinden, eine Explosion der Irren, Arbeiter, Dissidenten, Frauen, Schwulen, Musikanten, Militanten, Stadtindianer, Lesben, Kommunisten, Sozialisten, Makrobioten, Ökologen, Beamten, Freaks, Künstler, Träumerinnen, Fantasten, Fortschrittsgegner, Kiffer, Kämpfer und Chaoten.« Der Aufruf stand unter der Überschrift »Wir rufen die Irren Europas«. Dieser Kongreß als eine »Explosion mitten im deutschen Sonntagsfrieden« wurde »für bitternotwendig« gehalten, »weil wir wissen, daß die autonome Linke sehr schwach ist und die Auseinandersetzung untereinander dringend benötigt, um sich entwickeln zu können«.[8]

Ein weiterer internationaler Sponti-Kongreß wurde am 25. August 1981 in Berlin eröffnet, organisiert von einem »Mieterrat, Waldemarstraße 29«. Eingeladen waren »Kraaker, Anti-AKWler, Instandbesetzer, AJZ-Kämpfer, Anti-Imperialisten, Feministinnen, Chaoten, Punks, Hippies und Gammler, Schwarze und Indianer, Schwule und Lesben, Alternative und Grüne Radler, Anti-Militaristen, Sozialisten und Antifaschisten, die Autonomie und der Untergrund und überall die Menschen, die für die Freiheit kämpfen . . .«[9]

Sehr stark wurde der Tuwat-Kongreß durch die Berliner Hausbesetzerbewegung bestimmt. Dieses »Tuwat-Spektakel« solle die »Stadt erzittern lassen«, und Demonstrationen würden »die nackte Furcht lehren«.

Zu diesem Treffen reisten etwa 2500 Personen nach Berlin, darunter Spontis aus den Niederlanden, der Schweiz, Frankreich und aus Dänemark. Zur Auseinandersetzung mit der Polizei kam es am 25. August 1981 sowie nach der DGB-Demonstration am 1. September 1981, als sich an deren Spitze mehrere 100 Tuwat-Teilnehmer gesetzt hatten. Allerdings erwies sich dieses Tuwat-Spektakel für auswärtige Gäste als sehr viel weniger anziehend, als die Initiatoren erwartet hatten. Die Tuwat-Initiatoren hatten geschrieben, 50 000 würden kommen. Der »Tageszeitung« erklärten sie hinsichtlich dieser Zahl: »Na, am Anfang haben wir gedacht, wir bluffen ein bißchen, aber mittlerweile haben wir so viele positive Reaktionen gekriegt, soviel Begeisterung, daß uns die Zahl gar nicht mehr übertrieben vorkommt.«[10]

2.2. Emotionalität und Lustprinzip

Was wollen die Spontis? Sie wollen »eine Atmosphäre schaffen, die es uns erlaubt, nicht nur die Versagungen zu erkennen, denen wir tagtäglich ausgesetzt sind, sondern darüber hinaus uns ermöglicht, positiv und offensiv unsere Bedürfnisse zu artikulieren, daß sie zur Maxime unserer Politik werden und daß wir nicht in ein neuerliches reaktives Herumwursteln zurückfallen, das sich nur an den Aktivitäten des bürgerlichen Staates orientiert und sich damit voll dessen Diktat unterordnet.«[11]

Das Auftreten der Spontis drückt auch eine tiefe Sehnsucht nach Emotionalität aus, nach dem Ausleben von Gefühlen, von Lust. Ähnlich wie in der Studentenrevolte, in der Forderungen nach sexueller Freiheit ein wesentliches Motiv waren, wird jetzt ein Hedonismus propagiert. Diese Haltung wird verbunden mit realitätsfremden Forderungen, die einem durchaus verbreiteten utopischen Denken entsprechen. Die Spontis hatten deshalb einen solchen Zulauf, weil sie den Gefühlen von Zukunftsangst Ausdruck verleihen wie auch einem vielfach vorhandenen generellen Bedürfnis nach Utopien entsprechen. Die Betonung des eigenen, persönlichen Befundes, des extremen Individualismus und Voluntarismus, des Emotionalen findet sich in allen Aussagen der Spontis. »Ein bißchen mehr Lustprinzip könnte uns gar nichts schaden!«[12] steht beispielhaft hierfür. Mit ihrer Forderung nach spontaner Gefühlsäußerung wenden sich die Spontis gegen einen »emotionalen Geiz«, der, nach Auffassung von Michael Schneider, nicht nur die »geschlagene . . . und zur bürgerlichen Sparsamkeit verurteilte Generation, die Nazi-Generation«, auszeichnete, sondern »auch das psychische Klima in . . . studentischen Gruppen und Organisationen« bestimmte.[13] Die Bereitschaft, emotionale Bedürfnisse zu artikulieren, ist ein wichtiges Charakteristikum der Spontis: »Unsere Motive, in politischen Gruppen mitzuarbeiten, lassen sich nun einmal nicht auf politische Erkenntnisse und Engagement reduzieren. Dabei spielt nämlich auch immer unser Bedürfnis nach Zusammensein mit anderen, nach Geborgenheit, Liebe und Angstlosigkeit mit.«[14] Interessanterweise stützen sich die Autoren dieses Beitrags auf ein Papier einer Mannheimer SDS-Gruppe von 1969. Die Einbeziehung der persönlichen Bedürfnisse heiße nicht »willkürliches Ausleben, sondern Akzeptieren aller Bedürfnisse.« Den subjektiven Bedürfnissen wird durch Spontis entscheidende Bedeutung beigemessen. »Leben wir also unsere

Subjektivität frei, indem wir unsere Angst überwinden! Und indem wir dann den versteinerten Verhältnissen unsere eigene Melodie vorspielen werden, so werden wir diese Verhältnisse selbst zerbrechen!« – So die Göttinger Bewegung Undogmatischer Frühling.[15] »Uns treibt nicht mehr der Hunger nach Essen, uns treibt der Hunger nach Freiheit, Liebe, Zärtlichkeit, nach anderen Arbeits- und Verkehrsformen.«[16] So beschreiben Frankfurter Spontis ihre Gemütslage. In ihren Forderungen argumentieren die Spontis aus ihrer subjektiven »Betroffenheit« heraus, sie argumentieren in der Regel nicht abstrakt-theoretisch, sondern machen ihr Unwohlsein mit ihren politischen Einschätzungen an konkreten Empfindungen fest.

Die Spontis sind im weitesten Sinne einerseits anti-institutionalistisch und anarchistisch. Andererseits haben sie auch Züge des Konservatismus, zumal sie von pessimistischen Grundströmungen geprägt sind, von einer vagen Vermutung, die Welt werde unaufhaltsam lebensunwerter. Die Göttinger Sponti-Gruppe »Bewegung Undogmatischer Frühling« (BUF) erklärte in einer Plattform im Januar 1977, sie sei »Revolte und Aufbruch all jener, die hier und jetzt ihren Anspruch auf ein neues Politikverständnis verwirklichen wollen«. Sie sprechen von »zunehmender fabrikmäßiger Organisierung der Uni« und meinen damit eine »tendenzielle Unterordnung unter die Funktionsweise einer Fabrik«, währenddessen die »Unterordnung unter das Prinzip der Zweckrationalität« die Studenten zu »Technologen und Un-Sinnproduzenten« degradiere und in ihrer »Lebenstotalität« beschneide: »Wie Arbeiter anderer Produktionsbereiche leben und realisieren wir uns nur noch in der Freizeit.« Sie bringen das auf die Kurzformel: »Uni – Knast – Fabrik: macht kaputt, was euch kaputtmacht.« Diese Analyse der Universität als Fabrik bedeutet in letzter Konsequenz, daß nach Auffassung der Spontis die Studentenbewegung Bestandteil der Arbeiterklasse wurde.

2.3. Verweigerung gegenüber den »Herrschenden«

Kernpunkt jener undogmatischen Sponti-Bewegung ist die Verweigerung gegenüber den »Herrschenden«. Es gehe »darum, Netze zu bauen, vielfältige Kanäle zu ziehen, ein Milieu zu entwickeln, Nischen und Ritzen zu besetzen, den Staat zu unterlaufen, zu zerbröckeln, brüchig zu machen . . ., also sich dem Machtkalkül des Staates zu verweigern«.[17]
Von immer mehr »autonomen Basisbewegungen« wurde die Zielsetzung der »Autonomie« verkündet, »das heißt, sich einen Namen geben, auszugehen von seinen eigenen Bedürfnissen und Wünschen, die Totalität zu verändern, also auch den Alltag, die Subjektivität an die erste Stelle zu setzen . . . Positiv formuliert bedeutete das Entwicklung neuer spezifischer Inhalte und Lebensformen, die sich durchaus konträr zueinander verhalten, nicht mehr auf einen Nenner bringen ließen, die Pluralität der Wünsche darstellen. Negativ war das die Absage an die Einheit der Unterdrückten, das Unterbrechen des Dialogs, die Verweigerung von Politik schlechthin.«[18]
Die Sponti-Bewegung ist der Versuch des Aufbaues einer Gegenkultur, als eine »Gesellschaft«, die einen Aufbruch in eine neue Welt einer neuen Gemeinschaft vorbereitet. Wichtigstes Ziel der undogmatischen Bewegung war es, Freiräume in der Gesellschaft zu erkämpfen, Nischen, in denen sich eigene Normen entwickeln und umsetzen konnten. Aus diesem Grunde gab es – bis hin in viele Kleinstädte der Bundesrepublik – einen Kampf um »autonome Jugendzentren«. Hinzu kommt, daß diese Forderung auch gegenüber weniger politisierten jungen Menschen relativ leicht einsichtig war und sich daher zur Agitation förmlich anbot.
Als »zu Packeis erstarrt« wurden die bestehenden Institutionen angesehen, als verlogen und machtbesessen, nicht mehr reformierbar, also als lernunfähig. Der

Staat als »Megamaschine« wird als Hauptfeind jeder Menschlichkeit und des Friedens interpretiert. Spontis beklagen auch einen Mangel an Kreativität in unserer Gesellschaft.

2.4. Organisationsfeindlichkeit

Ein besonderes Charakteristikum der Spontis ist ihre Organisationsfeindlichkeit – auch eine Reaktion auf die marxistisch-leninistische Kaderorganisationen und deren starren Organisationsprinzipien mit der Forderung nach revolutionärer Disziplin.
Eine bundesweite Steuerung gibt es nicht, gelegentlich jedoch überregionale Vorbereitungstreffen. Eine gewisse Koordinierung erfolgt auch durch die Alternativpresse, in denen die jeweiligen Erklärungen der einzelnen Gruppierungen auch dann abgedruckt werden, wenn sie nicht in jedem Falle der Meinung der Redaktion entsprechen.
Die Organisationsfeindlichkeit der Spontis korrespondiert mit ihrer generellen Furcht vor Bindungen, es sei denn an ihrer spontaneistischen Grundauffassung. Die Furcht vor völliger Verplanung, z. B. in einem späteren Beruf, aber auch Zwänge durch ein »geordnetes Familienleben« lassen viele Spontis vor den Bedrohungen der Zukunft erschaudern.[19]

2.5. Spontis und Gewalt

Die Einstellung zu Fragen der Gewalt ist innerhalb der Spontiszene unterschiedlich, z. T. wird Gewalt abgelehnt, häufig wird eine Militanz auch in Form einer Unterscheidung zwischen Gewalt gegen Sachen und Gewalt gegen Personen begrüßt, daneben gibt es auch Spontis, die als Vorfeldorganisationen der Terroristen angesehen werden können. Die Spontis sind durch eine starke Emotionalität bestimmt, die sich auch im Demonstrationsverhalten niederschlägt, wobei häufig ein Umschlag in Militanz zu beobachten ist. So äußerte ein junger Demonstrant: »Du kennst eben dieses befreiende Gefühl nicht, wenn die Fenster einer Pelz-Boutique oder einer Bank zerknallen.«[20] Ein ehemaliger SDS-Aktivist interpretiert diese Emotionalität wie folgt: »Da geschieht kein besinnungsloses Randalieren, sondern es wird versucht, in einer verwalteten, verglasten und zubetonierten Umwelt einen Handlungsspielraum aufzubrechen. – ›Schade, daß Beton nicht brennt‹, steht an einem Wohnsilo in Berlin. Im Jugendprotest werden mächtige Triebimpulse wach, um die Zähmung durch eine Zivilisation, die Sinnlichkeit, Spontaneität und Phantasie erdrückt, abzuschütteln. In der Studentenrevolte von 1968 vollzog sich ein ähnlicher Ausbruch.«[21]
Viele Sponti-Gruppen bejahen bestimmte Formen von Gewalt, lehnen den Terrorismus aber ab. »Steine schmeißen alleine ist auch keine Alternative! Obwohl sie für unsere Ohnmacht bezeichnend ist und ihr Ausdruck verleiht, Ausdruck dafür, daß es in einer uns feindlich gegenüberstehenden Gesellschaft, die außerdem – ob wir wollen oder nicht – ein Teil von uns ist wie wir von ihr, unmöglich ist, so zu leben, wie wir es uns vorstellen und wollen, d. h. nach unseren Gefühlen und Bedürfnissen ... Die Verwirklichung unserer Gefühle und Bedürfnisse muß also zwangsläufig gegen die Gesellschaft und gegen unsere eigene Sozialisation wenden, wir müssen sie kaputtschlagen, auf daß wir leben können!«[22]
Bundesweite Empörung rief ein unter dem Pseudonym »Mescalero« veröffentlichter »Buback-Nachruf« hervor, der unmittelbar nach der Ermordung des ehemaligen Generalbundesanwaltes Buback im April 1977 geschrieben worden war. »Ich konnte und wollte (und will) eine klammheimliche Freude nicht verhehlen. Ich habe diesen Typ oft hetzen hören, ich weiß, daß er bei der Verfolgung, Kriminalisierung, Folterung von Linken eine herausragende Rolle spielte ... Ehrlich,

ich bedaure es ein wenig, daß wir dieses Gesicht nun nicht mehr in das kleine rot-schwarze Verbrecheralbum aufnehmen können, das wir nach der Revolution her-ausgeben werden, um der meistgehaßten Vertreter der alten Welt habhaft zu wer-den und sie zur öffentlichen Vernehmung vorzuführen.«[23] Der Göttinger Mesca-lero gehörte zu der Sponti-Gruppe »Bewegung Undogmatischer Frühling« (BUF), die angetreten war, »um die Vermittlung von Basisaktivitäten in der Uni-versität mit anderen, die innerhalb der Stadt gelaufen sind und noch laufen – Frauengruppen, Ökologie-, Psychogruppen, Wohnungsgruppen etc. –, zu organi-sieren«.[24] Es gab Stimmen, die diesen Aufruf als Absage an den Terrorismus an-sahen.[25]

2.6. Die Spontis und der SDS

Im weitesten Sinne orientieren sich die Spontis an anarchistischen Grundvorstel-lungen. Die »Tunix«-Initiatoren bekennen sich ausdrücklich zu anarchistischen Positionen. Für alle Spontis ist charakteristisch, daß sie keine ausgefeilte Ideolo-gie besitzen, sie sind weitgehend theorielos und in ihren politischen Einschätzun-gen sehr stark von subjektiven »Hier-und-jetzt«-Eingebungen geleitet und reagie-ren z.T. außerordentlich emotional bis hin zu gewalttätiger Militanz. Sie sind durch starken Voluntarismus geprägt, darüber hinaus vielfach wissenschafts-feindlich, weil sie postulieren, daß jede Form von Wissenschaft Machtausübung impliziert, die prinzipiell abgelehnt wird.

Die Spontis scheinen durch Marcuses »Große Weigerung« sehr stark beeinflußt und haben auch von daher manche Ähnlichkeiten zum einstigen anarchistischen Flügel des SDS. Ihr Kennzeichen ist nicht nur ihre Spontaneität und ihre Beru-fung auf die »Basis«, sondern auch ihre Organisationsfeindlichkeit und Ableh-nung des »Staates«.

Gleichwohl gibt es manche Unterschiede zwischen der einstigen antiautoritären Protestrevolte und der undogmatischen Bewegung der achtziger Jahre. Die 68er Revolte hatte klarere Strukturen, vor allem gab es autorisierte Sprecher und Füh-rergestalten, die in der heutigen undogmatischen, diffusen Bewegung fehlen. Vor allem aber betonen die Spontis sehr stark ihre eigene Befindlichkeit, ihre indivi-dualistischen Neigungen.

Bopp, ein früherer SDS-Aktivist, weist auf einen wichtigen Unterschied zur 68er Generation hin. Er stellt fest, daß in der Sponti-Szene die Zukunftsangst sehr stark ausgeprägt sei, während die 68er Generation an die Gestaltungsmöglichkeit der eigenen Zukunft geglaubt habe, auch daß mit dem »langen Marsch durch die Institutionen« und durch zielbewußtere Formen »eine gerechtere und freiere Ge-sellschaft aufgebaut werden könnte«.[26] Diese Zukunftsangst verbinde sich in den heutigen Jugendprotesten mit einem Hier-und-jetzt-Denken, da die Angehörigen der Sponti-Szene glauben, daß die Zeit gegen sie arbeitet, deswegen wollen sie »alles, und zwar subito!«.

Auch wenn in der antiautoritären Protestrevolte starke Emotionen freigesetzt wurden, verstand die 68er Generation ihren Kampf als rationaler und »intellektu-eller«, als dies bei den neuen sozialen Bewegungen Anfang der achtziger Jahre der Fall ist. »Wir kamen an die Universität in der Hoffnung, uns die bürgerlichen Ideale von Freiheit, Aufklärung und Brüderlichkeit anzueignen. Was wir erfuh-ren, war die Welt als Verblendungszusammenhang.«[27]

Die Stärke der 68er Generation gegenüber ihren politischen Widersachern an den Hochschulen war der Theorievorsprung. Demgegenüber verzichten viele Spontis auf eine theoretische oder ideologische Begründung ihrer Aktivitäten. Während sich die 68er Generation stellvertretend als Kämpfer für das Proletariat empfand, das nicht in der Lage war, seine eigenen, wahren Bedürfnisse zu erkennen, als Un-terstützer der Politik der Befreiungsbewegung in der Dritten Welt, kämpfen die

Spontis der achtziger Jahre für ihre eigenen subjektiven Bedürfnisse – für billigen Wohnraum, gegen Zwänge aller Art, für autonome Jugendzentren – überhaupt für Abbau von Zwängen und Leistungsdruck.

Auch die Studentenbewegung der 68er Generation hatte die Subjektivität thematisiert (»Sexuelle Befreiung«, generell Befreiung von psychisch bedingten Zwängen), jedoch nicht in dieser radikalen Subjektivität des »Wir wollen alles«, die die eigene, individuelle Emanzipation weitaus stärker in den Vordergrund treten läßt als die Emanzipation der Gesellschaft.

Die Spontis werden von einem Teil der ehemaligen SDS-Funktionäre abgelehnt, so von Günter Amendt, der sich wohl politisch in Richtung DKP orientiert hat. Er kehrt den Tunix-Slogan »Wir wollen alles, und wir wollen es jetzt« um und bewertet die Spontis wie folgt: »Sie wollen nichts. Und das nie.«[28]

Der MSB Spartakus kritisiert, daß die Spontis einen »neuen Gefühlsadel, eine neue Aristokratie der Sensibilität« darstellen, weil sie ein »besonderes Maß an Emotionalität, Sensibilität und Spontaneität« für sich reklamierten.[29] Die Ideologie der Spontis wird als »äußerst elitär« bezeichnet, weil sie immer wieder ihre Exklusivität und ihren Minderheitenstatus betonen, die sich letztlich in einer »Arroganz gegenüber der Arbeiterklasse« äußere. So heißt es in einer Marburger Sponti-Zeitung. »Wir haben keine Lust mehr, 50 oder 100 Jahre zu warten, bis die Arbeiterklasse das entsprechende Bewußtsein hat . . ., um mit ihrer Hilfe unsere Wünsche durchzusetzen.«[30] Die Spontis werden als »kleinbürgerlich-sektiererische, zum Anarchismus neigende Strömung« charakterisiert.[31]

3. Autonome

Das erste Bundestreffen »autonomer« Gruppen fand am 26./27. Februar 1983 in Hannover statt. Etwa 250 Autonome diskutierten über die Möglichkeiten des »Widerstandes« in der Bundesrepublik, wobei die Perspektive nicht die Großaktion, sondern nur der »subversive Alltag« sein könne, vom Schwarzfahren bis zum Sprengen von Stromleitungen. Nur in ständiger »Wühlarbeit« ließen sich Erfolge erzielen.

3.1. Kampf gegen »Schweinesystem«

Ab etwa 1981 intensivierte sich in der Sponti-Szene die »Autonomie«-Diskussion. Im Grunde sind »Autonome« Spontis, die sich – sehr viel radikaler – möglichst umfassend von der von ihnen gehaßten Gesellschaftsordnung distanzieren, »autonom« sein wollen, die – gerade im Zusammenhang mit der Hausbesetzerbewegung – eine totale Gegenkultur entwickeln möchten.

Auch Autonome sind von einem diffusen Anarchismus, extremem Voluntarismus und der Ablehnung jeder für sie gültigen Ordnung geprägt. Insoweit lehnen sie – wie die Spontis – auch die bestehenden sozialistischen Gesellschaftsordnungen ab. »Autonome« neigen in der Regel zur offensiven Akzeptanz der Gewaltausübung, zum Teil stehen sie terroristischen Gruppen relativ positiv gegenüber.

»Autonome« lehnen jede Berührung mit dem »Herrschenden« ab, besitzen eine tiefe Furcht vor jeder Form von Integration. Sie verweigern jedes Gespräch total: »Wir wollen mit diesen Institutionen nicht verhandeln, weil sie ein System verkörpern, das durch Fremdbestimmung, Profitsucht und Verklemmtheit bestimmt ist. Wir nennen es kurz und bündig ›Schweinesystem‹.«[32] So lehnen Freiburger Autonome jeden Kontakt mit Vertretern der von ihnen gehaßten Gesellschaftsordnung ab: »Alle Gespräche, die bisher mit bürgerlichen Politikern und Repräsentanten dieses Systems geführt wurden (und das sind unzählige), haben uns absolut nichts gebracht . . . Alles, was diese Gespräche gebracht haben, war, daß unser Widerstand kanalisiert, unsere Anliegen integriert wurden und wir wieder für eine Weile das Maul gehalten haben. Jeden Dialog mit den Herrschenden können wir uns daher von vornherein schenken, denn er bezweckt ausschließlich, uns von der direkten Verfolgung unserer Ziele abzuhalten, und dient letztendlich zur Erhaltung der Machtverhältnisse.«[33]

Die Freiburger Autonomen halten eine »Auseinandersetzung mit dem historischen Anarchismus für wünschenswert, da daraus sicher einige wertvolle Anregungen geschöpft werden könnten«, lehnen aber gleichwohl die Theorien des Marxismus, Sozialismus ab, die die Älteren unter ihnen schon »zur Genüge durchgehechelt« und dabei gefunden hätten, »daß sie als Gesamtkonzept für unsere Zwecke untauglich sind«. Die Praxis in entsprechenden Ländern zeige zudem sehr deutlich, »was wir nicht wollen«. Die Freiburger Autonomen sprechen sich aber für eine »umfassende Vernetzung untereinander sowie die Einbindung in ein allgemeines Konzept einer Gegengesellschaft« aus, wissen aber selbst die Frage nicht zu beantworten, wo eine solche Gegengesellschaft geographisch zu verwirklichen wäre, etwa innerhalb dieses Staates.[34] Die Diskussion um die »Autonomie« wurde in der zweiten Hälfte des Jahres 1981 immer intensiver geführt. So wurde in der Zeitschrift »Radikal« ein Thesenpapier veröffentlicht, aus dem sehr deutlich der Zusammenhang zwischen autonomen Gruppen und einer vor allem in Berlin bestehenden Subkultur hervorgeht. In diesem Papier wird für einen »diffusen Anarchismus« Partei genommen, nicht für einen »traditionellen« Anarchismus. Die Anhänger dieses Thesenpapiers zählen sich »nur soweit zur Linken, wie diese ganz klar gegen den Staat ausgerichtet ist«.[35]

Insoweit lehnen die Anhänger dieses »diffusen Anarchismus« die Begriffe »Marxismus, Sozialismus und Kommunismus« ab, weil auch diese Begriffe den Staat implizieren. Vielmehr wird als Ziel die »Befreiung von der Arbeit« angesehen. Die Autonomen grenzen sich von den »Alternativen« ab, die sich »durch mehr oder weniger kompromißlerisches Vorgehen« innerhalb der bestehenden politischen Ordnung Freiräume erobern wollten und damit letztlich systemstützend seien. Die Autonomen wollen ohne »Anerkennung der Macht« Freiräume erkämpfen, und zwar als »Ausgangspunkt, um weiter zu kämpfen«, um »die Widersprüche in diesem Staat zu verschärfen, damit immer mehr Leute anfangen zu kämpfen«[36], als »eine der Grundvoraussetzungen für die Freiheit des Individuums«. Die Anhänger dieses Thesenpapiers sind in der Berliner Subkultur verankert: »Zusammengekommen sind wir über Subkultur, und diese stellt auch den Ausgangspunkt für unseren Kampf gegen den Staat dar.« Sie fordern eine »Anarchie als Minimalforderung«, fordern »volle regionale, kulturelle und individuelle Autonomie für alle!« Und weiter: »Wir kämpfen für uns und führen keine Stellvertreterkriege, alles läuft über eigene Teilnahme, Politik der ersten Person. Wir kämpfen nicht für Ideologien, nicht fürs Proletariat, nicht fürs Volk, sondern für ein selbstbestimmtes Leben in allen Bereichen, wohl wissend, daß wir nur frei sein können, wenn alle anderen auch frei sind.«[37]

Aus diesem Thesenpapier ist eine Haltung völliger Verweigerung gegenüber dem Staat und den staatlichen Organen ersichtlich, weil zum Programmpunkt erhoben wird »Keinen Dialog mit der Macht!« Denn wenn die Repräsentanten des Staates an sie herantreten, um mit ihnen zu reden, würde sich ihr Interesse dabei letztendlich auf die Stabilisierung ihrer Herrschaft reduzieren. »Wir stellen nur Forderungen, die die Macht nicht erfüllen kann oder die ganz ›irrational‹ sind. Diese Forderungen haben lediglich propagandistischen Charakter. Durch innerhalb des Systems erfüllbare Forderungen wäre das System nur verbessert und als (wohlwollende) Macht bestätigt.«[38]

Die Vertreter dieses Papiers lehnen jede Organisation an sich ab: »Unsere Organisationsformen sind alle mehr oder weniger spontan. Besetzerrat, Telephonkette, Autonomen-Plenum und viele, viele kleine Gruppen, die sich entweder kurzfristig zusammensetzen, um irgendwelche actions zu machen, oder langfristigere Gruppen, die Sachen wie Zeitungen, Radios oder irgendwelche illegalen actions machen.«[39] In der gleichen Ausgabe von »Radikal« werden diese Ansichten kritisiert, gleichwohl dürfte aber das zitierte Thesenpapier durchaus stellvertretend für einen Teil der militanten Hausbesetzer stehen. In einem weiteren Autonomiepapier wird unter Zielsetzung der Autonomie verstanden, »unser Leben selbst zu bestimmen; gegen die Zwänge der bürgerlichen Gesellschaft und ihres Staates ein befreites Leben hier und heute zu thematisieren. Wir lehnen uns auf gegen den Arbeitsterror in den Fabrikknästen, gegen die Zwangsmoral, die uns Familie und Erziehungsanstalten einimpfen wollen, gegen die Zubetonierung und Verseuchung unserer Umwelt, gegen die Verwaltung unseres Lebens durch Bürokratie und eine zur technischen Lösung von vermeintlichen Sachzwängen sich stilisierende Politik.«[40]

Es gehe darum, »autonome Bereiche des Lebens« zu erkämpfen und »das Ganze der bürgerlichen Gesellschaft zu zerschlagen«. Die Lebens- und Widerstandsformen seien »anti-institutionell«. Und in einem weiteren Papier wird als »Elend Nr. 1« in den imperialistischen Metropolen »das psychische Elend« gesehen, »welches wir als wesentliche Bedingung staatlicher Herrschaft und kapitalistischer Ausbeutung begreifen. Es findet seinen Ausdruck im manipulierten, autoritären Zwangscharakter, in den kalten und angstvoll verklemmten Metropolenfratzen der U-Bahn-Bevölkerung, in der asketischen Arbeitsmoral u.u.u. Wir meinen, es nur kollektiv im Kampf um Selbstbestimmung in allen Bereichen lösen zu können. Hierbei gelten uns Massenmilitanz und direkte Aktionen als Mittel, um den Mythos der Unbesiegbarkeit der Macht zu brechen.«

In diesem Papier wird die Notwendigkeit einer »internationalistischen Ausrichtung des Widerstandes« für notwendig erachtet, da die Abschaffung von Staat und Kapitalismus nicht national oder regional gelöst werden könne. Das Papier schließt ab mit der Formel »Es lebe der internationale Terrorismus!!«[41] In einem im Januar 1982 veröffentlichten Grundsatzpapier zur Autonomie heißt es, diese stehe »im Widerspruch zu jeder Herrschaft. In diesem Sinne fühlen und handeln wir wie Anarchisten.«[42] Eine »klare Ausrichtung gegen den Staat« und damit gegen die Herrschaft sei eine der wichtigsten Grundsatzpositionen der Autonomen im Kampf für Selbstbestimmung. »Autonomie ist nicht das Ziel eines langen Kampfes, der uns Anpassung aufzwingt. Wir lassen uns weder von Reformisten noch von traditionellen Kommunisten auf den fernen Tag der Revolution vertrösten, ab dem dann angeblich das Reich der Freiheit da ist. Wir leben hier und jetzt.«[43]

Gleichwohl sei der »kapitalistische Staat« flexibel, zumal kurzlebige Revolten nicht seine Existenz bedrohen, »sondern beschleunigen lediglich seinen Erneuerungsprozeß«.[44] Deswegen sei es notwendig, »über den rein spontanen Widerstand« hinauszukommen, es gelte, Strukturen aufzubauen, »die es uns ermöglichen, unseren Widerstand zu koordinieren, unsere Erfahrungen zu diskutieren, um vor allem von der eindimensionalen Fixierung auf die Häuser wegzukommen – hin zu einer diffusen Guerilla von autonomen und revolutionären Zellen, um den Staat überall da anzugreifen, wo er gerade verwundbar ist«.[45] Die Berliner Häuserrevolte sei »ausgebrannt«. Man müsse von der »Fixierung auf die Häuser« wegkommen. Für die Bildung einer »Gegenmacht« müsse der »Angriff auf den Staat« der Ausgangspunkt sein, nicht der Wunsch nach Herrschaft.

Teile der Autonomen stehen trotz mancher Differenzen durchaus positiv zur Roten-Armee-Fraktion (RAF) und zu deren Strategiepapier vom Mai 1982, denn es sei für sie »keine Frage, daß wir die Guerilla brauchen, so wie sie uns, wenn wir siegreich sein wollen«.[46] Damit grenzen sich einige Autonome um die Zeitschrift »Vorwarnzeit« von der Zeitschrift »Autonomie« ab, die »uralte Vorurteile und kleinbürgerliche Rachegefühle gegenüber der RAF« entwickelt habe.[47] »Guerilla und Bewegung bedingen einander, ergänzen sich, stärken sich gegenseitig, dienen so dem Ziel: die Revolution zu machen.«[48]

Die Autonomen propagieren auch einen »autonomen Knastkampf«. Es gehe darum, »die Arbeit zu Knast und Prozessen als selbstverständlichen Teil unseres alltäglichen Kampfes gegen dieses System zu begreifen«, die »Gefangenen« als »Leute von uns« zu erklären, »Knast als ein Repressionsmittel dieses Staates anzugreifen«: »Laßt uns wackeln an den Grundmauern aller Einrichtungen wie Gerichte, Psychiatrien, Knäste und Fürsorgeanstalten, mit denen sie alles kontrollieren wollen.«[49]

Es wäre sicherlich nicht richtig, würden alle Spontis und Autonomen dem terroristischen Umfeld zugerechnet, wenngleich auch nicht bestritten werden kann, daß die Spontis und Autonomen ein Rekrutierungsfeld für terroristische und militante Gruppen darstellen. Daß autonome Gruppen auch Gewalt anwenden, zeigte sich z. B. anläßlich der Demonstration am 2. Oktober 1982 gegen den Bau eines Schnellen Brüters in Kalkar (etwa 20 000 Demonstranten), als etwa 300 Militante mit Brandsätzen und Pflastersteinen Polizisten angriffen; zur gewaltsamen Auseinandersetzung kam es am 30. Oktober 1982 auch im Anschluß an eine Demonstration gegen das geplante Endlager für radioaktive Abfälle bei Salzgitter, als Teile des Werkgeländes besetzt und Barrikaden errichtet wurden.

Zu heftigen Krawallen kam es aus Anlaß des Besuches des amerikanischen Vizepräsidenten Bush am 25. Juni 1983 in Krefeld, die durch etwa 1000 militante Angehörige der »autonomen Gruppen« hervorgerufen wurden.[50]

Bei einer Nachbereitung der Krefelder Ausschreitungen trafen sich am 10. Juli 1983 in Wuppertal autonome Gruppen aus allen Teilen der Bundesrepublik. Bei einer Razzia der Polizei wurden 104 Personen vorübergehend festgenommen und erkennungsdienstlich behandelt, wobei Haftbefehle nicht beantragt wurden. Bei dieser Polizeiaktion wurde umfangreiches Material sichergestellt, das Hinweise auf geplante gewalttätige Aktionen im Herbst 1983 für den Fall einer NATO-Entscheidung zur Nachrüstung gibt.[51]

Anfang 1982 wurden die Diskussionen über die Autonomie verstärkt fortgesetzt. In einer in Osnabrück im Januar 1982 verteilten – in der Überschrift an ein RAF-Papier erinnernde – Flugschrift »Der Kampf geht weiter«[52] wurde als generelles Ziel des autonomen Kampfes »die Abschaffung der Unterdrückung und der Ausbeutung des Menschen« und die »Entwicklung von Lebensformen, die die Entfaltung des Einzelnen nicht beengen«, gefordert, ein politischer Zustand, der »schlicht und einfach das Ende jeder Herrschaftsform« bedeute. Der autonome Kampf – worunter hier vor allem der Häuserkampf als Teil des revolutionären Kampfes gesehen wird, bekennt sich zu ausgesprochen militanten Aktionen wie »brennende Bagger, Bauwagen, zerbrochene Scheiben, Angriffe auf Verantwortliche und Bürogebäude«. Und solche Anschläge »geschehen aus dem Wissen um die Verletzbarkeit des Systems«.

Gleichwohl sei es notwendig, den »illegalen Widerstand« und »Aufbau und Entwicklung illegaler Strukturen« zu organisieren. In diesem Papier wird die Autonomiebewegung als ein »eigenständiges Bindeglied zwischen den Massenbewegungen und dem bewaffneten Kampf« bezeichnet. Autonome werden interpretiert als »Partisanen im besetzten Land«, die den »Widerstand auf örtlicher und regionaler Ebene« organisieren müßten. Die militanten Aktionen müßten »gezielter« durchgeführt werden, »auch unter dem Aspekt, sich an Massenproteste anzukoppeln«, d. h. also möglichst populäre Themen als Grund für die Militanz zu nehmen: »Der revolutionäre Kampf erfordert ein breites Spektrum an Widerstandsformen. Notwendig ist ein populärer vermittelbarer Widerstand, der in Bezug steht zu den Bewegungen und bei den richtigen Schweinereien und Schweinen ansetzt.«

Die Anschläge der RAF und der Revolutionären Zellen z. B. auf NATO-Quartiere (Ramstein) und Generäle (Heidelberg) wie auf staatliche Institutionen (z. B. Hessischer Landtag) werden grundsätzlich gutgeheißen, wenn auch »diese Ebene des Kampfes das Terrain der bewaffneten Gruppen ist«. Aber auch an die Autonomen sei die »Anforderung gestellt, populäre Widerstandsformen zu finden, die eine Massenmilitanz möglich machen, wie z. B. der Angriff auf ein Spekulantenschwein«.[53]

Wie rigoros Gewalt durch Autonome bejaht wird, geht aus folgendem Zitat hervor: »Wir können, wenn wir Menschen werden wollen, gar nicht anders, wir müssen sie beseitigen. Oder sie beseitigen uns.« Damit ist die »menschenfeindliche« Politik der NATO gemeint.[54]

Für Autonome steht die Frage, »gewaltfrei oder nicht«, nicht mehr an erster Stelle, weil sie nämlich »begriffen haben, daß die Gewalt von den Herrschenden ausgeht und jeglicher radikaler Widerstand mit brutalen Mitteln begegnet wird«.[55]

Der »Besetzerrat Schöneberg« erklärte zur Gewalt, es sei »doch nicht die reine Zerstörungswut, die uns zu den Steinen greifen läßt, sondern ohnmächtige Wut gegenüber dem militärischen Apparat. Was sind Steine gegen Tränengas, Panzerwagen und bewaffnete Truppen?«[56]

Im Zusammenhang mit der Einschätzung der politischen Lage in Nordirland heißt es im Berliner Spontiblatt »Radikal« als Forderung: »Zerschlagung und Auflösung aller Nationalstaaten und sonstigen Staatengebilde! Aber subito! Volle regionale, kulturelle und individuelle Autonomie für alle! Die soziale Frage überall und sofort in aller Radikalität stellen! Anarchie als Minimalforderung.«[57]

3.2. »Autonome« als revolutionäres Subjekt

Der extreme Voluntarismus und die absolute Ich-Bezogenheit der Autonomen führen dazu, daß viele sich als das eigentliche revolutionäre Subjekt, als die Elite im Kampf gegen »Ausbeutung« ansehen. In einer im November 1981 erschienenen »Stadtzeitung für Freiburg« wurde die »Scene« als »die real existierende Elite« bezeichnet, die »Autonomen würden für unsere Sache alleine dastehen«, da »u. a. gerade auch die sogenannte Arbeiterklasse die bürgerlichen Normen und Wertvorstellungen« vehement verteidige, wie es »die Herrschenden« selbst nicht besser tun könnten.[58]

Die Autonomen brauchten und wollten nicht das »revolutionäre Subjektle« in der »Arbeiterklasse, denn sie benötigten »keine Anleiter, denn jeder von uns mit seinen Ideen und seiner Energie ist sein eigener Anleiter«. Autonome lehnten »jegliche Fremdbestimmung ab«. Sie sind von einem voluntaristischen Sendungsglauben an die Möglichkeiten der Umsetzung ihrer Zielvorstellungen beseelt: »Wir können gar nichts anderes tun, als für uns und unsere (realistischen) Träume, Phantasien, Vorstellungen zu kämpfen und für sonst nichts und niemand.«[59] In einem weiteren Thesenpapier werden die Angehörigen der neuen sozialen Bewegungen ebenfalls als revolutionäres Subjekt interpretiert: »Wir, die wir uns schon länger gegen dieses System wehren, sind hauptsächlich Arbeitslose, Sozialhilfe- und Bafög-Empfänger oder Jobber. Wir sind somit ebenso Betroffene in dieser Tendenz der Massenarmut.«[60]

Allerdings »sich nur auf Arbeitsverweigerung zu berufen bei gleichzeitigem Anzapfen des Staates und ab und zu mal zu jobben, ist nicht länger eine Waffe, mit der das kapitalistische System zu bekämpfen geht.«[61] Denn zum einen werde das »Anzapfen« erschwert und zum anderen werde das Jobber-Verhalten zum »Lohndrücken und zur besseren Beherrschbarkeit der Ware Arbeitskraft« benutzt. Die Verfasser dieses Papieres sind »für die völlige Abschaffung der Lohnarbeit, was ja sowieso nur ein Teil von dem ist, was uns unterdrückt.« Sie erklären das »Jobber-Unwesen« als Teil der neuen Massenarmut.

Als allgemeine Zielsetzung wird eine »tendenzielle Befreiung« von der Lohnarbeit als »eine der Grundvoraussetzungen für ein selbstbestimmtes Leben« erklärt: »Daß ein Leben ohne Lohnarbeit, oder besser gesagt, mit so wenig entfremdeter Arbeit wie möglich, realisierbar ist, das beweist die Existenz von mehreren tausend arbeitsscheuen Aussteigern, Chaoten, Hausbesetzern und umherreisenden Berufsrevolutionären. Ein Minimum an Konsumbedürfnissen – was sich mit der Zeit von ganz alleine einstellt – und ein Maximum an Aneignung von produzierten Überflüssen macht ein solches Leben nicht nur theoretisch möglich. Praktisch heißt das, hier ein bißchen Bafög oder Arbeitslosenunterstützung, klauen, dort ein bißchen Obst von Kaisers, keine Miete mehr zahlen, jedes Jahr ein kleiner Versicherungsbetrug (es müssen ja nicht immer gleich Banken sein), nicht mehr so anfällig sein für die Ersatzbefriedigungsscheiße, die uns überall von Plakatwänden anschreit, in größeren Gruppen zusammen leben, Kommunen und Banden bilden – und wenn's gar nicht mehr anders geht, ein paar Tage jobben gehen.« Erläuternd wird zum »Klauen« der Arbeitslosenunterstützung noch erklärt, »eine bewußte Aneignung von staatlichen Geldern bedeutet keine prinzipielle Anerkennung des Staates. Das ist schlicht und einfach Diebstahl im Computerzeitalter.«[62]

4. Hausbesetzerbewegung

Boomartig breitete sich in der ganzen Bundesrepublik, vor allem in den Jahren 1980/81, die Hausbesetzerbewegung aus – keineswegs nur in Hochschulorten. Doch Hausbesetzungen sind kein Phänomen der achtziger Jahre. Die ersten Hausbesetzungen fanden in der antiautoritären Protestrevolte Ende/Anfang der siebziger Jahre statt. Beispielhaft ist hier der »Frankfurter Häuserkampf« zu nennen. Im Herbst 1970 gab es die ersten drei Hausbesetzungen im Frankfurter Westend, wobei die Initiative von einer Gruppe von Studenten und Sozialarbeitern ausging, die ein gemeinsames Wohnprojekt mit Gastarbeitern und kinderreichen Familien verwirklichen wollte, dafür aber keinen geeigneten Wohnraum finden konnte.[63]
Beispiele für diesen Häuserkampf in der ersten Hälfte der siebziger Jahre fanden sich aber nicht nur in Frankfurt, sondern auch in Köln, München, Hamburg, Kassel, Hannover, Aachen, Darmstadt oder Bremen. Eine wichtige Phase dieses Häuserkampfes war die sog. Jugendzentrumsbewegung, die sich bis hinein in kleinste Städte der Bundesrepublik entwickelte. Leerstehende Häuser und Fabriken wurden besetzt, um der Forderung nach »autonomen« Jugendzentren Ausdruck zu verleihen. Mit der Forderung nach solchen Jugendzentren war die Bemühung verbunden, sich losgelöst von »staatlicher Repression« einen Bereich zu schaffen, der eine Selbstbestimmung der Beteiligten ermöglichen sollte. Die Jugendzentrumsbewegung nahm zwar an den Hochschulorten ihren Ausgang, fand ihre Fortsetzung jedoch auch in der Provinz, was zu einer deutlichen Radikalisierung vor allem in Teilen der Oberschülerszene führte.[64]
Nach einer in der »tageszeitung« im Mai 1981 veröffentlichten Karte wurden zwischen dem 1. Januar und dem 30. April 1981 im Bundesgebiet 370 Häuser besetzt; Ende April seien noch 244 Häuser besetzt gewesen.
In Berlin waren von 1979 bis 1982 insgesamt 249 Häuser Ziel von 286 vollendeten bzw. versuchten Besetzungsaktionen, in 164 Fällen wurde die Besetzung durch Verhindern, Räumen, freiwilliges Verlassen oder Mietvertrag beendet. Im August 1982 waren dort 122 Häuser besetzt, davon 62 in Kreuzberg, 25 in Schöneberg.[65]
Die Hausbesetzerbewegung war vor allem in Berlin von besonderer Bedeutung, zumal davon ausgegangen werden kann, daß ein erheblicher Teil der »Scene« aus Nicht-Berlinern besteht. So geht aus einer Analyse des Berliner Innensenators vom August 1981 hervor, daß 67,6% von 1096 Personen, die als Hausbesetzer oder

als Störer bei Demonstrationen im letzten halben Jahr in Erscheinung getreten sind, entweder erst seit 1975 nach Berlin gezogen sind oder ihren Wohnsitz noch immer außerhalb der Stadt haben.[66]

Unter den Hausbesetzern war nach dieser Analyse mehr als ein Drittel unter 21 Jahre alt, jeder 5. arbeitslos, 39,6% waren Studenten, Schüler oder Auszubildende.

Es wurden Zeitschriften vertrieben, die die Hausbesetzungen zum Programm erklärten, so die Instand Besetzer Post oder das Anarchistenblatt K 36 – Sprachrohr der freien Republik Kreuzberg, das ohne Impressum erschien und zur äußersten Militanz aufrief. In dieser Zeitschrift wurden nicht nur Anleitungen zum Bombenbasteln geliefert, sondern es wurde auch Nekrophilie anempfohlen.[67]

In der Hausbesetzerbewegung müssen drei Gruppen unterschieden werden. Bei der ersten Gruppe handelt es sich um vorwiegend junge Menschen, die sich aus moralischen Gründen über leerstehende Häuser entrüsten. Hier handelt es sich auch um an Gewaltfreiheit orientierte Jugendliche, die bei einer polizeilichen Räumung keinen Widerstand leisten. Die zweite Gruppe setzt sich aus Personen zusammen, die in erster Linie in einer jugendlich geprägten Kultur leben wollen. Sie wollen mit Gleichaltrigen zusammen leben, Wohngemeinschaften aufbauen, eine von der Erwachsenenwelt getrennte Alternativkultur errichten. Hier sind auch »Aussteiger« vertreten, deren Motive nicht unbedingt politisch sein müssen. Die dritte Gruppe besteht aus Extremisten, die den »Häuserkampf« zur politischen Agitation nutzen wollen, die Gleichaltrige durch den Aufbau einer eigenen Subkultur für den »Widerstand« gewinnen wollen und denen es in erster Linie nicht um die Lösung von Wohnraumproblemen geht, sondern um einen Kampf gegen die Herrschenden schlechthin.

Am 28./29. März 1981 fand in den Räumen der Universität Münster ein »Nationaler Instandbesetzer-Kongreß« statt[68], der außerordentlich kontrovers verlief, zumal die Vorbereitungsgruppe »etwa zur Hälfte aus Mitgliedern der Wohnraum-Rettungsinitiative aus Münster (Spontis) und auf der anderen Seite aus Leuten aus der MSB/SHB-Scene (Revis) und Jusos« bestand.[69]

Es kam offensichtlich zu einem völligen Chaos, zumal unterschiedliche Auffassungen aufeinander prallten. Etwa 700 Personen hatten sich in Münster eingefunden.[70]

Am 16./17. Mai 1981 kamen die »Autonomen Häuserkämpfer« in Gießen zu einem »nationalen Erfahrungsaustausch« zusammen, der als eine »Reaktion auf den 1. bundesweiten Hausbesetzerkongreß Ende März in Münster« bezeichnet wurde.[71]

Die »Autonomen Häuserkämpfer« fühlten sich damals »vom vorgesetzten Programm überfahren«. Gleichwohl nahmen nur 70 Personen an diesem Treffen in der Gießener Mensa teil, wo schon einige Resignation aufkam.

Zur Hausbesetzerszene gehörte auch Klaus Jürgen Rattay. Er wurde bei Krawallen am 22. September 1981 in Berlin zum Zeitpunkt eines Polizeieinsatzes von einem fahrenden Bus erfaßt und dabei getötet. Einen Tag zuvor war er für die Sendung »Panorama« interviewt worden. Rattays Auffassungen, wie sie in diesem Interview zum Ausdruck kamen, sind in gewissem Sinne durchaus repräsentativ für Teile der Hausbesetzer.[72]

Ein Göttinger Hausbesetzer bezeichnet »diese Gesellschaft hier« als einen »riesengroßen Knast«. Wohnungskampf sei deshalb für ihn eine Möglichkeit, »gegen die gesamtgesellschaftliche Situation anzukämpfen, wo Politiker dabei sind, gegen jegliche Vernunft unsere Zukunft zu zerstören, wo Atomkraftwerke gebaut werden, wo Hochsicherheitstrakte gebaut werden, Neutronenbomben angeschafft werden. Und es geht eben wirklich um unsere Zukunft. Und da ist Wohnungskampf eine Möglichkeit, aktiv Widerstand zu leisten.«[73]

Der Bezug der Hausbesetzerbewegung zur Sponti-Szene fand immer wieder im Berliner Anarchistenblatt »Radikal« seinen Niederschlag. In einem mit »Woll-Lust« unterschriebenen Artikel heißt es: »Die Wände und Straßen mit bunten Gemälden verzieren, an jedem Ort und zu jeder Zeit überall Straßenfeste feiern, Kaufhäuser durchwandern, die Waren befreien, unseren Brüdern und Schwestern in der Psychiatrie einen Besuch abstatten und sie mitnehmen, alle Häuser der Sympathisanten für besetzt erklären, rush-hour zur Hasch-Hour umzufunktionieren . . ., kein Ende – nur ein Traum?«[74]

Gewalt wird von vielen Hausbesetzern bejaht. So bekennt ein Hausbesetzer in einem Interview, seine Fantasie gehe in die Richtung, den Ku'Damm brennen zu sehen, wobei der »Erfolg« gewaltsamen Vorgehens darin bestehe, »sich Geltung zu verschaffen«, denn: »einfach den Ku'Damm zu beschlagnahmen; der gehört uns, der Ku'Damm; wir lassen uns nicht vorschreiben, wann und wo wir zu demonstrieren haben; wir lassen uns auch nicht erzählen, wir hätten euer Eigentum zu respektieren; und sei es Eigentum wie Pelzläden.«

Das Demolieren des Ku'Damms sei »reine Unmittelbarkeit«: »Das war ein Orgasmus, die Scheiben klirren zu hören und die Steine da reinzusetzen. Und ich habe mir Geltung verschafft, das finde ich einen wichtigen Punkt.«[75]

Die Autorität des Staates dürfe nicht anerkannt werden. Wenn Hausbesetzer eine »Legalisierung der Instandbesetzungen« vom Berliner Senat forderten, dann heiße das, »daß wir anerkennen, daß er Herr über Recht und Gesetz ist«.[76]

Die besetzten Häuser werden für »enteignet« erklärt, die Position der »Herrschenden« sei klar, der Konflikt sei »nicht am Verhandlungstisch argumentativ zu lösen«: »Krieg ist die Fortsetzung der Politik mit anderen Mitteln. Sie arbeiten mit Tränengas, Wasserwerfern, Durchsuchungen, Räumungen, Knast usw. Wir können nur entscheiden zwischen Aufgeben und Widerstand leisten: Wir reagieren mit Demos, Steinen, Mollis und Anschlägen . . .«[77]

Ende 1981 wurden Ermüdungs- und Resignationserscheinungen in der Hausbesetzerbewegung unübersehbar. So erklärten die Grauen Zellen Westberlins, es sei »der neuen Strategie des Staates eine spezifische Orientierung an vernünftigen Lösungen nicht abzustreiten. Räumung und Legalisierung, behutsam gegeneinander abgestimmt, haben den Krawallfaktor Hausbesetzerbewegung zur Ruhe gebracht.«[78]

Im Kölner Autonomen-Info vom Frühjahr 1982 wird die Hausbesetzerbewegung als »ziemlich eingepennt« bezeichnet.[79] Im September 1982 kritisieren Aktivisten der »Autonomen« in Berlin, »die Brisanz der besetzten Häuser« habe »vollkommen nachgelassen«, die Berliner »Alternative Liste« habe an »friedliche politische Lösungen« appelliert, die »Nicht-Verhandler« legten »seit Monaten eine äußerst bequeme Haltung an den Tag«, es müsse ein »verstärkter Widerstand« entstehen.[80]

Die Räumung von Häusern durch die Berliner Polizei führte zu Auflösungserscheinungen. »Die Bewegung fand sich auf den Zuschauerrängen wieder.«[81]

»Die Hausbesetzer sind nicht mehr in den Schlagzeilen, die etablierten Medien sind ihrer überdrüssig. Aber auch bei den Besetzern zeigen sich Ermüdungserscheinungen.« So kommentierte im Dezember 1981 die Berliner »tageszeitung« »1 Jahr Häuserkampf in Berlin«.[82] Zwar habe der CDU-Senat, der im Mai 1981 die SPD-geführte Regierung ablöste, »die Bewegung« zusammengebracht, »kittete die Brüche zwischen jungen Straßenkämpfern und schon etablierten Alternativen«, allerdings immer, wenn es kritisch wurde, »war die Power wieder da«.[83]

Die DKP, SDAJ und MSB Spartakus bemühten sich, die Hausbesetzerbewegung in ihrem Sinne zu kanalisieren, was auf dem Hausbesetzerkongreß vom März 1981 besonders deutlich wurde. Es gab Anhaltspunkte dafür, daß die DKP bis zum Januar 1982 an ungefähr 50 Hausbesetzungen beteiligt und bei etwa einem Dutzend hiervon führend tätig war.[84]

In der Antwort auf eine Kleine Anfrage der damaligen CDU/CSU-Opposition über das »Verhältnis der Deutschen Kommunistischen Partei zur Anwendung von Gewalt als Mittel ihrer Politik«, die am 27. April 1982 im Deutschen Bundestag veröffentlicht wurde, berichtete die Bundesregierung, den Verfassungsschutzbehörden seien seit 1979 rd. 100 Hausbesetzungen bekannt, an denen Mitglieder der DKP und ihrer Nebenorganisationen beteiligt waren. Dabei seien Ermittlungsverfahren gegen 200 Personen eingeleitet und 27 Personen bisher verurteilt worden; außerdem werden Störungen von 17 Veranstaltungen an Universitäten genannt, woraus hervorgeht, daß die DKP und ihre Hilfsorganisationen sich immer weniger in der Anwendung von Gewalt zurückhalten. Offenbar befürchteten sie, gerade innerhalb der jungen Generation immer unpopulärer zu werden, wenn sie abseits vom Häuserkampf stünden. Der MSB Spartakus erklärte, er halte »z. B. Hausbesetzungen für eine angemessene, richtige und effektive Kampfform«, er lehne die »bürgerliche Rechtsauffassung« ab, die in der Verletzung des privaten Eigentums der Spekulanten und Hausbesitzer einen Rechtsbruch sieht. »Hausbesetzungen sind zutiefst legitim, weil sie gegen die Gewalt, gegen Wohnraum und Menschen gerichtet sind, die von den Besitzenden ausgeht.«[85]
Das Leben in besetzten Häusern hat tiefe psychische Wirkungen. Berichte von Hausbesetzern zeigen, daß die ständige Furcht vor Räumung durch die Polizei besondere Verhaltensweisen ausprägt. Das dauernde Gefühl des Bedrohtseins durch polizeiliche Gewalt führt zu einer ständigen Drucksituation, die auch das »Feindbild« Polizei schärfen hilft.
Die besetzten Häuser sind aus Sicht der Besetzer »mehr als nur der Raum zum Wohnen«. Eine Hausbesetzerin: »Ich habe das Gefühl, seitdem ich im Haus bin, bin ich radikaler geworden. Das ist ein Lernprozeß. Ich habe mehr Ansprüche heute. Es geht nicht um die Zahl der Räume. Ich kann es so festmachen: Hier im besetzten Haus, in der Situation zu leben, da ist es überhaupt nicht mehr möglich, privat und politisch zu trennen. Das ist völlig unmöglich geworden.«[86]
Eine andere Hausbesetzerin zu ihrer Militanz: »Ich hätte vor zwei Jahren nie einen Stein auf einen Polizisten werfen können. Da habe ich nicht diesen, Haß kann man nicht sagen, diese Erfahrung gehabt. Ich habe die Erfahrung mit deren Formen von Auseinandersetzungen gemacht, habe mitgekriegt, wie Leute zusammengeknüppelt worden sind. Und irgendwann kann man vielleicht nicht anders, als Steine schmeißen. Ich weiß nicht, wie das weitergeht ... Ich kann jetzt nichts sagen: die treiben mich dazu, daß ich irgendwann schieße. Ich kann's mir nicht vorstellen. Aber ich weiß nicht, wie weit der Prozeß läuft, das kann ich nicht beurteilen.«[87]
Zur Hausbesetzerszene gehörten auch die 25 Personen, die anläßlich einer Jugendfragestunde am 18. Mai 1983 als Störer aus dem Plenarsaal des Bundestages entfernt wurden. Sie waren auf Einladung der Fraktion der Grünen ins Bundeshaus gekommen. Bei ihren Aktionen wurde der Bundesadler mit Farbbeuteln beworfen. Die Störer leisteten dem Hausordnungsdienst Widerstand. »Die Störer, zwischen 21 und 35 Jahre alt, hatten ihren Wohnsitz in Berlin, allerdings war unter ihnen nur ein geborener Berliner. Bei 15 der Störer liegen strafrechtliche Erkenntnisse u. a. wegen schweren Landfriedensbruches, Bildung einer kriminellen Vereinigung sowie versuchter Gefangenenbefreiung vor.«[88]
Der Hausordnungsdienst des Bundestages schließt aus der Verhaltensweise dieser Störgruppe, »daß es sich um keine spontane Aktion gehandelt habe. Daß sich um Profis handelte, gehe daraus hervor, daß die Personen, die Transparente trugen und Farbbeutel warfen, von anderen aus der Gruppe gegen Saaldiener abgedeckt wurden. Um ihre Identifizierung zu erschweren, tauschten die Mitglieder der Gruppe mehrfach ihre Oberbekleidung aus.«[89]
Mindestens neun von den 24 Festgenommenen gehören nach Zeitungsmeldungen

der sogenannten »Autonomen Gruppe K 36« an, die sich 1981 im Berliner Sanie-
rungsbezirk Kreuzberg gebildet hat und ideologisch eine gewisse Nähe zur RAF
aufweisen soll.[90]

5. Alternativbewegung

Parallel zur Sponti-Bewegung entstand in der zweiten Hälfte der siebziger Jahre
in der Bundesrepublik eine sogenannte »Alternativbewegung«, die eine wichtige
Wurzel in der Ökologiebewegung, insbesondere in der Anti-Kernkraft-Bewegung
hatte, wobei »zumeist jugendlich geprägte Teilkulturen« entstanden, die sich als
»Gegenkulturen« entwickeln wollten. Es hatte in den letzten Jahrzehnten bereits
eine Reihe solcher sub- und gegenkultureller Strömungen gegeben, wozu die
»Beatniks« gehörten, aber auch die Gammler, Hippies, Yieppies bis zu den
Punks.[91]
Diese Sub- und Gegenkulturen[92] verstanden sich auch als politische Bewegungen,
wobei in der Literatur[93] zwischen »progressiven Subkulturen« und einer »regres-
siven Subkultur« unterschieden wird. Hier sollen vor allem die Tendenzen der
»progressiven Subkulturen« aufgezeigt werden, unter denen in der Regel marxistische und anarchistische Tendenzen neben anderen eingeschlossen sind. Dagegen intendieren »regressive Subkulturen«, einen vergangenen Zustand der Gesellschaft, Normen, die nicht mehr oder nicht mehr in dieser Weise in der gegenwärtigen Gesellschaft wirksam sind, wiederherzustellen.
Die Alternativbewegung entstand vor allem nach 1975. Anders als die »Alte« und
»Neue Linke«, wollen die zumeist jüngeren Angehörigen der Alternativbewegung ihren Kampf gegen den »Kapitalismus« führen. Für sie stehen weniger
theoretische Schulungen oder Diskussionen um Parteiaufbau, Demokratischen
Zentralismus, Parteidisziplin und revolutionäres Subjekt im Vordergrund. Sie
sind an praktischer und sofortiger Veränderung der eigenen Lebenssituation interessiert. Insoweit hat die Alternativbewegung auch einen eindeutigen Bezug zur
Sponti-Szene, denn gerade Kreativität, Emotionalität und Spontaneität sind auch
Ausdruck dieser Bewegung. Die Alternativbewegung ist häufig theoriefeindlich,
zumindest hat sie, wie insgesamt die nach 1975 entstandenen »neuen sozialen Bewegungen« keine Neigung zum dauernden Theoretisieren.
Nach Angaben der Shell-Studie »Jugend '81« rechnet sich fast ein Drittel der jungen Generation selbst zu den Umweltschützern (31%), immerhin die Hälfte der
Jugendlichen erklärt Sympathie für die Umweltschützer.[94] Zu den Hausbesetzern
zählen sich zwar lediglich 2% der Jugendlichen, 45% erklären aber ihre deutliche
Sympathie.[95] Dies zeigt, wie populär Ökologiebewegung und Hausbesetzerbewegung als ein Teil der Alternativbewegung in der jungen Generation zu Beginn der
achtziger Jahre waren.
In der alternativen Szene gibt es Rechtsanwaltskollektive, Ärztekollektive,
Frauenhäuser, Frauen- und Männergruppen, linke Kunstausstellungen, linkes
Theater – durchaus eine kulturelle Erscheinung von beachtlichem Niveau. Der
frühere Berliner Senator Peter Glotz sprach deshalb von den »zwei Kulturen«,
die sich immer mehr unabhängig voneinander entwickelten, wobei die Alternativkultur vorwiegend aus einer generellen Protestbewegung heraus entstanden ist
und auch zur Identitätsfindung junger Menschen beiträgt. Man sollte die Einflüsse der politischen Sozialisation in einer solchen Subkultur nicht unterschät-
zen. Die Intensität, mit der man in einer »alternativ« geprägten Subkultur erfaßt
werden kann, verdeutlicht folgendes Zitat:
»Der Durchschnitts-Stadtteilindianer wacht in einer Wohngemeinschaft auf,
kauft sich die Brötchen in der Stadtteilbäckerei um die Ecke, dazu sein Müsli aus
dem makrobiotischen Tante-Emma-Laden, liest zum Frühstück ›Pflasterstrand‹,

›INFO-BUG‹, ›zitty‹, geht – und falls er nicht ›zero-work‹-*Anhänger* ist – zur Arbeit in einen selbstorganisierten Kleinbetrieb oder in ein ›Alternativ-Projekt‹, alle fünf Tage hat er Aufsicht in einem Kinderladen, seine Ente läßt er in einer linken Autoreparaturwerkstatt zusammenflicken, abends sieht er sich ›Casablanca‹ mit Humphrey Bogarth im ›*off*‹-*Kino* an, danach ist er in der Tee-Stube, einer linken Kneipe oder im Musikschuppen zu finden, seine Bettlektüre stammt aus dem Buchladenkollektiv. Ärzte- und Rechtsanwaltskollektive, Beratungsstellen für Frauen, Frauen- und Männergruppen gibt es im Ghetto.«[97]

In Berlin und Frankfurt gebe es Angehörige der »scene«, »die stolz darauf sind, seit 2½ Jahren kein Wort mehr mit einem von denen, die draußen sind, gewechselt zu haben«.[98]

Vorläufer der Alternativbewegung waren die Bürgerinitiativen, die Ende der sechziger und Anfang der siebziger Jahre entstanden, manche ursprünglich als Wählerinitiativen für die SPD. Solche Bürgerinitiativen galten in erster Linie der Durchsetzung partikularer Ziele, die meist Fragen des Umweltschutzes betrafen. Gerade in der Anfangszeit operierten sie häufig unabhängig von parteipolitischen Standorten.

5.1. Frauenbewegung

Im Zusammenhang mit der Emanzipationsdebatte spielte die Frauenbewegung eine wichtige Rolle. Als ihr Ausgangspunkt kann der sogenannte »Aufstand der Frauen im SDS« auf der letzten SDS-Delegiertenkonferenz in Hannover 1968 betrachtet werden.[99]

Es wurde eine Reihe von Zeitschriften gegründet, die sich speziell mit der besonderen Situation der Frau befaßten. Selbstorganisierte Frauenprojekte wurden initiiert. Zahlreich vertreten waren Frauen in alternativen Ernährungs- und Gesundheitsgruppen, Ferien- und Tagungsstätten, Theater- und Musikgruppen. Es entstanden Frauenhäuser für geschlagene und vergewaltigte Frauen.

Im Gefolge der Frauenbewegung wagte sich auch eine Bewegung männlicher und weiblicher Homosexueller an die Öffentlichkeit, wobei beide Richtungen eine Reihe eigener Projekte entwickelten und heute ein recht aktiver Teil der Alternativbewegung sind.[100]

5.2. Ökologiebewegung

Die Ökologiebewegung gewann in der ersten Hälfte der siebziger Jahre eine erhebliche Bedeutung, zumal sie nicht nur innerhalb der Protestbewegung im engeren Sinne – also im Bereich junger Menschen, vor allem Studenten – anzusiedeln war, sondern auch auf Winzer, Bauern, Beamte und sogar Unternehmer übergriff. Die Ökologiebewegung war für Aktivisten aus dem studentischen Bereich der Protestbewegung insofern wichtig, als sie der erste wirksame Versuch war, mit Partnern aus anderen Bereichen die bisherige Selbstgettoisierung zu überwinden.[101]

In dieser Hinsicht waren auch die Demonstrationen – beispielsweise in Brokdorf – für das Bewußtsein von Angehörigen der Protestbewegung wichtig, weil sie dabei nicht isoliert auf sich selbst beschränkt blieben: »Ich gestehe, es ist ein phantastisches Gefühl, in den Zielen einer Demonstration nicht total getrennt zu sein vom Bewußtsein der Bevölkerung, sondern gegen Zustände zu demonstrieren, die auch der Bevölkerung Sorge bereiten.«[102]

Wesentliche Tendenzen der ökologischen Bewegung waren vor allem: Dezentralisierung, Partizipation, Abbau von Macht, Forderung nach Alternativtechnologien, sparsame Nutzung natürlicher Ressourcen, ökologische Verträglichkeit, sanfte Technik, Gewaltfreiheit und Vielfalt.[103]

Die Ökologiebewegung stellt sich vielfach als technik- und industriefeindlich dar, sie weist auch immer wieder auf die Grenzen des Wachstums, auf die Erschöpfung und Verschwendung von Rohstoffen sowie auf die Vergeudung von Energie hin. In ihren Anfängen war sie sehr stark von »Wertkonservativen« wie Herbert Gruhl und Baldur Springmann beeinflußt, die jedoch bald zurückgedrängt wurden. Extremistische Gruppen versuchten, die Bewegung zu unterwandern. Aus der Ökologiebewegung entstanden dann Grüne Parteien, wobei Bunte und Alternative Listen sich weniger einseitig an Fragen der Ökologie orientierten als vielmehr an Problemen, wie z. B. Fragen der inneren Sicherheit, der Außenpolitik, Wirtschaftspolitik etc., die in der Alternativbewegung grundsätzliche Bedeutung haben.

5.3. Jugendzentrumsbewegung

Innerhalb der Alternativbewegung gab es vor allem in der ersten Hälfte der siebziger Jahre eine Jugendzentrumsbewegung, die nicht nur Jugendtreffs oder gar Jugendhäuser forderte, sondern vor allem »autonome Jugendzentren«. Mit dieser Bewegung wurde ein wirksamer Versuch unternommen, eine autonome, von der Erwachsenenwelt nicht zu beeinflussende Sphäre zu schaffen, was gerade auch bei apolitischen Jugendlichen sehr viel Resonanz fand, da es dem Lebensgefühl Jugendlicher entspricht, sich möglichst von der Erwachsenenwelt abzuschotten und nach eigenen Normen leben zu können.

Wie wichtig die Jugendzentrumsbewegung für Teile der Neuen Linken war, unterstreicht folgendes Zitat: »Die Jugendbewegung hatte mit dem Kampf für selbstverwaltete Jugendzentren wieder ein verbindendes politisches Motiv gefunden, das bis in die kleinsten Provinzstädte widerhallte. In den Hausbesetzungen kam radikaler Wille zum Durchbruch, sich tatsächlich das zu nehmen, was wir brauchen.«[104]

5.4. Landkommune-Bewegung, Dritte-Welt-Initiativen, Selbsterfahrungsgruppen u.a.

Huber nennt als weitere Teilgruppen in der Alternativbewegung eine sogenannte Landkommune-Bewegung, Dritte-Welt-Initiativen sowie Bürgerrechtsbewegungen gegen vermeintliche Beschränkungen bürgerlicher Freiheiten (wie Initiativen gegen »Berufsverbote«). Ferner entstand im Zusammenhang mit der Protestbewegung auch eine Psycho- und Sensitivity-Bewegung mit Selbsterfahrungs- und Encountergruppen, Meditationsgruppen (Yoga, Akupunktur, autogenes Training u. ä.). Die Psychobewegung wurde auch als Hinwendung zu einer ganzheitlichen Welterfahrung interpretiert, die Körper, Seele und Geist in einen Einklang bringen soll. Mit dieser Bewegung eng verwandt sind die religiösen Sekten und ein neuer Spiritualismus; auch Okkultismus-Strömungen kamen wieder auf.[105]

Über die Landkommune-Bewegung wurde auch die Provinz von der Linken wiederentdeckt.[106] Auch Mundart und Dialekte fanden als eine Form des Widerstands gegen Vermassung neue Wertschätzung.

Die einzelnen Bewegungen suchten die Verwirklichung eines »alternativen Lebensstils«, sie wollten mit weniger besser leben, sich gegen Leistungsstreß und Karrierismus wenden. Die Bewegung nach alternativem Lebensstil kann sich in Deutschland auf die Tradition der Lebensreformbewegung der Jahrhundertwende (»Reformhäuser«) berufen und findet vor allem bei kirchlich gebundenen jungen Menschen eine starke Resonanz, die nicht zu der politisch geprägten Protestbewegung im engeren Sinne zählen. Diese Sehnsucht nach einem alternativen Lebensstil war besonders in der Hausbesetzerbewegung ausgeprägt populär, da ja selbstbestimmte Wohn- und Lebensumstände erst die »Selbstfindung« ermöglichen.

Die einzelnen Alternativbewegungen waren nicht immer in dem Sinn »politisch«, daß sie konkreten politischen Strategien folgten. Vielfach wurden sie von einer undogmatischen »Neuen Linken« getragen, die noch am ehesten an die Traditionen der frühen »antiautoritären« Protestbewegung anknüpfte. Sie lehnt jede Form eines dogmatischen Kommunismus ab, sei es im Verständnis der DKP oder der diversen K-Gruppen, sondern sie orientiert sich an anarchistischen Traditionen und steht auch in Gegensatz zum lustfeindlichen, asketischen Stil vor allem der K-Gruppen: »Nicht nur von politisch-ökonomischem Denken, sondern auch von der Emanzipations- und Psychobewegung geprägt, entwickelten sie einen politischen Stil, der das Lustvolle betont, die eigenen Bedürfnisse zum Nabel der Welt erklärt, der von der eigenen Betroffenheit ausgeht und der auf die Unmittelbarkeit des Hier und Jetzt abstellt.«[107]

Das spontane Element dieser Bewegung, etwa von den sogenannten »Stadtindianern« vertreten, schlägt sich in Aussagen wie »Wir sind die, vor denen uns unsere Eltern immer gewarnt haben« und »Wir wollen alles« nieder. Die Alternativbewegung wurde also sehr stark von der Sponti-Szene geprägt.

5.5. Alternativprojekte und »Netzwerke«

Überall in der Bundesrepublik entstanden alternative Projekte, wie Kinderläden, Kinos, Werkstätten, Druckereien, Theatergruppen, Jugendzentren, Cafés und Kneipen, Bücherläden, Gesundkostläden. Huber schätzt, daß es 1981 in der Bundesrepublik und in Berlin etwa 1500 Alternativprojekte gab.[108] Die Projekte sind so angelegt, daß möglichst alle daran Beteiligten sowohl die angenehmen wie auch die unangenehmen Tätigkeiten ausüben, daß sie genossenschaftlich orientiert und nicht an Profit interessiert sind, daß es eine gemeinsame Verantwortung für alle wichtigen Entscheidungen gibt und oft eine gemeinsame Kasse besteht.

In der gesamten Bundesrepublik entstanden auch sogenannte Netzwerke, wobei die Netzwerk-Selbsthilfe e.V. Berlin führend sein dürfte. Diese wird getragen »von Menschen, die sich wehren, Alternativen suchen, einander unterstützen, Informationen, Erfahrungen und Produkte solidarisch austauschen«. Mitglieder der Netzwerk-Selbsthilfe sind Einzelpersonen und Gruppen »aus der traditionellen und Neuen Linken, der Frauen-, Ökologie- und Alternativbewegung, Sozialdemokraten, Humanisten und Gewerkschaftler. Quer durch all diese Fraktionen zieht sich Netzwerk als ein optimistischer Beitrag unserer politischen Kultur und solidarischem Handeln in diesem Lande.« Laut einer Selbstdarstellung verfügte die Netzwerk-Selbsthilfe 1981 über etwa 4500 Mitglieder. Monatlich kamen rund 50000 DM Mitgliedsbeiträge zusammen, die an solche Initiativen und Projekte weitergegeben wurden, die »demokratische Selbstverwaltung praktizieren, nicht auf individuellen Profit gerichtet sind, modellhaft alternative Lebens- und Arbeitsformen erproben bzw. emanzipatorischen und aufklärerischen Charakter haben, mit ähnlichen Projekten kooperieren, anstatt zu konkurrieren, personell und organisatorisch Kontinuität und längerfristig (womöglich) wirtschaftliche Eigentragfähigkeit gewährleisten.« Vom Netzwerk e.V. wird z.B. der »Mehringhof« in Berlin getragen, in dem etwa 20 verschiedene Projekte in einem etwa 5000 Quadratmeter großen früheren Fabrikgelände untergebracht sind. Es gibt u.a.: Handwerkskollektiv, Schule für Erwachsenenbildung, Freie Schule, Kinderladen, Gesundheitsladen, mehrere Verlage und Buchläden, kaufmännisches Lehrlings-Kollektiv, Behindertengruppe.

Geförderte Netzwerkprojekte in Berlin (d.h., daß ein finanzieller Zuschuß des Senats gegeben wurde) waren u.a. ein Kinderbauernhof, die »Berliner Geschichtswerkstatt«, ein Resozialisierungsprojekt für türkische Jugendliche, das »Projekt Gedächtnis« als Nachfolgeprojekt des früheren Informationsdienstes ID.[109]

Die Netzwerk-Selbsthilfe in Berlin gründete im Juni 1982 die »Netzbau Gemein-nützige Stadtentwicklungsgesellschaft mbH«.
»Netzbau« war als möglicher »Sanierungsträger« geplant. Als aber im November 1982 zwei Häuser in der Maaßenstraße geräumt wurden, wurde am 11. Dezember 1982 die Auflösung von »Netzbau« beschlossen.[110] Diese Entscheidung wurde im Februar 1983 wieder rückgängig gemacht.[111] Schon am 11. Dezember 1982 hatten einige Besonnene vor einer Auflösung gewarnt, weil damit ein von Senat und Be-setzern akzeptierter Gesprächspartner und Vermittler verlorengegangen wäre. Der Status eines »treuhänderischen Sanierungsträgers« ermöglicht die Zuwei-sung von Geldern für Sanierungen. Das Konzept ist innerhalb der linken Berliner Szene deshalb nicht unumstritten, weil dies Gespräche mit dem Senat von Berlin voraussetzt, die von einem Teil der Hausbesetzerbewegung aus Berührungsangst gegenüber den »Herrschenden« prinzipiell abgelehnt werden. Viele Besetzer ka-men aber zu dem Ergebnis, daß Verträge mit dem Staat letztlich ein kleineres Übel darstellen als die dauernde Gefahr einer Räumung durch die Polizei.
Netzwerke gab es im März 1983 u. a. in Aachen, Arnsberg, Augsburg, Bielefeld, Bonn, Bremen, Bochum, Erlangen, Essen, Frankfurt, Freiburg, Göttingen, Ham-burg, Hanau, Hannover, Heidelberg, Ingolstadt, Köln, Landsberg, Reutlingen, München, Münster, Nürnberg, Osnabrück, Ravensburg, Saarbrücken, Stuttgart, Ulm, Würzburg und Wuppertal.[112]
Ein weiteres Beispiel für Alternativprojekte in Berlin ist das UFA-Gelände, fast 18 000 Quadratmeter groß, wo über 60 Personen gemeinsam wohnen, leben und arbeiten. Dort gibt es u. a. Elektro-Werkstätten, eine Tischlerei, ein Transportun-ternehmen, eine Schneiderei, eine Töpferei, einen Lebensmittelladen, ein Tonstu-dio für Rock-Gruppen. Dort finden auch Konzerte und Theaterdiskussionen statt. Im alten UFA-Kino werden Filme gezeigt.
Die Alternativ-Projekte stehen unter den Rahmenbedingungen einer marktwirt-schaftlichen Ordnung. Wie Huber feststellte, sind die alternativen Betriebe zu ei-nem erheblichen Teil wirtschaftlich unselbständig, denn die Einnahmen sind nur bei knapp 40% der Projekte überwiegend selbst erwirtschaftet.[113]

5.6. »Autonome Gebiete«

In der Alternativbewegung fand die Idee von sogenannten befreiten, autonomen Gebieten immer wieder große Sympathie, so die in Gorleben ausgerufene »Repu-blik Freies Wendland« oder die »Freie Republik Kreuzberg«. Hier war vor allem das Beispiel der Kopenhagener Christiania wirksam.[114]
Das bekannteste Beispiel waren die 33 Tage der »Freien Republik Wendland« im Mai/Juni 1980. Hier wurden in relativ großem Stil alternative Lebensformen praktiziert, die eine große Anziehungskraft ausgeübt haben.[115] Am 3. Mai 1980 be-setzten etwa 5000 Menschen die Bohrstelle zwischen Trebel und Gorleben. Am 4. Juni 1980 räumten der Bundesgrenzschutz und die Polizei den Platz. Dazwischen lagen 4½ Wochen Diskussion, Arbeit und Leben in der »Freien Republik Wend-land«, die zum Symbol eines »qualitativ neuen Widerstandes« wurde und ein starkes Echo in den Medien fand. In dieser Zeit wurden Häuser gebaut, eine ei-gene Infrastruktur entstand, Theatervorführungen fanden statt, das Richtfest ei-nes »Freundschaftshauses« wurde gefeiert. Ein Backofen, eine Schwitzhütte, eine Dusche, ein Meditationszelt, sogar eine Kirche entstanden. Zwei Wochen nach der Platzbesetzung strahlte »Radio Freies Wendland« auf 101 KHZ eine erste Sendung aus, es erschien auch eine Besetzerzeitung. 300 bis 500 Menschen waren ständig am Platz, am Wochenende mehr.[116]

5.7. Alternativpresse

Die Anfänge der Alternativpresse liegen bereits in der Zeit der Protestbewegung von 1968. In den letzten Jahren sind vor allem zahlreiche sogenannte Stadtteilzeitungen entstanden. 1976 gab es immerhin schon etwa 100 derartiger Publikationen in der Bundesrepublik, 1980 waren es 240 Zeitungen mit einer erheblich gesteigerten Auflage von etwa 300 000 Exemplaren. Für das Jahr 1981 wurde die Gesamtauflage der regelmäßig erscheinenden Alternativblätter auf mehr als 1,6 Millionen Exemplare geschätzt.[117]

1978 schlossen sich 12 der größten alternativen Stadtillustrierten zur Scene Programmpresse (spp) zusammen. Man nannte eine Gesamtauflage von knapp 200 000, wovon die Berliner Stadtzeitung »zitty« allein Mitte 1981 49 000 Exemplare gehabt haben soll. Am 22. September 1978 erschien die erste Nullnummer von »die tageszeitung«. Die Idee einer von Parteien und dem »Kapital« unabhängigen Tageszeitung war innerhalb der Linken schon seit dem Kampf gegen Springer in der antiautoritären Revolte lebendig. 1977/78 bildeten sich im Zusammenhang mit der Frankfurter Buchmesse und dem Tunix-Kongreß in Berlin 1978 in 24 Städten Initiativgruppen zur Unterstützung einer Tageszeitung. Im Februar 1978 wurde der »Verein der Freunde der alternativen Tageszeitung« ins Leben gerufen. Von September 1978 bis April 1979 wurden 10 Nullnummern produziert. Eine umfangreiche Spenden- und Abonnementkampagne setzte ein. Am 17. April 1979 kam schließlich mit nur 6500 Vorausabonnements die erste tägliche »taz« heraus.[118]

In der Gründungsphase war der Standort der Zentralredaktion zwischen Frankfurt und Berlin umstritten. Offensichtlich hat sich Berlin aus ökonomischen Gründen, d. h. wegen größerer Absatzchancen, durchgesetzt. Das von Steuerberatern ausgearbeitete Firmenmodell besteht aus vier verschiedenen Unternehmen: Für die Auflage der taz in Berlin tritt die TAZ-Verlags- und Vertriebs GmbH in Erscheinung. Als Verleger der taz-Auflage in der Bundesrepublik fungiert der »Verlag ›die tageszeitung‹, Frankfurt«, der täglich von der taz Berlin die Nachdruckrechte erwirbt. Über diese Nachdruckvereinbarung nutzt die taz Steuervorteile nach dem Berlinförderungsgesetz.[119]

In Berlin wurde schließlich ein eigener Lokalteil eingerichtet; seit Herbst 1981 erscheint zusätzlich zur überregionalen taz in Hamburg, Nord-Niedersachsen und Schleswig-Holstein ein vierseitiger Regionalteil. Anfang 1982 entschied man sich erneut für Frankfurt als zweitem Druckort. Im Oktober 1982 hatte die taz etwa 22 000 Abonnenten.[120]

Die taz bezieht ihre Haupteinnahmen aus den Abonnementserlösen (70%) und dem Kioskverkauf (20%). Das Anzeigenaufkommen ist denkbar gering. Die finanzielle Basis der Zeitung ist nicht sehr gut, doch konnte sie bis jetzt das Schicksal der früheren Tageszeitung Die Neue abwenden, die 1979 vom früheren Berliner Extradienst in Konkurrenz zur taz mit einer anderen Ausrichtung (linke SPD/DKP/SEW, gewerkschaftliche Orientierung) gegründet worden war. Sie stellte am 14. Dezember 1981 ihr tägliches Erscheinen ein und wurde nur noch als Wochenzeitung angeboten, bis im Herbst 1982 Konkurs angemeldet werden mußte. Zu diesem Zeitpunkt gab es noch rund 8000 Abonnenten.[121]

Für die Alternativpresse ist die ökonomische Situation keineswegs günstig. Neben der Münchener Stadtzeitung BLATT (Auflage 15 000) mit Programmteil und Kleinanzeigen zählte der Frankfurter »Informationsdienst für unterbliebene Nachrichten« (ID) zu den ältesten Alternativzeitungen. Er stellte sein Erscheinen Ende Februar 1981 nach 370 Ausgaben ein. Offensichtlich hat sich die Gründung der taz auf die Existenzmöglichkeit des ID negativ ausgewirkt.[122]

Die immer zahlreicheren Stadtzeitungen bilden eine »lokale Alternativpresse«, die ein Leserpublikum erobert hat, das die Millionengrenze überschreitet und von den kommerziellen Verlagshäusern vielfach nicht mehr erreichbar ist. Die Alternativzeitungen – häufig auch Volksblätter oder Stadtblätter genannt – zeichnen sich zwar durch ein geringeres Anzeigenaufkommen aus, auch durch eine sehr viel einfachere Machart, sie haben sich jedoch neben den etablierten Printmedien behaupten können, da sie in vielfältiger Form Informationen über Veranstaltungen der »Szene« liefern und nur ein spezifisches Publikum ansprechen, das sich in hohem Maße mit »seinem« Blatt identifiziert.

Am 8. Mai 1976 fand ein erstes Treffen der Alternativpresse statt[123], zu dem der »Informationsdienst zur Verbreitung unterbliebener Nachrichten«, der »Aachener Klenkes« und das »Kölner Volksblatt« eingeladen hatten.[124]

Viele Alternativzeitungen verstehen sich als »Volksblattbewegung«. Man will den »Betroffenen« auf lokaler Ebene die Möglichkeit geben, ihre Ansichten zu verbreiten. Beispiel hierfür ist das »Kölner Volksblatt«, das als Organ von Initiativen in Köln fungiert, die seinerzeit dieses Blatt aufbauen halfen. Allerdings konnte dieses Konzept vielfach nicht durchgehalten werden.[125]

In den Universitätsstädten entwickelten sich vor allem sogenannte »Stadtmagazine«, die für Stadtzeitungen oder Stadtteilzeitungen wie auch für die Volksblattbewegung eine erhebliche Konkurrenz darstellen. Sie sind z. T. kommerziell angelegt, wenngleich die Alternativszene vorrangig berücksichtigt wird. Vor allem sind diese Magazine sehr viel professioneller aufgemacht und erreichen deswegen auch Leser, die sich nicht zur Szene im engeren Sinne rechnen.

In diesem Zusammenhang ist auch die zunehmende Tendenz zu erwähnen, mit Hilfe von Piratensendern (»Freie Radios«) das öffentlich-rechtliche Rundfunkmonopol zu durchbrechen, ein eigenes Kommunikationssystem zu entwickeln, das auch für Widerstandsaktionen genutzt werden kann.[126] Besonders bekannt wurde das »Radio Freies Wendland«.

6. Friedensbewegung

Obschon der sogenannte NATO-Doppelbeschluß vom 12. Dezember 1979 in der bundesdeutschen Öffentlichkeit kontrovers aufgenommen wurde, entwickelte sich die »Friedensbewegung« erst sehr viel später; sie fand ihren ersten Höhepunkt vor allem in der Bonner Demonstration am 10. Oktober 1981, an der sich nach Schätzungen zwischen 200000 und 300000 Personen beteiligten, und einer ähnlich großen Demonstration am 10. Juli 1982 anläßlich einer NATO-Konferenz. Viele Jahre war es um die »Friedensbewegung« in der Bundesrepublik still gewesen, die allerdings manche Vorläufer hat.[127] Die Ursprünge liegen in den Jahren 1949–1955, als es um die Wiederbewaffnung der Bundesrepublik ging. Damals entstanden die »Ohne-Mich-Bewegung« oder die »Paulskirchenbewegung«, die gegen den NATO-Beitritt gerichtet war. Die Bewegung »Kampf dem Atomtod« engagierte sich vor allem 1957; und in der ersten Hälfte der sechziger Jahre entwickelte sich die von England inspirierte Ostermarsch-Bewegung. In der Bundesrepublik Deutschland wurden »Ostermärsche« erstmals 1960 unter dem Namen »Ostermarsch der Atomwaffengegner« nach dem britischen Vorbild der »Campaign for Nuclear Disarmament« (CND) organisiert. Diese Bewegung zerfiel jedoch 1970 mit dem Austritt führender Mitglieder, u. a. wegen der Haltung der DKP zur Intervention von Warschauer-Pakt-Truppen in der CSSR.

1962 hatte sich die Ostermarsch-Bewegung umbenannt in »Ostermarsch der Atomwaffengegner – Kampagne für Abrüstung«, 1963 in »Kampagne für Abrüstung – Ostermarsch der Atomwaffengegner« und 1968 in »Kampagne für Demokratie und Abrüstung«. Sie verfügte seit 1961 über zentrale, regionale und örtliche Gliederungen, die sich fast über das gesamte Bundesgebiet erstreckten. Die Bewegung rekrutierte sich anfänglich fast ausschließlich aus Anhängern eines ethisch-religiösen Pazifismus. Sie entwickelte sich allerdings bald zu einer außerparlamentarischen Sammlungsbewegung, in der die unterschiedlichsten weltanschaulichen Richtungen (Pazifismus, Christentum, Sozialismus, Kommunismus) vertreten waren.[128]

Zwar bemühten sich Anhänger der 1956 verbotenen KPD seit 1965 verstärkt um Einfluß in der Ostermarsch-Bewegung, doch blieb sie selbst in der Bundesrepublik relativ unbedeutend und verschmolz schließlich mit der APO.

Ein Charakteristikum der gegenwärtigen Friedensbewegung besteht darin, daß sich ihre Anhänger zu einem erheblichen Teil auch aus der Ökologiebewegung rekrutieren, so daß die Vermutung nicht unbegründet ist, daß sie abgesehen von dem spezifischen politischen Inhalt der Ablehnung des NATO-Doppelbeschlusses auch Züge einer generellen Protestbewegung aufweist. Obgleich sich innerhalb der Friedensbewegung nicht unerhebliche Teile aus dem Bereich der Alternativ- und Ökologiebewegung engagieren, dürfte sie vor allem durch folgende geistige Strömungen charakterisiert sein:

- Christlicher Pazifismus. In der Bundesrepublik Deutschland hat vor allem ein protestantisch geprägter Pazifismus, dessen Wortführer Martin Niemöller war, eine traditionelle Bedeutung. Es gibt verschiedene Initiativen, u. a. »Ohne Rüstung leben« (1978 in Baden-Württemberg im evangelisch-kirchlichen Raum gegründet), »Frieden schaffen ohne Waffen«, die »Aktion Sühnezeichen/Friedensdienst e. V.« sowie »Christen für die Abrüstung« um den Pfarrer Konrad Lübbert, Präsidiumsmitglied des sowjetisch gelenkten Weltfriedensrates und Mitglied des Führungsorgans des kommunistisch beeinflußten »Komitees für ›Frieden, Abrüstung und Zusammenarbeit‹«.[129]
  An der Friedensdiskussion beteiligt sich auf katholischer Seite vor allem die 1944 in Frankreich gegründete »Weltfriedensbewegung Pax Christi«.
- Undogmatische Marxisten und Sozialisten. Hier gab es schon immer eine intensive pazifistische Strömung, die vor allem bei Jugendorganisationen von Parteien und bei manchen aktiven Parteigängern wirksam war. Wichtiger Vertreter dieses undogmatischen Sozialismus ist der aus der DDR ausgebürgerte Rudolf Bahro, der sich gleichwohl der Partei der Grünen angeschlossen hat.
- Kommunismus. Die Deutsche Kommunistische Partei versucht, die Friedensbewegung für ihre eigenen Zielsetzungen zu beeinflussen. Dies tut sie auch mit Hilfe von ihr beeinflußter Organisationen wie vor allem dem Komitee für Frieden, Abrüstung und Zusammenarbeit, das bei der Unterschriftensammlung für den »Krefelder Appell« aktiv geworden ist. Außerdem gelten als weitere »beeinflußte« Organisationen die »Vereinigung der Verfolgten des Naziregimes – Bund der Antifaschisten« (VVN – BdA) wie auch die 1960 gegründete »Deutsche Friedens-Union« (DFU). Natürlich versuchen auch die DKP-Jugendorganisationen SDAJ wie auch der MSB Spartakus, auf die Friedensbewegung Einfluß zu nehmen. Der frühere Innenminister Baum bestätigte, daß es bei Aktionen gegen den NATO-Doppelbeschluß »zu unterschiedlichen Formen des Zusammenwirkens von orthodoxen Kommunisten und Nichtkommunisten« gekommen sei.[130]

Mit Hilfe des »Krefelder Appells« bemühte sich die DKP um Einflußnahme auf die Friedensbewegung. Die Tatsache, daß sie letztlich diesen Aufruf und die sich daran anschließende Unterschriftensammlung initiierte, versuchte sie zu verdekken.

Der »Krefelder Appell« wurde am 16. Nov. 1980 verabschiedet. Zu den Erstunterzeichnern gehörten Gert Bastian, Prof. Karl Bechert, Petra K. Kelly, Martin Niemöller, Helmut Ridder, Christoph Strässer, Gösta von Uexküll und Josef Weber. Am 16. November 1980 fand in Krefeld ein Forum unter dem Motto »Der Atomtod bedroht uns alle – keine Atomraketen in Europa« statt.[131]

Wie aus einer Antwort der Bundesregierung auf eine Kleine Anfrage der damaligen CDU/CSU-Oppositionsfraktion vom 16. November 1981 hervorgeht, lagen den Sicherheitsbehörden Anhaltspunkte dafür vor, daß das »Krefelder Forum«, die Unterschriftenkampagne für den »Krefelder Appell« und sonstige Aktivitäten für die »Krefelder Initiative« sowie weitere Vorbereitungen für die Folgeveranstaltung in Dortmund am 21. November 1981 in einem erheblichen Umfang über die DFU finanziert worden sind, also eine Organisation, die – wie im Verfassungsschutzbericht 1980 ausgeführt ist – »eines der Hauptinstrumente kommunistischer Bündnispolitik« ist.[132]

SPD-Bundesgeschäftsführer Peter Glotz hat mit Schreiben vom 8. April 1981 die Funktionsträger seiner Partei aufgefordert, »über die Träger und die tatsächlichen Hintergründe des Krefelder Appells zu informieren, damit nicht – vielleicht mit bester Absicht – politischer Schaden entsteht«. In diesem Brief wies er darauf hin, daß der Krefelder Appell eine von der Deutschen Friedensunion und dem Komitee für Frieden, Abrüstung und Zusammenarbeit organisatorisch vorbereitete und betreute Initiative sei. Als Träger einer vereinbarten Unterschriftenaktion seien die DKP, die DFG/VK, die SDAJ, »Die Grünen« und der »Bundesverband Bürgerinitiativen Umweltschutz« (BBU) zu nennen. Zwar hätten eine ganze Reihe von Persönlichkeiten den Krefelder Appell unterschrieben, »deren politisch-moralische Motive für uns außer Zweifel stehen«, manche hätten die Sozialdemokratie in Wahlkämpfen unterstützt, zumal sich unter den Unterzeichnern auch einige aktive Sozialdemokraten befänden. »Wir müssen demgegenüber klarmachen, daß jeder, der wirkungsvoll gegen eine weitere Rüstungseskalation kämpfen will, dies in den Reihen der SPD tun kann. Die SPD hat mehrfach in aller Entschiedenheit die Notwendigkeit von Verhandlungen zur Rüstungskontrolle und Abrüstung betont. Sie hat aber auch betont, daß das nur als ein Prozeß denkbar ist, an dem beide Supermächte gleichermaßen beteiligt sind.« Glotz wollte offensichtlich auf die Tatsache hinweisen, daß lediglich die USA in diesem Krefelder Appell als Adressat genannt wurden.[133]

Das Komitee für Frieden, Abrüstung und Zusammenarbeit (KFAZ) – ebenfalls orthodox-kommunistisch beeinflußt – tritt seit Anfang Dezember 1980 vor allem als Unterstützer der Unterschriftenkampagne zum »Krefelder Appell« auf, der von der KFAZ publizistisch und organisatorisch unterstützt wurde. Es wurde mehrfach dazu aufgerufen, Spenden zugunsten des »Krefelder Appells« auf ein Postscheckkonto des KFAZ einzuzahlen.[134]

Die DKP-»Hausdruckerei« Plambeck & Co. Druck und Verlag GmbH in Neuß hat eine Vielzahl von Flugblättern und anderen Druckschriften mit Unterschriftenlisten zur Propagierung des »Krefelder Appells« hergestellt. Der »Krefelder Appell« enthält keinen Hinweis darauf, daß er auch die Aufstellung der sowjetischen SS-20-Raketen verurteilt, vielmehr richtet er sich eindeutig gegen die »Nachrüstung« der NATO.

Orthodoxe Kommunisten bilden in der Friedensbewegung ebenso wie in anderen Protestbewegungen eine eindeutige zahlenmäßige Minderheit. Sie verfügen aber über klare Zielvorstellungen[135], eine geschlossene Organisation mit verbindlicher Parteidisziplin und ein weites Netz von beeinflußten Organisationen sowie über erhebliche finanzielle Mittel und ein erprobtes Kampagnen-Management. Aus diesen Gründen geht ihr Einfluß erheblich über ihren zahlenmäßigen Anteil hinaus. Um jedoch solche Bewegungen möglichst wirksam steuern zu können, bemüht sich die DKP, personellen Einfluß auf die Koordinierungsgremien der Friedensbewegung zu nehmen. Sie bedient sich vor allem deswegen solcher Organisationen wie des KFAZ, weil sie davon ausgeht, daß die Mehrzahl der Anhänger der Friedensbewegung »kleinbürgerlich« orientiert ist, also nicht von »proletarisch-sozialistischen Positionen« ausgeht. Die Kommunisten orientieren sich an einem Erfahrungswert: Es reicht für sie in der Regel, wenn ein Drittel der arbeitenden Mitglieder eines Koordinierungsgremiums kommunistische oder prokommunistische Funktionäre sind, weil dann bereits eine Steuerung solcher Koordinierungsgremien weitgehend möglich ist.[136]

Rudolf Bahro hat darauf hingewiesen, daß die DKP-Funktionäre zumeist unerkannt in den Friedensinitiativen mitwirken, die sich häufig als die »Fleißigsten und Geübtesten« erweisen, die immer da seien, »wo es was zu organisieren, ein Flugblatt zu machen, ein Podium zu besetzen« gibt. »Manche Friedensgruppen wissen gar nicht, wen sie schicken. Das ist einer der Hauptgründe für die Überrepräsentation des DKP-Spektrums bei solchen Aktionskonferenzen wie in Godesberg, neben der ohnehin gegebenen organisatorischen Übermacht. Jemand, der neu zu einer Friedensinitiative stößt, kennt natürlich die zahlreichen Hilfsorganisationen nicht.«[137]

Bei den »Ostermärschen 1983« war es der DKP gelungen, regionale Vorbereitungskomitees in vielfacher Weise zu beeinflussen.[138]

So konnte im Dezember das DKP-beeinflußte »Komitee für Frieden, Abrüstung und Zusammenarbeit« (KFAZ), das auch bei der Vorbereitung der Ostermärsche 1982 wichtige Funktionen übernommen hatte, in einem Rundschreiben vom 3. Dezember 1982 feststellen: »Schon in fast allen Bundesländern haben die Vertretungen von örtlichen Friedensinitiativen, Organisationen und Persönlichkeiten auf großen Friedensversammlungen zu Ostermärschen aufgerufen.«[139]

Die Kontaktanschriften für die bundesweite Koordination und alle überregionalen »Ostermärsche« zeigen den maßgeblichen Einfluß der DKP und ihrer Vorfeldorganisationen. So ist die »zentrale Informationsstelle Ostermarsch« identisch mit der Anschrift der Landesgeschäftsstelle Hessen der DFU.[140]

Gegen die NATO-Nachrüstung sprachen sich aber auch gewaltfreie Gruppen aus, die sich um die anarchistische Zeitung »Graswurzel-Revolution« scharten, aber auch um Teile des Bundeskongresses Autonomer Friedensinitiativen (BAF). In einer im Februar 1982 veröffentlichten Erklärung der »Vorbereitungsgruppe der Osnabrücker Friedensinitiative« wurde der geplante »Bundeskongreß Autonomer Friedensinitiativen« vom 19. bis 21. März 1982 allerdings für gescheitert erklärt, und zwar »wegen unüberbrückbarer politischer Differenzen mit den sich ebenfalls ›autonom‹ verstehenden ›anti-imperialistischen‹ Gruppen«.[141]

Diese »zahlenmäßig stark vertretenen«, sogenannten »antiimperialistischen« Gruppen würden die RAF als einen »gleichwertigen Teil der Friedensbewegung« einschätzen, die sich lediglich durch ihre »militärische Kampfform« unterscheide, die mithin eine »gleichwertige« Widerstandsform neben anderen darstelle.

Am 20. und 21. März 1982 fand dieses Arbeitstreffen dann doch in Osnabrück statt, auf dem u. a. die Durchführung von Aktionen anläßlich der »International Defense Electronic Exposition« (IDEE) vom 18. bis 20. Mai 1982 in Hannover sowie des NATO-Gipfeltreffens und des Besuchs des US-Präsidenten am 9./10. Juni 1982 diskutiert wurden. Im September 1982 erklärte die BAF, zur Verhinderung der Mittelstreckenraketen sei »direkter örtlicher (regionaler) Widerstand, Politisierung und Radikalisierung der Aktionen« notwendig, und zwar durch Aktionsformen, »die Zusammenhalt der diffusen bzw. anonymen Friedensbewegung vorwärtsbringen.«[142]

»Autonome« Gruppen hatten sich gemeinsam mit Angehörigen der »Anti-AKW-Bewegung« und einzelnen K-Gruppen in diesem Projekt »Bundeskongreß Autonomer Friedensinitiativen« (BAF) zusammengefunden. Sie kündigten in einem im April 1982 verteilten Flugblatt ihre Teilnahme an der »Friedensdemonstration« am 10. Juni 1982 gegen das NATO-Treffen in Bonn an. Zahlreiche weitere Gruppen forderten ebenfalls zur Teilnahme an dieser Demonstration auf, so die Bremer Gruppierung »Krieg dem Krieg« die »Antiimperialistische Gruppe Bremen«, die »Bochumer Aktion gegen Krieg« sowie die »Freiburger Autonome Gruppen«.

Anläßlich des Reagan-Besuches in Berlin wurde zu eigenen Demonstrationen und Provokationen aufgerufen, da diese Stadt »am deutlichsten« symbolisiere, »welche Rolle die BRD insgesamt für die NATO-Strategie hat bzw. haben soll«.[143]

Ende 1982 legte der Bundeskongreß Autonomer Friedensinitiativen (BAF), in dem neben nicht-extremistischen Gruppen auch Kräfte der dogmatischen und undogmatischen »Neuen Linken« mitarbeiten[144], einen Aufruf zu mehrtägigen direkten Aktionen an Atomwaffenstandorten im Rahmen des Ostermarsches 1983 – »Für einen aktiven gewaltfreien Widerstand!« vor. Unterstützer waren u. a. Landesverbände der Grünen, örtliche Gruppen des nicht DKP beeinflußten Flügels der DFG/VK, Föderation gewaltfreier Aktionsgruppen (FÖGA), Bundesverband Bürgerinitiativen Umweltschutz (BBU). Diese riefen dazu auf, »im Rahmen des Ostermarsches 1983 zu direkten gewaltfreien Widerstandsaktionen zu kommen, die geeignet sind, den reibungslosen Betrieb der Atomwaffenlager zu stören«. Gleichwohl kam es nach der Verabschiedung des BAF-»Ostermarsch-Aufrufs« mit der Festschreibung des Begriffs der »Gewaltfreiheit innerhalb des BAF-Spektrums zu Auseinandersetzungen, ob die Festlegung auf ausschließlich »gewaltfreie« Aktionsformen sinnvoll sei.[145]

So hieß es in einem BAF-Rundschreiben: »Welche Widerstandsform die erfolgversprechendere ist, läßt sich pauschal nicht beantworten. Es kommt vor allem auf den Zeitpunkt an, an dem man sich für eine bestimmte Aktionsform entscheidet. Großdemonstrationen, Massenproteste, Blockade-Aktionen, Unterschriftensammlungen haben zu einem bestimmten Zeitpunkt genauso ihre Berechtigung wie Bauplatzbesetzungen, Sabotage, Angriff auf die Infrastruktur und Zerstörungen von Einrichtungen der Herrschenden. Falsch ist in jedem Fall die Festlegung auf eine Widerstandsform.«[146]

In der Zeitschrift »Graswurzel-Revolution« wird der gewaltsame politische Weg abgelehnt: »Eine Bewegung, die Leben erhalten will, wirkt unglaubwürdig, wenn sie um dieses Zieles willen Leben gefährdet oder zerstört. Wir sind davon überzeugt, daß die Methoden der gewaltfreien Aktion besser geeignet sind, die von uns angestrebten Ziele zu erreichen.«[147]

In der Zeitschrift »Graswurzel-Revolution« wird »ziviler Ungehorsam« propagiert, wobei man sich u. a. auch auf Gandhi beruft. Ziviler Ungehorsam heißt, daß die Aktion Gesetze oder gesetzähnliche Bestimmungen verletzen müsse, was direkt – also gegen ein in sich ungerechtes Gesetz – oder indirekt – also gegen ein an sich gerechtes Gesetz – geschehen könne. Diese Gesetzesverletzung als öffentliche Aktion müsse als Ziel den Protest haben, die Verantwortlichen müßten zu ihrer Aktion stehen und diese begründen, wobei diese Aktionen gewaltfrei sein sollen.[148]

Im Zusammenhang mit dem Ostermarsch 1983 wurde ein »Aufruf zu mehrtägigen Aktionen an Atomwaffenstandorten im Rahmen des Ostermarsches '83« einer »Hamburger Friedenskoordination«[149] proklamiert. Es wurde »zu direkten gewaltfreien Widerstandsaktionen« aufgerufen, »die geeignet sind, den reibungslosen Betrieb der Atomwaffenlager zu stören«. Behinderungen des militärischen Verkehrs durch »mehrtägige Menschen- oder Sachblockaden« wurden als Beispiele für Aktionen angeführt, die durch die Friedensinitiativen »gemäß den Bedingungen vor Ort durchgeführt werden können«.[150]

Es waren vor allem Gruppierungen der undogmatischen Neuen Linken, die zur »Radikalisierung« der »Friedensbewegung« im Jahre 1983 aufriefen. Mit neuen Aktionsformen sollte die »Militärmaschinerie« in der Bundesrepublik gestört werden. »Wer den Begriff Gewalt oder Gewaltfreiheit im Zusammenhang mit unserem Widerstand gebraucht, stellt die Gewalt der Herrschenden auf eine Stufe mit dem entschlossenen Widerstand von unserer Seite ... Wer eine Aktion gewaltfrei nennt, betreibt damit unvermeidlich die Spaltung der Bewegung.«[150]

260

Auseinandersetzungen über die »Gewaltfrage« gab es zwischen den 500 Teilnehmern auch auf einem »Arbeitstreffen unabhängiger Friedensgruppen« am 26./27. Februar 1983 in Frankfurt a. M., auf dem neben BAF-Gruppen u. a. die »Grünen«, der Bundesverband Bürgerinitiativen Umweltschutz (BBU), »Evangelische Studentengemeinden«, »Dritte-Welt-Gruppen« und »Friedensinitiativen« der »Frauenbewegung« teilnahmen.[151]

Am 16./17. April 1983 fand in Köln eine 3. Arbeitskonferenz der Friedensbewegung statt, bei der über die Vorbereitung einer »bundesweiten Aktionswoche« vom 15. bis 22. Oktober 1983 gesprochen wurde. Ziel dieser Aktionswoche und sonstigen Demonstrationen soll die Verhinderung des NATO-»Doppelbeschlusses« sein. Nach dem Beschluß dieser Konferenz soll es nicht nur in Bonn eine »Mammut-Demonstration« geben, sondern drei »Volksversammlungen« in Nord- und Süddeutschland und in Bonn. Dieser in Köln beschlossene Kompromiß »war deswegen überraschend, weil das SPD- und das DKP-Spektrum um das KOFAZ (Komitee für Frieden, Abrüstung und Zusammenarbeit), das auf der Konferenz die deutliche Mehrheit hatte, sich schon lange vorher auf ausschließlich eine Großdemonstration in Bonn als Gipfel des massenhaften und massenfreundlichen Drucks versteift hatte«.[152]

Wenngleich die Bemühungen der DKP und militanter Gruppen der Neuen Linken sehr intensiv sind, auf die Protestbewegungen einzuwirken, so wäre es doch falsch, von einer generellen Steuerung der Friedensbewegung durch solche Kräfte zu sprechen. In Antworten auf Anfragen im Deutschen Bundestag erklärte das Bundesministerium des Innern, daß bei den Bonner Großdemonstrationen der »Friedensbewegung« am 10. Oktober 1981 und am 10. Juli 1982 etwa ein Zehntel der Demonstranten »Linksextremisten« waren, wobei bei den Ordnern ihr Anteil jedoch wahrscheinlich mehr als ein Drittel betrug.[153]

7. Die Grünen und die Alternativen Listen

Die Entwicklung der Grünen zu einer Bundespartei, der am 6. März 1983 der Sprung in den Deutschen Bundestag gelang, wäre ohne die Protestbewegung der 68er Generation nicht vorstellbar. Viele der aktiven Mitglieder der Grünen waren in dieser Bewegung früher selbst aktiv, z. B. innerhalb des SDS, andere wiederum waren Aktivisten der sich Ende der siebziger Jahre auflösenden K-Gruppen-Bewegung. So gehören der Fraktion der »Grünen« im Deutschen Bundestag Personen an, die in Organisationen der Neuen Linken mitarbeiteten. Hierzu gehören der Journalist Jürgen Reents (Mitglied der Gruppe Z), Dr. Sabine Bard (ehemalige KPD) und Marie-Luise Beck-Oberdorf (Trotzkisten). Jürgen Reents war führend im Kommunistischen Bund (KB) und wurde dann Mitglied der von diesem abgespaltenen und heute noch existierenden Gruppe Z und war ferner Mitglied für den Hamburger Landesvorstand der Grünen in der Programmkommission der Bundes-Grünen.[153a] Dr. Sabine Bard, Tierärztin, beteiligte sich in den Jahren 1973 bis 1979 an Veranstaltungen der ehemaligen KPD und der »Liga gegen den Imperialismus« in Augsburg und München.[153b] Marie-Luise Beck-Oberdorf war eine Zeitlang Mitglied im früheren Sozialdemokratischen Hochschulbund (SHB) und arbeitete später bei Trotzkisten mit.[153c] Die Entstehung der Grünen ab etwa 1977/78 führte zu einem zunehmenden Verfall der K-Gruppen, weil es den Grünen und Alternativen Listen auf kommunaler wie auf Landesebene gelang, innerhalb kurzer Zeit eine nicht unerhebliche Stimmenzahl zu erhalten, während die marxistisch-leninistischen Parteien immer deutliche Abfuhren erlitten hatten.

Ab 1978 beteiligten sich ›grüne‹ Formationen an Landtagswahlen. Zuvor konnten solche Gruppen auf örtlicher Ebene teilweise spektakuläre Gewinne erzielen, so die »Grüne Liste Umweltschutz« bei Kreistagswahlen in Hildesheim am 23. Oktober 1977, die »Wählergemeinschaft Atomkraft-Nein-Danke« bei Kreistagswahlen in Hameln/Pyrmont (in unmittelbarer Nähe von Gorleben und Grohnde) am 23. Oktober 1977 oder zwei Grüne Listen Umweltschutz bei den Kreistagswahlen in Schleswig-Holstein am 5. März 1978 im Bezirk Steinburg (dazu gehört Brokdorf) und im Bezirk Nord-Friesland.

Vorläufer der Grünen und Alternativen Bewegung waren auch die Bürgerinitiativen, die zeitweilig einen deutlichen Zuspruch fanden. 1977 waren etwa 1000 Bürgerinitiativen mit über 300000 Einzelmitgliedern allein im Bundesverband Bürgerinitiativen, Umweltschutz (BBU) zusammengeschlossen; 1980 waren es nach Angaben des Umweltbundesamtes schon über 5 Millionen Bürger, die sich 11238 regionalen und 130 überregionalen Umweltschutz-Gruppierungen organisiert hatten.[154]

Diese Bürgerinitiativen waren vor allem beredter Ausdruck des Zweifels, ob die im Bundestag vertretenen Volksparteien mit ihrer ausgeprägten Flügelbildung in der Lage sein können, sehr konkrete Probleme, die teilweise außerordentlich kontrovers diskutiert wurden, in der praktischen Politik zu bewältigen. Insoweit gab es auch innerhalb der einzelnen Bürgerinitiativen ein breites Spektrum politischer Grundeinstellungen, wobei viele Bürgerinitiativen in erster Linie die Verhinderung geplanter, konkreter politischer Maßnahmen im Auge hatten. Gleichwohl waren viele Bürgerinitiativen auch für die weitgehend jugendlich geprägte Protestbewegung eine Möglichkeit der Einflußnahme und der Bündnispolitik. Ohne Zweifel haben auch Extremisten verschiedener Schattierungen die Mitarbeit in Bürgerinitiativen als wichtiges Mittel angesehen, um sich eine »Massenbasis« zu schaffen. Hierfür ist übrigens der »Ostermarsch« ein historisches Beispiel, eine der ältesten Bürgerinitiativen, die anfänglich im wesentlichen von Pazifisten getragen war, aber sich dann in der Führung immer mehr zu einer von Kommunisten gelenkten oder zumindest teilweise bestimmten Kampagne entwickelte.

7.1. Die Parteientwicklung der Grünen und Alternativen Listen

Die Grünen und Alternativen Gruppen stellen eine Protestbewegung dar, die in sich sehr vielschichtig ist. Einflußreich war in der Anfangszeit der ökologische Flügel um den früheren CDU-Bundestagsabgeordneten Herbert Gruhl und um den schleswig-holsteinischen Bauern Baldur Springmann, die jedoch sehr bald immer mehr abgedrängt wurden und sich schließlich in die Grüne Aktion Zukunft (GAZ) zurückzogen.

Die Grüne Aktion Zukunft (GAZ) des früheren Bundestagsabgeordneten Herbert Gruhl wurde am 13. Juli 1978 gegründet und verstand sich in erster Linie als Umweltschutzbewegung, die sich insbesondere von den »Bunten Listen« abzugrenzen bemühte. Mit Hilfe der GAZ versuchte Gruhl zunächst, den Parteibildungsprozeß der »Grünen« zu beeinflussen.

Innerhalb der Grünen und Alternativen Bewegung bestanden von Anfang an starke Strömungen, die sich nicht auf Fragen der Ökologie beschränken ließen, sondern einen eindeutig sozialistischen bis kommunistischen Kurs steuern wollten. Eine hohe Wirksamkeit hatten die Grünen und Alternativen Gruppen vor allem, wenn sie gegen konkrete Maßnahmen ankämpften. Dagegen kam es häufig zu heftigen Friktionen, wenn sie beispielsweise in der Parlamentsarbeit eingebunden und gezwungen waren, eigene, positiv formulierte Alternativen zu entwickeln.

7.1.1. Beispiel Hamburg

Maßgeblich wurde die 1978 in Hamburg angetretene »Bunte Liste/Wehrt Euch – Initiative für Umweltschutz und Demokratie« vom Kommunistischen Bund (KB) beeinflußt. Sie erhielt am 4. Juni 1978 auf Anhieb 33202 (= 3,5%) der Stimmen.

Laut dem Berliner Anarchistenblatt »Radikal« trugen über 150 Hamburger Initiativen das Bündnis »Bunte Liste/Wehrt Euch«: »In der Hauptsache Anti-AKW-Gruppen, der KB, die KPD, Frauengruppen, Schwulengruppen, Gruppen aus dem Gesundheitswesen, Mieterinitiativen etc.«[155]

Die »Grüne-Alternative-Liste« (GAL), die anläßlich der beiden Bürgerschaftswahlen des Jahres 1982 antrat, wird sehr stark durch die Gruppe Z, eine Abspaltung des Kommunistischen Bundes, beeinflußt.[156] So ist der GAL-Vorsitzende Thomas Ebermann auch Redakteur der sozialistischen Monatszeitschrift »Moderne Zeiten«, die ein Organ der Gruppe Z ist.[157] Ebermann lehnt zwar jede »Fetischisierung der Organisationsfrage ab« und distanziert sich insoweit von den K-Gruppen, gleichzeitig stellt er jedoch fest: »Wir vertreten aber weiterhin das Prinzip der besonderen Organisierung der Marxisten.«[158]

Anläßlich der am 6. Juni 1982 in Hamburg durchgeführten Bürgerschaftswahl unterstützte der Kommunistische Bund Westdeutschland die Grüne-Alternative-Liste (GAL), die von ihrem Selbstverständnis und ihrem Programm her »am ehesten« die Gewähr dafür biete, »daß sie ihre Tätigkeit im Parlament nicht an die Stelle der Selbsttätigkeit der Massen setzt und offen ist für die Forderungen der vielfältigen Initiativen und Gruppen«. Sie könne deshalb »zum parlamentarischen Arm der Bewegung« werden.[159]

7.1.2. Beispiel Hessen

Ein weiteres Beispiel ist die Grüne Liste Hessen, die anläßlich der Landtagswahlen vom 8. Oktober 1978 antrat und mit 37 698 Stimmen 1,1% erhielt. Hinter ihr stand die von der undogmatischen Neuen Linken (u. a. Cohn-Bendit, Herausgeber des Sponti-Blattes »Pflasterstrand« Frankfurt) beeinflußte »Grüne Liste – Wählerinitiative für Umweltschutz und Demokratie«.

Wie sehr die Partei die Grünen personell auch aus dem Bereich der Spontis gespeist wird, zeigen sogenannte Sponti-Wählerinitiativen. Die bekannteste ist die Sponti-Wählerinitiative für die Grünen in Frankfurt am Main. Solche Wählerinitiativen waren dem eigenen politischen Anspruch nach immer auch ein »politisches Korrektiv« zu der Grünen Partei. So wurde bei der Kommunalwahl 1981 in Frankfurt versucht, ähnlich wie in Berlin oder Hamburg eine sog. »Alternative Liste« aufzubauen, die aus dem Vorläufer der Sponti-Wählerinitiative, der »Sponti-Ökogruppe« hervorgehen sollte, doch die Verhandlungen scheiterten.[160]

Die von K-Gruppen, DKP und vor allem von ehemaligen SPD-Abgeordneten gegründeten Demokratischen Sozialisten (DS) haben 1982 zur Hessenwahl wiederum eine »Alternative Liste« angeregt, jedoch »waren die Grünen und die Spontis in Ffm. nicht mehr bereit, mit den drei vorgenannten Gruppierungen gemeinsam ins Parlament zu gehen. Es wurde eine offene Grüne Liste mit einem Sponti-Vertreter, der jetzt in der Landtagsgruppe ist, gebildet, und anstatt einer AL gründeten die Spontis, Undogmatischen und Nicht-Grünen Aktivisten in Frankfurt, die sich am Wahlkampf zum Landesparlament beteiligen wollten, die Sponti-Wählerinitiative.«[161]

7.1.3. Beispiel Berlin

Insbesondere am Beispiel der Alternativen Liste (AL) von Berlin kann deutlicch nachgewiesen werden, wie sehr diese von dem Zerfall der K-Gruppen-Bewegung profitierte. Die »Alternative Liste für Demokratie und Umweltschutz Berlin« wurde am 5. Oktober 1978 aus Anlaß der im März 1979 bevorstehenden Abgeordnetenhauswahlen in Berlin gegründet. Die AL hatte damals etwa 1500 Mitglieder und erreichte bei den Wahlen am 18. März 1979 immerhin 3,7% und zog mit insgesamt 10 Abgeordneten in vier Bezirksverordnetenversammlungen (Kreuzberg,

Schöneberg, Tiergarten und Wilmersdorf) ein. Wie Klaus-Jürgen Schmidt, Mitglied des geschäftsführenden Ausschusses der Alternativen Liste, im Mai 1981 erklärte, hatte die AL zu diesem Zeitpunkt etwa 2000 Mitglieder. Der Mitgliederzuwachs wurde auch durch neue Mitglieder aus dem Bereich des Sozialistischen Büros (SB) erklärt, ferner durch Mitglieder der »Sozialistischen Initiative« (einer aus der SEW ausgeschlossenen Gruppe) sowie durch Mitglieder des Kommunistischen Bundes Westdeutschland (KBW).

»Die AL hat stets ihren Bündnischarakter betont, und wir finden es gut, wenn Demokraten, Umweltschützer, Ökologen, Sozialisten und Kommunisten zusammenarbeiten in dieser Alternativen Liste.«[162] In der AL gebe es keinen Unvereinbarkeitsbeschluß, »bei uns kann jeder mitarbeiten und Mitglied sein, ob er Sozialdemokrat, Grüner, Kommunist, Anarchist oder sonstwo organisiert ist«.[163]

Nach Schätzungen des Bundesinnenministeriums waren etwa ein Viertel der Mitglieder und Kandidaten der AL der einstigen China-orientierten »Kommunistischen Partei Deutschlands« (KPD) zuzurechnen.[164]

Die Frage der Gewaltfreiheit spielte im Zusammenhang mit dem Besuch des amerikanischen Präsidenten Reagan in Berlin am 11. Juni 1982 eine wichtige Rolle innerhalb der AL, als es während dieses Besuches zur »Schlacht am Nollendorfplatz« und zu heftigen Krawallen kam. Innerhalb der AL führten die Auseinandersetzungen um die sogenannte Gewaltfrage zur Einrichtung einer Arbeitsgruppe, die einen »Bericht der Kommission 11. Juni« vorlegte, wobei auf einer Mitgliederversammlung der AL am 24. September 1982 eine große Mehrheit den Kommissionsbericht und die darin enthaltenen politischen Einschätzungen ablehnte.[165]

In diesem Bericht wurden »politische Strategien« abgelehnt, »in denen gewalttätige Angriffe auf die Institutionen des Staates und der Repräsentanten dieses Systems unter den hiesigen gesellschaftlichen und politischen Verhältnissen praktiziert und gerechtfertigt werden«, ferner werden Straßenschlachten »für sinnlos und schädlich« gehalten, wobei in diesem Bericht die Schlußfolgerung gezogen wird, daß die AL künftig in ihren Aufrufen »auf die Notwendigkeit von Gewaltfreiheit« hinweist, andererseits aber auch »legitime Aktionen« wie »Haus-, Bauplatz- oder Betriebsbesetzungen«, auch »wenn sie verboten sind«, unterstützen und »selbst durchführen« will.[166]

Auf der AL-Mitgliederversammlung vom 24. August 1982 konnten die Verfasser dieses Berichtes eine Niederlage nur dadurch verhindern, daß sie den Bericht nicht zur Abstimmung stellten. Es wurde sogar auf dieser Versammlung eine »Festlegung auf grundsätzlich gewaltfreie Widerstandsformen« vermieden. Die AL trat in Berlin anläßlich der Wahlen zum Berliner Abgeordnetenhaus am 10. Mai 1981 mit einem Programm an, das ihr immerhin 7,2% Stimmenanteil der gültigen Stimmen verschaffte (9 Sitze im Parlament). In diesem Programm spricht sich die AL für die »Paktfreiheit« beider deutscher Staaten aus, wobei es Ziel der Politik der AL sei, »daß weder von westlicher noch von östlicher Seite Berlin zum Schauplatz von Imponiergehabe oder von ultimativen Drohungen gemacht wird«.[167] Deshalb tritt die AL dafür ein, »daß die Bundesrepublik alle Reste des Alleinvertretungsanspruchs aufgibt und die staatliche Souveränität der DDR ohne Wenn und Aber respektiert, dazu gehört auch die DDR-Staatsbürgerschaft«.[168]

Die AL fordert in ihrem Programm, daß einerseits die Alliierten politische Garantien für die Unversehrtheit Berlins geben, sie aber auch andererseits »ihre Streitkräfte auf symbolische Einheiten« reduzieren.

Im Februar 1983, also nun kurz vor den Bundestagswahlen, kam es innerhalb Berlins zu heftigen Kontroversen um die Frage, ob die Alternative Liste ein Landesverband der Bundespartei der Grünen werden oder ob es lediglich zu einer vertraglichen Vereinbarung mit der Grünen Bundespartei kommen solle, und zwar bei Wahrung der Selbständigkeit der AL. Ernst Hoplitschek und andere versuchten auf einer Vollversammlung der AL am 19. Februar 1983 vor Aufruf dieses Tagesordnungspunktes durch eine Grundsatzdiskussion die Frage des Verhältnisses der AL zur Gewalt zu klären, »da für sie die Festlegung der AL auf eine Position der Gewaltfreiheit Vorbedingung für eine irgendwie geartete Vereinbarung mit der Grünen Bundespartei sei«.[169]

Selbst eine vertragliche Lösung auf der Basis von Gleichberechtigung und Selbstbestimmung sei nach Auffassung von Hoplitschek und seinen Anhängern nur akzeptabel, wenn die AL die Gewaltfreiheit als eine der vier Säulen grüner Politik (ökologisch-sozial-basisdemokratisch-gewaltfrei) anerkenne. »Dieses Ansinnen wurde von der großen Mehrheit der Mitglieder zurückgewiesen.«[170] Eine Koppelung der beiden Fragen, nämlich die Klärung des Verhältnisses AL–Grüne und Gewaltfreiheit, »sollte gerade nicht stattfinden. Immerhin ein Ausdruck dafür, daß die Mehrheit der AL'er nicht bereit ist, mögliche Vorbedingungen der Grünen Bundespartei hinzunehmen.«[171]

Hoplitschek sprach schon am Tag vor der Mitgliedervollversammlung in der »Tageszeitung« vom 18. Februar von »unüberbrückbaren ideologischen Differenzen« innerhalb der AL, auf der Mitgliederversammlung machte Hoplitschek »Defizite« der AL auf dem Gebiet der Ökologie zum wichtigsten Punkt seiner Argumentation, wobei er gleichzeitig gegen die »Traditionssozialisten« zu Felde zog und aufforderte, diese sollten bundesweit die AL bzw. die Grüne Partei verlassen und »ihr Zielsystem ›Sozialismus‹ offen benennen«.[172]

Wie die Einstellung zur Gewaltfrage ist, wird in der KB-Zeitung »Arbeiterkampf« wie folgt beschrieben: »In der AL scheint sich indes immer stärker die Erkenntnis durchgesetzt zu haben, daß sich auf die ›Gewaltfrage‹ keine simplen und immer gültigen Antworten finden lassen.« Und Ernst Hoplitschek erklärte einen Tag vor der Mitgliedervollversammlung: »Unüberbrückbare Positionen gibt es ebenfalls in der Frage, ob eine auf Gewalt fußende politische Strategie aufrechterhalten werden soll.«[173] Hoplitscheck, der im Aufbauprozeß des Bundes-Grünen eine wichtige Rolle gespielt hat, unterlag mit seinen Vorstellungen und trat aus der AL aus. Nach seiner Meinung wird in der AL nicht der ökologischen Sichtweise Vorrang eingeräumt, sondern Fragen der Wirtschaftsordnung. Die Zukunftsfragen seien jedoch »primär mit der Öko-Schiene verschränkt«, seine Auffassung »bezieht ihr politisches Handeln von der Katastrophe des sterbenden Waldes und nicht von der Forderung, daß ›mittlere Einkommen‹ bei der 35-Stunden-Woche einen vollen Lohnausgleich bekommen sollen«.[174]

7.2. Parteigründung als Bundespartei

Politischer Vorläufer der Bundespartei »Die Grünen« war eine »Sonstige Politische Vereinigung (SPV), Die Grünen«, die im März 1979 gegründet worden war. Die noch als »Sonstige Politische Vereinigung« kandidierenden Grünen erreichten bei der ersten Beteiligung an einer bundesweiten Wahl anläßlich der Europawahl im Juni 1979 schlagartig immerhin mit rd. 900 000 Stimmen (= 3,2%) der Wähler. An der Gründung dieser Grünen Partei in Frankfurt waren rd. 500 Delegierte beteiligt, die u. a. von der von rechts kommenden Aktionsgemeinschaft Unabhängiger Deutscher (AUD), der Grünen Liste Umweltschutz (GLU), der Grünen Aktion Zukunft (GAZ), der Grünen Liste Schleswig-Holstein (GLSH), der Aktion Dritter Weg (A 3 W) und der Freien Internationalen Universität (FIU) gestellt wurden.

Die eigentliche Parteigründung der Grünen wurde am 12./13. Januar 1980 in Karlsruhe vollzogen. Schon vor diesem Datum fand eine intensive Auseinandersetzung zwischen den »wertkonservativen« Grünen um Herbert Gruhl und Angehörigen der Alternativen und »Bunten Bewegung« statt, die immer mehr versuch-

ten, Angehörige der linken Szene in diese Partei einzubringen. Die Formierungs-
phase der Grünen war daher von heftigen Organisations- und Satzungsdebatten
bestimmt, was auch bei der Parteigründung der Grünen in Karlsruhe noch deutlich sichtbar wurde. Wesentlicher Streitpunkt war auf diesem Parteitag die Frage
der Doppelmitgliedschaft, sprach sich doch die Gruhlsche Fraktion deutlich gegen eine durch die Satzung gewährte Möglichkeit aus, den Mitgliedern der Bundespartei eine gleichzeitige Mitgliedschaft in einer anderen Partei oder einer par-
teiähnlichen Organisation zu gestatten. Gruhl und seine Anhänger fürchteten, die
Doppelmitgliedschaft würde kommunistischen Splittergruppen die Möglichkeit
geben, einerseits weiter als selbständige Organisationen zu existieren und andererseits gleichzeitig in die neu entstandene Grüne Partei einwirken zu können.
Die Bunten/Alternativen sowie ein Teil der Grünen Delegierten waren für eine
Doppelmitgliedschaft, indem sie das Modell einer »offenen Partei« argumentativ
immer wieder in den Vordergrund stellten. Nach zwei Tagen zäher und ermüden-
der Richtungskämpfe kam es schließlich auf dem Gründungsparteitag zu einem
Kompromiß. Der Unvereinbarkeitsbeschluß zur Doppelmitgliedschaft in politischen Parteien wurde dadurch entschärft, daß die einzelnen Landesverbände
selbständig Übergangsregelungen treffen konnten.[175]
Diese Entscheidung wurde mit 478 Stimmen gegenüber 397 Stimmen durchgesetzt. Damit wurde einer Forderung von Delegierten aus Berlin, Hamburg, Hessen und Nordrhein-Westfalen gefolgt, denen es aufgrund ihrer Sperrminorität ansonsten möglich gewesen wäre, die Gründung der Partei zu verhindern. Denn die
Bunten, Alternativen und unorthodoxen Kommunisten hatten den Kongreß massiv unter Druck gesetzt, womit ein vorher gefaßter Beschluß, daß sich Landesre-
gelungen der Bundessatzung anzunähern hätten, ad absurdum geführt wurde.
Denn aufgrund der Satzungsbestimmungen benötigte die »Sonstige Politische
Vereinigung Die Grünen« eine Zwei-Drittel-Mehrheit, um sich in eine neue Bundespartei Die Grünen umzugründen – und die Kostenpauschale aus der Europawahl in Anspruch nehmen zu können. Etwa zehn Prozent fehlten für die satzungs-
ändernde Mehrheit. Insbesondere der Kommunistische Bund setzte sich mit seiner Forderung durch: entweder Doppelmitgliedschaft oder Verhinderung der
Parteigründung der Grünen.[176] Zu diesem Kompromiß erklärte Gruhl: »Damit
kann man leben.«[177] »Die Zeit« kommentierte diese Meinung als ein »Musterbei-
spiel für die Macht der Selbsttäuschung«.[178]
Über programmatische Fragen wurde in Karlsruhe nur im Zusammenhang mit
der Präambel der Satzung diskutiert. Für das Programm selber wurde dann ein eigener Kongreß beschlossen, auf dem der Programmentwurf Grundlage der Beratungen sein sollte.
Am 22./23. März 1980 fand der Programmkongreß der Grünen in Saarbrücken
statt, der sich zu einer Zerreißprobe zwischen der Bunten und Alternativen Linken, dominiert von Hamburg und Berlin, und den Wertkonservativen um Herbert
Gruhl entwickelte, der schließlich von seiner Kandidatur für den Vorstand zurücktrat, was er nach Beendigung des Programmpunktes »Wirtschaft und Arbeitswelt« mit der Polarisierung auf dem Parteitag begründete.[179]
In diesem Programm der Grünen bezeichnen sie sich als »die Alternative zu den
herkömmlichen Parteien«. Sie sei »aus dem Zusammenhang von Grünen, Bunten
und Alternativen Listen und Parteien« hervorgegangen.[180] Einer der wichtigen
und langwierigen Diskussionspunkte war die Frage des § 218. Während die Wertkonservativen darauf drängten, die Frage der Abtreibung als Gewissensentschei-
dung jeder einzelnen Frau zu erklären, waren die Bunten und Alternativen Gruppierungen für eine »ersatzlose Streichung des § 218«.
Die Berliner »die tageszeitung« charakterisierte die politische Ausrichtung dieses
Kongresses wie folgt: »Die abzustimmenden Anträge waren eher eine Aneinan-
derreihung sämtlicher Forderungen, die die Linke, einschließlich ihrer vormals

dogmatischen und marxistisch-leninistischen Teile, in den letzten zehn Jahren entwickelte und in der Öffentlichkeit propagiert hatte, als die Entwicklung von Zielen, orientiert an ökologischen Prinzipien.«[181]

7.3. Zur weiteren Entwicklung der Partei

Anläßlich der Bundestagswahl am 4. Okt. 1980 erzielten die Grünen lediglich 1,5% der Stimmen. Auf ihren Bundesversammlungen in Offenbach (1981) und Hagen (1982) standen die Schwerpunktthemen »Abrüstung« und »Arbeit« im Mittelpunkt der Beratungen. Auf der Bundesversammlung der Grünen, die vom 12. bis 14. November 1982 in Hagen stattfand, konnten die Alternativen und Bunten gegenüber den Ökologen eine weitere Stärkung ihrer Position durchsetzen. Rainer Trampert wurde zum Bundesvorsitzenden gewählt, der zur vom KB abgespaltenen Gruppe Z gehört hatte. Er erklärte unmittelbar vor seiner Wahl: »Da gibt es nichts zu verschweigen. Ich denke aber, daß die Zeiten der innerparteilichen Tribunale vorbei sind.«[182]
In Hagen waren die beiden Sprecher des Bundesvorstandes, Petra Kelly und Dieter Burgmann, turnusgemäß aus dem Bundesvorstand ausgetreten. Auch Schriftführer Ernst Hoplitschek und Roland Vogt gaben ihr Amt auf.
Rainer Trampert gilt als ein Anhänger einer möglichen Zusammenarbeit der Grünen mit der SPD, während Petra Kelly – ähnlich wie Bahro – bei einer eventuellen Zusammenarbeit mehr um die eigene Identität der Grünen fürchtete. Die Grünen erklärten, sie wollten keinen Kanzler wählen und keine Regierung unterstützen, die das »lebensbedrohende Atom- und Rüstungsprogramm« fortsetzen will. Auf dem Hagener Kongreß der Grünen wurde ein 8 Punkte umfassender Parteitagsbeschluß gefaßt, in dem die Bedingungen festgelegt wurden, unter denen die Grünen bereit gewesen wären, den SPD-Kanzlerkandidaten Hans-Jochen Vogel zum Kanzler zu wählen.
Keine Präzisierung erfuhr das Rotationsprinzip. Gemäß dieser Praxis soll jeder Grüne nach zwei Jahren sein Mandat aufgeben und an einen Nachrücker weitergeben. Das Plenum in Hagen einigte sich darauf, daß eine Arbeitsgemeinschaft bis zur nächsten außerordentlichen Delegiertenversammlung ein Rotationskonzept erarbeitete.[183]
Die 650 Delegierten hatten in Hagen im Laufe der zum Teil sehr chaotisch verlaufenden Diskussion mehr als 1000 Anträge und Alternativkonzepte beraten. Heftige Auseinandersetzungen gab es vor allem zur Wirtschaftspolitik. Der bei den Grünen heimisch gewordene frühere DDR-Bürger Rudolf Bahro hatte der wirtschaftspolitischen Arbeitsgemeinschaft der Grünen, die einen Programmentwurf gegen Arbeitslosigkeit vorgelegt hatte, schon im Vorfeld des Parteitages einen geradezu »hündischen SPD-Bezug« vorgeworfen.[184] »Den Punkt aufs i« (taz) setzt Bahro, daß die Wirtschafts-AG die Gewerkschaften als Bündnispartner empfiehlt: »Wer nicht begreift, daß man im Bündnis mit dem DGB keine ökologische Politik machen kann, den sollten wir bitten, nicht unbedingt bei uns mitmachen zu wollen.«[185]
Bahro bezeichnete den DGB als »eines der Schlachtschiffe der Kaputt-Industrialisierung«. Bahro ist den »Fundamental-Ökologisten« zuzurechnen. Mit dieser seiner deutlichen Position legte er sich mit den »Reform-Ökologisten« an, zu denen auch der Bundesvorsitzende Trampert zu rechnen ist. Die Reform-Ökologisten vertreten eindeutig marxistische Forderungen und kennen keine Berührungsängste vor der SPD. Ihre wirtschaftspolitischen Forderungen lassen durchaus die Möglichkeit einer Annäherung an eine linke Sozialdemokratie erkennen. Bahro warf den Reform-Ökologisten vor, diese würden nicht genügend für eine »unbedingte Unabhängigkeit der Grünen, für ihre unverwechselbare Identität« eintreten, währenddessen der Entwurf der Wirtschafts-AG »völlig auf die politische Li-

nie der von Willy Brandt gewünschten neuen Mehrheit ›diesseits der CDU‹« hinauslaufe. »In dem Entwurf ist die politische Identität der Grünen von Grund auf preisgegeben bzw. überhaupt nicht angezielt.«[186] Angesichts der Gegensätzlichkeit der Positionen konnte der Programmentwurf gegen Arbeitslosigkeit auf der Hagener Delegiertenkonferenz nicht verabschiedet werden.[187]

Die Grünen hatten nach Angaben ihres Schatzmeisters Hermann Schulz auf der Bundesdelegiertenkonferenz der Grünen in Hagen etwa 18 000 zahlende Mitglieder. Der Etat 1983 des Bundesverbandes der Grünen umfaßt ein Ausgabenvolumen von 684 000 DM, wovon allein 270 000 DM auf die Personalkosten der Bundesgeschäftsstelle entfallen. Gelder aus der staatlichen Wahlkampfkosten-Rückerstattung sind demnach die Haupteinnahmequelle der Grünen. Von den Gesamteinnahmen des Bundesverbandes der Grünen vom 1. Januar bis 1. Oktober 1982 in Höhe von 1,25 Millionen DM entfielen 377 755 DM auf Mitgliedsbeiträge, aber 968 000 DM auf die Abschlagszahlung für die Europawahl.

Im Januar 1983 fand ein Wahlparteitag der Grünen in Sindelfingen statt, bei dem u. a. die Bindung der Abgeordneten an Parteitagsbeschlüsse, das Auswechseln der Abgeordneten nach zwei Jahren (Rotation) und die Bezahlung der Abgeordneten geregelt wurde.

»Die Grünen im Bundestag sind an die Beschlüsse der Bundesversammlung und des Bundeshauptausschusses gebunden. Verstöße gegen diese Beschlüsse sind ein Grund für den Ausschluß aus der Bundestagsgruppe«, lautet ein Beschluß von Sindelfingen. Ebenfalls wurde festgelegt, die Bundestagsabgeordneten hätten nach 2 Jahren den auf den Landeslisten nachfolgenden Kandidaten zu weichen, wobei die Abgeordneten und Ersatzleute während der ganzen 4 Jahre der Legislaturperiode eine Bürogemeinschaft bilden sollen.[188]

Auf einer außerordentlichen Bundesversammlung der Grünen am 4./5. Juni 1983 in Hannover forderte der Bundessprecher Trampert die Grünen auf, »mit der staatlich verordneten Legalität zu brechen«.[189] Er forderte die 900 Delegierten zu weiteren Aktionen gegen die NATO-Nachrüstung auf und hält in diesem Zusammenhang Blockaden an Stationierungsorten von Raketen und naturzerstörenden Projekten ebenso für legitim wie einen Generalstreik. Zu einem erneuten zeitweise hitzigen Streit über den weiteren politischen Weg kam es zwischen Rudolf Bahro und Rainer Trampert. Während Trampert eine Zusammenarbeit mit den Sozialdemokraten nicht ausschließen wollte, wandte sich Bahro nachdrücklich gegen ein rot-grünes Bündnis, er wolle auch Konservative und CDU-CSU-Wähler gewinnen. Trampert hingegen sprach sich gegen eine »suggerierte Nähe zwischen Grün und CDU« aus.[190]

Zum Zeitpunkt dieses Parteitages hatten die Grünen nach eigenen Angaben mehr als 30 000 Mitglieder.[191]

Im Jahre 1983 waren die Grünen im Deutschen Bundestag und in sechs Landtagen vertreten:

Stimmenanteile und Sitze der GRÜNEN in den Parlamenten

Land Datum der Wahl	Bezeichnung	Stimmenanteil in % der gültigen Stimmen	Sitze
Bundestag			
4. 10. 1980	Die Grünen	1,5	–
6. 3. 1983	Die Grünen	5,6	27
	Ökologisch-Demokratische Partei (ÖDP)	–	–
Baden-Württemberg			
16. 3. 1980	Die Grünen	5,3	6
Bayern			
15. 10. 1978	Aktionsgemeinschaft Unabhängiger Deutscher (AUD) – Die Grünen	1,8	–
10. 10. 1982	Die Grünen	4,6	–
	Ökologisch-Demokratische Partei (ÖDP)	0,4	–
Berlin			
18. 3. 1979	Alternative Liste (AL)	3,7	–
10. 5. 1981	Alternative Liste (AL)	7,2	9
Bremen			
7. 10. 1979	Bremer Grüne Liste	5,1	4
	Alternative Liste (AL)	1,4	–
25. 9. 1983	Die Grünen	5,4	5
	Bremer Grüne Liste	2,4	–
	Betrieblich-Alternative Liste (BAL)	1,4	–
Hamburg			
4. 6. 1978	Bunte Liste	3,5	–
	Grüne Liste Umweltschutz	1,0	
6. 6. 1982	Grüne Alternative Liste	7,7	9
19. 12. 1982	Grüne Alternative Liste	6,8	8
Hessen			
8. 10. 1978	Grüne Liste Hessen	1,1	–
	Grüne Aktion Zukunft	0,9	
	Grüne Liste Umweltschutz	0,0	
26. 9. 1982	Die Grünen	8,0	9
25. 9. 1983	Die Grünen	5,9	7
Niedersachsen			
4. 6. 1978	Grüne Liste Umweltschutz (GLU)	3,9	–
21. 3. 1982	Die Grünen	6,5	11
Nordrhein-Westfalen			
11. 5. 1980	Die Grünen	3,0	–
Rheinland-Pfalz			
6. 3. 1983	Die Grünen	4,5	–
Saarland			
27. 4. 1980	Grüne	2,9	–
Schleswig-Holstein			
29. 4. 1979	Grüne Liste	2,4	–
13. 3. 1983	Die Grünen	3,6	–
	Demokratische Grüne Listen	0,1	–

Nachdem die Grüne Alternative Liste anläßlich der Bürgerschaftswahlen in Hamburg am 6. Juni 1982 immerhin 7,7% der gültigen Stimmen (9 Sitze) erhalten hatte, war auch innerhalb der Grünen-Bewegung das Wort von den »Hamburger Verhältnissen« signifikant für die Einsicht, daß die Beteiligung an Wahlen durchaus partikularen Einfluß ermöglicht. Denn nur durch eine kurzzeitige Duldung konnte es dem damaligen SPD-geführten Senat in Hamburg gelingen, bis zu den am 19. Dezember 1982 vollzogenen Neuwahlen politisch zu überleben.

Aber auch der Einzug der Grünen ins hessische Landesparlament (8,0%) am 26. September 1982 führte zu der Übertragung der einstigen »Hamburger Verhältnisse« in den Landtag von Wiesbaden, was Neuwahlen am 25. September 1983 erforderlich machte, bei denen die Grünen 5,9% erhielten.

Die »Hamburger Verhältnisse« waren für die Grünen in zweierlei Beziehung psychologisch wichtig. Sie wirkten insoweit ermunternd, weil damit dokumentiert wurde, daß die Rolle des »Züngleins an der Waage« politischen Einfluß ermöglicht. Zum anderen waren diese »Hamburger Verhältnisse« aber wichtig für einen politischen Klärungsprozeß der Grünen, da wichtige Teile – z. B. der Bundesvorsitzende Trampert – eher eine Koalition mit der SPD erstreben als mit anderen im Bundestag vertretenen Parteien und von daher eher einer »Grünen Realpolitik« zuneigen als manche »Fundamentaloppositionelle« innerhalb der Partei Die Grünen.

7.4. Die Grünen und der Parlamentarismus

Kernfrage der Grünen ist die Frage der Einstellung zum Parlamentarismus, die noch nicht genügend geklärt wurde. Mit dem Aufkommen der Grünen hat sich innerhalb der Protestbewegung weitgehend die Erkenntnis durchgesetzt, daß eine Veränderung der Gesellschaft im Sinne ökologischer und auch sozialistischer Zielvorstellungen nicht gegen die Institutionen des Staates möglich ist, sondern nur durch die Beeinflussung derselben. Die außerparlamentarische Opposition hat in den fünfzehn Jahren ihres Auftritts in der Bundesrepublik die Einsicht gewinnen können, »daß nämlich grundlegende gesellschaftliche Konflikte, sofern sie nur auf der Konfrontationsebene mit dem Staat ausgetragen werden, für die Bewegung über kurz oder lang mit Niederlagen enden müssen. Der politische Kampf, der allein von der Bewegung geführt wird – und das zeigen die massenhaften Auseinandersetzungen um die Startbahn West, um das KKW Brokdorf, die WAA Gorleben und den Schnellen Brüter in Kalkar zur Genüge –, ist aller Erfahrung nach zum Scheitern verurteilt. Die reine Bewegung führt politisch in die Sackgasse. Mit der unter Grünen ebenso wie unter den unmittelbaren Aktivisten verbreiteten Bewegungsmetaphysik läßt sich offensichtlich keine Perspektive von Gesellschaftsveränderung verbinden.«[192]

Das »Bundesprogramm« der Grünen hält es in der Präambel für notwendig, »die Aktivitäten außerhalb des Parlamentes durch die Arbeit in den Kommunal- und Landesparlamenten sowie im Bundestag zu ergänzen. Wir wollen dort unseren politischen Alternativen Öffentlichkeit und Geltung verschaffen.«[193]

Der Grüne-Bundestagsabgeordnete Joschka Fischer sagt es noch deutlicher, denn nach seiner Auffassung müßten die Grünen »in allen wesentlichen Entscheidungen ihrer Politik die Bindung an die außerparlamentarischen Bewegungen zum Maßstab ihres Handelns machen«, worin er »keine Verkürzung der Grünen auf eine Protestpartei, sondern vielmehr eine Antwort auf die von uns diagnostizierte Systemkrise« sieht.[194] Und der GAL-Fraktionsvorsitzende von Hamburg, Ebermann, erklärte, »daß gesellschaftliche Veränderung nicht hauptsächlich über das Parlament läuft«. Auf die Frage, ob auch für die GAL ein »höheres Maß an Kompromißfähigkeit« in Betracht komme, erklärte er dies als »kein Lernziel«.[195]

270

Der Berliner AL-Vorsitzende Klaus-Jürgen Schmidt brachte ebenfalls Skepsis gegenüber Parlamentarismus zum Ausdruck: »Aber die Institution Parlament ermöglicht nicht die direkte Demokratie, die wir wollen. Wir haben noch kein Konzept, was man an die Stelle des Parlamentes setzen könnte, aber man muß weiter darüber nachdenken. Denn so, wie diese Institution organisiert ist, so abgehoben von Bevölkerungsinteressen, wie sie arbeitet, wie die Ausschüsse arbeiten – all das hat mit unmittelbarer Demokratie wenig zu tun.«[196]

Daß die Teilnahme der Partei »Die Grünen« innerhalb der neuen sozialen Bewegungen höchst umstritten ist, zeigt ein Papier der Grauen Zellen Westberlin, einer Gruppe von Studenten des Jahrganges 1959 bis 1961 an der Freien Universität Berlin, die zur Hausbesetzerszene gehören: »Die Partei der Grünen ›starrt‹ nach ihrer Auffassung ›gebannt auf den Wahltag, rechnet die zu erwartenden Stimmenprozente in Mandate um und verstellt sich die Perspektive. Statt der parlamentarischen institutionellen Strategie praktisch eine Absage zu erteilen und für eine radikale Veränderung der Verhältnisse einzutreten, stiftet sie Ordnung, indem sie sich strategisch auf den Wahlakt fixiert und den Problemen des nationalen Gesamtwohls zuwendet. Damit setzt sie auf Parteienkonkurrenz und Parlamentsdebatte und nicht auf Klassenkampf und Barrikadenbau.«[197]

Die Grauen Zellen Westberlin weisen in ihrem Grundsatzpapier allerdings auch auf jenen Teil der Grünen Partei hin, die den Parlamentarismus nur als Instrument letztlich zur Abschaffung des Parlamentarismus ansieht: »Der in der Grünen Partei verbliebene Rest mit radikalbasisdemokratischer Orientierung will ins Parlament, um dort Chaos zu stiften, durch geschickten Gebrauch der bürgerlichen Massenkommunikationssysteme aktive Gegenmanipulation bzw. Gegenaufklärung betreiben und fundamentaloppositionelle Inhalte präsent machen, Vertrauen, Macht und Befugnis des Parlaments mißbrauchen, es der Lächerlichkeit preisgeben, Herrschaftsstrukturen entlarven und die Phantasie an die Macht bringen.«[198]

Die Grünen mußten sich nach ihrem Einzug in den Deutschen Bundestag erst an die neue Rolle gewöhnen, wobei Auseinandersetzungen über das Ziel ihrer parlamentarischen Aktivität nicht ausbleiben konnten. Der Bundestagsabgeordnete Joschka Fischer sprach in einem Interview mit dem Frankfurter Sponti-Blatt »Pflasterstrand« von einem »Psychokrieg aller gegen alle« innerhalb der Fraktion der Grünen: »Die verschiedenen grünen Fraktionen machen sich vor allen Dingen in einer gewaltigen Psychokiste Luft. Das stellte sich aufgrund des Wahlergebnisses weniger als politische Fraktionierung dar, sondern als ein Nichtabreißenwollen eines Psychokrieges aller gegen alle. Du hast das Gefühl, 28 Abgeordnete plus einer noch nicht näher fixierten Zahl von Nachrückern beginnen einen gewaltigen Kampf untereinander, jeder gegen jeden, manche gegen manche. Stunde für Stunde. Tag für Tag.«[199]

Er bezeichnete seine Bundestagsfraktion als »eine große Selbsterfahrungsgruppe«, die »gigantisch« sei: »Mir ist es ja gelungen, diese ganze Psychophase der 70er Jahre zu überstehen, ohne einmal in eine solche Gruppe, sei es Männergruppe, Psychogruppe oder so was reinzugeraten. Und nun muß ich mit Bestürzung feststellen, daß mich die Strafe Wilhelm Reichs mit um so größerer Macht ereilt hat.« Seine weiteren Erfahrungen der ersten Wochen Parlamentsarbeit charakterisiert Fischer wie folgt: »Für mich stellen sich die letzten drei Wochen wie ein permanenter Vereinigungsparteitag der verschiedenen K-Sekten, Spontifreaks, Ökofreaks und Feministinnen dar: Ich lege besonderen Wert auf den Begriff der Permanenz. Man tagt da in Permanenz-plenar.«[200]

Fischer beklagte sich vier Wochen nach der Bundestagswahl, die Fraktion habe »nicht einmal politisch diskutiert, nicht einmal«. Und weiter: »Bei einem solchen Vereinigungsparteitag geht es darum, wie die Posten im ZK verteilt werden und letztendlich auch im Politbüro.« Mit einigem Selbstspott wies Fischer auf die

Schwierigkeiten der Entscheidungsfindung in der Fraktion und damit an Anpassungsprozesse in dem vom Parlamentarismus gesetzten Rahmen hin: »Um eine Entscheidung durchzubringen, mußt du bis zur vollständigen physischen und psychischen Erschöpfung von dir selbst und den anderen gehen, und dann noch ein Quäntchen Reserve haben, damit du die Entscheidung noch schaffst. Du mußt den Konsens aussitzen. Wenn von den Grünen nichts bleibt, dann bleibt für die Bundesrepublik Deutschland zumindest eines übrig, ein Potential von Unterhändlern für die EG in Brüssel, denn ich kann mir vorstellen, nach 2 oder 4 Jahren grüner Fraktionsarbeit sitze ich jeden in Brüssel aus.«

Die Tatsache, daß der Bundeshauptausschuß der Grünen ein imperatives Mandat auf die Parlamentsarbeit der Grünen Fraktion durchzusetzen sich bemüht, beurteilte Fischer wie folgt: »Diese Beschlüsse sind eine Selbstentmündigung, weil man sie nicht einhalten kann.«[201] Offensichtlich sind sich aber die Grünen auch der historischen Bedeutung ihres Einzugs in das Parlament bewußt geworden, vor allem auch der Tatsache, daß sie dadurch mit dem Zentrum politischer Macht unmittelbar konfrontiert waren. Auf die Frage, wie das Gefühl sei, »plötzlich als Sponti vorne im Bundestag zu sitzen«, antwortete er: »Absurd. Du sitzt da, zweite Reihe, vis à vis Stoltenberg, eineinhalb Meter schräg rüber Herr Kohl neben Herrn Barzel, links von mir. Da saßen die alle in diesen Schulbänkchen, in denen wir auch die Ehre hatten, Platz zu nehmen. Rechts von mir Willy Brandt und Vogel – das war schon äußerst surreal.«[202]

Zweifelsohne hat die Partei der Grünen auch den Charakter einer Protestpartei, die für alle diejenigen wählbar ist, die von den »etablierten Parteien« enttäuscht sind. Der knappe Einzug der Grünen mit 5,6% in den Deutschen Bundestag bringt diese in eine ausgesprochen schwierige Lage, denn schon ein geringer Prozentsatz reicht aus, diese Protestpartei wieder unter die 5%-Klausel zurückfallen zu lassen. Dies wird auch die Fraktion der Grünen in ihrer praktisch-politischen Arbeit im Bundestag nicht unbeeindruckt lassen können, wenn der nächste Wahltermin näherkommt. Ähnlich wie die Studentenrevolte bedienen sich die Grünen einer Doppelstrategie.

Einerseits wird die direkte Aktion auf der Straße befürwortet, auch die Mitwirkung in Bürgerinitiativen etc., während andererseits die Möglichkeit der institutionellen Mitwirkung im parlamentarischen System genützt werden.

Die Beteiligung an Parlamentswahlen bietet der Protestbewegung eine große Möglichkeit, Meinungen in der Bevölkerung zu beeinflussen, für ihre Bewegung Propaganda zu machen. Beispielsweise können alle fernsehwirksamen Auftritte – z. B. Diskussionen, aber auch Wahlsendungen – genutzt werden. Ist man erst einmal im Parlament, kann man die Themen in der Politik sehr viel massiver beeinflussen – zumal wenn sie noch von einer breiten Bewegung getragen werden. Nicht zu vergessen sind aber auch die finanziellen Möglichkeiten, die sich aus der Wahlkampfkostenerstattung ergeben und vor allem aus dem hauptamtlichen Personal, das sich in aus öffentlichen Mitteln finanzierten Fraktionen von Landtagen und Bundestag bildet.

7.5. Die vier Säulen

Das »Bundesprogramm« der Grünen – deren Politik dort als »Politik der aktiven Partnerschaft mit der Natur und dem Menschen« charakterisiert wird[203] – nennt die vier Grundsätze »ökologisch«, »sozial«, »basisdemokratisch« und »gewaltfrei«.

7.5.1. Basisdemokratisch

Unter basisdemokratischer Politik verstehen die Grünen »verstärkte Verwirklichung dezentraler, direkter Demokratie«, sie gehen davon aus, »daß der Entscheidung der Basis prinzipiell Vorrang eingeräumt werden muß. Überschaubare, dezentrale Basiseinheiten (Ortsebene, Kreisebene) erhalten weitgehende Autonomie- und Selbstverwaltungsrechte zugestanden.«[204]
Die Grünen verstehen sich als eine »Parteiorganisation neuen Typs«, wobei ihr Kerngedanke »die ständige Kontrolle aller Amts- und Mandatsinhaber und Institutionen durch die Basis und die jederzeitige Ablösbarkeit« ist, womit der »Loslösung einzelner von ihrer Basis« entgegengewirkt werden soll.[205] Dazu gehören u. a. Mitgliederoffenheit aller Gremien und Sitzungen, das imperative Mandat von Abgeordneten durch Mitgliederversammlungen der Partei, das Rotationsprinzip für alle politischen Ämter, die Ablehnung jeder Form vom Ämterhäufung, insbesondere einer gleichzeitigen Wahrnehmung von Abgeordnetenmandat und Parteiamt sowie die Ehrenamtlichkeit von politischen Ämtern. Die politische Praxis hingegen zeigt unterdessen die Schwierigkeit, diese Forderungen zu erfüllen.
Wie innerhalb der Grünen von einem Teil der Mitglieder das Wort »basisdemokratisch« interpretiert wird, sieht ein intimer Kenner der Alternativbewegung, Joseph Huber, so:
»Für die meisten, die unter dem Einfluß von kommunistischer Orthodoxien« stünden, sei das Wort »Basisdemokratie« lediglich »ein neuer Schlauch für den sauer gewordenen alten Wein der Rätedemokratie«. Der Begriff »Dezentralisierung« rufe bei ihnen dieselben Organisationsmuster hervor wie der »demokratische Zentralismus«[206].
Huber, Mitbegründer des Berliner »Netzwerks«, geht davon aus, daß hier weniger Lenins Avantgarde-Konzept fortlebt als vielmehr Rosa Luxemburgs Vorstellung von der Partei als einem »Sekretariat der Bewegung«. So werde denn die Partei auch mehr als ein »Büro zur Massenmobilisierung betrachtet«, wobei diejenigen, die so denken, der Grünen Partei vorwürfen, sie sei auf dem besten Wege zu einer Wählerpartei, anstatt zu einer »militanten Partei« zu werden, zu einer Programmpartei anstatt Protestpartei, zu einer Parlamentspartei anstatt Bewegungspartei.[207]
Das Gegenstück zur Mythologie der Basis sei bei denen, die wiederum unter dem Einfluß eines »verhärteten Antiautoritarismus« stehen, die »Mythologie der Betroffenen«. Gleichwohl würden vor dem Hintergrund eines »übersteigerten Subjektivismus und Spontaneismus« jedoch gewissermaßen »alle und überall« in den Rang von »Betroffenen« erhoben, die »Interessen der unmittelbar Betroffenen« würden somit zur »mythologischen Bezugsbasis, und jeder einzelne kann seine persönlichsten Sonderinteressen zum Nabel der Weltpolitik erheben«.[208]

7.5.2. »Gewaltfrei«

Im Kapitel »Gewaltfrei« sprechen sich die Grünen für eine »gewaltfreie Gesellschaft« aus, »in der die Unterdrückung von Menschen durch den Menschen und Gewalt von Menschen gegen Menschen aufgehoben ist«. Das Prinzip der Gewaltfreiheit berühre allerdings nicht das »fundamentale Recht auf Notwehr und schließt sozialen Widerstand in seinen mannigfachen Varianten ein«. Allerdings wird in diesem Programm die Anwendung von Gewalt nicht ganz abgelehnt, da das Prinzip der Gewaltfreiheit »aktiven sozialen Widerstand« nicht ausschlösse und nicht die »Passivität der Betroffenen« bedeute. Vielmehr bedeute der Grundsatz der Gewaltfreiheit, »daß zur Verteidigung lebenserhaltender Interessen von Menschen gegenüber einer sich verselbständigenden Herrschaftsordnung u. U.

auch Widerstand gegen staatliche Maßnahmen nicht nur legitim, sondern auch erforderlich sein kann (z. B. Sitzstreiks, Wegesperren, Behinderung von Fahrzeugen)«.[209]

Insgesamt haben die Grünen ein ambivalentes Verhältnis zu Fragen der Gewalt, auch wenn der baden-württembergische Landtagsabgeordnete Hasenclever wegen des Rotationsprinzips eine Wiederaufstellung für die Landtagswahlen im Frühjahr 1984 verweigern, erklärte: »Leute, die auf Gewalt setzen, können wir bei den Grünen nicht brauchen.«[210]

In dem im Herbst 1981 verabschiedeten »Friedensmanifest« der Grünen war die Tendenz noch stärker zum Ausdruck gebracht worden, daß Gewalt gegen »Sachen« als politisches Mittel nicht auszuschließen sei. »Wir lassen uns nicht durch Vertreter der Staatsgewalt irritieren, die nichtlegale, gewaltfreie Aktionen als verkappte Gewalt darstellen wollen.«[211]

Ausdrücklich ausgeschlossen wird zwar »personenverletzende Gewalt«, die »gewaltfreie Aktion« wird als »kämpferische Methode« bezeichnet, die eine »bewußte Entscheidung« bedinge, »jede ihrer Handlungen ohne verletzende Gewalt gegen Personen durchzuführen«. Dagegen wird Gewalt gegen Sachen nicht ausdrücklich abgelehnt, allenfalls in dem Sinne eingeschränkt, daß dies nicht willkürlich geschehen solle. »Will die gewaltfreie Aktion konsequent und wirksam sein, muß neben die spontane Entscheidung gegen die Gewalt auch eine intensive Vorbereitung, Strategie, Organisation, politische Analyse und die Formulierung von Fernzielen treten.«[212]

Einer der Sprecher der Grünen erklärte sogar: Daß von diesen nicht erwartet werden dürfe, »daß wir Gewaltfreiheit als eine Art Gratis-Zusatzversicherung für die Erhaltung der Anlagen betrachten, die wir bekämpfen«. Wohl schließe der Begriff der »direkten, gewaltfreien Aktion« Gewalt gegen Personen aus, sie sei – in der Sprache der Grünen – »nicht personenverletzend«. Gleichwohl, so Vogt, »Sachbeschädigung kann hin und wieder vorkommen«. Man wende sich gleichwohl gegen »qualitätsloses Fenstereinwerfen«, was eine »falsch verstandene Sachbeschädigung« sei.[213]

7.5.3. »Sozial« und »ökologisch«

Nach der Trennung von den Wertkonservativen um Gruhl und Springmann sind die Grünen »zu einer linken Öko-Partei geworden, basisdemokratisch, pazifistisch und sozial«.[214]

Die Schwierigkeiten der Grünen in bezug auf ihr Wirtschaftskonzept und ihre Orientierung in der Sozialpolitik formuliert Joachim Hirsch wie folgt: »Soll man den überkommenen Sozialstaat bedingungslos verteidigen oder ihn den Neokonservativen zum Verschrotten überlassen? Es geht wohl beides nicht, aber wir müssen zugeben, daß derzeit niemand über eine schlüssige Alternative zum bürokratischen, kontrollierenden und entmündigenden ›Wohlfahrt‹-Staat verfügt, die nicht zugleich einen Rückfall hinter dessen historische Errungenschaften beinhaltet.«[215]

Im wirtschaftspolitischen Programm wird für eine Entflechtung der Großkonzerne in überschaubare Betriebe plädiert, »die von den dort Arbeitenden demokratisch selbst verwaltet werden« sollen. Die betroffene Bevölkerung benötige die politischen Befugnisse wie Wirtschafts- und Sozialräte, um die wirtschaftlichen Aktivitäten der Unternehmen zu kontrollieren und sie ökologischen Bedingungen und sozialen Verpflichtungen zu unterwerfen. Sehr ausführlich befaßt sich dieses Programm mit Fragen der Arbeitswelt und Technologie, Energie, Landwirtschaft, Forstwirtschaft und Fischerei, Raumordnungs-, Siedlungspolitik und Verkehr, aber auch mit Problemen des Umwelt- und Naturschutzes.

Der Fraktionsvorsitzende der Hamburger GAL, Ebermann, erklärte, daß das

»Ideal der sozialen Gerechtigkeit« nicht im Rahmen der Marktwirtschaft verwirklicht werden könne. »Wenn wir gefragt werden, ob radikale, ökologische
Maßnahmen im Rahmen der Marktwirtschaft verwirklicht werden können, sagen
wir auch nein.«[216]
Die politischen Auffassungen der Grünen wirken widersprüchlich. Zum einen
wollen sie immer weniger staatliche Macht, mehr Basisdemokratie, zum anderen
verlangen sie staatliche Sozialprogramme, die ganz zwangsläufig eine Ausweitung staatlicher Macht herbeiführen müßten.
»Man kann die Grünen heute als eine linksökologische Partei verstehen, die teils
aus der SPD ausgewandert ist und sich ihr teils von vornherein verweigert hat.«[217]

7.6. »Radikalreformisten« – »Fundamentaloppositionelle«

Der Richtungsstreit zwischen den »Radikalreformisten und den »Fundamentaloppositionellen« bestimmte die Diskussion auf den Bundesversammlungen der
Grünen. Als wichtigster intellektueller Vertreter der Fundamentaloppositionellen
kann Bahro angesehen werden, den der heutige Bundestagsabgeordnete Fischer
jedoch mehr mit dem Begriff der »Fundamentaltheologie« in Verbindung bringt:
»Bahro hat nichts Geringeres mit der Grünen Partei vor als den Ausstieg aus der
Industriezivilsation und dem Weltmarkt und eine Revision der Europäischen Geschichte seit der Neuzeit!«[218]
Nach Auffassung von Fischer beschränkt sich der »grüne Fundamentalismus«
auf die Formulierung radikaler Anträge als »Schaufensteranträge«, da sie wenig
praktische Veränderungen bewirkten. Die Fundamentalen würden nicht von ungefähr ihr wichtigstes politisches Ziel nicht in der Durchsetzung realer Veränderungen sehen, sondern in der Bewußtseinsbildung, und unterlägen dabei »jedoch
dem Irrtum vergangener studentischer Sektenparteien: als ob sich politisches Bewußtsein allein anhand papierener Bekenntnisse und Forderungen bilden würde!«[219]
Die Fundamentalisten formulierten eine »radikale Politik, welche ohne Revolu-
tionstheorie und revolutionäre Praxis zu einem rigiden Moralismus und bloßer
Prinzipienreiterei verkommt«.[220] Fischer spricht sich hingegen für einen »grünen
Radikalreformismus« aus, der im Gegensatz zu einem »fundamentalen grünen
Parteirest« stehe.[221] Spätestens mit dem Regierungswechsel in Bonn im Oktober
1982, aber eigentlich bereits durch die Tatsache, daß die SPD in Hamburg nur
aufgrund einer begrenzten Duldung durch die GAL bis zu der im Dezember 1982
durchgeführten Neuwahl regieren konnte, habe sich die politische Ausgangslage
für Grüne Politik grundlegend verändert: »Konnte sie sich bis dahin auf die fata-
len Konsequenzen der sozialdemokratisch durchgesetzten Wachstums- und Rüstungspolitik verlassen, was den Grünen die Wähler wie von selbst zutrieb, so hat
nunmehr die offene Schlacht um die Führung des Reformlagers in den 80er Jahren begonnen.«[222] Für die Grünen gehe es dabei um ihre Existenz als autonome
politische Kraft, für die Sozialdemokratie hingegen um ihre Mehrheit – und damit Machtfähigkeit. SPD wie die Grünen seien einerseits »zum Kampf bis aufs
Messer verurteilt«, da »der eine nur auf Kosten des anderen wachsen und sein
politisches Gewicht verstärken kann«, andererseits seien beide aber »auch zur
punktuellen Zusammenarbeit gezwungen«, und zwar »hin zu Tolerierungsbünd-
nissen, da die Interessen des sich überschneidenden Wählerpotentials dies unum-
gänglich machen«.[223]
Die indirekte Fixiertheit vieler Grüner auf die SPD wird durch Fischer auch noch
mit einer anderen Bemerkung bestätigt. »Vielleicht handelt es sich bei den Grünen lediglich um eine Taschenbuchausgabe der USPD, und die alte Mutter Sozialdemokratie befindet sich gegenwärtig wieder einmal in einer ihrer großen Le-
benskrisen.«[224]

Nachdem die »Wertkonservativen«, die als »rechtsorientierte Teile der Grünen-Bewegung« bezeichnet werden, aus der Partei ausgeschieden sind, sieht Joseph Huber bei den Grünen vor allem zwei Strömungen, »nämlich das ›Altrot‹ von kommunistischen Orthodoxien und das ›Schwarz‹ eines antiautoritären Rigorismus, um nicht von Dogmatismus zu sprechen«.[225]

7.7. Grüne und DKP

Die relativ raschen Erfolge der Grünen haben nicht nur den Niedergang der einzelnen K-Gruppen beschleunigt, sondern auch innerhalb der DKP Niedergeschlagenheit und Resignation vermittelt. Nicht anders ist es zu verstehen, daß von seiten der DKP und ihren höchsten Funktionsträgern immer wieder Koalitionsangebote an die Grünen ausgesprochen wurden.[226] Die DKP versucht durch eine Politik der Aktionseinheit und des Volksfrontbündnisses, die Bewegung der Grünen politisch zu beeinflussen. Aber gerade die in der Öffentlichkeit erhobenen Volksfront-Vorwürfe dürften die Grünen zu einer deutlicheren Abgrenzung zur DKP bewogen haben. Hinzu kommt, daß die Ereignisse in Polen (Verbot der Gewerkschaft Solidarität und Ausrufung des Kriegsrechtes) die Vorbehalte innerhalb der Grünen gegenüber dem DKP-Kommunismus eher verstärkt haben. So hieß es im Zusammenhang mit den Ereignissen in Polen in einem Rundbrief der Grünen in Baden-Württemberg, daß die Haltung der Friedensbewegung zu Polen auch eine Frage der Glaubwürdigkeit sei, und es falle sehr schwer, »mit Kräften zusammenzuarbeiten, die die Machtergreifung durch das Militär in Polen legitimieren mit fadenscheinigen Argumenten, wie beispielsweise, daß Solidarnosc CIA-gesteuert sei«.[227] Weiter heißt es in diesem Rundbrief: »In diesem Zusammenhang haben wir auch den Vorstoß der DKP bzw. der DKP-nahen Gruppen diskutiert, an Ostern die Tradition der Ostermärsche wieder aufleben zu lassen. Wir sind zu der Auffassung gelangt, daß die Inszenierung der Ostermärsche ein erneuter Versuch der DKP ist, in die Offensive zu gehen. Jedoch sollte man aufgrund dieser Tatsache nicht der DKP das Feld überlassen, vielmehr sollten sich Grüne immer dort, wo diese Frage diskutiert wird, eindeutig zu Polen äußern.«[228]

VIII. Thesen zur Protestbewegung

1. Die Protestbewegung ist das Ergebnis einer Krise der westlichen Demokratien, »einer Krise ihrer Fähigkeit, ihre grundlegenden Werte inmitten stürmischen, technologischen und sozialen Wandels der eigenen Jugend wirksam weiterzugeben«. (Richard Löwenthal)[1]
Die Herausforderung durch die frühere »Außerparlamentarische Opposition« und die »neuen sozialen Bewegungen« der Gegenwart hat ein tiefes normatives Defizit der westlichen Demokratien und speziell der Bundesrepublik Deutschland aufgezeigt, die eine in weiten Teilen der jungen Generation zu findende Sehnsucht nach Werten nicht befriedigen konnten.
Viele Repräsentanten der Bundesrepublik aus Politik und Gesellschaft aller Ebenen waren auf eine solche Auseinandersetzung nicht vorbereitet (wie im übrigen auch die Sozialwissenschaften von dem Phänomen der Protestbewegung völlig überrascht wurden). Viele Vertreter der politischen Ordnung verfügten nicht über ein entschiedenes Selbstbewußtsein von Demokraten, das von einer Bereitschaft zu differenzierender Auseinandersetzung gerade gegenüber Kritikern der politischen Ordnung der Bundesrepublik geprägt gewesen wäre. Indirekt bestätigte auch ein führender Theoretiker der Protestrevolte, Bernd Rabehl, diese Auffassung: »Die Krise der deutschen Bourgeoisie wird nicht zuletzt durch das mangelnde Selbstbewußtsein der Kapitalistenklasse ausgedrückt.«[2]
Manche Repräsentanten der Bundesrepublik waren nicht fähig, die ideologische Herausforderung der APO-Linken durch eine differenzierte Argumentation aufzunehmen und den geistigen Hintergrund dieser antitechnischen und antiindustriellen Revolte aufzudecken, die teilweise eindeutig antidemokratische Tendenzen zeigte. Vielmehr war häufig eine tiefe Unsicherheit festzustellen, die gesellschaftliche Ordnung der Bundesrepublik Deutschland offensiv und überzeugend zu begründen und zu vertreten – und zwar ausgehend von den grundsätzlichen Werten, die das geistige Fundament einer modernen Demokratie darstellen.

2. Ohne die Protestbewegung der 68er Generation unter Anleitung des damaligen Sozialistischen Deutschen Studentenbundes (SDS) wäre die Renaissance der Protestbewegung der Gegenwart, der »neuen sozialen Bewegungen«, nicht vorstellbar. Etwa mit der Auflösung des SDS Anfang des Jahres 1970 trat an die Stelle der einstigen »antiautoritären« Protestbewegung eine dogmatisch-leninistische Bewegung, die jedoch spätestens mit dem Auftreten sogenannter Spontis, der Hausbesetzerbewegung und der Parteigründung der Grünen ab Ende der siebziger Jahre weitgehend ihr Ende fand. Die vom SDS geprägte Protestbewegung war in erster Linie eine negative Gemeinschaft, die sich lediglich in der Ablehnung des Bestehenden einig wußte.
Diese Protestbewegung war in erster Linie eine moralische Empörung gegen bestimmte Verhältnisse und Bedingungen einer modernen Industriegesellschaft – eine Bewegung jedoch, die über kein klar definiertes politisches Programm verfügte, ja deren Kennzeichen in erster Linie darin bestand, daß sich ihre Anhänger

zwar in der Ablehnung der bestehenden Verhältnisse einig wußten, nicht jedoch in einer gemeinsamen politischen Perspektive, welche Ziele mit welchen Methoden erreicht werden sollten. Die Protestbewegung der 68er Generation war also in erster Linie eine negative Gemeinschaft unter weitgehender Führung des SDS, der in verschiedene Flügel aufgespalten war.

Leninistische Kaderorganisationen traten nach Auflösung des SDS an seine Stelle. Der Organisationsfeindlichkeit des SDS folgte ein Organisationsfetischismus, an die Stelle freiwilliger und spontaner Aktivität trat der Aufruf zu revolutionärer Disziplin. Als revolutionäres Subjekt in dieser Phase des Niedergangs der Protestbewegung wurde nicht mehr der Student oder der »Intellektuelle« als Agent der Befreiungsbewegungen der Dritten Welt gepriesen, sondern das bisher für völlig entmündigt gehaltene Industrieproletariat selbst. Der Aufbau kommunistischer Kaderorganisationen verschiedenster Couleur – verbunden mit einem jeweiligen Absolutheitsanspruch auf politische Wahrheit – hatte die Protestbewegung in eine Unzahl sich untereinander heftig bekämpfender Organisationen zerfallen lassen, die nicht im entferntesten zu einer ähnlichen Massenbewegung imstande waren wie der frühere »antiautoritäre« SDS. Die Gründe für die enormen Breitenwirkungen der SDS-Aktionen dürften in erster Linie darauf zurückzuführen gewesen sein, daß die politischen Differenzen innerhalb der Bewegung, die sich vor allem aus der Diskussion über das konkrete Ziel der Veränderung der Gesellschaft ergaben, durch eine sehr stark emotionalisierte Ablehnung des Bestehenden übertüncht wurden.

3. Die Protestbewegung hatte und hat auch Momente – allerdings nicht nur – einer Modebewegung. Sie war und ist in erster Linie eine Bewegung von Angehörigen des »Bildungsbürgertums«, die den eher »privilegierten« Schichten zuzurechnen sind.

Es wurden zwar immer wieder Versuche unternommen, eine Solidarisierung mit und in der Arbeiterschaft herbeizuführen – was jedoch nicht gelang. Die Protestbewegung der 68er Generation stand eindeutig unter der Führung von Studenten und Intellektuellen. Auch die heutigen »neuen sozialen Bewegungen« seit der zweiten Hälfte der siebziger Jahre haben ihre soziale Basis weniger in der Arbeiterschaft. Unter dem Eindruck der Septemberstreiks des Jahres 1969 fand jedoch seinerzeit insoweit eine wichtige Zäsur statt, als diese in der damals sehr stark studentisch geprägten Protestbewegung die Erkenntnis vermittelten, das deutsche »Proletariat« sei doch revolutionierbarer als bis dahin angenommen.

Diese Einsicht führte auch dazu, daß sich studentische Gruppen damals häufig aus dem Hochschulbereich zurückzogen, um eine entsprechende Agitation vor allem im Bereich der jungen Arbeiterschaft vorzunehmen. Zum Teil fand sogar ein »Proletkult« statt, der dazu führte, daß Studenten ihr Studium aufgaben, um als ungelernte Arbeiter tätig zu sein und so auch als »echte« Arbeiter an der Spitze einer proletarisch geprägten Revolution stehen zu können. Dies führte aber gleichzeitig dazu, daß die DKP-nahen Kräfte im Hochschulbereich das durch den Rückzug solcher Gruppen entstandene Vakuum nutzten und sich beispielsweise in entsprechenden Funktionen der studentischen und akademischen Selbstverwaltung festsetzten.

Hinzu kommt, daß die Protestbewegung auch eindeutig den Charakter einer Modebewegung annahm, die zeitweilig starken Zulauf von einer enormen Zahl von eher unpolitischen Mitläufern hatte. Dies ist auch heute noch so. Bekannterweise unterliegen aber Modebewegungen erheblichen Abnutzungserscheinungen, was auch für die früher in Deutschland weithin unbekannten Demonstrationstechniken (wie Sit-ins und Go-ins ausleitend aus den Prinzipien der »begrenzten Regelverletzung«) galt. Zu einer Neuauflage dieser Diskussion, auch im Zusammenhang mit Fragen des »gewaltfreien Aufstandes«[3], und der sogenannten »sozialen

Verteidigung«[4] kam es durch die »Friedensbewegung« und zu entsprechenden, meist an »Gewaltfreiheit« orientierten Aktionen gegen den sogenannten »NATO-Doppelbeschluß« zur Nachrüstung vom Dezember 1979.

4. Während die Protestbewegung der 68er Generation durch eine Vielzahl ideologischer Einflüsse geprägt war, hatten die vor allem ab 1970 entstehenden politischen Organisationen der extremen Linken schärfere ideologische Konturen angenommen und zeigten zumeist Kennzeichen einer bolschewistischen Kaderpartei. Sie bestimmten das Bild der extremen Linken vor allem in der ersten Hälfte der siebziger Jahre.

Noch in der antiautoritären Phase lehnten die linksextremen Organisationen eine überregionale Koordinierung ihrer Arbeit ab.

Folgende ideologische Positionen markierten die Veränderung der früheren Protestbewegung zu bolschewistischen Kadergruppen:

– Dogmatismus: Die antiautoritäre Phase lebte von immer neu aufkommenden Theorien und wies ein breites Spektrum auf, das gleichwohl noch eine relativ pluralistische Diskussion ermöglichte. In der bolschewistischen Phase hingegen vertraten die einzelnen Gruppierungen in außerordentlich dogmatischer Form den Absolutheitsanspruch ihrer Anschauung.

– Die »Arbeiterklasse« als Führer der Revolution: Zumindest verbal wurde nach der Auflösung des SDS immer mehr die Auffassung vertreten, daß die Arbeiterklasse an der Spitze der Revolution stehen müsse und nicht mehr die Intelligenz.

– Abkehr von der Spontaneität: Anstelle spontaner Aktionsweisen trat in der Phase des Aufbaus dogmatisch-kommunistischer Kaderorganisationen die von der jeweiligen Führung vorgegebene planvolle Aktivität, die häufig in der jeweiligen Organisation kaum hinterfragt, sondern als schlechthin richtig akzeptiert wurde.

– Bejahung der Organisation: Die einstige Organisationsfeindlichkeit der Neuen Linken wich in der bolschewistischen Phase einer Anbetung der Organisation. Immer mehr straff geschulte Kadergruppen wurden aufgebaut und zu revolutionärer Disziplin aufgerufen – verbunden mit der Anerkennung der von Lenin entwickelten Prinzipien des Demokratischen Zentralismus, also einer eindeutigen Unterordnung unterer Gremien unter die Anweisungen der jeweils übergeordneten politischen Ebenen.

– Rückkehr zum konkreten tagespolitischen Kampf: In der antiautoritären Phase wurde ein Kampf für tagespolitische Forderungen zeitweilig mit dem Argument unterbunden, daß »Reformen« in Einzelbereichen lediglich eine Integration in das gesellschaftliche System der Bundesrepublik Deutschland verstärkten, daß aber inmitten einer kapitalistischen Umwelt sozialistische Inseln auch in Form von Universitäten nicht möglich seien. Ziel war daher eine Revolution, die durch eine »Bewußtwerdung der Massen« herbeigeführt werden sollte – infolge eines »revolutionären Sprunges« sollten die Verhältnisse schlagartig geändert werden. In der Nach-SDS-Phase wurden aber vielfach tagespolitische Forderungen erhoben, die sich auch auf »kleine politische Schritte«, auf umgrenzte politische Felder beschränkten. Dies führte teilweise auch zur Mitarbeit in »bürgerlichen« Gremien bis hin zur Beteiligung an Landtags- und Bundestagswahlen. Diese indirekte Akzeptanz der Systemimmanenz führte auch zu einer Rückbesinnung auf die Hochschulpolitik und zur Mitwirkung in einzelnen hochschulpolitischen Gremien.

5. Die Gründung der Deutschen Kommunistischen Partei (DKP) und ihrer Hilfsorganisationen, vor allem des Marxistischen Studentenbundes (MSB) Spartakus, war durch die frühere Protestbewegung und deren Niedergang nicht un-

maßgeblich beeinflußt. Der DKP kam dabei ihre langfristig angelegte Strategie zugute wie auch die Tatsache, daß sie keinen wesentlichen ideologischen Schwankungen unterworfen ist.

Einer der Gründe, warum sich die DKP im Jahre 1969 zu einem für sie ungünstigen Zeitpunkt gegründet hat, dürfte auch in der Tatsache der Protestbewegung liegen. Denn diese bot Chancen zur Gewinnung neuer politischer Kräfte, die vor allem im intellektuellen Bereich angesiedelt waren. Darüber hinaus bemühte sich der MSB Spartakus trotz wichtiger ideologischer Unterschiede zum SDS, als dessen legitimierter Nachfolger aufzutreten. Der Niedergang der früheren Protestbewegung mußte also insofern die DKP begünstigen, als sie sich bemühte, die durch den Niedergang des SDS enttäuschten Hoffnungen aufzugreifen.

Zwar konnten die DKP und der MSB Spartakus zeitweilig einen nicht unerheblichen Einfluß innerhalb der ehemaligen Protestbewegung gewinnen, auch einige Organisationen inhaltlich massiv beeinflussen und wichtige Gremien z. B. der studentischen Selbstverwaltung bestimmen, doch waren die Kommunisten Moskauer Richtung nicht in der Lage, eine ähnlich breite Massenbewegung herbeizuführen, wie dies dem antiautoritären SDS gelungen war. Dies hängt einerseits damit zusammen, daß eine negative Einigkeit, wie sie in der früheren Protestbewegung bestand, immer eine breitere Basis herbeiführen kann als eine klar definierte »positive« politische Strategie. Hinzu kommen die auch im intellektuellen Bereich vorhandenen erheblichen Vorbehalte gegenüber Erscheinungsformen des dogmatischen Kommunismus. Gerade der Dogmatismus und manches sterile Auftreten der DKP-nahen Kräfte verhinderten – im Vergleich zum SDS – einen ähnlich faszinierenden, mobilisierenden Effekt. Die DKP scheint ihre Isolation innerhalb der Linken dadurch überwinden zu wollen, daß sie sich immer wieder um Aktionseinheiten bemüht. Gerade ihre Anstrengungen um Wahlbündnisse mit den »Grünen« – die bislang zurückgewiesen wurden – zeigen, daß es ihr trotz erheblicher finanzieller Mittel und einer sehr gut funktionierenden, breitenwirksamen Organisation nicht gelungen ist, eine Massenbewegung auszulösen. Gerade deshalb wird die DKP immer versuchen müssen, sich Hilfs- und Tarnorganisationen zu bedienen bzw. Bewegungen massiv zu beeinflussen. Da sie – wie in der Kampagne gegen die NATO-Nachrüstung – ihre gut funktionierenden Basisorganisationen zur Verfügung stellt, ist sie häufig proportional weit einflußreicher, als dies ihrer Mitgliederstärke entspräche.

Zwar bleiben bei ihrem Bemühen um eine Bündnispolitik Auseinandersetzungen innerhalb der Protest- und Friedensbewegung z. B. über die Haltung der DKP zum Kriegsrecht in Polen oder zum Einmarsch sowjetischer Truppen nach Afghanistan nicht aus. Bislang konnten sich jedoch die DKP und die ihr nahestehenden Gruppen mit der Forderung »Das Gemeinsame betonen, das Trennende zurückstellen« durchsetzen und so ihre Ausgrenzung verhindern. Denn sie versucht eine Strategie des Minimalkonsenses gerade innerhalb der Friedensbewegung durchzusetzen, d.h., daß nur solche Forderungen Grundlagen für »Friedensbündnisse« sind, die auch von Kommunisten akzeptiert werden können. So sollen diejenigen Positionen von Teilen der Friedensbewegung, die sich kritisch mit den Rüstungsbemühungen des Ostblocks befassen, als nicht »konsensfähig« dargestellt werden.

6. Ein wichtiges Ergebnis der antiautoritären Bewegung ist aber auch im Anwachsen einer politischen wie unpolitischen »Underground«-Kultur zu sehen, in Tendenzen zu einer »Gegenkultur«. Die Faszinationskraft der antiautoritären Protestrevolte war nicht zuletzt auch durch die Tatsache begründet, daß damit eine von der Erwachsenenwelt abgegrenzte Teil- oder Gegenkultur entstand.

Diese Entwicklung wird durch die Tatsache bedingt, daß heute das Stadium des Jugendalters länger dauert und nicht mehr in erster Linie nur ein Durchgangsstadium zwischen Kindheit und Erwachsensein darstellt.[5] Zur Identitätsbildung Jugendlicher etablierte sich vor allem in Hochschulorten immer mehr eine »scene«, in der eine Alternativkultur gelebt wird, die auch organisatorischer Ausgangspunkt von Protestbewegungen, von neuen sozialen Bewegungen sein kann. Nicht zuletzt ist auch die Entstehung einer Drogenwelle seit Ende der sechziger Jahre im Zusammenhang mit der Protestbewegung zu sehen. Vor allem in größeren Universitätsstädten entstand eine gelegentlich auch »unpolitische« Subkultur, wohin ein nicht ganz unerheblicher Teil des Protestpotentials abwanderte, ohne darüber hinaus noch originär politisch tätig zu sein. Mit dem Ende der Protestbewegung gewannen auch religiöse Gruppen innerhalb der jungen Generation an Bedeutung, z. B. religiöse Sekten fernöstlicher Prägung. Es entstand ein weitverzweigtes Netz jugendlich geprägter Subkultur mit eigenen modischen Stilen, wozu z. B. vor allem in der zweiten Hälfte der siebziger Jahre die sogenannten Punks, später aber auch die Skinheads zu zählen sind.

7. Zahlreiche Terroristen wurden durch die Protestbewegung geprägt. Die immer militanteren Formen des Terrorismus fanden ihren Höhepunkt im Herbst 1977. Während die Rote-Armee-Fraktion (RAF) und die mit ihr vereinigte Bewegung 2. Juni stark geschwächt sind, stellen die vielfach völlig unabhängig voneinander operierenden Revolutionären Zellen (RZ) eine bedeutsame Gefährdung innerer Sicherheit dar. Der Terrorismus hatte seine Wirksamkeit darüber hinaus auch durch eine verstärkte internationale Zusammenarbeit terroristischer Organisationen.

Während in der antiautoritären Phase der Protestbewegung die Aktionen der Neuen Linken in der Berichterstattung eine erhebliche Rolle spielten und deren Funktionäre somit im Blickpunkt z. T. sogar der Weltöffentlichkeit standen, war Anfang der siebziger Jahre ein starker Rückgang des öffentlichen Interesses gegenüber der Studentenrevolte zu verzeichnen. Dies führte dazu, daß ein kleinerer Teil früherer »Antiautoritärer« zu immer militanteren Formen des Terrorismus greifen mußte, um weiterhin sich selbst das Gefühl zu vermitteln, das politische Geschehen in Deutschland zu bestimmen und somit im Mittelpunkt öffentlichen Interesses zu stehen. Je geringer das Interesse der Öffentlichkeit an den Aktionen der extremen Linken wurde, um so militanter wurden diese Aktionen. Zwar sollte die Zahl der aktiven und militanten Anarchisten auch heute nicht überschätzt, jedoch ihre Gefährlichkeit in einer für Störungen sehr anfälligen modernen Industriegesellschaft nicht unterschätzt werden. Denn kennzeichnend für die Terroristen ist ihr geschichtlicher Sendungsglaube, wobei die Hoffnungslosigkeit der eigenen Lage und die Isolierung gegenüber der Gesellschaft durch die Solidarität mit der Dritten Welt überwunden und deren revolutionäre Bewegungen als Ansporn und Anleitung für die eigene Praxis interpretiert werden. Ziel des Terrorismus ist es nach wie vor, »eindrucksvoll und exemplarisch« zu demonstrieren, »daß der staatliche Unterdrückungsapparat in bestimmten Bereichen nicht mehr in der Lage ist, die Interessen der Besitzenden wirksam und dauerhaft zu schützen«.[6] So soll die Regierung durch Herbeiführung eines gesetzlosen und ordnungswidrigen Zustandes gestürzt werden. Den Terroristen geht es also nach wie vor um eine systematische Einschüchterung der Träger der staatlichen Ordnung. Die Tatsache, daß im Herbst 1977 »unschuldige Bürger« Objekt terroristischer Aktivitäten wurden, Terroristen damals also »gegen das Volk« operierten, führte zu einer Schwächung der Terroristen innerhalb der linksextremen Szene, wie aber auch erfolgreiche polizeiliche Maßnahmen. Auch innerhalb der terroristischen Gruppen erfolgte ein Konzentrationsprozeß hin zu einer eindeutigen Führungsrolle der Roten-Armee-Fraktion (RAF). In den letzten Jahren verstärkten sich die Aktivitäten unabhängig voneinander operierender »Revolutionärer Zellen« (RZ), die sich trotz einer gewissen Tendenz zu überregionalen Aktivitäten streng voneinander abschotten und insoweit einen Einblick in die inneren Strukturen verhindern. Die Mitglieder der RZ gehen im Gegensatz zur Roten-Armee-Fraktion und anderer terroristischer Gruppen ihrem Beruf nach und fallen als sogenannte »Feierabendtäter« durch vereinzelte, aber z. T. auch sehr wirksame Anschläge auf.

Die Aktionen der RAF und politisch verwandter Gruppen wären zumindest in ihrer Durchschlagskraft so nicht denkbar gewesen, wenn die Täter nicht immer wieder Unterschlupf im Ausland, gerade auch in arabischen Ländern, wo sie teilweise eine intensive Guerillaausbildung erhielten, gefunden hätten.

8. Die »neuen sozialen Bewegungen« der Gegenwart – das Auftreten von »Alternativen« und »Spontis«, der »Häuserkampf«, die »Friedensbewegung« und »grüne« Parteien – stehen in einer Tradition der 68er Protestbewegung. Waren jedoch die meisten SDS-Aktivisten von der Veränderbarkeit der Welt überzeugt und durch zahlreiche ideologische Diskussionen geprägt, so zeichnen sich die Protestbewegungen der Gegenwart vielfach durch eine Theorieferne aus, häufig auch durch pessimistische Prognosen für die Zukunft. Die kommunistischen Kaderorganisationen der Neuen Linken, die sich in ihrer Gründungsphase zumeist am Maoismus orientierten, sind unterdessen nahezu bedeutungslos.

Das Auftreten zahlreicher marxistisch-leninistischer Kaderorganisationen, ihre Zersplittertheit und Unfähigkeit, populäre Themen breiteren Schichten der Bevölkerung zu vermitteln, mußte zu ihrem politischen Scheitern führen. Die einst spontan agierende Protestbewegung des antiautoritären SDS fand ihre Nachfolge in planvollen, disziplinierten und durch zahlreiche ideologische Papiere begründeten Aktivitäten, die im wesentlichen nur dem Kampf um die richtige politische Lehre galten, nicht aber irgendwelche Breitenwirkung und Faszinationskraft auslösen konnten. Die Einsicht in die eigene Bedeutungslosigkeit führte zu einer immer stärkeren Konzentration auf immer weniger Kaderorganisationen, wobei die Anfang der siebziger Jahre z. T. beachtlichen Mitgliederzahlen dieser Organisationen rapide sanken. Einige Organisationen verschwanden völlig, so die einmal sehr bedeutsame Kommunistische Partei Deutschlands (KPD). Es fehlte diesen Organisationen auch an charismatischen Führerfiguren. Erst die grüne Wahlbewegung, die die Aktivitäten früherer Bürgerinitiativen auf lokaler Ebene fortsetzte, brachte wieder eine breitere Vereinheitlichung einer Protestbewegung, die zu Lasten jener Kaderorganisationen gehen mußte.

Vor allem etwa ab 1978 entwickelte sich an den Hochschulen der Bundesrepublik eine Bewegung von »Spontis«, deren Zielsetzungen und Methoden in mancherlei Beziehung Ähnlichkeiten zu denen des früheren SDS hatten. Insbesondere durch die Anti-Kernkraft-Bewegung erfuhren die Spontis vielfache Unterstützung, die ein anarchistisch-hedonistisches Konzept vertraten, das in vielfacher Weise gerade an die politischen Konzepte des SDS in dessen Schlußphase erinnerte. Die Sponti-Bewegung leitete zur Hausbesetzer-Bewegung über; diese wurde dann durch die Parteibildung der Grünen und dann – im Zusammenhang mit dem NATO-Nachrüstungsbeschluß durch die Friedensbewegung abgelöst. Es entstanden sogenannte »neue soziale Bewegungen«, die deshalb mit dem Etikett »neu« belegt werden, weil sie selbst die herkömmlichen Konzepte westlicher Demokratien oder östlichen Staatskapitalismus gleichermaßen ablehnen, obwohl sie sich selbst auch als sozialistisch definieren.

Diese neuen sozialen Bewegungen haben ebenso wie die SDS-Bewegung als gemeinsames Band die Negation des Bestehenden. So ist die gegenwärtige Protestbewegung in wichtigen Tendenzen vergleichbar mit der Protestbewegung des einstigen SDS. Denn auch in der 68er Generation kam es immer wieder zu spontanen Aktivitäten, die nicht auf rein nüchternem, rationalem politischem Kalkül basierten. Die vielfach geäußerte Behauptung, der heutige Jugendprotest sei stärker von gefühlsmäßigen Bedürfnissen bestimmt[6a], ist deshalb zu bezweifeln, weil es ja gerade das Phänomen des antiautoritären Protestes war, daß dieser bis dahin in einer solchen Intensität nie gekannte Emotionen innerhalb der jungen Generation artikulierte, was sich so in Massendemonstrationen, gemeinsamem Absingen von Kampfesliedern, in Fahnenkult u. a. niederschlug. Während allerdings die Unruhen der sechziger Jahre in erster Linie von den Hochschulen ausgingen, sind heute Träger des Protestes zwar nach wie vor zahlreiche Oberschüler und Studenten, aber auch Lehrlinge und andere junge Arbeitnehmer, insbesondere in den Großstädten, in denen sich eine eigene Subkultur, eine »scene« gebildet hat. Ein Unterschied zur früheren SDS-Revolte ergibt sich insoweit, als die gegenwärtige Protestbewegung nicht von einer umfassenden Theorie des Protestes geprägt ist, sondern von Forderungen, die den unmittelbaren Lebensbereich wie Jugendzentrum, Wohnungen etc. betreffen, während in der antiautoritären Revolte eine neomarxistische Kapitalismuskritik die theoretische Basis darstellte.

Während die 68er Generation noch Angst vor »Repression«, »sexueller Unterdrückung«, »Manipulation« hatte – alles individuelle Ängste –, aber in der Zeit der Studentenrevolte insgesamt noch ein optimistischer Glaube an eine Veränderbarkeit der Welt bestand, breiteten sich bei der heutigen Protestbewegung pessimistische Prognosen gegenüber der Zukunft aus: »Angst« wird immer wieder als Leitmotiv für eigene Unruhe angegeben, insgesamt ist Zukunftsangst weit verbreitet.

Hatte die Studentenrevolte also noch eine Aufbruchstimmung propagiert, häufig einen voluntaristischen Glauben an die Veränderbarkeit und Gestaltbarkeit der Welt, wurde damals noch der »lange Marsch durch die Institutionen« propagiert, so wird heute durch die Argumentation der Zukunftsangst zum Teil auch viel Resignation vermittelt. Insbesondere Themen wie Umwelt, militärische Aufrüstung liefern argumentative Basis für Zukunftsangst. »Wir haben Grund genug zu weinen, auch ohne Euer Tränengas« – diese Züricher Losung anläßlich dortiger Unruhen zeigt etwas von diesem Pessimismus. Ein erheblicher Teil der Ursachen der heutigen Protestbewegung ist ebenfalls psychologisch bedingt, hat auch etwas zu tun mit der Bewältigung täglicher Lebensprobleme, die dann allgemein als generelle Angstprobleme in unserer Gesellschaft bezeichnet werden. Die Argumentationsweise weiter Teile neuer sozialer Bewegungen zeigt die starken emotionalen Bedürfnisse, die innerhalb der jungen Generation vorhanden sind, die aber jahrelang geleugnet wurden. Offensichtlich ist eine an rationalem Denken und effizient orientierte Gesellschaftsordnung wie eine moderne Demokratie nur sehr bedingt in der Lage, die emotionalen Bedürfnisse und die natürliche Spontaneität einer jungen Generation anzusprechen.

9. Durch das Auftreten »grüner« Parteien in Landtagen wie im Deutschen Bundestag erfuhr die Protestbewegung in der Bundesrepublik Deutschland eine neue Qualität, wurde doch damit der antiinstitutionelle Charakter eines Teiles der Linken zurückgedrängt. Die »Grünen« sind insbesondere bei Fragen der Wirtschafts- und Sozialpolitik in der Gefahr, sich selber zwischen konservativer Kultur- und Zivilisationskritik und linker Kapitalismuskritik zu zerreiben.

Die politischen Überlebenschancen der »Grünen« hängen auch im wesentlichen davon ab, wie sich die weitere Flügelbildung zwischen »Fundamentalopposionellen« und den mehr realpolitisch Orientierten entwickeln wird. Die »Grünen« werden mit fortdauernder parlamentarischer Arbeit »positive« Konzepte politischer Veränderung vorlegen müssen, die Ablehnung bestehender gesellschaftlicher Verhältnisse als integratives Band wird immer weniger ausreichen.

Schon die ersten Monate Bundestagspraxis zeigen die Schwierigkeiten einer Organisation, die angetreten ist, grundsätzliche Remedur in vielen politischen Fragen zu schaffen und die immer wieder in der Gefahr steht, selber durch die Mechanismen des Parlamentarismus integriert zu werden. Die Diskussion um das Rotationsprinzip einer Mitgliedschaft im Parlament zeigt die Schwierigkeiten einer Partei auf, die noch starke antiinstitutionelle Züge in sich trägt.

Innerhalb der grünen Bewegung gibt es in der Einschätzung des Parlamentarismus unterschiedliche Konzeptionen, eine, die grundsätzlich dem Parlamentarismus bejahend gegenübersteht, eine andere, die die parlamentarischen Möglichkeiten letztlich nur als Tribüne für politische Agitation nutzen will. So kann kein Zweifel daran bestehen, daß die Entwicklung einer grünen und alternativen Wahlbewegung ohne den SDS und dessen Nachfolgeorganisationen nicht denkbar wären. Viele ehemalige SDS-Funktionsträger, vor allem aber frühere Angehörige der »K-Gruppen«, gelegentlich auch trotzkistischer Organisationen, arbeiten heute innerhalb der »Grünen« und »alternativen« Gruppen mit.

Es wird sich also zeigen müssen, inwieweit diese frühere politische Positionen beibehalten und lediglich eine Massenbewegung im Sinne ihrer politischen Überzeugung umfunktionieren wollen oder ob nicht auch Einsichten in das konkrete Funktionieren des Parlamentarismus und in die Integrationsmechanismen eines Machtapparates zu einer Veränderung politischer Auffassungen führen können.

Diese Partei wird ferner von überzeugten Anhängern der Gewaltfreiheit und Umweltschützern bis hin zu engagierten Anhängern einer Alternativ-Kultur getragen. Dies führt zu Flügelbildungen, die den politischen Entscheidungsprozeß erheblich erschweren. Viele politischen Fragen, vor allem hinsichtlich des Einsatzes von Gewalt, sind innerhalb der Bewegung der »Grünen« noch nicht ausdiskutiert. Die »Grünen« zeigen zunehmend in ihrer politischen Praxis auffallende Ähnlichkeiten mit der Praxis der »etablierten« Parteien (z. B. in der Entwicklung von »Formelkompromissen«, die tiefe Gegensätze verdecken sollen). Insbesondere am Verhältnis zur SPD scheiden sich die Geister der »Grünen«. Ein Flügel will eine punktuelle Zusammenarbeit – auch auf die Gefahr partieller Integration durch die SPD, ein anderer Flügel, vor allem um Bahro, befürchtet, daß eine mangelnde Abgrenzung von der SPD Wähler an diese verlieren lasse.

Noch kann nur spekuliert werden, wie sich der Verlust der Regierungsverantwortung der SPD im Oktober 1982 auf die Protestbewegung auswirken wird. Nicht zuletzt die langjährige Regierungsverantwortung der SPD und der damit verbundene Zwang zum Pragmatismus und zum politischen Kompromiß dürfte zu einer Abwendung von Teilen der Protestbewegung von der SPD geführt haben. Die Oppositionsrolle vermittelt der SPD eine Chance, einen Teil der Protestbewegung zu integrieren. Zwangsläufig wird sie dabei insbesondere mit der Partei »Die Grünen« in einen Wettbewerb treten.

Ein wichtiges Kriterium für moderne soziale Bewegungen ist ihre Opposition gegen die gesellschaftliche Ordnung, in der sie agieren. Soziale Bewegung ist »artikulierter Protest gegen die Welt der bestehenden, institutionalisierten Verhältnisse, gegen die Strukturen etablierter Herrschaft«.[7]

Die Geschichte sozialer Bewegungen zeigt, daß sie sich immer wieder als ein qualitativ Anderes, ja Höherwertiges gegenüber politischen Parteien empfinden, gegenüber deren bürokratisierter Tätigkeit, die auf den Prinzipien des Kompromisses in der parlamentarischen Arbeit festgelegt ist.[8]

Aber alle sozialen Bewegungen wurden in der Vergangenheit zu Institutionen mit den für diese charakteristischen Apparaten und der damit verbundenen Gefahr einer Bürokratisierung. Auch die Partei »Die Grünen«, die in sich noch sehr stark den Bewegungscharakter trägt, wird sich auf Dauer nicht gegen eine gewisse Form von Institutionalisierung wehren können, will sie politisch wirksam Einfluß nehmen.

10. Der Renaissance der Protestbewegung, der »neuen sozialen Bewegungen«, sollte in einer demokratischen Gesellschaft einerseits mit Toleranz gegenüber anderen Weltanschauungen und Lebensstilen begegnet werden, andererseits aber auch mit innerer Festigkeit, mit der Bereitschaft zur geistig-politischen Auseinandersetzung. Die überwiegende Mehrheit der jungen Generation bejaht eindeutig unsere demokratische Gesellschaftsordnung, auch viele derjenigen, die sich im weitesten Sinne zur Protestbewegung rechnen. Gleichwohl müssen auch einige Signale des jetzt immerhin anderthalb Jahrzehnte alten Protestes nachdenklich stimmen, auch manche Ablehnung der freiheitlichen Demokratie.

Protestbewegungen können sich politisch auch in rechtsextremer Form äußern. So deuten sich Rechtsextreme selbst als einen Teil der Protest- und Verweigerungsbewegung der Gegenwart.[9]

Links- wie Rechtsextremismus müssen in einem allgemeinen Zusammenhang mit der Protestbewegung und unter der Fragestellung gesehen werden, warum junge Menschen überhaupt zu extremistischen Grundeinstellungen neigen. Allerdings gibt es weitaus mehr organisierte Linksextremisten. Nach dem Verfassungsschutzbericht gab es 1982 60 150 Mitglieder linksextremistischer Organisationen und 55 700 Mitglieder linksextremistisch beeinflußter Organisationen, denen also auch Mitglieder angehören, die keine Kommunisten sind.[10] Rechtsextremen Organisationen gehörten Ende 1982 hingegen 19 000 Personen an.[11]

Es wäre aber falsch, etwa alle Angehörigen der Protestbewegung als »Extremisten« einzustufen.

Darüber, wie sich die Protestbewegung weiterentwickeln wird, kann nur spekuliert werden. Man wird aber damit rechnen müssen, daß für längere Zeit eine kleine, aber doch sehr aktive Minderheit die Protestbewegung trägt, die in einzelnen Fragen durchaus gewichtige Bevölkerungszahlen zu mobilisieren weiß – z. B. in Fragen der Sicherheitspolitik. Eine entscheidende Bedeutung hat auch die Frage, wie sich die wirtschaftlichen Rahmenbedingungen – vor allem die weitverbreitete Jugendarbeitslosigkeit – entwickeln werden. Vor allem arbeitslose Jugendliche, die sich um ihre Zukunft bedroht sehen, können ein außerordentliches Konfliktpotential und einen Nährboden für links- wie auch rechts-extremistische Einstellungen darstellen. Ähnlich entscheidend wie die ökonomische Situation sind Fragen der Orientierungskrise westlicher Demokratien.

Die Protestbewegung signalisierte auch einen – in allen Staaten des Westens anzutreffenden – Wertwandel vor allem innerhalb der jungen Generation, wobei gleichwohl Fragen der Orientierungskrise in unserer Demokratie und insbesondere des Wertwandels gesamtgesellschaftliche Problemstellungen sind und nicht nur auf die junge Generation verengt werden dürfen. Dieser Wertwandel – vielleicht müßte auch vom Werteverfall tradierter bürgerlicher Normen gesprochen werden – setzte etwa Mitte der sechziger Jahre ein und charakterisierte sich unter anderem dadurch, daß die traditionelle Leistungs- und Berufsorientierung immer mehr hinter privatistisch-hedonistische Haltungen zurücktrat.[12] Zu diesem Bedeutungsverlust traditioneller Berufs- und Leistungsorientierung trat eine zunehmende Geringschätzung von Risikobereitschaft sowie eine Anspruchshaltung, was die Befriedigung des Wunsches nach Sicherheit und Wohlergehen durch den Staat angeht. Dieser Wertewandel, der sich auch im Bildungs- und Erziehungsverständnis, im Verhältnis der Geschlechter oder etwa bei Fragen der Umwelt feststellen läßt, prägte sehr stark die Protestbewegung, die ihren Anhängern in einer immer anonymer werdenden Gesellschaft Geborgenheit, positiv empfundene Zielsetzungen und Wertvorstellungen bot.

Bracher fragt zu Recht: »Wie erschöpft oder wie zukunftsfähig ist die Idee der Demokratie, auf die sich heute alle Welt beruft und deren praktische Anwendung doch so umstritten geblieben und in so wenigen Staaten realisiert worden ist?«[13]

Nach seiner Auffassung herrschte zwischen 1960 und 1975 »ein atemloses kurzfristiges Auf und Ab von Entideologisierung und Re-Ideologisierung, Radikaldemokratisierung und Gewaltkult, Kulturrevolten und neuer Tendenzwende.«[14] Wie sich eine Demokratie Protestbewegungen annimmt, ist in erster Linie eine Frage geistig-politischer Auseinandersetzung um die Grundwerte einer Demokratie. Diese Herausforderung gilt es anzunehmen.

IX. Anmerkungen

II. Was ist »Protestbewegung«?

1 Siehe hierzu auch: Nikolaus Lobkowicz, Bewegung, in: C. D. Kernig (Hrsg.), Marxismus im Systemvergleich, Bd. 1, Frankfurt–New York 1973, S. 59–78; siehe auch Klaus R. Allerbeck, Soziologie radikaler Studentenbewegungen, München–Wien 1972, S. 37 ff.

2 So hieß es in einem Rundbrief an alle SDS-Mitglieder vom 14. Juli 1967: »Wir haben vom ersten Tage an den Charakter der Protestaktion wesentlich bestimmt und diese Bewegung lokal und zentral politisch und organisatorisch getragen . . . Es hat sich gezeigt, daß die anderen Hochschulgruppen und AStAs ohne den SDS politisch handlungsunfähig waren und auf den SDS ›warteten‹!« Zitiert nach René Ahlberg, Die politische Konzeption des Sozialistischen Deutschen Studentenbundes, Bonn 1968, S. 5

3 Siehe hierzu auch Andreas v. Weiss, Die neue Linke, Boppard 1969

4 Herbert Marcuse, Das Ende der Utopie, Berlin 1967, S. 48

5 Emnid, Bielefeld, Junge Intelligenzschicht 1968/69, Bielefeld, Juni 1969

6 Im Dezember 1968 erklärten nach der gleichen Umfrage 35% der Befragten, sie seien mit dem Parteiensystem zufrieden; weitere Ergebnisse: es würden begrüßen, wenn man wählen könnte - eine radikale demokratische Partei (10%), eine nationale, aber wirklich demokratische Partei (19%), eine links von der SPD stehende Partei (20%), eine kommunistische Partei (8%); für eine »sonstige Partei« sprachen sich 6% aus, 8% gaben keine Antwort.

7 Siehe hierzu entsprechende Statistiken in: Max Kaase, Die politische Mobilisierung von Studenten in der Bundesrepublik, in: Klaus R. Allerbeck/Leopold Rosenmayr (Hrsg.), Aufstand der Jugend, München 1971, S. 171 ff.

8 Ebd., S. 161

9 So: Rudolf Krämer-Badoni, in: Darmstädter Echo, 1. 7. 1967

10 Klaus R. Allerbeck, Eine sozialstrukturelle Erklärung von Studentenbewegungen in hochentwikkelten Industriegesellschaften, in: Allerbeck/Rosenmayr, Aufstand der Jugend, a. a. O., S. 181

11 Ebd., S. 181

12 Erwin K. Scheuch, in: Bereiten die Studenten den Bürgerkrieg vor?, Itzehoe 1968, S. 7 ff., siehe auch Erwin K. Scheuch, Die Jugend – ein auserwähltes Volk?, in: Christ und Welt Nr. 16, 17. April 1970

13 Kenneth Keniston, Neue empirische Forschungen zu den Studentenrevolten: Die amerikanische Studentenbewegung, in: Allerbeck/Rosenmayr, Aufstand der Jugend, a. a. O., S. 93

14 Kaase stellt fest, daß bei den Jugendlichen die Parteiidentifikation des Vaters und die eigene Parteipräferenz zu über 80% übereinstimmen, währenddessen die entsprechende Übereinstimmungsrate bei Studenten unter 40% liegt.

15 Max Kaase: Die politische Mobilisierung von Studenten in der BRD, a. a. O., S. 162

16 Ebd., S. 163

17 Eine vergleichende Untersuchung für sechs westeuropäische Länder führte Ronald Inglehart durch: The Silent Revolution in Europe, in: American Political Science Review, Bd. 70, Dez. 1971; siehe hierzu auch: Klaus R. Allerbeck/Leopold Rosenmayr: Neue Theorien und Materialien zur Soziologie der Jugend, in: Allerbeck/Rosenmayr, Aufstand der Jugend, a. a. O., S. 21

18 Kenneth Keniston, a. a. O., S. 102

19 Helmut Schelsky, Die skeptische Generation. Eine Soziologie der deutschen Jugend, Düsseldorf–Köln 1963, S. 381; zitiert nach René Ahlberg, Ursachen der Revolte, Stuttgart–Berlin–Köln–Mainz 1972, S. 38

20 Ludwig von Friedeburg, Jugend in der modernen Gesellschaft, Köln–Berlin 1965, S. 18

21 Alexander Schwan/Kurt Sontheimer (Hrsg.), Reform als Alternative - Hochschullehrer antworten auf die Herausforderung der Studenten, Köln/Opladen 1969, S. 5

22 Die Große Koalition gehörte zweifelsohne zu den Hauptangriffszielen der Protestbewegung und bot auch argumentativ eingängige Formen der Vermittlung. So erklärte der SDS: »Mit der Großen Koalition wird die seit Jahren vorhandene Entwicklung in der Bundesrepublik offen sichtbar: Der

Funktionsverlust der Parteien, der Abbau der parlamentarischen Demokratien und die Entwicklung zum bürokratischen autoritären Staat. In der Großen Koalition soll jede Opposition ausgeschaltet werden, und die von der CDU/CSU aufgebaute Ideologie einer ›formierten Gesellschaft‹ erhält Realität. Die außerparlamentarische Opposition, die sich in den letzten Monaten gebildet hat, wird auf diese Entwicklung mit der Organisierung einer demokratischen und sozialen Gegenkraft antworten. Wir fordern die Reste der demokratischen Opposition in der SPD, die Gewerkschaften und die demokratischen Kräfte in der Bundesrepublik überhaupt auf, an dieser Arbeit aktiv mitzuwirken (zitiert nach: Rolf Seeliger, Die außerparlamentarische Opposition, München 1968, S. 27).

23 Erdmann Linde, SPD und Außerparlamentarische Opposition, S. 64
24 Richard Löwenthal, Der romantische Rückfall, Stuttgart–Berlin–Köln–Mainz 1970
25 Hans Mathias Kepplinger, Rechte Leute von links – Gewaltkult und Innerlichkeit, Olten und Freiburg i. Brsg. 1970
26 Richard Löwenthal, Der romantische Rückfall, a. a. O., S. 13
27 Jürgen Habermas, Protestbewegung und Hochschulreform, Frankfurt 1969, S. 23
28 Ebd., S. 192
29 Damit wird keineswegs zum Ausdruck gebracht, daß auch vorgeblich »unpolitische« sozialpsychologische Gründe nicht auch politisch wirksam werden können.
30 Alle nachfolgenden Antworten entnommen aus: Karl Markus Michel, Wer wann warum politisch wird – und wozu. Ein Beispiel für die Unwissenheit der Wissenschaft, in: Kursbuch Nr. 25, Okt. 1971, S. 3 ff.
31 Zitiert nach: Götz Eisenberg/Wolfgang Thiel, Fluchtversuche, Gießen 1973, S. 40; siehe hierzu auch: Klaus Rainer Röhl, Fünf Finger sind keine Faust, Köln 1974; S. 275 ff.
32 Max Kaase, Die politische Mobilisierung von Studenten in der BRD, a. a. O., S. 165
33 Klaus R. Allerbeck, Soziale Bedingungen für studentischen Radikalismus, Dissertation, Köln 1970, S. 175

III. Entwicklungsphasen der Protestbewegung

1 Als »Vorphase« der Protestbewegung wird an dieser Stelle der Zeitraum der Trennung der SPD vom SDS 1960/61 bis Mai 1965 definiert. Zweifelsohne gab es auch schon zuvor politische Organisationen und Strömungen, die beispielsweise die politische Linie des SDS stark beeinfluß haben. Einen Überblick über solche Organisationen und Strömungen geben u. a.: Ernst Richert, Die Radikale Linke von 1945 bis zur Gegenwart, Berlin 1969; Rolf Seeliger, Die Außerparlamentarische Opposition, München 1968
Die »antiautoritäre« Protestbewegung, die durch den SDS eingeleitet wurde, kann nicht als organische Fortentwicklung beispielsweise der Kampf-dem-Atomtod- und Ostermarsch-Bewegung angesehen werden, die sich in den 60er Jahren totlief, ohne daß sie, vor allem innerhalb der Studentenschaft, eine breitere Mobilisierung herbeiführen konnte.
Darüber hinaus hatte sich die Ostermarsch-Bewegung von einer zunächst fast ausschließlich pazifistischen Bewegung hin zu einer sehr stark vom Gedankengut der einstigen KPD getragenen Bewegung entwickelt, bzw. waren die Funktionsträger dieser Ostermarsch-Bewegung sehr stark in diesem politischen Bereich angesiedelt. Insoweit kann von einer »Vorphase« gesprochen werden, weil der zunehmende Prozeß der Entfremdung zwischen SDS und SPD in der Öffentlichkeit kaum auf breiteres Interesse stieß. Deshalb wird unter erster Phase diejenige verstanden, die erstmals eine breitere Mobilisierung der Studentenschaft herbeiführte.
2 Zitiert nach: Schönbohm/Runge/Radunski, Die herausgeforderte Demokratie, Mainz 1968, S. 45
3 Nachdruck, Verlag Neue Kritik, Frankfurt/Main 1972
4 Neue Kritik – Sondernummer zur 16. o. Delegiertenkonferenz des SDS, Oktober 1961, S. 3
5 Neue Kritik, Nr. 13, November 1962, S. 7; zit. nach: Helmut Schauer, Einige Kernpunkte der aktuellen Diskussion im SDS, Neue Kritik, Nr. 33, Dezember 1965
6 Frank Deppe/Kurt Steinhaus, Politische Praxis und Schulung im SDS, Neue Kritik, 38/39, Oktober/Dezember 1966
7 Zu dieser Phase und zur Sondersituation Berlin siehe u. a.: Jens Hager, Die Rebellen von Berlin, Köln–Berlin 1967; siehe vor allem: S. 39–133; Ernst Richert, Die radikale Linke von 1945 bis zur Gegenwart, Berlin 1969, S. 108 ff.; Lutz Niethammer, Koalition ohne Konzept, Der Monat, August 1968, S. 49.
8 Eine ausführliche chronologische Darstellung dieser Ereignisse liefert: Bundesministerium des Inneren (Hrsg.), Die Studentenunruhen (Schriftenreihe »Zum Thema«), Bonn 1969, S. 7 ff.
9 Siehe hierzu u. a.: Schönbohm, a. a. O., S. 73 ff.

10 Siehe hierzu: Hearing des Bundestages (Sonderausschuß für Strafrechtsreform), Bonn, 12. und 13. Januar 1970, Bundestags-Drucksache, u. a.: S. 96 und 101

11 Jürgen Habermas, Hochschulreform und Protestbewegung, Frankfurt/Main 1969, S. 164

12 Max Kaase, Demokratische Einstellungen in der Bundesrepublik Deutschland; in: Sozialwissenschaftliches Jahrbuch für Politik, Bd. 2, München–Wien 1971; zitiert nach Klaus Allerbeck, Soziologie radikaler Studentenbewegungen, München–Wien 1973, S. 26

13 Zum 2. Juni siehe u. a.: Friedrich Mager/Ulrich Spinnarke, Was wollen die Studenten, Frankfurt/Main und Hamburg 1967, S. 110 ff.; Uwe Bergmann, Einleitung in: Rebellion der Studenten oder die neue Opposition, Reinbek b. Hamburg 1968, S. 30; Jens Hager, a. a. O., S. 142 ff.; Knut Nevermann/Verband Deutscher Studentenschaften (Herausgeber), Der 2. Juni 1967, Studenten zwischen Notstand und Demokratie, Dokumente zu den Ereignissen anläßlich des Schahbesuchs, Köln 1967

14 Die aus diesem Anlaß gehaltenen Reden sind zu entnehmen aus: Bernhard Vesper (Hrsg.), Bedingungen und Organisation des Widerstandes. Der Kongreß in Hannover (Voltaire-Flugschrift Nr. 12), Frankfurt/M. 1968

15 Siehe hierzu: Malte J. Rauch/Samuel H. Schirmbeck, Die Barrikaden von Paris – Der Aufstand der französischen Arbeiter und Studenten, Frankfurt 1968; Emil-Maria Claassen/Louis-Ferdinand Peters, Rebellion in Frankreich – Die Manifestation der europäischen Kulturrevolution 1968, München 1968

16 Siehe hierzu: Klaus-Uwe Benneter (u. a.), Februar 1968 – Tage, die Berlin erschütterten, Frankfurt/Main 1968

17 Siehe hierzu: Allerbeck, Soziologie radikaler Studentenbewegungen, a. a. O., S. 28; ebenfalls dort Umfragedaten und Einschätzung der Großen Koalition

18 Bernd Rabehl, Karl Marx und der SDS; in: Der Spiegel Nr. 18/1968, S. 86

19 Als »militante Aktion« interpretierte Rabehl beispielsweise »das Abbrennen von Autos« oder »die Aufstellung von Straßenbarrieren« (Neue Kritik, Nr. 50, Oktober 1968, S. 517); der ehemalige stellvertretende SDS-Bundesvorsitzende Frank Wolff bedauerte beispielsweise auf einer Pressekonferenz, daß sich der SDS von den Warenhaus-Brandstiftern in Frankfurt distanziert habe, denn es sei legitim, gegen die Gesellschaft anzukämpfen (Frankfurter Neue Presse, 1. November 1968). Außerdem gab es Anzeichen dafür, daß eine kleinere Gruppe offen für »Terror« eintrat, die den Kern der späteren Baader-Meinhof-Gruppe bildete. Letztlich sprach Rabehl in diesem Zusammenhang von dem Vorhandensein eines »Bakunistischen Geheimbundes des SDS« (Neue Kritik, Nr. 50, Oktober 1968, S. 50).

20 Benda teilte weiter mit, daß an den einzelnen Tagen an Demonstrationen im Bundesgebiet jeweils zwischen 5000 und 18000 Personen beteiligt waren; an Demonstrationen mit Ausschreitung beteiligten sich nach seinen Angaben jeweils 4000 bis 11000 Personen. Gegen 827 Beschuldigte seien polizeiliche Ermittlungsverfahren eingeleitet worden. Von den Beschuldigten seien 87 bis zu 18 Jahre alt, 210 zwischen 19 und 21 Jahre, 246 zwischen 22 und 25 Jahre, 286 Personen seien älter als 25 Jahre. Nach Berufen aufgegliedert ergebe sich folgendes Bild: 92 Schüler, 286 Studenten, 185 Angestellte, 150 Arbeiter, 31 sonstige Berufe, 57 ohne Beruf, unbekannt sei der Beruf bei 26 Beschuldigten. Nach Bendas Mitteilungen wurden bei den Demonstrationen in Frankfurt am 15. April 1968 u. a. folgende Kampfparolen ausgegeben: »Bildet Greifer-Trupps von 12 Mann Stärke, die besonders tatkräftige Polizisten schnappen und zusammenschlagen«; »Das Anzünden umgestürzter Autos und das Werfen von Molotowcocktails ist ab sofort als Notwehr zu betrachten«; »Warum sollen wir davor zurückschrecken, den Polizeibeamten die Daumen in die Augen zu drücken?«.

21 Siehe hierzu auch: FU-Spiegel, Nr. 67, Nov./Dez. 1968, S. 7

22 Jürgen Habermas, Protestbewegung und Hochschulreform, Frankfurt 1969, S. 10. Habermas, der sogar von »linkem« Faschismus« gesprochen hatte, löste mit seiner Kritik der Protestbewegung im linken Lager heftige Reaktionen aus; s. hierzu: Abendroth/Brückner u. a., Die Linke antwortet Jürgen Habermas, Frankfurt 1968.

23 Heinz Grossmann, Der Pogrom und der einzelne, in: Heinz Grossmann/Oskar Negt (Herausgeber), Die Auferstehung der Gewalt – Springer-Blockade und politische Reaktion in der Bundesrepublik, Frankfurt/Main 1968, S. 10

24 Ebd.

25 In der Zeitschrift des SHB, frontal, Nr. 48, Dez. 1968/Jan. 1969, wurde die Delegiertenkonferenz des SDS in Hannover u. a. wie folgt beschrieben (S. 4); »Zentraler und wichtigster Punkt der Konferenz wurde die Organisationsdebatte, deren Verlauf nur unter Berücksichtigung der Fraktionen und des Zustandes der einzelnen Gruppen verständlich wird. Die KP-Fraktion ist in Hannover zur Bedeutungslosigkeit degeneriert. Es waren zwar noch einige bekannte Gesichter zu sehen, hervorgetreten ist keiner mehr.«

26 Eine RCDS-Analyse zu diesem Fragenkreis kam für das Jahr 1973 zu dem Ergebnis, daß insgesamt auf dem Wege der Zwangseintreibung jährlich etwa 15,5 Millionen DM in die Kassen der Allgemeinen Studentenausschüsse fließen.
27 Neue Linke, herausgegeben vom Liberalen Studentenverband Deutschlands (LSD), Herbst 1969, Heft 1/69, S. 4
28 In einer Veröffentlichung des DKP-nahen Spartakus hieß es zur Auflösung des SDS am 2. März 1970 in Frankfurt: »Nur daß der SDS längst tot war, das meinten alle Vertreter der Sekten, Grüppchen und der schwarze Brei individueller Anarchisten ... Die Helden der revolutionären Phrase verhalfen den staatsmonopolistischen Unterdrückern des SDS zu dem Propagandaalibi des Selbstmordes ... Der SDS starb nicht am 21. März 1970, er starb früher. Am 21. März wurde ihm nur ein Totenschein ausgestellt.« Siegfried Wolff, Ausstellung eines Totenscheins, in: 9. extra, Rote Korrespondenz (Herausgeber Spartakus), S. 1. Übrigens wurde dieser Artikel zuerst im »Im Forum – Organ der FDJ« veröffentlicht und ohne diesen Veröffentlichungshinweis in die Spartakus-Publikation »Rote Korrespondenz« übernommen.
29 Siehe hierzu, Eike Gerken, Auflösung durch Selbsterkenntnis, in: Colloquium Nr. 6, Juni 1970, S. 41
30 Ebd., S. 6
31 Siehe hierzu auch: Gerd Langguth, Volksfront im Hörsaal, Deutsche Zeitung/Christ und Welt, Nr. 28, 9. Juli 1971
32 Fritz Kramer, Über den Sozialismus in China und Rußland und die marxsche Theorie der Gesellschaft, Rotes Forum, 3/1970, Heidelberg 1970, S. 5
33 Götz Eisenberg/Wolfgang Thiel, Fluchtversuche, Gießen 1973
34 Bundestagsdrucksache VI/2074
35 »Die 120 anderen Organisationen verteilen sich auf fünf trotzkistische Gruppen mit rund 400 Mitgliedern, 20 maoistische Gruppen mit rund 800 Mitgliedern, 5 anarchistische Gruppen mit rund 80 Mitgliedern und rund 90 sonstige linksradikale Gruppen mit rund 2000 Mitgliedern. Die Gesamtzahl der Personen, die linksradikalen Gruppen angehören, beträgt nur etwa 65 000, da viele Personen bei mehreren Organisationen Mitglied sind«, hieß es im gleichen Bericht weiter.
36 INFO Hamburger Undogmatischer Gruppen Nr. 18, Oktober/November/Dezember 1977 (»Revolutionäre können sie töten ... die Revolution nicht«)
37 Siehe hierzu: Gerd Langguth, Jugend ist anders, Freiburg–Basel–Wien, 1983, S. 113 ff.
38 Thesenpapier »Zur Autonomie in unserer Bewegung«, Radikal, Nr. 98, S. 6 f.
39 vollautonom, Nr. 4/1981

IV. Die »antiautoritäre« Revolte des SDS

1 Hier ist vor allem zu nennen: René Ahlberg, Die politische Konzeption des Sozialistischen Deutschen Studentenbundes, Bonn 1968; Josef Oelinger, Die Neue Linke und der SDS, Köln 1969; Andreas von Weiss, Die Neue Linke, Boppard 1969; Wulf Schönbohm/Jürgen Bernd Runge/Peter Radunski, Die herausgeforderte Demokratie, Mainz 1968; N. J. Ryschkowsky, »Die linke Linke«, München–Wien 1968
Zu neueren Veröffentlichungen zum SDS siehe: Gerhard Bauss, Die Studentenbewegung der sechziger Jahre, Köln 1977; Hans Manfred Bock, Geschichte des ›linken Radikalismus‹ in Deutschland, Frankfurt 1976, Seite 170 ff.; Jürgen Briem, Der SDS – Geschichte des bedeutendsten Studentenverbandes der BRD von 1945 bis 1961, Frankfurt 1976; Frank Deppe (Hrsg.), 2. Juni 1967 und die Studentenbewegung heute, Dortmund 1977; Rudi Dutschke, Mein langer Marsch (herausgegeben von Gretchen Dutschke-Klotz; Helmut Gollwitzer und Jürgen Miermeister), Hamburg 1983; Tilman Fichter/Siegwart Lönnendonker, Kleine Geschichte des SDS, Berlin 1977; Jürger Miermeister/Jochen Stadt, Provokationen – Die Studenten- und Jugendrevolte in ihren Flugblättern 1965–1971, Darmstadt und Neuwied 1980; Peter Mosler, Was wir wollten, was wir wurden – Studentenrevolte – 16 Jahre danach, Reinbek bei Hamburg Mai 1977; Frank Wolf/Eberhard Windaus, Studentenbewegung 1967 bis 69, Frankfurt 1977
2 Siehe hierzu: Wolfgang Leonhard, Sowjetideologie heute II, Die politischen Lehren, Frankfurt 1962, S. 36
3 Susanne Hillmann (Hrsg.), Zu Rosa Luxemburg, Schriften zur Theorie der Spontaneität, Reinbek bei Hamburg, Februar 1970, S. 186
4 Siehe hierzu auch: Peter Christian Ludz, Zur politischen Ideologie der Neuen Linken, in: Erwin K. Scheuch (Hrsg.), Die Wiedertäufer der Wohlstandsgesellschaft, Köln 1968
5 Siehe Kritik aus DKP-Sicht hierzu: Robert Steigerwald, Herbert Marcuses dritter Weg, Köln 1969; siehe ebenfalls: J. H. von Heiseler/Robert Steigerwald/Josef Schleifstein, Die Frankfurter Schule im Licht des Marxismus, Frankfurt 1970

6 Hans-Jürgen Krahl, Konstitution und Klassenkampf, a. a. O., S. 25; veröffentlicht u. a. auch in: Info 4/70 – Hannoversches Centralorgan der sozialistischen Basis- und Projektgruppen S. 3 ff.; SC-Info Nr. 19, Frankfurt/Main

7 Bernd Rabehl, Von der antiautoritären Bewegung zur sozialistischen Opposition, in: Bergmann/ Dutschke/Lefèvre/Rabehl, Rebellion der Studenten oder Die neue Opposition, Reinbek b. Hamburg, 1968, S. 154

8 Ilan Reisin, Über die Eigenständigkeit der Schülerbewegung; in: Günter Amendt (Hrsg.), Kinderkreuzzug oder Beginnt die Revolution in den Schulen, Reinbek b. Hamburg 1968, S. 56

9 Ebd., S. 59

10 Rudi Dutschke, Die Widersprüche des Spätkapitalismus, die antiautoritären Studenten und ihr Verhältnis zur Dritten Welt, in: Bergmann/Dutschke/Lefèvre, Rabehl, Rebellion der Studenten, a. a. O., S. 91

11 Neue Kritik, Nr. 51/52, Febr. 1969, S. 116

12 Wolfgang Dreßen (Hrsg.), Antiautoritäres Lager und Anarchismus, Berlin 1968, S. 9; zitiert nach Bernd Guggenberger, Wem nützt der Staat, Stuttgart–Berlin–Köln–Mainz 1974, S. 11 ff.; siehe hierzu auch Reimut Reiche, Hat der autoritäre Staat eine Massenbasis?, in: Diskus, Nr. 4, Mai 1968: »Ich wage nicht zu behaupten, daß die Lohnabhängigen und bislang in scheinbar apathischer, aber doch in Wirklichkeit in gespannter Ruhe gehaltenen Massen sich in der Entladung von Unzufriedenheit einheitlich in fortschrittlicher Weise gegen das bestehende System der politischen und ökonomischen Herrschaft wenden werden.«

13 Max Horkheimer, Autoritärer Staat, in: Kritische Theorie der Gesellschaft III, Hrsg. Marxismuskollektiv, Frankfurt 1968, S. 47

14 Zur Manipulationsthese siehe: Peter Glotz/Wolfgang Langenbucher: Manipulation – Kommunikation – Demokratie, in: Beilage zu Das Parlament, B 25/69, 21. Juli 1969; siehe auch: Wulf Schönbohm, Die Thesen der APO, Argumente gegen die radikale Linke, Mainz 1969

15 Pardon, Sept. 1967, S. 20; zitiert nach v. Heiseler, Welche Wege sollen wir gehen?, in: Facit Nr. 12, Febr. 1968, S. 28

16 Rudi Dutschke, Repressiv getrennt – zum Verhältnis von Arbeitern und Studenten im Spätkapitalismus, in: FU-Spiegel Jan. 1968, S. 8 f.

17 Reimut Reiche/Peter Gäng, Vom antikapitalistischen Protest zur sozialistischen Politik, in: Neue Kritik, April 1967, Nr. 41, S. 27

18 Zu dieser Randgruppentheorie siehe u. a. auch: Bahman Nirumand, Die Avantgarde der Studenten im internationalen Klassenkampf, in: Kursbuch Nr. 13, Juni 1968, S. 1 ff.

19 In: Ein Gespräch über die Zukunft mit Rudi Dutschke, Bernd Rabehl und Christian Semler, in: Kursbuch Nr. 14/1968, S. 152 f.

20 E. Hemmer, Freiräume für Gegenmacht, FU-Spiegel, Nov./Dez. 1968, S. 67; ähnlich auch Helmut Matthei, Das Reich der Freiheit, in: Anrisse, 7. Febr. 1968, S. 4: »Die kapitalistische Gesellschaft würde schon lange nicht mehr bestehen, wenn das Bewußtsein ihrer Bürger rational erhellt wäre.«

21 Nirumand, a. a. O., S. 11

22 Kukuck, a. a. O., S. 70

23 Zur Kritik am Parlamentarismus siehe die zu dieser Zeit viel beachteten Aussagen von Johannes Agnoli/Peter Brückner, Die Transformation der Demokratie, Berlin 1967

24 Wolfgang Levèvre, zitiert nach: Sepp Binder, Revolution auf Samtpfoten, Die Zeit Nr. 30, 23. Juni 1971

25 Der Spiegel, 10. Juli 1967, Nr. 29.

26 Kursbuch Nr. 14, 1968, Ein Gespräch über die Zukunft mit Rudi Dutschke, Bernd Rabehl und Christian Semler, S. 166 ff.

27 Ebd., S. 170

28 Ebd., S. 171

29 Krahl, a. a. O., S. 255

30 Ebd., S. 256

31 Neue Kritik Nr. 50, Okt. 1968, S. 60

32 Siehe hierzu u. a.: Hille/Breiteneicher/Mauff/Triebe und Autorenkollektiv Lankwitz, Kinderläden – Revolution der Erziehung oder Erziehung der Revolution, Reinbek bei Hamburg, April 1971, Autorenkollektiv am Psychologischen Institut der Freien Universität Berlin; Schülerladen Rote Freiheit, Frankfurt und Hamburg, Febr. 1971

33 Siehe hierzu: Peter Brückner, Nachruf auf die Kommunebewegung, in: Diethard Kerbs (Hrsg.), Die hedonistische Linke – Beiträge zur Subkulturdebatte, Neuwied und Berlin 1970, S. 124 ff.

34 Zitiert nach Frank Wolff, Organisation: Emanzipation und Widerstand, in: Neue Kritik Nr. 50, Oktober 1968, S. 7

35 Frank Wolff, Organisation: Emanzipation und Widerstand, Neue Kritik Nr. 50, Oktober 1968, S. 5

36 Siehe hierzu: FU-Spiegel Nr. 60, Nov. 1967, S. 5; FU-Spiegel Nr. 61, Dez. 1967, und FU-Spiegel Nr. 62, Jan. 1968, S. 6 f.
37 Ilan Reisin, Über die Eigenständigkeit der Schülerbewegung, in: Amendt (Hrsg.), Kinderkreuzzug, a. a. O., S. 58
38 Herbert Marcuse, Das Ende der Utopie, Berlin 1967, S. 66 f.
39 Studentenulk oder Notwendigkeit? Protokoll eines Podiumsgespräches über »Revolution 1967«, in: Die Zeit, 1. Dez. 1967, S. 18; zitiert nach René Ahlberg, Die politische Konzeption des SDS, a. a. O., S. 22
40 Zitiert nach J. H. von Heiseler, Facit, Nr. 12, Welche Wege sollen wir gehen, S. 31; siehe hierzu auch: Pardon, Sept. 1967; Konkret Nr. 8 und 9 1967, Der Spiegel Nr. 29/67; siehe auch Till Wilsdorf, Subaltern oder Subkultur; in: FU-Spiegel Nr. 65, Juni/Juli 1968, S. 19 ff.
41 Basisgruppe Soziologie in München, in: Münchner Studentenzeitung (MSZ), 4. Juli 1969
42 Ebd.
43 Siehe hierzu: Till Wilsdorf, Subaltern oder Subkultur, in: FU-Spiegel Nr. 65, Juni/Juli 1968, S. 19 ff.
44 Knut Nevermann, Von der Rebellion zur revolutionären Opposition, in: Hans Dollinger (Hrsg.), Revolution gegen den Staat, Bern–München–Wien 1968, S. 58
45 Ezra Gerhardt, Über die Praxis der Schülerbewegung, in: Amendt (Hrsg.), Kinderkreuzzug, a. a. O., S. 80
46 Peter Brandt, Über die Bedeutung einer sozialistischen Schülerorganisation – Für eine revolutionäre Organisation der Jugend, in: Amendt (Hrsg.), Kinderkreuzzug, a. a. O., S. 125
47 Senator für Inneres, Die Protestbewegung unter den Studenten der Freien Universität Berlin, Berlin Juli 1967, Manuskript, S. 12 und Anlage 24
48 Siehe hierzu: Kapitel III. 2.; dort auch Anm. 9 u. 10; siehe ferner: Klaus Rainer Röhl, a. a. O., S. 256 f.
49 Uwe Bergmann, in: Bergmann/Dutschke/Lefèvre/Rabehl, Rebellion der Studenten, a.a.O., S. 43
50 Gerhardt, a. a. O., S. 20
51 Dutschke, a. a. O., S. 91
52 Reimut Reiche, Verteidigung der »neuen Sensibilität«, in: Wolfgang Abendroth, Peter Brückner, u. a., Die Linke antwortet Jürgen Habermas, Frankfurt 1968, S. 101
53 Münchner Studentenzeitung (MSZ), Nr. 6, 27. Mai 1970; siehe auch Udo Grönheit, Kritik der Justizkampagne, in: Input Nr. 4, 1969, S. 56 f.; siehe vor allem: Michael Vester, Die Strategie der direkten Aktion, in: Neue Kritik Nr. 30, Juni 1965; Zur Funktion der Aktion siehe u. a. auch: Münchner Studentenzeitung Nr. 6, 27. Mai 1970; Diskus (Frankfurt), Nr. 6, Oktober 1968, S. 14
54 Konkret, Nr. 3, 1968, S. 6
55 Kursbuch, Nr. 14/1968, S. 156 f.
56 Ebd., S. 157
57 Aus DKP- und MSB-Spartakus-Sicht sind die Hintergründe, die zu dem Ausschluß der 5 Genossen der »KP-Fraktion« führten, dargelegt u. a. in: facit, aktuell 3 (SDS in Sofia) und facit-aktuell, Soll der SDS gespalten werden? – siehe auch Kapitel zum MSB Spartakus
58 Neue Linke (Zeitschrift des LSD), Herbst 1969, Heft 1/69, S. 4
59 So formulierte denn auch Herbert Marcuse auf die Frage nach der Alternative, daß er, wenn diese Frage in Amerika gestellt würde, sagen würde: »Zum Beispiel einen Zustand zu schaffen, in dem ihr nicht mehr eure Söhne als Schlachtopfer nach Vietnam schicken müßt – eine Gesellschaft zu schaffen, in der die Neger und Puertoricaner nicht mehr als zweitklassige Bürger behandelt werden, wenn sie überhaupt als Bürger behandelt werden; einen Zustand zu schaffen, in dem nicht mehr nur die Kinder der Wohlhabenden eine bessere Erziehung genießen, sondern alle, und wir können auch die Schritte angehen, um diesen Zustand herbeizuführen. Das mögen Sie vielleicht immer noch nicht als etwas Positives betrachten. Ich meine, es ist etwas Positives, das ist eine Alternative, besonders für diejenigen, die nun wirklich von dem, was in Vietnam geschieht, betroffen sind.« Herbert Marcuse, Das Ende der Utopie, a. a. O., Berlin 1967; siehe auch hierzu Kapitel zum SDS (IV 7.)
60 »Der aktivistische Lokalismus führte zu einer tatsächlichen ›Entpolitisierung‹, indem er die allgemeine politische Zielsetzung und Reflexion unabsichtlich, doch folgerichtig vernachlässigte. Ohne das Durchhalten einer praxisbegründeten, theoretischen Arbeit aber verliert die Praxis ihre Begründung.« (Neue Linke, herausgegeben vom LSD, 1/69, S. 6)
61 So wird beispielsweise in der SDS-Publikation Neue Kritik, Heft 51, 52, Februar 1969, klar »Reform« als Ziel der SDS-Politik verneint, sondern »systematisches Stören des Lehrbetriebs« ausdrücklich legitimiert: »Die sozialistische Politik an der Hochschule kann . . . nicht von der Notwendigkeit der Reform des bürgerlichen Studiums ausgehen, sondern trägt die Bedürfnisse der Revolte nach grundsätzlicher Veränderung der Gesellschaft, die ihr eigentliches Feld nach wie vor außerhalb der Universität hat, in die Universität hinein. Sie benutzt die Universität, genauer, sie gebraucht die Wissenschaft, um ihren Kampf zu stabilisieren und zu organisieren.

62 Krahls Schriften, Reden und Entwürfe aus den Jahren 1966–1970 sind in einer 1971 herausgegebenen Veröffentlichung zusammengefaßt: Hans-Jürgen Krahl, Konstitution und Klassenkampf –
Zur historischen Dialektik von bürgerlicher Emanzipation und proletarischer Revolution, Frankfurt
1971.

V. Zwischen SDS und ideologischer Neuorientierung

1 Bericht über die Situation an den Berliner Hochschulen. Senatsbericht, Nr. 1300/5. Wahlperiode,
ausgegeben am 16. Oktober 1970, Drucksachen des Abgeordnetenhauses von Berlin (künftig
zit.: Senatsbericht)
2 Volker Benke, Strategie und Taktik der Roten Zellen in Berlin, in: Die Studentische Protestbewegung – Analyse und Perspektive, Schriftenreihe der Konrad-Adenauer-Stiftung, Mainz 1971
3 Senatsbericht, a. a. O., S. 9
4 SDS-Info, Nr. 26/27, 22. Dez. 1969
5 Münchner Studentenzeitung (MSZ), Nr. 12, 16. Dez. 1970
6 Deren Programm und Statut wurde in der Roten-Presse-Korrespondenz (RPK), Nr. 20, vom 4.
Juni 1969 veröffentlicht.
7 SDS-Info, Nr. 26/27, 22. Dez. 1969
8 RPK, Nr. 20, 4. Juli 1970
9 Einladung zur Grundsemesterkonferenz der Rotzeg vom 5. Juli 1970
10 Siehe RPK, Nr. 93, 4. Dezember 1970. Die MLHG war eine Abspaltung aus der Roten Zelle Germanistik (Rotzeg), deren Mehrheit sich auf der 3. Arbeitskonferenz der Rotzeg am 15. November
1970 knapp den Thesen der Studentenkommission der KPD/AO zum Aufbau eines Kommunistischen Studentenverbandes (KSV) (vergleiche RPK, Nr. 88) anschloß. Diese Abstimmung war für
eine Minderheit der Anlaß, sich als MLHG selbständig zu organisieren.
11 Siehe hierzu vor allem: Untersuchungsthesen des Initiativkomitees zum Aufbau der Sozialistischen Hochschulorganisation, in: Hochschulkampf – Kampfblatt des Initiativkomitees der Roten
Zellen in West-Berlin, Nr. 7, 26. April 1971
12 Aufruf der Roten Zellen zum 1. Mai 1970, Nr. 2
13 Siehe RPK, Nr. 42, 5. Dezember 1969
14 Siehe agit 883, Nr. 43, 4. Dezember 1969
15 Statut der Roten Zelle Medizin (Rotzmed)
16 RPK, Nr. 20, 4. Juli 1969
17 RPK, Nr. 20, 4. Juli 1969, S. 2
18 Veröffentlicht in RPK, Nr. 43/44/45, S. 5–8
19 RPK, Nr. 58, 20. März 1970, S. 6–9.
20 Klassenkampf, Dezember 1971, S. 1 und S. 108 f. (Die Auflösung der Proletarischen linken Parteien) Berlin
21 Gegründet anläßlich des Austritts der PL/PI aus der RPK im Dezember 1970 (vgl. RPK, Nr. 95, 18.
Dezember 1970)
22 PL-Zentralorgan der Proletarischen Linken, Nr. 6/7, Jan./Febr. 1972
23 Siehe hierzu RPK, Nr. 84, 2. Oktober 1970 (Hochschulresolution der PL/PI)
24 In dieser Plattform hieß es u. a.: »An dem Ort, an dem das Kapital die Arbeiterklasse konzentriert
und organisiert, im Großbetrieb in erster Linie, gilt es, Arbeitergruppen aufzubauen, die sich
durch Aktionen und Schulung befähigen, Massenkämpfe zu initiieren und in diesen Kämpfen die
Voraussetzungen für das Klassenbewußtsein und für die Organisierung der proletarischen Massen zu schaffen. Das Hauptkriterium für die Entscheidung, einen Konflikt aufzunehmen und auszutragen, sollte die Frage sein: Was spaltet, was einigt das Proletariat? Wichtiger jedoch als der
jeweilige Inhalt des Konflikts erschien der PEI die Form, in der er ausgetragen wird. Die kollektive
und organisierende Aktion galt ihr als das Entscheidende an jedem Konflikt. Die Aktionsstrategie
der initiativen Arbeitergruppen sollte von konkreten Untersuchungen im Betrieb ausgehen gemäß den Prinzipien für Untersuchungen, die die KPCh unter Führung Mao Tse-tungs entwickelt
hat« (RPK, Nr. 74/85, 24. Juli 1970, S. 2 [Plattform der PL/PI].)
25 Kommunist – Theoretisches Organ Kommunistischer Bund West-Berlin, Sondernummer 4, Politische Erklärung von Genossen des ehemaligen KB/ML, Sondernummer 3, Auflösung und Lernprozesse eines ML-Zirkels, S. 17
26 Kommunist, Mai 1970, S. 9
27 Ebd., S. 19
28 Plattform des Kommunistischen Bundes/Marxisten-Leninisten, Mai 1970, S. 11
29 So: Rote Presse Korrespondenz, Nr. 93, 4. Dezember 1970
30 Frankfurter Rundschau, 30. November 1970

31 Georg gab auch die Publikation »Roter Panther« heraus, die nach eigener Angabe in einer Auflage von 50 000 Exemplaren im September 1970 in Frankfurt erschien, in der es u. a. hieß: »Die Roten Panther sind Teil der internationalen Bewegung gegen Ausbeutung und Unterdrückung, die den von den USA geführten Imperialismus und ihren Partner, die Sowjetrevisionisten, bis zum weltweiten Sieg des Sozialismus bekämpft.«

VI. Zur ideologischen Entwicklung der Protestbewegung

1 Siehe hierzu: Frankfurter Seminar April 1973, Politische Arbeit und Emanzipation – Aufsätze und Protokolle einer Tagungsreihe, Köln 1974
2 Siehe hierzu u. a.: Gerd Langguth, Jugend ist anders, Freiburg–Basel–Wien, 1983, S. 61 ff.
3 So erklärte der frühere Bundessekretär der Jungsozialisten, Ernst Eichengrün, in einem im Januar 1970 für die SPD verfaßten »vertraulichen Papier«: »Hier ist eine Gruppierung zum Kampf angetreten, die die Partei umdrehen will. Hier geht es nicht mehr um das bisher gewohnte Auftreten einer mit der Märtyrerpose wehleidig kokettierenden, isolierten Minderheit, sondern um die Frage, wer morgen die Mehrheit hat . . . Die radikale Linke hat über zehn Jahre hinweg konsequente Kaderpolitik betrieben. Die Spitze dieses Eisberges wird jetzt allmählich sichtbar. Universitäten, Rundfunkanstalten und das Volkshochschulwesen bildeten zunächst – nach dem Unvereinbarkeitsbeschluß gegenüber dem SDS – einen Unterschlupf. Inzwischen sind sie längst zu Agitationsbasen geworden.« (Das Eichengrün-Papier wurde u. a. veröffentlicht in: Expreß International, Frankfurt, 6. Februar 1970)
4 Fritz Kramer, Über den Sozialismus in China und Rußland und die Marx'sche Theorie der Gesellschaft, in: Rotes Forum Nr. 3/70, Heidelberg 1970, S. 5
5 Rote Presse Korrespondenz (RPK), Nr. 63, 1. Mai 1970, S. 2
6 Aus: Info-AUSS, Nr. 5/6, 5. Juli 1969, S. 47
7 Ebd., S. 46
8 FU-Projektgruppe DKP/Bernd Rabehl, DKP – eine neue sozialdemokratische Partei, Berlin 1969
9 Ebd., S. 70
10 Ebd., S. 78
11 Cordt Schnibben, Das Ende einer Sackgasse in der Studentenbewegung, in: Facit Nr. 33, 10. Jg., Febr. 1974, S. 45 f.
12 Mit Spartakus im Spartakus, a. a. O.
13 Zitiert nach J. H. von Heiseler, Welche Wege sollen wir gehen?, Facit Nr. 12, Februar 1968, S. 28
14 Rote Zelle Germanistik (Rotzeg), Zur Berufsperspektivendiskussion, Berlin o. D., S. 29
15 Marxisten-Leninisten Bochum (Hrsg.), KPD/ML und der Klassenkampf in der BRD, Bochum o. D., S. 41
16 Andreas von Weiss, Die Neue Linke, Boppard 1969, S. 19
17 Neues Rotes Forum, Nr. 3/71, S. 33
18 Rote Presse-Korrespondenz (RPK), Nr. 126/127, 30. Juli 1971, S. 10 (Programmatische Erklärung der KPD)
19 Rote Fahne, Nr. 44, 30. Oktober 1974

VII. Wichtige Organisationen der Protestbewegung

1 Verfassungsschutz 1975: vorgelegt von Bundesinnenminister Maihofer am 4. Juni 1976, Bonn 1976, S. 44, ferner: Bundesminister des Innern: Betrifft: Verfassungsschutz 1973 Bonn, August 1974
2 Verfassungsschutz 1975, a. a. O., S. 45
3 Ebd., S. 11 (Tabelle zur publizistischen Tätigkeit, S. 12 [rot]), s. auch Verfassungsschutzbericht 1976, Bonn 1977, S. 58 (hier wird unterschieden in den Spalten »Orthodox-kommunistische und kommunistisch beeinflußte« sowie »Periodische Publikationen« der »Neuen Linken« einschließlich Gewaltliteratur).
4 Verfassungsschutzbericht 1976, a. a. O., S. 58
5 Roter Morgen, Nr. 27, 5. Juli 1975
6 Zur Auseinandersetzung mit der Theorie der drei Welten siehe Arbeiterkampf Nr. 120, 9. Januar 1978, S. 62 f., und Arbeiterkampf Nr. 123, 20. Februar 1978, S. 57 f., ferner Arbeiterkampf Nr. 126, 3. April 1978, S. 60 f.
7 Siehe Renmin Ribao, 1. November 1977
8 Peking Rundschau, Nr. 50/1977
9 Rote Fahne, Nr. 30, vom 27. Juli 1977, S. 6

10 Rote Fahne, Nr. 43, vom 27. Oktober 1976
11 Kommunistische Volkszeitung, Nr. 35, vom 29. 8. 1977, S. 15
12 Roter Morgen, Nr. 43, 23. Oktober 1976
13 Roter Morgen, Nr. 46, vom 13. November 1976
14 Roter Morgen, Nr. 30, 29. Juli 1977
15 Arbeiterkampf, Nr. 123, 20. Februar 1978, S. 58
16 Arbeiterkampf, Nr. 92, vom 1. 11. 1976; s. auch Arbeiterkampf, Nr. 120, vom 9. Januar 1978, S. 62
17 Rote Fahne, 25. März 1978
18 Arbeiterkampf vom 8. Januar 1979
19 Rote Fahne vom 13. Januar und 24. Februar 1979
20 Roter Morgen, 12. Januar 1979
21 Roter Morgen, 23. Februar 1979
22 Rote Fahne, 11. Januar 1979
23 Verfassungsschutzbericht 1977, a. a. O., S. 96
24 Arbeiterkampf, 14. November 1977
25 Alle Zahlen sind den jeweiligen Verfassungsschutzberichten entnommen.
26 Statut der KPD/ML, Dortmund, Februar 1979, 1. Auflage, S. 13 f.
27 Ebd., S. 19
28 Was sind die Super-»Linken« und wie schaden sie der Sache des Proletariats?, herausgegeben vom Sozialistischen Arbeiter- und Lehrlingszentrum (SALZ) und dem Kommunistischen Arbeiterbund, April 1971, S. 5
29 Aus: Sozialistisches Deutschland, Nr. 27, 1968; abgedruckt auch in: Schlomann/Friedlingstein,
   Frankfurt 1970, S. 246
30 Schlomann/Friedlingstein, a. a. O., S. 248. Das Ehepaar Heuzeroth kandidierte anläßlich der
   Landtagswahlen in Rheinland-Pfalz im März 1975 auf der Liste der Wählergemeinschaft »Kämpft
   mit der KPD!«
31 Ausführlicher stellen diese Gründungsversuche Schlomann/Friedlingstein, a. a. O., vor allem S.
   245–249
32 Roter Morgen, Nr. 51, 29. Dezember 1973
33 Roter Morgen, Nr. 51, 29. Dezember 1973
34 Der Kampf der Arbeiterjugend (KDAJ), Nr. 6, Juni 1971
35 In einer Erklärung, die der Versammlung überbracht wurde, hieß es: »Wir verlassen aus Protest
   diese Konferenz, weil sie keine Konferenz der Rotgardisten ist, sondern eine Parteiversamm-
   lung, die den Anspruch erhebt, die Rote Garde organisatorisch anzuleiten. Die manipulierte personelle Zusammensetzung der Konferenz bestimmte von vornherein den Ablauf und den Ausgang der Konferenz. Außer den Vertretern der Landesverbände NRW und Niedersachsen vertreten die Delegierten der anderen Landesverbände nicht die Mehrheit ihrer Rotgardisten und
   stehen teilweise offen im Gegensatz zu ihnen. Wir denken nicht länger daran, an einer Konferenz teilzunehmen, die die Absicht hat, die konterrevolutionäre Berliner Linie auf Bundesebene
   zu verbreiten.«
36 Der Kampf der Arbeiterjugend, 6. Juni 1971
37 Zu dieser ersten Abspaltung siehe u. a.: Roter Morgen, 1/2, 17. 1. 1972, Roter Morgen, Nr. 5, 28.
   Februar 1972, und Roter Morgen, Nr. 6, 13. März 1972, Roter Morgen, Nr. 7, 27. März 1972
38 Siehe »Exkurs KPD/ML (Rote Fahne)« S. 69
39 Siehe Beilage zu Roter Morgen, Nr. 15 (6. Dezember 1971)
40 Wortprotokolle des außerordentlichen Parteitages der KPD/ML, Manuskript, ohne Datum.
41 Siehe hierzu »Roter Morgen«, Nr. 15, 17. Juli 1972; in dieser Ausgabe wurde auch berichtet, daß
   sich inzwischen Genossen des »Thälmannkampfbundes« aus Kiel, die zuvor mit der KPD/ML
   (Rote Fahne) zusammengearbeitet hatten, wieder an die KPD/ML (Roter Morgen) angeschlossen hätten.
42 Dieser Programmentwurf wurde veröffentlicht in einer von Marxisten-Leninisten Duisburg im
   März 1973 herausgegebenen Schrift. Aus negativen Beispielen lernen – Der Programmentwurf
   der KPD/ML – Herbst 1972
43 Ausführliche Darstellung dieser Gruppe in: Gerd Langguth, Protestbewegung am Ende, Mainz
   1971, S. 107–114
44 Rote Fahne, Nr. 17, 30. August 1971
45 Rote Fahne, Nr. 22, 8. November 1971
46 Rote Fahne, Nr. 3, 4. Februar 1972
47 Willi Dickhut wurde 1904 geboren, trat im März 1962 der Kommunistischen Partei Deutschlands
   (KPD) bei, lebte 1928 und 1929 acht Monate in der Sowjetunion, war Mitglied der KPdSU und
   arbeitete nach 1933 illegal bis zu seiner Verhaftung für die KPD, wobei er nach eigenen Angaben mehrere Male in Konzentrationslager eingeliefert wurde, später Untersuchungs- und

Schutzhaft erhielt und während des Bombenangriffs auf Solingen am 4./5. November 1944 aus dem Gerichtsgefängnis fliehen konnte. Er beteiligte sich 1945 am Aufbau der KPD und war nach verschiedenen Funktionen innerhalb dieser Partei schließlich 1949 bis 1952 Leiter der Kaderabteilung der Landesleitung Nordrhein-Westfalen und dann stellvertretender Leiter der Kaderabteilung im Parteivorstand der KPD, hatte darüber hinaus noch weitere Funktionen inne, wurde jedoch wegen politischer Differenzen 1966 ausgeschlossen. Im Januar 1969 wurde er schließlich Mitglied der KPD/ML und Begründer sowie Herausgeber des Organs »Revolutionärer Weg« und war bis März 1970 Landesvorsitzender der Austchen KPD/ML. Ab März 1970 nahm er in der KPD/ML (Rote Fahne) den Vorsitz der Landeskontrollkommission ein. (Nach eigenen Angaben, veröffentlicht in: Revolutionärer Weg, Probleme des Marxismus-Leninismus 5/70, S. 55).

48 Siehe ausführlicher: Kapitel zu KABD S. 102 ff.
49 Rote Fahne, Nr. 12, 24. Oktober 1972
50 Zit. nach: Wahrheit, Nr. 1, Januar 1979, Die Krise der KPD/ML, S. 12
51 Hierfür spricht beispielsweise eine Veranstaltung vom 11. Februar 1973 in Darmstadt mit Ernst Aust, zu der restliche Gruppen der ZB-KPD/ML und des KJVD Hessen eingeladen waren. (Roter Morgen, Nr. 7, 24. Februar 1973)
52 Roter Morgen, Nr. 7, 24. Februar 1973
53 Siehe hierzu auch Sonderausgabe des »Roten Morgen«, Nr. 51, 29. Dezember 1973, »55 Jahre KPD – 5 Jahre KPD/ML – Vorwärts mit der KPD/ML«
54 Roter Morgen, Nr. 33, 16. August 1975; Roter Morgen, Nr. 36, 6. September 1975; Die Rote Garde, Nr. 6, September 1975
55 Roter Morgen, Nr. 6, 7. Februar 1976; Zum System in der DDR heißt es an dieser Stelle u. a.: »Schon lange ist die SED unwiderruflich zu einer Partei des revisionistischen Verrats, zu einer bürgerlichen, sozialfaschistischen Partei entartet. Schon lange ist der ehemalige Arbeiter-und-Bauern-Staat zu einem kapitalistischen Staat geworden, in dem die Arbeiterklassen und alle Werktätigen ausgebeutet und unterdrückt werden. Das ist das Werk der revisionistischen Verräter vom Schlage Ulbrichts und Honeckers und ihrer Moskauer Oberherren wie Chruschtschow, Breschnew und Konsorten. Heute herrscht in der DDR die sozialfaschistische Diktatur einer neuen Bourgeoisie. Nur durch eine gewaltsame sozialistische Revolution können wir die sozialfaschistische Herrschaft der Honecker-Clique, die ein Vasall des russischen Sozialimperialismus ist, zerschlagen und die Herrschaft der Arbeiterklasse im Bündnis mit den Bauern und übrigen Werktätigen, die Diktatur des Proletariats, wieder errichten.«
56 Ebd.
57 Rote Fahne, Nr. 9, 3. März 1976; siehe hierzu Kapitel »Zum Verhältnis KPD/ML und KPD«
58 Programm und Statut der KPD/ML, Verlag Roter Morgen, Februar 1977; ferner Bericht über die Tätigkeit des 3. ZK der KPD/ML
59 Roter Morgen, Nr. 6, vom 11. Februar 1977, S. 7
60 Roter Morgen, Nr. 1, vom 4. Januar 1980
61 Der Weg der Partei, Nr. 5, November 1979
62 Roter Morgen, Nr. 8, vom 22. Februar 1980
63 Roter Morgen, Nr. 46, vom 13. November 1981
64 Ebd., S. 9
65 Siehe Roter Morgen, Nr. 24, vom 12. 2. 1981
66 So in: Roter Morgen, Nr. 34, 1. September 1973
67 Roter Morgen, Nr. 9, 13. September 1971
68 Ebd.
69 Roter Morgen, Nr. 8, 10. April 1972; zur Haltung der KPD/ML zum Gewaltverzichtsabkommen siehe ferner Roter Morgen, Nr. 12, 25. Oktober 1971, und Roter Morgen, Nr. 6, 13. März 1972; eine ähnliche Haltung nahm auch die Gruppe Rote Fahne ein, siehe hierzu: Bonn fordert Revanche, Ostverträge – Kriegsverträge, herausgegeben vom Zentralbüro der KPD/ML, April 1972
70 Roter Morgen, 18. Dezember 1981
71 Programm der KPD/ML, a. a. O., S. 100 f.
72 Roter Morgen, 14. August 1981
73 Roter Morgen, Nr. 5/1974, siehe hierzu: Gerns/Steigerwald/Wells, a. a. O., S. 1/2
74 Roter Morgen, Nr. 20, 18. Mai 1974; siehe auch: Roter Morgen, Nr. 16, 14. August 1972
75 Roter Morgen – Extrablatt zum 1. Mai 1972
76 Programm der KPD/ML, a. a. O., S. 125
77 Ebd., S. 49
78 Der Text des Flugblattes »Aufsehen erregende Solidaritätsaktion mit verhafteten kommunistischen Oppositionellen in Ostberlin«, November 1981, lautet u. a.: »In einer Aufsehen erregenden Solidaritätsaktion mit verhafteten kommunistischen Oppositionellen in Ostberlin« ketteten

sich am 21. November 1981 auf dem Berliner Alexanderplatz vier Mitglieder eines »westdeutschen Solidaritätskomitees« an. Als Begründung gaben sie an, es sei unbedingt notwendig, »das Schweigen zu brechen, mit dem die Behörden der DDR die Verhaftung von 8 bis 10 kommunistischen Oppositionellen, Bürgern der Hauptstadt Berlin, umgeben.«

79 Siehe hierzu: »die tageszeitung«, 25. 8. 1982 und 17. 2. 1982
80 Roter Morgen 1/2, 17. Januar 1972; siehe hierzu auch: Sondernummer des Roten Morgen vom 27. Dezember 1971
81 Roter Morgen, Nr. 51, Sonderausgabe, 29. Dezember 1973; siehe hierzu auch: Programmentwurf der KPD/ML, a. a. O.: »Wir werden allen Maßnahmen der konterrevolutionären Gewalt der Bourgeoisie mit Aktionen der revolutionären Gewalt der Arbeiterklasse begegnen. Wir haben aus den Ereignissen von 1933 gelernt und werden – gestützt auf die breiten Volksmassen – mit der Eröffnung des revolutionären bewaffneten Kampfes nicht warten, bis der Faschismus sein blutiges Regime errichtet.«
82 Roter Morgen, Sonderausgabe Mai 1972
83 Programm der KPD/ML, a. a. O., S. 109 f.
84 Ebd., S. 107 f.
85 Roter Morgen, 21. Februar 1976
86 Ebd.
87 Der Weg der Partei, a. a. O., 4/5 1980, S. 159
88 Bericht über die Tätigkeit des 3. ZK der KPD/ML, S. 83
89 Roter Morgen, 28. August 1976
90 Siehe Abschnitt A 2.6. in diesem Kapitel
91 Warum sind die Bemühungen für ein klassenkämpferisches Wahlbündnis zur Bundestagswahl 1983 gescheitert?, Verlag Roter Morgen, Januar 1983. In dieser Dokumentation sind im einzelnen die Stellungnahmen von KPD, BWK, MLPD und GIM abgedruckt. Siehe auch Roter Morgen, 12. November 1982
92 Roter Morgen, 10. Dezember 1982
93 Roter Morgen, 24. Dezember 1982
94 Roter Morgen, 17. Dezember 1982
95 Abgedruckt in Roter Morgen, 10. Dezember 1982
96 Ebd.
97 Roter Morgen, 28. Januar 1983
98 Zur Begründung siehe Roter Morgen, 24. Dezember 1982, S. 2
99 Roter Rebell, Nr. 1, Mai 1978
100 Ebd.
101 Roter Rebell, Nr. 2, Juni 1978
102 Roter Morgen, 22. Mai 1981
103 Roter Morgen, 8. Mai 1981
104 Roter Morgen, 22. Mai 1981
105 Ebd.
106 Rechenschaftsbericht des Zentralkomitees an den II. Kongreß; Warum der Demokratische Zentralismus gestrichen wurde, wurde ebenfalls im »Roten Morgen«, Nr. 30, vom 24. Juli 1981, S. 9, erläutert: Der kommunistische Jugendverband solle von »seinem Charakter her ein Massenverband sein, in den alle Jugendlichen eintreten können, auch wenn sie noch kein klares Verständnis vom Kommunismus haben, oftmals vielleicht nur ein unbestimmtes Gefühl der Sympathie mitbringen«.
107 Siehe hierzu auch: Rechenschaftsbericht des Zentralkomitees an den II. Kongreß
108 Roter Morgen, 22. Mai 1981, S. 6
109 Roter Morgen, 29. Mai 1981
110 Veröffentlicht in: Roter Morgen vom 29. Mai 1981, S. 6 f.
111 Ebd. S. 7
112 Ebd.
113 Roter Morgen, 15. Mai 1981
114 Roter Morgen, Nr. 4, 26. Januar 1974
115 Ebd.
116 Roter Morgen, 23. Januar 1981
117 Ebd.
118 Roter Morgen, 23. Januar 1981
119 Ebd.
120 Roter Morgen, 12. September 1980
121 Thomas Scheffer in einem Interview mit dem Roten Morgen vom 19. Dezember 1980. Siehe auch Roter Morgen vom 2. Januar 1981

122 Verfassungsschutzbericht 1982, S. 83
123 Das revolutionäre Bündnis, Nr. 1, Mai 1974; Zeitung des Kommunistischen Studentenbundes/ Marxisten-Leninisten für die Ruhr-Universität Bochum und die Evangelische Fachhochschule Bochum (früher »Studentenkampf«)
124 Roter Morgen, Nr. 13, 25. März 1975, S. 5
125 In ihren politischen Aussagen wandte sich die Volksfront z. B. »gegen den Aussperrungsterror der Unternehmer! Für ein volles, uneingeschränktes Streikrecht und ein gesetzliches Verbot der Aussperrung!«, »gegen Berufsverbot und Entlassung aus politischen Gründen! Für freie gewerkschaftliche und politische Betätigung in Betrieben und Öffentlichkeit!«, »gegen das offene und provokative Auftreten alter und neuer Nazis! Für ein Verbot aller deutschen und ausländischen faschistischen Organisationen in der BRD«, »gegen Polizeiterror und ›Todesschuß‹! Für ein Verbot der Ausrüstung der Polizei mit Kriegswaffen! Gegen den totalen Überwachungs- und Spitzelstaat! Für die Vernichtung der Computerkarteien!«, »gegen Arbeitsplatzvernichtung und Ruinierung der Gesundheit durch Arbeitsplätze infolge ständiger Rationalisierung! Für die 35-Stunden-Woche bei vollem Lohnausgleich!«, »Gegen das Atomprogramm der Bundesregierung! Für sofortigen Baustopp und Stillegung aller Kernkraftwerke!« sowie »gegen die zunehmende Militarisierung der Deutschen Bundesrepublik! Für die Herabsetzung der Rüstungsausgaben, den Austritt aus der NATO, Abzug aller fremden Truppen von bundesdeutschem Boden, für Frieden und Völkerverständigung!« (Flugblatt »Stoppt Strauß«, verteilt im Juli 1980.)
126 Roter Morgen, Nr. 36, vom 5. September 1980, S. 3. Siehe auch Roter Morgen, Nr. 39, vom 26. September 1980, S. 3 (Offener Brief an Egon Bahr), und Roter Morgen, Nr. 40, vom 3. Oktober 1980, S. 6 (Interview mit Heike Hemmer, Vorsitzender der Volksfront).
127 Frankfurter Rundschau, 30. 8. 1980, S. 4
128 Siehe hierzu: Roter Morgen, Nr. 2, vom 15. Januar 1982, Roter Morgen, Nr. 5, vom 5. Februar 1982, S. 1, und Roter Morgen, Nr. 6, vom 12. Februar 1982
129 Ebd.
130 Volksecho, Nr. 2, Februar/März 1982. Der 1982 60 Jahre alte Harry Dubinsky, von Beruf Koch, zeitweilig im KZ Sachsenhausen, desertierte an der Ostfront zur Roten Armee, lebte dann in der früheren SBZ und siedelte 1957 nach Berlin-West über.
131 Roter Morgen, 7. Januar 1983
132 Ebd.
133 Ulf Wolter im Vorwort zu dem Band Karl Schlögel/Willi Jasper/Bernd Ziesemer, Partei kaputt – Das Scheitern der KPD und die Krise der Linken, Berlin 1981, S. 8
134 Die Welt, 24. April 1973; in diesem Zeitungsartikel wird von einem Interview Max Reimanns mit dem »Neuen Deutschland« über die SED berichtet.
135 Siehe hierzu: »Vorläufige Plattform der Aufbauorganisation für die Kommunistische Partei Deutschlands«, in: Rote-Presse-Korrespondenz (RPK), Nr. 56/57, 13. März 1970
136 RPK, Nr. 126/127, 30. Juli 1971; Rote Fahne, Nr. 21
137 RPK, Nr. 1, 11. November 1974
138 Im »Aktionsprogramm der Kommunistischen Partei Deutschlands«, das vom 1. Parteitag der KPD im Juli 1974 verabschiedet wurde, wird beispielsweise auf die gemeinsame Zielrichtung der KPD mit dem KJV, dem KSV und dem KOV hingewiesen. Auch in den Publikationen dieser einzelnen Organisationen wird immer wieder die unverbrüchliche Treue zur KPD hervorgekehrt.
139 Bundesministerium des Innern, betrifft: Verfassungsschutz '72, Bonn, September 1973, S. 89
140 Bundesministerium des Innern, betrifft: Verfassungsschutz '73, Bonn, August 1974, S. 73
141 Frankfurter Neue Presse, 18. März 1974
142 Frankfurter Rundschau, 1. Juli 1974
143 Statut der Kommunistischen Partei Deutschlands, Berlin, o. D., S. 7
144 Ebd., S. 8f. (Ziffer 5)
145 Unter Ziffer 6 des Statuts heißt es hierzu: »Die KPD folgt dem leninistischen Prinzip der Bolschewisierung, indem sie vorrangig Betriebszellen aufbaut. Gleichzeitig organisiert sie die Arbeiterklasse und die werktätigen Massen im Versorgungsbereich, in Büro und Verwaltung, in den Wohnvierteln der Werktätigen und auf dem Lande. Die Grundorganisationen der Partei führen Untersuchungen in ihrem Arbeitsgebiet, schließen die Arbeiter auf der Grundlage der Kampfprogramme um die Zellen zusammen, leiten ihre Kämpfe an, führen die fortgeschrittensten Arbeiter an die Partei heran und schlagen ihre Aufnahme in die Partei vor.«
146 Ebd., S. 11; zu den Aufnahmebedingungen für die KPD siehe Rote Fahne, Nr. 3, 16. Januar 1974, S. 8
147 Ebd.
148 Wie sehr persönliche Opfer abverlangt werden, weist ein »Kampfplan« des KSV-Regionalkomitees Rheinland-Pfalz aus, in dem es u. a. heißt: »Jeder Genosse muß sich der umfassenden Aufgabe und revolutionären Pflicht im Aufbau der Partei bewußt sein und die Bereitschaft aufbrin-

gen, jederzeit für einige Monate oder längere Zeit an einem anderen Ort den Parteiaufbau voranzutreiben – die führenden Genossen der Region müssen es als revolutionäre Verpflichtung und
Auszeichnung ansehen, für die Partei zu kandidieren.« (Dem Volke Dienen, Nr. 24, 15. November 1974)

149 RPK, Nr. 56/57, 13. März 1970, S. 7
150 Ziffer 4 des Statuts der KPD, a. a. O., S. 8
151 RPK, Nr. 56/57, 13. März 1970, S. 7. An dieser Stelle heißt es weiter: »Dabei greift der Feind zu
folgenden Methoden: Bespitzelung, Abhörung, Einschleusung von Agenten, Entlassungen aus
Betrieben, Hausdurchsuchungen, Gerüchte in Umlauf setzen, Korruptionsversuche, Erpressung usw. Von daher müssen die Genossen einsehen, daß Beschlüsse unbedingt eingehalten
werden müssen, die sich auf die Nichtweitergabe von Papieren und sonstigen Informationen an
Dritte beziehen. Wo Geheimhaltung beschlossen wurde, ist sie unter allen Umständen einzuhal-
ten.«
152 RPK, 56/57, 13. März 1970
153 RPK, 56/57, 13. März 1970, S. 2 f. An dieser Stelle heißt es weiter: »Es ist deswegen notwendig,
mit Entschlossenheit eine politische Plattform zu errichten, die von vornherein im Stande ist,
den politischen Zusammenhang von Politik und Ökonomie zu erkennen, organisatorisch auszu-
drücken und auf der Grundlage des Marxismus-Leninismus und der Mao-Tse-tung-Ideen, angewandt auf die nationalen Bedingungen des Klassenkampfes und zusammengefaßt in Grundlinien einer Strategie, praktisch umzusetzen, um das Proletariat und die anderen ausgebeuteten
Schichten im selben Maße, wie das Monopolkapital sie universell niederhält, universell zu agitieren und neu zu organisieren.«
154 Ebd., S. 1
155 RPK, Nr. 126/127, 30. Juli 1971, S. 1
156 RPK, Nr. 126/127, 30. Juli 1971, S. 3
157 Rote Fahne Nr. 6, 12. Februar 1975; demnach hat der Umzug am 17. Februar 1975 stattgefunden, siehe entsprechende Erklärung hierzu auch in: Schulkampf, Nr. 1, 15. Januar 1975, S. 2
158 Siehe Darstellung der Ereignisse aus der Sicht der KPD in: RPK 11/12, 13. April 1973; Dem
Volke Dienen, Nr. 12, 16. Mai 1972
159 Siehe hierzu: Antwort der Bundesregierung auf die Kleine Anfrage der Abgeordneten Vogel (En-
nepetal), Dr. Miltner und der Fraktion der CDU/CSU betr. Verbot der KPD durch den Bundesminister des Innern – Drucksache 7/486; Bundestagsdrucksache 7/602, 22. Mai 1973: So wurden
am 6. Juni 1972 unter Beteiligung des KSV alle Lehrveranstaltungen an der Pädagogischen
Hochschule in Berlin mit Gewalt verhindert.
160 Die Welt, 16. Mai 1973; außerdem wurden vorläufig inhaftiert Karl Weiland vom Nationalen Viet-
nam-Komitee und Christian Hommerich von der Liga gegen den Imperialismus. (Dem Volke
Dienen, Nr. 12, 16. Mai 1973). Am 30. 11. 1978 verurteilte die 1. große Strafkammer des Landge-
richts Bonn Semler (und andere) im sogenannten Thieu-Prozeß (»Bonner Rathaussturm« am
10. April 1973) wegen gemeinschaftlich begangenem schweren Landfriedensbruchs zu einer
Freiheitsstrafe von einem Jahr, deren Vollstreckung indes zur Bewährung ausgesetzt wurde.
Das Urteil wurde am 8. 12. 1978 rechtskräftig (vgl. auch: Rote Fahne Nr. 50 vom 14. 12. 1978)
161 Dem Volke Dienen, Nr. 13, 23. Mai 1973, S. 2
162 Die Welt, 17. Mai 1973
163 Frankfurter Rundschau, 21. Mai 1973
164 Rote Fahne, Nr. 49, 5. Dezember 1973; in dieser Ausgabe wurde auch ein Aufruf »Vorwärts zum
1. Parteitag« veröffentlicht.
165 Rote Fahne, Nr. 3, 16. Januar 1974
166 Programm der Kommunistischen Partei Deutschlands (KPD) – Entwurf, Berlin 1974
167 Rote Fahne, Nr. 11, 13. März 1974
168 Rote Fahne, Nr. 22, 25. September 1974, Rote Fahne, Nr. 26, 3. Juli 1974; RPK 26/27, 15. Juli
1974 (Dokumente der Abschlußveranstaltung des 1. Parteitages der KPD, und RPK 28/29, S. 7 ff.
(Dokumente der Abschlußveranstaltung des 1. Parteitages)
169 Programm und Aktionsprogramm der Kommunistischen Partei Deutschlands, Berlin 1974
170 Ebd., S. 10
171 Die Welt, 1. Juli 1974; siehe hier auch: Frankfurter Rundschau, 1. Juli 1974
172 RPK, Nr. 26/27, 15. Juli 1974, S. 5
173 Siehe hierzu auch: Die Welt, 1. Juli 1974
174 Rote Fahne, Nr. 40, 2. Oktober 1974, S. 8
175 Rote Fahne, Nr. 44, 30. Oktober 1974
176 Rote Fahne, Nr. 19, 14. Mai 1975
177 Ebd.
178 Siehe hierzu auch: Rote Fahne, Nr. 21, 28. Mai 1975

179 Rote Fahne, Nr. 23, 11. Juni 1975
180 Siehe hierzu auch: Rote Fahne, Nr. 23, 11. Juni 1975
181 Zur Frage einer Anerkennung der KPD durch die Kommunistische Partei Chinas, s. die Kapitel VII A und B
182 Verfassungsschutzbericht 1977, a. a. O., S. 100
183 Verfassungsschutzbericht 1978, a. a. O., S. 102
184 Verfassungsschutzbericht 1978, a. a. O., S. 102
185 Rote Fahne, 21. September 1977
186 Veröffentlicht in Rote Fahne vom 7. September 1977
187 Ebd.
188 Ebd.
189 Zitiert nach: II. Parteitag der KPD-Resolutionen, Verlag Rote Fahne, Köln, 1977, S. 99 f.
190 Rote Fahne, 14. September 1977
191 Siehe hierzu auch: RPK, Nr. 123, 9. Juli 1971; Rote Fahne, Nr. 41, 9. Oktober 1974; RPK, Nr. 27, 6. September 1973
192 Rote Fahne, Nr. 34, 14. Januar 1972, S. 8 f.
193 Rote Fahne, Nr. 8, August 1970
194 Rote Fahne, Nr. 40, 2. Oktober 1974
195 Ebd., siehe auch Rote Fahne, Nr. 2, 15. Januar 1975
196 In dieser Einschätzung befindet sich die KPD im direkten Gegensatz zur KPD/ML
197 Rote Fahne, Nr. 28, 16. 7. 1975
198 Ebd.
199 Programm und Aktionsprogramm der Kommunistischen Partei Deutschlands, a. a. O., S. 35
200 RPK, Nr. 186/7/8, 6. Oktober 1972, S. 1
201 RPK, Nr. 118, 4. Juni 1971 (Leitsätze des KSV)
202 RPK, Nr. 23, 17. Juni 1974, S. 17; dieses Zirkular trägt die Nr. 3 und ist von April/Mai 1974
203 Ebd., S. 19
204 RPK, Nr. 23, 17. Juni 1974; der Name der Zeitschrift »Revolutionäre Gewerkschaftsopposition« und die Begriffe »oppositionell« und oppositioneller Kampf« werden beibehalten.
205 Zum Parteitag der KPD s. auch Kommuniqué, veröffentlicht in Rote Fahne, Nr. 32, 10. August 1977
206 Rote Fahne, Nr. 4, 29. Januar 1975
207 Parteiaufnahmeantrag vom Mai 1976
208 Statut, Ziffer 2
209 Rote Fahne, Nr. 8, 26. Februar 1975, S. 7
210 Aufruf der Zentralen Leitung des KSV, Beilage Dem Volke Dienen, Nr. 4, 28. Februar 1975, S. 3
211 RPK, Nr. 126/127, 30. Juli 1971, S. 4
212 Rote Fahne, Nr. 6, 6. Februar 1974
213 Dem Volke Dienen, Sonderdruck, o. D.
214 Gegen Monopoldiktatur für Volksdemokratie (Wahlbroschüre der KPD), o. D., S. 3
215 Rote Fahne, Sonderdruck (Flugblatt); verteilt Ende Oktober, Anfang November 1972
216 Rote Fahne, Nr. 65, 18. Oktober 1972
217 Siehe hierzu vor allem: Rote Fahne, Nr. 29, 17. Juli 1974; Rote Fahne, Nr. 38, 18. September 1974, Rote Fahne, Nr. 43, 23. Oktober 1974 (Aufruf des ZK zur Wahl in Bayern und Hessen); Rote Fahne, Nr. 44, 30. Oktober 1974
218 Siehe hierzu vor allem: Rote Fahne, Nr. 17, 24. April 1974; Rote Fahne, Nr. 22, 29. Mai 1974; Rote Fahne, Nr. 29, 17. Juli 1974; Rote Fahne, Nr. 38, 18. September 1974; Rote Fahne, Nr. 43, 23. Oktober 1974 und Rote Fahne, Nr. 44, 30. Oktober 1974
219 Siehe hierzu: Rote Fahne, Nr. 2, 15. Januar 1975; Rote Fahne, Nr. 3, 22. Januar 1975; Rote Fahne, Nr. 4, 29. Januar 1975; Rote Fahne, Nr. 5, 5. Februar 1975; Dem Volke Dienen, Nr. 4, 28. Februar 1975, Kämpfende Jugend, Nr. 3/4, 5. Februar 1975
220 Programm und Aktionsprogramm der KPD, a. a. O., S. 42
221 Zitiert nach: Bundestagsdrucksache 7/602, S. 4; an dieser Stelle heißt es weiter: »Wir haben Erfahrungen mit Demonstrationen dieser Art und mit Polizeiüberfällen und -provokationen . . . Wir sind darauf eingerichtet, auch durch unsere Ordnergruppen, die Sie sicherlich wahrgenommen haben, Angriffe der Polizei zurückzuschlagen. Wir sind durchaus auch in der Lage – und dies in zunehmendem Maße immer besser –, die Polizeitruppe und den Bundesgrenzschutz, wenn sie gegen uns eingesetzt werden, aktiv zu bekämpfen. Sie können auch schreiben, daß wir für die sehr schweren Verletzungen eines Mitglieds unserer Partei, dem ein Schädelbasisbruch von der Polizei beigefügt wurde, die Polizeiführung und die Bundesregierung verantwortlich machen. Wir werden zu gegebener Zeit die Polizei und die Führer, die das angeordnet haben, bestrafen.« Auf die weitere Frage »Sie wollen die Polizei bestrafen?« sagte Horlemann: »Es

ist sicher, daß wir sehr bald mal eine Gelegenheit haben, wo wir einmal der Polizei überlegen sind, dann wird eine solche exemplarische Bestrafung auf der Tagesordnung stehen.«
Zur Einschätzung der Gewalt durch die KPD siehe auch das Spiegelgespräch: »Die kapitalistische Universität zerschlagen. Spitzenfunktionäre von KPD und KSV über kommunistische Gewaltstrategie in der Bundesrepublik«, in: Der Spiegel, 4. Februar 1974

222 Roter Morgen, Nr. 27, 5. Juli 1975
223 Siehe hierzu u. a.: Aus KPD-Sicht: Vorwärts im Kampf um die Einheit der Marxisten-Leninisten – Kritik an der politischen Linie der KPD/ML (Hrsg. vom ZK der KPD), Nov. 1975; aus der Sicht der KPD/ML: Linie und Entwicklung der Gruppe ›Rote Fahne‹ – KPD – 1970 bis 1975 – Die Einheit der Marxisten-Leninisten im Kampf gegen revisionistische und trotzkistische Einflüsse herstellen! (in: Der Weg der Partei, Theoretisches Organ der KPD/ML, Nr. 3/1975)
224 Rote Fahne, 6. Dezember 1979, S. 2; ähnlich bereits am 12. Juli 1979, S. 11, Theorie und Praxis 1979, Nr. 2, S. 84 f. und 87; siehe hierzu auch: Friedrich-Wilhelm Schlomann, Trotzkisten – Europäische Arbeiterpartei – »Maoisten«, in: Aus Politik und Zeitgeschichte, B 27/80, 5. Juli 1980, S. 20
225 Rote Fahne, 10. Januar 1980
226 Rote Fahne, 24. Januar 1980, Zur Gruppe der 41 gehörten u. a. Karl Schlögel, geboren 1948 (Mitglied der Zentralen Leitung der KPD), Willi Jasper, geboren 1945 (von 1975–1979 Chefredakteur der KPD-Parteizeitung Rote Fahne, Mitglied des Zentralkomitees und des Politbüros) und indirekt Bernd Ziesemer, geboren 1953 (bis Herbst 1979 Mitglied des Zentralkomitees des Kommunistischen Jugendverbandes Deutschlands [KJVD]); sie forderten die ersatzlose Auflösung der KPD.
227 Rote Fahne, 24. Januar 1980
228 Rote Fahne, 7. Februar 1980
229 Rote Fahne, 21. Februar 1980
230 Siehe auch Rote Fahne, 6. März 1980, Antrag an den III. Parteitag auf der Grundlage des Antrags der 99 von Christian Semler und Alexander von Plato.
231 Erwin Steinhauer, Thesen zur Situation und zur Entwicklungsmöglichkeit der Partei, in: Zur Bilanz und Perspektive der KPD, Nr. 1, a. a. O., S. 56
232 Rote Fahne, 19. März 1980, Zur Auflösung der KPD siehe u. a.: Frankfurter Rundschau, 12. März 1980 (Interview mit Christian Semler); Frankfurter Allgemeine Zeitung, 12. März 1980, Unsere Zeit, 12. März 1980; Frankfurter Allgemeine Zeitung, 11. März 1980; Frankfurter Rundschau, 11. März 1980
Die Auflösung der KPD wurde noch in einer letzten Ausgabe der Parteizeitung Rote Fahne vom 19. März 1980 dokumentiert.
233 die tageszeitung (taz), 11. März 1980, S. 4; s. zur Lage der KPD vor der Auflösung auch taz, 22. Februar 1980, S. 4
234 Rote Fahne, 19. März 1980, siehe Spendenaufruf in Kommunistische Briefe, 1. Juni 1980, S. 27
235 Kommunistische Briefe, 1. Juni 1980
236 Ebd.
237 Rote Fahne, 19. März 1980
238 Karl Müller, Partei kaputt. Zu einem Versuch von Vergangenheitsbewältigung dreier Ex-KPDler in: Aufsätze zur Diskussion, Nr. 16, November 1981, S. 97
239 Kommunistische Briefe, Juli 1980, Weiter heißt es aber auch: »Uns einte und eint aber zugleich die Auffassung, daß die Herausbildung einer proletarisch-revolutionären Partei in unserem Land weiter notwendig ist, daß die Erarbeitung gesamtstrategischer Vorstellungen notwendiger Zielpunkt unserer theoretischen und praktischen Arbeit sein soll, daß die Marx'sche Analyse der bürgerlichen Gesellschaft und Lenins Analyse des Imperialismus für uns theoretischer Bezug zur Durchdringung der heutigen Wirklichkeit ist.«
240 Zu den Ergebnissen dieser Konferenz s.: Helmut Modau, Bericht über die Konferenz der »Fraktion der 99« der aufgelösten KPD am 26./27. 4. 1980 in Frankfurt, in: Aufsätze zur Diskussion, Nr. 7/8, Mai/Juni 1980, S. 25 ff.
241 Kommunistische Briefe, April 1981
242 Ebd.
243 Siehe Kapitel VII A 11.2.
244 Kommunistische Briefe, April 1981
245 Bernd Ziesemer, Fraktionsmentalität und soziale Bewegungen, in: Partei kaputt, a. a. O., S. 63
246 Siehe hierzu: Alexander von Plato, Einige Thesen zur Vergangenheit, Gegenwart und Perspektiven unserer Organisationen, in: Zur Bilanz und Perspektive der KPD-Beiträge zur Diskussion »Über die Kommunistische Partei«. Nr. 1 (Hrsg.: ZK der KPD), Köln, Januar 1980, S. 101 ff.; ferner Christian Semler, Zur Geschichte unserer Partei, in: Zur Bilanz und Perspektive der KPD, Beiträge zur Diskussion »Über die Kommunistische Partei«, Nr. 2, März 1980, S. 142 ff.

301

247 Der frühere Rote-Fahne-Chefredakteur Jasper berichtete davon, daß – als er 1977 mit einer Parteidelegation in China war –, diese immer ein überaus deutliches Bestreben hatte, sich dem »Großen Bruder« zu »offenbaren«: »Man dachte sich immer wieder neue Geschichten über den nationalen Aufbau der KPD aus und wollte dann ein wohlwollendes Schulterklopfen haben.«
248 Christian Semler, Zur Geschichte unserer Partei, in; Zur Bilanz und Perspektive der KPD, Nr. 2, a. a. O., S. 153 f.
249 Wir warn die stärkste der Partein. Erfahrungsberichte aus der Welt der K-Gruppen, Berlin 1977
250 Ebd., S. 65 f.
251 Karl Schlögel, Was ich einem Linken über die Auflösung der KPD sagen würde, in: Partei kaputt, a. a. O., S. 20
252 Ein früherer Funktionär des Kommunistischen Oberschülerverbandes (KOV) beschrieb diesen Sachverhalt wie folgt: »Als ich dann in der Regionalen war, hab ich auch ein bißchen Sympathie von Kaderinnen gekriegt. Ist ja klar, wenn du einen Status hast – steile Karriere – das läuft wie mit einem Abteilungsleiter und Verkäuferinnen. Haare hatte ich schon geschnitten, sonst wäre ich ja nicht in die Regionale gekommen. – Da hab ich halt der Welt entsagt, war also ein richtiger meditativer Schritt – und dann hab ich auch ganz klar karrieristische Vorstellungen entwickelt. Wann wirst du denn nun befördert und so. Du warst scharf auf Aufgaben von der Zentrale, wolltest die Bourgeoisie wirklich bekämpfen. Bei Demonstrationen war es 'ne Ehre, wenn du eingeteilt warst als Ordner oder die Fahne tragen durftest. Die Partei forderte vom KOV soundsoviele Genossen an und der Verband stellte dann so viele Fahnenträger. Es ist immer gut, wenn man für sowas rankommt, weil man auch von der Partei gesehen wird. Das ist sehr wichtig, dann kann man früher oder später Parteimitglied werden – das war das Ziel, was man verfolgt hat. Mitglied der Partei der Arbeiterklasse! Das war der Wunschtraum des einzelnen Genossen.« Wir warn die Stärksten der Partein . . ., a. a. O., S. 12 f.
253 Schlögel, a. a. O., S. 25
254 Willi Jasper, Nicht nur der Maoismus verläßt seine Kinder, in: Partei kaputt, a. a. O., S. 43
255 Ebd.
256 Kommunismus und Klassenkampf, Sonderheft Oktober 1982, s. Kapitel VII A5.
257 Verfassungsschutz 1982, a. a. O., S. 83
258 Verfassungsschutz 1982, a. a. O., S. 83
259 Ebd.
260 Bundesministerium des Innern, betrifft: Verfassungsschutz 1973, Bonn 1974, S. 76
261 Siehe hierzu: Die Ergebnisse der Gründungskonferenz des Kommunistischen Bundes Westdeutschland, Gründungserklärung, Programm, Statut, Resolution, Mannheim o. J., S. 7
262 Hierzu gehören folgende Organisationen und Gruppen: Kommunistischer Bund Braunschweig, die Kommunistischen Gruppen Eschwege, Frankfurt/Offenbach, Hamburg, der Kommunistische Bund/Aufbaukollektiv Hameln, die Proletarische Linke Hamm, Kommunistischer Bund/Aufbaukollektiv Hannover, Kommunistischer Bund Hildesheim, Rote Zellen Kiel, Kommunistische Gruppen Köln und Oldenburg (Aufbaugruppe), Kommunistische Fraktion Ruhrgebiet, Arbeiter- und Jugendverein Waiblingen, Kommunistische Gruppe Wetzlar, Kommunistische Gruppe Wiesbaden (Initiative), Kommunistischer Bund Wiesbaden (Aufbaugruppe), Kommunistischer Bund Wilhelmshaven, Sozialistische Arbeitsgemeinschaft/Marxisten-Leninisten Worms sowie die Initiative zur Kommunistischen Gruppe West-Berlin. Als ausländische Gäste waren anwesend Vertreter des Kommunistischen Bundes Luxemburg und des Kommunistischen Bundes Wien.
263 Zu dieser Gruppe siehe: Gerd Langguth, Protestbewegung am Ende – Neue Linke als Vorhut der KPD, Mainz 1971, S. 129–133
264 Neues Rotes Forum, 1/2/73, März 1973, S. 10 f.
265 So in: Kommunismus und Klassenkampf, Nr. 1, Oktober 1973, S. 5, Die gegenwärtige Klassenkampfsituation und die Aufgabe der Kommunisten
266 Siehe hierzu KVZ, 1. Mai 1974
267 Ebd.
268 KVZ, 1. Mai 1974
269 Gerd Langguth, Die Protestbewegung in der Bundesrepublik Deutschland 1968–1976, Köln 1976, S. 170 f.
270 Ebd., S. 171 f.
271 Ebd.
272 Siehe KVZ, 9. Februar 1981
273 So vertrat sie z. B. nicht die These, die von Maoisten in der Bundesrepublik anläßlich der Ostverträge häufig genannt wurde, daß sich die Sowjetunion durch diese Verträge den Rücken freimachen wolle für einen Angriff auf die Volksrepublik China, wobei sich der KBW hier auf Aussagen von Tschou En-lai an den X. Parteitag der KPCh stützte; Politischer Bericht des Zentralen

Komitees des Kommunistischen Bundes Westdeutschland an die erste ordentliche Delegiertenkonferenz, Mannheim, April 1974, S. 18

274 KVZ, Nr. 3, 26. September 1973
275 KVZ, Nr. 20 (21), 2. Oktober 1974
276 Ebd.
277 KVZ, Nr. 1, 9. Januar 1974
278 KVZ, Nr. 2, 6. Februar 1974
279 KVZ, Nr. 2, 23. Januar 1974
280 Ebd., S. 21
281 Neues Rotes Forum, Sondernummer, November 1972, S. 21, Einzelheiten s. G. Langguth, Protestbewegung am Ende, a. a. O.
282 Leitsätze zur Arbeit in den Gewerkschaften, in: Ergebnisse der Gründungskonferenz, a. a. O., S. 49–61. Die Leitsätze wurden außerdem in einer Neuauflage mit einigen redaktionellen Änderungen herausgegeben: Leitsätze zur Arbeit in den Gewerkschaften – Eine Verbesserung unserer Arbeit in den Gewerkschaften ist notwendig, Mannheim/Heidelberg, Mainz 1974; die nachfolgenden Zitate aus den Leitsätzen entstammen dieser Fassung. (Künftig zit. als »Leitsätze«)
283 Leitsätze, a. a. O., S. 3
284 Leitsätze, a. a. O., S. 8
285 Gemeinsames Kommuniqué, Neues Rotes Forum, Sondernummer, November 1972, S. 41
286 Programm, a. a. O., S. 22
287 Beschlüsse der ersten ordentlichen Delegiertenkonferenz des KBW vom 12. bis 15. April 1974, Mannheim 1974, S. 8
288 Kommunismus und Klassenkampf, Nr. 1/73, S. 45
289 KVZ, Nr. 10, 15. Mai 1974; siehe auch Ortsbeilage zu KVZ, Nr. 1/73 (Initiative zur KG/WB); Der Initiative zur Kommunistischen Gruppe Westberlin stand als Hochschulorganisation die Kommunistische Hochschulgruppe/Westberlin (KHG/WB) zur Seite. In ihrem Statut hieß es: »Sie arbeitet auf der Grundlage der politischen Linie des Kommunistischen Bundes Westdeutschland. In Westberlin arbeitet sie mit der Initiative zur Kommunistischen Gruppe Westberlin zusammen und unterstützt diese« – In der KHG/WB wurden eine Reihe von bisher isoliert arbeitenden Gruppen zusammengefaßt, die vorwiegend an der Technischen Universität, der Freien Universität und der PH arbeiteten. Gegründet wurde diese Gruppe am 26. Sept. 1973
290 Beschlüsse, a. a. O., S. 8
291 Siehe hierzu: KVZ, Nr. 5, 24. Oktober 1973; ebenso: Ortsgruppe Hamburg des KBW, Der Hamburger Aufstand 1923, Hamburg 1973
292 Programm des KBW, a. a. O., S. 18
293 KVZ, Nr. 24, 14. November 1974
294 Veröffentlicht in: Kommunismus und Klassenkampf, Nr. 1/1981, S. 79 ff.
295 Ebd., S. 80, Die Auseinandersetzungen gingen bis ins Jahr 1975 zurück. Als Hans-Gerhart Schmierer eine dreimonatige Gefängnisstrafe antreten mußte, wurde Benno Ennker durch das ZK in dessen Ständigen Ausschuß gewählt. Martin Fochler, der Schmierer während dieser Zeit vertreten sollte, war gegen die Wahl von Ennker aufgetreten, konnte aber nicht verhindern, daß dieser schließlich einstimmig in den Ständigen Ausschuß gewählt wurde. (»Joschka« und »Hans-Gerhart« Schmierer sind identisch.)
296 Verfassungsschutzbericht 1978, a. a. O., S. 100
297 Kommunismus und Klassenkampf, (KuK) Nr. 9, September 1980, S. 2
298 Siehe hierzu Kommunismus und Klassenkampf, Nr. 9, September 1980, S. 22 ff.
299 Ebd., S. 19 ff. und S. 25 ff.
300 Siehe hierzu Joscha Schmierers Rechtfertigung zur Kritik an einer Reihe von von ihm gefertigten Stellungnahmen in »Kommunismus und Klassenkampf«, Nr. 6, Juni 1980, S. 15 ff.; ferner: Entwurf des politischen Berichts zur V. Ordentlichen Delegiertenkonferenz am 20./21. Oktober 1980, in: KuK Nr. 9, September 1980, S. 2 ff.
301 Ebd., S. 10. In diesem Buch heißt es u. a.: »Der bewaffnete Aufstand ist die höchste Form des politischen Kampfes gegen einen bewaffneten Feind. Der bewaffnete Aufstand ist die höchste Kampfform, weil seine Durchführung ein äußerst klares Bewußtsein über die eigenen Klasseninteressen und die feindlichen Klasseninteressen der herrschenden Finanzbourgeoisie voraussetzt. Dies äußerst klare, die Erscheinungen der Klassengesellschaft umfassende Bewußtsein müssen sich Millionen und aber Millionen erkämpft haben. Anders kann der bewaffnete Aufstand gegen die Bourgeoisieherrschaft nicht begonnen, nicht durchgeführt und nicht siegreich abgeschlossen werden.« (KuK, Nr. 6, Juni 1980, S. 16)
302 Innere Sicherheit, Nr. 56, 6. Februar 1981, S. 4
303 KuK – Sondernummer Oktober 1981, S. 18
304 Ebd.

305 Zur Spaltung des KBW s. auch: taz vom 2. 10. 1980, S. 5
306 KuK, 9/80, S. 2 ff.; siehe auch: KVZ, 22. September 1980
307 KVZ, Nr. 40, 29. September 1980
308 KuK, Nr. 12, Dezember 1980, S. 2
309 Ebd., S. 2
310 Beilage zur KVZ 47/1981, S. 1
311 Ebd. S. 1
312 Ebd., S. 5
313 Ebd., S. 6 ff.
314 Siehe Referat von Hans-Gerhart Schmierer, gehalten auf der 6. Ordentlichen Delegiertenkonferenz, in: KVZ-Beilage 47/1981, S. 12 f.
315 Ebd., S. 23
316 KVZ, 16. April 1982
317 Kommunismus und Klassenkampf, Sondernummer Oktober 1981, S. 16
318 So lag auf der 3. ordentlichen Delegiertenkonferenz des KBW im Oktober 1976 ein Antrag vor, in dem es u. a. wörtlich hieß:»Durch die Notwendigkeit dieses Kampfes und dieser Kampfmethode ist auch der Zeitpunkt festgelegt, an welchem der Besitz, der einige Genossen noch mit ihrer Herkunft aus der Bourgeoisie verbindet, in Eigentum der Organisation und damit der Arbeiterklasse verwandelt werden muß. Wenn sich die DK auch bewußt ist, daß der große quantitativ wie qualitativ entscheidende Teil dieser Geldmittel aus Arbeiterlohn aufgebracht wird, so muß dennoch festgehalten werden: Die Beseitigung von Erbschaften und dementsprechend die Verwandlung von Erben in gewöhnliche Lohnabhängige ist dann ein unumgängliches Erfordernis, wenn diese Erben Mitglieder des KBW sind.« KVZ, 21. April 1977, S. 2
319 Die anfallenden Steuern und 5% Maklergebühren dürften weitere 500000 DM betragen haben. Seit dem Herbst 1976 wurden die Zentrale des KBW, dessen Regionalleitungen wie auch seine 40 Bezirksleitungen mit einem technisch modernen Nachrichtenübermittlungssystem Redactron ausgerüstet, durch das über Telefon ganze Druckseiten übermittelt und aufgezeichnet werden können. Der im Oktober 1981 veröffentlichte Organisations- und Wirtschaftsbericht des KBW bestätigt die Tatsache der enormen finanziellen Mittel. Die Gebäude in Frankfurt, Hamburg, Bremen und Berlin hatten nach dieser Aufstellung einen geschätzten Verkaufswert von 3520000 DM. Der Kaufpreis für 45 Redactrongeräte wurde mit 1115000 DM angegeben. Das Anlagevermögen nach Zählung mit Neubewertung wird nach diesem Organisations- und Wirtschaftsbericht mit 5305000 DM angegeben. Ferner wurde ein Teil der KBW-Tätigkeit in der Form handelsrechtlicher Unternehmungen abgewickelt, wozu folgende Gesellschaften gehören: Kühlverwaltung GmbH & Co. KG, Sendler-Verlag GmbH, Caro-Druck GmbH und Buchvertrieb Hager GmbH.
Im ersten Halbjahr 1981 hat die Zentrale Kasse des KBW insgesamt 468338,50 DM an Mitgliedsbeiträgen und 32244,88 DM an Spenden erhalten.
320 KVZ, Nr. 40, 8. Oktober 1982, S. 4
321 Siehe hierzu auch KVZ, Nr. 44, 5. 11. 1982, S. 4. In dieser KVZ-Nummer heißt es:»Von der letzten Ausgabe der KVZ wurden 2950 Exemplare ausgeliefert, vom Oktober-Heft von ›Kommunismus und Klassenkampf‹ 1850 Exemplare.«
322 Siehe zu diesem Beschluß: KVZ, 19. November 1982
323 KVZ, 23. Dezember 1982
324 Veröffentlicht in: Kommunismus und Klassenkampf, Nr. 10, Oktober 1980, S. 27 f.
325 Siehe Kapitel zum KBW, siehe auch KVZ Nr. 10/80, S. 24 ff.
326 Verfassungsschutzbericht 1982, S. 84
327 Zitiert nach: Manfred Weiß, Eine Insel der Stabilität im Meer des Zerfalls? in: Aufsätze zur Diskussion, Nr. 18, Juli 1982, S. 131
Hier heißt es weiter:»Der Kreis der 750 Personen, die er 1981 zu seinen sämtlichen Maiveranstaltungen mobilisieren konnte (das waren damals nur etwa 150–200 mehr als die Mitgliederstärke), ist heute wesentlich geschrumpft.«
328 Verfassungsschutzbericht 1982, S. 84
329 § 3 des Statuts des BWK, ebd., S. 31. Das ZK wählt aus seiner Mitte einen Geschäftsführenden Ausschuß. Die Grundeinheiten der Organisation sind die Zellen. Der BWK gliedert sich in die Landesverbände Schleswig-Holstein/Hamburg, Niedersachsen/Bremen, Nordrhein-Westfalen, West-Berlin, Rheinland-Pfalz/Saarland, Hessen, Baden-Württemberg, Bayern. Die Landesverbände gliedern sich in Bezirke. Jede Leitung bedarf nach diesem Statut der Bestätigung durch das jeweils höhere Leitungsorgan. In diesem Statut wird auch die Disziplin der Mitglieder des BWK festgelegt:»Die Minderheit ist verpflichtet, sich den Beschlüssen der Mehrheit unterzuordnen; die unteren Leitungsorgane sind verpflichtet, sich den Beschlüssen der oberen Leitungsorgane unterzuordnen.« (§ 9, ebd., S. 32 f.)

330 Politische Berichte, Nr. 11/82, zitiert nach Weiß, Eine Insel der Stabilität, a. a. O., S. 134
331 Politische Berichte, 31. Dezember 1982
332 Siehe Politische Berichte, Nr. 25/82
333 Politische Berichte, Nr. 27/82
334 Siehe Kapitel zur KPD VII A2.
335 Zum gemeinsamen Wahlbündnis zwischen KPD und BWK siehe »Wahlinfos« in: Roter Morgen, 28. Januar 1983; Roter Morgen, 11. Februar 1983
336 Arbeiterkampf, 2. Mai 1983
337 Ebd.
338 Politische Berichte, 23. April 1983; ebenfalls abgedruckt in: Arbeiterkampf, 2. Mai 1983, S. 40
339 Zentrales Komitee des Bundes Westdeutscher Kommunisten (BWK) (Hrsg.), Programm des Bundes Westdeutscher Kommunisten, Köln, o. J., S. 3
340 Ebd., S. 4
341 Ebd., S. 5
342 Ebd., S. 14
343 Ebd., S. 14
344 Ebd., S. 21 ff.
345 Verfassungsschutzbericht 1982, S. 66
346 Verfassungsschutzbericht 1982, S. 67
347 Künftig genannt »KPD/ML (RW)«
348 Künftig genannt »KPD/ML (ZB)«
349 Genannt nach dem Zentralorgan der KPD/ML von Ernst Aust
350 Ausführlicher hierzu: Gerd Langguth, Protestbewegung am Ende, a. a. O., S. 115 ff.
351 So wurde der Rote Pfeil im Dezember 1969 herausgegeben von den Basisgruppen Naturwissenschaften, Medizin, Jura, Psychologie, Philosophie, Volkswirtschaft, von den Projektgruppen Lehrerausbildung, Verwertung, einer Schülerprojektgruppe und einer Betriebsgruppe.
352 Revolutionärer Weg, 5/70
353 So heißt es im Revolutionären Weg, 5/70, S. 44, daß die Prinzipien des Demokratischen Zentralismus als grundlegendes Organisationsprinzip einer revolutionären Arbeiterpartei durch Weinfurth und seine Anhänger durchbrochen worden seien: »Diese kleinbürgerlichen Intellektuellen haben es nicht vermocht, ihre im Grunde kleinbürgerliche Herkunft und Einstellung zu überwinden, um sich mit der Arbeiterklasse zu verbinden. Ihre Maßlosigkeit, ihre kleinbürgerliche Überheblichkeit und Arroganz, ihr hektisches Gebaren, ihr eigenmächtiger Führungsanspruch, ihre eigene Disziplinlosigkeit, ihr Verlangen nach Unterordnung anderer Genossen – all das macht sie unfähig, führendes Mitglied einer Arbeiterpartei zu sein. Diese Leute sind im Irrtum, wenn sie glauben, sie könnten ungestraft die Prinzipien der Partei umstoßen.«
354 Am 7. Juni 1970 fand ein Treffen der Ortsleitungen Mannheim und Tübingen des KAB/ML in Mannheim statt, wobei es hier vor allem Auseinandersetzungen um eine Demonstration und um Parolen zum Tag der Arbeit am 1. Mai 1970 gab. Daraufhin wurde auf einer Sitzung der Delegiertenkonferenz des KAB/ML am 18. Juni 1970 die »Hinausäuberung der Ortsleitung der ehemaligen Mannheimer Organisationsgruppe« beschlossen. (Siehe hierzu Rote Rahne, Sondernummer, Juli 1970, in der auch die Erklärung des Delegiertenkongresses der KAB/ML vom 18. Juli 1970 veröffentlicht wurde.) Der Ausschluß richtete sich vor allem gegen die Mannheimer Genossen eines R. Strähle, die auf diesen Hinauswurf mit einer Sondernummer (Juni 1970) des von ihnen usurpierten Titels der Zeitung »Rebell« reagierten.
355 Roter Pfeil, Nr. 6, September/Oktober 1972, S. 28. Ein Schritt voran im Kampf für den Sozialismus
356 Veröffentlicht in der Broschüre »Vorwärts zum Sozialismus«, o. O. u. o. D.
357 Roter Pfeil, Nr. 6, September/Oktober 1972, S. 31
358 Kommentiert wurden Aktionsprogramm und Grundsatzerklärung durch den Leiter der Programmkommission in einem Interview mit der Roten Fahne, Nr. 9/1972, September 1972, S. 5
359 Grundsatzerklärung, S. 10
360 Rote Fahne, Nr. 2, Februar 1973 , S. 8
361 Rote Fahne, Nr. 13, 16. November 1974, S. 5
362 Ebd.
363 Rote Fahne, Nr. 7, Juni 1973, S. 7
364 Ebd.
365 RJVD (Herausgeber), Arbeiterjugend kämpft für den Sozialismus, Tübingen 1973
366 Rote Fahne, Nr. 7, Juli 1974
367 Rote Fahne, Nr. 25, 6. Dezember 1975
368 Siehe hierzu: Rote Fahne, Nr. 7, Juli 1973, S. 7
369 Rote Fahne, Nr. 7, Juli 1973, S. 7

370 Hierzu: Rote Fahne, Nr. 3, März 1973 (Zum 20. Todestag von Stalin)
371 Bereits der KAB/ML bezeichnete in einer Beilage zur Roten Fahne vom Oktober 1971 als Ant-
    wort auf die 44 Thesen der DKP, diese seien »Sozialismus in Worten – Opportunismus in der
    Tat«. Der »DKP-Reformismus« sei eine »linke Krücke des Kapitalismus«, die eine »Kapitulation
    vor dem SPD-Betrug« vornehme, die Gewerkschaftspolitik der DKP sei ein »heimliches Ja zur
    Klassenzusammenarbeit«. Siehe hierzu auch den Offenen Brief von Willi Dickhut an die DKP-
    Mitglieder in: Rote Fahne, KAB/ML, Nr. 11, November 1971
372 Rote Fahne (KAB/ML, Nr. 5/Mai 1971, S. 8
373 Rote Fahne, Nr. 1, Jan. 1973, S. 9
374 Siehe hierzu auch: Rebell, Nr. 4, 1974, S. 11
375 Rote Fahne, Nr. 12, Dezember 1972, S. 6
376 Rote Fahne, Nr. 6, Juni 1973, S. 7
377 Ebd.
378 Grundsatzerklärung, a. a. O., S. 10 f.
379 Rote Fahne, KAB/ML, Nr. 7, Juli 1972, S. 4
380 Ebd., S. 11
381 Grundsatzerklärung, a. a. O., S. 12
382 Ebd., S. 12
383 Rote Fahne, Nr. 11, 19. Oktober 1974, S. 5
384 Grundsatzerklärung, a. a. O., S. 23
385 Revolutionärer Weg – Organ des Kommunistischen Arbeiterbundes (Revolutionärer Weg), Nr.
    1, April 1977
386 Flatow, seit 1933 als Kommunist in China tätig, nach 1945 wieder Mitglied der KPD, später Mit-
    begründer der KPD/ML des Ernst Aust und danach des KABD, war bis Anfang 1978 für die
    »Rote Fahne« presserechtlich verantwortlich und Leiter der »Internationalen Abteilung«. Der
    fünfseitige Beschluß der KABD-Führung wirft Flatow vor, daß er einen »offenen Kampf gegen
    die Linie des KABD entfaltete und bewußt die Disziplin mißachtete, er also nicht mehr zu retten
    war«.
    Ende November 1978 verbreitete Flatow mit anderen Ausgeschlossenen daraufhin einen »Offe-
    nen Brief an die Mitglieder und Anhänger des KABD«, in dem es u. a. heißt: »Die Haltung zur
    Führung der KP Chinas, die in der KABD-Roten Fahne eingenommen wird, hat nichts mehr mit
    solidarischer Kritik zu tun, sondern ist in bürgerliche Hetze umgeschlagen. Viele von Euch teilen
    die Ablehnung der Theorie von den drei Welten. Viele sind verwirrt über die chinesische Außen-
    politik. Solche Meinungsverschiedenheiten kann und muß man diskutieren. Jeder ehrliche Ge-
    nosse muß sich aber wehren, wenn sachliche Auseinandersetzung durch plumpe Demagogie
    ersetzt wird . . .«. (Ebd.)
387 Gruppe Neue Düsseldorfer Nachrichten, Vom KABD zur MLPD: Kein Schritt zur Partei!, Duis-
    burg, August 1982, S. 31
388 Siehe hierzu Verfassungsschutzbericht 1979, S. 95 f.
389 Verfassungsschutzbericht 1977, S. 102
390 Verfassungsschutzbericht 1980, S. 98
391 Verfassungsschutzbericht 1981, S. 106
392 Zentrale Leitung des KABD (Hrsg.), Entwurf des Parteiprogramms für den Gründungsparteitag
    der Revolutionären Partei der Arbeiterklasse, Stuttgart 1981, S. 31
393 Entwurf des Parteiprogramms . . ., a. a. O., S. 15
394 Ebd., S. 25
395 Ebd., S. 27
396 Ebd., S. 33
397 Siehe Rote Fahne, 19. Dezember 1981
398 Zentralkomitee der MLPD (Hrsg.), Grundsatzprogramm der MLPD, Stuttgart, August 1982, S. 24
399 Rote Fahne, 14. August 1982, S. 7
400 Ebd., S. 6
401 Zentralkomitee der MLPD (Hrsg.), Statut der MLPD, August 1982, Stuttgart, S. 3
402 Ebd., S. 3
403 Kommunistische Arbeiterzeitung (KAZ), Nr. 36, Juni 1973; Programmentwurf und Statut (heraus-
    gegeben vom Zentralkomitee des Arbeiterbundes für den Wiederaufbau der KPD, Juni 1973,
    S. 3
404 Bayerisches Staatsministerium des Innern (Hrsg.), Verfassungsschutzbericht Bayern 1981,
    München 1982, S. 59
405 Kommunistische Arbeiterzeitung, Nr. 0, 1. Mai 1970, Beilage
406 KAZ, Nr. 37/38, August 1973, S. 7
407 KAZ, Nr. 36, Juni 1973

408 Ebd., Nr. 45, März 1974, S. 5
409 Ebd.
410 Ebd.
411 Kommunistische Schüler- und Studentenzeitung (KSZ), Nr. 2, November 1971, S. 2; siehe auch: Gerd Langguth, Schulkampf als Klassenkampf, a. a. O.
412 KSZ, Nr. 1, September 1971
413 Rechenschaftsbericht des Zentralkomitees des KHG/ML, 3. ordentliche Vollversammlung, November 1973, S. 13
414 ZK des Arbeiterbundes für den Wiederaufbau der KPD (Hrsg.), Programm, Regensburg, o. D.
415 Ebd., S. 3 f.
416 Ebd., S. 14
417 Ebd., S. 14
418 Ebd., S. 17
419 Ebd., S. 15 f.
420 Programm, a. a. O., S. 28
421 Ebd., S. 30
422 Ebd., S. 31 f.
423 Ebd., S. 33
424 Ebd., S. 52 f.
425 Ebd., S. 56
426 ZK des Arbeiterbundes für den Wiederaufbau der KPD (Hrsg.), Damit Deutschland den Deutschen gehört! – Programmerklärung zur friedlichen Wiedervereinigung Deutschlands, Regensburg, o. D.
427 Ebd., S. 22
428 KAZ, 31. Oktober 1976, S. 10
429 KAZ, 27. Juni 1978, S. 18 ff.; 21. August 1979, S. 13 f.; Thesen zur Strategie und Taktik. Ein Versuch, einen strategischen Plan für die westdeutsche Revolution vorzugeben, München, Februar 1980, S. 64
430 Diese Ausführungen stehen nicht in der »KAZ«, sondern in internen Papieren der Führungsgremien des AB, die aus Anlaß der Auseinandersetzung mit jenen Genossen entstanden, die Ende 1978 die Gruppe »Erobert die Theorie« bildeten und aus dem AB austraten bzw. entfernt wurden.
Siehe hierzu Igor Preis, Zur gegenwärtigen Situation des Arbeiterbundes für den Wiederaufbau der KPD (AB), in: Aufsätze zur Diskussion, 5/6, März 1980, S. 128
431 Ebd., S. 131
432 Verfassungsschutzbericht Bayern 1981, a. a. O., S. 60
433 In einer Presseerklärung erklärte der BDP, er könne es nicht länger hinnehmen, daß seine Arbeit durch Aktivitäten des AB unterminiert werde. Die Jugendorganisation des Arbeiterbundes »Kämpfende Jugend« würde den BDP für ihre Zwecke mißbrauchen. (JW-Informationsdienst, Wiesbaden, vom 20. April 1983)
434 Bayerisches Staatsministerium des Innern, Verfassungsschutzbericht Bayern 1980, München 1981, S. 56
435 Ebd.
436 Siehe weiter unten
437 KAZ, Nr. 205, 29. April 1983, S. 5
438 Unsere Zeit vom 23. Mai 1979
439 Ebd.
440 Angela Kammrad ist offensichtlich Mitglied des Arbeiterbundes für den Wiederaufbau der KPD. Kölnische Rundschau, 23. Mai 1979. Die DKP behauptet, daß auch Ute Schilde als »Aktivistin« bekannt sei.
441 Siehe hierzu: Hermann Gremliza/Angela Kammrad/Ute Schilde/Willi Thomczyk/Günter Wallraff (Hrsg.), Bertolt Brecht – Der anachronistische Zug und Democracy, Bilddokumentation, München 1979, S. 8
442 Ebd., S. 26
443 Siehe hierzu: KAZ, Nr. 205, vom 29. April 1983, S. 16; Bilddokumentation Bertolt Brecht »Der anachronistische Zug . . .«, a. a. O., S. 57
444 Kölnische Rundschau, 24./25. Mai 1981; siehe auch Bilddokumentation, a. a. O., S. 225
445 KAZ, Juni 1972
446 Ebd.
447 Ebd.
448 Das SALZ war Anfang 1969 gegründet worden, verstand sich als Parteiansatz und hieß ursprünglich Sozialistisches Lehrlingszentrum (SLZ), vereinigte sich aber in den letzten Wochen

des Juli 1971 mit dem Bergedorfer Arbeiter- und Lehrlingszentrum (SALZ), (Kommunistische Arbeiterzeitung, Nr. 8, Juli 1971, S. 8.) Das SALZ gab die Kommunistische Arbeiterzeitung heraus, deren erste Nummer im Februar 1971 erschien. (Ausführliche Darstellung zum SALZ in: Gerd Langguth, Protestbewegung am Ende, a. a. O., S. 136–140)

449 Arbeiterzeitung (Kommunistischer Arbeiterbund), Nr. 11/1, o. D., S. 2

450 Arbeiterkampf, Nr. 15, Februar 1972, S. 8

451 Ursprünglich war der Titel »Rebell« von der früheren Revolutionären Jugend (Marxisten-Leninisten) RJ/ML, dem heutigen Revolutionären Jugendverband Deutschlands RJVD, der Jugendorganisation der Marxistisch-Leninistischen Partei Deutschlands (MLPD), usurpiert. Seit Juli 1974 erschien jedoch zunächst der »Rebell« dieser vorwiegend auf Tübingen beschränkten Organisation nur noch als Jugendbeilage der Zeitung »Rote Fahne« des KABD, nicht mehr als eigenständiges Organ. Daraufhin beschloß der Kommunistische Bund, den »Rebell«, der früher von Hamburger und Mannheimer Genossen gemeinsam herausgebracht wurde, nun in Hamburg erscheinen zu lassen. (Nähere Angaben über den früheren »Rebell« in: Rebell Nr. 1, September 1974, S. 1). Später brachte der RJVD den »Rebell« wieder heraus.

452 Dieser Sozialistische Schülerbund ging hervor aus dem Kommunistischen Oberschulbund (KOB), der im Jahre 1972 ebenfalls das »Sozialistische Schüler-Forum« herausbrachte.

453 Siehe entsprechende Erklärung der Redaktion des »Sozialistischen Schüler-Forums« in Rebell, Nr. 1, September 1974, S. 12. Das Sozialistische Schüler-Forums kam seit Ende 1971 auf den Markt. Begründet wurde das Aufgehen des Sozialistischen Schüler-Forums in dem Rebell u. a. auch mit der notwendigen Ausweitung der Schüleraktivitäten auch im Nicht-Oberschüler-Bereich.

454 Studieren, Propagieren, Organisieren, Organ des KHB/ML, Nr. 1, 12. Oktober 1970, S. 10

455 Statut des SSB, in: Politik des Sozialistischen Studentenbundes, Politischer Bericht, Wissenschaftsbericht, Sondernummer, Solidarität, August 1973, S. 30

456 Solidarität, Sondernummer, August 1973, S. 17; an dieser Stelle (Seite 17 ff.) heißt es weiter: »Die Orientierung am KB macht die ständige solidarische Auseinandersetzung mit der Politik des KB notwendig und verlangt von uns, daß wir aus den Erfahrungen und Analysen des KB, wie sie in seinen Schriften niedergelegt sind, politische Konsequenzen für unsere eigene Praxis zu ziehen versuchen. Schließlich beinhaltet die parteiliche Orientierung auch die politische Unterstützung des KB, an der wir selbst ein Interesse haben, weil wir dadurch direkt dazu beitragen können, die Sache der Arbeiterklasse voranzubringen, und weil uns die Erfahrungen, die wir bei der praktischen Unterstützungsarbeit machen, auch für unsere Arbeit an der Hochschule von Nutzen sein können.«

457 So Rote Presse, Nr. 6/7, 16. Oktober 1973, und Rote Presse, Nr. 11, 12. Dezember 1972

458 Zu diesen Auseinandersetzungen siehe aus Sicht des Kommunistischen Bundes: Arbeiterkampf, Nr. 24, Dez. 1972, S. 18: »Wie sich das Zirkelwesen am eigenen Schopf aus dem Sumpf zieht«; Arbeiterkampf, Nr. 38, Jan. 1974, S. 22 f.: »Was schert mich mein Geschwätz von gestern!«

459 Statut des Kommunistischen Bundes, KAB, Arbeiterzeitung, 11/12, S. 2

460 So heißt es zur Ära des Stalinismus: »Die Kommunistischen Parteien hatten in der Ära des Stalinismus eine traurige Geschicklichkeit darin gewonnen, mit innerparteilicher Kritik fertig zu werden. Da die Sowjetunion das erste und damals einzige sozialistische Land war, schien die Solidarität jede noch so berechtigte Kritik an der Entwicklung der Sowjetunion, an der KPdSU usw. zu verbieten. Es gab nur zwei Lager, das kapitalistische und das sozialistische. Und wer die Sowjetunion oder KPdSU kritisierte, stand schon ›auf der anderen Seite der Barrikade‹. Diese Methode haben die Revisionisten nicht erfunden, sondern nur verfeinert, perfektioniert. Wer Kritik übte, war jedenfalls ein ›Spalter‹ und womöglich gleich noch ein bezahlter Agent.« (KAB, Unser Weg, Nr. 14, S. 11)

461 die internationale (Hrsg. Arbeiterkampf, Hamburg), 20. 3. 1976

462 Ebd., S. 11

463 Arbeiterkampf, Nr. 16, März 1972, S. 1

464 Solidarität, Sondernummer, August 1973, S. 16

465 Ebd., S. 30

466 KAB, Arbeiterzeitung, Nr. 11/12, S. 25

467 KAB, Arbeiterzeitung, 11/12, S. 1

468 Ebd., S. 39

469 KAB, Unser Weg, Wem nützen die Bomben bei Springer, Reden auf der Informationsveranstaltung des KAB am 29. Mai 1972, S. 13

470 Arbeiterkampf, 12. Juni 1978

471 Arbeiterkampf, Nr. 20, Juli 1972, S. 6

472 Ebd.

473 Lothar Bading, Beispiel Hamburg: Soziale Bewegungen – Politische Strömungen und Verallgemeinerungen – Wahlen, in: Marxistische Studien – Jahrbuch des IMSF 5, 1982, S. 122
474 Ebd.
475 Ebd., S. 132
476 Verfassungsschutzbericht 1976, S. 101
477 Ebd.
478 Ebd.
479 Verfassungsschutzbericht 1977, S. 99
480 Verfassungsschutzbericht 1982, S. 85
481 Z-Materialien, Nr. 0, 14. 12. 1979; siehe auch Arbeiterkampf, Nr. 160, S. 35
482 Z, Nr. 0, vom 14. 12. 1979
483 Zur Spaltung des KB siehe auch die Vorläufige Plattform der Zentrumsfraktion, abgedruckt im Arbeiterkampf, Nr. 166, vom 12. November 1979, S. 55 (»Überlegungen zur Krise des KB«)
    Diese Vorläufige Plattform der Zentrumsfraktion ist auch abgedruckt in Z, Nr. 0, vom 14. Dez. 1979, S. 21 ff.
484 Z, Nr. 0, 14. Dezember 1979, S. 32
485 Ebd., S. 32
486 Ebd.
487 Z-Zentrumsfraktion im Kommunistischen Bund, Materialien, Nr. 0, vom 14. Dez. 1979, S. 19
488 Arbeiterkampf, Nr. 166, 12. November 1979, S. 55
489 Unser Weg, Nr. 32, Februar 1980, S. 8
490 Ebd.
491 Ebd., siehe auch Arbeiterkampf, Nr. 165, 14. Januar 1980
492 Arbeiterkampf, 14. 1. 1980
493 Verfassungsschutzbericht 1979, S. 95
494 Arbeiterkampf, Nr. 215, 21. Dezember 1981, S. 2
495 Unser Weg, Nr. 32, Februar 1980, S. 1
496 Ebd., S. 3
497 Ebd., S. 3
498 Zum 1. Kongreß des KB siehe u. a.: Was tun? Nr. 283, 24. Januar 1980, Rote Fahne, 10. Jahrgang Nr. 2, 24. Januar 1980, die tageszeitung, 9. Januar 1980, die tageszeitung, 10. Januar 1980
499 Arbeiterkampf, Nr. 217, 25. Januar 1982, S. 26
500 Arbeiterkampf, Nr. 217, 25. Januar 1982
501 Siehe Arbeiterkampf, Nr. 215
502 Arbeiterkampf, Nr. 217, 25. Januar 1982, S. 26
503 Ebd., S. 29
504 Arbeiterkampf, Nr. 217, 25. Januar 1982, S. 28
505 Bading, a. a. O., S. 123
506 Ebd., S. 123
507 Bading, a. a. O., S. 124
508 Ebd., S. 124
509 Parlamentarischer Staatssekretär Carl-Dieter Spranger in der Fragestunde des Bundestages vom 24. November 1982
510 Zur Auseinandersetzung der Gruppe Z mit dem KB siehe Broschüre »KB am Scheideweg«, Hamburg, 22. April 1980
511 Joachim Wagner, Wer beeinflußt von linksaußen in Hamburg die Grünen?, in: Frankfurter Allgemeine Zeitung, 16. Juli 1982
512 die taz, 10. August 1982
513 Ebd.
514 Moderne Zeiten, Nr. 10/81, S. 3
515 Siehe auch: Die neue Welt, Nr. 11, 4. September 1978, Kapitel zur KPD/ML und zur Abspaltung in KPD/ML (Rote Fahne), ferner siehe auch Aufruf des Zentralkomitees der MLD an das ZK der KPD »Gespräche zwischen KPD und MLD sind notwendig?« vom 18. Mai 1978
516 Christian Sperber, »Einmal hin, einmal her – rund herum, das ist nicht schwer« – Anmerkungen zur Entwicklung der MLD, in: Aufsätze zur Diskussion, 5/6, März 1980, S. 113
517 Ernst Hausmann, Zur Auflösung der MLD, in: Aufsätze zur Diskussion, Nr. 17, März 1982, S. 141
518 die achtziger jahre, 17. Juli 1979
519 Schlomann, a. a. O., S. 26
520 Die Zeitung »Die neue Welt« erschien im Verlag Heiner Hügel, Herausgeber war das ZK der MDL und hier verantwortlich Heiner Hügel.
521 Die neue Welt, Nr. 8, 14. Juni 1978
522 Ebd.

523 Die neue Welt, Nr. 8, 14. Juni 1978, S. 2
524 Die neue Welt, Nr. 11, 4. September 1978
525 Ebd., S. 3
526 ZK der MLD, Gespräche zwischen KPD und MLD sind notwendig, Aufruf an das Zentralkomitee der KPD, 18. Mai 1978
527 Ebd.
528 Siehe Kapitel VII, A 3.6.
529 Siehe Kapitel VII, A 9.
530 Verfassungsschutzbericht 1979, a. a. O., S. 96
531 Siehe auch Aufsätze zur Diskussion, 5/6 1980, S. 84
532 Verfassungsschutzbericht 1979, S. 96
533 hefte für demokratie und sozialismus, 4–5/80
534 Nr. 1/80 (Februar 1980)
535 Zu den unterschiedlichen Auffassungen, wie sie auf dieser Konferenz vorgetragen wurden, siehe Kommunistische Briefe, Nr. 1, Juni 1980, Dortmund, S. 35 ff.
536 hefte für demokratie und sozialismus, Nr. 4–5/80 (zitiert nach Innere Sicherheit, Nr. 58, vom 31. Juli 1981, S. 4)
537 Die Tageszeitung, 5. Mai 1980, Nr. 274, S. 1
538 Zur SK in Kassel aus Sicht der KPD/ML siehe Roter Morgen, Nr. 15, vom 20. Juni 1980, S. 9
539 Studien von Zeitfragen, Januar 1980, S. 13
540 Siehe hierzu die tageszeitung, 7. Mai 1980, ferner 29. Mai 1980
541 Ein Teilnehmer bewertete diese Diskussion wie folgt:»Darum ist jetzt die erste Aufgabe von Sozialisten und von allen einsichtigen Menschen, sich rechtzeitig auf dies Ende einzustellen, sonst wird es auch das Ende der Gattung. Der Marxismus könne keinen Beitrag zur Lösung der Aufgabe leisten, der den Klassenkampf in der Erwartung führt, durch unbegrenzte Güterproduktion werde einmal jedermann genug zu essen, zu kleiden, zu wohnen, seine Kinder zu bilden haben, jetzt käme es nur darauf an, revolutionär Macht- und Eigentumsverhältnisse zu verändern.« (Hermann Bergengruen in: Sozialistische Konferenz – Rundbrief, Nr. 2, Oktober 1980, S. 6)
542 Sozialistische Konferenz – Rundbrief, Nr. 1, Juli 1980
543 Kommunistische Volkszeitung, Nr. 9, 23. Februar 1981, S. 5. Ein Teilnehmer wertete diese Konferenz wie folgt:»Selten habe ich mir so viel Stuß anhören müssen wie auf dieser SK. Die 2. SK endet somit mit einem Eklat, der vor allen Dingen auf die Kappe der MG geht. Wenn man den MGs in Zukunft weiterhin die Teilnahme an der SK offenhält, werde ich mir gar nicht erst die Mühe machen, hinzufahren . . .« (die tageszeitung, 16. Februar 1981, S. 3). Zum Verlauf dieser Konferenz siehe u. a. auch:»Kommunistisches und Klassenkampf«, Nr. 3/1981, S. 14 ff.; »Frankfurter Rundschau«, 16. Februar 1981; »Frankfurter Allgemeine Zeitung«, 20. Februar 1981; »Frankfurter Rundschau«, 9. Februar 1981 (Auszüge aus den Materialien zur 2. Sozialistischen Konferenz).
544 Frankfurter Allgemeine Zeitung, 20. Februar 1981
545 An der 1. Konferenz hatte u. a. Peter v. Oertzen teilgenommen, der den Anwesenden »nur zu sagen hatte, daß an der westdeutschen Sozialdemokratie kein Weg vorbeiginge«, die tageszeitung, 7. Mai 1980, S. 5
546 Kommunistische Volkszeitung, Nr. 49, 4. Dezember 1981, S. 15
547 Ebd.

B Marxistische Gruppe (MG) als Sondererscheinung der Neuen Linken

1 Verfassungsschutzbericht 1982, S. 93
2 Bonner Hochschulzeitung, Nr. 33, 26. April 1982
3 Ebd.
4 Flugblatt der Marxistischen Gruppe anläßlich des NATO-Gipfels am 10. 6. 1982 in Bonn, ohne Datum.
5 Bonner Hochschulzeitung, Nr. 36, 15. Juni 1982
6 Wen stören die Russen? Flugblatt anläßlich des Breschnew-Besuches, verteilt im November 1981
7 Veröffentlicht u. a. in: taz, Nr. 657, vom 13. November 1981, S. 14
8 Die Bundesrepublik Deutschland 1980 – und was Marxisten in den 80er Jahren an ihr zu ändern haben, in: Resultate, Nr. 1, Neufassung, April 1980, S. 112
9 Ebd., S. 57
10 Dieses Manifest gegen den DGB wurde im April 1982 verteilt.
11 Ebd.

12 So befassen sich in dem Buch Bernd Gäbler (Hrsg.), Das Prinzip Ohnmacht – eine Streitschrift zur Politik der »Marxistischen Gruppe«, Dortmund 1983, im wesentlichen MSB-Spartacus-Funktionäre mit der MG.

C Trotzkismus in der Bundesrepublik

1 Rote Fahne (KPD/ML-Zentralbüro), Nr. 14, 10. Juli 1972 (zitiert nach: Was tun, 7/8 1972)
2 Bolschewik. – Theoretisches Organ der Roten Garde (später KJVD), Nr. 1, März 1970, S. 45
3 Gerns/Steigerwald/Weiß, Opportunismus heute, Frankfurt 1974, S. 197
4 Siegfried Wolff, Ausstellung eines Totenscheins, in: Rote Korrespondenz Extra, 9 (herausgegeben von Spartakus-Assoziation Marxistischer Studenten), o. D. – Dieser Beitrag wurde der FDJ-Zeitschrift »Forum« entnommen.
5 Bundesministerium des Inneren (Hrsg.), Betrifft Verfassungsschutz '73, Bonn 1974, S. 77
6 Siehe hierzu: Was tun, Nr. 6 1971, S. 2
7 Leo Trotzki, Die permanente Revolution, Berlin (1930)
8 Diese Auffassung hat Trotzki vornehmlich in seinem 1936 in Norwegen abgeschlossenen Hauptwerk »Verratene Revolution« dargelegt. Deutsche Ausgabe: Zürich 1957
9 Siehe hierzu: Pierre Frank, Die Geschichte der IV. Internationale, Hamburg o. D.
10 Deutsche Übersetzung aus: quatrième internationale, Nr. Special, Mai 1970, S. 3; zitiert nach: Bundesministerium des Inneren, Innere Sicherheit, Nr. 13, 28. August 1972
11 Ebd., S. 4
12 Was tun, Nr. 50, o. D., 1974, S. 8
13 Verfassungsschutzbericht 1982, a. a. O., S. 87
14 Ebd.
15 Verfassungsschutzbericht 1976, a. a. O., S. 102
16 Verfassungsschutzbericht 1980, S. 98
17 Verfassungsschutzbericht 1981, S. 109
18 Ebd.
19 Artikel 14 der Statuten der GIM, abgedruckt in: Die Revolutionären Marxisten zur Situation in der BRD – Die Politischen Resolutionen auf der Nationalen Konferenz der GIM – Juni 1982, Frankfurt a. M., September 1982, S. 47
20 Ebd., Artikel 2, S. 46
21 Zu den Spaltungsgründen siehe ausführlicher: Gerd Langguth, Protestbewegung am Ende, a. a. O., S. 150 ff.
22 Was tun, Nr. 6 1971, S. 3
23 die internationale, Nr. 1, Juli 1973, S. 46
24 Siehe hierzu: Was tun, Nr. 1, 2, 3 und 7/1971, außerdem 9 und 10/1972; Inprekorr, Nr. 5/71; zur Einschätzung der politischen Lage in der CSSR (durch Sibylle Plogstedt) siehe auch: Was tun, 64, 20. November 1974, S. 6 f. (»Bürokratie, Repression und politische Opposition«)
25 Siehe so hierzu: Stuttgarter Zeitung vom 6. März 1972; Spiegel-Gespräch mit Ernest Mandel in: Der Spiegel, Nr. 11, 6. März 1972, S. 22 ff.
26 Süddeutsche Zeitung vom 21. August 1972
27 Kongreß gegen politische Unterdrückung, Internationale Marxistische Diskussion, Arbeitspapiere No. 5, Berlin 1972, S. 5
28 Zum Einreiseverbot von Mandel siehe: Was tun, 3/72, S. 4 ff., 4/72, S. 6 ff., 7/8/72, S. 13 f.
29 Was tun, Nr. 11/72, S. 14 f.
30 Veröffentlicht in: die internationale, Nr. 1, Juli 1972, S. 8 ff.
31 Zur Bedeutung dieses Thesenentwurfs und zur Haltung dieser drei Fraktionen siehe Kapitel: Revolutionäres Subjekt: die »neue Avantgarde« VII C 1.2.1.
32 Ebd., S. 19
33 Was tun, Nr. 55/6, 10. Juli 1975, S. 6; siehe auch: die internationale, Nr. 4, Juli 1974, S. 31 ff.
34 Siehe zur Gewerkschaftstaktik auch: die internationale Nr. 4, Juli 1974, S. 21 ff.
35 Ernest Mandel, Systemkonforme Gewerkschaften? Berlin 1972, S. 27 f.
36 Ebd.
37 die internationale, Nr. 4, Juli 1974, S. 6
38 Ebd., S. 8
39 die internationale, Nr. 4, Juli 1974, S. 46
40 Ernest Mandel, Was ist Trotzkismus? (übersetzt aus International Socialist Review, Juni 1970), Düsseldorf o. D.
41 Ernest Mandel, Was ist Trotzkismus, a. a. O., S. 5
42 GIM, Es gibt keine parlamentarische Lösung der Krise! Frankfurt 1975, S. 37

311

43 Ebd., S. 37
44 Ebd.
45 Was tun, 9/10, Oktober 1972, S. 15
46 Was tun, 11/72, November 1972, S. 4 f.
47 Ebd.
48 Was tun, Nr. 52, 30. Mai 1974
49 Was tun, Nr. 61, 9. Oktober 1974, siehe auch: Was tun, Nr. 62, 23. Oktober 1974, S. 3, und Was
     tun, Nr. 63, 6. November 1974, S. 12
50 GIM (Hrsg.), Es gibt keine parlamentarische Lösung der Krise, a. a. O., S. 7
51 Vgl. Was tun, Nr. 122, vom 2. September 1976
52 Was tun, vom 17. Juli 1980, Nr. 292; siehe auch Studien von Zeitfragen, August/September
     1980, S. 145
53 Was tun, Nr. 344, vom 16. Dezember 1982
54 Was tun, Nr. 348, 24. Februar 1983, S. 1
55 Was tun, Nr. 351, vom 7. April 1983, S. 13
56 Ebd.
57 In: Es gibt keine parlamentarische Lösung der Krise! Frankfurt a. M. 1975, S. 37 (Zur Wahl in Ber-
     lin 1975)
58 Was tun, Nr. 71, 3. Mai 1975, S. 3
59 Friedrich-Wilhelm Schlomann, Trotzkisten – Europäische Arbeiter-Partei – »Maoisten«, in: Aus
     Politik und Zeitgeschichte, B. 27/80, 5. Juli 1980, S. 13
60 Was tun, 18. Januar 1979, S. 17 f.
61 Die Revolutionären Marxisten zur Situation in der BRD, a. a. O., S. 3
62 Ebd.
63 Ebd., S. 4
64 Ebd.
65 Ebd., S. 22
66 Ebd., S. 15
67 Ebd., S. 22
68 Was tun, Nr. 344, vom 16. Dezember 1982
69 Roter Maulwurf, Februar 1983, S. 2
70 Die Revolutionären Marxisten zur Situation in der BRD, a. a. O., S. 4
71 Seine Zeitschrift »Spartacus« erschien im I. Stibor Verlag und Vertrieb, Frankfurt a. M.
72 Verfassungsschutzbericht 1981, a. a. O., S. 101
73 Ergebnisse und Perspektiven, Nr. 1/1974, S. 44
74 Was tun, Nr. 5 1969, S. 8
75 Ebd.
76 Spartacus Nr. 18, Dezember 1970, S. 11
77 Zitiert nach: Die politischen Grundlagen der Kommunistischen Jugendorganisation, Plattform
     der KJO Spartacus; als Manuskript gedruckt, o. D.
78 Spartacus, 25, S. 20
79 Ebd., S. 21
80 Spartacus, Dezember 1971/Januar 1972, Nr. 25 (Zentralorgan von Spartacus BL), S. 2
81 Siehe hierzu: Erklärung der Leitung der Internationalen Kommunisten Deutschlands zur Spal-
     tung der KJO Spartacus, in: Spartacus, 26 (KJO Spartacus), Februar 1972, S. 25 ff.
82 Spartacus, 42 (KJO Spartacus), September 1973, S. 15
83 Ebd., S. 15
84 Auf dieser Nationalen Konferenz hatten sich neben der Mehrheitsfraktion innerhalb der KJO
     zwei Minderheitsfraktionen herausgebildet, wobei die eine am KJO-Konzept festhielt, jedoch
     die Arbeit der KJO im organisatorischen Rahmen der Jusos fortsetzen wollte. Die andere Frak-
     tion, die sogenannte »Kompaß-Fraktion«, wollte die seitherige Jugendperspektive modifiziert
     sehen.
85 Spartacus (KO Spartacus) November/Dezember 1972, S. 2
86 Ebd., S. 6
87 Spartacus, Zentralorgan des Spartacusbundes, Nr. 1/74, S. 10
88 Ebd., S. 11
89 Veröffentlicht in: Ergebnisse & Perspektiven, Nr. 2
90 Spartacus, Nr. 7, August 1974, S. 6
91 Ebd., S. 6
92 Spartacus, Nr. 1, Wahlextra, herausgegeben von Ortsgruppe West-Berlin, o. D., S. 4
93 Ergebnisse & Perspektiven, Nr. 1, Juni 1974, S. 44 (Grundsatzerklärung)
94 die internationale, Nr. 1, Juli 1973

95 Ergebnisse & Perspektiven, Nr. 2, November 1974, S. 34
96 Spartacus, Nr. 1, Wahl-Extra, herausgegeben von der Ortsgruppe West-Berlin, o. D. (verteilt im Januar 1975), S. 2
97 Spartacus, Nr. 12, Jan. 1975, S. 1 ff.
98 Für ein kommunistisches Wahlbündnis zu den Landtagswahlen NRW Mai 1975 (herausgegeben vom ZK des Spartacusbundes), Berlin, o. D., S. 3
99 Ebd., S. 4
100 Siehe hierzu auch Spartacus, Nr. 13, Febr. 1975, S. 13 (Offener Brief an die GIM)
101 Spartacus-Wahlextra, herausgegeben von der Ortsgruppe Koblenz des Spartacusbundes, Koblenz, als Manuskript gedruckt, o. D., S. 4
102 Spartacus, Nr. 30, Sept. 1972, S. 9, siehe auch Spartacus, Nr. 32, Nov. 1972
103 Spartacus, Nr. 29, Aug. 1972, S. 4
104 Spartacus, Nr. 30/31 vom 15. September 1976
105 Spartacus, Nr. 65, April 1981, S. 9
106 Ebd., S. 9
107 Verfassungsschutzbericht 1982, a. a. O., S. 87
108 Kommunistische Korrespondenz, Nr. 5, Nov. 1974, S. 3
109 Ebd.
110 Spartakist, Deutsche Ausgabe, Nr. 2, Herbst 1974, S. 2
111 Spartakist, Nr. 39, September 1981, S. 1
112 Ebd.
113 Spartakist, Nr. 46, März 1983, S. 1
114 Spartakist, Nr. 45, Oktober 1982, S. 3
115 Ebd.
116 Spartakist-Extrablatt, Dezember 1982, S. 2
117 Spartakist, Nr. 46, März 1983, S. 10
118 Spartakist-Extrablatt, Dezember 1982
119 Ebd., S. 2
120 Spartakist-Extrablatt, Dezember 1982
121 Ebd.
122 Günter Bartsch, Trotzkismus in Deutschland, Studien von Zeitfragen, April 1979, S. 105
123 Junge Garde – Für die Revolutionäre Internationale der Jugend, Manifest, Resolution, o. D., S. 3
124 Internationale Arbeiterkorrespondenz, Organ der Revolutionären Marxisten (Trotzkisten) in Deutschland
125 Bundesministerium des Innern, Innere Sicherheit, Nr. 13, 28. Aug. 1972, S. 12
126 Sozialistische Arbeiterpolitik, Nr. 2, 7. Juni 1972
127 Zur Position der Jungen Garde siehe ausführlicher: Langguth, Protestbewegung I, a. a. O., S. 167–171
128 Verfassungsschutzbericht 1982, a. a. O., S. 87
129 Bartsch, a. a. O., S. 107
130 Siehe Bartsch, a. a. O.
131 Der Funke, 1. Okt. 1974, Nr. 60, S. 1
132 Ebd.
133 Siehe hierzu Neue Arbeiterpresse, 8. Juni 1979, S. 1, und 14. Dezember 1979, S. 11
134 Bartsch, a. a. O., S. 108
135 Ebd.
136 Zitate der politischen Plattform, aus: Klassenkampf – Zeitung der SAG, Febr. 1975, Nr. 44, S. 2; siehe auch: Rainer Riehl, Gegen Reformismus – Gegen Stalinismus – Was will die SAG, Frankfurt, Mai 1974
137 Klassenkampf, Mai/Juni 1983, S. 6
138 Ebd.
139 Vertriebsadresse dieser Zeitung ist Hannover, redaktionell zeichnet Volkhard Rosler, Frankfurt, verantwortlich.
140 Bei Juan Posadas handelt es sich um Homero Romulo Christalli-Frasnelli, geboren am 20. Januar 1912 in Argentinien, am 25. Mai 1981 in Paris verstorben (Arbeiterstimme Nr. 144, 27. August 1981)
141 Arbeiterstimme, Nr. 46, 20. September 1974, S. 5
142 Ebd.
143 Ebd., S. 7
144 Arbeiterstimme, Nr. 14, September 1970, S. 13
145 Arbeiterstimme, 10. Januar 1980, S. 1, und 10. Februar 1980, S. 1
146 Abgedruckt in: Arbeiterstimme Nr. 3 (57), Dezember 1981, S. 62 f.
147 Bartsch, a. a. O., S. 112

313

D Kommunistische Gruppen Moskauer Prägung

1 Die SEW (bzw. SED-W) hat schon in den Anfängen der Protestbewegung immer wieder zunächst ihre Solidarität mit bestimmten Forderungen des SDS und anderen Gruppen zum Ausdruck gebracht. Diese Offerte zu einer Zusammenarbeit wurde vor allem immer im Anschluß an den Tod des Studenten Benno Ohnesorg am 2. Juni 1967 laut. So protestierte die SED-W laut »Die Wahrheit« vom 4. Januar 1967 »entschieden gegen die gehässigen Diffamierungen und verleumderischen Ausfälle des Senats und der Springer-Presse gegenüber den berechtigten Forderungen der Studenten und Professoren der Pädagogischen Hochschule und der beiden Universitäten unserer Stadt«. Im Anschluß an den Tod von Benno Ohnesorg beklagte der SEW-Vorsitzende Gerhard Danelius laut »Die Wahrheit« vom 13./14. Juni 1967 eine »planmäßige Aushöhlung« der Rechte der Bürger und Studenten in Berlin. Aber: »Die Ereignisse um den 2. Juni haben eine Reaktion weit über unsere Stadt ausgelöst, die der Senat offensichtlich nicht erwartet hat. Die demokratische Bewegung hat an Breite, Tiefe und Umfang zugenommen. Nicht nur Studenten und Professoren, auch Arbeiter, Gewerkschafter und Sozialdemokraten gelangen zu der Erkenntnis, daß die Schüsse vom 2. Juni gegen alle Demokraten gerichtet waren.« (Ebd.)
Doch sah sich die SEW gezwungen, sich auch von bestimmten Erscheinungsformen der Protestbewegung zu distanzieren, da sie offensichtlich die Befürchtung hegte, von der Berliner Bevölkerung mit bestimmten spontaneistischen und »putschistischen« Vorgehensweisen identifiziert zu werden. Das führte dazu, daß es in einer Entschließung der Teilnehmer der hochschulpolitischen Tagung der Hochschulgruppen der SEW am 27./28. Mai 1972 in der Technischen Universität u. a. hieß: »Dabei lehnen wir jeden pseudorevolutionären Aktionismus, pseudolinken Avantgardismus ab, die letztendlich die Wasser auf die Mühlen der Bourgeoisie lenken und so den Zusammenschluß aller fortschrittlichen Kräfte erschweren.« (Konsequent – herausgegeben vom Kreisvorstand Zehlendorf der SEW, Sonderheft Nr. 2, Nov. 1972, S. 99)
2 Siehe auch Antwort der Bundesregierung auf die Kleine Anfrage der CDU/CSU-Bundestagsfraktion – Drucksache 7/3912 – betr. Deutsche Kommunistische Partei; Bundestagsdrucksache 7/4231 (29.10.1975)
3 In: These 17, verabschiedet auf dem Düsseldorfer Parteitag der DKP, 25.–28. November 1971, veröffentlicht in: Deutsche Kommunistische Partei – Parteivorstand (Hrsg.), Thesen des Düsseldorfer Parteitages zur Deutschen Kommunistischen Partei, Düsseldorf, o. J., S. 29 (künftig genannt: Thesen)
4 These 18, ebd., S. 29
5 Parteivorstand der DKP (Hrsg.), Programm der Deutschen Kommunistischen Partei, Düsseldorf 1978, S. 59
6 Ebd., S. 59, Der Sozialismus – so heißt es in dem Programm weiter – war »überall« das »Ergebnis konsequenten Klassenkampfes. Überall weist er gemeinsame Züge auf, die von den allgemeinen Gesetzmäßigkeiten geprägt sind, wie sie von Marx, Engels und Lenin dargelegt und durch die Praxis der Oktoberrevolution wie auch aller nachfolgenden sozialistischen Umwälzungen bestätigt wurden (ebd., S. 62).
7 Ebd., S. 67
8 Ebd., S. 66. Die Begriffe »Diktatur des Proletariats« und »Sozialistische Revolution« werden bei der DKP aus taktischen Gründen durch die gleichbedeutenden Begriffe »Sozialistische Umwälzung« und »Politische Macht der Arbeiterklasse« ersetzt. Die DKP-Führung wies darauf hin, der Terminus »Diktatur des Proletariats« sei deshalb in dem DKP-Programm nicht verwendet worden, weil er »für große Teile des arbeitenden Volkes mißverständlich« sei, würden doch mit diesem Begriff »Gedanken an Faschismus und Terror« verbunden. Gleichwohl habe die DKP in ihrem Programm jedoch »unmißverständlich« zum Ausdruck gebracht, der Sozialismus setze »die politische Macht der Arbeiterklasse« voraus. (Herbert Mies/Willi Gerns, Weg und Ziel der DKP, Frankfurt a. M. 1979, S. 102–104. Mies ist DKP-Vorsitzender und Gerns Mitglied des Präsidiums und des Sekretariats der DKP.) Möglicherweise dürfte aber noch ein weiterer Grund dafür ausschlaggebend sein, daß die DKP den Begriff »Diktatur des Proletariats« bisher noch nicht offiziell verwandt hat, nämlich die Erinnerung an das KPD-Verbotsurteil, in dem der Begriff »Diktatur des Proletariats« eine gewichtige Rolle spielte. Gleichwohl setzt sich die DKP kaum Schranken in der Beteuerung, ihr »politischer Kompaß« und das »wissenschaftliche Fundament ihrer Politik« sei die »Lehre von Marx, Engels und Lenin«. (DKP-Programm, a. a. O., S. 7) Die DKP bezeichnet sich selbst als »untrennbarer Bestandteil der weltumspannenden Gemeinschaft der kommunistischen und Arbeiterparteien, die wirke »für die Stärkung der Einheit der kommunistischen Weltbewegung, für die Festigung ihres Bündnisses mit den anderen friedliebenden, fortschrittlichen und revolutionären Kräften unserer Zeit.« (Ebd.)

9 Es handelt sich hier direkt um die Phase im Anschluß an die Auflösung des SDS am 21. März 1970, als vielfach und überwiegend die Auffassung vertreten wurde, daß die eigentlich revolutionäre Aktion und Agitation in der Betriebsarbeit zu sehen sei und von daher viele bis dahin in Studentenparlamenten arbeitende Angehörige der Neuen Linken eine weitere Mitarbeit in diesen Gremien ablehnten, zumal sie die Furcht vor einem Integriertwerden in dieses gesellschaftliche System durch eine »bürgerliche Institution« heraufkommen sahen, da man ja in einer bürgerlichen Institution keine sozialistische Politik machen könne. Diese Situation nutzten im Hochschulbereich DKP und ihr nahestehende Kräfte aus, die frei werdenden Positionen zu besetzen und zu verteidigen.

10 Veröffentlicht im Bundesanzeiger, 4. November 1982. Weitere Einnahmeposten sind laut Rechenschaftsbericht: 667 047,50 Beiträge der Fraktionsmitglieder und ähnliche regelmäßige Beiträge: 2,02 Einnahmen aus Vermögen, 1 887 552,95 Einnahmen aus Veranstaltungen, Vertrieb von Druckschriften und Veröffentlichungen und sonstiger mit Einnahmen verbundener Tätigkeit der Partei; 108 550,00 Kredite; 0,00 DM Erstattungsbeträge nach dem Vierten Abschnitt des Parteiengesetzes und 140 453,37 DM »Sonstige Einnahmen«.

11 Verfassungsschutzbericht 1981, Bonn 1982, S. 71

12 Ebd., S. 73

13 Verfassungsschutzbericht 1982, S. 34

14 Ebd., S. 18

15 Hier sind vor allem zu nennen: Helmut Bärwald, Deutsche Kommunistische Partei – Die kommunistische Bündnispolitik in Deutschland, Köln 1970; Winfried Ridder/Joseph Schollmer, Die DKP-Programme und Politik, Bonn 1970; Helmut Bilstein/Sepp Binder/Manfred Elsner/Hans-Ulrich Klose, Organisierter Kommunismus in der Bundesrepublik Deutschland, Opladen 1974; Manfred Rowold, Im Schatten der Macht – Zur Oppositionsrolle der nicht-etablierten Parteien in der Bundesrepublik, Düsseldorf 1974, S. 132–184

16 Thesen; a. a. O., S. 47; an dieser Stelle heißt es auch: »Der Protest junger Menschen richtet sich gegen die Heuchelei und die Perspektivlosigkeit im kapitalistischen System. Von der CDU/CSU, der FDP und auch der SPD sind Teile der jungen Generation enttäuscht. Sie geraten in Konflikt mit den Kräften, die nicht in der Lage sind, die Gegenwart zu bewältigen und die Zukunft zu sichern. Hier handelt es sich nicht, wie die herrschenden Kreise und ihre Ideologen erklären, um einen Generationskonflikt. Das Aufbegehren von Teilen der Jugend ist vielmehr Ausdruck des sozialen Konflikts zwischen alter Ordnung und jungen Menschen, des Widerspruchs zwischen dem Streben der besten Kräfte der Jugend nach Frieden, gesellschaftlichem Fortschritt und Sozialismus und der Unfähigkeit des Großkapitals, den Interessen der überwiegenden Mehrheit der Jugend gerecht zu werden.«

17 Veröffentlicht als Informationsbericht Nr. 34 des Instituts für Marxistische Studien und Forschungen (IMFS) »Jugendliche in der DKP« (Verfasser: Arbeitsgruppe des IMFS), Frankfurt a. M. 1982

18 Ebd., S. 7

19 Ebd., S. 27

20 Ebd., S. 10

21 Wenn beispielsweise die genannte Prozentzahl der befragten Jurastudenten auf absolute Zahlen umgerechnet wird, so handelt es sich um 8,47 Studenten, von denen 89%, das wären 7,539 Personen, aus Furcht vor einem »Berufsverbot« ihren Parteibeitritt verzögert haben wollen.

22 Siehe auch die Veröffentlichung der Untersuchung des IMSF in einem Taschenbuch: Friedemann Schuster, Alternativ sein – Kommunist sein: Ansichten junger DKP-Mitglieder, Frankfurt am Main, 1981

23 IMSF-Informationsbericht, a. a. O., S. 63

24 Referat von Herbert Mies auf dem DKP-Studentenseminar vom 15.–17. Okt. 1969

25 Ebd., Mies führte weiter aus: »Die Hochschulgruppe ist die Parteigruppe an der Hochschule. Allein das macht schon den Arbeitsbereich deutlich, den primären Arbeitsbereich und die Hauptorientierung. Wir sollen die Festigung und Entwicklung der Hochschulgruppen durch die Weiterentwicklung und Praktizierung unserer Hochschulpolitik vorantreiben. Das heißt kurz gesagt, im Zentrum der Tätigkeit und der Organisierung der DKP-Hochschulgruppe muß die Veränderung des politischen Kräfteverhältnisses an den Hochschulen stehen. Deshalb muß sich die gesamte Politik der DKP-Hochschulgruppe um die Entwicklung unserer Hochschulpolitik gruppieren.«

26 Siehe hierzu auch: Fred Schmid, Über das Verhältnis der DKP-Uni-Ausschüsse zum SDS, in: Facit Nr. 15 (o. D.), S. 29 f.

27 Ausgabe Nr. 3/1980

28 Ausgabe Nr. 4/1980

29 Veröffentlicht wurden die Austrittserklärungen in der damals noch existierenden Tageszeitung »Die Neue« vom 29. Mai 1980; siehe hierzu auch die entsprechenden Angaben des damaligen

Parlamentarischen Staatssekretärs von Schöler in der Fragestunde des Deutschen Bundestages vom 13. Juli 1980. Zur Gruppe »Klarheit« siehe die Dokumentation »Die Besitzer der ›Wahrheit‹ ficht das alles nicht an«, in: Z Nr. 7, 12. September 1980, S. 26–34. Zum Konflikt innerhalb der SEW siehe auch taz vom 21. 2. 1980 (abgedruckt wurden Passagen aus der Klarheit I/80).

30 Hierzu ausführlicher: Gerd Langguth, Klassenkampf im Sandkasten, Politische Studien, Heft 221, Mai 1975

31 UZ, 30. Oktober 1974

32 Verfassungsschutzbericht 1982, S. 46

33 Verfassungsschutzbericht 1982, S. 44

34 Ebd.

35 Ebd., S. 26, wobei »elan« monatlich den »Artikeldienst für Betriebs-, Lehrlings- und Berufsschulzeitungen« und die »jugendpolitischen Blätter« sowie unregelmäßig den »Informationsdienst für Soldaten« herausgibt.

36 Initiativantrag Nr. 2 auf dem VII. Bundeskongreß, 6./7. März 1982 in Düsseldorf

37 elan, Nr. 2/82

38 elan, Februar 1977

39 Presseinfo der SDAJ vom 16. 12. 1981

40 elan, August 1981, Heft 8, S. 20 f.

41 Friedrich-Karl Fromme, Ohne Gewalt hätte die Revolution nicht gesiegt, in: Frankfurter Allgemeine Zeitung, 3. Februar 1982

42 FAZ, 21. Januar 1983

43 AUSS-Info, 5/6, S. 92

44 Siehe hierzu auch Presseerklärung des Mannheimer SDAJ-Vorstandes (KP-nahe) in: Rhein-Neckar-Zeitung, 6. 9. 1968

45 Zitiert nach: Protokoll des IV. Bundeskongresses der SDAJ, Dortmund 1974, S. 39

46 So hieß es denn auch in einer Entschließung zu diesem Bundeskongreß ausdrücklich: »Die SDAJ steht uneingeschränkt an der Seite der Jugend, die Stimme der Jugend ist in den Parlamenten zu hören, wenn dort kommunistische Vertreter sind . . . So wie sich die Partei der Arbeiterklasse zum Verfechter der Grundrechte der Jugend gemacht hat, so wird sie auch im Parlament stets für die Grundrechte der Jugend eintreten. Deshalb unterstützen wir in Wahlkämpfen die Kandidaten der Deutschen Kommunistischen Partei. Deshalb kandidieren Mitglieder der SDAJ auf den Listen der DKP. Deshalb: Macht die Deutsche Kommunistische Partei stark!«

47 SDAJ-Bundesvorstand (Hrsg.), Freundschaft zur Sowjetunion, Dortmund, o. D., S. 2

48 Diese »Fünf Gundrechte der Jugend« wurden vom 3. Bundeskongreß der Jugend des SDAJ vom 31. März bis 2. April 1972 in Stuttgart beschlossen.

49 In diesem Arbeitskreis waren u. a. vertreten: Reinhard Liebe (Vorsitzender des Marxistischen Schülerbundes Hamburg), Uwe Kiupel (Vorsitzender des Sozialistischen Schülerbundes Bremen) und Bert Badekow (ehemaliger Schulsprecher). Badekow wurde zum Leiter dieses Arbeitskreises Schüler ernannt. Diese Koordination der Schülerarbeit erwies sich auch deshalb als dringlich, weil eine ganze Reihe von Landes-Schülermitverwaltungen (SMV) weitgehend von DKP-nahen Schülern kontrolliert wurden und werden. Auch in diesem Bereich hatten sich sehr häufig ehemals »antiautoritäre« Schüler aus der konkreten Mitarbeit in solche Gremien zurückgezogen.

50 Protokoll des Düsseldorfer Parteitages der DKP, Hamburg (o. D.), S. 600; der Marxistische Schülerbund Hamburg formulierte sein Verhältnis zur DKP in einem Grußschreiben an den Hamburger Parteitag der DKP wie folgt: »Die DKP ist die einzige Partei in der BRD, die aktiv für die Gegenwarts- und Zukunftsinteressen der Jugend eintritt. Sie ist mit ihrem Jugend- und Bildungsprogramm und ihrer gesamtgesellschaftlichen antimonopolistischen Orientierung die einzige Partei, die der lernenden Jugend eine Perspektive weist. Der MSB/H wird daher mit allen ihm zur Verfügung stehenden Mitteln die Politiker der DKP in den Hamburger Schulen vertreten, ihre Programme verbreiten, ihre Alternative darstellen.« (Ebd., S. 558)

51 Unsere Zeit, 11. Januar 1980 (Interview mit Jochen Richter, Leiter des Schülerarbeitskreises beim Bundesvorstand der SDAJ)

52 Siehe hierzu auch: Friedbert Pflüger, MSB Spartakus – Skizze eines antidemokratischen Studentenverbandes, Bonn 1975; Hartmut Weyer, MSB Spartakus, Stuttgart 1973

53 Die Vorgänge um den Ausschluß dieser fünf SDS-Mitglieder sind dargestellt aus Sicht der KP-Fraktion in: Facit aktuell, 5, Soll der SDS gespalten werden?, Köln o. J.

54 Neue Kritik, August 1968, Nr. 48/49, S. 3 ff.; siehe hierzu auch den Kommentar von Bernhard Blanke, Doppelte Loyalität kontra schlechtes Gewissen (ebd., S. 5–9); siehe auch Peter Laudan, »Traditionalisten« und »Antiautoritäre«, in: Neue Kritik, Nr. 46, Febr. 1968, S. 71–76; siehe Facit, Okt./Nov. 1967, S. 39; H. Lederer, Revolution ohne Vermittlung.

55 Ebd., S. 3

56 Ebd., S. 1
57 Pardon, Sept. 1967, S. 20; ähnlich auch Dutschke in Konkret, Nr. 9, 1967, S. 54, zitiert nach v. Heiseler, Facit, Nr. 29
58 Siehe zu den Argumenten der Traditionalisten auch: Erich Eisner, Gegen die Bürger im Marxpelz – Die antiautoritären »Linken« in der Arbeiterbewegung, Facit, Reihe 2, Köln 1968, S. 68 f.
59 J. H. von Heiseler, Antiautoritäre Fraktionen und Positionen im SDS, in: Facit, Nr. 15, o. D.
60 J. H. von Heiseler, Zu einigen Ursachen der Schwankungen in der theoretischen Bewegung im SDS, in: Facit, Nr. 13–14, o. D., S. 28 ff.
61 Ebd., S. 30
62 Siehe hierzu: Erich Eisner, Der gesellschaftliche Standort der Protestbewegung, in: Neue Kritik, Nr. 44, S. 34 f.; Eisner gehörte der KP-Linie an.
63 Marburger Blätter, 133, Jahrgang 21, 2/II. Quartal 1970
64 Zur Spaltung des SDS in antiautoritäre und KP-Fraktion siehe auch: Gerhard Bessau, SDS – Teil der Arbeiterbewegung, in: Facit, Nr. 12 (Februar 1968), S. 5 ff.; J. H. von Heiseler, Welche Wege sollen wir gehen?, in: Facit, Nr. 12 (Febr. 1968), S. 24 ff. (S. 24: »Man will neu sein, indem man nicht traditionalistisch ist.«)
65 Eike Gerken/Christoph Kievenheim, Assoziation Marxistischer Studenten-Spartakus, in: studentische politik, Nr. 8/1970, S. 26
66 Abgedruckt in Facit, Nr. 7, August 1969, S. 26 ff.
67 Ebd., S. 27
68 Ebd., S. 27
69 Gerd Langguth, Volksfront im Hörsaal, Deutsche Zeitung/Christ und Welt, Nr. 28, 9. Juli 1971
70 Pressemitteilung des MSB Spartakus, o. D. In Rote Blätter Extra, o. D., in dem über den 1. Bundeskongreß des Spartakus berichtet wurde, wurde davon berichtet, daß 17 im Aufbau befindliche Gruppen »zum Teil« Beobachter entsandt hätten.
71 Siehe hierzu: Gerd Langguth, Volksfront im Hörsaal, a. a. O.
72 Bundesvorstand des MSB Spartakus, Mit Spartakus im Spartakus; Protokoll des 1. Bundeskongresses des MSB Spartakus, Bonn o. D., S. 51
73 Mit Spartakus im Spartakus, a. a. O., S. 115
74 Ebd., S. 152
75 Ebd., S. 100
76 Ebd., S. 184
77 Ebd.
78 Kurt Reumann faßte seine Eindrücke in der Frankfurter Allgemeinen Zeitung vom 24. Februar 1973 in seinem Beitrag »Spartakus in Reih und Glied« wie folgt zusammen: »Noch nie ist in einer Studentenvereinigung so schnell über Tages-, Geschäfts- und Wahlordnung abgestimmt worden wie beim Marxistischen Studentenbund Spartakus auf seinem 2. Bundeskongreß in Hamburg. Das alles, samt der Wahl von Tagungspräsidium und von vier Kommissionen, war in 10 Minuten erledigt. Noch nie haben Studenten einen Terminplan so pünktlich eingehalten, noch nie nahmen sie so fleißig und regelmäßig an allen Sitzungen teil wie die Spartakisten: Sie dachten nicht an Feierabend, Jungfernstieg, Reeperbahn und Große Freiheit. Noch nie ist auch so viel geklatscht worden wie auf diesem Kongreß. Das Klatschen gedieh zum Ritual: Zunächst prasselnd, dann rhythmisch in dynamischem Gleichtakt, ›diszipliniert und solidarisch‹, sollte es Entschlossenheit und Übereinstimmung ausdrücken; Solidarität vor allem mit den Kommunisten in der Sowjetunion und der DDR und mit der DKP. 366 Delegierte aus den 70 Spartakusgruppen in der Bundesrepublik erhoben sich klatschend von ihren Sitzen, nachdem die Delegierten aus den Ostblockstaaten ihre ›solidarischen Kampfesgrüße‹ verlesen hatten.«
79 Bundesvorstand des MSB Spartakus (Hrsg.), Programm für das gemeinsame Handeln der Studenten, März 1973, S. 1
80 Siehe hierzu Rote Blätter, Nr. 14, Nov. 1973, S. 2, S. 7–12; ferner: MSB Spartakus – Unsere Politik, a. a. O., S. 398 ff.
81 Rote Blätter, 17, April 1974, S. 22 f., Bundesvorstand des MSB Spartakus (Hrsg.), 3. Bundeskongreß, Bonn, o. D. (künftig: 3. Bundeskongreß)
82 Rote Blätter, 16, Febr. 1974, S. 3
83 Strawe hatte nicht dem Parteivorstand der DKP angehört. Auf dem Düsseldorfer Parteitag der DKP, der vom 25. bis 28. Nov. 1971 stattfand, war der Bonner Student Michael Maercks, zeitweiliger Stellvertreter von Strawe, in den Parteivorstand gewählt worden. Damals wurden auch andere Spartakus-Mitglieder in dieses Gremium gewählt, wie Beate Landefeld oder Johanna Hund. Michael Maercks, zeitweiliger Stellvertreter von Strawe, der dem Parteivorstand der DKP seit 1971 angehört hatte, kandidierte nicht mehr für diese Funktion. Steffen Lehndorff trat kurze Zeit vor der Gründung des MSB Spartakus am 21. Mai 1971 in diese Organisation ein. Zu seinem Eintritt erklärte Lehndorff: »Sage und schreibe einen halben Tag benötigte die Kölner Spar-

takus-Gruppe, um über den Aufnahmeantrag von mir und einigen anderen Studenten positiv zu entscheiden. Bei jedem gab es besondere Einwände, die es zu bedenken galt, bei mir war es meine Noch-SPD-Mitgliedschaft. Ich sollte doch Sozialdemokrat bleiben, wurde mir geraten, damit der Spartakus einen guten Bündnispartner habe.« (Rote Blätter, Nr. 7–8/1981, S. XV)

84 3. Bundeskongreß, a. a. O., S. 118 ff.
85 Ebd., S. 14; in einem Kommuniqué der 1. Bundesvorstandssitzung mit dem Wahlergebnis 1. Vorsitzender und Sekretariat wurde von 106 Gruppen und 4428 Mitgliedern gesprochen. Seit dem 2. Bundeskongreß hätte der Spartakus 1800 neue Mitglieder aufgenommen, und es seien 28 neue Gruppen gegründet worden. Bis auf eine Ausnahme bestünden an allen Universitäten des Bundesgebietes Gruppen des MSB Spartakus, der in rund 60 Asten vertreten sei (ebd., S. 121).
86 Laut eigenen Angaben verfügte der Spartakus zu diesem Zeitpunkt über 215 Gruppen an 142 Universitäten, Fachhochschulen und Gesamthochschulen, Pädagogischen Hochschulen und Institutionen des Zweiten Bildungsweges. Protokoll des 6. Bundeskongresses des MSB Spartakus, S. 7
87 Auf seiner 1. Sitzung wählte der Bundesvorstand einstimmig in das Sekretariat des Bundesvorstandes neben Uwe Knickrehm als Vorsitzenden Klaus Winkes, Bonn, und Gerd Manke, Bonn (als stellvertretende Vorsitzende), ferner Hans-Peter Brenner, Bonn, Christine Brückner-Groh, Köln, Albert Engelhardt, Mainz, Bernd Gäbler, Marburg, Werner van Haren, Münster, Fritz Seydel, Hannover, Franz Sommerfeld, Bonn, Elisabeth Thölke, Bonn, und Kurt Wanner, Regensburg.
88 Ebd., S. 66: »Die große Bedeutung und Leistung des MSB Spartakus ergibt sich – das ist jedenfalls unsere Auffassung – vor allem aus seiner vorwärtsweisenden Politik und Praxis, aus seinem Wirken als einigende Kraft. Sie ergeben sich aus der konkreten Anwendung der Lehre von Marx, Engels und Lenin, und sie ergeben sich aus der partnerschaftlichen Verbundenheit mit der revolutionären Partei der Arbeiterklasse dieses Landes, mit der DKP, die als Teil jener Kraft handelt, die heute weltweit den gesellschaftlichen Fortschritt repräsentiert.« (Mies)
89 Verfassungsschutzbericht 1978, Bonn 1978, S. 86
90 Beate Landefeld, Referat der 4. Bundesvorstandstagung am 1. 7. 1978, in: Rote Blätter 9/1978, S. III
91 Protokollband des 6. Bundeskongresses des MSB Spartakus, Bonn (o. D., S. 34)
92 Ebd., S. 37
93 Auf diesem Bundeskongreß wurde ein 88köpfiger Bundesvorstand gewählt. Aus seiner Mitte wählte der Bundesvorstand den Vorsitzenden des MSB Spartakus, die stellvertretenden Vorsitzenden und das Sekretariat des Bundesvorstandes: Uwe Knickrehm (Vorsitzender), Franz Sommerfeld (Bonn), Gerd Manke (Bonn) als stellvertretende Bundesvorsitzende, ferner Renate Bonow (Köln), Jochen Dietrich (Bonn), Bernd Gäbler (Bonn), Werner van Haren (Bonn), Bärbel Illi (Stuttgart), Paul Kranefeld (Siegen), Walter Krippendorf (Bonn), Volker Maibaum (Dortmund), Hans-Werner Müller (Bremen), Jerry Sommer (Bonn) und Almuth Westecker (Bonn).
94 Franz Sommerfeld, Referat zur 7. Bundesvorstandstagung des MSB Spartakus, 19. März 1983, in: Rote Blätter, Nr. 4, April 1983, S. 40
95 Ebd., S. 43
96 MSB-Vorsitzender Uwe Knickrehm, Der 6. März und die Verantwortung der Linken, in: Rote Blätter April 1983, Nr. 4, S. 49
97 Bundesministerium des Innern, Hrsg., betrifft: Verfassungsschutz '73, a. a. O., S. 64
98 Bilstein/Binder u. a., Organisierter Kommunismus, a. a. O., S. 46
99 UZ, 19. Dezember 1970
100 Politischer Bericht des Sekretariats an die 5. Tagung des Bundesvorstandes des MSB Spartakus, 20./21. Juli 1972
101 Politischer Bericht des Sekretariats an die 4. Tagung des Bundesvorstandes des MSB Spartakus, 20./22. Jan. 1972, Referent: Christoph Strawe, S. VI
102 Mit Spartakus im Spartakus, a. a. O., S. 233 (Grundsatzerklärung)
103 Ebd., S. 228
104 Ebd., S. 228
105 Thesen, a. a. O., S. 17
106 Zitiert nach: Manfred Hertwig, Vom antiautoritären Kampf zum autoritären Zentralismus, Hamburg 1972, S. 54 f.
    (Studienmaterial des Spartakus, Nr. 1/1971)
107 Gerns/Steigerwald/Weiß, Opportunismus heute, a. a. O., S. 158
108 Ebd., S. 176 f.
109 Hertwig, a. a. O., S. 58
110 Ebd., S. 58

111 MSB Spartakus-Bundesvorstand (Hrsg.), Wenn wir die Maoisten bekämpfen, S. 29; in einer Erklärung des damaligen AMS-Spartakus Bochum hieß es zum Problem der Gewalt lapidar: »Dieser Kampf der Arbeiterklasse verläuft, entsprechend den verschiedenartigen Strukturen der Herrschaft der Bourgeoisie in vielfältiger Form. Die Skala reicht vom bewaffneten Aufstand bis zum Kampf in bürgerlichen Parlamenten.« (6. Extra, Rote Korrespondenz, o. D.)
Oder in einem Interview mit der »Neuen Westfälischen«, Bielefeld, erklärten die beiden damaligen Spartakus-Vorstandsmitglieder Helmut Weber und Lutz Fischer auf die Frage, ob sie den Einsatz von Gewalt richtig finden: »Wir wägen jeweils ab und setzen das adäquateste Mittel dann ein. Und in der historischen Phase, in der wir uns jetzt befinden, wird die physische Auseinandersetzung wahrscheinlich noch nicht das adäquate Mittel sein.« Und auf die Frage, ob eine solche Phase noch bevorstünde, antworteten beide: »Das ist eine Frage, wie die Entwicklung in der Bundesrepublik weitergeht. Wenn zum Beispiel die CDU wieder die Regierung übernimmt, wird die Auseinandersetzung sehr viel härter sein und auch die Auseinandersetzung in bezug auf Gewalt eine ganz andere sein als bei der jetzigen Regierung.« (Neue Westfälische, Bielefeld, 19. Juni 1971)
112 DKP-Programm 1981, a. a. O., S. 66
113 Ebd., S. 66
114 Gerns/Steigerwald, Für eine sozialistische Bundesrepublik. Frankfurt a. M. 1976, S. 35 f. Zur Haltung der Bundesregierung betreffend der Verfassungsgemäßheit der DKP siehe Antwort der Bundesregierung auf die Kleine Anfrage der CDU/CSU-Bundestagsfraktion vom 29.10.1975 (Bundestagsdrucksache 7/4231).
115 Rote Blätter, Nr. 5/81, S. 24 f.
116 Beate Landefeld, Thesen zur »Sozialen Verteidigung« in: Marxistische Blätter Nr. 2/1982
117 Ebd.
118 Landefeld setzte sich vor allem auseinander mit: Theodor Ebert, Grundzüge der Strategie der Sozialen Verteidigung, in: ders., Soziale Verteidigung, Waldkirchen 1981, Band 1, S. 39 ff.; Roland Vogt, Eine soziale Institution im Wachsen, in: graswurzelrevolution – Sonderheft »Soziale Verteidigung«, Hamburg 1981, S. 4 ff.
119 Marxistische Blätter, 2/1982; UZ vom 30. März 1982
120 Ebd.
121 Protokoll des 6. Parteitages (29.–31. Mai 1981), S. 84
122 Ebd., S. 56: »Hier wurde und wird demonstriert, daß man selbst etwas tun kann.«
123 In einer Publikation des MSB mit dem Titel »Lieber Instandsetzen als Kaputtsetzen« (1. Bildungsthema, Sommersemester 1981, hrsg. vom MSB-Bundesvorstand) heißt es: »Entsprechend diesen Kriterien halten wir z. B. Hausbesetzungen für eine angemessene, richtige und effektive Kampfform. Wir lehnen die bürgerliche ›Rechtsauffassung‹ ab, die in der Verletzung des privaten Eigentums der Spekulanten und Hausbesitzer einen Rechtsbruch sieht. Hausbesetzungen sind zutiefst legitim, weil sie gegen die Gewalt, gegen Wohnraum und gegen Menschen gerichtet sind, die von den Besitzenden ausgeht . . . Hausbesetzungen sind also auf konkrete politische Ziele gerichtet (Schutz von Wohnraum), sind eine radikale Form des Protestes und weiten Teile der Bevölkerung vermittelbar. All dies trifft dagegen auf Brandanschläge oder das Werfen von Molotow-Cocktails, auf ziellose ›Randale‹ in den Städten nicht zu.«
124 Ebd.
125 Dies entspricht auch der Linie der DKP, die »revolutionäre Gewalt« mit folgender Argumentation gutheißt: »Wir Kommunisten verschweigen nicht, daß die Gewalt unter gewissen Bedingungen eine harte und unumgängliche Notwendigkeit ist . . .« (so Hans Adamo, Referent beim Parteivorstand der DKP in der Einleitung zu: Marx/Engels/Lenin, Über den Anarchismus, Frankfurt/M. 1976, S. 47 f.). Ausdrücklich bekannte sich die DKP-Führung zu der Forderung Lenins, eine kommunistische Partei müsse alle Kampfformen – parlamentarische und außerparlamentarische, bewaffnete und nichtbewaffnete – beherrschen (vgl. Gerns/Steigerwald, Für eine sozialistische Bundesrepublik, Frankfurt/M. 1976, S. 36; Gerns/Steigerwald, Probleme der Strategie des antimonopolistischen Kampfes, Frankfurt/M. 1977, S. 153 ff.)
126 Rote Blätter, Nr. 5/81, S. 13
127 Rote Blätter Nr. 2-3/81, S. 21
128 Rote Blätter, Nr. 1/82, S. 20
129 Thesen, a. a. O., S. 16 (These 9)
130 Thesen, a. a. O., S. 17 (These 9)
131 Rote Blätter, Nr. 4, 14. Jan. 1972, S. 6
132 Ebd.
133 Ebd.
134 Adamo/Rödel, Bundestagswahl – Bestandteil des Klassenkampfes, in: Marxistische Blätter, Mai/Juni 1968, zitiert nach: Bilstein/Binder u. a., a. a. O., S. 29

135 In: Jürgen Bodelle, Die antimonopolistische Demokratie, Berlin (West) 1973, S. 65
136 Der Staatsmonopolistische Kapitalismus (französische Autorengruppe), Frankfurt/Main 1972, S. 9
137 Als Standardwerke des Stamokap sind vor allem anzusehen: Imperialismus heute, Berlin-Ost (1967); der Imperialismus der BRD, Frankfurt/M. 1972 (Dieses Buch ist die westdeutsche Auflage von Imperialismus heute), und der Staatsmonopolistische Kapitalismus, Frankfurt/M. 1972 (franz. Ausgabe, Paris 1971).
138 Zur Auseinandersetzung mit den Positionen und Theorien des Stamokap siehe: Bernd Guggenberger, Wem nützt der Staat, Stuttgart–Berlin–Köln–Mainz; Lothar Kramm, Stamokap – Eine kritische Abgrenzung, Bonn 1974
139 Ebd., S. 8
140 Ebd., S. 9
141 Mit Spartakus im Spartakus, a. a. O., S. 59 f.
142 Mit Spartakus im Spartakus, a. a. O., S. 59
143 Klaus Neumann, Thesen zur Forderung des Spartakus »Marx an die Uni«, in: Marburger Blätter (MB), 1/1972, S. 3; siehe auch: Marburger Blätter, Nr. 2/1971, S. 4 ff.
144 Politischer Bericht an die 3. Tagung dese MSB-Bundesvorstandes, 14./15. Okt. 1971, Anlage zu Rote Blätter, Nr. 2, siehe hierzu auch: Rote Blätter, Nr. 3, 3. Dez. 1971, S. 4
145 Jürgen Büscher, Marx an die Hochschule, Facit, Nr. 25, Nov. 1971, S. 26
146 Thomas Mies, Die negative Utopie des »Sozialistischen Studiums«, in: Facit, Nr. 26, März 1972, S. 35
147 Ebd.
148 Klaus Neumann, Von der Kritischen zur Gegenuniversität, in: Frank Deppe (Hrsg.), 2. Juni 1967, und die Studentenbewegung heute, Dortmund 1977, S. 104
149 Siehe hierzu: N. N., Bemerkungen zum Verhältnis von revolutionärem Kampf und gewerkschaftlicher Orientierung, in: Rote Blätter, Nr. 5, April 1972, S. 8 ff.
150 K. Kievenheim, Zur Situation der Gewerkschaften im staatsmonopolistischen Kapitalismus, Facit, Nr. 16, o. D.
151 Siehe auch: Helmuth Schütte, Thesen zur gewerkschaftlichen Orientierung – Gemeinsam kämpfen, in: Marburger Blätter (MB), Nr. 6/7–1971
152 Siehe hierzu auch: Rote Blätter, Nr. 5, April 1972; Rote Blätter, Nr. 8, Oktober 1972, S. 20 ff.; Rote Blätter, Nr. 12, Juni/Juli 1973
153 6. Extra, Rote Korrespondenz, S. 24
154 Rote Blätter, Nr. 5, April 1972, S. 12
155 Edith Laudowicz, Die Bedeutung tagespolitischer Forderungen im revolutionären Kampf, Facit, Nr. 35, S. 85
156 Ebd.
157 Mit Spartakus im Spartakus, a. a. O., S. 62
158 Mit Spartakus im Spartakus, ebd., S. 43
159 Ebd., S. 43
160 Zur Bündnispolitik der DKP siehe: Peter Meier-Bergfeld, Die Bündnispolitik der Deutschen Kommunistischen Partei, in: Bundesministerium des Innern, Hrsg., Verfassungsschutz und Rechtsstaat – Beiträge aus Wissenschaft und Praxis, S. 255 ff.
161 Rote Blätter, Nr. 19, Juni/Juli 1974, Beilage, Politischer Bericht des Sekretariats an die 2. Tagung des Bundesvorstandes des Spartakus, 8./9. Juni 1974, S. 4
162 Thesen, a. a. O., S. 43
163 6. Extra, Rote Korrespondenz, S. 6 f.
164 Mit Spartakus im Spartakus, a. a. O., S. 46
165 6. Extra, Rote Korrespondenz, S. 7
166 Marxistische Blätter, Nr. 3/82, S. 92 u. S. 98
167 praxis, Zeitschrift des Parteivorstandes der DKP, Nr. 1/82, S. 31 ff.; Marxistische Blätter, Nr. 5/82, S. 105; UZ vom 24. 11. 1982; Reden und Beiträge – Internationales Kolloquium der Marx-Engels-Stiftung e. V., Frankfurt/Main 1982, S. 142
168 Karl-Heinz Schröder, Mitglied des Präsidiums und des Sekretariats des Parteivorstandes der DKP im: Bericht des Präsidiums und Sekretariats an den Parteivorstand, 2. Tagung des Parteivorstandes der DKP, Düsseldorf, 26./27. September 1981, veröffentlicht in UZ-Extra, Nr. 227/1981 vom 1. Oktober 1981, S. 19
169 Einen Gesamtüberblick über die Haltung der DKP zur Protestbewegung liefert das Buch des DKP-Chefideologen Robert Steigerwald, Protestbewegung: Streitfragen und Gemeinsamkeiten, Frankfurt a. M. 1982; ferner das Jahrbuch des Instituts für Marxistische Studien und Forschungen (IMSF), Frankfurt a. M., Nr. 5/1982; siehe auch Klaus Dörre/Paul Schäfer, In den Straßen steigt das Fieber – Jugend in der Bundesrepublik, Köln 1982

170 Protokoll des 6. Parteitages, a. a. O., S. 88
171 Für eine Zusammenarbeit auf dem parlamentarischen Feld kommen nach Mies folgende Möglichkeiten in Betracht: eine Zusammenarbeit der Abgeordneten oder Fraktionen sollte, wenn irgend möglich, dort angestrebt werden, wo DKP und »Grüne« im gleichen Parlament bereits vertreten sind. Denkbar wären auch Wahlabsprachen über die Unterstützung der Kandidaten des einen Bündnispartners in dem einen Ort oder Stadtteil durch den anderen Bündnispartner oder umgekehrt.
172 Veröffentlicht in UZ-Extra, Nr. 120, 27. Mai 1982, S. 24 ff. »Gegenüber dem Verhalten der Grünen und Alternativen haben Präsidium und Sekretariat noch einmal die Nützlichkeit des parlamentarischen Zusammenwirkens verschiedener linker und demokratischer Kräfte begründet. Wir sind überzeugt, daß sich für viele demokratische Kräfte die Erfahrung verstärken wird, daß gemeinsames Handeln, partnerschaftliches Zusammenwirken gut für das gemeinsame Anliegen ist.« Der Friedensbewegung wurde zugesichert; »Niemand hat das Recht, die Friedensbewegung als Vehikel für wahlpolitische Eigenbestrebungen zu benutzen.« Da das Angebot eines Wahlbündnisses ausgeschlagen würde, handele die DKP deshalb »logisch und konsequent, wenn wir dort, wo kein Wahlbündnis zustande kommt, als DKP selbständig kandidieren und uns rechtzeitig darauf vorbereiten.« Siehe auch: Jahn-Wienecke, Nach dem 6. Parteitag der DKP, in: Marxistische Blätter, Nr. 4/81, S. 86 ff.
173 UZ-Extra vom 20. Dezember 1979
174 UZ-Extra, 11. Februar 1982
175 Vgl. UZ-Extra, 21. Juni 1979
176 Protokoll, a. a. O., S. 83
177 Parteivorstand der DKP (Hrsg.), Kommunisten in der Friedensbewegung, Düsseldorf, Mai 1982, S. 28
178 Parteivorstand der DKP (Hrsg.), Für die Einheit der Friedensbewegung, Düsseldorf, Mai 1982
179 Beate Landefeld, Referat der 5. Bundesvorstandssitzung des Spartakus, Duisburg, den 16./17. Dezember 1978, abgedruckt in Rote Blätter, Nr. 1/79, S. IV
180 Ebd., S. V
181 Ebd., S. VI
182 Ebd. Der Spartakus teilte zwar mit den Spontis die Ablehnung von Verhältnissen, in denen der Mensch zum bloßen Anhängsel der Maschine degradiert werde, die »die Entwicklung schöpferischer Fähigkeiten zunehmend einengen und in denen zwischenmenschliche Beziehungen verkümmern«, er wende sich aber dagegen, »diese Erscheinungen aus der Psychologie eines abstrakten Individuums oder aus dem ›Wesen der Menschheit‹ erklären zu wollen.« Die Entwicklung der Individuen vollziehe sich nicht losgelöst von den Beziehungen, die die Menschen bei der Produktion und Reproduktion ihres materiellen Lebens eingehen. Ursache dieser »Entfremdungserscheinungen« sei die Trennung der Produzenten von den Produktionsmitteln und den Produkten ihrer Arbeit. Wer für die Aufhebung der Entfremdung des Individuums eintrete, müsse für die Überwindung der kapitalistischen Produktionsverhältnisse, für den Sozialismus kämpfen.
183 Ebd., Die Versuche, »vollentwickelte Persönlichkeiten« hier und jetzt mit Hilfe »alternativer Lebensformen« entwickeln zu wollen, endeten in »Katzenjammer und Frustration«. Landefeld wandte sich auch gegen eine Verherrlichung des »einfachen Lebens«. Gesellschaftlich unnötige Arbeit in der Landwirtschaft sei kein Beitrag zur Entfaltung der Persönlichkeit, sondern zu ihrer Einengung, auch wenn sie in »alternativen« Landkommunen verrichtet wird. Der von den Spontis propagierte Rückzug aus der Politik führe zu einer Schwächung des demokratischen Potentials, der von diesen geforderte Individualismus sei ein Beitrag zur Entsolidarisierung. Die von den Spontis propagierte Lebensweise »ist nicht die Lebensweise der fortschrittlichen Klasse innerhalb des Kapitalismus, der Arbeiterklasse, sondern die des Kleinbürgers.« (Rote Blätter, 12/78, S. 19). »Die Forderung egoistischen Spießertums und narzißtischer Innerlichkeit gehören seit jeher zu den Methoden der Entsolidarisierung und Spaltung der unterdrückten Klassen und Schichten durch ihre Ausbeuter.« (Ebd.)
184 Rote Blätter, 7–8/1977, S. 10 (Artikel von Rainer Krings, stellvertretender Vorsitzender des MSB Spartakus, unter dem Titel »Alter Kack im alten Frack«)
185 Frankfurter Allgemeine Zeitung vom 24. Januar 1983. Zum Angebot der DKP »Für ein demokratisches und linkes Wahlbündnis« siehe unter anderem MSB Spartakus – Bundesvorstand (Hrsg.), Wer herrscht in Bonn? Parlament und Parteien im Herrschaftssystem der Bundesrepublik (2. Bildungsthema Wintersemester 1982/83, S. 16 ff.)
186 Lothar Bading, Beispiel Hamburg: Soziale Bewegungen – politische Strömungen und Verallgemeinerungen – Wahlen, Jahrbuch des IMSF, 5/1982, S. 134
187 Unter Berufung auf W. I. Lenin, Der »linke« Radikalismus, die Kinderkrankheiten im Kommunismus 1920, LW, Bd. 31, S. 56 f. wird dabei zum Ausdruck gebracht, nicht dem gehöre letztlich die

Hegemonie, der bornierte Führungs- und Hegemonieansprüche vereinbaren und zu Papier bringen will, sondern »vom proletarischen Standpunkt aus gehört die Hegemonie . . . demjenigen, der am energischsten von allen kämpft, der jede Gelegenheit benutzt, um dem Feind einen Schlag zu versetzen, bei dem Worte und Taten übereinstimmen und der deshalb der jede Halbheit kritisierende ideologische Führer der Demokratie ist.« W. I. Lenin, Arbeiterdemokratie und bürgerliche Demokratie, 1905, in: LW, Bd. 8, S. 66

188 W. Gerns/R. Steigerwald, Probleme der Strategie des antimonopolistischen Bündnisses, Frankfurt/Main 1977, S. 93

E Sonstige parteinahe Studentengruppen der Linken

1 Zitiert nach: Otto Wilfert, Lästige Linke, Mainz 1968, S. 49 f.
2 dpa-Dienst für Kulturpolitik, 26. 11. 1973, S. 16
3 Siehe hierzu: Jens Litten, Eine verpaßte Revolution? Hamburg 1969; frontal, Nr. 48, Dez. 1968/Jan. 1969, S. 2
4 So beschloß der Bundesvorstand des SHB am 31. Oktober 1962: »Der SHB lehnt jede Zusammenarbeit mit deutschen Studentengruppen und Studentenverbänden ab, die nicht auf dem Boden der freiheitlich-demokratischen Grundordnung stehen . . . Der SHB unternimmt auf keiner Ebene . . . Aktionen und geht auf keiner Ebene Koalitionen ein, an denen der SDS beteiligt ist.« Ernst Eichengrün, 1960–1962 Bundesgeschäftsführer des SHB und späterer Juso-Bundessekretär, stellte zu dieser Zeit fest, daß der Antikommunismus des SHB keine Ersatzideologie, sondern »selbstverständliche Konsequenz unserer demokratischen Überzeugung« sei (frontal extra, 30. Okt. 1971, S. 16).
  Ab 1964 verschärften sich die Spannungen des SHB zur SPD. So war auf der 5. ordentlichen Bundesdelegiertenversammlung des SHB am 19./20. Mai 1964 erstmals der SDS eingeladen. Im Juli 1964 traten wegen der ostpolitischen Linie des SHB die Gründer Maruhn, Gröner (wie Maruhn früherer Bundesvorsitzender des SHB) und Eichengrün aus dem SHB aus.
5 frontal extra, 30. Oktober 1971, S. 48
6 Vorwärts, 27. Mai 1971
7 dpa-Kulturdienst, Nr. 50, 13. Dezember 1971, S. 15 f. Frankfurter Rundschau, 6. Dezember 1971, Süddeutsche Zeitung, 6. Dezember 1971, Neue Rhein-Zeitung, 6. Dezember 1971, Bonner Rundschau, 6. Dezember 1971, General-Anzeiger Bonn, 6. Dezember 1971, Vorwärts, 9. Dezember 1971 (Nr. 50)
8 In diesem Rechenschaftsbericht hieß es weiter: »Im Gegensatz zur sozialistischen Fraktion, deren Gruppen teils allein, teils in Koalitionen mit sozialistischen, linksliberalen, manchmal auch Spartakus-Gruppen, stets unter Betonung ihrer eigenen Position, arbeiteten, hat die Orientierung der Hamburg-Bonner Fraktion auf den Spartakus dazu geführt, daß diese Gruppen ohne stärkere Profilierung wesentlich dazu gedient haben, durch die im Bündnis gebotene breitere Basis dem Spartakus zu seiner heutigen starken Stellung mit zu verhelfen. Während dort, wo SHB-Gruppen politische Auseinandersetzungen mit Spartakus führten, wie in Bochum und Gießen, der Einfluß des Spartakus gebremst werden konnte, hat er in Orten wie Bonn und Marburg durch selbstlose Unterstützung durch SHB inzwischen sowohl die politische Führung wie auch den AStA-Vorsitz erhalten.«
9 Zitiert nach: Ulrich Schröder, Vom SHB/SPD zum SHB/DKP (RCDS-Schriftenreihe Nr. 20), Bonn 1974, S. 17
10 Frankfurter Rundschau, 29. Juli 1972
11 Aktenzeichen 17 U 7/73 – 7 0 345/72
12 frontal, Nr. 56, Okt./Nov. 1972, S. 19
13 So hieß es im »Neuen Deutschland« vom 25. August 1968: »Die überwiegende Mehrheit einer Gruppe von Mitgliedern der westdeutschen Studentenorganisation SDS und SHB, die sich gegenwärtig zu einem Studienbesuch in der DDR aufhält, hat die Hilfsaktion der fünf verbündeten sozialistischen Staaten für die CSSR nachdrücklich unterstützt mit dem Hinweis, daß es ›höchste Zeit‹ gewesen sei, ›dem Treiben der Konterrevolutionäre Einhalt zu gebieten‹.«
14 Erklärung abgedruckt in: Gerd Langguth, Protestbewegung am Ende, a. a. O., S. 267 ff.
15 RCDS-Info, Der SHB – »nützlicher Idiot« (Lenin) der DKP, Bonn 1970
16 frontal, Nr. 62/63, Jan. 1974, S. 34
17 SHB-Gruppe an der Uni Bonn (Hrsg.), Monopoltheorie und Imperialismus heute, August 1971, S. 1; ähnliches gilt auch für anderes Schulungsmaterial, so für eine Publikation des SHB-Bundesvorstandes: Schulung – historischer und dialektischer Materialismus – politische Ökonomie – staatsmonopolistischer Kapitalismus, o. D.; ebenfalls in dieser Schulungsbroschüre wurden ausschließlich marxistische Klassiker herangezogen. In dem dort abgedruckten Material zum staatsmonopolistischen Kapitalismus vertritt der SHB voll die Position der DKP.

18 Johano Strasser in: »Juso«, 1/73, S. 10
19 Siehe hierzu die vom SHB-Bundesvorstand herausgegebene Antwort auf das Strasser-Abgren-
zungspapier: Herrn Johano Strassers Umwälzung der Wissenschaft, Bonn 1973
20 Ebd., S. 23; weiter heißt es: »Diese Positionsbestimmung bringt den SHB teils in Übereinstimmung, teils in Gegensatz zu anderen Gruppen. Übereinstimmungen ergaben sich mit anderen
politischen Hochschulgruppen, insbesondere mit dem MSB Spartakus, vor allem in der Frage
der Orientierung auf die Interessen der Auszubildenden und der arbeitenden Bevölkerung, was
seinen Ausdruck findet in der Konzeption der gewerkschaftlichen Orientierung des Kampfes um
die Demokratisierung der Hochschulen und in der Hauptstoßrichtung des Kampfes gegen die
sich unter der Führung der CDU/CSU entwickelnden Rechtskräfte. Unterschiede zu ihnen ergeben sich vor allem daraus, daß der SHB im Gegensatz zu ihnen nicht davon ausgeht, daß die
Sozialdemokratische Partei oder auch nur die Parteiführung insgesamt als Bestandteil des monopolkapitalistischen Herrschaftssystems in der BRD gesehen werden kann. Er vertritt vielmehr
die Auffassung, daß sich die Auseinandersetzung um Orientierung und Klasseninhalte sozialdemokratischer Politik durch alle Ebenen der Partei hindurchzieht und daß die Partei folglich diffe-
renziert betrachtet werden muß.«
21 Rechenschaftsbericht des SHB-Bundesvorstandes zur 22. Ordentlichen Bundesdelegiertenversammlung am 23.–25. Oktober 1981 in Bonn, S. 93
22 Rechenschaftsbericht des SHB-Bundesvorstandes zur 23. Ordentlichen Bundesdelegiertenversammlung am 22.–24. 10. 1982 in Hamburg, S. 93
23 Ebd., S. 57
24 frontal, Nr. 5, Oktober 1980, S. 31
25 Ebd.
26 Rechenschaftsbericht des SHB-Bundesvorstandes zur 23. Ordentlichen Bundesdelegiertenversammlung, 22.–24. 10. 1982 in Hamburg, S. 61
27 Rechenschaftsbericht, 22. O. BDV, a. a. O., S. 37
28 »Dem Sozialismus ist der Krieg wesensfremd, er ist die Gesellschaftsordnung, die sich allein am
Wohl der Menschen orientiert, die erstmals in der Geschichte bewußt und kontrolliert alle Mittel
einsetzt, um den Frieden zu erhalten. Die vielfältigen Friedensinitiativen der UdSSR in den letzten
Jahren sind hierfür der beste Beweis. Widerlegt wird dies auch nicht durch das sowjetische Engagement, das wir ruhig Hilfeleistung nennen sollten, in Afghanistan. Die Aggression ging auch
hier von den USA, von China und Pakistan aus, die konterrevolutionäre Verbände unterstützen,
um mit ihrer Hilfe den revolutionären Prozeß in Afghanistan umzukehren und Afghanistan zu einem Ersatzaufmarschgebiet gegen die UdSSR für den verlorenen Iran zu machen.« Und weiter
heißt es: »Unsere Sympathien, unsere Solidarität gelten natürlich den fortschrittlichen Kräften in
Afghanistan, die, mit sowjetischer Unterstützung, einen schweren Kampf gegen Ausbeutung, Unwissenheit und den Terror der Konterrevolutionäre führen!« (Rechenschaftsbericht, 21. O. BDV in
Siegen, 1./2. November 1980, a. a. O, S. 69)
29 Ebd., S. 73
30 Rechenschaftsbericht des SHB-Bundesvorstandes zur 23. Ordentlichen Bundesdelegiertenversammlung am 22.–24. 10. 1982 in Hamburg
31 Pressemitteilung des SHB, zitiert nach Frankfurter Rundschau, 15. Juli 1978. Verantwortlich für
diese Pressemitteilung zeichnete die damalige SHB-Bundesvorsitzende Mechthild Jansen. Im
Jahre 1977 wurde die damalige SHB-Bundesvorsitzende Mechthild Jansen aus der SPD ausgeschlossen. Sie war bis zur 19. Ordentlichen Bundesdelegiertenversammlung des SHB am
28./29. Oktober 1978 in Köln für 3 Jahre Bundesvorsitzende.
32 Gode Japs, Der lange Marsch ins Abseits, in: Vorwärts vom 27. Juli 1978
33 PPA-Tagesdienst vom 24./26. Oktober 1981; zitiert nach Verfassungsschutzbericht 1981, S. 87
34 frontal, Nr. 5, Oktober 1980, S. 31
35 Heinrich Appelhans/Christian Bockemühl/Werner Plitt/Günter Wehrmeyer, Die DKP – Keine Alternative für Demokraten (Reihe Praktische Demokratie, herausgegeben von der Friedrich-Ebert-
Stiftung), Bonn 1975
36 SHB (Sozialistische Fraktion), Heidelberg, Zur Lage des SHB, Flugblatt, 8. Dezember 1971
37 Herausgegeben wurde diese Zeitung von Gruppen an der TH Aachen, Universität Bochum, Pädagogischen Hochschule Bremen, Universität Bremen, Pädagogischen Hochschule Dortmund,
Universität Frankfurt, Universität Freiburg, Universität Gießen, Universität Göttingen, TH Hannover, PH Heidelberg, Universität Heidelberg, Universität Kaiserslautern, Universität Kassel, Univer-
sität Kiel, Universität Mannheim, Universität Marburg, Universität Mainz, Universität München, PH
Oldenburg, FHS Siegen, Universität Tübingen, PH Weingarten.
38 Siehe hierzu: Kettenhofweg 51 – Wohnungskämpfe in Frankfurt, Dokumentation des Häuserrates
und des AStA der Universität Frankfurt (SHB/SF), o. D.
39 Sozialistische Front, Nr. 5, 10. Juli 1972, S. 9

40 Sozialistische Front, Nr. 5, 10. Juli 1972, S. 9
41 Ebd., S. 13
42 Ebd., S. 23
43 Richard Meng, Juso-Hochschulgruppen – Geschichte, Praxis, Perspektiven, Gießen 1979, S. 20
44 SHB-Grundsatzprogramm, Bonn 1972, S. 17
45 Ebd.
46 Ebd.
47 Ebd., S. 21
48 Ebd.
49 Ebd., S. 31
50 Siehe Beschluß des Juso-Bundesausschusses vom 21./22. 12. 1974 zur Existenz zweier sozial-demokratischer Studentenorganisationen, in: Meng, a. a. O., S. 144 ff.
51 Juso-Hochschulgruppen-Materialien zur hochschulpolitischen Diskussion der Jungsozialisten – vorläufige Arbeitsplattform der Juso-Hochschulgruppen, Febr. 1974, S. 12
52 Antrag der Juso-Hochschulgruppen an die 26. ordentliche Mitgliederversammlung des VDS, Antrag Nr. 006, S. 9
53 Juso-Hochschulgruppen, Materialien, a. a. O., S. 12
54 Ebd., S. 8
55 Ebd., S. 41; von Bündnissen ausgeschlossen seien solche Gruppen, wie Vereinigungen, die – ausgehend von einer »falschen gesellschaftlichen Analyse« – völlig unzutreffende Aktionsformen propagierten wie die RAF oder die KPD. Zur Zusammenarbeit mit den Offenbacher Sozialisti-schen Büros heißt es: »Nicht unwesentlich für die Setzung von Prioritäten bei Bündnisentschei-dungen ist die notwendige Offenheit der Diskussion über Wege und Organisationsmodelle so-zialistischer Zielvorstellungen. Unter diesen Kriterien betrachtet, erscheinen sowohl unabhän-gige sozialistische Gruppierungen, wie sie z. B. im Rahmen des Sozialistischen Büros kooperie-ren, als auch sozialdemokratische Gruppierungen, soweit sie sozialistische Zielvorstellungen vertreten, besonders geeignet.« (Ebd. S. 41)
56 Juso-Hochschulgruppen, Materialien, a. a. O., S. 41
57 Hans Jessen/Richard Meng, Theoriearbeit und theoretische Positionen bei den Jungsozialisten-Hochschulgruppen, in: Arbeitshefte, Nr. 1, Februar 1977, S. 11
58 Ebd., S. 10
59 Ebd., S. 10
60 Siehe hierzu Beschluß des Juso-Bundesausschusses vom 21. 12. 1974 in der geänderten Fas-sung vom 29. 2. 76; abgedruckt in . . . mitmachen bei den Juso-Hochschulgruppen (Herausgeber Bundesvorstand der Jungsozialisten), Bonn o. D., S. 12 f.
61 Ebd.
62 Rainer Christ, Was uns als gewerkschaftlich orientierte Hochschulgruppen vom MSB Spartakus unterscheidet, in: Arbeitshefte, Nr. 12, April 1978, S. 19
63 Ebd.
64 Ebd.
65 Ebd., S. 24
66 Ebd., S. 25. Zur Auseinandersetzung mit dem MSB Spartakus und den Positionen der Juso-Hochschulgruppen, siehe auch: Klaus Beck, Gewerkschaftliche Orientierung – letzter Rettungs-anker des deklassierten Intellektuellen?!, in: Arbeitshefte, Nr. 10, Februar 1978, S. 29 ff.; siehe hierzu auch Hans Willi Weinzen, Warum »Gewerkschaftliche Orientierung«?
67 Meng, a. a. O., S. 149 ff., Dokument 10, »Freudenberger Plattform«, siehe auch: Jürgen Beverför-den, Zur sozialdemokratischen Hochschulpolitik und ihren Auswirkungen auf die Entwicklung zweier sozialdemokratischer Hochschulgruppen, in: Arbeitshefte, Nr. 3, April 1977
68 Presse-Info des LSD-Bundesvorstandes vom 17. Aug. 1969
69 Neue Westfälische Zeitung, 3. Juli 1969
70 Süddeutsche Zeitung, 19. August 1969
71 Kölner Stadtanzeiger, 19. August 1969
72 Satzung, Abschnitt c, § 3 (4)
73 dpa-Dienst für Kulturpolitik, 26. 11. 1973, S. 18
74 So erklärte der frühere LHV-Bundesvorsitzende Gerd-Manfred Achterberg in einem Interview mit der prokommunistischen »Deutschen Volkszeitung« vom 5. April 1973 (Nr. 14): »Sicher können wir nicht mit Genscher, Augstein und Ertl unsere Ziele in letzter Konsequenz verwirklichen – aber zum einen sind wir eine eigenständige Organisation . . . und zum anderen geht es in der konkre-ten historischen Situation primär darum, eine weitere Faschisierung der Gesellschaft zu verhin-der und eine Aufklärung und Mobilisierung größerer Bevölkerungskreise zu leisten. In einigen Punkten liberaler Politik in der von uns gewünschten Richtung können selbst die von Ihnen ge-nannten Politiker (damit sind auch Augstein, Ertl und Genscher gemeint) Bündnispartner sein.

324

Wir übersehen dabei keineswegs ihre systemstabilisierende, manchmal verschleiernde und manchmal antiliberale Politik.«
75 LHV-Zeitung Lilipress, Nr. 2, Mainz 1974
76 Der LHV-Bundesvorsitzende Detlef Ommen äußerte sich umgekehrt in der Spartakus-Zeitung »Rote Blätter«, Nr. 15, 1973, zu seiner Bündnispolitik wie folgt: »Die Unterschiede zwischen MSB und LHV sind zwar nicht gering – insbesondere im ideologischen Bereich der Gesellschaftsanalyse, der politischen Gesamtstrategie, der Wissenschaftstheorie sowie des generellen Stellenwertes von Hochschul- und Studienreform in unserem gegenwärtigen ökonomischen und gesellschaftlichen System ergeben sich konkrete Differenzen. Dennoch erfordert gerade die gemeinsame Zielperspektive der Überwindung des kapitalistischen Systems eine verstärkte Zusammenarbeit aller systemkritischen Kräfte. Diese Zusammenarbeit ist aus jedem einzelnen Projekt konkret – inhaltlich festzumachen: hier gilt es, gemeinsame Positionen auszumachen, die gemeinsam in der politischen Praxis durchzusetzen sind.«
77 Pro, herausgegeben von Liberaler Aktion, Bonn, 6. Februar 1974
78 Flugblatt LHV München, das kurz nach der Gründung des LHV auf Bundesebene im April 1972 verteilt wurde.
79 Protokoll eines Strategieseminars des LHV vom 16./17. Juni 1973 in Velbert
80 Beschlußbroschüre des LHV, Bundesdelegiertenkonferenz, April 1973
81 6. Bundeskongreß des MSB Spartakus, Protokoll, a. a. O., S. 48
82 Ebd.
83 Ebd., S. 49

F Sozialistisches Büro (SB)

1 Siehe hierzu Sozialistisches Büro (Hrsg.), Für eine neue sozialistische Linke, Frankfurt a. M. 1973
2 Radikal – Sozialistische Zeitung für Westberlin, Nr. 31, 15. 12. 1977 – 2. 1. 1978, S. 11
3 SB (Hrsg.), Für eine neue sozialistische Linke, a. a. O., S. 12
4 Verfassungsschutzbericht 1982, a. a. O., S. 92
5 links, Nr. 156, März 1983, S. 34
6 Siehe hierzu: Tilman Fichter/Siegward Lönnendonker, Von der »Neuen Linken« zur Krise des Linksradikalismus, in: Rotbuch, Die Linke im Rechtsstaat, Bd. 2, Bedingungen und Perspektiven sozialistischer Politik von 1965 bis heute, Berlin 1979, S. 123
7 Dieter Duhm, wurde später zum Propagandisten der AAO (Aktionsanalytische Organisation). Jürgen Bacia/Dieter Duhm, Die AAO und die undogmatische Linke, in: Neuer langer Marsch, Nr. 34, April 1978, S. 7)
Die AAO wurde von dem Wiener Künstler Otto Muehl gegründet. Muehl baute eine Kommune auf mit der Zielsetzung der Überwindung der Kleinfamilie, an deren Stelle einige Gemeinschaften freier Heterosexualität treten. »Der Kleinfamilienmensch ist total abgepanzert und verschlossen. Durch regelmäßige Selbstdarstellungen kann er diese Panzerungen peu à peu durchbrechen. Durch Schreien, Erbrechen, Selbstmordphantasien und symbolischen Elternmord kommt er durch eine Neugeburt in den positiven Bereich des Lebens und kann in mehreren Stufen zur Perfektion emporklimmen: Er findet seine Identität als voll entwickelter Selbstdarstellungskünstler.« (Bacia über Muehl)
Muehl, der eigene Wirtschaftsunternehmen mit Angehörigen seiner Kommune aufbaute, hatte offensichtlich auch einigen Einfluß auf die Sponti-Szene. In einigen Sponti-Zeitungen waren so Artikel zu finden, in denen ehemalige Mitglieder dieser Szene ihren Übertritt zur AAO darlegen (wie in Kiel die spontaneistische »Kieler Fresse«), wobei ein solches Überlaufen durch die ideologische Hilfe von Leuten wie Duhm und Aike Blechschmidt, einem seiner Freunde, erleichtert wurde. (Ebd.)
8 Harald Harrer/Heinz Funke/Dieter Duhm, Frankfurter Seminar, Politische Arbeit & Emanzipation, April 1973, Köln, 1974
9 Carlo Sponti, Heidelberg, Nr. 5, Mai 1974, S. 8
10 Verfassungsschutzbericht 1976, S. 106
11 Dokumentiert wurde diese Tagung in links, Nr. 85, Februar 1977
12 »links«, Nr. 85, Februar 1977, S. 4
13 Ebd., S. 5
14 Spendenaufruf des SB für den Solidaritäts- und Rotarbeits-Fonds
15 Ebd.
16 Aufruf und Einladung zum »Großen Ratschlag«
17 die tageszeitung, 11. Januar 1980; s. hierzu auch die entsprechenden Begründungen für die Mehrheit im Delegiertenrat

18 die tageszeitung, 18. Februar 1980
19 Ebd.
20 Ebd.
21 »links«, Nr. 156, März 1983, S. 3
22 Arbeitsausschuß des Sozialistischen Büros (Hrsg.), Entwurf: Thesen des SB, Offenbach, Februar 1975 (Text auf Titelblatt)
23 Ebd., S. 8
24 Ebd., S. 8
25 Ebd., S. 20
26 Ebd., S. 22
27 Ebd., S. 22
28 Ebd., S. 54
29 Siehe z. B. express, Nr. 2, 15. Februar 1979, S. 6
30 Thesen, a. a. O., S. 57
31 Ebd., S. 61
32 Ebd., S. 62
33 Ebd., S. 63
34 Ebd., S. 64
35 Ebd., S. 64
36 Ebd., S. 65
37 Ebd., S. 65
38 Ebd., S. 66 f.
39 Ebd., S. 83

G Der Anarchismus

1 Günter Bartsch, Der Weltanarchismus, in: Deutscher Informationsdienst (DID), Nr. 1356/57, Februar/März 1973
2 René Ahlberg, Die politische Konzeption des Sozialistischen Deutschen Studentenbundes, Bonn 1968, S. 16
3 agit 883, Nr. 62, 5. Juni 1970, S. 6
4 agit 883, 22. Mai 1970
5 Zu den Straftaten von Terroristen vor allem der Jahre 1973 bis 1974 siehe: »Dokumentation ›Baader-Meinhof-Bande‹«, herausgegeben vom Innenministerium des Landes Rheinland-Pfalz, 22. November 1974
6 Rote-Armee-Fraktion, Das Konzept Stadtguerilla, o. D., o. O., S. 4
7 Ebd., S. 5
8 Kollektiv RAF – Über den bewaffneten Kampf in Westeuropa, Rotbuch 29, o. D., S. 65 (Nachdruck)
Das Konzept der Bildung kleiner streng abgeschotteter Kommandotrupps ist später weiterentwickelt und verfeinert worden. Die neue Taktik bezieht neben dem im Untergrund lebenden illegalen den sogenannten legalisierten Typ (mit Falschpapieren in »Normalexistenz« leben) und den »Legalen« (z. B. Mitglied einer demokratischen Partei mit Beziehungen zu staatlichen Organisationen) mit ein. Daß aus dieser Konzeption heraus besondere Gefährdungen für die innere Sicherheit entstehen mußten, ist einsichtig.
9 Der Spiegel, Nr. 18, 24. April 1972
10 Dem Volk dienen – Rote-Armee-Fraktion: Stadtguerilla und Klassenkampf, o. O., o. D., S. 10
11 Siehe hierzu: Wir wollen alles, Nr. 4, Mai 1973, S. 11
12 Die Erklärung zum Abbruch des Hungerstreiks ist abgedruckt in: Wir wollen alles, Nr. 25, Februar 1975, S. 1
13 Süddeutsche Zeitung, 22./23. Mai 1976; Frankfurter Allgemeine Zeitung, 22. Mai 1976
14 Landesvorstand der Roten Hilfe e. V. (Hrsg.), Die Solidarität mit den Genossen der RAF organisieren!, Berlin 1974, S. 12
15 Ebd.
16 Ebd.
17 Ebd., S. 21
18 Abgedruckt in: Komitee gegen Folter an politischen Gefangenen in der BRD (Hrsg.), Der Kampf gegen die Vernichtungshaft, o. O., o. D., S. 24 f.
19 Ebd., S. 26
20 Ebd., S. 27
21 Ebd., S. 27

22 Ausführlich beschreibt Klein, der sich später vom Terrorismus distanziert, den OPEC-Überfall in seinem Buch: Hans-Joachim Klein, Rückkehr in die Menschlichkeit – Appell eines ausgestiegenen Terroristen, Reinbek b. Hamburg, Dezember 1979

23 Im ID-Informationsdienst zur Verbreitung unterbliebener Nachrichten, Nr. 174, vom 22. April 1977 hieß es, daß die »Gefangenen« der Justizvollzugsanstalt Tegel, die »Hinrichtung« von Bundesanwalt Buback »mit Begeisterung und lautstarkem Jubel« aufgenommen hätten. Die »Hinrichtung von Buback war und ist eine unmißverständliche Warnung an alle – jene Faschisten, die skrupellos wie vor 35 Jahren schon wieder unschuldige Menschenleben zerstören und vernichten. Nun endlich muß es diesen zweibeinigen Raubtieren langsam dämmern, klargeworden sein, daß KEINER von ihnen, früher oder später, der gerechten Strafe des Volkes entgehen wird.« Unter »jenen« sind u. a. diejenigen zu verstehen, die wie Buback den »mörderischen deutschen Justizapparat« repräsentieren.

24 Buback – Ein Nachruf, in: Göttinger Nachrichten, hrsg. vom ASTA der Universität Göttingen

25 Daß die RAF wegen der Flugzeugentführung der »Landshut« in eine heftige innere Krise geraten war, erfuhr die Öffentlichkeit zum ersten Mal durch Hans-Joachim Klein, der im Jahre 1977 aus dem Untergrund einen Brief an den »Spiegel« schrieb und dadurch die geplante Ermordung der jüdischen Gemeindevorsteher in Berlin und Frankfurt verhinderte. Er kehrte dem RAF-Untergrund den Rücken, veröffentlichte im Dezember 1979 sein Buch »Rückkehr in die Menschlichkeit« (a. a. O.), in dem er die internationale Verflechtung des Terrorismus, vor allem die finanzielle Abhängigkeit deutscher Terroristen von Zahlungen aus dem arabischen Ausland, und seine Gründe darlegte, die ihn zum Verlassen des Terrorismus führten.
In zahlreichen Interviews und Briefen (abgedruckt in: Spiegel, Nr. 20/1977, Pflasterstrand, Nr. 10/1977, MOB-FEMER-Zeitung, Nr. 1, Juli 1977, Spiegel, Nr. 38/1978, LIBERATION, Nr. 1450–1454, 3. Oktober – 7./8. Oktober 1978; dokumentiert auch in: Klein, Rückkehr in die Menschlichkeit, a. a. O.) berichtete er viele Details aus dem Leben von Terroristen, insbesondere den Revolutionären Zellen, denen er angehörte. Michael (»Bommi«) Baumann wurde am 10. 2. 1981 in London festgenommen und am 11. 2. 1981 in der Bundesrepublik überstellt.
Auch Peter-Jürgen Boock warnte als ehemaliger Terrorist vor weiteren Terroranschlägen, ohne zum »Verräter« werden zu wollen, deshalb gab er im »Spiegel« einen bevorstehenden Anschlag preis: Bei einem deutsch-amerikanischen Besuch mit hohen Militärs sollten in Heidelberg die Gäste als Geiseln genommen werden. Das Unternehmen sei als »Finale Aktion« deklariert gewesen, weil die RAF selber nicht mit einem Erfolg gerechnet habe: »Es ist einkalkuliert worden, daß das gesamte Kommando dabei draufgeht.« Wie 1977 in Stammheim sollte 1981 in Heidelberg insoweit ein Fanal gesetzt werden, als eine neue Terroristen-Generation durch kollektiven Selbstmord mobilisiert werden sollte.

26 Veröffentlicht in Radikal, Nr. 20, 5.–11. Mai 1977

27 Hans-Joachim Klein, Rückkehr in die Menschlichkeit, a. a. O., S. 299

28 Radikal, Nr. 28, 3.–17. November 1977, S. 2

28a Siehe hierzu u. a. Barbara Herzbuch/Klaus Wagenbach, Jahrbuch Politik 8, Berlin 1978, S. 7 ff.; Peter Brückner, Politisch-Psychologische Anmerkungen zur Roten-Armee-Fraktion in: Wolfgang Dreßen, Sozialistisches Jahrbuch 5, Berlin 1973, PROKLA, Nr. 30, 1978, Nr. 1, S. 135 ff.; Hans Jürgen Bäcker/Horst Mahler, Die Linke und der Terrorismus – Gespräch mit Stefan Aust, in: Die Linke im Rechtsstaat, Bd. 2, Rotbuch-Verlag Berlin, 1979, S. 174 ff.

29 Pflasterstrand, Nr. 16, vom 25. Oktober 1977

29a Info bug, Nr. 176, vom 10. Oktober 1977

30 Info bug, Nr. 177, 17. Oktober 1977

30a Karl-Heinz Janßen/Josef Joffe und Gerhard Spörl, Deutschland im Herbst: Die neue Terrorwelle in: Die Zeit, 25. September 1981

31 Veröffentlicht u. a. in: die tageszeitung, 2. Juli 1982, S. 12 f.; ebenfalls in: TEXTE DER RAF, überarbeitete und aktualisierte Ausgabe 1983 (ohne Ortsangabe), S. 599 ff.

32 Verfassungsschutzbericht 1978, a. a. O., S. 116

33 Im April 1983 wurden 15 Terroristen mit Haftbefehl gesucht: Susanne Albrecht (geb. 1951), Henning Beer (geb. 1958), Christine Dümlein (geb. 1949), Christa Eckes (geb. 1950), Baptist-Ralf Friedrich (geb. 1946), Monika Brigitte Helbing (geb. 1953), Ingrid Jakobsmeier (geb. 1953), Friederike Krabbe (geb. 1950), Werner Bernhard Lotze (geb. 1952), Silke Maier-Witt (geb. 1950), Helmut Pohl (geb. 1943), Eckehard Freiherr von Seckendorff Gudent (geb. 1947), Ingried Siepmann (geb. 1944), Sigrid Sternebeck (geb. 1949) und Inge Viett (geb. 1944).
Ferner wurden wegen Beteiligung an terroristischen Gewalttaten mit Haftbefehl gesucht: Ingeborg Barz (geb. 1948), Kornelia Ebbefeld alias Regina Konrad (geb. 1954), Sabine Eckle (geb. 1946), Christian Gauer (geb. 1941), Hans-Joachim Klein (geb. 1947), Angela Luther (geb. 1940), Gisela Pohl (geb. 1945), Ilich Ramirez-Sanches gen. »Carlos« (geb. 1949), Rudolf Schindler (geb. 1942), Sonja Suder (geb. 1933) und Johannes Weinrich (geb. 1947).

34 die taz, 25. Februar 1981, Hungerstreikerklärung der RAF. Darin fordert die RAF u. a. »Anwendung der Mindestgarantien der Genfer Konvention auf die Gefangenen aus der RAF und anderen anti-imperialistischen Widerstandsgruppen«. Sie bezeichnen sich selbst als »Kriegsgefangene mit Geiselstatus«.

35 Janßen u. a., a. a. O., siehe auch radikal, Nr. 92, 5/81, S. 25

36 Ebd.

37 Ebd.

38 Radikal, Nr. 92, 5/81, S. 18

38a Ebd.

39 Ebd.

40 Das Konzept Stadtguerilla, a. a. O., S. 7

41 Ebd., S. 8

42 So wurde auf einem Teach-in der Roten Hilfe in Frankfurt (in einer Kritik zur RAF) ausgeführt: »Die meisten Genossen von uns haben eine gemeinsame Geschichte mit denen, die heute zur sogenannten Baader-Meinhof-Gruppe gehören. Der Beginn unserer gemeinsamen Politisierung waren die Aktionen der Studentenbewegung gegen den Vietnamkrieg, gegen die Notstandsgesetze, gegen Konsumterror, gegen die Verschlechterung der Ausbildungsbedingungen in der Lehre, an den Schulen und Universitäten. Einer der militanten Flügel innerhalb der Studentenbewegung rekrutierte sich aus bürgerlichen Intellektuellen, die zunächst die Bewegung politisch kommentierten oder von ihrem Beruf her unterstützten, sich dann aber individuell radikalisierten und einige dementsprechende Aktionen machten (z. B. Kaufhausbrand in Frankfurt), zu denen die Masse der Studenten sich zum damaligen Zeitpunkt nicht aktiv verhalten und daran beteiligen wollte« (in: Bewaffneter Kampf, o. D., o. O., S. 198)

43 Zuerst erschienen in agit 883, Nr. 63, 18. Juni 1970 (auszugsweise)

44 Das Konzept Stadtguerilla, a. a. O. S. 11

45 Rotbuch Nr. 29, a. a. O., S. 26

46 Stadtguerilla und Klassenkampf, a. a. O., S. 47

47 Das Konzept Stadtguerilla, a. a. O., S. 9

48 Stadtguerilla und Klassenkampf, a. a. O., S. 10

49 Siehe auch: Frankfurter Allgemeine Zeitung, 29. März 1975 (Abdruck des »Lorenz-Liedes«; ebenso Die Welt, 29. März 1975

50 Das Konzept Stadtguerilla, a. a. O., S. 12

51 Rotbuch Nr. 29, S. 29

52 Bundesministerium des Innern, Dokumentation über Aktivitäten anarchistischer Gewalttäter in der Bundesrepublik Deutschland, o. D., S. VIII (1976 veröffentlicht)

53 Zentralfigur des internationalen Terrorismus ist Ilich Ramirez-Sanchez gen. »Carlos«, der Anführer der Wiener Kidnapper, offensichtlich Sohn eines kommunistisch orientierten Rechtsanwaltes aus Caracas, der durch Reisen im Nahen Osten und in Europa Verbindungen mit einer Reihe von Terrororganisationen aufnahm. Am 27. Juni 1975 soll Carlos in einer Pariser Wohnung zwei Mitglieder der französischen Spionageabwehr erschossen haben. In dieser Wohnung sind Artilleriegranaten, die aus einem unaufgeklärten Einbruch in ein Munitionsdepot der Bundeswehr stammen, und Personalpapiere gefunden worden, die Ulrike Meinhof und ihr einstiger politischer Weggenosse – der später ›Kronzeuge‹ der Staatsanwaltschaft wurde – Karl-Heinz Ruhland bei einem Einbruch in das Bürgermeisteramt von Lang-Göns (Hessen) im Jahre 1971 erbeutet hatten. (Stuttgarter Zeitung, 8. 1. 1976; Frankfurter Allgemeine Zeitung, 22. 7. 1975)

54 Siehe hierzu: Wanda von Baeyer-Katte, Das »Sozialistische Patientenkollektiv« in Heidelberg (SPK), in: Bundesministerium des Innern (Hrsg.), Analysen zum Terrorismus, Band 3, Opladen 1982

55 Patienten-Info Nr. 49, 2. Juli 1971

56 Hans Josef Horchem, Extremisten in einer selbstbewußten Demokratie, Freiburg–Basel–Wien 1975, S. 45

57 Professor von Bayer, Uni-Spiegel aktuell, Nr. 5/70, Heidelberg

58 Heidelberger Tageblatt, 8. April 1970

59 SPK – Aus der Krankheit eine Waffe machen, München 1972, S. 15

60 Ebd.

61 Ebd.

62 Gesendet im Süddeutschen Rundfunk und Südwestfunk, UKW II, 7. November 1970; abgedruckt in: Basisgruppe Medizin Gießen/Fachschaft Medizin Gießen (Herausgeber), Dokumentation zum Sozialistischen Patientenkollektiv Heidelberg, Gießen o. D., S. II

63 SPK – Aus der Krankheit eine Waffe machen, a. a. O., S. 16 f.

64 SPK-Dokumentation, Teil 2, o. D., S. 242 (Stellungnahme des SPK vom 23. Juni 1971)
65 Rhein-Neckar-Zeitung, 16. November 1970 (Stellungnahme von Professor Dr. Hubert Tellenbach)
66 Ebd.
67 Rhein-Neckar-Zeitung, 22. Juli 1970
68 Heidelberger Tageblatt, 11. November 1970
69 Zu diesen Vorgängen hieß es in einer Stellungnahme der Pressestelle der Universität Heidelberg: »Durch den Weggang Dr. Hubers aus den Räumen des Sozialistischen Patientenkollektivs ist in den beiden letzten Tagen eine für das Patientenkollektiv äußerst prekäre Situation eingetreten, die sich auch in einem weiteren Selbstmordversuch innerhalb der Gruppe manifestiert hat. Unter dem unmittelbaren Eindruck dieser bedrohlichen Situation, von der sich das Rektorat an Ort und Stelle selbst überzeugt hat, wurde versichert, daß die Frage der Institutionalisierung des Patientenkollektivs an der Universität in einer im einzelnen zu erörternden Form dem Senat als zuständigem Gremium vorgelegt wird. Weiterhin wird das Rektorat erneut in die rechtliche Prüfung der Frage eintreten, ob die Unterbringung oder das Verbleiben des Patientenkollektivs in den Universitätsräumen möglich ist, wozu sich das Kultusministerium bisher negativ erklärt hat. Da der prekäre Zustand mit darauf zurückzuführen ist, daß eine Weiterführung des Projekts auf Grund des kultusministeriellen Erlasses finanziell gefährdet ist, wird sich das Rektorat bemühen, die Fortführung des Projektes mit nicht-universitären Mitteln vorübergehend finanziell zu sichern.« (Heidelberger Tageblatt, 11. November 1970)
70 Obwohl das Kultusministerium nach diesem Urteil darauf bestand, daß eine Räumung zu erfolgen habe, wurde diese Anordnung zunächst nicht ausgeführt. Das SPK war zudem aus Mitteln der Universität Heidelberg finanziert worden.
71 Jürgen Roth, Krankheit – eine politische Größe, in: Publik, Nr. 33, 13. August 1971
72 So wurde auf einer Tagung zu Fragen des Selbstmordes der Evangelischen Akademie in Hessen und Nassau, Arnoldshain, gefordert, »daß die Arbeit des SPK in Theorie und Praxis unbedingt gefördert werden sollte, sowohl finanziell wie rechtlich. Die Evangelische Akademie hält es nicht für zulässig, daß ein so wichtiger Beitrag in der Auseinandersetzung heutiger psychiatrischer und psychotherapeutischer Gruppen wegen vordergründig politischer Erwägungen zerschlagen werden soll.« Diese Resolution wurde auf dieser Tagung am 1. Juni 1971 verabschiedet. Zitiert nach Jürgen Roth, Krankheit – eine politische Größe, a. a. O.
73 Gegen ihn wurden beim Bundesgerichtshof in Karlsruhe Ermittlungen wegen Verdachts auf Unterstützung der RAF geführt, da in seiner Wohnung für einige Zeit u. a. Ulrike Meinhof übernachtet haben soll.
74 Die von diesen angefertigten Gutachten, jedoch auch Gutachten von Wissenschaftlern, die der Konzeption des SPK kritisch oder ablehnend gegenüberstanden, sind veröffentlicht in: Gruppe Medizin/Fachschaft Medizin Gießen (Hrsg.), Dokumentation zum Sozialistischen Patientenkollektiv, a. a. O. Eine mit der Konzeption des SPK sympathisierende Einschätzung findet sich auch in Jürgen Roth, Psychiatrie und Praxis des Sozialistischen Patientenkollektivs, in: Kursbuch 28, S. 107–120
75 Sartre im April 1972 – veröffentlicht als Vorwort zu: SPK – Aus der Krankheit eine Waffe machen, a. a. O.
76 Heidelberger Tageblatt, 25. Juni 1971; siehe auch Heidelberger Tageblatt, 26./27. Juni 1971
77 Rhein-Neckar-Zeitung, 26./27. Juni 1971
78 Patienten-Info, Nr. 50, 4. Juli 1971
79 Patienten-Info, Nr. 49, 2. Juli 1971
80 Ebd. An dieser Stelle heißt es weiter: »Wir meinen, daß in einem modernen Land wie Westdeutschland die Taktik der Volksguerilla, die Partisanen-Aktionen – erst unbewaffnet, dann bewaffnet – die einzige Möglichkeit ist, die Macht des Kapitals zu erschüttern und schließlich zu besiegen. Das wird Zeit kosten: 10, 20 Jahre vielleicht und mehr. Aber das ist der einzige Weg. Die Lehre aus dem Krieg in Vietnam ist nichts anderes: Einem kleinen Volk ist es in dreißig Jahren heldenhaften Kampfes gelungen, dem Imperialismus eine Niederlage zu erteilen. Das ist lang, und der Kampf ist noch nicht zu Ende, aber so macht man Revolution.«
81 Heidelberger Tageblatt, 19. Juli 1971
82 Rhein-Neckar-Zeitung, 22. Juli 1971. Diese Verhaftungsaktion führte ebenfalls zu Reaktionen in der Öffentlichkeit. Der Marxistische Studentenbund (MSB) Spartakus distanzierte sich zwar vom SPK, denn der Sozialismus könne »nicht mit Putschen und Verschwörungen erreicht werden«, fuhr aber fort: »Was hier in Heidelberg vorging, hat mit rechtsstaatlichen Grundsätzen nicht mehr viel zu tun.« Und die Heidelberger Jungsozialisten befürchteten »Gewöhnung an Polizeiterror«: »Durch Polizeiaktionen wie die am 21. Juli gegen das SPK soll der Bürger sich an den Polizeiterror gewöhnen, wie an das Entrichten seiner Steuern«, schrieben die Heidelberger Jungsozialisten in einer Presseerklärung, in der sie auch die »immer offener angewandten fa-

schistischen Methoden der konservativ-reaktionären Kräfte« in der Bundesrepublik anprangern. (Heidelberger Tageblatt, 26. Juli 1971; siehe auch: Rhein-Neckar-Zeitung, 26. Juli 1971)

83 Rhein-Neckar-Zeitung, 30. Juli 1971
84 Rhein-Neckar-Zeitung, 22. August 1971
85 Weser-Kurier Bremen, 10. August 1971
86 So in: Rote Volksuniversität, Nr. 14, 26. November 1973
87 Zum »2. Juni« und generell zur Terrorismus-Szene siehe: Michael Baumann, Wie alles anfing, München 1975 (Buch wurde verboten)
88 Siehe hierzu u. a.: Spiegel, Nr. 47, 19. November 1973, S. 74 f.
89 Der lange Marsch, Nr. 12, September 1974, S. 21; veröffentlicht auch in: Peter Brückner/Barbara Sichtermann, Gewalt und Solidarität, Berlin 1974, S. 9 f.
90 Der lange Marsch, Nr. 12, September 1974, S. 21
91 Siehe hierzu: Wir wollen alles, Nr. 17, Juni 1974, S. 12; Der lange Marsch, Nr. 11, Juni/Juli 1974, S. 2; Der lange Marsch, Nr. 11, Juni/Juli 1974, S. 24; Der lange Marsch, Nr. 12, September 1974, S. 6, und Der lange Marsch, Nr. 12, September 1974, S. 21; zusammengefaßt ist die Diskussion auch in Brückner/Sichtermann, Gewalt und Solidarität, a. a. O., S. 16 f.
92 Gabriele Kröcher-Tiedemann war offensichtlich an dem Überfall auf das Wiener OPEC-Hauptquartier beteiligt, bei dem ein österreichischer und ein irakischer Sicherheitsbeamter erschossen wurden.
93 Die Welt, 29. März 1975
94 Süddeutsche Zeitung, 5. März 1975
95 Ebd.
96 Frankfurter Allgemeine Zeitung, 5. März 1975
97 Die Welt, 4. März 1975
98 Eine ehemalige Lehrerin aus Hamburg, die 1968 untertauchte und nach Berlin in den Untergrund ging
99 Er ist der Ehemann von Gabriele Kröcher-Tiedemann, die nach Aden ausgeflogen wurde. Er soll bei mehreren Sprenstoffanschlägen mitgewirkt haben.
100 Er hatte drei Jahre Freiheitsstrafe wegen versuchten Mordes erhalten, nachdem er beim Schwarzeinkauf von sieben Maschinenpistolen überrascht wurde und auf Polizisten schoß. Er entfloh jedoch aus der Strafanstalt Castrop-Rauxel.
101 Er soll an dem Anschlag auf den Hamburger Justizsenator Klug beteiligt gewesen sein und konnte im Oktober 1974 nach Entdeckung eines Waffenlagers in Bremen entkommen, als in seiner Wohnung eine selbstgebaute Bombe explodiert war.
102 Er ist Sohn eines Schweizer Millionärs. Er erhielt 18 Monate Gefängnis, nachdem er einen Polizeiwagen in die Luft sprengte.
103 Ihr wird Beteiligung am Bombenanschlag auf den Britischen Yachtclub in Berlin und an mehreren Banküberfällen vorgeworfen. Es war ihr im Juli 1972 gelungen, aus der Untersuchungshaft in Berlin-Moabit zu fliehen.
104 Veröffentlicht in: Der Blues – Gesammelte Texte der Bewegung 2. Juni (ohne Ort und Datum); veröffentlicht 1982, S. 638 ff. und S. 671 ff.
105 Ebd., S. 638
106 Ebd.
107 Ebd., S. 644
108 Ebd., S. 645
109 Ebd., S. 647, siehe dazu auch Bommi Baumann, der darlegt, daß die Gruppe »Bewegung 2. Juni« eine ähnliche theoretische Grundlage wie die Lotta Continua in Italien hat, »also Arbeitskonflikten in den Fabriken eine militante Lösung zu geben. Also, wenn Leute in Fabriken unter solchen Bedingungen arbeiten, daß sie von der schlechten Luft umkippen, dann muß man dem Unternehmer die Villa anstecken, den Leuten zeigen, man kann sich wehren, wenn man genau den Typen angreift, die Charaktermaske ist ein Mensch und ist daher verletzlich, und das ist genau der Punkt, wo er zurückschreckt, wenn man ihn in seinem Privatleben trifft . . .«
Aus der gleichen Konzeption heraus wurden auch Massenaktionen gegen Preiserhöhungen der Berliner Verkehrsgesellschaft (BVG) durchgeführt, wobei man deren Fahrscheinautomaten zerstörte und BVG-Busse bemalte. Allgemeines Ziel war: »Also von Stadtteilgruppen, von Basisgruppen in den Betrieben, von daher die Militanz aufzurollen, von daher eben Fabrikguerilla, Stadtguerilla im wahrsten Sinn des Wortes werden.« Zur Entstehungsgeschichte der Bewegung 2. Juni s. auch Bommi Baumann, Wie alles anfing, München 1975, S. 98 ff.
110 Der Blues, a. a. O., S. 647
111 Ebd., S. 650
112 Verfassungsschutzbericht 1978, a. a. O., S. 117
113 Der Blues, a. a. O., S. 660

114 Ebd., S. 661 f.
115 Ebd., S. 662
116 Ebd., S. 663
117 Ebd., S. 663
118 Veröffentlicht in: Die Tageszeitung, 11. Juni 1980, S. 5
119 Veröffentlicht in: Die Tageszeitung, vom 14. Juli 1980, S. 10 f.
120 Ebd.
121 Ebd.
122 Ebd.
123 Bundestagsdrucksache 9/1538 vom 30. März 1982
124 Revolutionärer Zorn, Nr. 1, zitiert nach Radikal, Nr. 114, März 1983, S. 20
125 Radikal, Nr. 114, März 1983, S. 18
126 Zitiert nach die taz, 2. Juni 1981, S. 4. S. auch die taz, 3. 6. 1981, S. 3. Hier erklären RZ, aus wel-
     chen Gründen sie Karry angriffen (u. a. wurde die Startbahn West als Begründung genommen;
     s. auch Pflasterstrand, Nr. 107), s. a. Frankfurter Rundschau, 1. Juni 1981
127 Innere Sicherheit, Nr. 54, 15. August 1980
128 In dieser Zeitschrift hieß es u. a. »Unser Ziel war und ist die Verbreiterung bewaffneten Wider-
     standes, die Unterstützung eines Netzes autonomer Gruppen, die . . . aus sich heraus aktions-
     fähig sind, die mit den Methoden der Subversivität Widersprüche forcieren, die also das Hand-
     lungsarsenal der legalen Linken um ihre Möglichkeiten der Sabotage, der Bestrafung, der Ge-
     genwehr, der Eroberung von Lebensmöglichkeiten erweitern. Es geht uns vor allem um Zerset-
     zung des Fundamentes von Herrschaft.«
     Die Zeitung gibt auch Hinweise zur »Praxis und Technik des verdeckten Kampfes«: . . .
     ». . . d. h. zunächst ganz praktisch: die Aneignung von Wissen z. B. über den Bau und die Funk-
     tionsweise von Brand- und Sprengsätzen. Über das Fälschen von Papieren aller Art, über die
     Herstellung und Verbreitung der eigenen Propaganda . . . und schließlich den Aufbau eines lo-
     gistischen Rahmens, der über die momentane Anforderung hinausgeht (Materialdepots, Unter-
     tauchmöglichkeiten).«
     (Zit. nach ›Innere Sicherheit‹, Nr. 57, vom 4. Mai 1981)
129 Guerilla diffusa, u. a. in »Radikal« nachgedruckt; in: Joseph Scheer/Jan Espert, Deutschland,
     Alles ist vorbei, München 1982, S. 148 f.
130 Rheinische Post, 18. März 1982
131 Siehe auch Kapitel VII H 3
132 Radikal, Nr. 114, März 1983, S. 23
133 Ebd., S. 22 f.
134 Ebd., S. 23
135 Ebd., S. 20
136 Ebd., S. 20
137 Ebd., S. 21
138 Ebd., S. 21
139 Radikal, Nr. 115/116, S. 13
140 Ebd.
141 Ebd.
142 Verfassungsschutzbericht 1982, S. 104
143 Ebd., S. 100
144 Die Tageszeitung, 1. Februar 1980, S. 11
     Die einstige KPD baute eine »Rote Hilfe e. V.« auf, die KPD/AL die Rote Hilfe Deutschlands
     (RHD). Ausführlicher hierzu Gerd Langguth, Entwicklung der Protestbewegung, a. a. O., S. 265 ff.
145 Sie hierzu vor allem: Rote Hilfe, Nr. 19, o D., S. 1 f.; ebenso Nr. 20, o. D.; außerdem wurden soge-
     nannte »Knastotheken« veröffentlicht, also eine Adressenliste von Anschriften sogenannter
     »politischer Gefangener«, außerdem Adressen von Rechtsanwälten. Veröffentlicht wurden au-
     ßerdem Schriften als Verhaltensmaßregeln gegenüber der Staatsgewalt, so die Broschüre »Wie
     observiert die Polizei? – Wie verhalte ich mich bei Hausdurchsuchung?«
146 Informationsdienst zur Verbreitung unterbliebener Nachrichten (ID), Nr. 50, 29. 9. 1974
147 ID, Nr. 12, 17, November 1974
148 Die Tageszeitung, 1. Februar 1980
149 Ebd.
150 Ebd.
151 Ebd.
152 Gerhard Schmidtchen, Terroristische Karrieren, in: Herbert Jäger, Gerhard Schmidtchen, Liese-
     lotte Süllwold, Lebenslaufanalysen, Opladen 1981, S. 19
153 Ebd., S. 21

154 Ebd., S. 26
155 Ebd., S. 29
156 Ebd., S. 31
157 Ebd., S. 45
158 Ebd.
159 Ebd., S. 48
160 Lieselotte Süllwold, Stationen in der Entwicklung von Terroristen, in: Jäger/Schmidtchen/Süllwold, a. a. O., S. 95
161 Herbert Jäger/Lorenz Böllinger, Thesen zur weiteren Diskussion des Terrorismus, in: Jäger/Schmidtchen/Süllwold, a. a. O., S. 233
162 Befreiung, Januar/Februar 1974, S. 19
163 Deutscher Informationsdienst, Nr. 1382, 15. April 1974
164 Freie Presse, Nr. 2, Jahrgang 1, o. D., S. 2
165 Siehe hierzu u. a.: Wir wollen alles, Nr. 4, Mai 1973, Nr. 6, 27. Juli 1973, S. 6 f.; Nr. 10, November 1973, S. 10 ff., Nr. 17, Juni 1974, 3 ff.; Der lange Marsch, Nr. 4, Mai 1973, S. 7 ff., und Nr. 9, April 1974, S. 2 ff.
166 Wir wollen alles, Nr. 18, Juli 1974, S. 4, siehe auch: Wir wollen alles, Nr. 23, Dezember 1974 (Thesen: Ist die Jugendzentrumsbewegung kaputt?)
167 Graswurzel-Revolution, Nr. 11/12, Winter 1974/75, S. 3 (Einlage)
168 Ebd.
169 Graswurzel-Revolution, Nr. 71, Januar 1/83, S. 3
170 Ebd.
171 Graswurzel-Revolution, Nr. 72, Februar II/83, S. 10
172 Ebd.
173 Studien von Zeitfragen, September 1980/II, S. 163
174 Aktion, Heft 10, Nr. 1/83, S. 15. Hier wurde ein Beitrag »100 Jahre DGB – tun dem Kapital nicht weh!« der Initiative FAI in dieser Zeitschrift abgedruckt, aus dem dieses Zitat stammt.
175 Aktion, Heft 10, Nr. 1/83, S. 3
176 Nach der Nullnummer wird die Notwendigkeit einer neuen Form politischen Verhaltens betont. Der Angehörige der libertären Bewegung müsse mit der eigenen unmittelbaren Betroffenheit anfangen und die eigenen Probleme von hinten bis vorne von selbst lösen: »Das gilt für unsere persönlichen, seelischen Verhaltensprobleme genauso wie für die gruppen- und gesellschaftlichen Probleme politischer, wirtschaftlicher, ökologischer Art.«
177 Siehe hierzu: Walter Hollstein, Der Untergrund, Neuwied und Berlin 1970; Rolf Schwendter, Theorie der Subkultur, Köln 1973; Theodore Roszak, Gegenkultur, Düsseldorf, Wien 1971; Rolf-Ulrich Kaiser, Underground, Pop? Nein! Gegenkultur, Köln, Berlin 1969. Zum Bereich »Subkultur–Gegenkultur« gibt es aber bereits eine Reihe von Untersuchungen, wobei insonderheit auf Rolf Schwendter (a. a. O.) hingewiesen werden soll.
178 Siehe hierzu u. a.: FU-Spiegel, Mai 1967, S. 6, Nr. 59; Juli 1967, S. 8, Nr. 60, Nov. 1967, S. 12 und Nr. 62, Januar 1968, S. 5
179 FU-Spiegel, Nr. 67, Nov./Dez. 1968
180 Wir wollen alles, Nr. 4, Mai 1973, S. 8 f.
181 Frankfurter Seminar, April 1973, Politische Arbeit & Emanzipation, Hrsg. Harald Harrer/Heinz Funke/Dieter Duhm, Köln 1974, siehe auch Kapitel zum Sozialistischen Büro (VII F)
182 Carlo Sponti (Heidelberg), Nr. 5, Mai 1974, S. 8

H »Neue soziale Bewegungen«

1 Jürgen Bacia/Klaus-Jürgen Scherer, Paßt bloß auf! Was will die neue Jugendbewegung? Berlin 1981, S. 20
2 Ebd., S. 10
3 Ebd., S. 21
4 Ebd.
5 Siehe Kap. zum »Anarchismus« (VII G und G 2)
6 Günther Heckelmann, Mal so richtig ausflippen, Frankfurter Allgemeine Zeitung, 28. Febr. 1979, S. 9
7 Aufruf zum »Treffen in TUNIX«, u. a. veröffentlicht in: Gerd Stein, Bohemien–Tramp–Sponti, Frankfurt 1982, S. 296 ff.
8 Veröffentlicht wurde dieser Aufruf u. a. auch in Gerd Stein, a. a. O., S. 292 ff. (Pflasterstrand, Nr. 20/1977)
9 Aufruf wurde u. a. veröffentlicht in: Die Tageszeitung, 7. August 1981, S. 3

10 Die Tageszeitung, 7. August 1981, S. 3
11 So die Göttinger Sponti-Gruppe Bewegung Undogmatischer Frühling, Januar 1977, dokumentiert in: Johannes Schütte, Revolte und Verweigerung, Gießen 1980, Dokumentation S. V
12 »Alex«, in Diskus Nr. 1/1978, S. 29, zit. nach Schütte, a. a. O., S. 38
13 Michael Schneider, Von der alten Radikalität zur neuen Sensibilität, Kursbuch 49, 1977, S. 178 (Zitat überprüfen!)
14 Weder Kader noch Flipper, in: Konsequer, Zeitung des UStA Nr. 3, Januar/Februar 1978, dokumentiert in: Schütte, a. a. O., S. XI ff.
15 Zit. nach Schütte, a. a. O., S. 40
16 Frankfurter Spontis auf dem »Anti-Repressionskongreß des Sozialistischen Büros, Pfingsten 1976, in: Links, Februar 1977, Nr. 85, S. 18
17 Zitiert nach Autonomie, Materialien gegen die Fabrikgesellschaft, Nr. 10 (1/78), S. 119 (zitiert aus einem Artikel der Münchner Stadtzeitung »Blatt«)
18 Ebd.
19 S. Schütte, a. a. O., S. 54 f.
20 Zit. nach Jörg Bopp, Trauer – Power, in: Kursbuch Nr. 65, Oktober 1981
21 Bopp, a. a. O., S. 158
22 ASTA-Info, Universität Gießen, 1983
23 Göttinger Nachrichten (Hrsg. Asta Uni Göttingen) vom 25. April 1977, S. 10
24 Konkret Nr. 3, März 1978, S. 14
25 So wurde argumentiert, dieser Nachruf sei im Grunde eine Absage an den Terrorismus, da Mescalero sich lediglich der Sprache von Terroristen bediente, um mit diesen sozusagen in einen Dialog eintreten zu können. »Der Mescalero, schon längst in den Gefühlen und der Sprache des linksextremen Außenseiters verfangen, wollte die ihm bekannten Studenten, die ebenso dachten und fühlten, in ihrer eigenen Sprache und Gedankenwelt davon überzeugen, daß der Weg des Terrorismus falsch sei. Er nimmt diese Gefühle, diesen spontanen ersten Eindruck nur zum Anlaß, das, was er als Freude über den ›Abschuß‹ unter Gleichgesinnten erlebt hat, kritisch zu prüfen auf seine Moral, seine Rechtfertigung hin. . . . Der linksextreme Mescalero dürfte in seiner Sprache den Kreis der Gefährdeten eher erreicht haben als die vielen Worte, die die Politiker an die allgemeine Öffentlichkeit richteten, die ohnehin nicht mehr von der Gefährlichkeit des Terrorismus überzeugt zu werden brauchte.«
(Uwe Schlicht, Vom Burschenschaftler bis zum Sponti – Studentische Opposition gestern und heute, Berlin 1980, S. 139 f.) Schlicht bezieht seine Meinung aus der Tatsache, daß sich Mescalero von dem Anschlag auf Buback distanziere. Mescalero: »Ich habe aber über eine Zeit hinweg (wie so viele von uns) die Aktionen der bewaffneten Kämpfer goutiert; ich, der ich als Zivilist noch nie eine Knarre in der Hand hatte, eine Bombe habe hochgehen lassen. Ich habe mich schon ein bißchen dran aufgeilt, wenn mal wieder was hochging und die ganze kapitalistische Schickeria samt ihren Schergen in Aufruhr versetzt war. Sachen, die ich im Tag-Traum auch mal gern tun tät, aber wo ich mich nicht getraut habe, sie zu tun . . . Ich denke immer noch, daß die Entscheidung zu töten oder zu killen bei der herrschenden Macht liegt, bei Richtern, Bullen, Werkschützern, Militärs, AKW-Betreibern. Daß ich dafür extra ausgebildet sein müßte; kaltblütig wie Al Capone, schnell, brutal, berechnend . . . Wenn in Argentinien oder gar in Spanien einer dieser staatlich legitimierten Killer umgelegt wird, habe ich diese Probleme nicht. Ich glaube zu spüren, daß der Haß des Volkes gegen diese Figuren wirklich ein Volkshaß ist. Aber wer und wie viele Leute haben Buback (tödlich) gehaßt? Woher könnte ich, gehörte ich den bewaffneten Kämpfern an, meine Kompetenz beziehen, über Leben und Tod zu entscheiden? Wir alle müssen davon runterkommen, die Unterdrücker des Volkes stellvertretend für das Volk zu hassen, so wie wir allmählich schon davon runter sind, stellvertretend für andere zu handeln oder eine Partei aufzubauen.« (Siehe auch Konkret-Interview mit 4 Göttinger Mescaleros, unter ihnen der Verfasser des Buback-Nachrufes, in: Konkret Nr. 3/1978, März, S. 12 ff. Aus diesem Interview geht hervor, daß zwei der vier Mescaleros frühere Mitglieder des trotzkistischen Spartacusbundes waren.)
26 Jörg Bopp, Trauer-Power, in: Kursbuch Nr. 65, Oktober 1981, S. 161
27 Peter Mosler, Was wir wollten, was wir wurden – Studentenrevolte – 10 Jahre danach, Reinbek, Mai 1977, S. 234
28 Günter Amendt, Sie wollen nichts. Und das nie, in: Konkret, 3/1978, S. 16
29 Facit Extra, Mai 1978, S. 14; siehe auch Kapitel VIII D 6
30 So oder so, Nr. 16, Mai 1977, zit. nach Facit, Mai 1978, S. 14
31 Ebd., S. 21 (Rote Blätter 6/7/8 1978)
32 Die Tageszeitung vom 20. April 1982, S. 3 (Gedanken einiger Autonomer zum Häuserkampf)
33 Stadtzeitung für Freiburg, Nr. 62/November 1981

34 Ebd. In ihrer Negation des Bestehenden haben sie manche Ähnlichkeiten mit dem einstigen »antiautoritären« SDS. Siehe Kapitel V 7.
35 Radikal, Nr. 98 – 9/81, S. 4
36 Ebd.
37 Ebd.
38 Ebd.
39 Ebd., S. 5
40 Ebd., S. 6
41 Ebd., S. 7
42 Radikal, Nr. 100, Januar 1982, S. 12
43 Ebd.
44 Ebd., S. 13
45 Ebd.
46 Vorwarnzeit – Diskussionsforum autonomer Gruppen, Nr. 2, Dezember 1982, S. 5
47 Ebd.
48 Ebd., S. 9
49 Ebd., S. 37
50 Siehe u. a. Frankfurter Allgemeine Zeitung, 12. Juli 1983 (Amtlicher Bericht über den Einsatz der Polizei), siehe auch FAZ, 27. Juni 1983 und 28. Juni 1983
51 S. hierzu FAZ, 12. und 13. Juli 1983
52 Diese Schrift richtete sich »an alle Stadt- und Spaß-Guerillas, Hexen, Anarchos, Freaks und Punks, Militante und Gewaltfreie, Berufsrevolutionäre, Kämpfer und alle, die sich angesprochen fühlen«.
53 In einer Selbstdarstellung wird die Frage gestellt, wer ein Autonomer ist: »Vielleicht ein ehemaliger K-Gruppen-Aktivist, vielleicht eine Frauenbewegte, vielleicht beides oder keines von beidem. Anarchisten aller Fraktionen dürften recht häufig sein. Auch Toxikomanen, Träumer, heimliche Lederschwule und Schwätzer, Punks und noch mehr Möchtegernpunks. Auch über unser Alter läßt sich wenig aussagen. Offiziell sind wir Jugendliche, was uns natürlich runtergeht wie Honig.« Guerilla Diffusa, Kommuniqué Nr. 1, verbreitet u. a. auf der »Gegenbuchmesse« in Frankfurt a. M.
54 Radikal, Nr. 98 (+) 10/81, S. 12
55 Vollautonom, Nr. 6, Dezember 1981, Raum Frankfurt
56 Instand-Besetzer-Post, Nr. 27, Oktober 1981, S. 25
57 Radikal, Nr. 96, Extra-Ausgabe, August 1981, S. 3
58 Stadtzeitung für Freiburg, Nr. 62/November 1981, S. 22 ff.
59 Ebd.
60 Radikal, Nr. 110, November 1982
61 Ebd.
62 Radikal, Nr. 100, Januar 1982, S. 14
63 Siehe hierzu Roland Roth, Leben scheuert am Beton, in: Volkhardt Brandes/Bernhard Schön, Wer sind die Instandbesetzer? Bensheim 1981, S. 47
64 Siehe am Beispiel der Stadt Wertheim: Albert Herrenknecht, Provinzleben, Frankfurt 1977. Ein Gedicht an einer Tür des besetzten Jugendhauses in Wertheim 1975 mit dem Titel »An die Herrschenden« lautete: »Wir haben diese alten Mauern mit Leben erfüllt/die Jugend hat sich einen Sinn gegeben./Ihr habt nichts verstanden/Euch in Geschwätz und Phrasen gehüllt/Ihr verweigert uns menschliches Leben./Drum werden wir gewisse Mauern niederreißen/bevor sie von selbst zusammenstürzen/sie uns erschlagen./7 Tage Jugendhaus waren 7 Tage Leben!« Roth, a. a. O., S. 54
65 Senator für Inneres, Berlin, Pressemitteilung Nr. 14 b/82 vom 31. August 1982
Im Zusammenhang mit Ausschreitungen auf der Straße wurden vom 12. Dez. 1980 bis zum Aug. 1982 insgesamt 1409 Personen vorläufig festgenommen; gegen 172 davon wurden Haftbefehle erlassen. Freiheitsentziehungen nach § 18 des Allgemeinen Gesetzes zum Schutze der öffentlichen Sicherheit und Ordnung in Berlin wurden seit dem 12. Dez. 1980 bei 934 Personen vorgenommen, davon 341 Personen im Zusammenhang mit dem Besuch des amerikanischen Präsidenten im Juni 1982.
66 Stuttgarter Zeitung, 15. August 1981
67 K 36, Ausgabe Nr. 8 (o. D.), S. 10
68 Siehe Die Tageszeitung, 31. März 1981, S. 3
69 Ebd.
70 Kommunistische Volkszeitung, Nr. 15, 6. April 1981, S. 4
71 Die Tageszeitung, 18. Mai 1981, S. 4

72 (Veröffentlicht auch in: Die Tageszeitung vom 30. September 1981) Auch Rattay war kein Berliner. Er erklärte in dem Interview, er sei »nach Berlin gekommen, um hier einfach daran teilzunehmen an den Hausbesetzungen, weil mich das interessiert. Ich bin aus der Gesellschaft aus-
gestiegen, weil ich keinen Bock hatte, weiterhin zu arbeiten, und weil mir das auch stinkt, weil
man dauernd unterdrückt wird von anderen Wichsern am Arbeitsplatz, vom Meister und so.
Darum habe ich auch gar keinen Bock, irgendwie zu arbeiten.« Auf die Frage, warum ihm das
Leben in Berlin besser gefällt, antwortete er: »Ja die Leute hier, wie die das machen hier – Hausbesetzungen usw., das trifft man nirgendwo mehr in Europa an. Ich war in Italien und überall,
aber nirgendwo sind so viele Leute auf einmal, die trifft man in ganz Europa nicht mehr an . . .
Daß die Leute so zusammenhalten, daß unwahrscheinlich viel gekifft wird. Ja, das muß man
auch mal sagen, ich hoffe, daß das eines Tages mal legalisiert wird, der Haschisch. Ja, ich finde
das eben astrein, was alles so läuft hier, wie die Leute zusammen leben, Wohngemeinschaften
im besetzten Haus. Es ist echt optimal. Ich finde das eben astrein, deshalb bin ich auch nach
Berlin gekommen, um gleichzeitig mitzuarbeiten, mitzuhelfen, um auch gleichzeitig an Demonstrationen teilzunehmen. Weil eben in Berlin viel mehr los ist als woanders in Europa.«
73 Stefan Aust/Sabine Rosenbladt, Hausbesetzer – Wofür sie kämpfen, wie sie leben und wie sie
leben wollen, Hamburg 1981, S. 26. Zur Hausbesetzerszene siehe auch: Brandes/Schön,
a. a. O.
74 Radikal, Nr. 90/81 (4/81), S. 8
75 Stadtrevue, Köln Nr. 6, 27. März 1981
76 Radikal, Nr. 100, Januar 1982, S. 13
77 Ebd.; Die Tageszeitung, 20. August 1982, S. 3
78 Graue Zellen Westberlin, Die Verkehrung des Subjekts von der Klasse auf die Partei und autonome Bewegung, in: Wolfgang Kraushaar, Was sollen die Grünen im Parlament? Frankfurt
1983, S. 55
79 Kölner Autonomen-Info, 1. Quartal 1982, Nr. 1
80 Radikal, Nr. 108, September 1982
81 Radikal, Nr. 99, November/Dezember 1981, S. 3
82 Die Tageszeitung, 11. Dezember 1981, S. 3
83 Ebd.
84 Friedrich-Karl Fromme, Ohne Gewalt hätte die Revolution nicht gesiegt, in: Frankfurter Allgemeine Zeitung vom 3. Februar 1982
85 MSB-Spartakus-Bundesvorstand (Hrsg.), Lieber Instandbesetzen als Kaputtbesitzen, 1. Bildungsthema Sommersemester 1981
86 Alternative, Nr. 139, vom Oktober 1981, S. 191
87 Ebd.
88 Parlaments-Korrespondenz, heute im bundestag, vom 8. Juni 1983
89 Ebd.
90 Die Welt, 20. Mai 1983
91 Siehe hierzu Gerd Langguth, Jugend ist anders, Freiburg, Basel, Wien 1983, Seite 78 ff.
92 Siehe hierzu u. a.: Dieter Baacke, Jugend und Subkultur, München 1972; Walter Hollstein, Der
Untergrund, Neuwied und Berlin 1969; Rolf Schwendter, Theorie der Subkultur, Neuausgabe
Frankfurt/Main 1978; Theodore Roßak, Gegenkultur, Düsseldorf und Wien 1971
93 Siehe Schwendter a. a. O.; Gerda Kurz, Alternativ leben? Zur Theorie und Praxis der Gegenkultur, Berlin 1979, S. 9 ff.
94 Jugendwerk der Deutschen Shell, Jugend '81, Band 1, Hamburg 1981, Seite 488
95 Ebd.
96 Siehe hierzu u. a. Gerd Langguth, Jugend ist anders, a. a. O., S. 128 ff.
97 Tilman Fichter/Siegward Lönnendonker, Von der APO nach TUNIX, in Claus Richter (Hrsg.), Die
überflüssige Generation, Königstein/Taunus 1979, S. 137
98 Ebd.
99 Siehe hierzu Frank Wolff/Eberhard Windaus, Studentenbewegung 1967 bis 1969, Frankfurt
1977, S. 219 ff.
100 Joseph Huber, Wer soll das alles ändern, Berlin 1981, S. 18 ff.
101 Siehe hierzu Hans Jürgen Benedict, Bürger, Linke und Gewalt, in: Kursbuch Nr. 48, Juni 1977,
Seite 137
102 Ebd., S. 138
103 Hartmut Bossel, Die vergessenen Werte, in: Rudolf Bron, Der grüne Protest, Frankfurt a. M.
1978; Günter Altner, Fortschritt, Umweltschutz und die Grünen – Schwerpunkte einer ökologisch orientierten Politik, in Bron, a. a. O., S. 18 ff.
104 Radikal, Nr. 114, März 1983, S. 20
105 Siehe hierzu Huber, a. a. O., S. 20; Gerd Langguth, Jugend ist anders, a. a. O., S. 61 ff.

106 Siehe hierzu Kursbuch, April 1975, zum Thema »Provinz«
107 Huber, a. a. O., S. 26
108 Huber, a. a. O., S. 29; siehe auch Stattbuch 2, Berlin 1980; Walter Hollstein/Boris Penth, Alternativ-Projekte – Beispiele gegen die Resignation, Reinbek b. Hamburg, April 1980; J. Gehret, Gegenkultur heute, Amsterdam 1979
109 Siehe Netzwerk-Rundbrief Nr. 20, März 1983
110 Frankfurter Allgemeine Zeitung, 19. Januar 1983
111 Frankfurter Allgemeine Zeitung, 28. Februar 1983
112 Siehe Netzwerk-Rundbrief Nr. 20, März 1983, S. 21
113 Huber, a. a. O., S. 44
114 Siehe hierzu Michael Haller, Das Dorf in der Stadt, in: Michael Haller (Hrsg.), Aussteigen oder Rebellieren, Reinbek b. Hamburg, September 1981, S. 135 ff.
115 Der Text der Ausrufung der »Freien Republik Wendland« wurde veröffentlicht in: Die Tageszeitung vom 2. Mai 1980
116 Die Tageszeitung, 5. Juni 1980, S. 9
117 Claudia Mast, Aufbruch ins Paradies? Zürich 1981, S. 74 ff.
118 Siehe auch 10. Nullnummer der taz, 2. April 1979, S. 2
119 Mediaperspektiven, Nr. 3, 1983, S. 135
120 Ebd., S. 157
121 Ebd., S. 158
122 Die Tageszeitung, 25. Juni 1981, S. 3
123 ID Nr. 1924, 8. Mai 1976
124 ID Nr. 1938/39 vom 21. August 1976
125 Zu den Gründen vielfachen Scheiterns siehe Wolfgang Beywl, Die Alternativpresse – ein Modell für Gegenöffentlichkeit und seine Grenzen, Aus Politik und Zeitgeschichte, B 45/82, vom 13. November 1982, S. 26 ff.
126 Siehe hierzu Christoph Busch, Was sie schon immer über Freie Radios wissen wollten, aber nie zu fragen wagten!, Münster 1981; siehe auch Der Spiegel, Nr. 19, vom 9. Mai 1983 (Bericht über einen Bundeskongreß in Erlangen)
127 Siehe hierzu Wilfried Frhr. von Bredow, Zusammensetzung und Ziele der Friedensbewegung in der Bundesrepublik Deutschland, in: Aus Politik und Zeitgeschichte, B 24/82 vom 19. Juli 1982, S. 4 ff.
128 Bundestagsdrucksache 9/1487 1982, Antwort der Bundesregierung auf eine Kleine Anfrage der CDU/CSU
129 Peter Meier-Bergfeld, Die Bewegung und das Ziel, in: Die politische Meinung, Nr. 201, S. 31–41, März/April 1982
130 Bundestagsdrucksache 9/1287 vom 20. Januar 1982
131 Pressedienst DFU vom 15. September 1980
132 Verfassungsschutzbericht 1980, a. a. O., S. 87; Bundestagsdrucksache 9/10/57 vom 16. Nov. 1981
133 Siehe hierzu Dieter Lattmann (Hrsg.), Krefelder Initiative – Der Atomtod bedroht uns alle, Keine Atomraketen in Europa – Entstehung, Ziel, Wirkung, Köln (o. D.)
134 Das KFAZ wurde 1974 »unter maßgeblicher Beteiligung der DKP und ihrer Vorfeldorganisationen« (Verfassungsschutzbericht 1982, a. a. O., S. 51) gegründet und ist politisch eindeutig auf Unterstützung der Politik der DKP ausgerichtet, die ihrerseits bekräftigte, sie wolle »aktiv« an den Initiativen des KFAZ teilhaben (UZ-Extra vom 11. Februar 1982, S. 14). 9 der 17 Mitglieder des »Büros« (Herbst 1982) des KFAZ üben gleichzeitig Funktionen in anderen kommunistisch beeinflußten Organisationen aus; die in das »Büro« im Herbst 1982 neu aufgenommene Martha Buschmann ist Mitglied des DKP-Präsidiums und dort für »Friedensarbeit« zuständig.
135 Wie stark der Einfluß der DKP und ihrer Vorfeld-Organisationen, wie z. B. der »Friedensinitiative« des DKP-nahen Komitees »Frieden, Abrüstung und Zusammenarbeit (KFAZ)« ist, bestätigt auch die »Tageszeitung«: »Die dem ›Komitee für Frieden, Abrüstung und Zusammenarbeit (KOFAZ)‹ nahestehenden Gruppierungen beherrschten die überregionalen Treffen der Friedensbewegung, übernehmen die organisatorische Arbeit.« taz, 14. Dezember 1982
136 Siehe hierzu Rudolf Bahro, Wahnsinn mit Methode – Über die Logik der Blockkonfrontation, die Friedensbewegung, die Sowjetunion und die DKP, Berlin 1982 (siehe hier insbesondere S. 96 ff. »Langer Brief an alle Grünen und alle anderen Ostermarschierer«).
137 Bahro, Wahnsinn mit Methode, a. a. O., S. 114 f.
138 Siehe hierzu ausführlich die in der Wochenzeitung Das Parlament vom 2. April 1983, S. 19, veröffentlichte Dokumentation des Bundesministers des Innern.
139 Ebd.

140 Kurt Fritsch, Mitglied des Präsidiums und des Sekretariats des Parteivorstandes der DKP, erklärte zur Rolle der DKP bei diesen »Ostermärschen« folgendes: »Als vom zweiten Krefelder Forum der Vorschlag gemacht wurde, 1982 Ostermärsche durchzuführen, ist die DKP sofort dem Ruf des Bündnisses gefolgt und hat ihn als Aufforderung verstanden, mit ganzer Kraft an die Vorbereitung der Ostermärsche zu gehen. Wir taten das im Rahmen der bestehenden und sich entwickelnden Bündnisse und auch mit eigenständiger Aktionstätigkeit.« UZ-Extra, 27. Mai 1982

141 Erklärung der Vorbereitungsgruppe der Osnabrücker Friedensinitiative vom 15. Februar 1982, Osnabrück

142 BAF-Info Nr. 1, September 1982

143 Schanzenleben, Stadtteilzeitung, Juni 1982
Die geographische Lage mache Berlin zum »hervorragenden Horchposten ins feindliche Hinterland«. Der Besuch von Reagan könne »nur einer von vielen Anlässen sein, den Kampf gegen dieses unmenschliche System an sich und gegen die NATO, das militärische Durchsetzungsinstrument, verstärkt und auf breiter Ebene zu führen«. Radikal, Nr. 105, Juni 1982, S. 8.
Der Aufruf zu militanter Gewalt war unverhohlen. Süffisant wurde formuliert: »Jeder Gruppe und jedem Einzelkämpfer wird es selbst überlassen bleiben, an welchen Stellen sie ihre pyromanische Lust genießen will ... Alles ist wichtig: Demonstrieren genauso wie Banken abfackeln, Straßen blockieren wie Transparente machen, Brände legen wie Flugblätter verteilen, Ampeln knacken wie einklauen, provozieren wie agitieren.« Ebd. S. 13.
In einer Erklärung »von autonomen und anti-imperialistischen Gruppen« wurden die Protestaktionen anläßlich des NATO-Gipfeltreffens als »eine bisher selten erreichte Mobilisierung und Stärke in Westeuropa« bezeichnet, taz vom 18. Juni 1982.

144 Bundesminister des Innern, Linksextremistischer Einfluß auf »Ostermärsche 1983« und »Direkte gewaltfreie Aktionen«, in: Das Parlament, Nr. 13, 2. April 1982, S. 19

145 Ebd. So hieß es in einem Rundbrief des »Bundeskongresses Autonomer Friedensinitiativen« (BAF) vom Januar 1983, die Tendenz, »sich zumindest für '83 auf direkte gewaltfreie Aktionsformen festzulegen« sei innerhalb des BAF auf »scharfe Kritik« gestoßen. Stellvertretend für diese Position steht ein »Plädoyer gegen die ›Gewaltfreiheit‹ eines Mitglieds des »Göttinger Arbeitskreises gegen Atomenergie«: Da die Gewalt »von den Herrschenden, von den Raketen« ausgehe, sei es Pflicht, dagegen anzugehen. Diejenigen, die eine Beschränkung auf »gewaltfreie Aktionen« forderten, betrieben damit unvermeidlich die »Spaltung der Bewegung«: »Wenn eine Aktion unter dem Banner der Gewaltfreiheit abläuft, so wird damit die Ablehnung von Gewalt in jedem Fall eingeschlossen. Und damit sind all diejenigen ausgeschlossen, die die sogenannte Gewaltfrage anders beurteilen als die Gewaltfreien.«

146 Claudia Weidmann, Von der Antikriegsgruppe Göttingen, Plädoyer gegen die »Gewaltfreiheit«, aus: BAF-Info Nr. 2, S. 57, Januar 1983

147 Graswurzel-Revolution Nr. 64, April 1982

148 Graswurzel-Revolution Nr. 75, Mai 1983, S. 7

149 Unterschrieben wurde dieser Aufruf der »Hamburger Friedenskoordination« u. a. vom Bundesverband Bürgerinitiativen Umweltschutz (BBU), Bundeskongreß Autonomer Friedensinitiativen (BAF), Föderation Gewaltfreier Aktionsgruppen (FÖGA), einigen Landesverbänden der Grünen« und einigen Gruppen des Nicht-DKP-Flügels der DFG/VK.

150 Aufruf wurde veröffentlicht u. a. in: Moderne Zeiten, Heft 4/1983, 20. März bis 20. April 1983, S. 6

151 Nach einem dpa-Bericht vom 27. Februar 1983 habe eine knappe Mehrheit der Teilnehmer dafür gestimmt, sich nicht zwingend auf den Begriff der »Gewaltfreiheit« festzulegen. Bei einzelnen Aktionen solle vielmehr nur Gewalt gegen Personen und gegen »unbeteiligte Sachen« ausgeschlossen werden.

152 Moderne Zeiten, Heft 5, 30. April bis 30. Mai 1983, S. 6

153 Innere Sicherheit, Nr. 65 vom 21. Januar 1983

153a Arbeiterkampf Nr. 180 vom 30. Juni 1980; siehe auch: konkret

153b Siehe auch: konkret 3/83

153c Kölnische Rundschau, 19. März 1983, s. auch konkret 3/83

154 Heidrun Abromeit, Parteiverdrossenheit und Alternativbewegung, in: Politische Vierteljahresschrift, Heft 2, Juli 1982, S. 181

155 Radikal, Nr. 40, 26. Mai bis 9. Juni 1978, S. 3

156 Siehe hierzu das Kapitel zur Gruppe Z in diesem Buch. VII A 9

157 Die Tageszeitung, 10. August 1982, S. 9

158 Die Tageszeitung vom 10. August 1982, S. 9
In dem gleichen Interview distanziert sich Willi K. Goltermann, ebenfalls Mitglied der Gruppe Z und Redakteur der »Modernen Zeiten« von »verschiedenen Positionen Lenins«, wobei sich die Kritik der Gruppe Z auf zentrale Ansichten der leninschen Imperialismus-Analyse und seiner

Staatsanalyse und daraus abgeleitet auch auf Elemente seiner Revolutions- und Parteitheorie bezöge. Nach seiner Auffassung müssen sich »Marxisten/Sozialisten anders organisieren, als daß in den ›K-Gruppen‹ üblich war, ohne politische Effektivität aufzugeben«. (Ebd.) s. Kap. VII A 9.

159 Kommunistische Volkszeitung, Nr. 18, 7. Mai 1982, S. 4
160 Sponti-Wählerinitiative für die Grünen, Reader zur Wahl (verantwortlich: Daniel Cohn-Bendit/ Gerd Finger), Frankfurt, Februar 1983, S. 5
161 Ebd.
162 Kommunistische Volkszeitung, Nr. 19, 4. Mai 1981, S. 4 (Interview mit Klaus-Jürgen Schmidt, Mitglied des geschäftsführenden Ausschusses der Alternativen Liste)
163 Ebd.
164 Innere Sicherheit Nr. 48
165 Arbeiterkampf Nr. 226, 18. Oktober 1982, S. 37
166 Ebd.
167 Wahlprogramm der Alternativen Liste, Berlin 1981
168 Ebd.
169 Arbeiterkampf Nr. 231, 7. März 1983, S. 36
170 Ebd.
171 Ebd.
172 Ebd.
173 Die Tageszeitung, 18. Februar 1983
174 Ebd.
175 Die Tageszeitung, 15. Januar 1980
176 Die Zeit, 19. Januar 1980
177 Ebd.
178 Ebd.
179 Die Tageszeitung, 24. März 1980; siehe auch Frankfurter Rundschau, 24. März 1980
180 Zitiert nach: Die Tageszeitung, 21. März 1980
181 Die Tageszeitung, 24. März 1980
182 Zitiert nach Mitschrift des Redebeitrages von Trampert auf dem Hagener Parteitag
183 Handelsblatt, 15. November 1982. Kontroversen gab es auf dem Parteitag auch um die Libyen- und Japanreisen prominenter Grüner. So haben sich Anfang Juli 1982 eine Woche lang in Libyen auch Mitglieder der Grünen aufgehalten und sind dort zweimal mit dem Staatschef Gaddafi zusammengetroffen. Zu den Gästen Gaddafis zählten der Friedensforscher Mechtersheimer, die Landtagskandidatin der hessischen Grünen, Gertrud Schilling, das Bundesvorstandsmitglied der Grünen, Vogt, sowie der der AL angehörende Berliner Rechtsanwalt Schily. Nach Zeitungsberichten habe Frau Schilling gelegentlich dieser Reise erklärt, »die Grünen haben sich zum Ziel gesetzt, die Parlamente abzuschaffen, d. h. direkte Demokratie zu praktizieren«. Sie habe unter Verweis auf die libyschen Volkskongresse erklärt, man strebe ähnliches an: »Das Machtspiel der Parteien wollen wir aus dem Gleichgewicht bringen, es zerstören.« (Frankfurter Allgemeine Zeitung, 23. Juli 1982)
184 Die Tageszeitung, 3. November 1982
185 Ebd.
186 Ebd.
187 Handelsblatt, 15. November 1982
188 Frankfurter Allgemeine Zeitung, 21. Januar 1983
189 Kölner Stadtanzeiger, 6. Juni 1983
190 Die Welt, 6. Juni 1983
191 Ebd.
192 Wolfgang Kraushaar in der Einleitung seines von ihm herausgegebenen Sammelbandes »Was wollen die Grünen im Parlament«, Frankfurt 1983, S. 10 (KKW = Kernkraftwerk; WWA = Wiederaufbereitungsanlage)
193 Die Grünen (Hrsg.), Die Grünen – das Bundesprogramm, Bonn, o. D., S. 4
194 Joschka Fischer, Für einen grünen Radikalreformismus, in: Kraushaar, a. a. O., S. 45
195 Der Spiegel, 20. September 1982
196 Die Zeit, 9. Juli 1982
197 Graue Zellen Westberlin, Die Verkehrung des Subjekts von der Klasse auf die Partei und autonome Bewegung, in: Kraushaar, a. a. O., S. 47 ff.
Die Grüne Partei als »vermuteter Ausdruck des Bürgerunmutes und der sozialen Empörung über die Politik« solle »in die Kärrnerarbeit des Parlamentsalltags eingespannt werden«, womit lediglich eine »Vertiefung des bereits existierenden Bruchs zwischen gesellschaftlicher Initiativbewegung und Grüner Partei« angestrebt werde.
Nach einer solchen Auffassung entwickeln sich die Grünen zu einer Partei, die die neuen sozia-

len Bewegungen im Sinne der bestehenden politischen und sozialen Ordnung integrieren wollen. »Der potentielle Bruch der massenhaften Loyalität zum System soll präventiv verhindert und der Konsens bestätigt, nötigenfalls wiederhergestellt werden. Das schwankende Vertrauen des Bürgers in die Parteienlandschaft gehört wieder in Ordnung gebracht, der nicht hinwegharmonisierbare Konfliktfaktor Masse der Bevölkerung, das störende Element Bürger, entschärft, kanalisiert und instrumentalisiert.«

Die Grüne Partei bestätige durch ihre Teilnahme am parlamentarischen Wahlakt »die entpolitisierende, kontraemanzipatorische Funktion des Wahlaktes, der die Massen nicht zu politischem Handeln aktiviert, sondern in ihrer Passivität befestigt und ihr Konsumverhalten sowie ihre streckenweise bewußtlose Zustimmung zum Bestehenden fördert«.

Bei einer solchen Deutungsweise bleibt nicht aus, daß mit der Gründung der Grünen als Bundespartei die »Oppositionsbewegung« zwar einerseits »abstrakt« in einer bundesweit agierenden Organisation vereinheitlicht, »real jedoch gespalten« wurde, da sich die in der politischen Zusammensetzung der grünen-alternativen Bewegung dominierende Strömung, nämlich die »bürgerlich-integrationistische Position« von der »radikal-demokratischen und revolutionären« abgetrennt habe.

198 Ebd., S. 52
199 Pflasterstrand, Nr. 155, 9. April bis 22. April 1983, S. 13
200 Ebd.
201 Ebd., S. 15
202 Ebd., S. 14
203 Die Grünen (Hrsg.), Die Grünen – Das Bundesprogramm, Bonn, o. D., S. 4
204 Ebd., S. 5
205 Ebd.
206 Joseph Huber, Basisdemokratie und Parlamentarismus, in: Aus Politik und Zeitgeschichte, B 2/83, 15. Januar 1983
207 Ebd.
208 Ebd.
209 Ebd., S. 5
210 Frankfurter Allgemeine Zeitung, 10. Februar 1982
211 Ebd.
212 Ebd.
213 Ebd.
214 Joschka Fischer, Für einen grünen Radikalreformismus, in: Kraushaar, a. a. O., S. 38
215 Joachim Hirsch, Zwischen Fundamentalopposition und Realpolitik, in: Wolfgang Kraushaar, a. a. O., S. 64 f.
216 Der Spiegel, 20. September 1982
217 Joseph Huber, Basisdemokratie und Parlamentarismus, in: aus politik und zeitgeschichte, B 2/83, vom 15. Januar 1983
218 Joschka Fischer, Für einen Grünen Radikalreformismus, in: Wolfgang Kraushaar, Was sollen die Grünen im Parlament, Frankfurt 1983, S. 41
219 Ebd. S. 42
220 Ebd. S. 43
221 Ebd. S. 44
222 Ebd. S. 44 f.
223 Ebd. S. 45
224 Ebd. S. 46
225 Huber, Basisdemokratie, a. a. O.
226 Siehe Kapitel zur DKP, VII D 6.
227 Rundbrief 3/82, »An alle Kreisverbände der Grünen in Baden-Württemberg«, abgedruckt in: Kommunistische Volkszeitung Nr. 12, 26. März 1982, S. 4
228 Ebd.

VII. Thesen zur Protestbewegung

1 Richard Löwenthal, Der romantische Rückfall, a. a. O. S. 9.
2 Bernd Rabehl, DKP – eine neue sozialdemokratische Partei, a. a. O., S. 93
3 Siehe hierzu: Theodor Ebert, Gewaltfreier Aufstand – Alternative zum Bürgerkrieg, Freiburg 1968
4 Siehe kritisch hierzu: Daniel Frei, Friedenssicherung durch Gewaltverzicht?, in: Aus Politik und Zeitgeschichte, B 15–16/83, 16. April 1983
5 Siehe hierzu ausführlicher: Gerd Langguth, Jugend ist anders, a. a. O., S. 13 ff.

6 Horst Mahler, Über den bewaffneten Kampf in Westeuropa, in: Bewaffneter Kampf, a. a. O., S. 75

6a Siehe hierzu die Erörterungen der Enquete-Kommission des Deutschen Bundestages

7 Kurt Lenk, Institutionalisierung – Endstation sozialer Bewegung? In: Redaktion der Frankfurter Hefte (Hrsg.) Existenzwissen, Frankfurt a. M. 1983.

8 Ebd.

9 So erklärte der Rechtsextremist Michael Kühnen: »Es gab die Protestbewegung. Und das ist im Grunde ja etwas, womit die Jugendrevolte begonnen hat. Und da sind wir ja im Grunde ein Teil von. Nicht? Daß eben mit dieser Entscheidung für den Luxus und gegen die Welt des Geistes, gegen . . . die Ideale, daß mit dieser Entscheidung zugleich auch . . . die Jugendbewegung begonnen hat . . ., daß diese Jugendbewegung natürlich zunächst zwangsläufig linke Züge tragen mußte, weil eben alles, was rechts stand, total verteufelt war . . . Es mußte also erst mal diese linke Protestbewegung kommen, Erfolg haben und dann doch letzten Endes scheitern, um eben . . . den Weg frei zu machen für eine entsprechende Bewegung rechts . . .« Karl Klaus Rabe (Hrsg.), Rechtsextreme Jugendliche, Bornheim-Merten 1980, Seite 172 ff; zitiert nach: Forschungsprojekt „Jugend und Rechtsextremismus", Frankfurt a. M. 1981, S. 219.

10 Verfassungsschutzbericht 1982, a. a. O., S. 21

11 Ebd., S. 113

12 Siehe hierzu ausführlich: Gerd Langguth, Jugend ist anders, a. a. O., S. 25 ff.

13 Karl Dietrich Bracher, Zeit der Ideologien, Stuttgart 1982, S. 316

14 Ebd., S. 314

X. Bibliographie

1. Bücher, Zeitungs- und Zeitschriftenaufsätze

Abendroth/Ridder/Schönfeldt: KPD-Verbot oder mit Kommunisten leben? Reinbek b. Hamburg (Rowohlt) 1968

Abosch, Heinz: Trotzki-Chronik – Daten zu Leben und Werk. München (Carl Hauser) 1973

Adamczak, Wolfgang: Zur ideologischen Auseinandersetzung im Wissenschaftsbetrieb. In: Facit, Nr. 36, Okt. 1974

Adler, H. H./Wienert, H.: »Proletarische Aufklärung« oder sozialistischer Hochschulkampf – Zur Politik des maoistischen »U«SB. In: Facit, Nr. 27, Juli 1972

Adorno, Agartz/Benscher u. a.: Autorität – Organisation – Revolution. Rozdruck 1972

Agnoli, Johannes/Brückner, Peter: Die Transformation der Demokratie. Frankfurt (Europäische Verlagsanstalt) 1968

Agnoli, Johannes: Thesen zur Transformation der Demokratie und zur außerparlamentarischen Oppositon. In: Neue Kritik, Nr. 47, April 1968

Ahlberg, René: Akademische Lehrmeinungen und Studentenunruhen in der Bundesrepublik. Freiburg (Rombach) 1970, 1. Aufl.

Ahlberg, René: Die politische Konzeption des Sozialistischen Deutschen Studentenbundes. In: Schriften der Bundeszentrale für politische Bildung. Bonn 1968

Ahlberg, René: Ursachen der Revolte. Analyse des studentischen Protests. Stuttgart (Kohlhammer) 1972

Akademie für Politische Bildung Tutzing, Hausbesetzungen, Tutzing 1981

Albert, Hans: Plädoyer für kritischen Rationalismus. München (Piper) 1971, 2. Aufl.

Allerbeck, Klaus R./Rosenmayr, Leopold: Aufstand der Jugend? – Neue Aspekte der Jugendsoziologie. München (Juventa) 1971

Allerbeck, Klaus R.: Eine strukturelle Erklärung von Studentenbewegungen in entwickelten Industriegesellschaften. Kölner Zeitschrift für Soziologie und Sozialpsychologie, Jg. 23, 1971

Allerbeck, Klaus R.: Soziologie radikaler Studentenbewegungen – Eine vergleichende Untersuchung in der Bundesrepublik Deutschland und den Vereinigten Staaten –. München–Wien (Oldenbourg) 1973

Allerbeck/Rosenmayr: Aufstand der Jugend? – Neue Aspekte der Jugendsoziologie –. München (Juventa) 1971

Amendt, Günter (Hrsg.): Kinderkreuzzug oder Beginnt die Revolution in den Schulen? Reinbek b. Hamburg (Rowohlt) 1968

Amendt, Günter: Spontaneität und Organisation. In: Fazit extra, Mai 1978

Amilié, F./Bahr, A. D./Krescic, A./Rocker, R.: Anarchismus und Marxismus, Bd. 1. Berlin (Karin Kramer) 1973

Andersen (Hrsg.): Das kleine rote Schülerbuch. Frankfurt (Neue Kritik) 1970, 2. Aufl.

Andreas/Micky/Thomas/Ute: Was lange gärt, wird endlich Wut! In: Kursbuch, Nr. 48, Juni 1977

Appelhans, Heinrich/Bockemühl, Christian/Plitt, Werner/Wehrmeyer, Günter: Die DKP – Keine Alternative für Demokraten, Bonn-Bad Godesberg (Verlag Neue Gesellschaft) 1975

Arbeitsgruppe Höchst (ML), Hrsg., Bo Gustafsson: Bemerkungen zur Stalinfrage. In: diskussionsbeiträge zu fragen des marxismus-leninismus, heft 1. Frankfurt am Main 1970

Arbeitsgruppe Westerberliner Stattbuch (Hrsg.) Stattbuch 2, Berlin, September 1980

Arbeitskreis zum Schutz der Freiheit von Forschung und Lehre in der Freien Universität Berlin: Analysen zur aktuellen Situation der deutschen Universität

ASTA der Universität Frankfurt/Main (Hrsg.): Alles unter Verschluß, Frankfurt a. M., Januar 1977

AUSS: Sozialistische Praxis im Schulkampf, o. O., o. D.

Aust, Stefan/Rosenbladt, Sabine: Hausbesetzer – wofür sie kämpfen, wie sie leben und wie sie leben wollen, Hamburg (Hoffmann & Campe) 1981

Autorenkollektiv: Der staatsmonopolistische Kapitalismus. Frankfurt am Main (Marxistische Blätter) 1973

Autorenkollektiv: Kleines Politisches Wörterbuch. Berlin (Dietz) 1973

Autorenkollektiv: Bürgerlicher und faschistischer Antisemitismus: Faschismusanalyse, Revolutionäre Schriften III. Berlin (Underground Press I) 1968

Baacke, Dieter: Jugend und Subkultur. München (Juventa) 1972

Bachem, Hans: Bedingungen für den Erfolg oder Mißerfolg des extremen Radikalismus im demokratischen System. In: Politischer Extremismus in der Demokratie, Politische Akademie Eichholz, Konrad-Adenauer-Stiftung e. V., Juli 1970

Bacia, Jürgen/Scherer, Klaus-Jürgen: Paßt bloß auf, Was will die neue Jugendbewegung, Berlin (Olle & Wolter) 1981

Von Bayer-Katte, Wanda/Claessens, Dieter/Feger, Hubert/Neidhardt, Friedhelm: Gruppenprozesse (Analysen zum Terrorismus, Bd. 3, hrsg. vom Bundesministerium des Innern). Opladen (Westdeutscher Verlag) 1982

Bahro, Rudolf: Elemente einer neuen Politik – Zum Verhältnis von Ökologie und Sozialismus. Berlin (Olle & Wolter) 1980

Bahro, Rudolf: Wahnsinn mit Methode – Über die Logik der Blockkonfrontation, die Friedensbewegung, die Sowjetunion und die DKP. Berlin (Olle & Wolter) 1982

Bange, Uli/Büscher, Jürgen: Marx an die Hochschule. In: Facit, Nr. 25, Nov. 1971

Barth, Prof. Kuno: Die Revolutionierung der Schüler – Hintergründe, Ziele, Abwehr – Teil I. Mannheim, Selbstverlag d. Verf.

Bartsch, Günter: Entwicklung und Organisation des deutschen Anarchismus von 1945 bis zur Gegenwart – ein Überblick in: Funke, Manfred: Extremismus im demokratischen Rechtsstaat, Bonn 1982

Bartsch, Günter: Trotzkismus als eigentlicher Sowjetkommunismus? Die 4. Internationale und ihre Konkurrenzverbände. Berlin–Bonn–Bad Godesberg (J. H. W. Dietz Nachf.) 1977

Bärwald, Helmut: Deutsche Kommunistische Partei – Die kommunistische Bündnispolitik in Deutschland. Köln (Wissenschaft und Politik) 1970, 2. Aufl.

Bärwald, Helmut/Scheffler, Herbert: Rechts – links III. Bad Godesberg (Hohwacht) 1969

Bärwald, Helmut: Die DKP – Ursprung, Weg, Ziel. In: Schriftenreihe der Bundeszentrale für politische Bildung. Bonn 1969, 2., ergänzte Aufl.

Basisgruppe Medizin, Gießen, Fachschaft Medizin Gießen (Hrsg.): Sozialistisches Patientenkollektiv Heidelberg, SPK, Dokumentation Teil 2 (Oktober 1970 – August 1971)

Basisgruppe Medizin, Gießen, Fachschaft Medizin Gießen (Hrsg.): Dokumentation zum Sozialistischen Patientenkollektiv Heidelberg

Basisgruppe Moabit, Projektgruppe Räte: Revolte der Arbeiter. Berlin, Oberbaumpresse

Baumann, Bommi: Wie alles anfing. Frankfurt a. M. 1979

Bauß, Gerhard: Die Studentenbewegung der sechziger Jahre in der Bundesrepublik und Westberlin, Köln (Pahl-Rugenstein) 1977

Bauß, Gerhard: Studentenbewegung in der BRD. In: Facit, Nr. 33, 10. Jg., Februar 1974

Bayerisches Staatsministerium des Innern: Verfassungsschutzbericht Bayern 1981

Becker, Jillian: Hitlers Kinder? Der Baader-Meinhof-Terrorismus. Frankfurt a. M. (Fischer) 1978

Beimler, H./Hordel, H./Schneider, P. (Redaktionskollektiv): Sozialistischer Kampf, Nr. 4/1973, Eigendruck im Selbstverlag. Bochum 1973, 1. Aufl. 1500

Benedict, Hans Jürgen: Bürger, Linke und Gewalt. Ein subjektives Plädoyer für einen radikalen Pazifismus der Bürgerinitiativen. In: Kursbuch Nr. 48, Juni 1977

Bergmann/Dutschke/Lefèvre/Rabehl: Rebellion der Studenten oder Die neue Opposition. Reinbek b. Hamburg (Rowohlt) 1968

Berger, Peter L./Neuhaus, Richard J.: Protestbewegung und Revolution oder die Verantwortung der Radikalen – Radikalismus in Amerika. Frankfurt am Main (Fischer) 1971

Bessau, Gerhard: SDS – Teil der Arbeiterbewegung. In: Facit, Nr. 12, Febr. 1968

Bettelheim/Dobb/Hubermann/Mandel/Sweezy u. a.: Zur Kritik der Sowjetökonomie. Berlin (Wagenbach) 1969, Politik 11

Bewegung 2. Juni (Hrsg.): Der Blues – gesammelte Texte der Bewegung 2. Juni, o. O. (o. D.)

Beyer, Hans/Großer, Günther/Schneider, Kurt (Hrsg.): Antimonopolitische Alternative – Sozialistische Perspektive. VEB, Berlin (Deutscher Verlag der Wissenschaften) 1973

Beywl, Wolfgang: Die Alternativpresse – ein Modell für Gegenöffentlichkeit und seine Grenzen. In: Aus Politik und Zeitgeschichte B 45/82, 13. November 1982

Bilstein/Binder/Elsner/Klose: Organisierter Kommunismus in der Bundesrepublik Deutschland. In: Analysen 15. Opladen (Leske) 1974, 2. Aufl.

Birkner, Lothar/Heiseler, Marcella: Stand und Perspektiven der Schülerbewegung. In: Marxistische Blätter 4, Frankfurt am Main, 7. Jg., Juli/August 1969

Bitter, Wilhelm (Hrsg.): Freiheit – ohne Autorität? Stuttgart (Klett) 1972

342

Blanke, Bernhard: Doppelte Loyalität kontra schlechtes Gewissen. In: Neue Kritik, Nr. 48/49, August 1968
Blanke, Bernhard: Dutschkismus als Gerücht. In: Neue Kritik, Nr. 47, April 1968
Blasenbrei, Heiner: Studentenbewegung und Kampfbedingungen der Studentenbewegungen. In: Facit 33, 10. Jg., Febr. 1974
Bleuel, Hans Peter/Klinnert, Ernst: Deutsche Studenten auf dem Weg ins Dritte Reich. Gütersloh (Sigbert Mohn) 1967
Bochenski, J. M.: Marxismus-Leninismus – Wissenschaft oder Glaube. München–Wien (Olzog) 1973
Bock, Hans Manfred: Geschichte des ›linken Radikalismus‹ in Deutschland. Ein Versuch. Frankfurt a. M. (Suhrkamp) 1976
Bockemühl/Naßmacher/Plitt/Wehrmeyer: Wider die Thesen der DKP – Argumente für die Demokratie. Bonn-Bad Godesberg (Neue Gesellschaft) 1972
Bodelle, Jürgen: Die antimonopolistische Demokratie – Alternative zur spätkapitalistischen Gesellschaft der BRD. Berlin (Dr. Duwe Verlag GmbH) 1973, 2. Aufl.
Bolaffi, Angelo/Kallscheuer, Otto: Die Grünen: Farbenlehre eines politischen Paradoxes. Zwischen neuen Bewegungen und Veränderungen der Politik. In: Prokla Nr. 51, Juni 1983, S. 62 ff.
Böll, Heinrich/Dutschke, Rudi u. a. (Hrsg.): Die Erschießung des Georg von Rauch. Berlin (Wagenbach) 1976
Bopp, Jörg: Trauer-Power. Zur Jugendrevolte 1981. In: Kursbuch Nr. 65, Oktober 1981
Bopp, Jörg: Wir wollen keine neuen Herren – Streitschriften zur Jugend- und Psychoszene. Frankfurt (Eichborn) 1982
Boettcher, Carl-Heinz: Der Aufstand wird vorbereitet. Köln (Markus) 1969
Bossle, Lothar: Soziologie und Psychologie des Radikalismusphänomens in der Politik. In: Politische Studien, Nr. 220, 26. Jg. März/April 1975. München (Olzog)
Bossle, Lothar: Soziologie und Psychologie des Radikalismusphänomens in der Politik. In: Funke, Manfred Extremismus im demokratischen Rechtsstaat. Bonn 1982
Bottomore, T. B.: Radikales Denken. München (Nymphenburger Verlagshandlung) 1969
Bracher, Carl Dietrich: Zeit der Ideologien – eine Geschichte politischen Denkens im 20. Jahrhundert. Stuttgart (Deutsche Verlagsanstalt) 1983
Brand, Karl-Werner: Neue soziale Bewegungen. Opladen (Westdeutscher Verlag) 1982
Brandes, Volkhard/Schön, Bernhard: Wer sind die Instandbesetzer? Bensheim (päd extra buchverlag) 1981
Bredow, Wilfried Frhr. von: Zusammensetzung und Ziele der Friedensbewegung in der Bundesrepublik Deutschland. In: Aus Politik und Zeitgeschichte B 24/82, 19. Juni 1982
Breßlein, Erwin: Drushba! Freundschaft? – Von der Kommunistischen Jugendinternationale zu den Weltjugendfestspielen. Frankfurt am Main (Fischer) 1973
Brezinka, Wolfgang: Die Pädagogik der Neuen Linken. Stuttgart (Seewald) 1972
Briem, Jürgen: Der SDS – Geschichte des bedeutendsten Studentenverbandes der BRD von 1945–1961. Frankfurt a. M. (päd. extra Buchverlag) 1976
Brocher, Tobias: Revolution oder Innovation? Beitrag in: Der Monat, Heft 239, August 1968
Brückner, Peter: Erklärung vor den Studenten der V. Fakultät der TU Hannover zu meiner Suspendierung und ihrer Aufhebung, Hrsg.: Publikationskollektiv d. SDS Hannover. Hannover (Internationalismus Verlag) März 1974, 1. Aufl.
Brückner, Peter: Kritik an der Linken – Zur Situation der Linken in der BRD, RLV Text 3. Köln 1973, 1. Aufl.
Brückner, Peter/Leithäuser, Thomas/Kriesel, Werner: Politisierung der Wissenschaften, Rotdruck, Band 27, 1973
Brückner, Peter: Politisch-psycholgische Anmerkungen zur Roten-Armee-Fraktion. In: Sozialistisches Jahrbuch 5, Politik 47, Berlin (Wagenbach) 1973
Brückner, Peter/Krovoza, Alfred: Staatsfeinde – Innterstaatliche Feinderklärung in der BRD, Rotbuch 40. Berlin (Wagenbach) 1972
Brückner, Peter: Die Transformation des demokratischen Bewußtseins
Brückner, Peter: Über die Gewalt. Berlin (Wagenbach) 1979
Brückner, Peter: Ulrike Marie Meinhof und die deutschen Verhältnisse. Berlin (Wagenbach) 1976
Bundesministerium des Innern (Hrsg.): Auseinandersetzung mit dem Terrorismus (Möglichkeiten der politischen Bildungsarbeit). Stuttgart (Kohlhammer) 1981
Bundesministerium des Innern (Hrsg.): betrifft: Verfassungsschutz 1969/70. Bonn 1971
Bundesministerium des Innern (Hrsg.): betrifft: Verfassungsschutz 1971. Bonn 1972
Bundesministerium des Innern (Hrsg.): betrifft: Verfassungsschutz 1972. Bonn 1973
Bundesministerium des Innern (Hrsg.): betrifft: Verfassungsschutz 1973. Bonn 1974
Bundesministerium des Innern (Hrsg.): betrifft: Verfassungsschutz 1976. Bonn 1977
Bundesministerium des Innern (Hrsg.): betrifft: Verfassungsschutz 1974. Bonn 1975

343

Bundesministerium des Innern (Hrsg.): betrifft: Verfassungsschutz 1975. Bonn 1976
Bundesministerium des Innern (Hrsg.): betrifft: Verfassungsschutz 1977. Bonn 1978
Bundesministerium des Innern (Hrsg.): betrifft: Verfassungsschutz 1978. Bonn 1979
Bundesministerium des Innern (Hrsg.): betrifft: Verfassungsschutz 1979. Bonn 1980
Bundesministerium des Innern (Hrsg.): betrifft: Verfassungsschutz 1980. Bonn 1981
Bundesministerium des Innern (Hrsg.): betrifft: Verfassungsschutz 1981. Bonn 1982
Bundesministerium des Innern (Hrsg.): betrifft: Verfassungsschutz 1982. Bonn 1983
Bundesministerium des Innern (Hrsg.): Zum Thema: hier: Die Studentenunruhen. Bonn Juli 1969, 2. Aufl.
Bundesvereinigung der Deutschen Arbeitgeberverbände: Die Herausforderung der Neuen Linken – Prüfstein unserer Gesellschaft. Hrsg.: Juniorenkreis der deutschen Wirtschaft 1973
Buro, Andreas: Zwischen sozial-liberalem Zerfall und konservativer Herrschaft – Zur Situation der Friedens- und Protestbewegung in dieser Zeit. Offenbach (Verlag 2000) 1982
Bussink, Gerrit/Jansen, Tineke: Bericht aus Kraakstadt. In: Kursbuch, Nr. 65, Oktober 1981
Bundeszentrale für politische Bildung (Hrsg.): Jugendprotest im demokratischen Staat – Berichte und Arbeitsmaterialien der Enquête-Kommission des Deutschen Bundestages (Schriftenreihe der Bundeszentrale für politische Bildung, Bd. 196). Bonn 1983
Carmichael/Cerassi/Goodman/Marcuse/Sweezy: Dialektik der Befreiung. Reinbek b. Hamburg (Rowohlt) 1969, 2. Aufl.
Classen/Peters: Rebellion in Frankreich. München (Deutscher Taschenbuch Verlag) 1968
Clarke, John/Cohen, Phil, u.a.: Jugendkultur als Widerstand. Frankfurt a. M. (Syndikat) 1979
Claussen, Detlev/Leineweber, B./Negt, O.: Rede zur Beerdigung des Genossen Hans-Jürgen Krahl. In: Neue Kritik, Nr. 55/56, 1970
Claussen, Detlev/Domitzel, Regine: Universität und Widerstand – Versuch einer politischen Universität in Frankfurt. Frankfurt am Main (Europäische Verlagsanstalt) 1968
Cleaver, Eldridge: Seele auf Eis. München (Carl Hauser) 1969, 2. Aufl.
Cohn-Bendit, Daniel: Linksradikalismus – Gewaltkur gegen die Alterskrankheit des Kommunismus. Reinbek b. Hamburg (Rowohlt) 1968
Cohn-Bendit, Daniel: Der große Basar. München (Trikont) 1975
Coppik, Manfred/Kelly, Petra: Wohin denn wir – Texte aus der Bewegung. Berlin (Oberbaumverlag) 1982
Dach, H. von: Der totale Widerstand – Kleinkriegsanleitung für jedermann. Biel (Schweizerischer Unteroffiziersverband) 1972, 4. Aufl.
Darmstädter Studentenzeitung (Hrsg.): SPD und Staat, Politik 51, Berlin (Wagenbach) 1974
Deppe, Frank: Parlamentarismus. In: Neue Kritik, Nr. 44, Nov. 1967
Deppe, Frank/Lange, Hellmuth/Peter, Lothar: Wissenschaftlich-technische Revolution und die Theorie der »neuen Arbeiterklasse«. In: Facit, Nr. 18, März 1970
Deppe, Frank (Hrsg.): 2. Juni 1967 und die Studentenbewegung heute. Dortmund (Weltkreis-Verlag) 1977
Dethloff, Klaus/Golzem, Armin, u.a.: Ein ganz gewöhnlicher Mordprozeß – Das politische Umfeld des Prozesses gegen Roland Otto, Karl-Heinz Roth und Werner Sauber. Berlin (Rotbuch) 1978
Dettling, Warnfried: Demokratisierung – Wege und Irrwege. Köln (Deutscher Institutsverlag) 1974
Deutscher Bundestag (Hrsg.): Jugendprotest im demokratischen Staat (II), Schlußbericht 1982 der Enquête-Kommission des 9. Deutschen Bundestages. Bonn 1983
Deutsches Jugendinstitut (Hrsg.): Die neue Jugenddebatte. München (Juventa) 1982
Deutsch-Israelische Studiengruppe e. V. an der Freien Universität Berlin: Diskussion 27 – im Auftrage des Bundesverbandes Deutsch-Israelischer Studiengruppen – 10. Jg. 1969
die tageszeitung, Verlag (Hrsg.): Sachschaden, Nr. 3, taz-journal, Nr. 2, Häuser- und andere Kämpfe, o. D.
DKP-Parteivorstand (Hrsg.): Aktionsprogramm – Beschlossen vom Essener Parteitag der DKP, 12./13. April 1969
DKP-Parteivorstand (Hrsg.): Entwurf-Programm der Deutschen Kommunistischen Partei. Neuss, Februar 1978
DKP-Parteivorstand (Hrsg.): Für die demokratische Hochschule – Vorschläge der Deutschen Kommunistische Partei zur Hochschulreform
DKP, Parteivorstand, (Hrsg.): Für die Einheit der Friedensbewegung. Düsseldorf 1982
DKP (Hrsg.): Für eine Wende zu demokratischem und sozialem Fortschritt – Bericht des Parteivorstands der DKP an den Mannheimer Parteitag, 1978
DKP-Parteivorstand (Hrsg.): Grundsatzerklärung der Deutschen Kommunistischen Partei. Beschlossen auf dem Essener Parteitag der DKP am 12./13. April 1969
DKP-Parteivorstand (Hrsg.): Protokolle des Düsseldorfer Parteitages der Deutschen Kommunistischen Partei. 25.–28. Nov. 1971. Hamburg (Blinkfüer-Verlag)

DKP-Parteivorstand (Hrsg.): Protokoll des Hamburger Parteitages der Deutschen Kommunistischen Partei. 2.-4. Nov. 1973. Düsseldorf (Dr. Wenzel-Verlag)

DKP-Parteivorstand (Hrsg.): Leitsätze der DKP für das antimonopolistische Bündnis mit den städtischen Mittelschichten. DKP kontra Großkapital. Beschlossen vom Präsidium des Parteivorstandes der DKP im August 1974

DKP-Parteivorstand (Hrsg.): Motor des Fortschritts, Jugendprogramm der Deutschen Kommunistischen Partei. Beschlossen von der VI. Tagung des Parteivorstandes der DKP. 30./31. Mai 1970

DKP-Landesausschuß Bayern: DKP in den Landtag! Das arbeitende Volk muß bestimmen! Programm der DKP zu den Bayerischen Landtagswahlen 1974

DKP (Hrsg.): Fragen an die Anhänger maoistischer Gruppen

DKP-Parteivorstand (Hrsg.): Kommunisten in der Friedensbewegung. Düsseldorf 1982

DKP-Parteivorstand (Hrsg.): Protokoll des 6. Parteitages der Deutschen Kommunistischen Partei, 29.-31. Mai 1981. Neuss o. D.

DKP-Parteivorstand (Hrsg.): Der Studentenstreik im Spiegel der Presse – UZ-aktuell, Neuss 1978

Deutsches Wirtschaftsinstitut Berlin (Hrsg.): Staat und Klassenkampf – Zur Machtfrage in Westdeutschland. Berlin (Staatsverlag der DDR) 1969

Dickhut, Willi: Die Restauration des Kapitalismus in der Sowjetunion. Stuttgart (Neuer Weg) Okt. 1974

Dietel/Eilsberger/Gintzel: Demonstration, Aufruf oder Element der Demokratie? Hrsg. von der Friedrich-Ebert-Stiftung, Bonn-Bad Godesberg 1969, 2., veränd. Aufl.

Does, Karl-Josef: Abschied vom Protest oder Ruhe vor dem Sturm? Studenten und Politik in der Bildungskrise. In: Aus Politik und Zeitgeschichte, B 12/77, 26. März 1977

Dollinger, Hans (Hrsg.): Revolution gegen den Staat? Die außerparlamentarische Opposition – die Neue Linke. Bonn–München–Wien (Scherz) 1968

Domes, Jürgen: Die Ära Mao Tse-tung. Stuttgart–Berlin–Köln–Mainz (Kohlhammer) 1971

Dörre, Klaus/Schäfer, Paul: In den Straßen steigt das Fieber – Jugend in der Bundesrepublik. Köln (Pahl-Rugenstein) 1982

Dortans, Johann-Ludwig: Arbeiterjugend zwischen Revolution und Reform – Die Radikalisierungsversuche der Neuen Linken und der Kommunisten. Köln 1970

Dreßen, Wolfgang (Hrsg.): Jahrbuch Politik 6. Berlin (Wagenbach) 1974

Dreßen, Wolfgang (Hrsg.): Sozialistisches Jahrbuch 3. Intellektuelle: Konterrevolutionäre oder Proleten? Rotbuch 28. Berlin (Wagenbach) 1971

Dreßen, Wolfgang (Hrsg.): Sozialistisches Jahrbuch. Berlin (Wagenbach) 1973

Duer, Hans Peter (Hrsg.): Unter dem Pflaster liegt der Strand. Berlin (Karin Kramer) 1974

Düspohl, Rolf: Demokratisierung der spätkapitalistischen Gesellschaft – Zur Konzeption des SDS. In: Berliner Zeitschrift für Politologie, 9. Jg., Nr. 1, Mai 1968

Dutschke, Rudi/Rabehl, Bernd/Semler, Christian: Ein Gespräch über die Zukunft. Aus: Kursbuch 14/1968

Dutschke, Rudi: Versuch, Lenin auf die Füße zu stellen. Politik 53. Berlin (Wagenbach) 1974

Dutschke, Rudi: Geschichte ist machbar. Berlin (Wagenbach) 1980

Dutschke, Rudi: Mein langer Marsch – Reden, Schriften und Tagebücher aus 20 Jahren (hrsg. von Gretchen Dutschke-Klotz, Helmut Gollwitzer und Jürgen Miermeister). Reinbek b. Hamburg (Rowohlt) 1980

Dutschke, Rudi: Die Revolte – Wurzeln und Spuren eines Aufbruchs (hrsg. von Gretchen Dutschke-Klotz, Jürgen Miermeister und Jürgen Treulieb). Reinbek b. Hamburg. Juni 1983

Eberle, Walter/Schlaffke, Winfried: Gesellschaftskritik von A–Z – Vorwürfe, Antworten, Literaturverweise. Freiburg, Basel, Wien (Herder) 1972, 2. Aufl.

Ebert, Theodor: Gewaltfreier Aufstand – Alternative zum Bürgerkrieg. Freiburg (Rombach) 1969, 2. Aufl.

Ebert, Theodor: Über die Methoden der außerparlamentarischen Opposition. In: Berliner Zeitschrift für Politologie, 9. Jg., Nr. 1, Mai 1968

Eckstein, George Günther: USA: Die Neue Linke am Ende? München (Carl Hanser) 1970

Eisenberg, Götz/Thiel, Wolfgang: Fluchtversuche, Argumentationen. Gießen (Polit-Buchvertrieb 1973)

Eisner, Erich: Der gesellschaftliche Standort der Studentenbewegung. In: Neue Kritik, Nr. 44, November 1967

Engelhardt/Lukas/Stammberger/Tetens/Zitterbarth: Zur Kritik der Marxistischen Gruppe (Theoriefraktion). Erlangen 1973

Eschen, K./Plogstedt, S./Sami, R./Serge, V.: Wie man gegen Polizei und Justiz die Nerven behält. Berlin (Rotbuch Verlag) 1973

Euchner, Walter: Über das Altern revolutionärer Ideen. In: Aus Politik und Zeitgeschichte B 32–33/82, 14. August 1982

345

Eucken-Erdsiek, Edith: Unsere Gesellschaftsordnung und die radikale Linke. Stuttgart (Seewald) 1971

Feldmann, Roland: Die historischen Grundlagen des politischen Extremismus in der Bundesrepublik. In: Politischer Extremismus in der Demokratie, Politische Akademie Eichholz, Konrad-Adenauer-Stiftung e. V., Juli 1970

Fetscher, Iring/Rohrmoser, Günter: Ideologien und Strategien (Analysen zum Terrorismus, hrsg. vom Bundesministerium des Innern). Opladen (Westdeutscher Verlag) 1981

Fetscher, Iring: Von Marx zur Sowjetideologie. Frankfurt am Main–Berlin–München (Diesterweg) 1970, 15. Aufl.

Fichter, Tilman/Lönnendonker, Siegward: Kleine Geschichte des SDS. Berlin (Rotbuch) 1977

Flechtheim, Ossip K., Extremismus und Radikalismus. In: Funke, Manfred Extremismus im demokratischen Rechtsstaat. Bonn 1982

Flechtheim, Ossip K./Rudzio, Wolfgang/Wilmar, Fritz/Wilke, Manfred: Der Marsch der DKP durch die Institutionen – Sowjetmarxistische Einflußstrategien und Ideologien. Frankfurt a. M. (Fischer) 1980

Frank, Pierre: Die Geschichte der IV. Internationale. Internationale Sozialistische Publikationen. Hamburg, 1. Aufl.

Frei, Bruno: Die anarchistische Utopie. Frankfurt am Main (Verlag Marxistische Blätter) 1971

Freyberg, Jutta von (Hrsg.): Protokoll des Kongresses »Wissenschaft und Demokratie«. Köln (Pahl-Rugenstein) 1973

Freydorf, Karl: Neuer Roter Katechismus. München (Rogner & Bernhard) 1968

Friedeburg/Hörlemann/Kadritzke/Ribert/Schumm: Freie Universität und politisches Potential der Studenten. Hrsg.: Heinz Maus und Friedrich Fürstenberg. Neuwied–Berlin (Luchterhand) 1968

Friedeburg, Ludwig von (Hrsg.): Jugend in der modernen Gesellschaft. Köln–Berlin (Kiepenheuer & Witsch) 1967, 4. Aufl.

Frister, Erich/Jochimsen, Luc (Hrsg.): Wie links dürfen Lehrer sein? Reinbek b. Hamburg (Rowohlt) 1972, 1. Aufl.

FU-Projektgruppe DKP und Bernd Rabehl: DKP – eine neue sozialdemokratische Partei. Berlin (Oberbaumpresse) 1969

Funke, Manfred (Hrsg.): Extremismus im demokratischen Rechtsstaat – Ausgewählte Texte und Materialien zur aktuellen Diskussion. Bonn (Schriftenreihe der Bundeszentrale für politische Bildung, Nr. 122) 1978

Funke, Manfred (Hrsg.): Totalitarismus – ein Studien-Reader zur Herrschaftsanalyse moderner Diktaturen. Düsseldorf (Droste) 1978

Gabele, Ingrid und Paul (Hrsg.): Programme progressiver Studentenverbände. Starnberg (Werner Raith) 1974

Gäbler, Bernd (Hrsg.): Das Prinzip Ohnmacht – eine Streitschrift zur Politik der ›Marxistischen Gruppe‹. Dortmund (Weltkreis) 1983

Garaudy, Roger: Marxismus im 20. Jahrhundert. Reinbek b. Hamburg (Rowohlt) 1969, 3. Aufl.

Gehret, J. (Hrsg.): Gegenkultur Heute. Amsterdam 1979

Gerns, Willi: Grundsätze politischer Bündnispolitik in demokratischen Bewegungen. In: Marxistische Blätter, 3/82

Gerns, Willi/Steigerwald, Robert/Weiß, Günter: Opportunismus heute. Frankfurt am Main (Verlag Marxistische Blätter) 1974

Gerns, Willi/Steigerwald, Robert: Probleme der Strategie des antimonopolistischen Kampfes. Frankfurt am Main (Verlag Marxistische Blätter) 1973, 2. Aufl.

GIM (Hrsg.) Ernest Mandel: Zur Theorie der Übergangsgesellschaft. In: Die Internationale, Sondernummer 3 (ISP)

GIM, Deutsche Sektion der IV. Internationale (Hrsg.): Leo Trotzki – Der Todeskampf des Kapitalismus und die Aufgaben der IV. Internationale. Das Übergangsprogramm, Rote Hefte 5, Frankfurt (ISP) 1974

Gremliza, Hermann L./Hannover, Heinrich (Hrsg.): Die Linke – Bilanz und Perspektiven für die 80er

Glaser, Hermann: Jugend zwischen Aggressionen und Apathie. Heidelberg/Karlsruhe (C. F. Müller Juristischer Verlag) 1980

Glaser, Hermann: Radikalität und Scheinradikalität – Zur Sozialpsychologie des jugendlichen Protests – München (Manz) 1970

Glucksmann, A./Gorz, A./Mandel, E./Vincent, J.-M.: Revolution Frankreich 1968. Ergebnisse und Perspektiven. Frankfurt am Main (Europäische Verlagsanstalt) 1968

Gorz, André: Die Aktualität der Revolution. Frankfurt am Main (Europäische Verlagsanstalt) 1970

Grebing, Helga: Linksradikalismus gleich Rechtsradikalismus, eine falsche Gleichung. Stuttgart (Kohlhammer) 1971

Gremliza, Hermann/Kammrad, Angela/Schilde, Ute/Thomczyk, Willy/Wallraff, Günter: Bertold Brecht – der anachronistische Zug oder Freiheit oder Democracy. München (Selbstverlag) 1979

Griese, Hartmut M.: Sozialwissenschaftliche Jugendtheorien – eine Einführung. Weinheim und Basel (Beltz) 1982

Griewank, Karl: Der neuzeitliche Revolutionsbegriff – Entstehung und Entwicklung. Frankfurt am Main (Europäische Verlagsanstalt) 1969, 2. Aufl.

Grossmann, Heinz/Negt, Oskar: Die Auferstehung der Gewalt. Frankfurt am Main (Europäische Verlagsanstalt) 1968

Grundlagen des wissenschaftlichen Sozialismus – Schulung: Verlag Jürgen Sendler 1973, 2. Aufl.

Gruppe marxistisch-leninistischer Studenten (MLS) Frankfurt (Hrsg.): Gegen den ›Linksopportunismus an der Hochschule‹ – Zur Kritik des KSB/ML. Sondernummer ML Hochschulpresse

Gruppe Neue Düsseldorfer Nachrichten: Vom KABD zur MLPD: Kein Schritt zur Partei! Duisburg (Selbstverlag) 1982

Guggenberger, Bernd: Die Neubestimmung des subjektiven Faktors im Neomarxismus. Freiburg–München (Karl Albert) 1973

Guggenberger, Bernd: Weltflucht und Geschichtsgläubigkeit – Strukturelemente des Linksradikalismus. Mainz (v. Hase & Koehler) 1974

Guggenberger, Bernd: Wem nützt der Staat? – Kritik der neomarxistischen Staatstheorie. Stuttgart (Kohlhammer) 1974

Guggenberger, Bernd: Wohin treibt die Protestbewegung? – Junge Rebellen zwischen Subkultur und Parteikommunismus, Ursachen und Folgen der Unfähigkeit zur Politik. Freiburg i. Br.–Basel–Wien (Herder) 1975

Habermas, Jürgen (Hrsg.): Antworten auf Herbert Marcuse. Frankfurt am Main (Suhrkamp) 1968, 4. Aufl.

Habermas, Jürgen: Protestbewegung und Hochschulreform. Frankfurt am Main (Suhrkamp) 1969

Hach, Lothar/Negt, Oskar/Reiche, Reimut: Protest und Politik, Probleme sozialistischer Politik, Bd. 10. Frankfurt (Neue Kritik) 1968

Häckel, Erwin/Elsner, Wolfram: Kritik der Jungen Linken an Europa. Bonn (Europa-Union) 1974, 2. Aufl.

Haller, Michael (Hrsg.): Aussteigen oder rebellieren – Jugendliche gegen Staat und Gesellschaft. Reinbek b. Hamburg (Rowohlt), September 1981

Hannah, John: Vielleicht liegt's nur an Langweile. In: Kursbuch, Nr. 6, Oktober 1981

Hanns-Seidel-Stiftung (Hrsg.): Angriff auf unsere Demokratie. München 1974

Härlin, Benny: Von Haus zu Haus – Berliner Bewegungsstudien. In: Kursbuch, Nr. 65, Oktober 1981

Hartung, Klaus: Versuch, die Krise der antiautoritären Bewegung wieder zur Sprache zu bringen. In: Kursbuch, Nr. 48, Juni 1977

Haug, Hans-Jürgen: Demokratisierung der Schule durch politische Schülerorganisationen – Kritik, Praxis und Pläne der AUSS. In: Blätter für deutsche und internationale Politik, 12. Jg. 1967

Haug/Maessen: Was wollen die Lehrlinge? Frankfurt am Main (Fischer) 1971

Haug, Fritz/Elfferding, Wieland (Hrsg.): Neue soziale Bewegungen und Marxismus. Berlin (Argument-Verlag) 1982

Häußermann, Hartmut/Kadritzke, Niels/Nevermann, Knut: Die Rebellen von Berlin – Studentenpolitik an der Freien Universität. Köln–Berlin (Kiepenheuer & Witsch) 1967, 2. Aufl.

Hautsch, Gerd: »Papiertiger«, »Sozialimperialismus«, »Supermächte«. Frankfurt am Main (Marxistische Blätter) 1974

Heck, Bruno: Nachdenken nach der Rebellion. In: Die politische Meinung 156, 19. Jg., Sept./Okt. 1974. Bonn (Eichholz)

Heckelmann, Günther/Heumann, Lucas: Herbert Marcuse und die Szene 1978. In: Die Politische Meinung, Nr. 181, November/Dezember 1978, S. 55–69

Heimann, Horst: Der Beitrag der Kritischen Theorie zur Auslösung der Krise unserer Zeit. In: Aus Politik und Zeitgeschichte, B 50/81, 12. Dezember 1981

Heinemann, H.: Bericht zur Entwicklung der Westberliner Basisgruppen. In: Facit, Nr. 15

Heinemann, Karlheinz: Marxismus kontra bürgerliche Ideologie – Aufgaben des ideologischen Kampfes an den Hochschulen der BRD. Facit, Nr. 30, 9. Jg.

Heiseler, J. H. von: Antiautoritäre Fraktionen und Positionen im SDS. In: Facit, Nr. 15

Heiseler, J. H. von: Zu einigen Ursachen der Schwankungen in der theoretischen Bewegung im SDS. In: Facit, Nr. 13–14

Heiseler, Wanja/Nix, Dieter: Zwischenbilanz an den Hochschulen. In: Marxistische Blätter 4, 7. Jg. Juli/August 1969. Frankfurt

Hennis, Wilhelm: Die deutsche Unruhe – Studien zur Hochschulpolitik. In: Zeitfragen, Nr. 6. Hamburg (Christian Wegner) 1969

Hentig, Hans von: Der jugendliche Vandalismus. Düsseldorf/Köln (Eugen Diederichs) 1967, 1. Aufl.

Hermann, Kai: Die Revolte der Studenten. Hamburg (Christian Wegner) 1967

Herrenknecht, Albert: Provinzleben. Frankfurt a. M. (Verlag Jugend und Politik) 1977

Herzbruch/Wagenbach, Klaus (Hrsg.): Jahrbuch Politik 8. Berlin (Wagenbach) 1978

Hesselbarth, Hellmuth: Aufbruch der »Vorproletarier« – Zur Soziologie der Studenten: In: Facit, Nr. 18, März 1970

Heumann, Lucas: Antiimperialistisches Kampffeld Hochschule – Zur Ideologie, Geschichte und Praxis kommunistischer Bündnispolitik an den Hochschulen. Köln (Deutscher Instituts-Verlag) 1983

Heumann, Lucas: Kommunistische Bündnispolitik in Europa. In: Aus Politik und Zeitgeschichte, B 48/82, 4. Dezember 1982

Hillmann, Susanne (Hrsg.): Rosa Luxemburg. Schriften zur Theorie der Spontaneität. Reinbek. b. Hamburg (Rowohlt) 1970

Hitpass, Josef: Radikale Minderheit – Schweigende Mehrheit. Osnabrück (A. Fromm) 1974, Texte, Thesen 44

Hitzer, Friedrich/Opitz, Reinhard (Hrsg.): Alternativen der Opposition. Köln (Pahl-Rugenstein) 1969

Hobe, Konrad: Zur ideologischen Begründung des Terrorismus. Bonn 1979

Hochkeppel, Willy (Hrsg.): Die Rolle der Neuen Linken in der Kulturindustrie. München (Piper) 1972

Hofmann, Werner: Universität, Ideologie, Gesellschaft – Beiträge zur Wissenschaftssoziologie. Frankfurt (Suhrkamp) 1968. 6. Aufl.

Höhler, Gertrud/Block, Achim: Gespräch der Generationen, Hannover (Schriftenreihe der Niedersächsischen Landeszentrale für politische Bildung) o. D.

Hohmann, Gemeinsam oder gar nicht – Jugend zwischen Protest und Anpassung. Düsseldorf–Wien (Econ) 1982

Höhn, Michael/Melzer, Gerhard: Der Streik bei Mannesmann im Herbst 1973 und die Kirche. In: stimme-Arbeitshefte Nr. 3. Mainz (Stimme) 1974

Hollstein, Walter: Der Untergrund. Neuwied. Berlin (Luchterhand) 1969, 2. Aufl.

Hollstein, Walter/Penth, Boris: Alternativprojekte. Reinbek b. Hamburg (Rowohlt) 1980

Holzkamp, Klaus: Wissenschaftstheoretische Voraussetzungen kritisch-emanzipatorischer Psychologie. Hrsg.: AG Methodenkritik der Fachschaft Psychologie. Hamburg (Arbeitstexte Verlag 0) Mai 1971, 1. Aufl.

Hoppe, Ingeburg: Gestaltung des Lebens und sozialistische Erziehung im Kindergarten, Akademie d. Päd. Wissenschaften der DDR. Berlin (Volkseigener Verlag) 1973, 1. Aufl.

Horchem, Hans Josef: Extremisten in einer selbstbewußten Demokratie – Rote-Armee-Fraktion, Rechtsextremismus, Der lange Marsch durch die Institutionen. Freiburg i. Br., Basel–Wien (Herder) 1975

Hornstein, Walter: Kindheit und Jugend in der Gesellschaft – Dokumentation des 4. Deutschen Jugendhilfetages. München (Juventa) 1970

Hornstein, Walter: Unsere Jugend. Weinheim und Basel (Beltz) 1982

Horx, Matthias: Alte Utopie und neue Wut, Frankfurter Szenen. In: Kursbuch, Nr. 65, Oktober 1981

Horx, Matthias/Sellner, Albrecht/Stephan, Cora (Hrsg.): Infrarot – die Utopie des totalen Lebens. Berlin (Rotbuch) 1983

Huber, Joseph, Basisdemokratie und Parlamentarismus. In: Aus Politik und Zeitgeschichte, B 2/83, 15. Januar 1983

Huber, Joseph: Wer soll das alles ändern – die Alternativen der Alternativbewegung. Berlin (Rotbuch) 1981

Huisker, Freerk: Antiautoritäres Verhalten und autoritäre Strukturen im SDS. In: Neue Kritik, 50. Okt. 1968

Hülsmann, Heinrich (Hrsg.): Strategie und Hypothese – Zur Beliebigkeit bürgerlicher Wissenschaftstheorie. Düsseldorf (Bertelsmann Universitätsverlag) 1972. Konzepte Sozialwissenschaft

Hund, Johanna: Zur Einschätzung linksradikaler Gruppierungen in der Studentenbewegung. In: Facit, Nr. 19, April 1970

Informationsdienst Arbeiterbildung: Bildungsarbeit im öffentlichen Dienst – Teil II. Offenbach 1974, Heft 7

INFRATEST Wirtschaftsforschung GmbH: Politischer Protest in der Bundesrepublik Deutschland – Beiträge zur sozialempirischen Untersuchung des Extremismus. Stuttgart–Berlin–Köln–Mainz (Kohlhammer) 1980

Innenministerium Baden-Württemberg: Verfassungsschutzbericht Baden-Württemberg 1982. Stuttgart 1983

Institut für Begabtenförderung der Konrad-Adenauer-Stiftung (Hrsg.): Die studentische Protestbewegung – Anlaysen und Konzepte. Mainz (v. Hase & Koehler) 1971

Institut für Marxismus-Leninismus beim Zentralkomitee der SED: Geschichte der deutschen Arbeiterbewegung, von Herbst 1929 bis Januar 1933, Kapitel IX. Berlin (Dietz) 1968

Institut für Marxistische Studien und Forschungen (IMSF) (Hrsg.): Jahrbuch des IMSF Marxistische Studien Nr. 5, Frankfurt a. M. 1982

Institut für Marxistische Studien und Forschungen – (IMSF) (Hrsg.): Klassenstruktur und Klassenbewußtsein in der BRD – Referate und Diskussionsbeiträge der wiss. Tagung des IMSF. Frankfurt am Main (Marxistische Blätter) 1974

Institut für Marxistische Studien und Forschungen (IMSF): Jugendliche in der DKP, Informationsbericht Nr. 34, Frankfurt a. M. 192

Institut für Marxistische Studien und Forschungen (IMSF) Frankfurt: Der staatsmonopolistische Kapitalismus – Einführungen in marxistische Analysen aus der DDR, Frankreich und der Sowjetunion. Frankfurt am Main (Marxistische Blätter) 1973

Internationalismuskommission (Hrsg.): Nixons Pekingreise. Bankrotterklärung des US-Imperialismus. Hamburg (Rote Presse)

Jacobs, Paul/Landau, Saul: Die Neue Linke in den USA – Analyse und Dokumentation. München (Carl Hauser) 1969

Jacobsen, Hans-Adolf/Dollinger, Hans: Die deutschen Studenten. München (Desch) 1968

Jäger, Herbert/Schmidtchen, Gerhard/Süllwold, Lieselotte: Lebenslaufanalysen (Analysen zum Terrorismus 2, hrsg. vom Bundesministerium des Innern). Opladen (Westdeutscher Verlag) 1981

Jaenicke, Dieter: Bewegungen – Versuch, die eigene Geschichte zu begreifen. Berlin (Verlag Ästhetik und Kommunikation) 1980

Jaide, Walter: Jugend und Demokratie – Pol. Einstellungen d. westdeutschen Jugend. München (Juventa) 1970

Jaide, Walter: Leitbilder heutiger Jugend. Neuwied (Luchterhand) 1968

Jeschke, Axel/Malanowski, Wolfgang: Der Minister und der Terrorist – Gespräche zwischen Gerhart Baum und Horst Mahler. Reinbek b. Hamburg (Rowohlt) 1980

Jogschies, Rainer G.: Zwei Täter. In: Kursbuch, Nr. 65, Oktober 1981

Jugendwerk der Deutschen Shell: Jugend '81 – Lebensentwürfe – Alltagskulturen – Zukunftsbilder, Bd. 1–3. Hamburg 1981

Jugendwerk der Deutschen Shell (Hrsg.): Näherungsversuche – Jugend '81. Opladen (Leske & Budrich) 1983

Kaiser, Rolf Ulrich (Hrsg.): Protestfibel. Bern–München–Wien (Scherz)1968

Kaiser, Rolf Ulrich: Underground? Pop? Nein! Gegenkultur!

Kallscheuer, Otto: Das System des Marxismus ist ein Phantom – Argumente für den theoretischen Pluralismus der Linken. In: Kursbuch, Nr. 48, Juni 1977

Kaltefleiter, Werner: Eine ›gespaltene‹ Generation. In: Die politische Meinung, 19. Jg., Sept./Okt. 1974, Heft 156. Bonn (Eichholz)

Karl, Frank D.: Die K-Gruppen. Bonn-Bad Godesberg (Verlag Neue Gesellschaft) 1976

Karl, Fred: Zwischen Subkultur und alternativer Politik. In: Blätter für deutsche und internationale Politik, 7/82, Juli 1982

Karuscheit/Schröder, Alfred: »Unsere nächsten Aufgaben – zur Einschätzung und zu den Aufgaben der Marxistisch-Leninistischen Bewegung«. Gelsenkirchen (Selbstverlag) 1978

Kasper, Hans: Revolutionäre sind Reaktionäre. Düsseldorf–Wien (Econ) 1969, 1. Aufl.

Kelly, Petra K.: Um Hoffnung kämpfen. Bornheim-Merten (Lamuv) 1983

Kelly, Petra/Leinen, Jo: Prinzip Leben – Ökopax – die neue Kraft. Berlin (Olle & Wolter) 1982

Kennan, George F.: Rebellen ohne Programm. Stuttgart (Henry Goverts) 1968, 2. Aufl.

Kepplinger, Hans Mathias: Rechte Leute von links – Gewaltkult und Innerlichkeit. Olden u. Freiburg i. Br. (Walter) 1970

Kerbs, Diethart (Hrsg.): Die hedonistische Linke – Beiträge zur Subkultur-Debatte. Neuwied u. Berlin (Luchterhand) 1970

Kern, Peter/Wittig, Hans-Georg: Die Friedensbewegung – zu radikal oder gar nicht radikal genug? In: Aus Politik und Zeitgeschichte, B 17/83, 30. April 1983

Kievenheim, Christof K.: Zur Ideologie und Organisation der technischen Intelligenz in der BRD. In: Facit, Nr. 18, März 1970

Klasen, Hans: Von Marx zu Mao Tse-tung. Trier (Spee) 1970

Klein, Dieter: Allgemeine Krise und staatsmonopolistischer Kapitalismus. Berlin (Dietz) 1974

Klein, Hans-Joachim: Rückkehr in die Menschlichkeit – Appell eines ausgestiegenen Terroristen. Reinbek b. Hamburg (Rowohlt), Dezember 1979

Klingemann, Hans D./Pappi, Franz M.: Politischer Radikalismus. München–Wien (Oldenbourg) 1972

Kluge, Alexander/Negt, Oskar: Kritische Theorie und Marxismus – Radikalität ist keine Sache des Willens, sondern der Erfahrung. Rotdruck 1974

Klüver, Jürgen/Wolf, Friedrich O.: Wissenschaftskritik und sozialistische Praxis – Konsequenzen aus der Studentenbewegung. Stuttgart-Bad Cannstatt (Friedrich Frommann Verlag Günther Holzboog) 1972

Klüver, Jürgen/Wolf, Friedrich O.: Wissenschaftskritik und sozialistische Praxis – Konsequenzen aus der Studentenbewegung. Frankfurt am Main (Fischer) 1973

Klüver, Jürgen/Wolf, Friedrich O. (Hrsg.): Wissenschaftskritik und sozialistische Praxis – Konsequenzen aus der Studentenbewegung. Frankfurt a. M. (Fischer) 1973

Knoche, Hansjürgen: Die DKP – Organisation, Ideologie, Politik. Hannover (Schriftenreihe der Niedersächsischen Landeszentrale für politische Bildung) 1980

Knütter, Hans-Helmuth: Die Neue Linke und der Antizionismus. In: Die Studentische Protestbewegung. Mainz (v. Hase & Koehler) 1971

Knütter, Hans-Helmuth: »Politischer Extremismus an den Hochschulen«. In: Funke, Manfred: »Extremismus im demokratischen Rechtsstaat«. Bonn 1978

Koepcke, Cordula: Revolution – Ursachen und Wirkungen. München–Wien (Olzog) 1971

Kolakowski, Leszek: Der revolutionäre Geist. Stuttgart (Kohlhammer) 1972

Kollektiv RAF (Hrsg.): Über den bewaffneten Kampf in Westeuropa. Rotbuch 29 (Wagenbach)

Kommunistische Partei Deutschlands (KPD) (Hrsg.): Breschnew und Brandt – Zwei Friedensheuchler reichen sich die Hände. Dortmund (Rote Fahne) 1973

Kommunistische Partei Deutschlands (KPD): Die Schüler Kautskys – Politik und Programm des KBW. Berlin (Rote Fahne) 1974

Kommunistische Partei Deutschlands (KPD) (Hrsg.): Gegen Monopoldiktatur für Volksdemokratie – Nur Volksfeinde stehen zur Wahl, ihnen keine Stimmen! – Dortmund (Rote Fahne)

Kommunistische Partei Deutschlands (KPD): Politische Resolution, verabschiedet vom 1. Parteitag der KPD. Berlin (Rote Fahne)

Kommunistische Partei Deutschlands (KPD) (Hrsg.): Programm und Aktionsprogramm der Kommunistischen Partei Deutschlands. West-Berlin (Rote Fahne) 1974

Kommunistische Partei Deutschlands (KPD): Vorwärts im Geiste Ernst Thälmanns! – Agitationsbroschüre der KPD zum 30. Jahrestag der Ermordung Ernst Thälmanns am 18. 8. 1944. Berlin (Rote Fahne) August 1974

Kommunistische Partei Deutschlands (KPD): KPD oder D»K«P – Kampfpartei der Arbeiterklasse oder Filiale des sowjetischen Sozialimperialismus. Köln (Verlag Rote Fahne) 1976

KPD/ML (Neue Einheit) (Hrsg.): Über das Wesen des DGB, von Klaus Sender. West-Berlin (Neue Einheit), Oktober 1972, 3. Aufl.

KPD/ML (Neue Einheit) (Hrsg.): Über die gegenwärtige Lage, die Bedingungen des Kampfes und die Aufgaben der Kommunistischen Bewegung. In: Neue Einheit, Organ der KPD/ML, Nr. 1/2/71. Berlin 1971

KPD/ML (Neue Einheit) (Hrsg.): Über die hinterlistige Falle, die die Roter-Morgen-Clique, ergänzt durch die Rote-Fahne-Clique, dem Marxismus-Leninismus in Deutschland stellt. In: Neue Einheit, Nr. 2/3/72. West-Berlin 1972

KPD/ML (Neue Einheit) (Hrsg.): Dokumente zum revolutionären 1. Mai 1972. West-Berlin (Neue Einheit) 1972

Kommunistische Partei Deutschlands/Marxisten-Leninisten, Landesverband Baden/Württemberg (Hrsg.): Für die Reinheit des Marxismus-Leninismus! Juli 1972

Kreisverband München und Ortsgruppe Freiburg der KPD/ML (Hrsg.): Die Marxistisch-Leninistische Lehre über Staat und Revolution

Kommunistische Partei Deutschlands/Marxisten-Leninisten (Roter Morgen) (Hrsg.): Der Parteiarbeiter – Funktionärsorgan der KPD/ML. Nr. 1, Aug. 1970

KPD/ML (Roter Morgen) (Hrsg.): Der sowjetisch-westdeutsche Vertrag, o. O., o. D.

KPD/ML (Roter Morgen) (Hrsg.): Die Kommunistische Partei Polens, o. O., o. D.

KPD/ML (Roter Morgen) (Hrsg.): Es lebe der Kommunismus – Was will die KPD/ML? Einige Fragen und Antworten. Hamburg (Roter Morgen) 1974. 2., verbesserte Auflage

KPD/ML (Roter Morgen) (Hrsg.): Es lebe der Leninismus, o. O., o. D.

KPD/ML (Roter Morgen) (Hrsg.): Stalins theoretische Arbeiten (1936–1953). Eine Kritik von Bo Gustafsson

KPD/ML (Roter Morgen) (Hrsg.): Zum Kampf bereit! Was will die KPD/ML? Hamburg (Roter Morgen) 1973

Kommunistische Partei Deutschlands/Marxisten-Leninisten (KPD/ML)-Revolutionärer Weg (RW): Die dialektische Methode in der Arbeiterbewegung. Revolutionärer Weg 6/71

KPD/ML – Revolutionärer Weg: Die Restauration des Kapitalismus in der Sowjetunion, 1. Teil. Revolutionärer Weg 7/71

KPD/ML – Revolutionärer Weg: Die Restauration des Kapitalismus in der Sowjetunion, 2. Teil. Revolutionärer Weg 8/72. Gemeinsames theoretisches Organ von KPD/ML und KAP/ML

KPD/ML – Revolutionärer Weg: Der Kampf um die Proletarische Linie. Verlag der KPD/ML 1970

KPD/ML – Revolutionärer Weg: Drei Programme – drei Dokumente des Revisionismus und Opportunismus. Revolutionärer Weg 1/69

KPD/ML – Revolutionärer Weg: Über den Parteiaufbau. Revolutionärer Weg 5/70

KPD/ML – Revolutionärer Weg: Warnung – Das trotzkistische Pferd in den Mauern der KPD/ML – Revolutionärer Weg. Sondernummer 1/71

Kommunistische Partei Deutschlands/Marxisten-Leninisten (KPD/ML) – Zentralbüro (ZB) (Hrsg.): Der Aufstand der polnischen Arbeiterklasse gegen die bürgerliche Diktatur der Gomulka-Clique. In: Schulungshefte der KPD/ML, Serie E – Fragen d. internat. kommunistischen und Arbeiterbewegung – 1971

KPD/ML – Zentralbüro (Hrsg.): Die Entwicklung der Produktion und der Gesellschaft von der Urgemeinschaft bis zum Untergang des Feudalismus, 1. In: Schulungshefte der KPD/ML, Serie A – Fragen d. polit. Ökonomie. Berlin (Zentraler Arbeiterverlag) 1971

KPD/ML – Zentralbüro (Hrsg.): Die Entwicklung des Kapitalismus vom Untergang des Feudalismus bis zur industriellen Revolution, 2. In: Schulungshefte der KPD/ML, Serie A – Fragen der polit. Ökonomie. Berlin (Zentraler Arbeiterverlag) 1971

KPD/ML – Zentralbüro (Hrsg.): Die Etappen des Parteiaufbaus und die Aufgaben der KPD/ML. Berlin (Zentraler Arbeiterverlag) 1971

KPD/AO: Ausgewählte Reden, Aufsätze und Beschlüsse der KPD-Aufbauorganisation. West-Berlin (Rote Fahne) 1971

Kommunistische Partei Deutschlands (Marxisten-Leninisten) (Neue Einheit) KPD/ML (Neue Einheit) (Hrsg.): Die linkssektiererische Linie in der KPD/ML. (Neue Einheit) 1971, 2. Aufl.

KPD/ML (Neue Einheit) (Hrsg.): Die Tatsachen über die Aufrüstung schlagen dem »Entspannungs«-Gerede der sowjetischen Revisionisten ins Gesicht. In: Neue Einheit, Nr. 1/74. Berlin

KPD/ML (Neue Einheit) (Hrsg.): Großer Aufruf zur revolutionären Mai-Demonstration 1972. In: Neue Einheit, Sondernummer 2/72. West-Berlin, Juni 1972, 3. Aufl.

KPD/ML (Neue Einheit) (Hrsg.): Nieder mit der korrupten Gewerkschaftsführung! Gegen das Verbot der KPD/ML (Neue Einheit) von Klaus Sender. West-Berlin (Neue Einheit), Mai 1972

Kommunistische Partei Deutschlands/Marxisten-Leninisten, Zentralkomitee (Hrsg.): 10 Jahre Kampf für ein vereintes, unabhängiges, sozialistisches Deutschland. Dortmund (Verlag Roter Morgen) 1979

KPD/ML – Zentralbüro (Hrsg.): Es lebe die ruhmreiche Kommunistische Partei Chinas. In: Kommunistischer Nachrichtendienst der KPD/ML und des KJVD. Sondernummer, Juli 1971

KPD/ML – Zentralbüro (Hrsg.): Es lebe die ruhmreiche Kommunistische Partei Chinas. Berlin (ZAV) 1971

KPD/ML – Zentralbüro (Hrsg.): Grundlagen und Methoden der Kaderarbeit. In: Kleine Bücherei des Parteiarbeiters, Heft 1. Berlin (ZAV) Juni 1970

KPD/ML – Zentralbüro (Hrsg.): Über Stalin, 1. In: Schulungshefte der KPD/ML. Serie C – Fragen der Geschichte der Arbeiterbewegung. Berlin (ZAV) 1971

KPD/ML – Zentralbüro (Hrsg.): Zwei Wege in den Sumpf des Opportunismus. Die Theorien des Roten Morgen, 1 Berlin (ZAV) 1971, 1. Aufl.

Kommunistischer Arbeiterbund/Marxisten-Leninisten (KAB/ML) (Hrsg.): Die politische Ökonomie des Marxismus. In: Die kommunistische Weltbewegung wächst und erstarkt. Internationale Schriftenreihe, Nr. 4, Sommer 1971

KPD-ZK (Hrsg.): Zur Bilanz und Perspektive der KPD – Beiträge zur Diskussion ›Über die Kommunistische Partei‹, Nr. 1 und Nr. 2. Köln (Verlag Rote Fahne) 1980

KAB/ML (Hrsg.): Leninismus oder Sozialimperialismus. In: Die kommunistische Weltbewegung wächst und erstarkt. Internationale Schriftenreihe, Nr. 2, Sommer 1971, 2. Aufl. (1. Aufl. 1970)

KAB/ML (Hrsg.): Über Staat und Revolution. In: Die kommunistische Weltbewegung wächst und erstarkt. Internationale Schriftenreihe, Nr. 3, Juni 1971

KAB/ML (Hrsg.): Verteidigt den Marxismus-Leninismus gegen die revisionistischen »Thesen« der Bachmann und Co. Tübingen (Neuer Weg) 1971, 1. Aufl.

Kommunistischer Arbeiterbund Deutschlands (KABD) (Hrsg.): Die gegenwärtige Wirtschaftslage und die proletarische Taktik – Stellungnahme der Zentralen Leitung des KABD, Januar 1973. In: Die aktuelle Reihe, Tübingen (Neuer Weg)

KABD: Die Restauration des Kapitalismus in der Sowjetunion, 3. Teil. In: Revolutionärer Weg 9/72

KABD: Einige Grundfragen des Parteiaufbaus. Revolutionärer Weg 10/73

KABD: Gewerkschaften und Klassenkampf, I. Teil. Revolutionärer Weg 11/73

KABD: Gewerkschaften und Klassenkampf, II. Teil. Revolutionärer Weg 12/73

KABD: Vorwärts zum Sozialismus! Grundsatzerklärung des Kommunistischen Arbeiterbundes Deutschlands. Aktionsprogramm gegen die Monopoloffensive. Dokumente des 1. Zentralen Delegiertentags des KABD

Kommunistischer Bund/Marxisten-Leninisten (KB/ML) (Hrsg.): Plattform des Kommunistischen Bundes (Marxisten-Leninisten). Sept. 1970. In: Kommunist, theoretisches Organ des Kommunistischen Bundes (Marxisten-Leninisten) West-Berlin

351

KB/ML West-Berlin (Hrsg.): Auflösung und Lernprozesse eines ML-Zirkels. In: Kommunist, Sondernummer 4, West-Berlin 1973

KB/ML West-Berlin (Hrsg.): Einschätzung des westdeutschen Imperialismus und Aufgaben der Kommunisten, Teil II. In: Kommunist, Nr. 4/5, Dez. 1971

Kommunistischer Bund Westdeutschland (KBW) (Hrsg.): Die Befreiung der Arbeiterklasse kann nur das Werk der Arbeiterklasse selbst sein. Beiträge auf der Kundgebung zur Landtagswahl in Hessen. Wiesbaden, 10. Sept. 1974

KBW: Ständiger Ausschuß des ZK, Materialien zur Auseinandersetzung in der marxistisch-leninistischen Bewegung Westdeutschlands. Mannheim (Kühl) 1976

KBW (Hrsg.): Ergebnisse der Gründungskonferenz des Kommunistischen Bundes Westdeutschland (Selbstverlag)

KBW (Hrsg.): Leitsätze zur Arbeit in den Gewerkschaften. Eine Verbesserung unserer Arbeit in den Gewerkschaften ist notwendig. (Verlagsgesellschaft Kommunismus und Klassenkampf) 1974

KBW (Hrsg.): Programmentwurf, Entwurf des Aktionsprogramms und politische Linie der Gruppe Rote Fahne (KPD) – Eine Polemik – (Verlagsgesellschaft Kommunismus und Klassenkampf) Mai 1974

Kommunistischer Jugendverband Deutschlands (KJVD) (Hrsg.): Der wirtschaftliche Kampf der Arbeiterjugend

KJVD (Hrsg.): Entschlossen den Kampf aufnehmen – Hinein in den Kommunistischen Jugendverband. Bochum 1970

KJVD (Hrsg.): Jungkommunist in Betrieb und Gewerkschaft, Nr. 1, Juni 1971

KJVD (Hrsg.): Sozialdemokratie und Sozialfaschismus – Schulungsbroschüre des KJVD, 1971

KJVD (Hrsg.): Straße frei! Zum roten Antikriegstag. West-Berlin (Neuer Arbeiterverlag, NAV) August 1972

Kommunistischer Jugendverband West-Berlin (KJVD West-Berlin) (Hrsg.): Die linkssektiererische Linie in der KPD/ML. Sondernummer (Neue Einheit) 1970.

Konrad-Adenauer-Stiftung (Hrsg.): Alternative Bewegungen, Tagungsbericht, Podiumsgespräch am 9. April 1981 in Berlin. St. Augustin (Selbstverlag) o. D.

Krahl, Hans-Jürgen: Konstitution und Klassenkampf. Frankfurt am Main (Neue Kritik) 1971. Kritik und Interpretation der kritischen Theorie über Adorno, Horkheimer, Marcuse, Benjamin, Habemas. Dutch Editing Company. Den Haag 1971

Krause, Christian/Lehnert, Detlef/Scherer, Klaus-Jürgen: Zwischen Revolution und Resignation? Alternativkultur, politische Grundströmungen und Hochschulaktivitäten in der Studentenschaft. Bonn (Verlag Neue Gesellschaft) 1980

Kraushaar, Wolfgang (Hrsg.): Was sollen die Grünen im Parlament? Frankfurt a. M. (Verlag Neue Kritik) 1983

Kraushaar, Wolfgang, Autonomie oder Getto? – Kontroversen über die Alternativbewegung. Frankfurt a. M. (Verlag Neue Kritik) 1978

Krings, Rainer: Alter Kack im neuen Frack – Zu den ideologischen und politischen Positionen der Spontis. In: Fazit extra, Mai 1978

Krings, Rainer: Wohin geht die Reise nach Tunix? In: Fazit extra, Mai 1978

Krockow, Christian Graf von: Der Dinosaurier will überleben. In: Der Monat, Heft 239, Aug. 1968

Krockow, Christian Graf von: Grenzen der Politik. In: Aus Politik und Zeitgeschichte, B 32-33/82, 14. August 1982

Krolow, Wolfgang/Zahl, Peter-Paul (Copyright): Instandbesetzer Bilderbuch. Berlin (Lit Pol Verlagsgesellschaft) 1981

Krombach, M./Hippe, W.: Bedingungen und Perspektiven einer neuen Studentenbewegung. In: Erziehung und Klassenkampf. Zeitschrift für marxistische Pädagogik, Nr. 14, 4. Jg. 1974. Frankfurt am Main (Roter Stern)

Krüger, Horst: Was ist heute links? München (Paul List) 1963

Kommunistischer Studentenverband (KSV): Wissenschaft im Klassenkampf 3/4/73, Wissenschaftliche Zeitschrift des Kommunistischen Studentenverbandes (KSV). 1. Jg., Heft 3/4 1973 (Selbstverlag)

Kuby, Thomas/Marzahn, Christian: Lernen in Bürgerinitiativen gegen Atomanlagen. In: Kursbuch, Nr. 48, Juni 1977

Kuczynski, Jürgen: Klassen und Klassenkämpfe im imperialistischen Deutschland und in der BRD. Frankfurt am Main (Marxistische Blätter) 1972

Kukuck, Margaret: Student und Klassenkampf – Studentenbewegung in der BRD seit 1967. Hamburg (Association) 1974

Kuhn, Hansmartin: Der lange Marsch in den Faschismus, Politik 45. Berlin (Wagenbach) 1974

Kühnhardt, Ludger: Kinder des Wohlstands – Auf der Suche nach dem verlorenen Sinn. München–Wien (Olzog) 1981

352

Kuratorium Unteilbares Deutschland (Hrsg.): Student und Politik im geteilten Deutschland. Ergebnisse einer Diskussion. Bad Godesberg
Kursbuch, Nr. 65, Oktober 1981: Der Große Bruch – Revolte 81. Berlin
Kurz, Gerda: Alternativ leben? Zur Theorie und Praxis der Gegenkultur. Berlin (Ahde-Verlag) 1978
Lamm, Fritz/Rosenbaum, Wolf/Schauer, Helmut/Schmiederer, Ursula: Die Große Koalition und die nächsten Aufgaben der Linken. Frankfurt am Main (Neue Kritik) 1967
Landmann, Michael: Das Israelpseudos der Pseudolinken. Berlin (Colloquium) 1971
Landeszentrale für politische Bildung Baden-Württemberg (Hrsg.): Jugend – Jugendprobleme – Jugendprotest. Stuttgart–Berlin–Köln–Mainz (Kohlhammer) 1982
Langguth, Gerd (Hrsg.): Aspekte zur Reformpolitik – Beiträge engagierter Studenten. Mainz (v. Hase & Koehler) 1971
Langguth, Gerd (Hrsg.): Offensive Demokratie – Versuch einer rationalen Orientierung. Stuttgart (Seewald) 1972
Langguth, Gerd: Die Entwicklung der Protestbewegung und ihre gesellschaftspolitische Bedeutung in der Bundesrepublik. In: Die studentische Protestbewegung. Mainz (v. Hase & Koehler) 1971
Langguth, Gerd: Heilswahrheit contra Wissenschaftsfreiheit. In: Gerd Langguth (Hrsg.), Aspekte zur Reformpolitik – Beiträge engagierter Studenten. Mainz (v. Hase & Koehler) 1971
Langguth, Gerd: Hochschulreform in der Krise. München–Wien (Olzog) 1972
Langguth, Gerd: Jungsozialisten – Brückenkopf der APO in der SPD? In: Sonde 1/70
Langguth, Gerd: Klassenkampf im Sandkasten, »Junge Pioniere« – Kinderorganisation der DKP. In: Politische Studien, Nr. 221, 26. Jg., Mai/Juni 1975, S. 293 ff.
Langguth, Gerd: Protestbewegung am Ende – Neue Linke als Vorhut der DKP. Mainz (v. Hase & Koehler) 1971
Langguth, Gerd: The ›Anti-Zionist‹ New Left in West Germany. In: The Wiener Library Bulletin, 1973/74 Vol. XXVII (New Series No. 30/31). London und Reading
Langguth, Gerd: »Volksfeinde, raus aus der Uni!«, Moskautreue Kommunisten, Trotzkisten und Maoisten beherrschen die Studentenausschüsse. In: Deutsche Zeitung, 1. März 1974
Langguth, Gerd: Wie die Fische im Wasser. In: Sonde 3/71, Neuwied 1971
Langguth, Gerd: Schulkampf als Klassenkampf, Bonn (NBV) 1975
Langguth, Gerd: Die Protestbewegung in der Bundesrepublik Deutschland 1968–1976, Köln (Verlag Wissenschaft und Politik)
Langguth, Gerd: Jusos und SPD nach Benneter. In: Die politische Meinung, Juli/August 1977, S. 95–103
Langguth, Gerd: Guerilla und Terror als linksextremistische Kampfmittel – Rezeption und Kritik. In: Funke, Manfred, Extremismus im demokratischen Rechtsstaat. Bonn 1978
Langguth, Gerd: Protest von links – Die Studentenbewegung in der Bundesrepublik Deutschland. In: Funke, Manfred, Extremismus im demokratischen Rechtsstaat. Bonn 1978
Langguth, Gerd: Protest von links – Die Studentenbewegung in der Bundesrepublik Deutschland 1967–1976. In: Aus Politik und Zeitgeschichte, B 12/77, 26. März 1977
Langguth, Gerd: Studentenrevolte – Was blieb? – Die Gemeinschaft der Negation nach 10 Jahren. In: Die Politische Meinung, Nr. 181, November/Dezember 1978, S. 47–54
Laudowicz, Edith: Autonomie der Frauengruppe und was daraus wurde. In: Fazit extra, Mai 1978
Laurien, Hanna-Renate (Der Senator für Schulwesen, Jugend und Sport, Berlin): Jugend in Berlin – Berlin zur Lage. Berlin 1982
Lefèvre, Wolfgang: Zu den jüngsten Auseinandersetzungen an der FU Berlin. In: Neue Kritik, Nr. 41, April 1967
Lehndorff, Steffen: Die internationalen Kampfbedingungen der Studentenbewegung. In: Facit, Nr. 33, 10. Jg., Febr. 1974
Lehndorff, Steffen: Für Demokratie und sozialen Fortschritt. In: Facit, Nr. 22/23, Febr. 1971
Lehndorff, Steffen: Studentenbewegung im Klassenkampf. In: Facit, Nr. 34, Mai 1974
Lenin, W. I.: Der »linke Radikalismus«, die Kinderkrankheit im Kommunismus. Berlin (Dietz) 1968, 7. Aufl. (1. Aufl. 1945)
Lenin, W. I.: Was tun? – Brennende Fragen unserer Bewegung. Berlin (Dietz) 1972, 11. Aufl. (1. Aufl. 1946)
Lenin, W. I.: Ein Schritt vorwärts, zwei Schritte zurück. Berlin (Dietz) 1970, 4. Aufl. (1. Aufl. 1951)
Lenin, W. I.: Die Aufgaben der Jugendverbände. In: Kleine Bücherei des Marxismus-Leninismus. Berlin (Dietz) 1970, 10. Aufl. (1. Aufl. 1957)
Lenk, Hans/Simon-Schaefer, Roland: Vernunft, Wissenschaft, Praxis, zur Kritik der Kritischen Theorie. In: Aus Politik und Zeitgeschichte, B 50/81, 12. Dezember 1981
Lenk, Kurt: Theorien der Revolution. München (Wilhelm Fink) 1973
Leonhardt, Fritz: Ist die akademische Freiheit noch ein Ideal? Vortragsreihe des Süddeutschen Rundfunks, Heidelberger Studio. »Bildung – wozu?«. 23. November 1967

Leonhardt, Fritz: Studentenunruhen – Ursachen, Reformen – Ein Plädoyer für die Jugend. Stuttgart (Seewald) 1969

Lente, Katja/Schröder, Alfred/Vogt, Michael: Kritik des KABD-Programms. Frankfurt a. M. (VTK-Verlag) 1982

Ligue Communiste: Der Sozialismus, den wir wollen. West-Berlin (Olle & Wolter) 1974

Liebel, Manfred/Wellendorf, Franz: Schülerselbstbefreiung – Voraussetzungen und Chancen der Schülerrebellion. Frankfurt am Main (Suhrkamp) 1969, 3. Aufl.

Liebknecht Vereinigung: Deutschland – ein Spießermärchen – Zur Kritik des Programms bzw. der politischen Linie der KPD/ML. Berlin 1977

Lindbeck, Assar: Die politische Ökonomie der Neuen Linken. Göttingen (Vandenhoeck & Ruprecht) 1973

Linde/Erdmann: SPD und APO. Beitrag in: Der Monat, Heft 239, Aug. 1968

Lindemann, Helmut: Das Dilemma der liberalen Väter. In: Der Monat, Heft 239, Aug. 1968

Lipset, Seymour Martin/Altbach, Philip G.: Students in Revolt. Boston (Houghton Mifflin Company) 1969

Litten, Jens: Eine verpaßte Revolution? Nachruf auf den SDS. Hamburg 1969

Lojewski, Wolf von: Jesus People oder die Religion der Kinder. München (Claudius) 1972, 1. Aufl.

Lorig, Wolfgang: Aussteigermentalität und politische Apathie Jugendlicher. In: Aus Politik und Zeitgeschichte, B 32-33/82, 14. August 1982

Lösche, Peter: Terrorismus und Anarchismus – internationale und historische Aspekte. In: Funke, Manfred, Extremismus im demokratischen Rechtsstaat. Bonn 1982

Losowski, A.: Streik als Schlacht. Münster (Kommunistische Texte) 1972

Löwenthal, Richard: Zwischen Konformismus und Sezession. In: Der Monat, Heft 239, Aug. 1968

Löwenthal, Richard: Kapitalismus führt zum Faschismus, Nachdruck aus »Zeitschrift für Sozialismus«. Karlsbad 1935/36

Löwenthal, Richard: Der romantische Rückfall. Stuttgart (Kohlhammer) 1970

LSD (Hrsg.): Zurechtgebogen, Zurechtgeknickt – der deutsche Schüler. Zur Demokratisierung der Schule. Bonn (Neue Linke)

Mahler, Horst: Ausbruch aus einem Mißverständnis. In: Kursbuch, Nr. 48, Juni 1977

Mahler, Horst: Die Verstrickungen des meineidigen Kronzeugen Rohland und der Berliner Justiz. Berlin (Selbstverlag) 1977

Maercks, Michael: DKP-Student zur Hochschulpolitik. In: Facit, Nr. 15

Marcuse, Herbert: Das Ende der Utopie. Berlin (v. Maikowski) 1967

Marcuse, Herbert: Der eindimensionale Mensch. Neuwied und Berlin (Luchterhand) 1967, 3. Aufl. 1968

Marcuse, Herbert: Die Gesellschaftslehre des sowjetischen Marxismus. Darmstadt, Neuwied (Luchterhand) 1974 (Sonderausgabe)

Marcuse, Herbert: Konterrevolution und Revolte. Frankfurt am Main (Suhrkamp) 1973, 1. Aufl.

Marcuse, Herbert: Ideen zu einer kritischen Theorie der Gesellschaft. Frankfurt am Main (Suhrkamp) 1969, 4. Aufl.

Marcuse, Herbert: Psychoanalyse und Politik. Kritische Studien zur Philosophie. Frankfurt am Main (Europäische Verlagsanstalt) 1968, 5. Aufl.

Maren-Grisebach, Manon: »Philosophie der Grünen«. München–Wien (Olzog) 1982

Marxistische Aufbauorganisation: Die Krise der Kommunistischen Parteien – Probleme der gegenwärtigen Revisionismuskritik. München–Erlangen (Trikont) 1973

Marxistische Aufbau-Organisation: Die Krise der kommunistischen Parteien – Probleme der gegenwärtigen Revisionismuskritik. München und Erlangen (Verlag Politladen), 1973

Marxistisch-Leninistische Studiengemeinschaft (Hrsg.): Marxistisches Forum, Juni 1971

Mandel, Ernest: Die Radikalisierung der Jugend. Mannheim (ISP-Verlag)

Mandel, Ernest: Friedliche Koexistenz und Weltrevolution. Mannheim (ISP-Verlag)

Mandel, Ernest: Über die Bürokratie. In: Die Internationale, Sondernummer 2, GIM (Hrsg.)

Mager/Spinnarke: Was wollen die Studenten? Frankfurt am Main (Fischer) 1967

Mahler, Horst/Preuss, Ulrich K.: Deserteur-Kollektiv. Big Lift oder Freiheit für die Deserteure. Voltaire Flugschrift 25. Hrsg.: Projektgruppe Edition Voltaire

Mahler, Horst: Rede vor Gericht; hektrographiert, o. O., o. D.

Marenssin, Emile: Die »Baader-Meinhof-Bande« oder Revolutionäre Gewalt. Haarlem (Edikra Queimada) 1974

Mast, Claudia: Aufbruch ins Paradies? Die Alternativbewegung und ihre Fragen an die Gesellschaft. Zürich (Interfron) 1981

Matthée, Ulrich: Sozialdemokratie und Klassenkampf. Recklinghausen

Matthiessen, Gunnar: Zur Rolle der SPD im Spätkapitalismus und ihrem ideologischen Einfluß auf die Studentenbewegung. In: Facit, Nr. 20, Juli 1970

Mattick, Paul: Kritik an Herbert Marcuse. Frankfurt (Europäische Verlagsanstalt) 1969
Mattick, Paul/Rabehl, Bernd/Tynjanow, Juri: Lenin. Revolution und Politik. Frankfurt am Main (Suhrkamp) 1970, 1. Aufl. 1970
Matz, Ulrich/Schmidtchen, Gerhard: Gewalt und Legitimität (Analysen zum Terrorismus, hrsg. vom Bundesminister des Innern, Bd. 4/1). Opladen (Westdeutscher Verlag) 1983
Mayer, Ulrich: Zwischen Anpassung und Alternativkultur – oder das politische Bewußtsein und Handeln der Studenten. Bonn (Verlag Neue Gesellschaft) 1981
Mehnert, Klaus: Jugend im Zeitbruch. Reinbek b. Hamburg (Rowohlt) 1978
Mehnert, Klaus: Moskau und die Neue Linke. Stuttgart (Deutsche Verlagsanstalt) 1973
Meier-Bergfeld, Peter: Die Bündnispolitik der Deutschen Kommunistischen Partei. In: Bundesministerium des Innern (Sicherheit in der Demokratie). Köln–Berlin–Bonn–München (Carl Heymanns-Verlag) 1982
Menacher, Peter: Jugendliche und Parteien. München–Wien (Olzog) 1971, 3. Aufl.
Meng, Richard: Juso-Hochschulgruppen, Geschichte, Praxis, Perspektiven. Gießen (focus) 1979
Mengelkamp, Andreas: Die grün-›alternative‹ Bewegung. Iserlohn (Schriftenreihe des RCDS-Landesverbandes Nordrhein-Westfalen), Januar 1983
Mensing, Wilhelm: Maulwürfe im Kulturbeet – DKP-Einfluß in Presse, Literatur und Kunst. Zürich–Osnabrück (Edition Interfrom) 1983
Mergner, Gottfried/Radtke, Wulf: Die VDS-Maschine. Kritischer Bericht über die Behandlung der Hochschule durch die verschiedenen sozialistischen Gruppierungen der BRD und West-Berlins, Aug. 1970
Merk, Hans Günther: Was ist heute Extremismus? Die Bedrohung des Staates von links und rechts. In: Funke, Manfred, Extremismus im demokratischen Rechtsstaat. Bonn 1978
Messerli, Alfred/Morgenthaler, Marko: Als Spitzel bist du autonomer, Zürich, Frühjahr 1981. In: Kursbuch, Nr. 65, Oktober 1981
Michel, Karl Markus: Wer wann warum politisch wird – und wozu? – Ein Beispiel für die Unwissenheit der Wissenschaft. In: Kursbuch 25, Oktober 1971. Berlin (Wagenbach) 1971
Miermeister, Jürgen/Staadt, Jochen (Hrsg.): Provokationen – Die Studenten- und Jugendrevolte in ihren Flugblättern 1965–1971. Neuwied (Luchterhand) 1980
Mies, Herbert: Wende nach rechts? Frankfurt a. M. (Verlag Marxistische Blätter) 1983
Mies, Herbert/Gautier, Hermann: Wir Kommunisten und das Grundgesetz. Frankfurt a. M. (Verlag Marxistische Blätter) 1977
Mies, Herbert: Zur Politik der DKP. Frankfurt a. M. (Verlag Marxistische Blätter) 1979
MSB Spartakus, Bundesvorstand (Hrsg.): Aktionseinheit gestern und heute, 1. Bildungsthema Sommersemester 1983. Bonn o. D.
MSB Spartakus, Bundesvorstand (Hrsg.): 6. Bundeskongreß des Marxistischen Studentenbundes Spartakus, 13./14. Oktober 1979 in Marburg. Bonn o. D.
MSB Spartakus, Bundesvorstand (Hrsg.): Einführung in die Politik des MSB Spartakus (Studienjahr 1973/74). Bonn o. D.
MSB Spartakus, Bundesvorstand (Hrsg.): Demokratie und demokratischer Kampf – Studienmaterial zum 3. Bildungsthema im MSB-Studienjahr 1973/74
MSB Spartakus, Bundesvorstand (Hrsg.): Einführung in die Politik des MSB Spartakus. Kurs. Studienjahr 1973/74
MSB Spartakus, Bundesvorstand (Hrsg.): Für die eigenen Interessen kämpfen – Mit der Arbeiterklasse verbünden – Programm für das gemeinsame Handeln der Studenten – Entwurf
MSB Spartakus, Bundesvorstand (Hrsg.): Mit Spartakus im Spartakus – Protokoll des 1. Bundeskongresses des Marxistischen Studentenbundes Spartakus – 20. und 21. Mai 1971. Facit e. V., Bonn
MSB Spartakus, Bundesvorstand (Hrsg.): Unsere Politik – Dokumente des MSB Spartakus. Dortmund (Weltkreis) 1974
MSB Spartakus, Bundesvorstand (Hrsg.): Wenn wir die Maoisten bekämpfen, ist das gut und nicht schlecht. Eine Auseinandersetzung mit der Politik maoistischer Gruppierungen in der BRD.
MSB Spartakus, Bundesvorstand (Hrsg.): Zum Charakter unserer Epoche – Aktuelle Probleme des weltrevolutionären Prozesses – Studienmaterial zum 3. Bildungsthema. Studienjahr 1973/74
MSB Spartakus, Bundesvorstand (Hrsg.): Haben Marx und Engels den Sozialismus gewollt? Marx und Engels zu den theoretischen Grundlagen des Sozialismus (3. Bildungsthema Wintersemester 1982/83). Bonn
MSB Spartakus, Bundesvorstand (Hrsg.): Lieber Instandbesetzen als Kaputtbesitzen, 1. Bildungsthema Sommersemester 1981. Bonn (Selbstverlag) o. D.
MSB Spartakus, Bundesvorstand (Hrsg.): Proletariat adieu? – Marx und Engels zur historischen Rolle der Arbeiterklasse (1. Bildungsthema Wintersemester 1982/83). Bonn

MSB Spartakus, Bundesvorstand (Hrsg.): Protokoll Bd. VII, Bundeskongreß des MSB Spartakus, 3./4. Oktober 1981 in Bremen. Neuss o. D.

MSB Spartakus, Bundesvorstand (Hrsg.): Selbstverwalten oder verwaltet werden? Verfaßte Studentenschaft – Geschichte, Aufgaben, Organisation (1. Bildungsthema Wintersemester 1981/82). Bonn

MSB Spartakus, Bundesvorstand (Hrsg.): Der reale Sozialismus – seine Bedeutung für die demokratische Bewegung (3. Bildungsthema Sommersemester 1978). Bonn

MSB Spartakus, Bundesvorstand (Hrsg.): Der Kampf um eine demokratische Studienreform – oder: Wem soll die Wissenschaft nützen? (2. Bildungsthema Sommersemester 1978). Bonn

MSB Spartakus, Bundesvorstand (Hrsg.): Sinnvoll leben, studieren und kämpfen! Einführung in die Politik des MSB Spartakus, Arbeitsheft. Bonn (Selbstverlag) o. D.

MSB Spartakus, Bundesvorstand (Hrsg.): Wer herrscht in Bonn? Parlament und Parteien im Herrschaftssystem der Bundesrepublik (2. Bildungsthema Wintersemester 1982/73). Bonn o. D.

MSB Spartakus, Bundesvorstand (Hrsg.): Wir wollen alles, Studium, Beruf, Frieden, Gleichberechtigung, Frauenaktionsprogramm/Entwurf, Vorschläge für das gemeinsame Handeln. Bonn o. D.

Mosler, Peter: Was wir wollten, was wir wurden – Studentenrevolte – 10 Jahre danach. Reinbek b. Hamburg (Rowohlt) 1977

Most, Johann: Revolutionäre Kriegswissenschaft. Berlin (Rixdorfer Verlagsanstalt) 1980

Müller, Emil-Peter: Die Bündnispolitik der DKP – ein trojanisches Pferd. Köln (Deutscher Institutsverlag) 1982

Müller-Münch, Ingrid/Prosinger, Wolfgang/Rosenblatt, Sabine, u. a. (Hrsg.): Besetzung – weil das Wünschen nicht geholfen hat. Reinbek b. Hamburg (Rowohlt) 1981

Müller, Beate: Formierung der Rechtskräfte an der Universität. In: Facit, Nr. 22/23, Febr. 1971

Müller-Borchert, H.-J.: Guerilla im Industriestaat. Hamburg (Hoffmann und Campe) 1973

Mutius, Bernhard von: Wider den Spontaneismus. In: Facit, Nr. 32, Dez. 1973, 9. Jg.

Moore, Stanley: Zur Theorie politischer Taktik des Marxismus. Frankfurt am Main (Europäische Verlagsanstalt) 1969

Narr, Wolf-Dieter/Schmiede, Rudi, u. a.: Die Linke im Rechtsstaat, Bd. 2: Bedingungen und Perspektiven sozialistischer Politik von 1965 bis heute. Berlin (Rotbuch) 1979

Negt, Oskar, Interesse gegen Partei. Über Identitätsprobleme der deutschen Linken. In: Kursbuch, Nr. 48, Juni 1977

Negt, Oskar: Politik und Gewalt. In: Neue Kritik, Nr. 47, April 1968

Negt/Roth/Schmierer/Krahl: Strategie und Organisationsdebatte (Internationalismus Verlag)

Negt, Oskar: Studentischer Protest – Liberalismus – Linksfaschismus. In: Kursbuch 13, Juni 1968. Frankfurt am Main (Suhrkamp) 1968

Neidhardt/Sack/Würtenberger/Lüscher/Thiersch: Aggressivität und Gewalt in unserer Gesellschaft, München (Juventa) 1973

Neidhardt, Friedhelm: Schichtbedingte Elterneinflüsse im Erziehungs- und Bildungsprozeß der heranwachsenden Generation. Hrsg.: Bundesministerium für Familie und Jugend, 1967

Neumann, Oskar: Falsch programmiert. Wissenschaftlich-technische Revolution im Kapitalismus. In: Facit, Nr. 18, März 1970

Neumann, Philipp: Zurück zum Profit. Materialistische Wissenschaft 12. Berlin (Oberbaumverlag) 1974, 2. Aufl.

Newton, H. P.: Selbstverteidigung. Frankfurt am Main (Roter Stern) 1971

Netzwerk Selbsthilfe Franken e.V.: Stattbuch, Nürnberg–Fürth–Erlangen (Selbstverlag) 1981

Nigbur, Anne: Zum Verhältnis von Studentenbewegung und Arbeiterbewegung. In: Facit, Nr. 12, Febr. 1968

Nirumand, Bahmann: Die Avantgarde der Studenten im Internationalen Klassenkampf. Kursbuch 13, Juni 1968. Frankfurt am Main (Suhrkamp) 1968

N. N.: Paris Mai 1968. Dokumentation. München (Pamplet-Verlag, G. Rosenberger) 1968

N. N.: Die Partei aufbauen – Plattformen, Grundsatzerklärungen. Berlin 1971

N. N.: Politische Arbeit und Emanzipation – Aufsätze und Protokolle einer Tagungsreihe. Frankfurter Seminar, April 1973. RLV Text 7. Köln (Rosa Luxemburg) 1974

N. N.: Die Frage der Revolutionären Partei. Texte der Internationalen Kommunistischen Partei 1

N. N.: Februar 1968, Tage, die Berlin erschütterten. – res novae, provokativ –. Frankfurt am Main (Europäische Verlagsanstalt) 1968

N. N.: Bewaffneter Kampf und Massenlinie. Schriften zum Klassenkampf, Nr. 31. München (Trikont) 1972

N. N.: Texte der RAF, überarbeitete und aktualisierte Ausgabe 1983, o. O.

N. N.: Wir warn die Stärkste der Parteien... – Erfahrungsberichte aus der Welt der K-Gruppen. Berlin (Rotbuch) 1977

Nolte, Ernst (Hrsg.): Deutsche Universitäten 1969. Berichte und Analysen. Marburg (Selbstverlag) 1969

Oberlecher, Reinhold (Hrsg.): Theorie und Klasse 2. Blätter für wissenschaftliche Kritik. Juni 1972. Nr. 2

Oberreuter, Heinrich: Abgesang auf einen Verfassungstyp? In: Aus Politik und Zeitgeschichte, B 2/83, 15. Januar 1983

Oelinger, Josef: Die neue Linke und der SDS. Die politische Theorie der revolutionären Opposition. Köln (Bachem) 1969

Otto, Karl A.: Vom Ostermarsch zur APO. Frankfurt/New York (Campus) 1977

Pädagogische Arbeits- und Forschungsstelle Vlotho und Hamburg (Hrsg.): Protest von links. 1970

Padberg, Lutz von: Junge Pioniere – Fallstudie zur Erziehungsstrategie einer kommunistischen Kinderorganisation in Westdeutschland. Bonn 1982

Parin, Paul: Brief aus Grönland. In: Kursbuch, Nr. 65, Oktober 1981

Pasterny, Udo/Gehret, Jens (Hrsg.): Deutschsprachige Bibliographie der Gegenkultur. Berlin (Verlag AZID Presse) 1982

Pestalozzi, Hans A./Schlegel, Ralf/Bachmann, Adolf (Hrsg.): Frieden in Deutschland. München (Goldmann) 1982

Pflüger, Friedbert: MSB Spartakus, Skizze eines antidemokratischen Studentenverbandes, RCDS-Schriftenreihe, Nr. 25. Bonn 1975

Pointner, Alfred: Klassenkampf im Klassenzimmer? Tübingen (Katzmann) 1971

Popp, Martin/Gantzer, Rüdiger: Die Maoisten – Die modernen Volkstümler. Hrsg.: Sozialistische Arbeitsgruppe. Frankfurt am Main 1974

Preuß, Ulrich K.: Das politische Mandat der Studentenschaft. Frankfurt am Main (Suhrkamp) 1969

Priemer, Rolf J.: Arbeiterjugend nimmt den Kampf auf. In: Marxistische Blätter 4, 7. Jg. Juli/August 1969, Frankfurt am Main

Probst, Ulrich: Die Kommunistischen Parteien in der Bundesrepublik Deutschland. München (Vögel) 1980

Projekt Klassenanalyse: Klassenbewußtsein und Partei. Diskussionsband, Dezember 1972. West-Berlin (Verlag für das Studium der Arbeiterbewegung) 1972

Projekt Klassenanalyse (Hrsg.): Oberfläche und Staat. Diskussionsband 2. West-Berlin (Verlag für das Studium der Arbeiterbewegung) 1974

Pross, Harry: Protest. Neuwied und Berlin (Luchterhand) 1971

Pütz, Helmuth: Zur politischen Auseinandersetzung mit DKP und ADF. In: Analysen und Dokumente zur Auseinandersetzung mit dem Linksradikalismus. Politische Akademie Eichholz. Konrad-Adenauer-Stiftung e. V., Oktober 1969

Pütz, Helmuth: Analyse des Wahlergebnisses der DKP sowie der politischen Zukunft des Linksextremismus. In: Politischer Extremismus in der Demokratie, Politische Akademie Eichholz, Konrad-Adenauer-Stiftung e. V., Juli 1970

Rabehl, Bernd: Der SDS und die Strategie der direkten Aktion in Westeuropa. In: Neue Kritik, 50, Okt. 1968

Rabehl, Bernd: Geschichte und Klassenkampf. Berlin (Rotbuch Verlag) 1973

Rabehl, Bernd: Marx und Lenin – Widersprüche einer ideologischen Konstruktion des »Marxismus-Leninismus«. West-Berlin (Verlag für das Studium der Arbeiterbewegung) 1973

Rauch, Malte J./Schirmbeck, Samuel H.: Die Barrikaden von Paris – Der Aufstand der französischen Arbeiter und Studenten. – res novae provokativ –. Frankfurt am Main (Europäische Verlagsanstalt) 1968

Redaktionsgruppe Sozialistische Konferenz (Hrsg.): Kriegsgefahr und Friedenspolitik – Friedensbewegung und die Linke, Dritte Sozialistische Konferenz, Bochum 27.–29. November 1981. Hannover (Verlag der sozialistischen Konferenz) 1981

Reiche, Reimut: Sexualität und Klassenkampf. Frankfurt am Main (Fischer) 1968, 3. Aufl.

Reiche, Reimut/Gäng, Peter: Vom antikapitalistischen Protest zur sozialistischen Politik. In: Neue Kritik, Nr. 41, April 1967

Reiche, Reimut: Wilhelm Reich: Die sexuelle Revolution. In: Neue Kritik, Nr. 48/49, Aug. 1968

Reichert, Carl Ludwig: Aber der Sound war gut. In: Kursbuch, Nr. 65, Oktober 1981

Reinicke, Helmut: Für Krahl. Internationale Marxistische Diskussion 37. Berlin (Merve) 1973

Reumann, Kurt (Hrsg.): Jugend heute: Aufbruch oder Aufstand? Essener Universitäts-Symposium der Hanns-Martin-Schleyer-Stiftung. Köln (Selbstverlag) 1982

Revolutionäre Jugend (Marxisten-Leninisten) Zentralkomitee (Hrsg.): Die RJ (ML) Kampforganisation der Arbeiterjugend

Revolutionärer Jugendverband Deutschlands (RJVD): Arbeiterjugend kämpft für den Sozialismus – Programm des Revolutionären Jugendverbandes Deutschlands. Tübingen (Neuer Weg) 1973

357

Richter, Claus: Die überflüssige Generation – Jugend zwischen Apathie und Aggression. Königstein (Athenäum) 1979

Ridder, Winfried/Scholmer, Joseph: Aktionseinheit? Hrsg.: Friedrich-Ebert-Stiftung. Bonn 1971

Ridder, Winfried/Scholmer, Joseph: Die DKP. Programm und Politik. Hrsg.: Friedrich-Ebert-Stiftung. Bonn-Bad Godesberg (Neue Gesellschaft) 1970, 2. Aufl.

Riehl, Rainer: Gegen Reformismus, gegen Stalinismus – Was will die SAG? Hrsg.: Sozialistische Arbeitergruppe, 1. Mai 1974

Rjazanov, D. B.: Zur Frage des Verhältnisses von Marx zu Blanqui. Utrecht (van Honden) 1973

Röhrling, Helmut: Wir sind die, vor denen uns unsere Eltern gewarnt haben – Szenen und Personen aus den amerikanischen Sechzigern. Berlin (Verlag Clemens Zerling) 1980

Rohrmoser, Günter: Das Elend der kritischen Theorie. Freiburg i. Br. (Rombach) 1970

Rohrmoser, Günter: Die Antwort steht noch aus. In: Die Politische Meinung, Nr. 181, November/Dezember 1978

Roszak, Theodore: Gegenkultur. Düsseldorf, Wien (Econ) 1971, 1. Aufl.

Rote Hilfe, Stadtteilgruppe Moabit II: Stimme der Lumpen – der große und der kleine Knast. Berlin (Selbstverlag) o. D.

Rote Hilfe West-Berlin: Staatsgewalt, Reformismus und die Politik der Linken. In: Kursbuch 31. Berlin (Wagenbach) 1973

Roth, Karl Heinz: Ende einer kulturellen Klasse. In: Alternative 145/46, Okt./Dez. 1982, S. 134 ff.

Rowold, Manfred: Im Schatten der Macht. – Zur Oppositionsrolle der nichtetablierten Parteien in der Bundesrepublik. Düsseldorf (Droste) 1974

Rudnick, Adalbert: Die Kommunistische Idee. München–Wien (Olzog) 1972

Ryschkowsky, Nikolaus J.: Die linke Linke. München (Günter Olzog) 1968

Ryschkowsky, Nikolaus J.: Die Neue Linke im deutschsprachigen Raum. In: Politische Studien, Heft 173. 18. Jg., Mai/Juni 1967. München (Olzog)

Salisburg, Harrison E.: Die zerrüttete Generation. Reinbek b. Hamburg (Rowohlt) 1962

SAG (Hrsg.): Der Kampf gegen die Prüfungsoffensive der Senatsbürokratie im SS 72 an der PH. In: Zeitung der SAG, Sondernummer 1. West-Berlin 1972

Sander, Hartmut/Christians, Ulrich (Hrsg.): Subkultur Berlin – Selbstdarstellung Text-, Ton-Bilddokumente. Berlin (Merz-Verlag) o. D.

Schaff, Adam: Marxismus und das menschliche Individuum. Reinbek b. Hamburg (Rowohlt) 1970

Schäfer, Max (Hrsg.): Die DKP-Gründung, Entwicklung, Bedeutung. Frankfurt a. M. (Verlag Marxistische Blätter) 1978

Schäfer, Paul: »K«SG (ML) – Korrekte Massenlinie als rechts-linksopportunistischer Zickzackkurs. In: Facit 26, März 1972

Schäfer, Paul: Probleme und Perspektiven der Studentenbewegung – Zu einigen Fragen revolutionärer Taktik an der Hochschule. In: Facit, Nr. 30, 9. Jg.

Schäfer, Paul: Kapitalismus, wissenschaftlich-technischer Fortschritt und staatsmonopolistische Hochschulreform. In: Facit, Nr. 31, Nov. 1973, 9. Jg.

Scheer, Joseph/Espert, Jan: Deutschland, Deutschland, alles ist vorbei – Alternatives Leben oder Anarchie? München (Bernhard & Graefe) 1982

Schelsky, Helmut: Abschied von der Hochschulpolitik oder Die Universitäten im Fadenkreuz des Versagens. Bielefeld 1969

Schelsky, Helmut: Die Strategie der »Systemüberwindung« – Der lange Marsch durch die Institutionen. In: Sonderdruck aus der FAZ vom 10. Dez. 1971

Schenk, Michael: Kommunikationsstrukturen in Bürgerinitiativen. Tübingen (J. C. Mohr [Paul Siebeck]) 1982

Scheuch, Erwin K. (Hrsg.): Die Wiedertäufer der Wohlstandsgesellschaft. Köln (Markus) 1968

Scheuch, Erwin K.: Bereiten die Studenten den Bürgerkrieg vor? Hrsg.: Bundesverband deutscher Marktforscher e. V. München (Villing-Verlag)

Schily/Ströbele: Plädoyers einer politischen Verteidigung – Reden und Mitschriften aus dem Mahler-Prozeß. In: Internationale Marxistische Diskussion, Arbeitspapiere Nr. 11. Rote Hilfe. Berlin (Merve) 1973

Schlaffke, Winfried: Die studentische Linke. Deutsche Industrieverlagsges. Köln 1968

Schlicht, Uwe: Trotz und Träume – Jugend lehnt sich auf. Berlin (Severin & Siedler) 1982

Schlicht, Uwe: Vom Burschenschafter bis zum Sponti. Berlin (Colloquium) 1980

Schlögel, Karl/Jasper, Willi/Ziesemer, Bernd: Partei kaputt – Das Scheitern der KPD und die Krise der Linken. Berlin (Olle & Wolter) 1981

Schlomann, Friedrich Wilhelm/Friedlingstein, Paulette: Die Maoisten – Pekings Filialen in Westeuropa. Frankfurt am Main (Societäts-Verlag) 1970

Schlomann, Friedrich Wilhelm: Trotzkisten, Europäische Arbeiterpartei, »Maoisten«. In: Aus Politik und Zeitgeschichte, B 27/80, 5. Juli 1980

Schmid, Fred: Über das Verhältnis der DKP-Uni-Ausschüsse zum SDS. In: Facit, Nr. 15
Schmid, Günther: Zur Soziologie der Friedensbewegung und des Jugendprotestes. In: Aus Politik und Zeitgeschichte, B 24/82, 19. Juni 1982
Schmidt, Giselher: Hitlers und Maos Söhne. NPD und Neue Linke. Frankfurt am Main (Heinrich Scheffler) 1969
Schneider, Michael: Den Kopf verkehrt aufgesetzt oder Die melancholische Linke. Darmstadt und Neuwied (Luchterhand) 1981
Schneider, Michael: Die lange Wut zum langen Marsch – Aufsätze zur sozialistischen Politik und Literatur. Reinbek b. Hamburg (Rowohlt) 1976
Schnibben, Cordt: Das Ende einer Sackgasse in der Studentenbewegung – Zum »Programm« des »KBW«. In: Facit 33, 10. Jg., Febr. 1974
Schoeller, Wilfried F. (Hrsg.): Die Neue Linke nach Adorno. München (Kindler) 1969
Schoeps, H. J./Dannenmann, Chr.: Die rebellischen Studenten – Elite der Demokratie oder Vorhut eines linken Faschismus? München und Esslingen (Bechtle) 1968
Schönbohm, Wulf: Die Thesen der APO – Argumente gegen die radikale Linke. Mainz (v. Hase & Koehler) 1969
Schönbohm, Wulf/Runge, Jürgen Bernd/Radunski, Peter: Die herausgeforderte Demokratie. Deutschlands Studenten zwischen Reform und Revolution. Mainz (v. Hase & Koehler) 1968
Schrenck-Notzing, Caspar: Zukunftsmacher. Die neue Linke in Deutschland und ihre Herkunft. Stuttgart (Seewald) 1968
Schriftenreihe der Sozialistischen Front der Arbeiter S.F.d.A. (Hrsg.): Revisionismuskritik. Hamburg (Selbstverlag) 1971
Schröder, Alfred: Das Programm des KBW oder der KBW als Vorreiter des Plagiats. Gelsenkirchen (Selbstverlag) 1978
Schröder, Alfred/Karuscheit, Heiner: Deus ex machina oder wie die KPD/ML zu einem Programm kam. Gelsenkirchen (Selbstverlag) 1977
Schubert, Alex: Stadtguerilla. Tuparmaros in Uruguay. Rote-Armee-Fraktion in der BRD. Politik 26, Berlin (Wagenbach) 1971
Schülein, Johann August: Monster oder Freiraum – Texte zum Problemfeld Universität. Gießen (Focus) 1979
Schülein, Johann August: Von der Studentenrevolte zur Tendenzwende oder der Rückzug ins Private. Eine sozialpsychologische Analyse. In: Kursbuch, Nr. 48, Juni 1977
Schulz, Gerhard: Was wird aus der Universität? Tübingen (Rainer Wunderlich) 1969
Schulz-Hageleit, Peter: Jugend – Glück – Gesellschaft. Heidelberg (Quelle & Meyer) 1979
Schumann, Michael/Gerlach, Frank/Gschlössl, Albert/Milhoffer, Petra: Am Beispiel der September-streiks – Anfang der Rekonstruktionsperiode der Arbeiterklasse? – Eine empirische Untersuchung. Frankfurt am Main (Europäische Verlagsanstalt) 1971
Schütte, Johannes: Revolte und Verweigerung. Gießen (Focus) 1980
Schwan, Alexander/Sontheimer, Kurt (Hrsg.): Reform als Alternative. Köln und Opladen (Westdeutscher Verlag) 1969
Schweizerisches Ost-Institut: Tatsachen und Meinungen, Die neue Linke – Theorie – Utopie – Praxis. Bern 1969
Schwenger, Hannes: Für eine IG Kultur. Die Gewerkschaftsfrage eine Bündnisfrage. Voltaire Flugschrift 33
Schwendter, Rolf: Theorie der Subkultur. Köln (Kiepenheuer & Witsch) 1973
Schwettmann, Wilhelm/Sander, Ulrich: Jugend und Klassenkampf oder antikapitalistische Jugendarbeit heute. Dortmund (Weltkreis) 1972
SDAJ-Bundesvorstand (Hrsg.): Protokoll des IV. Bundeskongresses der SDAJ, 18./19. Mai 1974 in Hannover (Weltkreis)
SDS-Bundesvorstand: Entschließung des SDS-Bundesvorstandes vom 10. Aug. 1968. In: Neue Kritik, Nr. 48/49, August 1968
SDS: Resolution des Berliner Landesverbandes zur Suspendierung der »Kommune«. In: Neue Kritik, Nr. 41, April 1967
Seeliger, Rolf (Hrsg.): Konzepte SPD 74 – Kritische Beiträge zur Mobilisierung der Sozialdemokratie. München (Rolf Seeliger) 1974
Seeliger, Rolf (Hrsg.): Die außerparlamentarische Opposition. München (Rolf Seeliger) 1968
Seifert, Jürgen: Von den Notstandsgesetzen zum vorverlegten Notstand. In: Kursbuch, Nr. 48, Juni 1977
Sekretariat d. Initiative zur Gründung einer Vereinigung sozialistischer Kulturschaffender (ISK) (Hrsg.): Manifest. Köln 1974
Senator für Inneres (Hrsg.): Die Protestbewegung unter den Studenten der Freien Universität Berlin. Berlin 1967

359

SEW (Kreisvorstand Zehlendorf) (Hrsg.): Materialien der Konferenz der SEW-Hochschulgruppen »Bildungsfragen sind Klassenfragen«. In: Konsequent, Sonderheft Nr. 2, Nov. 1972
Sontheimer, Kurt/Ritter, Gerhard A./Schmitz-Hübsch, Brita/Klevenhörster, Paul/Scheuch, Erwin K.: Der Überdruß an der Demokratie – Neue Linke und alte Rechte – Unterschiede und Gemeinsamkeiten. Köln (Markus Verlag) 1970
Sozialistisches Büro (Hrsg.): Ansatzpunkte sozialistischer Politik in der Bundesrepublik. Offenbach (Thesen d. Arbeitsgruppe)
Sozialistisches Büro (Hrsg.): Für eine neue sozialistische Linke – Analyse, Strategien, Modelle. Frankfurt am Main (Fischer) 1973
Sozialistisches Büro (Hrsg.): Entwurf: Thesen des SB. Offenbach 1975
Sozialistische Deutsche Arbeiterjugend, Bundesvorstand (Hrsg.): Sozialistische Deutsche Arbeiterjugend – ein Portrait in Dokumenten. Dortmund (Weltkreis-Verlag) 1970
Sozialistische Hochschullehrer (SHL) Konventsfraktion (Hrsg.): Materialien zur Diskussion: Die Mescaleroaffaire. In: SHL-Info, Nr. 10, 28. Oktober 1977
Sozialistische Hochschulpolitik: Plattformen/Grundsatzerklärungen. West-Berlin (Verlag für das Studium der Arbeiterbewegung GmbH) 1972
Sozialistische Projektarbeit im Berliner Schülerladen Rote Freiheit. Frankfurt am Main (Fischer) 1971
Spartakus – AMS-Gruppe Bonn (Hrsg.): »Imperialismus und Befreiungskampf in Afrika«. In: Spartakus International, Heft Nr. 1
Spartacusbund, Zentralkomitee, Kritik an Programm und Praxis des KBW. Essen (Selbstverlag) o. D.
Spender, Stephen: Das Jahr der jungen Rebellen. München (R. Piper & Co) 1969
Spengler, Tilman: Der Bauch als Avantgarde – über den aufrechten Niedergang der Theorie. In: Kursbuch, Nr. 65, Oktober 1981
Sperling, Eckhard/Jahnke, Jürgen: Zwischen Apathie und Protest. Bd. 1: Studentenprobleme und Behandlungs-Konzepte einer ärztlich-psychologischen Beratungsstelle. Bern–Stuttgart–Wien (Verlag Huser) 1974
Spieker, Manfred: Die Verteidigung des Friedens gegen den Pazifismus. In: Aus Politik und Zeitgeschichte, B 17/83, 30. April 1983
Spindler, Wolfgang: Bist du dabei in Brokdorf. In: Kursbuch, Nr. 65, Oktober 1981
SPK (Hrsg.): Aus der Krankheit eine Waffe machen – Eine Agitationsschrift. München (Trikont Verlag) 1972
Stachanow, A.: Mein Lebensweg. Arbeiterroman. Münster (Verlag Kommunistische Texte) 1972
Staudinger, Hugo: Die positive Bedeutung der Frankfurter Schule für die Überwindung der Krise unserer Zeit. In: Aus Politik und Zeitgeschichte, B 50/81, 12. Dezember 1981
Steffani, Winfried: Zur Vereinbarkeit von Basisdemokratie und parlamentarischer Demokratie. In: Aus Politik und Zeitgeschichte, B 2/83, 15. Januar 1983
Steigerwald, Robert: Brief an einen Genossen. In: Facit, Nr. 21. Dezember 1970
Steigerwald, Robert: Herbert Marcuses dritter Weg. Köln (Pahl-Rugenstein Verlag) 1969
Steigerwald, Robert: Protestbewegung – Streitfragen und Gemeinsamkeiten. Frankfurt a. M. (Verlag Marxistische Blätter) 1982
Stein, Gerd: Bohemien – Tramp – Sponti. Frankfurt a. M. (Fischer) 1982
Stengel, Bernhard: Student und Politik – Die politischen Aktivitäten der Bonner Studentenschaft in den Jahren 1946–1976, Magisterarbeit. Bonn o. D.
Stephan, Rainer: Jugend überhaupt. In: Kursbuch, Nr. 65, Oktober 1981
Stevens, Franz-Josef: Die sozialpsychologischen Grundlagen des politischen Extremismus. In: Politischer Extremismus in der Demokratie. Politische Akademie Eichholz, Konrad-Adenauer-Stiftung e. V., Juli 1970
Stiebitz, Rüdiger (Einf.): Von der antiautoritären Rebellion zur proletarischen Revolution. In: Texte der proletarischen Linie. Strategie u. Programme d. chin. Kulturrev. – Notwehr-Verlag
Strawe, Christoph: Die maoistische Mär von der Restauration des Kapitalismus i. d. SU. In: Facit, Nr. 35, Juni/Juli 1974
Strawe, Christoph: Perspektiven der demokratischen und sozialistischen Studentenbewegung. In: Facit, Nr. 22/23, Febr. 1971
Stronk, Detlef: Die ideologischen Grundlagen des Linksextremismus in der Bundesrepublik. In: Analysen und Dokumente zur Auseinandersetzung mit dem Linksradikalismus – Politische Akademie Eichholz, Konrad-Adenauer-Stiftung e. V., Okt. 1969
Tenbruck, Friedrich H.: »Der lange Marsch durch die Institutionen«. In: Die Politische Meinung, Nr. 181, November/Dezember 1978
Thälmann – Kampfbund/Marxisten-Leninisten (Hrsg.): Die brennendsten Fragen unserer Bewegung – Die Rote Front, Sondernummer, 3. Auflage 1972. Kiel (Rotfront Verlag)
Thielicke, Helmut: Kulturkritik der studentischen Rebellion. Tübingen (Paul Siebeck) 1969
Toaspern, Horst: Der Kulturaneignungskonflikt. Stuttgart 1971

360

Tolmein, Horst Günter: Partisanen unter uns – Der Kommunismus probt den Aufstand. Mainz (v. Hase & Koehler) 1972

Tophoven, Rolf: Politik durch Gewalt – Guerilla und Terrorismus heute. Bonn (Wehr & Wissen) 1976

Trotzki, Leo: Schriften zur revolutionären Organisation. Hrsg.: Hartmut Mehringer. Reinbek b. Hamburg (Rowohlt) 1970

Trotzki, Leo: Verratene Revolution. Verlag Ergebnisse & Perspektiven

Unsere Zeit, Redaktion (Hrsg.): Die DKP und die Bundestagswahlen – eine Dokumentation. uz-aktuell. Neuß 1983

VDS: Anträge und Beschlüsse, 21. oMV Köln, 1969 (März). Bonn (Verlag Studentenschaft) 1969

VDS: Beschlüsse der a. o. MV. Mai 1972 in Bonn. Rote Reihe 3

VDS: Beschlüsse 23. oMV 18.–21. März 1971 in Bonn. Rote Reihe 2

VDS: 25. oMV – Dokumente – 22.–27. März 1973 in Bonn. Rote Reihe 6

VDS: Für die sozialen Interessen der Studenten – Sozialpolitisches Aktions- und Forderungsprogramm des VDS – Rote Reihe 7, 1973

VDS: VDS – Plattform für eine demokratische Studienreform. Rote Reihe 8, 1973

VDS: Mitbestimmung in Wissenschaft und Ausbildung für Demokratie und sozialen Fortschritt – Kongreß in Bonn am 16. 12. 1970. Rote Reihe 1, 1971

VDS: 6 Punkte des VDS für ein demokratisches Hochschulgesetz. Rote Reihe 4

VDS: Kampfthema Bildungsnotstand – Dokumente zur Kampagne gegen die materielle Bildungsmisere. Rote Reihe 5, 1972

Veen, Hans-Joachim: Jugend heute: Als Bürger eher unterfordert. In: Das Parlament, Nr. 32–33, 14./21. August 1982

Veen, Hans-Joachim: Zwischen Zufriedenheit und Protest, in: Materialien zur politischen Bildung 3/1981, S. 51–55 und 4/1981, S. 61–66

Veen, Hans-Joachim: Aussteigen in die Irrationalität von Utopien? in: Academia 2/1982, S. 53 ff.

Verlag Arbeiterkampf (Hrsg.): »Die politische Macht kommt aus den Gewehrläufen«. Hamburg 1973

Verlag für das Studium der Arbeiterbewegung GmbH (Hrsg.): Sozialistische Hochschulpolitik – Plattformen, Grundsatzerklärungen. West-Berlin 1972

Verlagskollektiv Rote Klinke (Hrsg.): Handbuch für Hausbesetzer

Verlag Roter Morgen (Hrsg.): Ernst Thälmann, Kampfreden und Aufsätze. Berlin 1973

Vesper, Bernward (Hrsg.): Bedingungen und Organisationen des Widerstandes – Der Kongreß in Hannover. In: Voltaire Flugschrift 12. Frankfurt am Main (Edition Voltaire) 1967, 2. Aufl.

Vesper, Bernward (Hrsg.): Die Tschechoslowakei von 1945–1968. Zwischen Kapitalismus und Revolution. In: Voltaire Flugschrift 26. Frankfurt am Main u. Berlin (Edition Voltaire) 1968

Vilmar, Fritz: »Was heißt hier kommunistische Unterwanderung?« Frankfurt–Berlin–Wien (Ullstein) 1981

Vogel, Bernhard: Demokratie in Not – Universität heute – Chaos oder Reformmodell? In: Information 7/1972

Volland, Ernst (Hrsg.): Gefühl und Schärfe – Fotos für die taz. Berlin (Frölich & Kaufmann) 1982

Voss, Rüdiger von (Hrsg.): Von der Legitimation der Gewalt. Stuttgart (bonn-aktuell) 1978

Wagner, Uwe: Vom Kollektiv zur Konkurrenz – Partei und Massenbewegung in der DDR. In: Materialistische Wissenschaft 15. Berlin (Oberbaumverlag) Dez. 1974

Waldhubel, Thomas: Sponti-Bewegung: Flucht in den Alltag? In: Das Argument Nr. 113, Januar/Februar 1979, S. 8 ff.

Wasmund, Klaus: Zur politischen Sozialisation in terroristischen Gruppen. In: Aus Politik und Zeitgeschichte, B 33–34/80, 16. August 1980

Weber, Hermann: Die Wandlung des deutschen Kommunismus. Frankfurt am Main (Europäische Verlagsanstalt) 1969

Weigt, Peter (Hrsg.): Revolutionslexikon – Handbuch der außerparlamentarischen Sektion. Frankfurt am Main 1968

Weil, Felix: Sozialisierung. In: Revolutionäre Schriften I. Berlin (Underground Press I) 1968

Weiss, Andreas von: Die Neue Linke – Kritische Analyse. Boppard (Harald Boldt Verlag) 1969

Weiss, Andreas von: Schlagwörter der Neuen Linken – Die Agitation der Sozialrevolutionäre. Wien (Günter Olzog) 1974

Werder, Lutz von: Von der antiautoritären zur proletarischen Erziehung. Frankfurt am Main (Fischer) 1972

Wesel, Uwe: Der friedliche und der unfriedliche Bruch des Friedens. In: Kursbuch, Nr. 65, Oktober 1981

Wessel, Harald: Für die siebziger Jahre eine Philosophie des Stückwerks? In: Facit, Reihe 6. Köln 1971

Westarp, Michael Graf: Anarchismus und die Neue Linke. Beitrag in: Liberal, Heft 11/12, Jg. Nov. 1970

Westermann, Harry: Zulässigkeit und Folgen einer Aufspaltung des Bodeneigentums in Verfügungs- und Nutzungseigentum. Bonn (Eichholz Verlag) 1974

Wetter, Gustav A.: Sowjetideologie heute 1 – dialektischer und historischer Materialismus. Frankfurt am Main (Fischer) 1962, 5. Auflage

Weyer, Hartmut: MSB Spartakus – Von der studentischen Protestbewegung zum Klassenkampf. Stuttgart (Seewald) 1973

Wiedemann, Fritz: Der Irrtum der antiautoritären Revolte. Stuttgart (Seewald Verlag) 1973, 2. Aufl.

Wieser, Harald (Hrsg.): Jahrbuch zum Klassenkampf 1973. Berlin (Rotbuch Verlag) 1973

Wilfert, Otto: Lästige Linke – Ein Überblick über die außerparlamentarische Opposition der Intellektuellen, Studenten und Gewerkschafter. Mainz (Barbara Asche Verlag) 1968

Willms, Bernhard: Die politischen Ideen von Hobbes bis Ho Tschi Minh. Stuttgart (Kohlhammer) 1971

Winter, Mona: Künstliche Anwesenheiten. In: Kursbuch, Nr. 65, Oktober 1981

Wolf/Beiersdorfer: Kritik des westdeutschen Maoismus. Rote Hefte 7. Frankfurt am Main (ISP-Verlag) 1975

Wolff, Frank: Organisation – Emanzipation u. Widerstand. In: Neue Kritik, 50, Oktober 1968

Wolff, Frank/Windaus, Eberhard (Hrsg.): »Studentenbewegung 1967–69«. Frankfurt a. M. (Roter Stern) 1977

Zahl, Peter-Paul/Roth, Karl-Heinz, u. a.: »Sie würden uns gerne im Knast begraben . . .« – Beiträge zur Solidarität mit den politischen Gefangenen in der BRD und Westberlin. Berlin 1977

Zentraler Ermittlungsausschuß TU West-Berlin: Straße des 17. Juni

Zeuner, Bodo: Aktuelle Anmerkungen zum Postulat der »Basisdemokratie« bei den Grünen/Alternativen. In: Procla, Nr. 51, Juni 1983, S. 106 ff.

Ziehmann, Klaus-Dieter: Revolution auf dem Dienstweg? Bonn (RCDS-Schriftenreihe Nr. 18) 1974

2. Linke Periodika

(ohne Betriebszeitungen, Flugblätter etc., die zum Teil sehr unregelmäßig erscheinen)

Agit 883: Berlin

Aktion Anarchistisches Magazin. Karlsruhe

Akut: Nachrichtenblatt der Bonner Studentenschaft. Bonn

Al-Diabha – Die Front: Die Front. Heidelberg

Alternative. Berlin

Alternative – Zeitschrift für Literatur und Diskussion. Berlin

Al-Thaura – Die Revolution: Organ des Palästina-Komitees Bonn. Bonn, 1972

Arbeiter- u. Lehrlingspresse: Bergedorf/Hamburg

Arbeiterjugend-Presse: Zeitung d. Sozialistischen Arbeiter- und Lehrlingszentrums u. d. Bergedorfer Arbeiter- u. Lehrlingszentrums Hamburg

Arbeiterkampf: Arbeiterzeitung des Kommunistischen Bundes. Hamburg, 1974

Arbeitermacht: Zeitung Marxistisch-Leninistischer Studenten. Bonn

Arbeiterpolitik: Informationsbriefe der Gruppe Arbeiterpolitik. Bremen

Arbeitersache: Zeitung der sozialistischen Betriebsjugend. Regensburg

Arbeiter-Stimme: Organ der Gruppe revolutionärer Kommunisten (Trotzkisten) IV. Internationale. Frankfurt

Arbeitshefte zur sozialistischen Theorie und Praxis, Beiträge zur Arbeit der Juso-Hochschulgruppen

Arbeiterkampf – Arbeiterzeitung des Kommunistischen Bundes Hamburg. Hamburg

Aufsätze zur Diskussion, Verlag Theoretischer Kampf. Frankfurt a. M.

AZ – Andere Zeitung. Frankfurt a. M.

BAF – Info, Informationsdienst der autonomen Friedensbewegung, Hrsg.: Bundeskongreß Autonomer Friedensinitiativen (BAF). Osnabrück

Befreiung: Anarchistische Zeitung. Köln, 1974

Beiträge zur revolutionären Theorie: Bochum, 1974

Berliner Anzünder: Berlin 1972

BAZ – Berliner Arbeiter-Zeitung: Organ der Sozialistischen Arbeiterpartei (SDA), Berlin

Berliner Extra-Dienst: Berlin

BSZ: Bochumer Studentenzeitung, Bochum u. Essen, 1972

BUG – Info. Berlin

Carlo Sponti: Heidelberg, 1974

Colloquium: Deutsche Studentenzeitschrift. Berlin, 1969

Darmstädter Studentenzeitung: Darmstadt, 1971

Das Blatt: Zeitung f. Gewerkschaftsjugendarbeit. Berlin

Das Sozialistische Nachrichtenmagazin: Hamburg, 1974
de Schnüss – Stadtzeitung in Bonn. Bonn
Dem Volke Dienen: Rote Zelle Germanistik. Münster
Dem Volke Dienen – Zentralorgan des Kommunistischen Studentenverbandes (KSV). Köln
Der Demonstrazzer: Organ sozialistischer Schüleragitation. Berlin, 1970
Der Funke: Zeitung f. d. Kampf der unterdrückten Völker und Klassen. Essen, 1975
Der Funke: Zentrales Organ des Marxistisch-Leninistischen Zentrums (MLZ). Hamburg, 1972
Der junge Bolschewik: Organ f. Theorie u. Praxis d. KJVD. Bochum
Der Kampf der Arbeiterjugend: Zentralorgan des Kommunistischen Jugendverbandes Deutschland
      KJVD. Bochum, 1971
Der Metzger: o. O. u. J.
Der Metzger, Duisburg, Autonomie – neue Folge. Hamburg
Der Parteiarbeiter- Funktionärsorgan der KPD. Bochum
Der Rote Student: Organ der Marxistisch-Leninistischen Studentengruppe. Mainz
Der Rotgardist: Zentralorgan der Roten Garde (Jugendorganisation d. KDP). Berlin
Der schwarze Kanal. Berlin
Deutsche Volkszeitung: Wochenzeitung für demokratischen Fortschritt. Düsseldorf, 1975
die internationale: Zeitung des Kommunistischen Bundes für den proletarischen Internationalismus.
      Hamburg, 1974
Die Log Zeitung: Hattersheim, 1974
die tageszeitung (taz). Berlin
Die Plünderer – Von der Bewegung für die Bewegung, o. O.
die tat: antifaschistische Wochenzeitung. Frankfurt, 1975
Die Tupamaros: Kollektiv Hardebeck, o. J.
Die vierte Internationale: Internationale Kommunisten Deutschland. Berlin
Direkte Aktion: Antiautoritäre Sozialisten Rhein–Main. Frankfurt
diskus: Frankfurt, 1973
Direkte Aktion (Initiative Freie Arbeiter-Union/Internationale Arbeiter-Assoziation). Dortmund
Erziehung u. Klassenkampf: Zeitschrift für marxistische Pädagogik. Frankfurt
elan: Magazin für junge Leute. Dortmund
Express international: Gesellschaft für Forschung und internationale Kooperation auf dem Gebiet
      der Publizistik (GFP). Frankfurt, 1972
express – Zeitung für sozialistische Betriebs- und Gewerkschaftsarbeit. Offenbach
Extra Blatt: Semesterspiegel, Studentenzeitschrift a. d. Universität Münster. Münster, 1968
FAALA-Zeitung: Freies Asien, Afrika, Lateinamerika. Würzburg
Facit – MSB Spartakus – Beiträge zur Theorie und Politik. Bonn
Facit: Zeitschrift marxistischer Studenten. Köln
FEDAJIN: Generalunion Palästinensischer Studenten. Hamburg
FIZZ: Berlin, o. J.
Forum: Organ des Zentralorgans der FDJ. Zeitung für geistige Probleme der Jugend. Berlin
Frankfurter Gemeine: Die gemütliche Hauszeitung für die Frankfurter Familie. Frankfurt, 1972
Freiburger Studentenzeitung: Freiburg, 1968
Freie Presse: Informationen, Meinungen u. Analysen für jedermann. Wetzlar, o. J.
Freiheit, Hamburg
Frontal: Verbandsorgan der SHB – Bundesvorstand des SHB. Bonn, 1973
FU-Spiegel: Berlin
Gegen die Strömung: Marxistisch-Leninistisches Organ für Westdeutschland. Frankfurt
Germania: Frankfurt
Graswurzelrevolution: Berlin
GN: Göttinger Nachrichten, Göttingen
Graswurzelrevolution (hrsg. von der Föderation Gewaltfreier Aktionsgruppen). Hamburg
Hannoversche Fresse: Hannover
Heinzel Press: Freiheitlich sozialistische f. Köln. Köln
Hochschulkampf: Kampfblatt d. Roten Zellen d. Initiativkomitees in West-Berlin. Berlin
Hundert Blumen: Berlin
ID – Informations-Dienst zur Verbreitung unterbliebener Nachrichten. Frankfurt
Info: Berliner Undogmatischer Gruppen. Berlin
Info – Bremer Unpäßlicher Gruppen. Bremen
Info – für eine sozial-revolutionäre Bewegung. Bremen
Info: Hannoversches Centralorgan der sozialistischen Basis- u. Projektgruppen (SDS). Hannover
Info: Sozialistisches Informationsblatt (SHB). Hannover/Bonn
Info: Sozialistischer Deutscher Studentenbund Hannover. Hannover, 1974

363

Inprekorr: Internationale Pressekorrespondenz der IV. Internationale. Mannheim
Instand-Besetzer-Post, Zeitschrift für Hausbesetzer. Berlin
Internationale Arbeiter-Korrespondenz: Organ der revolutionären Marxisten (Trotzkisten) in Deutschland. Frankfurt
Kampf, Kritik, Umgestaltung: Kommunistische Hochschulzeitung. Frankfurt
Kämpfende Jugend – Kommunistisches Jugendmagazin, Kommunistischer Jugendverband Deutschlands (KJVD) Jugendverband der KPD. Köln
Karlsruher Stadtzeitung. Karlsruhe
KAB Arbeiter-Zeitung: Kommunistischer Arbeiterbund. Hamburg, o.J.
Klassenkampf: Zeitung der Betriebszellen der proletarischen Linken. Berlin
Klassenkampf: Zeitung des Bundes Kommunistischer Arbeiter. Freiburg
Klassenkampf: Zeitung der Sozialistischen Arbeitergruppe (SAG). Frankfurt, 1973
Kölner Autonomen Info
Kölner Volksblatt. Köln
Kommune – Forum für Politik und Ökonomie. Frankfurt
Kommunist: Organ des Kommunistischen Bundes/Ost. Berlin
Kommunist: Zentralkomitee der Revolutionär-Kommunistischen Jugend (RKJ). Mannheim
Kommunistische Arbeiter-Korrespondenz: Organ des Kommunistischen Bundes Bremen (KBB). Bonn
Kommunistische Arbeiterpresse: Betriebszeitung der KPD-Aufbauorganisation (heute: KPD). Berlin
Kommunistische Arbeiterzeitung: Organ des Kommunistischen Bundes/Marxisten-Leninisten. Berlin
Kommunistische Arbeiterzeitung: Organ des Kommunistischen Bundes. Göttingen
Kommunistische Arbeiterzeitung: Zentralorgan der Arbeiter-Basis-Gruppen. München
Kommunistische Arbeiter-Zeitung: Zeitung des sozialistischen Arbeiter- und Lehrlingszentrums. Berlin
Kommunistische Arbeiter-Zeitung: Zeitung des Sozialistischen Arbeiter- und Lehrlingszentrums Hamburg
Kommunistische Arbeiterzeitung – Zentralorgan des Arbeiterbunds für den Wiederaufbau der KPD. München
Kommunistische Briefe (Gruppe der 99). Dortmund
Kommunistische Hochschulpresse: Hochschulzeitung des KSB. Frankfurt
Kommunistische Volkszeitung – Zentralorgan des Kommunistischen Bundes Westdeutschlands (KBW). Frankfurt a.M.
KHZ: Kommunistische Hochschulzeitung. Freiburg
KHZ: Kommunistische Hochschulzeitung. Organ der Kommunistischen Hochschulgruppe Freiburg. Freiburg
KSZ: Kommunistische Studentenzeitung. Zentralorgan des kommunistischen Hochschulbundes. München
Kommunistische Pressekorrespondenz: Kommunistischer Arbeiterbund (Marxisten-Leninisten) KAB/ML. Tübingen
Kommunistische Volkszeitung: Zentralorgan des Kommunistischen Bundes Westdeutschland (KBW). Mannheim
Kommunistischer Nachrichtendienst der KPD/ML und des KJVD: Bochum
Kommunistisches Forum: Hochschulorgan des SDS. Göttingen
Kommunismus und Klassenkampf: Theoretisches Organ des Kommunistischen Bundes Westdeutschland (KBW). Mannheim
Krieg dem Krieg – Bremer Beiträge zur antimilitaristischen Arbeit. Bremen
Kritik – Zeitschrift für sozialistische Diskussion. Berlin
Kritische Politik: Zeitschrift f. Theorie u. Praxis des wiss. Sozialismus, Organ der Sozialistischen Gruppe. Bonn
Kursbuch (Rotbuch-Verlag bzw. Kursbuch/Rotbuch-Verlag). Berlin
Libertäre Front: Organ der FNL (Föderation Neue Linke). Mainz
links: Sozialistische Zeitung. Offenbach
Love: Berlin
LZ: Zeitung für Lehrlinge u. Jungarbeiter. Hamburg
Marburger blätter: Gießen
Marburger blätter: Marburg
Marxist-Leninist: Zeitung d. Uni-Kollektivs d. KJVD. Bonn
MLHG: Fachbereichsorgan d. Marxistisch-Leninistischen Hochschulgruppe Germanistik. Berlin
MLZ: Marxistisch-Leninistische Zellen in West-Berlin. Berlin

Moderne Zeiten – Sozialistische Monatszeitschrift (hrsg. von der Initiative Sozialistische Politik). Hannover
MSZ – Das politische Magazin der Marxistischen Gruppe (MG) München
Münchener Stadt-Zeitung. München
Stadt-Revue-Illustrierte Stadtzeitung, Köln (Zero-Magazin). Rheinberg
MSZ: Münchner Studenten-Zeitung. München
Neues Rotes Forum: Heidelberg
Nordwind – Stadtzeitung für Oldenburg. Oldenburg
Notwehr: Uni-ML. Münster
päng: Nürnberg, o. J.
PL: Zentralorgan der Proletarischen Linken – Parteiinitiative. Berlin
Politikon: Studentenzeitschrift Göttingen. Göttingen
Pflasterstrand, Stadtzeitung für Frankfurt. Frankfurt a. M.
Prokla – Zeitschrift für politische Ökologie und sozialistische Politik, Rotbuch-Verlag. Berlin
Radikal, Zeitungskooperative Berlin. Berlin
Rebell – Jugendzeitung des Kommunistischen Bundes. Hamburg
Rebell: Zentralorgan d. Revolutionären Jugendverbandes Deutschlands. Stuttgart
Regenbogen, Dortmund
regionalblatt – Zeitung für Darmstadt und drumherum. Darmstadt
Resultate – Theoretisches Organ der Marxistischen Gruppe. München
Revolte: Zeitschrift f. Theorie u. Praxis. Kiel
Rote Blätter: Studentenmagazin, Organ d. Marxistischen Studentenbundes Spartakus. Bonn
Rote Fahne: Zentralorgan d. Kommunistischen Partei Deutschlands (KPD). Berlin
Rote Fahne: Zentralorgan d. Kommunistischen Partei Deutschlands/Marxisten-Leninisten KPD/ML. Bochum
Rote Fahne – Zentralorgan der Marxistisch-Leninistischen Partei Deutschlands (MLPD). Essen
Rote Fahne: Zentralorgan des Kommunistischen Arbeiterbundes Deutschlands (KABD). Stuttgart
Rote Fahne: Zentralorgan des Kommunistischen Arbeiterbundes. Tübingen
Rote Front: Kampfblatt der Roten Zellen, PH Berlin
rote hilfe: Hamburg–Frankfurt–Berlin–München
Rote Hilfe – Solidarität mit den politisch Verfolgten, Rote Hilfe e. V. Köln
Rote Korrespondenz, Extra: Spartakus-Assoziation Marxistischer Studenten. Bonn
Rote Methode: Organ d. Marxisten-Leninisten a. d. Uni Mainz. Mainz
Rote Presse Korrespondenz (RPK): Zentralorgan des Kommunistischen Studentenverbandes. Berlin
Rote Presse: Sozialistische Hamburger Studentenzeitung. Hamburg
Rote Presse: Hamburg
Rote Robe: Heidelberg
Rote Skizze: Studentenzeitung an der Universität Kiel
Roter Anfang: Spartacus – Kommunistische Jugendorganisation, Gruppe Bonn
Roter Funke: Rote Zelle Ingenieurstudenten, Redaktionskollektiv Rotzing. Berlin
Roter Kaktus: Schulkollektiv a. d. Beethovenschule. Berlin
Roter Kurs: Organ des Kommunistischen Studentenbundes (KSB). Göttingen
Roter Morgen: Zentralorgan d. KPD/Marxisten-Leninisten. Dortmund
Roter Panther: Zeitung der revolutionären Lehrlinge und Jungarbeiter. Frankfurt
Roter Partisan: Zeitung für Internationalismus. Bonn
Roter Pfeil: Zentralorgan der Kommunistischen Studentengruppen. Tübingen
Roter Punkt: Lehrlings-Schüler-Agit-Blatt. Berlin
Roter Rebell – Jugendmagazin der Roten Garde. Dortmund
Rotes Blatt: Organ der Roten Zellen. München
Rotfront: Organ der Uni-ML. Münster
Schauplatz-Magazin für Köln. Köln
Schwarze Protokolle. Berlin
Schanzenleben, Stadtteilzeitung. Hamburg
Schwarzer Faden – Anarchistische Vierteljahresschrift. Reutlingen
Selbstorganisation: Hamburg
skizze: Studentenzeitschrift a. d. Uni Kiel. Kiel
Solidarität – Sozialistische Studentenzeitung, Sozialistischer Studentenbund (SSB) Hamburg, Sozialistischer Studentenbund (SSB) Westberlin, Kommunistischer Hochschulbund (KHB) Göttingen
Solidarität: Zeitung des Sozialistischen Studentenbundes Hamburg. Hamburg
Sozialistische Arbeiterpolitik: Organ für eine Arbeiterpolitik in der SPD. Bochum
Sozialistische Correspondenz: Frankfurt

365

SK: Sozialistische Korrespondenz. Hamburg
Spartacus: Zeitschrift der Kommunistischen Jugendorganisation Spartacus. Berlin
Spartacus: Zentralorgan des Spartacusbundes. Essen
speculum: Saarbrücker Studentenzeitung. Saarbrücken
Stadt-Revue. Köln
Stadtzeitung für Freiburg. Freiburg
Stadtzeitung Kassel. Kassel
Stadtzeitung Kiel. Kiel
Student im Klassenkampf: Vereinigung demokratischer Studenten. Wien
Studieren – Propagandieren – Organisieren: Kommunistischer Hochschulbund Marxisten-Lenini-
    sten. Hamburg
Südecho: Zeitung für Südbaden/Südwürttemberg. Ausgabe Bodenseegebiet. Konstanz
Theorie und Praxis des Marxismus-Leninismus – Theoretisches Organ der Kommunistischen Partei
    Deutschlands (KPD). Köln
Thing: Zeitschrift zur Praxis und Theorie fortschrittlicher Jugendarbeit. Berlin
Tip-Magazin. Berlin
Trotz und Alledem – Zeitung nicht nur für Pädagogikstudenten. Hamburg
Tübinger Studentenzeitung notizen: Tübingen
Unireport: MSB Spartakus und den Marxistischen Fachschaftsaktiven (MAFA). München
Unter dem Roten Banner: Zeitung des Kommunistischen Studentenbundes (KSB). Bremen
UZ – Unsere Zeit –: Zeitung der DKP. Neuss
Vds-press: Bonn
Ventil: Studentenzeitung. Karlsruhe
Voice of the Lumpen: Revolutionary People's Communications Network. Frankfurt
Vollautonom (Raum Frankfurt)
Vorwarnzeit, Diskussionsforum autonomer Gruppen. Hamburg
Wahrheit: Kommunistische Arbeiter-Korrespondenz, Organ der KBB. Bremen
Was tun: Gruppe Internationaler Marxisten. Frankfurt
Wir wollen alles: München–Frankfurt–Köln–Hamburg–Bremen–Nürnberg–Erlangen
Z (Organ der Gruppe Z). Hamburg
ZAS: Zentralblatt f. d. Ausbildungssektor Asta der Uni Hamburg
Zitty – Illustrierte Stadtzeitung. Berlin

3. Informationsdienste

Bundesministerium des Innern, Innere Sicherheit, Bonn
Deutscher Informationsdienst (DID), Bonn
IW-Dienst Armin H. Neliba, Wiesbaden
Industrie-Warndienst: Bonn

XI. Gruppen- und Organisationsregister

XII. Personenregister